RENCONTRES
485

Série *Colloques, congrès et conférences sur la Renaissance européenne*
dirigée par Claude Blum
112

Global Montaigne

Global Montaigne

Mélanges en l'honneur de Philippe Desan

Sous la direction de Jean Balsamo et Amy Graves

PARIS
CLASSIQUES GARNIER
2021

Jean Balsamo, professeur des universités honoraire, a été professeur de littérature aux universités de Savoie et de Reims. Spécialiste du XVIᵉ siècle français et italien, du livre et de la culture de cour, il a publié de nombreux travaux portant sur Montaigne, notamment *La Parole de Montaigne. Littérature et humanisme civil dans les* Essais, et coédité les *Essais* dans la « Bibliothèque de la Pléiade ».

Amy Graves est professeure de littérature de l'ancien régime à l'University at Buffalo, SUNY. Elle est spécialiste de l'histoire du livre, de la propagande, de la Réforme et de l'histoire des idées. Elle a notamment publié *Post tenebras lex : preuves et propagande dans l'historiographie engagée de Simon Goulart* et plusieurs articles sur Montaigne.

© 2021. Classiques Garnier, Paris.
Reproduction et traduction, même partielles, interdites.
Tous droits réservés pour tous les pays.

ISBN 978-2-406-10797-2 (livre broché)
ISBN 978-2-406-10798-9 (livre relié)
ISSN 2103-5636

AVANT-PROPOS

Lorsque le temps sera venu, un chercheur fera l'histoire de la critique consacrée à Montaigne et à son œuvre. Il étudiera sur plus de deux siècles ses orientations, ses progrès, mais aussi ses reculs et ses hésitations, faisant la généalogie des interprétations, suivant des filiations savantes, révélant des modes intellectuelles et des choix herméneutiques liés à des contraintes institutionnelles. Il évoquera les figures individuelles d'érudits, de savants, voire d'amateurs cultivés, dont les travaux ont marqué ces études par des contributions décisives permettant une nouvelle manière de comprendre les *Essais* et leur auteur, et qui se seront révélées fécondes jusque dans les débats qu'elles ont suscités : le docteur Payen, véritable fondateur des études montaignistes, Pierre Villey, Hugo Friedrich. De façon plus générale, il mettra aussi en évidence les périodes et les lieux où cette critique s'est développée, et les figures qui l'ont illustrée et avec laquelle, d'une certaine manière, elle s'est identifiée : au XIXᵉ, siècle, le monde des collectionneurs ; cinquante ans plus tard, à Bordeaux, autour du célèbre exemplaire de l'édition des *Essais* de 1588 annoté par Montaigne, les promoteurs de l'Édition municipale ; au milieu du XXᵉ siècle, la Société des Amis de Montaigne ; enfin, depuis le milieu des années 1990, après une longue période de déshérence et d'incertitude dans les méthodes d'investigation, qui demandera aussi à être étudiée, les *Montaigne Studies*, à l'Université de Chicago, sous la direction de Philippe Desan, dont les initiatives ont donné aux études montaignistes leur assise collective, leur ambition transdisciplinaire et leur dimension internationale, ce *Global Montaigne*, dont il fut le promoteur et qu'illustre le présent livre.

Philippe Desan a consacré une part essentielle de sa carrière de chercheur et d'enseignant à l'étude de Montaigne. Il y est venu, moins en relation directe à la longue tradition littéraire des francisants américains, que par le biais novateur des sciences sociales, de la sociologie et de l'histoire économique, en publiant en 1992 *Les Commerces de Montaigne : le discours économique des 'Essais'*, qui s'éclaire en relation à son grand ouvrage *L'Imaginaire économique de la Renaissance* (1993). L'argument de son *Montaigne, les cannibales et les conquistadores* (1994) approfondit ce propos, en soulignant la rupture entre les structures féodales et un capitalisme naissant, pour mettre en lumière dans les *Essais* une critique sociale liée à l'intuition d'un choc économique. Cette approche, qui considère l'œuvre dans le cadre d'un échange social, conduisit Philippe Desan à privilégier chez Montaigne le personnage public de l'auteur, son milieu et ses *habitus*. Elle aboutit à l'ouvrage somme de ses recherches, *Montaigne. Une biographie politique* (Odile Jacob, 2014), traduit en anglais, *Montaigne. A Life* (Princeton University Press, 2017), qui a renouvelé le genre de la biographie montaigniste en donnant à comprendre les enjeux de la publication des *Essais* dans une carrière, et celle-ci dans un ensemble de déterminations sociales et de pratiques codifiées. Sur un autre plan, de façon très originale, revenant à la leçon du Dr Payen, Philippe Desan a su enrichir la méthode critique par une pratique bibliophilique de haut niveau qui non seulement lui donnait de nouveaux prolongements, mais l'éclairait par une expérience concrète, celle des livres dans leur réalité objective la plus tangible : la patiente constitution de la *Bibliotheca Desaniana*, qui réunit à la quasi-totalité de la production critique consacrée à Montaigne, la totalité des éditions anciennes des livres écrits ou édités par Montaigne. Le catalogue a été publié en 2011 (réédition revue et augmentée en 2021) et constitue un ouvrage de référence pour les libraires comme pour les chercheurs. Philippe Desan partageait cette pratique de bibliophile, dans laquelle il avait su témoigner de toute sa compétence, non seulement avec ses amis et avec les collègues qu'il invitait à ses colloques, mais aussi avec ses étudiants pour qui il organisait de mémorables séances de travail en leur donnant à examiner les premières éditions des *Essais*. Cette pratique a orienté sa propre recherche sur le livre montaignien, examiné dans sa matérialité, dont *Montaigne dans tous ses états* (2004) est la synthèse. C'est sur ces bases que Philippe Desan a pu offrir sa contribution à la connaissance et à l'édition de l'œuvre de Montaigne, en procurant les éditions en fac-similé des *Essais* de 1582 (2005), du *Journal de voyage* (2014), et surtout la *Reproduction en quadrichromie de l'Exemplaire de Bordeaux* (2002). Celle-ci a enfin permis l'étude minutieuse de la copie de travail utilisée par Montaigne, et comme telle, a été à l'origine du progrès philologique décisif conduisant à une édition critique du texte.

Cette œuvre personnelle aurait suffi à faire de Philippe Desan un des acteurs importants de l'histoire de la critique montaigniste. Elle se double d'une série d'initiatives collectives qui en font de lui le protagoniste, et des années de son activité, une véritable ère Desan. Depuis 1988, il est rédacteur en chef de la revue *Montaigne Studies*, fondée par Daniel Martin ; il lui a donné son style et en a assuré l'activité, le développement et la notoriété. Depuis plus de trente ans, en trente-trois volumes thématiques complétés d'une section de *varia*, cette revue annuelle, invariable dans sa présentation sévère, que rehausse simplement l'originalité d'un portrait de Montaigne différent chaque année, s'est imposée comme le lieu par excellence de la recherche la plus diversifiée, dont témoignent près de cinq cents articles, en français et en anglais, dus à plus de trois cent soixante-dix contributeurs internationaux, choisis pour la pertinence et la nouveauté de leur interprétation. À la revue s'est ajoutée, sans jamais faire double emploi, la parole vive des quelque vingt et un colloques et journées d'études consacrés à Montaigne, organisés par Philippe Desan, à Chicago ou au centre parisien de cette université, le plus souvent suivis d'actes et d'ouvrages collectifs dont il assura la direction, suivant avec une attention sourcilleuse la réalisation éditoriale : *Montaigne politique* (2006), *Montaigne et la Théologie* (2008), *Les Chapitres oubliés des* Essais (2011), *Montaigne à l'étranger* (2016), *Les Usages philosophiques de Montaigne* (2018), parmi d'autres. En 2002, afin de faciliter la tâche des chercheurs, il assura la première mise en ligne de l'Exemplaire de Bordeaux, accompagnée de celle de l'édition procurée par Pierre Villey, en trois couleurs pour en distinguer les célèbres « couches » (1580 en noir, 1588 en bleu, ajouts sur l'Exemplaire de Bordeaux en rouge). Ce travail éditorial numérique, connu sous le nom de *Montaigne Project*, a été utilisé depuis près de vingt ans par des milliers d'utilisateurs. Enfin, Philippe Desan fut le maître d'œuvre de deux grandes entreprises de vulgarisation, mobilisant des dizaines de chercheurs invités, qui constituaient, chacune à sa manière, un état de la recherche alors en cours, et des ouvrages de référence destinés à durer, le *Dictionnaire Michel de Montaigne* (2004, réédité en 2007 et 2018) et le *Oxford Handbook of Montaigne* (2016) en langue anglaise, confirmant la dimension « globale », internationale et pluridisciplinaire, de ses travaux. Philippe Desan fut récompensé en 2015 par l'Académie française, qui lui décerna son grand prix pour l'ensemble de son œuvre.

Les quelque cinquante contributions consacrées à Montaigne et à son œuvre réunies dans ce volume sont un hommage rendu à Philippe Desan, à la générosité de l'homme et à l'activité du chercheur. Dues à des chercheurs d'Europe, des deux Amériques, d'Afrique, d'Asie et d'Australie, spécialistes de Montaigne et de son temps, et pour la plupart collaborateurs des *Montaigne Studies*, elles sont ordonnées suivant quatre notions appartenant à la méthode mise en œuvre par Philippe Desan et à son registre critique, *Autour de Montaigne, Interprétations, Matérialités, Réception*. Elles proposent ainsi une approche *globale* d'un même objet toujours renouvelé : l'histoire sociale et politique dans laquelle s'inscrit la carrière de Montaigne et les réseaux dans lesquels s'est déployée son activité lettrée ; les lectures de l'œuvre dans le détail des chapitres et selon des interprétations d'ensemble ; la matière du texte et la matérialité du livre ; la réception de l'œuvre et de la figure de Montaigne, base de la constitution de la critique montaigniste. À leur manière et en ce lieu, ces contributions poursuivent toutes une même démarche critique, dans l'esprit de précision, de curiosité et d'ouverture des *Montaigne Studies* et de Philippe Desan.

Jean BALSAMO
Amy GRAVES

Philippe Desan, présentation de la *Bibliotheca Desaniana*,
Salon du livre ancien, Grand Palais, 2011 (collection privée).

PREMIÈRE PARTIE

AUTOUR DE MONTAIGNE

A JUDGE THAT NEVER WAS

Montaigne on the First Extraordinary Chamber

Well over a decade ago, the late Katherine Almquist called attention to a royal order that dispatched Montaigne and seven colleagues on a mission to Saintes in 1565.[1] She focused on Henri de Mesmes' oversight of the mission as establishing a basis for Montaigne's subsequent dedication to him of La Boétie's translation of Plutarch's *Rules of Marriage*. The assignment held, however, another, altogether different importance.

One of the most daring experiments of France's efforts at pacification involved assigning judicial chambers to troubled regions to arbitrate between the religious factions. Olivier Christin evokes the "massive intervention of the justice system – confirmed by the high number of surviving documents – and agents of the government in the disputes that opposed the two confessions regarding the implementation of peace."[2] Montaigne served on the first of these large-scale judicial interventions in the religious conflict, known as the *chambres neutres*.[3] He therefore stood

---

1   Registered in Parlement on 8 May 1565, Archives départementales de la Gironde, 1 B 9, f. 113r; I thank Cyril Olivier for helping me locate the original of this document. Katherine Almquist, "Montaigne Judging with Henri de Mesmes (May-June 1565)", *Montaigne Studies* 16 (2004), p. 37-40. Henri de Mesmes led the mission as one of the king's *Maîtres des Requêtes*, standard practice in the later *chambres mi-parties*.

2   *"L'intervention massive de la justice – que confirme le nombre important le nombre des pièces conservées – et les agents du pouvoir dans les différends qui opposent les deux confessions au sujet de l'application de la paix"*, La Paix de religion. *L'autonomisation de la raison politique au* XVIe *siècle* (Paris: Seuil, 1997), p. 106.

3   Penny Roberts, *Peace and Authority during the French Religious Wars, c. 1560-1600* (New York: Palgrave Macmillian, 2013), p. 70, 73. Bordeaux's Parlement renamed the two special chambers instances of *Grands-Jours* in an attempt to assimilate the king's initiative to its own longstanding practice of dispatching judges every two years to regions where the distance and number of aggrieved parties made travel to Bordeaux onerous, extraits des registres secrets du parlement de Bordeaux, BN fonds Périgord, Joseph de Prunis and Guillaume-Vivien Leydet, vol. 1-22, 11: p. 1094, Jean-Auguste Brutails, *Inventaire sommaire des archives départementales antérieurs à 1790, Séries B, Archives judiciaires, registres d'enregistrement du parlement* (Bordeaux: Delmas, Chapon, Gounouilhou, 1925), p. 34. For a

as no mere spectator of France's religious divisions, by turns detached or dismayed. Instead, he judged criminal cases that brought him face to face with confessional antagonists, and he participated directly in attempts to implement the 1563 edict of Amboise.

Before Philippe Desan's biography, anyone familiar with the *Essais* might already have begun assembling quotes with the ending of this story firmly in hand: Montaigne would have been selected for this position in light of his reputation as a moderate, and through his experience on the chamber he would have reaffirmed his commitment to toleration first in person and then subsequently in the philosophical lessons he drew in the *Essais*. This is a story that nearly writes itself: but it is one, alas, that the documents do not tell. Montaigne was not chosen for his reputation as a moderate, the mission neither pursued toleration nor illustrated its desirability, and the experience most likely left Montaigne critical of L'Hospital's pacification policy in general and of extraordinary judicial chambers in particular.

Over the preceding years, observers had begun calling for extraordinary chambers to help maintain peace:

> Let there be sent from each Parlement a chamber that will go through the regions where the greatest excesses have been committed, that will hold trials and judge those cases, and that will be accompanied by governors with armed men to assist them [...] Let not this chamber in any way seek out anyone for religious cause but attend alone to punishing of insolences.[4]

The stipulation of punishing "insolences" in place of persecuting heterodoxy continued Francis II's attempt to redefine the struggle as a civil problem. But the promulgation of pacification edicts did not in itself

---

typical expression of discomfort at outside commissions, see Bordeaux Parlement's protest against the 1563 royal commission, Municipal Archives of Bordeaux, ms. Verthamon 772, f. 110.

4   *"Soit donques de chasque parlement envoyee une chambre pour passer par les lieux où les plus grandz excez ont esté faitz, qui fasse les procès et les juge, et soit accompaignee des gouverneurs aveques forces pour assister [...] Que ceste chambre ne recherche en façon quelconque personne pour la religion, mais seulement vacque à la punition des insolences"* [Étienne de La Boétie?], Malcom Smith (ed.), *Mémoire sur la pacification des troubles* (Genève: Droz, 1983), p. 63, from early autumn 1562? I base this relatively late dating on the arguments forwarded by André Tournon, "Épilogue d'une attribution erronée: La Boétie et l'instauration de l'*interim*", André Tournon (ed.), Étienne de La Boétie, *Discours de la servitude volontaire* (Paris: Vrin, 2014), p. 101-112.

establish reprieves from hostility, and while subsequent history often breaks up the religious struggles into eight discreet wars, many regions witnessed unbroken stretches of conflict. The judges sent on these first extraordinary chambers were quite literally being posted to war zones.

Relevant records in Saintes disappeared during a fire in 1871. A search of the Bordeaux archives has turned up no trace of the decisions Montaigne and his colleagues handed down in Saintes. It is always possible that Henri de Mesmes carried copies of their judgments back to Paris, but until such a time that Old Regime legal documents become more thoroughly inventoried, one must examine indirect evidence to ascertain Montaigne's experience in Saintes.

First comes the slightly fuller record of Saintes' sister chamber. As Montaigne departed with his colleagues on the 16th of May,[5] the second *chambre neutre* had already arrived in Périgueux the previous day. Facing a more hospitable environment, they nonetheless reported local officers to be of a "mettle [...] less determined and predisposed" to enforcing the provisions of the peace edict than the king wished. In the course of two weeks, they judged over a dozen major cases involving "murder, theft, and the open carrying of arms."[6]

Second, we know from individual commissioners that Saintonge counted as one of the most troubled regions in the kingdom.[7] Bordeaux's

---

5   Letter from Charles de Couci, lord of Burie to Catherine de Médicis, *Archives historiques de la Gironde* 17 (1877), p. 311.

6   *"courages [...] moins tenduz et disposez"*, letter from 1 June 1565, BNF Fr. 15881, f. 156 and 15882, f. 228, *Archives historiques de la Gironde* 13 (1871-1872), p. 172-173, for the first letter.

7   At least eight earlier royal commissions had been organized in the region, notably one led by Burie and La Boétie in the Agenais in 1561, Gregory Champeaud, *Le Parlement de Bordeaux et les paix de religion (1563-1600): une genèse de l'*Édit de Nantes (Bouloc: Amis du Vieux Nérac, 2008), p. 228, 234. They generally consisted of two men who were strangers to the region in question, drawn from among the king's counselors and Parlement. On these royal commissions, and their difference from judges in the extraordinary chambers, Jérémie Foa, *Le Tombeau de la paix: une histoire des édits de pacification (1560-1572)* (Limoges: Presses universitaires de Limoges, 2015), p. 54-106, and "Making Peace: The Commissions for Enforcing the Pacification Edicts in the Reign of Charles IX (1560-1574)", *French History* 18: 3 (2004), p. 256-274, and Roberts, *Peace and Authority*, p. 51-75. Foa sees the commissioners as forerunners of the following century's intendants, an idea proposed earlier by Michel Antoine, "Pierre de Masparraulte, intendant de justice au temps des guerres de religion", in Jean-Pierre Bardet and Madeleine Foisil (eds.), *La Vie, la mort, la foi, le temps: mélanges offerts à Pierre Chaunu* (Paris: Presses Universitaires de France, 1993), p. 659-670, especially p. 669.

procureur-général, Antoine de Lescure, described it as a place where priests feared to tread and in which law and order had completely broken down in the summer before Montaigne's arrival.[8] On a 1563 royal commission, Pierre de Masparraulte had already encountered insurmountable difficulties: "Priests and curés, in crossing the fields, must disguise themselves as peasants, otherwise they would be in danger. And, yet, local judges do not want to investigate or be told who is responsible, such that it will take no small amount of time for us to restore order."[9] Even Catholic inhabitants feared commissioners would only make things worse: "having set the countryside on fire, such that I fear they will lead to some great uprising, because such commissions are against God, against all reason, all justice, and highly prejudicial to the king's majesty."[10] The king's governor confirmed "infractions against the edict: assemblies, the bearing of arms, plots and operations against the public peace":

> Far from contenting themselves with the pardon and freedom that it pleased the king to grant them by edict, said followers of the new religion instead are directly disobeying it and conducting [...] assemblies in various locales, associations, fundraising, conscriptions, congregations, colloquies and synods, all of which the edict prohibits, and worse, they are doing all this while as heavily armed, or more heavily, than they were during the recent war.[11]

---

8   BNF Fr. 15878, f. 310-312, 22 December 1563, and Municipal Archives of Bordeaux, ms. Verthamon, 773, f. 1-5, June 1564, Champeaud, *Le Parlement de Bordeaux*, p. 243.

9   *"Les prestres et curés sont contraincts de aller desguisés en paysans parmy les champs; aultrement ils ne seroient en seureté. Desquelles choses toutefois les juges qui sont sur les lieux n'auroient ausé ou voulu informer, qui auroit esté cause que n'aurions peu promptement pourveoir audict* désordre*"*, letter to Catherine de Medicis, 31 August 1563 [erroneously dated 1569], *Archives historiques de la Saintonge et de l'Aunis* 4 (1877), p. 297; Archives départementales de la Gironde, *"Grandz et énormes excès commis en la sénéchaucé de Xainctonge"*, 1B 265, f. 281 and 1B 262, #47, 3 September 1563; two months later, Masparraulte is still sending warnings about the region, letter to Catherine de Medicis, 3 November 1563, BNF 15878, f. 241.

10   *"a allumé dans tout ce pays un feu tel que je crains qu'il ne cause quelque grande sédition, parce que de telles commissions sont contre Dieu, contre toute raison, toute justice et d'un très grand préjudice à la Majesté du roi"*, quoted in Serge Brunet, "Les milices dans la France du Midi au début des guerres de Religion (vers 1559-1564)", in Serge Brunet and José Javier Ruiz Ibáñez (eds.), *Les Milices dans la première modernité* (Rennes: Presses Universitaires de Rennes, 2015), p. 65-118, especially p. 98.

11   *"les contraventions à l'édict: assemblées, ports d'armes, conspirations et entreprinses contre la tranquillyté publicque"*, *"Tant s'en fault que les susdicts de la nouvelle religion se contentent de la grace et la liberté qu'il a pleu au Roy leur octroïer et accorder par l'édict, ains contrevenant directement à icelluy et faisant comme par cy devant l'on a peu veoir: assemblées en divers lieux, associations,*

Marc Seguin sums up the situation: "Protestant strategy is clear: transform the recent defeat into victory by intimidation, indeed by terror" and the violent "eradication" of clergy and churches in order to create a "Catholic no man's land" in which "religious coexistence proves nearly impossible."[12]

Third, one can now add a contemporaneous dispatch from an adjacent region that mentions Montaigne's *chambre neutre*. In it, Melchior des Prez, monsieur de Montpezat, who had visited Bordeaux a month earlier in the king's entourage during the royal entry to the city,[13] wrote to Catherine de Medici complaining of reformers in Châtellerault where he had been sent as a commissioner. Visitors in the city were carrying pistols, local magistrates did not enforce the edicts for wont of officers, and ministers were welcoming outsiders into their services, in effect expanding their numbers.

> Madame, having come to this town to conduct a review of my troops, I learned that several wayfarers bore pistols against the king's orders and inquiring among the other royal officers as to why they did not arrest and punish them, they said they had not been informed of the time of their comings and goings and they have no one to stand guard at the gates and few to provide escort if needed. This made me issue an order requiring the hosts to inform said officers in time or pay a fine of fifty francs for each lapse and remain in prison until full payment. Madame, I also learned that several strangers come to this bailiwick to have ministers baptize their children and to take communion in large gatherings against the king's edicts, which made me have the ministers brought to my lodging and admonish them to be more careful in observing his majesty's edicts and likewise to administer communion only to those of this jurisdiction. They assured me that they fervently desired to humbly observe the king's edicts, to fully comply with his majesty's magistrates, but that to refrain from giving sacraments to someone whatever be their place of residence, their conscience forbid them to do so and that in matters of

---

*levées de deniers, enrollemens d'hommes, congrégations, colloques et sinodes, qui sont toutes choses prohibées par l'*édict, *et, qui pis est, font toutes ses [sic] choses avec autant et plus d'armes qu'ils n'avoient durant ces derniers tumultes"*, Louis Prévost de Sansac, letter to Catherine de Medicis, 2 June 1563, *Archives historiques de la Gironde* 17 (1877), p. 333-334 (misdated as 1569).

12 *"la stratégie protestante est claire; il s'agit de transformer en victoire une récente défaite, et ce, par l'intimidation, voire la terreur [...] Ainsi s'*établit dans cette Saintonge méridionale une manière de no man's land *catholique [...] l'éradication de l'autre religion [...] la cohabitation religieuse s'avère à peu près impossible"*, "Catholiques et protestants saintongeais entre les deux premières guerres de religion (1563-1567)", in Didier Poton and André Benoist (eds.), *Catholiques et protestants dans l'Ouest de la France du* xvi* siècle à nos jours* (Poitou: Société des Antiquaires de l'Ouest, 2006), p. 31-53, especially p. 34-35, 37.

13 Municipal Archives of Bordeaux, ms. Verthamon, 773, f. 579, 9 April 1565.

conscience they preferred to obey God rather than men. *I admonished them the best I could regarding their duty and the directions that the commissioners have been given by his majesty who has sent to Saintonge and Périgord against those who had committed similar deeds.* Upon which I found them returning to their first words and opinions, which made me tell them they were ill advised and that they should think things over before tomorrow when I will show them the edicts, having firmly assured them that if they do not obey them afterwards I will know how to punish them severely – Monsieur Des Bordes passed through on his way to his majesty the king and was present so he can describe their manner to you – humbly beseeching you to command me should they exceed the edicts if I should punish them and with what punishment, because the edicts mention only stipulated punishments without spelling out any, or if it will be enough to threaten them while awaiting here the king's majesty and your legal determination, whom I hope that God grants me the grace humbly to serve. I wanted to know from said ministers whether they had occasion to lodge a complaint about anyone and that I would see to it justice was done. They exposed some grievances, but when I asked them to put them in writing, signed and with witnesses, they told me that for the honor of God they forgave everything, which made me think their grievance was unjustified. The main point concerned a husband and a wife, one Catholic, the other Huguenot, with a son. The Huguenot takes him to a minister, and once home again, the Catholic takes him to a priest and has him baptized. They complain he was rebaptized and ask, among married couples from different religions, whom should be entrusted with bringing up the children, the husband or the wife, and all this among village peasants. Some rumors are circulating among the subjects of the king in secret that seem to aim at stirring up the people. I'm following up on these in order to find some direct evidence. If I succeed, I will appraise your majesty straightaway. I wrote to Monsieur the Count of Villars what I have learned through second-hand accounts.

Madame, I pray God he grant you good health and a happy and long life; written in Châtellerault, the first of June 1565.

Your most humble and obedient servant, Montpezat.[14]

Montpezat's letter reveals several things. First, it confirms that far from remaining a local issue, news of the Bordeaux chambers had spread across the greater region. Second, it suggests that the *chambres* served as instruments of control rather than ones of concession and accommodation. Montpezat held the threat of their judgment above his interlocutors' heads as a warning to tread lightly, openly assuming the neutral chambers functioned to punish reformers rather than appease

---

14   Letter to Catherine de Medicis, 1 June 1565, Châtelleraut, BNF Fr. 15881, f. 152-153, emphasis mine; I thank Alain Legros and Pierre Aquilon for their help resolving a difficult spot in the document ("your legal determination").

them. In doing so, he sounds nostalgic for the kinds of commissions deputed by Francis II, under Guise influence, not only to prosecute rebels, mutineers, and those guilty of sedition and stirring up riots, but, also, "to investigate the commotions that took place, investigate and document negligence and dissimulation by officers, and proceed to charge and try them."[15] Sent to Nîmes, such a commission imprisoned over two hundred agitators and complicit officials.

Conversely, the picture of reformers that emerges from Montpezat's tussles in Châtellerault proves one of wily hairsplitters who, when pressed to provide names and witnesses for their accusations, claimed they preferred "for the honor of god [to] forgive everything." He further asserts that reformed ministers challenged his authority on grounds that in matters of conscience they deferred to God rather than men. On one hand, this objection tallies with protests by reformers the same year in neighboring La Rochelle complaining that clauses in the pacification edict barring them from public worship amounted to "imprisoning their souls and subjecting their consciences."[16] Such protests would seem archetypical illustrations of how religious principle could trump political subjection. Indeed, it is in such encounters that modern commentators have often located the first seeds of radical appeals to individual freedom.[17]

But a closer reading suggests that the reformers were playing back the edicts' language of "freedom of conscience" against royal officers by interpreting it abusively as extending to the administration of sacraments, that is, to the freedom of worship. Royal policy consisted

---

15 *"enquérir des émotions y advenues, enquérir et informer de la négligence et dissimulation des officiers et procéder contre eux* à *l'instruction de leur procès"*, 22 November 1560, Parlement of Toulouse, Gabriel Loirette, "Catholiques et protestants en Languedoc à la veille des guerres civiles, d'après un document inédit", *Revue d'histoire de l'Église de France* 23: 101 (1937), p. 503-525, especially p. 506.

16 *"qui estoit en effect captiver les asmes et assubjettir les consciences qui, au peril de leur sang, s'éstoient mis hors le jouc et de la servitude romaine"*, Denys Joly d'Aussy (ed.), Amos Barbot de Buzay, *Histoire de La Rochelle depuis l'an 1199 jusques en 1575, Archives historiques de la Saintonge et de l'Aunis* 17 (Saintes: Z. Montreuil, 1889), p. 214. Jacques Bienassis, abbé de Bois-Aubry, was the first to frame conscience in political terms at the end of the Estates-General in Orleans, on 1 February 1561, *"vouloir, en fait de conscience et de religion, user de force et d'autorité, cela n'a point de lieu, parce que la conscience est comme la palme [de la main], laquelle tant est plus pressée, tant plus elle résiste"*, quoted in Joseph Lecler, *Histoire de la tolérance au siècle de la Réforme* (Paris: Aubier, 1955; Paris A. Michel, 1994), p. 436.

17 Quintin Skinner offers a balanced account of fears over the anarchic tendency of such appeals, *The Foundations of Modern Political Thought*, 2 vols. (Cambridge, UK, and New York: Cambridge University Press, 1978), t. 2, p. 303-345.

precisely in drawing a distinction between the two, readily offering *liberté de conscience* because little was surrendered in doing so, while conceding *liberté de culte* only in the most qualified and conditional ways. The edict of Amboise in 1563 had been first to hit upon the expedient of proffering freedom of conscience in place of freedom of worship, in order to compensate for restricting worship more severely than did the January edict of the preceding year. Recall that the starkly militant profession of faith Montaigne made before the Parlement of Paris on 12 June 1562 had aimed at blocking the January edict's efforts to reconcile reformers through offering them limited freedom of worship.[18]

The 1563 edict of Amboise foregrounded freedom of conscience, appending it to the customary preamble on troubles due to "the diversity of opinion on the question of religion, *and on scruple of their conscience*"; three articles introduced further restrictions on reformed worship all the while dangling the consolation of "freedom of conscience."[19] *Liberté de conscience* thus proved a *Catholic* policy: from his sanctuary in Geneva, Théodore de Bèze condemned it "a thoroughly diabolical dogma."[20] Reformers in France quickly complained that freedom of conscience without freedom of worship proved meaningless, and they began to arm themselves for conflict.

Montpezat's letter illustrates how our modern notion of conscience as the seat of personal conviction emerged belatedly and only inadvertently from Catholic policy rather than as a reformed ideal at the root of the conflict. He demonstrates how adept Châtellerault reformers proved at similarly twisting Catholic words in the tale of a Catholic father and a reformed mother fighting over the baptism of their son. Montpezat's switch to the present tense suggests a fabricated story more than an actionable

---

18 George Hoffmann, "Montaigne's Militant Profession of Faith", in Philippe Desan and Véronique Ferrer (eds.), *Penser et Agir à la Renaissance / Thought and Action in the Renaissance* (Geneva: Droz 2020), p. 391-423.

19 *"la diversité des opinions pour le fait de religion, et scrupule des leurs consciences"*, André Stegmann (ed.), *Édits des guerres de religion* (Paris: Vrin, 1979), p. 32; Bernard Barbiche, http://elec.enc. sorbonne.fr/editsdepacification/edit_02 (accessed on 23 February 2019), 18:37, emphasis mine.

20 Letter to André Dudith, 18 June 1570, *"Allons-nous proclamer qu'il faut permettre la liberté aux consciences? En aucune façon, dans le sens où est comprise cette liberté, comme si chacun pouvait adorer Dieu à sa guise. C'est là un dogme diabolique"*, quoted in Lecler, *Histoire de la tolérance*, p. 333, translated in Philip Benedict, *"Un roi, une loi, deux fois*: Parameters for the History of Catholic-Reformed Co-Existence in France, 1555–1685", in Ole Peter Grell and Bob Scribner (eds.), *Tolerance and Intolerance in the European Reformation* (Cambridge: Cambridge University Press, 1996), p. 65-93, especially p. 68.

accusation: the tale in fact reads straight out of the Catholic playbook that claimed social chaos would result from the tolerating reformers. The Parlement of Paris's 1562 remonstrance against toleration, for example, opines that "difficulties have already appeared in many places: the father had his child baptized according one fashion, the mother had it baptized in another, even though this sacrament is not repeatable."[21]

Fourth, reformers in Saintonge themselves regarded the arrival of the extraordinary chamber not as an olive branch but as a dire threat. Before the chamber's hearings even got underway, they dispatched a delegation to Bordeaux's Parlement to protest their innocence, inferring the chamber's mandate as "to prosecute outrages against the Church and lapses of duty that have been denounced as occurring in breach of the ordonnances and pacification edicts and to command that the pacification edicts regulating religious practice be observed."[22]

Should doubt linger, two last pieces of documentation confirm the Catholic aims of Montaigne's mission. Thanks to the generous assistance of Cyril Olivier at the Archives départementales de la Gironde, we can now consult the registration of Charles IX's original letters patent establishing the two chambers:

> [...] Numerous complaints and grievances have been delivered to us about many violations, murders, pillaging and other crimes and offences that have been committed in our lands of Saintonge and Périgord both before and during the troubles, even since the making public of our pacification edict, that have gone unpunished up to the present; and a number of our subjects despoiled and stripped of the possession of their properties that are occupied and held by force without being able to seek any remedy through local justice. Regarding which, desiring to provide for the good peace and tranquility of our subjects [...] we have, for such a time until it be otherwise, ordered and

---

21 *"Les inconvéniens sont ja advenuz en plusieurs lieux: le pere a faict baptiser son enfant à une mode, la mere l'a faict baptiser à l'autre, combien que ce Sacrement ne soit réïterable", Remonstrances faictes au roy de France sur la publication de l'edict du moys de janvier* (Cambrai: Nicolas Lombard, [1562]), edited in George Hoffmann, "La pacification sans tolérance. Avec édition des *Remonstrances faictes au roy de France sur la publication de l'edict du moys de janvier* (1562)", in Ullrich Langer and Paul-Alexis Mellet (eds.), *Remontrances de l'Ancien Régime: Textes et commentaires* (XVI*-XVIII* *siècles*) (Paris: Classiques Garnier, 2020).

22 *"vous estes expressement envoyees par la Majesté du roy en ce pais et comté de Xainctonge pour faire justice des violances et concussions ordinaires que l'on a dénoncé estre faictes contre les ordonnances et edictz et pour donner ordre que les edicts de la pacification et reglement de la religion soyent observés", A nos seigneurs de parlement tenant la chambre ordonnée par le roy au pais de Xainctonge,* BNF 15881, f. 143, 12 May 1565, rectifying the quote in Seguin, "Catholiques et protestants", p. 49.

order two chambers from our Court of the Bordeaux Parlement each one of which be composed of one of our dear and loyal counsellors, regular masters of requests in our chamber, in order to preside over them, and eight of our said Court to sit and hold our sovereign justice [...] and to instruct themselves, judge, and decide on all crimes and offences committed and perpetrated against our laws and ordonnances and to the detriment of public peace and tranquility, to maintain and enforce our pacification edict and our other edicts and ordonnances, and to instruct themselves of said crimes and cases either by holding appeals or in the first instance investigating when need be, and to provide for parties despoiled of property and benefices [...].

The king's concern with crimes "that have gone unpunished" confirms reformers fears and Montpezat's hopes regarding the punitive nature of the chambers. His instructions highlight the need to restitute property (principally occupied by Protestants), and a following note removes any ambiguity in specifying "property and benefices."[23] The way in which the opening of the document flags *"violances"* further signals a priority given to the violation and seizure of churches.[24]

This proves of particular import since partially intact diocesan records in Saintes reveal a wave of *prises de possession* in Saintes and the surrounding region during Montaigne's stay and immediately following. At least thirteen parish churches, four chaplaincies, three archipriestries, two vicariates, two large city churches, two priories, one abbey, one commandry, and a preceptory return to the hands of clerics from late May through July.[25] These repossessions confirm that Montaigne and his colleagues achieved a major restitution of occupied Catholic lands and buildings, removing them from reformed worship in a dioceses which only a year earlier had witnessed "no exercise of the old Roman Catholic religion whatsoever and where the holders of said clerical offices do not dare to reside."[26]

---

23 *"noz subjects spoilliez et destitues de la possession de leurs biens qui sont occupez et retenuz par force sans pouvoir avoir aucun remede de justice sur les lieux [...] spoilliees de leurs biens et benefices"*, Archives départementales de la Gironde, 1 B 9, f. 112r, 8 May 1565.

24 George Hoffmann, "Heresy or Sedition? Parlements' Fight for Jurisdiction over Religious Struggle", in John O'Brien and Marc Schachter (eds.), *Sedition in Early Modern France, England and Scotland, ca. 1550-1648* (Leiden: Brepols, 2020).

25 Georges Musset, "Les insinuations ecclésiastiques dans le diocèse de Saintes au cours de l'année 1565", *Archives historiques de la Saintonge et de l'Aunis* 35 (1905), p. 250-359.

26 *"diocese de Xainctes esquelz ne se faict aulcun exercise de religion katholicque ancienne et romaine et où les titulaires d'iceulx benefices n'osent resider"*, BNF fr. 15880, f. 170, quoted in Seguin, "Catholiques et protestants", p. 42.

In conclusion, one might ask why Montaigne was assigned to Saintes. When Charles IX himself selected commissioners, confessional affiliation mattered less than professional reputation; as Jérémie Foa puts it, "nothing lies further from his reign's policies than the confessionalization of judges."[27] But when Parlement was able to exert its own preferences, confessional affiliation mattered a great deal. In June 1561, Bordeaux's Parlement created its own militias–technically in breach of royal law – led by seven openly Catholic officers and incorporating only one officer sympathetic to toleration.[28] On 10 December 1562, again against royal orders, Parlement created new militias, deputing twelve of its officers to lead one hundred citizens each to police the city, stop reformers at check points, and confiscate weapons in their homes.[29] Among these officers, again only one, Joseph de Valier, supported toleration.[30] Many of the Catholic leaders of these night squads stood among Montaigne's closest associates: Léonard d'Alesme, under whom he regularly worked alongside Joseph de Alis, and his old colleagues from Périgueux's *Cour des Aides*, Antoine de Poynet, Jean Faure, and Léon de Merle. Finally, La Boétie led one of the squads.

While in Bordeaux on his grand tour of the kingdom to affirm his majority and enforce the pacification edicts, Charles IX established the two *chambres neutres* but left to the Parlement the task of assigning to the mission particular councilors. Parlement's choice betrays a distinctly partisan strategy. The chamber sent to Périgord contained no less than

---

27 *"rien n'est plus étranger à son règne que [la] confessionnalisation des juges"*, Foa, *Le Tombeau de la paix*, p. 95; Roberts, *Peace and Authority*, p. 88-95.

28 Charles de Malvyn, Guillaume de Vergoing, Léonard Amelin, Florent de Nort, Jean de Monenh, Pierre de Guilleragues, and Jean d'Alesme versus Arnauld de Ferron, Municipal Archives of Bordeaux, ms. Verthamon 767, f. 536-538.

29 C.-B.-F. Boscheron des Portes, *Histoire du parlement de Bordeaux depuis sa création jusqu'à la suppression (1451-1790)* (Bordeaux: Charles Lefebvre, 1878), p. 162-166.

30 Ernest Gaullieur, *Histoire de la Réformation à Bordeaux et dans le ressort du parlement de Guyenne* (Paris: H. Champion, 1884), p. 288-289. Anne-Marie Cocula has assumed the composition of these twelve officers reflected a desire for balance and compromise, "Les dernières années de La Boétie", *Montaigne Studies* 11 (1999), p. 29-43, especially p. 41. However, one need only compare their names to those Jacques Benoît de Lagebâton (through his nephew, Mathurin Gilibert), cited as enemies of royal toleration policy in 1570, Municipal Archives of Bordeaux, ms. Verthamon 787, f. 81, where both Merles, Faure, Denis de Baulon, Antoine de Belcier, Poynet, Mabrun, and Malvyn are all identified as Catholic partisans; d'Alesme, Mérignac, Joseph de Alis appear on other such lists, Bocheron des Portes, *Histoire du parlement*, p. 261.

three reformed officers, Eymery de Gasq, Raymond de Bouchier, and Bertran Arnoul. It further featured Richard Lestonnac, regularly recused because his wife was reformed, and Mathurin Gilibert, ally and nephew of the pro-toleration first President Lagebaston. But Périgueux at this date had largely been pacified, affiliating itself with Agen's noble Catholic League, known as the "League of Candale" after one of Montaigne's protectors, Frédéric de Foix-Candale.[31]

Saintes, on the contrary, served as a reformed stronghold. Correspondingly, of the seven magistrates who accompanied Montaigne to Saintes on the *chambre neutre*, six proved staunch Catholics.[32] Antoine de Belcier belonged to the Catholic syndicate; Joseph Eymar, Antoine Poynet, Jean de Mérignac, and Léon de Merle had been named allies of the syndicate's leader, Christophe de Roffignac, or had acted as Catholic activists. Roffignac had in fact led twelve of his colleagues to Saintes in the summer of 1559 to judge "heretical deeds and other criminal cases."[33] Léonard d'Alesme possessed a long history of delivering harsh sentences to reformers and serving on missions against them.[34] Along with Belcier, Poynet, Mérignac, he had run the city's night militias in 1562. Jean de Guilloches, alone, belonged to the pro-toleration party, and

---

31 Kevin Gould, "'*Vivre et mourir en la religion ancienne*.' Catholic Activism the South-West France, 1560-1570" (Ph.D. thesis, University of Warwick, 2003), p. 159; Brunet, "Les milices dans la France", p. 109-110, 117-118; Georges Tholin, "La ville d'Agen pendant les guerres de religion du XVIe siècle – IV", *Revue de l'Agenais* 15 (1888), p. 193-218.

32 There was precedent for Bordeaux's Parlement picking trusted Catholic sympathizers as royal commissioners, such as Léonard d'Alesme in Guyenne in 1562, Pierre de Masparraulte in Saintonge in 1563, and Lancelot de Faugerolles and Joseph Eymar in Saintonge, and Dennis de Baulon and François de Merle (Léon's brother) in Agenais, in 1564, Champeaud, *Le Parlement de Bordeaux*, p. 234-235, 237-238, 243-244; Joseph de La Chassaigne and Poynet to Saint-Jean-d'Angély in 1563, Seguin, "Catholiques et protestants", p. 36.

33 "*juger les faits d'hérésie et autres causes criminelles*", Archives départementales de la Gironde, 1 B 8, f. 147, 28 June 1559.

34 He travelled to court with Antoine Poynet in an attempt to circumvent Lagebâton's wishes and protest transferring to the delegation to the Council of Trent one of the Catholic League's leaders, Bordeaux's Archbishop, Antoine Prévost de Sansac, BNF Fr. 6915, f. 45, Jonathan K. Powis, "The Magistrates of the Parlement of Bordeaux, c. 1500-1563" (Ph.D. thesis, Queen's College, Oxford, 1975), p. 271. He also sentenced one particularly unrepentant student at the *Collège de Guyenne* to death in absentia on 23 August 1558, tortured another prior to 24 September 1558, and was dispatched to investigate reformers in Saintonge in 1558, Henry Patry, *Les Débuts de la réforme protestante en Guyenne, 1523-1559* (Bordeaux: Feret, 1912), p. 272-273, 277, 274. Léonard's cousin Jean stood as one of the Catholic syndicate's eight parish deputies, Kevin Gould, *Catholic Activism in South-West France, 1540-1570* (Aldershot: Ashgate, 2006), p. 44, n. 61.

since he counted as an old friend of d'Alesme, having entered Parlement in the same promotion back on 7 July 1543, the Parlement might have expected d'Alesme to prevail upon him.[35] In selecting these magistrates, Bordeaux Parlement fielded a concerted effort to load Saintes' *chambre neutre* with Catholic hardliners.

In other words, Montaigne was not assigned to the more amenable and reformer-friendly Périgord chamber but was, instead, placed on the militant Saintes one. This proves all the more striking in that having begun his legal career in Périgueux, he might have been expected to possess local knowledge that suited him better to the Périgord chamber. Thus Parlement did not name Montaigne to this *chambre neutre* because it considered him the "least partial" and "least passionate possible" as the king typically sought, for it named no one on this basis.[36] Instead, they created two markedly unbalanced chambers, skewed within themselves, and skewed between each other. The Parlement's choice betrays a complete lack of confidence in the ideal of impartiality – in place of which they substituted a more pragmatic strategy of confessional counterbalancing. Henri III would later rally to a similar policy, albeit for different motives, in his *chambres mi-parties* that tried to assemble balanced numbers of reformed and unreformed judges.

Not only did nothing prove "neutral" about the special chamber in which Montaigne participated, but he disputed the idea that it ever could have. After a long disquisition on judging at the end of the "Apology of Raymond Sebond," he pointedly dismisses the very grounds of the first extraordinary chambers, scoffing at the notion that a judge could prove neutral in questions of religion: "Furthermore, who shall be fit to judge these differences? As we say in disputes about religion that we need a judge not attached to either party, free from preference and passions, which is impossible among Christians [...] and by that score we would need a judge that never was."[37]

---

35 *Récusation de juges*, 18 August 1564, *Archives historiques de la Gironde* 44 (1909), p. 451.

36 BNF Fr. 15880, f. 355, 357, quoted in Roberts, *Peace and Authority*, p. 81.

37 *"Au demeurant, qui sera propre à juger de ces différences? Comme nous disons, aux debats de la religion, qu'il nous faut un juge non attaché à l'un ny à l'autre party, exempt de chois et d'affection, ce qui ne se peut parmy les Chrestiens [...] à ce conte il nous faudroit un juge qui ne fut pas"*, Pierre Villey and V.-L. Saulnier (eds.), *Essais* (Paris: Presses Universitaires de France, 2004), p. 600, Donald Frame (trans.), *The Complete Works of Montaigne* (Palo Alto: Stanford University Press, 1958), p. 454.

The two-some months Montaigne spent in Saintonge would have imparted few illusions regarding the usefulness of toleration in implementing enduring pacification.[38] With his fellow judges he would have attempted to disentangle outstanding disputes, restitute confiscated property, and arrange separate burial sites for the different confessions.[39] Officers were expected to halt name calling based on confessional difference and run out of town non-residents, often a veiled means of ejecting religious agitators. But they faced a hostile reception: "Impeded at almost every turn," royal commissioners were typically greeted by locals with insults, open threats to their safety, and occasional attempts to assassinate them.[40] Two years later, despite the restitution of church property, Saintes suffered another reformed coup that left the city once again "pillaged and sacked."[41] As Montaigne prepared to retire from Parlement in 1569, Saintes remained "occupied by the rebels."[42]

George HOFFMANN
University of Michigan

---

38 He had returned by 19 July, Archives départementales de la Gironde, 1B 282, #207, Almquist, "Montaigne Judging", p. 39, n. 7. Certain colleagues reappeared as early as 3 July: Eymar, #5 & #6, Guilloches, #3, #8, #15, &#17, Poynet, #13 & #16; on 9 July, Eymar and Poynet are deputed to look into a butchers' strike in the city. Gabrielle Loirette's 1911 catalogue ambiguously mentions Montaigne as appearing on a document dated 3 July 1565, 1B 282, #1, but that document has since disappeared from the Archives.

39 See the detailed instructions that Charles IX addressed to the royal commissions on 18 June 1563, Roberts, *Peace and Authority*, p. 183-186, and 17 June 1563, *Archives historiques du Poitou* 12 (1882), p. 136-142.

40 Foa, *Le Tombeau de la paix*, p. 17; Penny Roberts, *Peace and Authority*, p. 88-97, and "Religious Pluralism in Practice: The Enforcement of the Edicts of Pacification", in Keith Cameron, Mark Greengrass, and Penny Roberts (eds.), *The Adventure of Religious Pluralism in Early Modern France* (New York: Peter Lang, 2000), p. 31-43, 32, 35, 40, and "Royal Authority and Justice during the French Wars of Religion", *Past and Present* 184 (2004), p. 3-32. See, also, Stéphane Capot, *Justice et religion en Languedoc au temps de l'édit de Nantes: la chambre de l'édit de Castres (1579-1679)* (Paris: École des Chartes, 1998).

41 *"pillée et saccagée"*, *Plainte à Messieurs les Commissaires députés par le Roy pour ouyr les plaintes et doléances des habitans de Xaintonge*, 1583, in "Délibérations du corps de ville de Saintes, 1570-1590", Eugène Eschassérieaux, Études, documents et extraits relatifs à la ville de Saintes (Saintes: P. Orliaguet, 1876), p. 180-432, especially p. 342.

42 *"occupé par les rebelles"*, Archives départementales de la Gironde, 1B 327, #4, 3 November 1569.

WRITING DIVERSITY

Literary objects
in Montaigne's *Journal de voyage*

This contribution introduces an approach to early-modern literary history through an analysis of the dynamic situations in which Montaigne encounters and makes literary objects on his travels across Europe in 1580-1581.[1] By "literary" objects I do not mean an abstract, stable class of objects. I mean any textual object that is the token of literary-like social relations at any point in time. A textual object is any verbal or material object that includes sounds, letters, or symbols that are audible or legible as text. The boundary between the status of a literary and of a documentary or instrumental type of textual object is not fixed. Objects can be attributed both statuses at the same time. This is not to ignore two very important subsets of objects present in Montaigne's moment: works by ancient and medieval authors that were securely situated as literary "classics"; more recent and contemporary works (including the *Essais* themselves) that were recognized as having poetic qualities and that in time were to be canonized as "literature" in the most commonly accepted modern sense.

Literary-like social relations make or detach textual objects for certain kinds of heightened attention and communicative acts. They involve,

---

1   The approach is inspired by Philippe Desan's career-long dedication to an interdisciplinary approach to the literary object across social sciences, history, literary studies, and the history of the book. See, for example, Priscilla Parkhurst Ferguson, Philippe Desan, and Wendy Griswold, "Editors' Introduction: Mirrors, Frames, and Demons: Reflections on the Sociology of Literature", *Critical Inquiry* 14 (1988), p. 421-430, 422: "The very terms by which literary studies and sociology name their objects of study disclose the enormous gulf between the two. Literary critics look at *works, texts, writers*, and *readers*. They speculate about the *creation, reception*, and *interpretation* of literature. Social scientists, on the other hand, discuss *books* and literary *institutions* and dwell upon the *production, distribution*, and *consumption* of cultural *products*". The current chapter draws on lectures delivered at the University of North Carolina at Chapel Hill, Cornell University, New York University, Cambridge and Oxford in the spring and early summer of 2019. I am very grateful to the organizers for their hospitality and to the audiences for their responses.

besides the objects themselves: people acting in roles such as writer, author, publisher, scholar; people acting in roles such as reader, hearer, performer, collector; various kinds of inscribed or verbalized "matter", including both pre-existing literary matter and newly represented things. The quantity of literary objects and matter in circulation increased exponentially through the lifetimes of Pierre Eyquem and Michel de Montaigne. During that period, the sphere of European literate communications and knowledge interacted with oral and with other literate cultures with increasing intensity. Montaigne both participates in this process in his travel journal and comments upon it extensively in the *Essais*. He both brings many new things into writing and comments in writing upon existing literary objects and on the spread of European literate knowledge in regional communities and in the wider world.

By an approach via "dynamic situations" I mean that the aim, where possible, is to find textual objects in the making, in situ, in motion in the cognitive, material, and social environments of the time. Close attention is paid to how, where, and when contemporary actors described and related to the objects in all their heterogeneity in the field.[2] Depending on the situation, textual objects may amount to a unique physical artefact or to a set of copies, to writings or to an oral performance. Some may amount to a nested object (e.g. a paratext), others to a distributed object (e.g. an author's works). A good proportion may be situated as imaginative literature (the objects of modern literary history) and as products of learning (the objects of modern intellectual history), and a good proportion may be described as printed and handwritten books (the objects of book history). But others may be lyrics read, sung or invented in popular festivities (the objects of the history of popular culture), items of visual or material culture that include inscriptions (the objects of material culture studies), bureaucratic documents compiled with literary skill for particular purposes, or archival documents with memorial and political uses (the objects of political and social historians).

The approach is to inform *Europe: A Literary History, 1545-1659* (Oxford University Press, ed. Warren Boutcher), which will include

---

2   This is why I focus on the *Journal de voyage*, which rewards such attention. It is important to state that the *Journal* and different parts of it can be described as both a documentary and a literary object. As received by scholars and antiquarians from the late eighteenth century it becomes a fully literary object, part of Montaigne's *œuvre*.

one hundred chapters on the period from the opening of the Council of Trent to the Peace of the Pyrenees. This long century of ideological and armed conflict extended from the beginnings of pan-European religious wars and transglobal commercial-colonial rivalries in the 1540s to the decade of alternating conflict and peace-making that followed the Treaty of Westphalia (1648) in various regions. One of the central questions about Europe throughout its history has been, to quote the European Union's motto, whether it is "united in diversity" or divided by it. The question is particularly pertinent both in the contemporary moment of Brexit and in the post-Reformation moment, when Christendom fell apart and when newly composed empires and nations vied for spiritual, commercial and colonial hegemony within Europe and across the globe.[3]

Montaigne's principal philosophical purpose on his travels is to essay various forms of diversity both in practice, as a curioso visiting places and talking to people, and in writing in the form of the information he records or has recorded by his secretary in the journal. So he lets himself be served at table everywhere in the mode of each country "to essay completely the diversity of manners and customs" (*pour essayer tout à fait la diversité des mœurs et façons*).[4] He essays natural diversity, in the form of the spa waters in each region and the different opinions on offer about their best therapeutic use, both orally and locally, and in print. He essays language diversity by noting and trying out the varieties of language that he encounters in various places, and marking the boundaries between them, where they exist.

Montaigne's participation wherever he goes in the networks of the learned and social elites, thanks partly to his learned skills (Latin and Italian, civil conversation, theological knowledge), point to a transregional culture that facilitates his mobility. He may not be concerned with the assumption by this means of a distinctively "European" identity, or with the definition of "Europe" geographically or culturally. But the cosmopolitan manner in which he moves along his itinerary, interacting with different people and customs, does serve – at least in writing – to

3   Mark Greengrass, *Christendom Destroyed: Europe 1517-1648* (London: Penguin, 2015).
4   Michel de Montaigne, *Journal de voyage*, ed. François Rigolot (Paris: Presses Universitaires de France, 1992), p. 23; Michel de Montaigne, *The Complete Works: Essays, Travel Journal, Letters*, trans. D. M. Frame (Stanford: Stanford University Press, 1957), p. 884. Henceforward, references to these texts will be placed in parenthesis in the main text in the form "R23/ F884". I have altered the wording of Frame's translation in some cases.

connect diverse regions of Europe together as a continuum with few hard
borders or boundaries. The spatial and intellectual centre of Montaigne's
cosmopolitanism on his journey is Papal Rome.[5]

However, Montaigne's Europe was divided by two principal kinds
of difference in this period. It was divided by dynastic allegiance to
one or other of the houses of France or Spain. It was also living in the
early 1580s with a new form of religious diversity – the confessional
differences that had arisen from the religious reform movements. As
Montaigne traverses Germany and Switzerland he registers the nuances
of the different local confessions that had taken root in those territories
after the Reformation. Each town or city has its own changing religious
complexion and its own policy of enforced uniformity, limited toleration or Augsburg-style biconfessionalism. So he learns that Zurich had
started Zwinglian, moved closer to Calvinism, and was trying to hold
a mean on predestination between Geneva and Augsburg (R24/F885).
At Lindau they say that "in truth there are few towns that do not have
something particular in their belief". Under Luther's authority "they
get up many disputes over the interpretation of the meaning of Martin's
writings [*escrits*]" (R31/F891). Here, diversity of interpretation leads to
theological differences. For Montaigne, Luther had not only made the
Holy Scriptures a divisive text for all Christians, he had made his own
reinterpretation of the Scriptures a divisive text for his followers.

In this case, the religious diversification – in a negative sense – of
the post-Reformation world is directly attributed to the circulation of
a corpus of literary objects described as Luther's writings. In what follows we will consider, in more detail, a few further examples of literary
objects that are all shaped in different ways by the issue of Europe's
diversity at this moment and by spaces that accommodate visitors from
many different regions and cultures of Europe and beyond. We will
also attend to the dimensions of their objectification and extension in
the world: language, formality, materiality, agency, sociality, spatiality,
temporality, mobility.

---

5   Philippe Desan, *Montaigne. Une biographie politique* (Paris: O. Jacob, 2014), p. 317-394, for
    a comprehensive account of the political and textual context of the *Journal*; Jean Balsamo,
    "'Voici venir d'Europe tout l'honneur': identité aristocratique et conscience européene au
    XVIᵉ siècle", in David Cowling (ed.), *Conceptions of Europe in Renaissance France: Essays in
    Honour of Keith Cameron* (Amsterdam: Rodopi, 2006), p. 21-34; *Id.*, *Le Passé à l'œuvre: Essais
    d'histoire littéraire* (Reims: Université de Reims Champagne-Ardenne, 2019), p. 155-166.

On Friday September 16th, 1580, at two in the afternoon, Montaigne and his party entered Plombières-les-Bains in the Vosges, which was then in the south-eastern part of the Duchy of Lorraine. What literary matter or "rare and remarkable things" does Montaigne find in Plombières that he will carry away in written form with him, in his journal (R32/F892)?[6] Like other spa towns, Plombières had become part of a network of cosmopolitan spaces across Europe. Knowledge of the waters and their therapeutic effects was at a premium. Plombières had featured on the printed literary record of balneology since the 1540s and was one of the best known places in Lorraine at the time.[7] Tomasso Giunti's 1553 collection of learned materials included *"Conradi Gesneri Excerptorum & observationum de Thermis"*, with a short section on Plombières at the very end.[8] Besides a couple of extracts from other scholars this comprised a woodcut illustration and a long hendecasyllabic neo-Latin poem. The latter work, by Joachim Camerarius, ended with the scholarly German Reformer's disdain for the culture of what he saw as a backward Catholic spa town.[9]

The baths had previously been frequented by the Germans only, but now many from the Franche-Comté and France to the south and west mixed in in great crowds (R10/F873). This influx was of great commercial value to the town. But how did the local government deal with this new mobility and diversity of people? What problems did it cause? The answers are to be found in the local ordonnances, which are renewed every year and put up in both the German and French languages on a *tableau* in front of the great bath.[10] The principal literary cargo from Montaigne's visit to Plombières is the text from this

6   In this passage, Montaigne regrets not having brought a Münster or other cosmographical work that would alert him to such things in each place.

7   Alain Cullière, *Les Écrivains et le pouvoir en Lorraine au XVIᵉ siècle* (Paris: H. Champion, 1999), p. 668-673; Jean-Dominique Haumonté, *Plombières ancien et moderne* (Paris: Humbert, 1865), p. 325-326.

8   *De balneis omnia quae extant apud Graecos, Latinos, et Arabas,* ed. Tommaso Giunti (Venice: Giunti, 1553), sigs. 2o2r-2p3r.

9   *De balneis,* sig. 2p2v (*"Ac discedere gestiunt prope omnes, / Nam gens illa hominum est inhospitalis / Stultè relligiosa, iners, inepta. / Non romana quidem, ut volunt vocari / Sed ruris Getici vetus propago. / In qua se velit esse poenè nemo / Omnes & cupiant fuisse & potent"*).

10   One document of the period describes a ceremonial procession, at the opening of the season, associated with the assertion of Ducal authority over the spa town and the display of annually renewed ordonnances on a placard near the baths, in French, German and Latin. See Haumonté, *Plombières ancien et moderne, op. cit.,* p. 333-334.

tableau, which he chooses to have transcribed in the French version in his journal (*les loix cy dessous escrites*). The text declares laws "to secure the repose and tranquillity [*le repos asseuré et tranquillité*]" of notable persons assembling from various regions and countries (R11/F874). These laws attempt morally to regulate the space of the baths.

The very first ordonnance provides an important indication of the most recent problems caused by the confluence of different peoples or nations. The jurisdiction for minor offences committed by German people is to be left in the hands of the Germans, as of old. But there is a new problem caused by developments in Germany in recent decades. It is stipulated that they must do so "without using any blasphemy or other irreverent language against the Catholic Church and the traditions thereof" (R11/F874). So Lorraine, and Plombières in particular, was now not only a border zone between two powerful conglomerations of dynastic interests, French and German, but between two different religions. An international ordonnance of the Holy Roman Empire of 1555 – "The Religious and Profane Peace of Augsburg" – had given Lutherans legal recognition alongside Catholics.

The Plombières edict tells us that the kind of irreverent language used since the Lutheran Reformation against the Catholic church in some German territories had been travelling westwards through Lorraine. The ducal writ had had to be introduced to secure "repose and tranquillity" against this, since the ducal policy was loyalty to the Catholic faith, alongside respect for the privileges of Germans and citizens of the Holy Roman Empire in the duchy.[11] The laws in question do not appear to have been a widely copied or disseminated text. The text in the *Journal* indicates that they were published (in an official ceremony? read aloud?) before the great bath, then copies in French and German posted there, having been signed by the Bailiff. The extension of this text in space and time, across copies, was very limited. Montaigne's journal is the only authority for it in the main modern study of Plombières. He most likely had it transcribed by his secretary because he had not seen it in print in any of the printed treatises on spas. It may, then, have taken only one journey, from Plombières by a circuitous route back to Bordeaux – though we cannot rule out that other tourists copied it into journals that are no longer extant.

---

11   Robin Briggs, *The Witches of Lorraine* (Oxford: Oxford University Press, 2007), p. 14.

In situ, as a *tableau* at the baths, it is not an obvious candidate for literary objecthood. It is an administrative document with a pragmatic purpose: to assert the jurisdiction of the Duke of Lorraine and to institute laws that will keep the peace, secure "repose and tranquillity". Perhaps its relationship to the ceremony at which it was read out and signed by the Bailiff (if this was indeed the case), recalled in its form and wording, makes it part of an ongoing spectacle of authority that commands heightened attention. But as carried away in Montaigne's journal as a memorable thing in written form, it becomes a collectible curiosity for a legally trained ex-magistrate and man of letters fascinated by laws and customs.

In other words, it is what we infer about Montaigne's – and his secretary's – agency from the presence of this copied text in his travel journal that makes it a literary object. We infer that he does not have it copied – the secretary does not copy it on his behalf – for purely instrumental reasons (as he does, for example, the prescription given to him by the Patriarch of Antioch; R113/F951). He takes it with him as a literary token of the mores of a place he has visited deep in a valley, a place with its own ancient customs, a place that is now in flux, due to the greater mobility of people from neighbouring regions of differing confessions. But it is still a "good nation, free, sensible, considerate, obliging"; it renews the laws on the *tableau* every year; all the laws of the region are "religiously observed" (R11/F873-74). Montaigne is very interested in such places, but this particular object did not in the end become literary matter for the *Essais*.

Ten weeks later, on 30 November 1580, Montaigne's party entered another cosmopolitan space that had to deal with an influx of peoples of diverse nations, speaking different languages and practising different faiths. But this time it is on a completely different scale: a space that gathers peoples of all the nations in colleges and seeks to censor or convert peoples of other faiths; a space that gathers, displays and recirculates knowledge of the whole world. I refer, of course, to Rome. At the beginning and end of his stay, Montaigne in the travel journal explicitly compares the city to Venice with respect to its accommodation of diverse peoples and opinions. He comes out in favour of Rome (R92/F936-37; R126-27/F961-62).

The first thing Montaigne discovered upon entry is that the municipal authorities of Rome regulated not only behaviour and faith but the cargoes of books that travellers brought with them. At the gates, customs officers confiscated many, perhaps all of his books, including the copy of the 1580 *Essais* he was carrying. They are suspicious of a book of hours because it is published at Paris, not Rome, and of books of German but Catholic doctors of theology against heretics, simply because they have to mention the errors to combat them (R92/F937). From a customs officer's point of view the city of origin and the nation of the author are the most significant features of the books arriving at the city gates. Montaigne would not get his books back until mid-March; the *Essais* were returned with corrections on them, and other books were not returned at all. The mobility of books had its limits in 1580s Europe and those limits were encountered mostly at city gates and in ports.

In terms of literary objects that are mentioned in his journal, his stay in Rome is dominated by prestigious, luxury books of learning. These are repositories of knowledge and give rise in the hands of scholars and scholarly gentlemen to performances of philological skill such as *l'animadversion*. They are at the other end of the range of literary objects from the copied ordonnances described above. For example, Montaigne dines with the French ambassador one evening and participates in a civil conversation with noblemen and scholars. He defends Jacques Amyot's tendency to translate Plutarch's sense plausibly and coherently, in cases where he has missed the real meaning. Here, the problem is the diversity of interpretations both of Plutarch's text (through, for example, emendation) and of his language – now more perceptible than ever due to the consolidation of the transnational book trade in multiple centres north of the Alps, and the proliferation of new editions and translations. When the scholars attending the dinner declare their disagreement with Montaigne's judgement they produce two *passages* and compare Amyot's French text with both the Greek and with a text they refer to as "Estienne's Latin" (R113-14/R951-52). These *passages* are what might be called nested literary objects – they are objectified from within a larger text.

The text is that of a Greek and Latin edition of Plutarch published at Geneva in 1572, a copy of which has probably found its way into the ambassador's household in Rome. Largely thanks to the displaced Estiennes, Robert and Henri II, Geneva had been from the mid-century a new locus of classical text transmission, at the same moment as it became the new locus of the textual transmission of the "true" because reformed and Calvinist Christian faith. Geneva's rise in this respect is perhaps the most significant development in the diversifying geography of transmission of the "truths" of both classical and biblical antiquity around this mid-century moment. The corpus of classical writings was causing as many disputes over the interpretation of their meaning – the best way to translate them – as Luther's, if not with the same socially divisive consequences. Rome, Venice, Geneva, Frankfurt, Antwerp, Paris, Madrid, London were forming a new and connected but also conflicted and divergent network of European cities producing and promulgating such truths, their book trades labouring under various degrees and types of regulation. One of these cities, however, had recently become the site of much greater power than the others, even if its printing houses were peripheral to the European book trade.

To understand which, let us move quickly from the ambassador's household to a different space in Rome that Montaigne visited the same month, in March 1581: the Vatican library. This is a space which performs the Pope's command of universal knowledge and of literary objects from across the globe, including Asia. One of the literary objects which most compels Montaigne's attention is the "original of the book" (*l'original du livre*) that the perfidious Henry VIII composed against Luther, written in his own hand, and which was sent to the Pope fifty years back. He copies Henry's Latin distich into his journal and assesses the topoi and language of the prefaces ("for scholastic Latin, it is good").

Before this, he describes more perfunctorily "a Bible printed on vellum, one of those that Plantin has just done in four languages, which King Philip sent to the present Pope, as is stated in the inscription on the binding" (R112/F950). Here Montaigne refers to a unique copy (as opposed to *l'original*) that is one of a corpus of copies that comprise a polyglot bible recently authored by Plantin. In fact, it was one of a set of just thirteen special dedication copies of the Antwerp Bible printed on vellum; 1200 copies were printed on regular paper.[12] The copy

---

12 *Biblia Sacra Hebraice, Chaldaice, Graece, & Latine*, 8 vols., ed. Benito Arias Montano (Antwerp: Plantin, 1569-1573); Léon Voet and Jenny Voet-Grisolle, *The Plantin Press (1555-1589): A Bibliography of the Works Printed and Published by Christopher Plantin at Antwerp and Leiden*, 6 vols. (Amsterdam: Van Hoeve, 1980), n° 644. See https://www. christies.com/lotfinder/Lot/the-plantin-polyglot-bible-6154617-details.aspx (accessed on

Montaigne saw should have had eight volumes of about 700 pages each. In its preliminaries were the privileges issued by authorities from all over the Habsburg and Catholic world. Had he opened the books Montaigne would have been struck by the predominance of ancient Hebrew in the first four volumes and by the engraved maps and other illustrations towards the end.

For Montaigne, reading the inscription on the binding, the social act embodied in this object is an act of political gift-making, from the most powerful Catholic monarch to the Pope. Montaigne does not say if he read the prefaces, as he did in the case of Henry VIII's *livre* against Luther. Had he done so, and had he looked further into the book and its engravings, he would have read the project's lead scholar, Benito Arias Montano, describing how depraved interpretation of biblical texts had miserably disordered the Christian Republic – something Montaigne had noted in more neutral terms on his passage through German territories. One sees hatred, discord, and many factions, says Montano, as in the time of the famous Tower of Babel, peoples scattered in distinct and various families, speaking many different languages. And he would have seen world maps showing where the ancient Hebrew tribes had been scattered across many of the territories – including to the New World – now constituting Philip II's empire.[13]

The project of course originated in the philological concerns of scholars such as Masius and Montano himself. But, as Brekka has convincingly shown, the Plantin polyglot bible, or *Biblia Regia*, did evolve as an attempt by Montano to regather the post-Babel or post-Reformation world of scattered peoples and languages, including the New World, into a new unity under the spiritual and political rule of his patron Philip II of Spain. It was the scholarly centrepiece of a multifaceted political-cultural programme to establish Spain as the new Holy Land, Madrid as the New Jerusalem, the Escorial as the New Temple.[14]

---

18 September 2020) for a census of extant vellum copies, including this copy, three in the Escorial, and three in Madrid.

13   *Biblia Sacra Hebraice, Chaldaice, Graece, & Latine*, vol. 1, f. [11]r (counting the principal title-page as f. 1r); Pamela Merrill Brekka, "Picturing the 'Living' Tabernacle in the Antwerp Polyglot Bible", in Walter S. Melion (ed.), *The Anthropomorphic Lens: Anthropomorphism, Microcosmism, and Analogy in Early Modern Thought and Visual Arts* (Leiden: Brill, 2014), p. 207-230.

14   Brekka, "Picturing the 'Living' Tabernacle in the Antwerp Polyglot Bible", p. 207.

In book trade terms it was a response to the Protestant bibles that had saturated the market over the previous 25 years. According to the USTC, Geneva alone had produced 293 editions of the bible and parts of the bible in that period.[15] The Antwerp Polyglot hinged, intellectually and philologically, on a theory about the dispersal of the Hebrew people across the world and on the text of the Hebrew bible – which meant that it did run into problems with some Catholic censors. Philip and his empire were given an ancient Hebrew patrimony, despite the fact that he was pursuing a policy of expulsion of the Jewish people. So a visitor such as Montaigne looking more deeply into the book might have perceived some tension between its contents and its situation in the Pope's multinational space of universal knowledge. The Antwerp Bible aimed to produce the space of a transnational, multilingual, Catholic cosmopolis defined by the domains of the Spanish empire, the empire which at that moment in 1580 dominated many of the peninsular territories of the Italian nations, including, arguably, Rome itself.

So far we have encountered regional ordonnances and philological monuments. Where is the space of imaginative vernacular literature? By May 1581, Montaigne is on his way for a second time to Tuscany and Florence, this time for a longer stay. To a far greater degree than anywhere else he visits, Tuscany, and especially the environs of Florence, is the space of one powerful response to the problem of "language diversity" both on the Italian peninsula and in Europe more widely: the institutionalisation of a normative literary vernacular by means of editions of its canonical authors. It is at Lucca, in Tuscany, that Montaigne registers in his journal an impulse he had "to learn the Florentine language by methodical study" (R196/F1015). Near La Villa he switches to writing his journal in what would now be called Italian, though the printed text we have (the manuscript copy is lost) may present a version of his language produced by his late eighteenth-century editors. His core multilingual competence in Latin, French and Italian, with some Greek in the background, makes him a very distinguished member of the cosmopolitan European elite in this period.

Ariosto, in particular, is everywhere in the spaces of Tuscany. But he is everywhere, in Montaigne's journal, in popular performance art. So an

---

15   Universal Short Title Catalogue (https://www.ustc.ac.uk) (accessed on 18 September 2020).

illiterate peasant woman, Divizia, has heard Ariosto and other poets read
to her by her uncles, and as a result has developed a facility to improvise
Ariosto-like poetry orally, mixing in literary matter including *favole
antiche* and other mythological references (R173/F995). Her improvised
versi for Montaigne are judged ordinary as compositions but excellent
in their delivery. Even though there is no reason to believe they were
written down, and even though the composer could not read or write,
they qualify as literary performance objects at the art-like end of the
spectrum of textual objects. For they consist of verbalised lyrical text
and are improvised for a patron. Around Florence we are also told that
the shepherd girls have *l'Ariosto in bocca* as they accompany lutes in
song (R188/F1008). And Ariosto is not the only major literary author
mentioned during his visit. In Florence Montaigne records the occurrence of many discussions or *discorsi* amongst gentlemen at the house
of Silvio Piccolomini. He registers in writing the *discorso* of the host on
fencing and his praise of Machiavelli's *On the Art of War* (R186/F1006).

The only bookselling space named throughout the journal is the
bottega of the heirs of Filippo Giunti at Florence, which he visits a few
days later. The Italian book was a prestigious commodity in Renaissance
France and Montaigne had at least two Giunti books in his personal
library.[16] The Giunti shop was one part of a vast international network of
locations and connections that the family publishing house established
over generations and many countries across the century.[17] Montaigne
records purchasing items in terms of their genre and size – a *mazzo* of
eleven *commedie*, and a few *libretti*. But in his journal he focussed, in
Italian, on one literary object in particular. He comes across a book of
certi Discorsi on Boccaccio, published in 1574 (R187/F1007).[18] These were
undertaken by Vincenzo Borghini and the *Deputati* who had been directly
commissioned by the Grand Duke himself to prepare a philologically

---

16   See the website of *MONLOE: MONtaigne à L'Œuvre*, "Liste des livres de Montaigne et
     de La Boétie conservés ou attestés" (https://montaigne.univ-tours.fr/category/librairie/
     volumes/) (accessed on 18 September 2020).

17   Angela Nuovo, *The Book Trade in the Italian Renaissance*, trans. Lydia G. Cochrane (Leiden:
     Brill, 2013).

18   Vincenzo Maria Borghini, *Annotationi et discorsi sopra alcuni luoghi del Decameron, di m.
     Giovanni Boccacci; fatte dalli molto magnifici signori deputati da loro altezze serenissime, sopra
     la correttione di esso Boccaccio* (Florence: Giunti, 1574). The USTC records a few surviving
     copies of an imprint dated 1573 and many more of the imprint of 1574.

and morally "corrected" text of Boccaccio's *Decameron* compliant with the Tridentine *ordine* and acceptable to the Papal Roman authorities. The corrected edition or *correttione* had appeared with the Giunti in the previous year, 1573.

Boccaccio's works had been placed on the first Roman Index published in 1559. In the aftermath of the Tridentine Index of 1564, hope had been held out that a *correttione* might save the *Decameron*. However, Montaigne does not record seeing an edition of the great collection of novels in the bookstore. The reason for this may be that there was not one there. The Roman authorities had not in the event been happy with Borghini and the *Deputati*'s corrected edition and the Giunti were ordered not to sell it. A savage new list of required cuts was dispatched from Rome.[19] A new *correttione*, by Salviati, would not be out with the Giunti in Florence and Venice until the year following Montaigne's visit, 1582.[20] Boccaccio, Boccaccio's *Decameron*, were at this moment icons that attracted both official iconoclasm, from the authorities in Rome, and official idolatry, from the authorities in Florence.

But Montaigne does not mention any of this. The literary object that catches his eye on this occasion is a nested object: a two and a half page paratext which he describes as the *testamento di Boccaccio* printed with the *Discorsi*. It appears well inside the book, after a four-page dedication and a 28-page *proemio* to the reader. He most probably alighted upon it by reading the first page of the volume's address to the reader, which mentions it prominently. What is this *testamento* there to show? The custodians of Boccaccio's work in Florence use it to determine the way readers receive the *Decameron* by restoring the author's memory from his unjust reputation as a less than Catholic disseminator of new and perverse opinions. They describe the *testamento* as an *ottimo inditio del suo ben disposto animo* ("an excellent token of his well-disposed soul").[21] The relevant text reproduces in print, according to the editors, the torn and humble document on which Boccaccio left his will. As a printed

19 Brian Richardson, *Print Culture in Renaissance Italy: The Editor and the Vernacular Text, 1470–1600* (Cambridge: Cambridge University Press, 1994), p. 165. See p. 161-165 in Richardson's study for the whole story of this edition.

20 Brian Richardson, "The Textual History of the *Decameron*", in Victoria Kirkham, Michael Sherberg, and Janet Levarie Smarr (eds.), *Boccaccio: A Critical Guide to the Complete Works* (Chicago: University of Chicago Press, 2013), p. 45.

21 Borghini, *Annotationi et discorsi*, sig. 2A1r.

simulacrum, it has gaps in the text throughout, to signify the parts no longer present or legible. From the editors' point of view the physical state of the will, its failure to inventory more than the most humble worldly goods, point to Boccaccio's qualities of piety and religion, diligence and kindness (*pietà, e religione, accuratezza e amorevolezza*).[22] The reader is invited to read these qualities into the *novelle* that the whole volume comments upon.

An administrative document becomes a printed literary "art" object. It is an "art" object in the sense that it is fashioned to be animated with the personhood of a medieval author who had become a contested *lieu de mémoire* for readers across sixteenth-century Europe.[23] It had been the purpose of the 1573 edition and 1574 annotations to reimagine the author's quality as a pious and religious man for an international Roman Catholic audience. To no avail, as it turned out. And Montaigne does not quite obey the instructions. The *testamento* shows him something different. He states that the torn and humble will shows in "this great man" (*questo grand'Uomo*) not piety and religion but "an admirable poverty and lowliness of fortune" (*una mirabile povertà e bassezza di fortuna*; R187/F1007). He gives details of the provisions of the will, to illustrate this. What is intended as a quasi-holy relic of the humble and pious Boccaccio is received by Montaigne as a secular relic of an impoverished literary great.

So Florence, as constituted by Montaigne in his travel journal, is a space where vernacular literary authors and their works have a presence of a different order of magnitude than anywhere else he traverses in Europe. But the space is produced and regulated by powerful patrons and authorities; the correct and safe publication of an author like Boccaccio is a matter of state. By c.1550, thirty years earlier, the Italian literary vernacular book as edited by literary scholars such as Bembo and sold by publishers such as the Giunti had conquered France and Europe.[24] The Grand Duke

---

22 Borghini, *Annotationi et discorsi*, sig. 2D3r.
23 I term it a literary "art" object because the nature of Montaigne's relationship to this object in this space is more art-like in Alfred Gell's anthropological sense than his relationship to the text of the ordonnance at Plombières, or even to the text of Plutarch at Rome. See Alfred Gell, *Art and Agency: An Anthropological Theory* (Oxford: Clarendon Press, 1998).
24 Shanti Graheli, "The Circulation and Collection of Italian Printed Books in Sixteenth-Century France" (unpublished PhD dissertation, University of St. Andrews, 2015).

himself continued to see it in the early 1580s as a crucial vehicle of the cultural authority and prestige of Medici Florence and Tuscany – hence his commissioning of Borghini and the *Deputati* to save Boccaccio's *Decameron*. The mobility of copies of Boccaccio's books and of his authorial persona is complemented by the mobility of elite travellers like Montaigne visiting the Giunti bookshop from France and carrying away with them both books and knowledge about books and their authors.

These are just a few examples, taken from Montaigne's journal, of moments in the dynamic social lives of literary objects. We have encountered very different scenarios and types and degrees of objectification and extension. The text of the ordonnance from the *tableau* is attested by only one source in only one of its languages. The œuvre of Boccaccio extends across multiple regions, languages, centuries. But even in the latter case there are limits imposed by jurisdictions in particular spaces. There appears to be no copy of the *Decameron* in the Giunti shop because the Roman authorities have prohibited its sale there. Elsewhere in Europe, where Papal authority did not reach, distributed copies will have been freely on sale.

We have noted many different kinds of objectifications of words, with diverse forms, distinct types and degrees of materiality: passages, testaments, books, inscriptions, works, writings, and performances.[25] The agency and sociality of literary objects – how and what they communicate, what actions and performances they give rise to, with the participation of which social actors and networks – have also been seen to vary enormously. Aside from Divizia, we have seen little of womens' participation in such networks, but Montaigne does famously receive *un petit livre de Lettres* from a man sent by Veronica Franco (R68/ F920). A literary object can be or be used for a gift, a performance of philological or verbal skill, a refashioning of the reception of another literary object (the Boccaccio paratext). And there are many other objects, named in different ways, collected or nested within the text of the *Journal*, including *histoires memorables* and *discorsi*. These have different materialities and temporalities. Some are written down directly from events or utterances that happen in Montaigne's presence (including his

---

25 Our choice of the *Journal* has perhaps skewed us away from the dimensions of language and cognitive agency, of literary matter and form – which is where the *Essais* would come in – and towards dimensions of spatiality, sociality, mobility.

own *discours*), some are written down very soon after the event from a witness's oral account, some are *histoires* that have been circulating in the region and that may already have appeared in print.

Language is perhaps the primary dimension of any literary object, but it is, for obvious reasons, not as prominent in the *Journal* as in the *Essais*. We have, though, encountered monolingual and multilingual objects and spaces, as well as issues of interpretation of classical and theological texts. We have noted in more substance the relationship between literary objects and different kinds of spaces (baths, cities, gentlemens' households, libraries, bookshops) and social contexts (Catholic scholars and censors, festive singers of Ariosto). We have also noted instances of the inverse and complementary phenomenon to all of this: objects which act or seek to act on and through the various dimensions of their environment in both pragmatic and mimetic modes, with varying degrees of success. According to Montaigne, the laws at Plombières are indeed met with religious observance by a good, free people. The Antwerp Bible became an attempt to reshape the Roman Catholic cosmopolis in imperial Spanish space, but, despite Papal approval, severe doubts about its Tridentine orthodoxy limited its impact. From one perspective, the *Journal* itself writes a cosmopolitan itinerary through the diverse spaces of western Europe, though for an extremely limited household audience (it was held in manuscript at Montaigne's chateau).

Other examples could have expanded the range still more. In Montaigne's eyes and hands, the books on display in the space of the Vatican library exhibit the most extraordinary diversity, in terms of the overlapping dimensions we have been considering. There are literary objects from distant spaces and times that he cannot read. In a *livre* from China, Montaigne sees only "strange characters" (*le caractere sauvage*); he has no sense of its form or genre, only of its materiality. He feels its texture, that of a material much softer and more pellucid than paper. There is a fragment (*lopin*) of ancient papyrus with unknown characters. There is Saint Gregory's handwritten *Breviaire*, with a social but not a precise temporal tradition (*nul tesmoignage de l'année, mais [...] de main à main il est venu de luy*), and a function as a *tesmoignage* of Catholic ceremonies at the Council of Trent. There is a *livre* of Aquinas that is a textual witness (it has authorial corrections). And so on until the fifty-year old and more recent gifts from Henry VIII and Philip of Spain (R111-12/F950).

I have not illustrated one major type of literary object that mediated social life at a distance and on the move in this period: the missive letter. Letters are following Montaigne from Bordeaux and elsewhere as he travels. He in turn is writing letters as he goes and carrying them for others. From Bolzano he writes back to Hotman, whom he had seen in Basel, with a description of Germany that presumably draws on some of the material in the journal itself (R57-58/F912). One rare glimpse of the cognitive environment of letter-writing is when Montaigne succumbs to his grief for the loss of La Boétie in the course of writing to Arnaud d'Ossat (R162/F989).

The spaces and physical realities of the book trade of course feature in more respects than I have indicated. We hear Montaigne has bought the works of Cardinal Cusanus in a bookshop in Venice, but in the relevant passage they feature mainly as a physical cargo which he has to leave with a trusted French custodian in Padua, for picking up on the way back – giving us insight into the networks and practices facilitating the personal transport of books (R71/F922). On another occasion on the way back, the pack horse falls down in a stream and all his things, including his books, are ruined (R279/F1023).

Some books have things within their covers and stretch the situational category of "literary object" still further. There is, for example, the unfinished *herbarium* or *livre de simples* of Felix Patter, which in modified form survives today in eight volumes. This is a book that does not move, though the samples it contains have a global provenance. One had to travel to Platter's cabinet in Basel to see it. Many scholars and gentlemen with connections in the Protestant republic of letters did so travel to see it, and took news of it and Platter's reputation away with them – contributing to his self-fashioning across learned networks. It presented more as a material than as a textual object, as it contained dried natural samples transported from many countries including Egypt. But the book is performed by Platter in such a way as to demonstrate the skill with which it has been made: the art of pasting the samples in their natural state (*l'art de les coller toutes naturelles*) so that the pages can be turned without anything dropping out. This is what Montaigne notes (R15/F878). Is the book a literary object? Perhaps, insofar as it does contain text, much of it in Latin, in images cut-and-pasted from printed books and in handwritten labels and short inscriptions, and it does facilitate social relations and actions in the republic of letters. But it is more obviously a visual art object; it demonstrates a certain kind of art for displaying natural samples.[26]

There are other objects whose situational status is both literary and instrumental or documentary at the same time (including the *Journal* itself, and, arguably, even the *Essais*). Medicine has both literary and pragmatic dimensions. Some of the books Montaigne carried with him had an instrumental use in relation to just one of the many ways of describing the motives of his mobility: spa tourism. He was collecting knowledge in writing about the different waters and the effects they had on him physically, so that he could adjust his "rule" for taking them. He transcribes in detail the verbal *discorso* of Maldonado on the subject – another literary object carried back to Bordeaux that did not become literary matter for the *Essais* (R5/F868-69). And we learn in another passage, that these waters were themselves commodities on the move across Italy. In this case, then, books moved and worked in relation to the itineraries of other, related commodities. But like all knowledge in this period, it was disputable. The book Montaigne was probably carrying, by Andrea Bacci (*De thermis*, 1571), said that the waters at Viterbo were the best for drinking of all the waters of Italy. Customers had their own opinions, though, and put them in writing in specific places. An inscription (*la scritta*) on the wall at Viterbo performs a curse issued by a patient to the doctors who sent him – yet another kind of literary object in the very broad sense I am using (R208/F1025).

There is writing in the environment everywhere, but of very different kinds. In a Lutheran church he finds walls loaded with *escrits*, with *passages* from the German bible that he cannot read (R40/F898). Landsberg is covered in Latin mottoes that construct and display its Bavarian heritage (R38-39/F897). The Catholic shrine of Loreto is also covered in writing along with images. The rich votive tablets fixed there from so many places and princes tended to have inscriptions, though Montaigne does not transcribe any. He does describe the large marble tablets which carry the narrative of the miracle of the holy house in five different languages including Sclavonian (R139-42/F971-73). So votive

---

26 Davina Benkert, "The 'Hortus Siccus' as a Focal Point: Knowledge, Environment, and Image in Felix Platter's and Casper Bauhin's Herbaria", in Susanna Burghartz, Lucas Burkart, and Christine Göttler (eds.), *Sites of Mediation: Connected Histories of Places, Processes, and Objects in Europe and Beyond, 1450-1650* (Leiden: Brill, 2016), p. 211-239.

tablets are brought from afar to be fixed there, while the narrative of the holy house is fixed in this sacred *lieu de mémoire* but carried away as literary cargo by the countless visitors.

Elsewhere, there is visual art with vandalised writing. Montaigne describes a life-like image of the French King Charles VIII kneeling before the Madonna on the side of a house at Pisa. The *scritta* reveals that it commemorates the King's granting of liberty to the Pisans, a magnanimous act to which he was prompted invisibly by the Madonna in that very house. But the words concerning the granting of freedom have been purposely disfigured and half effaced – Charles had not in the event prevented Pisa falling back into the hands of the Duke of Florence (R190/F1010). Finally, at one end of the multidimensional range of literary objects I have been delineating, is the material and ancient letter that does not form a word. Montaigne sees upturned *scritte* and unknown characters, said to be in Etruscan, in the ancient ruins used to build Pisa cathedral; at Tivoli he sees five or six large Roman letters (*grosses lettres*) that he cannot make into Latin words (R189/F1008; R130-31/F964-65).

With these examples I have been attempting to illustrate an approach to European literary history that draws heavily upon but takes us beyond both the history of the book and the traditions of national and comparative literary historiography. *EALH 1545-1659* is a successor to David Wallace's brilliantly conceived *Europe: A Literary History, 1348-1418.*[27] Wallace tempered the dominance of nation-state-based models of literary history by using nine different cross-border itineraries to map the literary terrain. Each chapter focussed on a different place, usually a town or city, that was part of an itinerary of five to ten places linked together by an editorial introduction. The theme was *regeneration* through literature after the Black Death of 1348 and the touchstone text was Boccaccio's *Decameron*.

The equivalent theme for this project is literature and *diversity*: the diversity of literary objects as materialised and extended in the world; the writing in literary objects of the diverse world of post-Reformation Europe and its global connections. We have perhaps seen the former phenomenon better illustrated than the latter. From the 1540s, the writing of the religio-political divergences in post-Reformation Europe converges with the writing of the diversity of the non-Christian cultures

---

27   David Wallace (ed.), *Europe: A Literary History, 1348-1418*, 2 vols. (Oxford: Oxford University Press, 2016).

encountered westwards and eastwards in colonial, commercial and evangelical contexts. Global variations in human culture and the natural
world – and in opinions about them – were at this moment brought
closer together in the minds of both literate and non-literate consumers
of a proliferating variety of literary and visual objects and matter.

The touchstone text for *EALH 1545-1659*, the equivalent to Wallace's
Boccaccio, is, of course, Montaigne's œuvre (especially the *Essais* and
the *Journal*). On his travels, Montaigne mostly essays intra-European
diversity – even if at Rome and elsewhere he encounters people, objects
and languages from across the world, such as the Patriarch of Antioch
who has five or six of the languages of "over there" (*celles de delà*) but no
Greek or any of "our other tongues" (*autres notres*) (R113/F951). In his
reading and civil conversation he essays the diversity of world cultures
across history and across the contemporary new and old worlds. In the
Essais, he accommodates an extraordinary, unsorted variety of literary
matter, and he writes global *diversité* as a form of variety to be embraced
– except in religion, where, in the case of Luther, he writes it as divergence and confusion. His overall design is to write a non-divisive text
in a world of increasingly divergent opinions.

The greatest virtue of Wallace's project was a new degree of inclusivity.
It significantly diversified the geography of European literary historiography, even though medieval studies has a better record in that respect than
early modern studies. It had chapters on literary spaces from Santiago de
Compostela to Novgorod, from Tunis to Danzig. But it perhaps did not
consistently capture the transregional mobility and extended sociality
inherent in the literary field even in the pre-print era. It rarely followed
literary actors and objects along itineraries and through networks. This
successor project retains the goals of including a diversity of literary spaces,
languages, forms and actors from across Europe and connected territories.
But it aims to balance this with more attention to the diverse lives of
the literary objects in different spaces, the ways in which they are transported and translated by different actors, loaded with changing cargoes
of information and agency, moved from one place and form to another.

Each chapter centres, then, not on a literary place but on a literary
object that is part of a corpus of literary objects. These corpora vary
widely in character. Some of them are constituted by actors at the time
(an author's works, a collector's or reader's library, an archive, a bookseller's

stock). Others are put together by contributors to explore particular dimensions of literary culture, such as the semantic and linguistic mobility of a particular word or vocabulary, or the spaces of writing and interpretation created by a corpus of paratexts. The corpus might be a "corporate" or "distributed" object such as the "writings" of Luther as disseminated over a particular expanse of space-time and languages, or a bible disseminated from a particular place of origin (the "Antwerp Polyglot Bible", the "Geneva Bible"). Or it could be a single work or text as composed, or as designed to communicate – an encyclopedic work, a framed collection of novels such as Boccaccio's, a comprehensive miscellany, an epic poem or travel narrative that reimagines a whole "world" of literary matter and of space and time. Again, the writing of the world within and by literary objects will be as important as the circulation of literary objects in the world.

Other corpora will focus contributors' minds on the dimensions of temporality and mobility: the distributed literary effects, for example, of a particular event (news, histories, controversies) – a "media event". One could study a set of medieval romances or classical texts as extended and translated across various forms and languages. Another contributor could take an ensemble of texts offering the same recurring narrative or figural "matter" in different popular and elite forms and languages, or a corpus that plots the itinerary and mutability of a genre or popular lyric across regions and communities, or of a format across the book trade. A focus on sociality and spatiality might bring together a corpus constituted by: a popular festivity; the scripts (translated and otherwise) performed in a particular theater or by a particular players' company on the move; the literature of a transnational confessional or learned community; a body of multiscriptural inscriptions in public spaces in a multilingual region. One might, finally, take the corpus of literary objects encountered along the transregional itinerary followed by one traveler, writing diversity as he goes.

Warren BOUTCHER
Queen Mary University of London

DE LA CIRCONCISION

Montaigne et la communauté juive de Rome

À la mémoire de Max Weizman.

Le lundi 30 janvier 1581, deux mois après son arrivée à Rome, Montaigne a l'occasion de se rendre dans le ghetto afin d'y assister, sur le seuil d'une maison privée, à une circoncision[1]. Le *Journal de voyage*, tenu pour quelques jours encore par son secrétaire, souligne cette circonstance opportune en recourant à un mode superlatif et à une structure présentative qui, dans le contexte anti-judaïque de l'époque, produisent un détonant effet de réclame : « Le trentiesme, il fut voir la plus ancienne ceremonie de religion qui soit parmy les hommes, et la considera fort attentivement et avec grande commodité : c'est la circoncision des Juifs[2] ». Ainsi se trouve d'emblée justifié le fait que la description procurée par la suite soit, de toute la relation de voyage, l'une des plus longues consacrées à une « cérémonie » avec celle de l'audience pontificale et celle des processions de la semaine sainte.

La tentation existe, bien entendu, de recourir à l'argument identitaire afin de rendre compte de cet intérêt remarquable pour le rite qui symbolise dans le judaïsme l'alliance entre Dieu et la descendance d'Abraham (Gn 17 : 11-14) : on rappellera alors la probable ascendance

---

1   Le ghetto juif de Rome, institué par Paul IV en 1555 sur le modèle de celui de Venise (1516), se situait sur la rive gauche du Tibre, à la hauteur de l'île Tibérine. C'est là que s'élève aujourd'hui la Grande synagogue. Les études sur le ghetto romain à la Renaissance sont évidemment nombreuses. Pour un ouvrage récent relevant de l'histoire sociale, voir Serena di Nepi, *Sopravvivere al ghetto. Per una storia sociale della comunità ebraica nella Roma del Cinquecento*, Rome, Viella, 2013.

2   *Journal de voyage de Michel de Montaigne*, éd. François Rigolot, Paris, Presses Universitaires de France, 1992, p. 101-102. Désormais *JV*. Sauf indication contraire, mes citations du *Journal de voyage* renverront toujours aux pages 102-103 de cette excellente édition.

juive de Montaigne ou, avec moins de prudence, on postulera un marranisme par définition indémontrable au risque de perpétuer le soupçon inquisitorial consistant à voir en tout *converso*, ou descendant de *conversos*, un crypto-juif en puissance[3]. Sans exclure que les origines familiales de Montaigne – tout comme l'établissement à Bordeaux de nombreux convertis venus de la péninsule ibérique – aient pu favoriser chez lui une curiosité bienveillante à l'égard du judaïsme, je voudrais montrer qu'une lecture non identitaire des pages sur la circoncision est plus fidèle au texte du *Journal de voyage* et, surtout, rend mieux justice à la modernité de la perspective anthropologique qui s'y déploie. Faut-il rappeler que Montaigne a composé l'essai « Des Cannibales » (I, 31) sans compter de Tupinambas parmi ses ancêtres ?

COMMUNAUTÉS EN MIROIR

Si alléchant soit-il, l'effet d'annonce dégagé plus haut n'est pas immédiatement suivi de la description d'une circoncision. Dans l'intervalle s'insère l'évocation d'un office régulier à la synagogue,

---

3   La question des origines juives de Montaigne ne semble pas encore totalement réglée, comme en témoigne la lecture des articles « Louppes, Antoinette de » (Jean Balsamo) et « Juifs – Judaïsme » (Daniel Ménager) du précieux *Dictionnaire de Michel de Montaigne* dirigé par Philippe Desan (Paris, Classiques Garnier, 2016). Montaigne descendait par sa mère Antoinette de Louppes (Lopez) d'une famille d'origine espagnole établie à Toulouse au cours du XVe siècle. Même si l'on admet que les Louppes étaient des nouveaux chrétiens, il faut souligner que Pierre (Pedro), le grand-père maternel de Montaigne, épousa une chrétienne « de souche » en la personne d'Honorette du Puy, ce qui ne témoigne guère d'une stratégie marrane. Pour une étude suggestive sur les affinités de Montaigne avec le judaïsme, voir Géralde Nakam, *Le Dernier Montaigne*, Paris, H. Champion, 2002, chap. IV. Une lecture identitaire plus téméraire est proposée par Sophie Jama dans *L'Histoire juive de Montaigne* (Paris, Flammarion, 2001). Tout aussi *infalsifiable*, car textuellement non fondée, me paraît l'hypothèse selon laquelle Montaigne aurait congédié son secrétaire durant le carnaval romain de 1581 en raison d'une divergence de vue sur la course humiliante imposée aux juifs à cette occasion. Voir Ilana Zinguer, « Montaigne et le Carnaval de Rome », dans Ilana Y. Zinguer et Sam W. Bloom (dir.), *L'Antisémitisme éclairé. Inclusion et exclusion depuis l'Époque des Lumières jusqu'à l'affaire Dreyfus*, Leiden & Boston, Brill, 2003, p. 19-29; et « L'implicite à propos des Juifs de Rome », dans Ilana Zinguer, Abraham Melamed et Zur Shalev (dir.), *Hebraic Aspects of the Renaissance. Sources and Encounters*, Leiden & Boston, Brill, 2011, p. 154-163.

sur la base d'une visite précédente effectuée pendant le shabbat : « Il avoit dejà veu une autre fois leur synagogue, un jour de samedi, le matin ». Contrairement à ce qu'affirment certains commentateurs, cette expérience de l'office du samedi ne peut pas procéder du séjour à Vérone : si le *Journal de voyage* signale effectivement que Montaigne, parti à la rencontre des juifs de cette ville, « fut en leur synagogue et les entretint fort de leurs ceremonies[4] », la reconstitution de son itinéraire oblige à situer l'étape véronaise le mardi 1er et le mercredi 2 novembre 1580[5]. C'est donc bien la communauté juive de Rome qui lui a ouvert les portes de la synagogue durant le shabbat, lui offrant l'occasion d'observer dans les meilleures conditions ses rites et ses coutumes religieuses. Il est même possible qu'elle ait renouvelé son invitation le lundi 30 janvier 1581, mais l'on ne peut être certain que Montaigne ait assisté à un service ce jour-là, ni même qu'il soit entré dans la synagogue, car la formulation adoptée dans le *Journal* (« Il avoit dejà veu ») peut aussi bien donner à entendre qu'il jugeait une nouvelle observation inutile.

Quoi qu'il en soit, le *Journal de voyage* rend compte de cette expérience du culte juif en écartant toute question théologique, tout contenu doctrinal[6], pour s'attacher de préférence aux pratiques, notamment à certains détails gestuels et vestimentaires : « Ils lavent les mains à l'entrée, et en ce lieu là ce leur est execration de tirer le bonnet ; mais baissent la teste et le genouil où leur devotion l'ordonne. Ils portent sur les espaules ou sur la teste certains linges, où il y a des franges attachées[7] : le tout seroit trop long à deduire ». Comme le suggère toutefois cette faible motivation descriptive, l'attention de Montaigne est principalement mobilisée par autre chose, qui relève de l'ambiance générale régnant dans la synagogue. À commencer par l'atmosphère sonore, dont il souligne d'un ton neutre le caractère cacophonique :

---

4   *JV*, p. 65.
5   L'édition de François Rigolot n'est pas cohérente sur ce point précis, puisqu'elle paraît situer l'expérience de l'office du shabbat à Vérone (*JV*, n. 54, p. 102) alors même que le « Calendrier et itinéraire du voyage » qui figure en annexe donne à juste titre, pour le séjour véronais, les dates que je viens d'indiquer (p. 327). Dès lors, l'erreur est répercutée par exemple dans l'article de Daniel Ménager cité *supra*...
6   À cet égard, il est frappant de constater que le *Journal* n'enregistre aucun des arguments échangés lors des discussions qui font suite au sermon, tout en relevant que l'un des intervenants est doté de « beaucoup d'eloquence et beaucoup d'esprit en son argumentation ».
7   On reconnaît ici le *talit* (טלית), ou châle de prière.

> ils chantent desordonnement, comme en l'eglise Calvinienne, certaines leçons
> de la Bible en Hebreu accommodées au temps. Ils ont les cadences de son
> pareilles, mais un desaccord estreme, pour la confusion de tant de voix de
> toute sorte d'aages : car les enfans jusques au plus petit aage, sont de la partie
> et tous indifferemment entendent l'Hebreu.

La participation de l'ensemble des fidèles à la prière chantée a manifestement un prix qui, chez les juifs comme peut-être chez les huguenots,
se mesure au nombre de fausses notes[8]. Mais on aurait tort de penser
que le *Journal* s'empare de ces discordances pour mettre en rapport deux
formes d'altérité religieuse. Dès lors qu'il est question d'une certaine
dissipation dans l'assistance, ce sont les catholiques qui, bien mieux
que les calvinistes, constituent un terme de comparaison approprié :
« Ils n'apportent non plus d'attention en leurs prieres que nous faisons
aus nostres, devisant parmy cela d'autres affaires, et n'apportant pas
beaucoup de reverence à leurs mysteres ».

Si les communautés religieuses se distinguent par leurs croyances et
par les règles qui régissent leurs pratiques, elles se rapprochent les unes
des autres par leur capacité de dissonance ou de distraction, par cette
prise de distance spontanée, profondément humaine, qui est tout le
contraire du fanatisme inspiré. Le désordre, la confusion et la dissipation
semblent alors se retourner en des qualités positives qui témoignent d'un
rapport sain à l'égard des cérémonies. L'atmosphère de détachement qui
caractérise la synagogue, et que semblerait presque mimer une certaine
nonchalance descriptive, est le miroir que la communauté juive de Rome
tend, *Urbi et Orbi*, à la grande famille humaine.

---

8   Pour ce qui est des huguenots, tout dépend du sens que l'on attribue à « desordonnement »,
    qui semble d'abord renvoyer au fait que la succession des prières (des Psaumes, dans le
    cas de l'« eglise Calvinienne ») ne suit pas l'ordre du texte biblique. Mais il se pourrait
    bien que l'harmonie sonore du culte réformé ne sorte pas indemne de ce rapprochement.
    On ne fait pas tomber sans quelque vacarme un « jubé sonore », pour reprendre la belle
    formule de Max Engammare (Clément Marot et Théodore de Bèze, *Les Pseaumes mis en
    rime françoise. Volume I : texte de 1562*, Genève, Droz, 2019, p. VII).

UNE PRÉCISION CHIRURGICALE

Reste que ce détachement trouve sa possibilité même dans un lien indéfectible, inscrit non sans violence dans le corps du nourrisson mâle depuis les temps les plus reculés. La circoncision intéresse Montaigne en raison de son ancienneté, on l'a vu, mais peut-être aussi parce qu'elle lui offre l'occasion de mettre à l'épreuve certaines préventions répandues parmi les chrétiens[9]. Il en propose en tous les cas une description remarquable par sa minutie, dans laquelle on peut identifier au moins deux stratégies permettant de neutraliser la charge d'altérité d'un rite contenant objectivement une part de douleur et de sang.

La première s'inscrit dans le prolongement des relations spéculaires analysées plus haut. Elle consiste à poser certaines équivalences entre la circoncision et le baptême en faisant abstraction de la longue tradition d'origine paulinienne qui appréhende les deux rites selon l'opposition entre la lettre et l'esprit[10]. Après avoir indiqué que les circoncisions se pratiquent à domicile – ce qui n'est en réalité qu'une possibilité – et que celle à laquelle son maître a assisté s'est déroulée par commodité « à l'entrée de la porte », le secrétaire note une première similitude entre les deux rites : « Ils donnent aus enfans un parrain et une marraine *comme*

---

9   Indépendamment même de tout positionnement théologique, on observe parfois dans le discours de l'époque une véritable phobie de la circoncision qui se manifeste particulièrement dans le rapport à l'islam. La *Cosmographie Universelle* d'André Thevet (Paris, Guillaume Chaudière, 1575) insiste ainsi sur la douleur endurée par les enfants musulmans ou les esclaves convertis « lorsque leurs Prestres leur viennent à couper la peau du bout de la verge, qui est le lieu plus mollet et tendre qui soit sur l'homme : voire que souventefois il y en a qui meurent de telle douleur : ou s'il y survient apostume, en perdent le membre, et sont contraints de le faire couper » (Livre IX, chap. 11, f. 305v). Le même feuillet est orné d'une gravure offrant un contraste saisissant entre un groupe de musiciens festifs et un adulte maîtrisé avec difficulté par quatre personnages enturbannés tandis qu'un cinquième s'apprête à l'opérer au moyen d'un imposant couteau… Le rapprochement entre les circoncisions musulmane et juive est proposé aussi bien par Thevet que par Postel, lequel esquive toutefois, dans un esprit de conciliation, la description de l'opération elle-même (voir *De la Republique des Turcs*, Poitiers, Enguilbert de Marnef, 1560, p. 39-43).

10   « En effet, ce n'est pas ce qui se voit qui fait le Juif, ni la marque visible dans la chair qui fait la circoncision, mais c'est ce qui est caché qui fait le Juif, et la circoncision est celle du cœur, celle qui relève de l'Esprit et non de la lettre » (Rm 2 : 28-29).

nous : le pere nomme l'enfant[11] ». À ce rapprochement placé avant la description de l'opération en répond un second qui vient la ponctuer en atténuant sensiblement la douleur ressentie par le nouveau-né : « Il semble qu'il y ait beaucoup d'effort en cela et de douleur ; toutefois ils n'y treuvent nul dangier, et en est tousjours la playe guerie en quatre ou cinq jours. *Le cri de l'enfant est pareil aux nostres qu'on baptise* ». Avec cette nouvelle mise en rapport, qui relève du tour de force en ce qu'elle porte justement sur ce qui devrait *a priori* distinguer les rites juif et chrétien, l'ablation du prépuce se trouve finement circonscrite au moyen d'un dispositif analogique diminuant sa part d'étrangeté potentiellement répulsive.

La seconde stratégie, déployée de façon tout à fait spectaculaire, consiste à évoquer avec soin chacun des objets utilisés ou des gestes accomplis par le *mohel* (מוהל) au cours de la cérémonie. Qu'on en juge par ces lignes consacrées à la circoncision proprement dite :

> Sur la table où est assis ce parrain, il y a quant et quant un grand apprest de tous les outils qu'il faut à cette operation. Outre cela, un homme tient en ses mains une fiole pleine de vin et un verre. Il y a aussi un brasier à terre, auquel brasier ce ministre chauffe premierement ses mains, et puis trouvant cet enfant tout destroussé, comme le parrain le tient sur son giron la teste devers soy, il luy prend son membre et retire à soy la peau qui est au dessus d'une main, poussant de l'autre la gland et le membre au dedans. Au bout de cette peau qu'il tient vers ladite gland, il met un instrument d'argent qui arreste là cette peau, et empesche que, la tranchant, il ne vienne à offenser la gland et la chair. Après cela, d'un cousteau il tranche cette peau, laquelle on enterre soudain dans de la terre qui est là dans un bassin parmy les autres apprests de ce mystere. Après cela, le ministre vient, à belles ongles, à froisser encore quelque autre petite pellicule qui est sur cette gland et la deschire à force, et la pousse en arriere au delà de la gland.

Qu'il s'agisse du *magen* (מגן) ou bouclier (l'instrument d'argent servant à protéger le gland), du prépuce sectionné que l'on enfouit dans un peu de terre ou du difficile décollement de la « pellicule » avec les

---

11 Ici comme ailleurs, c'est moi qui souligne. Dans le judaïsme, l'homme qui tient le nouveau-né sur ses genoux pendant la circoncision s'appelle le *sandaq* (סנדק), terme dérivé du grec σύνδικος (« celui qui assiste quelqu'un en justice ») au même titre que le français « syndic ». Ni lui, ni la femme choisie pour lui apporter l'enfant n'ont à veiller sur l'éducation religieuse de celui-ci, contrairement au parrain et à la marraine dans le christianisme.

ongles, la précision de ces remarques témoigne à la fois de conditions d'observation privilégiées – Montaigne a dû être admis quasiment aux côtés du *mohel* – et d'une qualité d'attention tout à fait comparable à celle d'un chirurgien ou d'un médecin. On mesure à quel point la formule introductive du passage n'avait rien d'excessif : « et la considera fort attentivement et avec grande commodité ».

L'authenticité de chacun de ces détails (et de la plupart des autres) peut au demeurant être vérifiée par la comparaison du *Journal de voyage* avec deux descriptions elles aussi méticuleuses datant à peu près de la même époque : celle procurée par le médecin Thomas Platter le Jeune en 1604-1605 sur la base d'un séjour de deux mois en Avignon fin 1598 et celle proposée par le rabbin Léon de Modène dans son *Historia de riti hebraici* rédigée à l'intention des chrétiens dès le milieu des années 1610 et publiée pour la première fois en 1637-1638. Dans sa relation de voyage, le membre de l'illustre famille bâloise mentionne en effet que le « petit bout de chair » (*stücklin*) est jeté dans une « coupelle qui contient du sable » (*schüßlin mitt sandt*) et, lui non plus, n'omet pas de donner à voir l'action douloureuse qui fait suite à la section du prépuce :

> le circonciseur prend dans ses deux ongles de pouce épointés et aiguisés la peau mutilée du sexe de l'enfant, la déchire en l'arrachant de son support et en la retroussant vers l'arrière ; et cela de façon que le petit gland soit de toute part dénudé et découvert : telle est la phase de la cérémonie qu'ils appellent la « mise à nu », et elle est beaucoup plus douloureuse pour le petit bonhomme que ne l'est la circoncision proprement dite[12].

Quant au rabbin vénitien, il précise que l'on peut préparer « une écuelle avec du sable, pour y mettre le prépuce que l'on coupe », que certains « se servent d'une pincette d'argent, pour prendre du prépuce ce qu'ils en veulent couper » et, à son tour, distingue clairement la

---

12 *Le Voyage de Thomas Platter, 1595-1599. Le siècle des Platter II*, éd. Emmanuel Le Roy Ladurie et Francine-Dominique Liechtenhan, Paris, Fayard, 2000, p. 365. Je rappelle que Thomas est le demi-frère cadet du médecin Felix Platter rencontré par Montaigne lors de son passage à Bâle (*cf. JV*, p. 15). Voici le texte original du passage cité : « *so fasset der beschneider mit seinen scharpfen, gespitzten nägeln an beyden daumen daß gestümpfte haütlin an deß kindts gemecht, reisset es von einander, streiffet es hinder sich, also daß daß köpflin allerdinge geblösset unndt entdecket wirdt, (welches sie enblössung nennen, thut dem kindtlin viel schmertzlicher wee als daß beschneiden selbst)* » (Thomas Platter D. J., *Beschreibung der Reisen durch Frankreich, Spanien, England und die Niederlande, 1595-1600*, éd. Rut Keiser, Basel & Stuttgart, Schwabe & Co Verlag, 1968, t. I, p. 292).

section de la peau principale (מילה, *milah*) et l'action consistant à enlever la muqueuse interne adhérant au gland (פריעה, *peryah*) : « Celui qui circoncit prenant le rasoir, dit : 'Béni sois-tu, Seigneur, qui nous a commandé la circoncision'. Et en disant cela il coupe la grosse peau du prépuce ; puis avec les ongles des pouces, il déchire une autre peau plus délicate qui reste[13] ». Sur bien des points, la description proposée par le *Journal de voyage* rencontre ainsi presque mot pour mot celles, totalement indépendantes, d'un médecin et d'un rabbin, et n'a rien à leur envier en matière de précision dans le rendu des gestes. Comme le montre l'omission de la formule rituelle prononcée par le *mohel*, laquelle est retranscrite partiellement par Léon de Modène et intégralement par Platter, le témoignage de Montaigne semble même se démarquer par sa focalisation sur la dimension strictement corporelle et matérielle de la cérémonie. Cette manière de faire présente sans doute l'inconvénient de laisser de côté un certain nombre d'informations, à propos notamment du fondement biblique de la circoncision ou des prières prononcées, mais, de ce fait même, elle prévient toute dispute théologique pour se contenter de rendre compte d'un état de fait, d'un rite qui se pratique de toute antiquité et que l'on ne discute pas. Le relevé des gestes participe en définitive d'une discipline rigoureuse qui est aussi celle de la suspension du jugement, confessionnel ou philosophique.

---

13 Léon de Modène, *Cérémonies et coutumes qui s'observent aujourd'hui parmi les Juifs* (traduction de Richard Simon modernisée), dans *Les Juifs présentés aux Chrétiens. Textes de Léon de Modène et de Richard Simon*, éd. Jacques Le Brun et Guy G. Stroumsa, Paris, Les Belles Lettres, 2004 (1ʳᵉ éd. : 1998), p. 103. Le texte original de Léon de Modène fut publié sans son consentement à Paris, en 1637, par Jacques Gaffarel. Une seconde édition, corrigée par l'auteur, parut à Venise en 1638. En voici le texte pour les passages cités : « *una scudella d'arena per ponervi il preputio, che si taglia* » ; « *alcuni hanno una molleta d'argento che la pongono per segno quanto vogliono tagliar del preputio* » ; « *il Circonciditore […] piglia il rasoio, e dice*, Benedetto tu Signore, etc. che ne hai commandato la circoncisione, *e taglia quella pelle piu grossa del preputio, poi con l'unghie delle dita grosse, squarcia un'altra pelle piu sottile che rimane* » (*Historia de riti hebraici. Vita et observanze degli Hebrei di questi tempi*, Venise, Giovanni Calleoni, 1638, p. 95-96).

LE DÉFI DE LA *METSITSAH*

Il est toutefois dans ces pages un élément qui, si l'on entend vraiment lui donner une signification, pourrait apparaître comme un signe d'antijudaïsme, voire comme la trace de représentations fantasmatiques en lien avec les célèbres accusations de meurtres rituels. Les développements sur la circoncision (et plus généralement sur la communauté juive de Rome) s'achèvent en effet sur un détail qui ne saurait passer inaperçu : tandis que circule un verre de vin béni et que des parfums fortifiants se répandent, le *mohel* attire le regard de Montaigne en ce qu'il participe à cette fin de cérémonie en ayant « tousjours cependant la bouche toute sanglante ». L'image du juif assoiffé de sang viendrait-elle rompre *in fine* avec une approche jusqu'alors caractérisée par un remarquable principe de neutralité ?

Pour bien mesurer le sens et la portée de ce zoom final, il faut au préalable se pencher sur l'évocation de la *metsitsah* (מציצה), ou succion du gland par le *mohel* à la suite de l'opération, qui constitue l'un des moments du rite dans le judaïsme traditionnel[14]. Là encore, Montaigne a manifestement observé les choses avec le plus grand soin :

> Soudain que cette gland est ainsi descouverte on offre hastivement du vin au ministre qui en met un peu à la bouche, et s'en va ainsi sucer la gland de cet enfant, toute sanglante, et rend le sang qu'il en a retiré, et incontinent reprend autant de vin jusques à trois fois. Cela fait, on luy offre, dans un petit cornet de papier, d'une poudre rouge qu'ils disent estre du sang de dragon, de quoy il sale et couvre toute cette playe ; et puis enveloppe bien proprement le membre de cet enfant à tout des linges taillés tout exprès.

Associée au saupoudrage du sang-de-dragon (une résine alors utilisée dans la pharmacopée pour ses propriétés antihémorragiques), puis au soigneux pansement du membre de l'enfant, la *metsitsah* se trouve ici implicitement présentée comme une action thérapeutique. C'est aussi comme cela que Thomas Platter, fort de ses compétences médicales, en comprend la raison d'être :

---

14 Controversée pour des raisons d'hygiène (risque de transmission du virus de l'herpès à l'enfant), mais sans doute aussi de pudeur, la *metsitsah* (on écrit souvent *metsitsa*, sans translittération du ה final) n'est guère plus pratiquée aujourd'hui que par certains juifs ultra-orthodoxes.

> [Le circonciseur] prend ensuite le sexe du petit enfant dans sa bouche et il
> suce bien le sang, vraiment bien, pour arrêter l'hémorragie. Puis, le sang qu'il
> a sucé de la sorte, il le recrache dans le gobelet de vin ou dans la coupelle. Il
> répète cette action au moins trois fois[15].

La description du rite par Léon de Modène est également très proche,
sur ce point, de celle de Montaigne. Même si le rabbin se contente de
laisser entendre que le *mohel* met le gland dans sa bouche, il inscrit à
son tour la *metsitsah* dans une série de gestes curatifs :

> Celui qui circoncit, continue son action, suce deux ou trois fois le sang qui
> abonde, et le rend dans une tasse pleine de vin. Ensuite, il met sur la coupure
> du sang de dragon, de la poudre de corail, et autres choses pour étancher. À
> quoi il ajoute des compresses d'huile rosat. Puis il enveloppe bien le tout[16].

De Montaigne à Léon de Modène en passant par Thomas Platter,
la *metsitsah* est ainsi comprise et présentée sans ambiguïté comme une
action à vocation thérapeutique, qui vient à la fois symboliquement
et physiquement atténuer les effets de l'opération elle-même. Elle est
le contraire d'une violence exercée sur le corps du nourrisson et, en
conséquence, le sang observé dans la bouche du *mohel* devient comparable
à celui qui s'écoule sur la main bienveillante du chirurgien.

« Il a tousjours cependant la bouche toute sanglante ». Remise en
perspective, cette notation finale dans laquelle on pouvait d'abord être
tenté de voir une marque d'antijudaïsme peut désormais apparaître comme
une sorte de défi lancé au lecteur et à soi-même. Au terme de ces pages
qui évitent avec soin les stéréotypes infamants, qui s'appliquent à inhiber
les réflexes identitaires au moyen d'un dispositif analogique et d'une
grande rigueur descriptive, le *Journal de voyage* s'offre en quelque sorte
le luxe de convoquer la figure du juif sanguinaire en manière de mise à

---

15 *Le Voyage de Thomas Platter*, *op. cit.*, p. 365. La traduction attribue faussement ce geste au
    parrain. « *[Der beschneider] name darnach deß kindts gemechtlin ins maul unndt saugt daß blut
    woll auß, damit daß bluten sich desto ehe verstelle, unndt spritzet daß außgesogen blut in den
    einen becher mitt wein oder in daß schüßlin mit sandt. Daß thate er dreymahl aufs wenigest* »
    (*Beschreibung der Reisen*, *op. cit.*, p. 292).
16 Léon de Modène, *Cérémonies et coutumes*, dans *Les Juifs présentés aux Chrétiens*, *op. cit.*, p. 103-
    104. « *il Circonciditor segue il fatto suo, e con la bocca succia due o tre volte il sangue che abbonda,
    e sputa in una tazza di vino, poi pone sopre il taglio sangue di Drago, polvere di corallo, e cose
    che stagnano, e pezzette d'olio rosato, e lega stretto, e fascia* » (*Historia de riti hebraici*, *op. cit.*,
    p. 96).

l'épreuve. De deux choses l'une : soit l'on s'y raccroche irrationnellement comme à un ultime espoir de maintenir une perspective xénophobe, mais en s'empressant alors d'oublier tout ce qui précède ; soit l'on en juge de façon critique pour être amené à en saisir l'inanité et le ridicule, l'inadéquation avec l'ensemble de ce qui vient d'être décrit. Une lecture cohérente du *Journal de voyage* invite non seulement à porter un regard neutre, non identitaire et déjà anthropologique, sur la circoncision et la communauté juive de Rome, mais encore à adopter une perspective ironique sur les représentations mêmes de l'antijudaïsme. Dans ce juif dont la bouche pleine de sang a perdu sa charge négative, il faut savoir reconnaître le frère en humanité de ces Indiens du Brésil dont le corps nu, au terme de l'essai « Des Cannibales », ne peut plus être considéré comme avant : « Tout cela ne va pas trop mal : mais quoy, ils ne portent point de haut de chausses[17] ».

Frédéric TINGUELY
Université de Genève

---

17   Michel de Montaigne, *Les Essais*, éd. Pierre Villey, Paris, Presses Universitaires de France, coll. « Quadrige », 1988, I, 31, 214.

LA « RETRAITE » DE MONTAIGNE

Une position politique ?

Dans un texte de 1968, Max Horckheimer interprétait le geste de retrait de Montaigne en un sens épicurien, comme refuge dans une intériorité apolitique qu'il qualifiait de « sanctuaire intérieur », d'« intériorité récréative » ou d'« intériorité détachée et confortablement installée[1] ». Tout en reconnaissant que ce désengagement sceptique de la vie publique pouvait prendre le sens d'une contestation de l'autoritarisme et de la barbarie de l'époque, Horkheimer en critiquait vivement les réitérations contemporaines, dans lesquelles il voyait une forme de consentement de la bourgeoisie au pouvoir tyrannique formé par l'alliance du pouvoir politique totalitaire et de « l'omniscience et la toute-puissance de l'or[2] ». Aussi la formule de Montaigne, « savoir jouir loyallement de son être », ne pouvait-elle, selon lui, se réaliser que « dans une figure plus libre de l'humanité » que celle que nous connaissons aujourd'hui[3].

D'autres commentateurs ont interprété cet exil intérieur en un sens plus stoïcien. L'ouvrage récent de Felicity Green, par exemple, fait ainsi du retrait en soi le prolongement à un niveau psychologique de la quête d'une liberté que Montaigne ne peut satisfaire dans la société de son temps et qu'il ne peut poursuivre que dans une quête de maîtrise de soi qui le mette à l'abris des contingences du monde politique[4] : « L'engagement de Montaigne en faveur de la liberté [...] ne lui laisse guère d'autre choix

---

1 Max Horkheimer, « Montaigne et la fonction du scepticisme », trad. G. Coffin, O. Masson et J. Masson, dans *Id.*, *Théorie critique. Essais*, Paris, Payot, 1978, p. 271.

2 Selon une citation de Honoré de Balzac. Voir *ibid.*, p. 288.

3 *Ibid.*, p. 311.

4 Felicity Green, *Montaigne and the Life of Freedom*, Cambridge, Cambridge University Press, 2012, p. 127 : « L'espace symbolique de la bibliothèque fournit un refuge fermé et privé dans lequel il est possible de se cacher, en s'abstenant de toute compagnie et de toute cérémonie. Significativement, cependant, cet état de réclusion est présenté par Montaigne non comme le lieu d'une découverte introspective de soi, mais comme une condition de domination et de contrôle de soi » (je traduis).

que de se retirer de la vie publique, en établissant sa retraite dans le seul endroit du monde dont on peut dire qu'il n'appartient qu'à lui : le *domus* dont il est le *dominus*[5] ». Ce contrôle de soi permet ainsi « de préserver notre liberté de la sujétion et de l'expropriation[6] ». Si on suit cette ligne d'interprétation, on peut dire que les apories du politique trouveraient leur résolution sur le plan d'une discipline personnelle, comme si la racine de l'aliénation se situait non dans un désordre social mais dans un désordre intérieur de l'âme : c'était bien là le paralogisme stoïcien de la liberté intérieure dénoncé par Isaiah Berlin, consistant à intérioriser la domination arbitraire du tyran pour lui substituer une domination rationnelle de soi[7].

Les travaux de Philippe Desan, et tout particulièrement sa récente biographie de Montaigne[8], ont fortement contribué à remettre en cause ces mythes de l'intériorité montaignienne. Pour Philippe Desan, la retraite de 1570 relève d'une stratégie politique : face à la perspective d'une carrière locale peu prometteuse, Montaigne prend du recul dans l'espoir d'une carrière à un niveau national[9] : cette espérance sera souvent déçue[10], mais elle trouvera néanmoins quelques succès éphémères lorsque Montaigne se verra confier des missions de négociation auprès d'Henri de Navarre[11]. Quant à la « marginalisation » qui suit 1589, elle n'est pas voulue par Montaigne, mais imposée malgré lui par le chaos social qui suit la formation de la Ligue catholique, l'exécution d'Henri et Louis de Guise, l'assassinat d'Henri III et les conflits civils qui suivent l'accession d'Henri de Navarre au trône[12].

Je souhaite ici prolonger les analyses de Philippe Desan, en posant la question non de la *posture personnelle* de Montaigne, mais celle de sa *position publique*, sociale et politique, telle qu'il la revendique dans les *Essais*. Quels que soient les motifs qui ont animé Montaigne en 1571, ceux-ci ont été mis en scène dans son ouvrage : ils ont été exprimés sous

---

5   *Ibid.*, p. 125.
6   *Ibid.*, p. 3.
7   Voir notre article : « Montaigne et la tradition de la liberté négative », dans Philippe Desan (dir.), *Les Usages philosophiques de Montaigne*, Paris, Hermann, 2017, p. 351-370.
8   Philippe Desan, *Montaigne. Une biographie politique*, Paris, Odile Jacob, 2014.
9   Voir en particulier *ibid.*, p. 197-210.
10 Sur l'« échec » de la tentative romaine, voir le chapitre significativement titré « L'appel de Rome, ou comment Montaigne ne devint jamais ambassadeur (1580-1581) » (*ibid.*, p. 317-394).
11 *Ibid.*, p. 443-450 et 478-484.
12 Voir *ibid.*, p. 520-574.

la forme de principes prescriptifs dans un dialogue avec les grandes philosophies du dévouement à autrui et de l'implication dans la vie civique.
Deux chapitres, « De la solitude » et « De mesnager sa volonté », sont
consacrés à cette question, qui est abordée à de nombreux autres endroits,
et tout particulièrement dans le troisième livre des *Essais*. Montaigne
ne se contente pas de promouvoir une introspection solitaire au sens de
Pétrarque, ou de reprendre les anciens *topoi* sur la valeur respective de
la vie active et de la vie contemplative : il fait du retrait en soi à la fois
un programme d'écriture et un projet moral. Sa retraite ne participe
pas à proprement parler d'un geste asocial : « Ma forme essentielle est
propre à la communication et à la production : je suis tout au dehors
et en evidence, nay à la societé et à l'amitié [...]. La solitude locale, à
dire verité, m'estand plustost et m'eslargit au dehors : je me jette aux
affaires d'estat et à l'univers plus volontiers quand je suis seul » (II, 3,
823). Comme l'écrivait Jean Château, « le retour à soi est aussi un retour
vers la société[13] ». Être solitaire est peut-être une autre façon de faire de
la politique. La solitude ne relève pas, de ce point de vue, d'une stratégie personnelle de carrière : elle se situe au centre d'un projet social et
politique nouveau, un projet que nous pourrions aujourd'hui nommer
– que ce soit pour le louer ou le critiquer – « libéral[14] ».

LES AMBIVALENCES
DE LA MORALE DU DÉVOUEMENT

   Dans le chapitre « De mesnager sa volonté », Montaigne s'oppose à
ceux qui pensent que « la plus part des reigles et preceptes du monde
prennent ce train de nous pousser hors de nous et chasser en la place,
à l'usage de la societé publique » (III, 10, 1006). La stigmatisation de
l'amour de soi et l'injonction au dévouement au public ont derrière elles
une longue tradition philosophique et théologique. Selon le cinquième

---

13   Jean Château, *Montaigne, psychologue et pédagogue*, Paris, Vrin, 1964, p. 151.
14   Cet article prolonge celui, déjà publié, « Montaigne et la tradition de la liberté négative »,
     art. cité. Il reprend en partie des thématiques qui seront développées au chapitre IV de
     l'ouvrage à paraître aux Belles Lettres, *L'Égoïsme vertueux. Montaigne et l'invention de l'esprit
     libéral*.

livre des *Lois* de Platon, on ne peut que difficilement s'aimer soi-même sans s'aimer excessivement[15] : il en résulte que l'amitié pour soi-même est « pour chacun, en chaque circonstance, la cause de toutes les fautes[16] ». L'amour de soi est la source première de l'injustice, qui consiste à se préférer aux autres ; il rend l'homme rebelle à l'ordre et est à la racine de la corruption du lien communautaire[17]. Une bonne éducation veillera à éradiquer cet amour de soi et à lui substituer l'amour de l'ordre.

Cette condamnation se trouve développée dans l'histoire ultérieure sur deux plans, théologique et politique. Pour la théologie, on citera Augustin, qui oppose les deux cités à partir de l'amour commun qui unit leurs citoyens – l'amour de soi pour la cité terrestre, l'amour de Dieu pour la cité céleste[18] : pour Augustin comme pour Platon, l'amour de soi n'est pas un vice parmi d'autres, mais la racine de tous les maux. La critique augustinienne de l'amour de soi trouve de nombreux échos à la Renaissance dans l'*Éloge de la folie* d'Érasme, qui associe la philautie à la déraison, à l'aveuglement et la tromperie. On la retrouve dans le commentaire de la *Cité de Dieu* de Vivès ou encore dans le *Tiers Livre* de Rabelais[19]. Elle est surtout abondamment développée dans le *Liber creaturarum* de Raimond Sebond, que Montaigne a traduit[20]. Comme Augustin, Sebond fait de l'amour de Dieu « la racine de tout bien » et de « l'amour de nous-mesme la racine de tout mal » qui « produict tous les vices du monde[21] ». Citons ici un extrait du chapitre 140 :

> L'homme qui s'ayme soy-mesme, hait Dieu capitalement : il est son ennemi mortel, il le prive par tous ses efforts des privileges & préeminences qui luy appartiennent, & se les attribue continuellement en-tant qu'il est en luy. L'amour de nous mesmes en ce qu'il nous soubmect entierement & souverainement à nostre volonté, est la seule & unique cause de la hayne de Dieu envers nous[22].

---

15 Montaigne résume cet argument : « Ils ont pensé faire un bel effect de nous destourner et distraire de nous, presupposans que nous n'y tinsions que trop et d'une attache trop naturelle ; et n'ont espargné rien à dire pour cette fin » (III, 10, 1006).

16 Platon, *Les Lois*, V, 731e.

17 *Ibid.*, 732a.

18 Saint Augustin, *La Cité de Dieu*, XIV, 28.

19 Voir Jean Mesnard, « Sur le terme et la notion de philautie », dans *Mélanges sur la littérature de la Renaissance à la mémoire de V.L. Saulnier*, Genève, Droz, 1984, p. 197-214.

20 *La theologie naturelle de Raymond Sebon traduite nouvellement en françois par messire Michel de Montaigne...*, Paris, Guillaume Chaudière, 1581 (édition électronique sur le site MONLOE) § 133-145, f. 139r-154v).

21 Titre des chapitres 141 et 143 de la *Theologie naturelle*, *ibid.*, f. 149r et f. 152r.

22 *Ibid.*, f. 147v-148r.

L'autre versant de cette critique est sa version républicaniste et civique, développée par Platon, Xénophon et Aristote, puis réemployée au profit de la louange de la Rome républicaine dans une littérature qui va de Polybe à Tite Live, et dont le texte le plus emblématique est sans doute le *De officiis* de Cicéron[23]. Ce corpus républicaniste antique, qui voit dans le sacrifice de soi et le dévouement au public l'accomplissement de la vertu, fait l'objet d'un nouvel intérêt à la Renaissance dans ce courant intellectuel qu'Hans Baron a nommé l'« humanisme civique », dont l'idée centrale est que « les hommes atteignent le bien dans la vie publique d'une république gouvernée par les citoyens[24] ». Une telle république exige du citoyen une vigilance constante et un engagement entier dans les affaires publiques. Né dans la Florence du XVe siècle, engagée dans une lutte contre les visées hégémoniques des Visconti[25], ce républicanisme néo-romain refait surface au XVIe siècle chez les résistants florentins au despotisme des Médicis, pour trouver en Machiavel un de ses plus grands défenseurs. John Pocock et Quentin Skinner ont retracé l'expansion de cet idéal républicain dans l'Europe de la première modernité[26].

Comme beaucoup de ses contemporains, Montaigne a été nourri à cette tradition, particulièrement cultivée par l'aristocratie française dans son opposition larvée à l'absolutisme monarchique. Le *Discours de la servitude volontaire* d'Étienne de la Boétie est nourri de références à la littérature néo-républicaniste, et ce n'est pas sans raison que Montaigne écrit que son sujet a été « tracassé en mille endroits des livres » (1, 28, 194). Constance

---

23 Cicéron se réfère d'ailleurs explicitement à Platon : « Comme l'a admirablement écrit Platon, "nous ne sommes pas nés seulement pour nous : la patrie revendique une part de notre existence" » (*Des devoirs*, I, 22, texte établi par M. Testard, intro, trad. et notes S. Mercier, Paris, Les Belles Lettres, 2014, p. 114-115). Sur les devoirs civiques, voir aussi *ibid.*, I, 53-54, I, 72, I, 84, et I, 153-158, ainsi que II, 72-74.

24 Charrles Taylor, « Kant's Theory of Freedom » (1984), dans *Philosophical Papers, t. II : Philosophy and the Human Sciences*, Cambridge, Cambridge University Press, 1985, p. 335.

25 Sur Colluccio Salutati, voir en particulier Hans Baron, *The Crisis of the Early Italian Renaissance. Civic Humanism and Republican Liberty in an Age of Classicism and Tyranny*, Princeton (NJ), Princeton University Press, 1955, rééd. 1966, p. 146. Sur Leonardo Bruni, voir *ibid.*, p. 191 *sq.*

26 Voir John Pocock, *The Machiavellian Moment. Florentine Political Thought and the Atlantic Republican Tradition*, Princeton, Princeton University Press, 1975, trad. L. Borot, *Le Moment machiavélien. La Pensée politique florentine et la tradition républicaine atlantique*, Paris, Presses Universitaires de France, 1997 ; Quentin Skinner, *The Foundations of Modern Political Thought*, 2 vol., Cambridge, Cambridge University Press, 1978 ; trad. Jérome Grossman et Jean-Yves Pouilloux, *Les Fondements de la pensée politique moderne*, Paris, Albin Michel, 2009.

Jordan a par ailleurs bien montré comment les injonctions du *De officiis* de Cicéron à servir le public ont été reprises par les contemporains et proches de Montaigne[27]. Ce sont ces contempteurs de l'amour de soi que Montaigne accuse de vouloir « enaser » l'enfant (*i.e.* l'amputer du nez) pour le guérir de son rhume, et c'est à eux que s'adresse l'idée développée dans le chapitre « De mesnager sa volonté » selon laquelle l'amitié pour soi-même n'est pas la racine de tous les vices, mais, au contraire le fondement de toutes les vertus. Si Montaigne manifeste quelque sympathie à l'égard de l'idéal républicaniste, il reste significatif que celle-ci ne s'exprime que dans des incises et par allusions, qui sont quasi systématiquement recouvertes et corrigées par des affirmations de réalisme politique[28]. Ce qui ressort de la lecture des *Essais* est bien plutôt la méfiance de Montaigne à l'égard de toute forme d'activisme politique. Montaigne démystifie les grands idéaux civiques, de sacrifice de soi et de dévouement aux autres. La noblesse prétendue de leur discours masque le plus souvent des motifs sordides et inavouables. Parmi ceux-ci, on trouve tout d'abord le profit personnel :

> Que nous ne sommes pas nez pour nostre particulier, ains pour le publicq, rapportons nous en hardiment à ceux qui sont en la danse ; et qu'ils se battent la conscience, si, au rebours, les estats, les charges, et cette tracasserie du monde ne se recherche plutost pour tirer du publicq son profit particulier (I, 39, 237).

> Ceux qui alongent leur cholere et leur haine au dela des affaires, comme faict la plus part, montrent qu'elle leur part d'ailleurs, et de cause particuliere [...].

---

27 Voir Constance Jordan, « Montaigne on Property, Public Service, and Political Servitude », *Renaissance Quarterly*, vol. 56, n° 2, 2003, p. 420-422. Jordan cite en particulier les *Discours politiques* de Pierre de la Place (1578), le *Miroir politique* de Guillaume de la Perrière (1567), les *Exercices et discours de l'homme vertueux* d'un anonyme (1581), *L'Académie française* de Pierre de la Primaudaye (1577) et la *République* de Jean Bodin (1576).

28 Ainsi, pour sa sympathie avec les idées républicanistes de La Boétie. Montaigne écrit que c'est le *Discours* de La Boétie qui a servi de « moyen » à sa « premiere accointance » avec La Boétie (I, 28, 184). Celui-ci a été composé « à l'honneur de la liberté contre les tyrans », et c'est « bien proprement » qu'il a été rebaptisé (par les opposants à la monarchie absolue) le *Contr'Un*. Si Montaigne considère le *Discours* comme un exercice d'étudiant, cet exercice n'en reflète pas moins sincèrement la pensée de son auteur (« Je ne fay nul doubte qu'il ne creust ce qu'il escrivoit, car il estoit assez conscientieux pour ne mentir pas mesmes en se jouant »). Enfin, faisant écho à l'éloge de la république de Venise – sorte de *topos* de la littérature républicaniste – dans le *Discours*, Montaigne écrit que La Boétie « eut mieux aimé estre nay à Venise qu'à Sarlac », en ajoutant cette incise, comme si elle échappait de sa plume : « et avec raison ». Mais Montaigne corrige le message du *Discours* en insistant sur les vertus de pacifisme, de légalisme, de conformisme et d'obéissance de La Boétie, qui réfutent par avance ceux qui utilisent son ouvrage dans le but de « troubler et changer l'estat de nostre police » (I, 28, 194).

> C'est qu'ils n'en ont point à la cause en commun, et en-tant qu'elle blesse l'interest de tous et de l'estat ; mais luy en veulent seulement en ce qu'elle leur masche en privé (III, 10, 1012).

Les injonctions à servir le public relèvent dans ce contexte d'un discours moralisateur destiné à maquiller des intérêts particuliers – ce que nous nommerions aujourd'hui une « idéologie[29] ». Cicéron lui-même, dont le *De officiis* fournit la matrice des éloges de la vertu citoyenne à la Renaissance, n'est pas exempt de cette hypocrisie :

> Quant à Cicero, je suis du jugement commun, que, hors la science, il n'y avoit pas beaucoup d'excellence en son ame : il estoit bon cytoyen, d'une nature debonnaire, comme sont volontiers les hommes gras et gosseurs, tels qu'il estoit ; mais de mollesse et de vanité ambitieuse, il en avoit, sans mentir, beaucoup (II, 10, 416).

L'intérêt particulier ne se limite d'ailleurs pas au profit financier ou au désir de gloire. Les hommes sont agités par des passions encore moins rationnelles, telles la cruauté ou plus simplement le désir de diversion par une agitation permanente :

> Il ne faut pas appeller devoir (comme nous faisons tous les jours) une aigreur et aspreté intestine qui naist de l'interest et passion privée ; ny courage, une conduitte traistresse et malitieuse. Ils nomment zele leur propension vers la malignité et violence : ce n'est pas la cause qui les eschauffe, c'est leur interest ; ils attisent la guerre non par ce qu'elle est juste, mais par ce que c'est guerre (III, 1, 793-794).

> Nos hommes sont si formez à l'agitation et ostentation que la bonté, la moderation, l'equabilité, la constance et telles qualitez quietes et obscures ne se sentent plus (III, 10, 1021)[30].

---

29   Hobbes démystifiera de la même façon les discours anti-monarchistes de son temps : « Quiconque dans un État monarchique [...] réclame la liberté [...], ne réclame par là rien de plus que ceci : que le souverain remarque son aptitude et son mérite, et l'installe dans un emploi et une charge de gouvernement subordonné, de préférence à d'autres qui méritent moins » (*Éléments de la loi naturelle et politique*, II, 8, 3, trad. D. Weber, Paris, Le Livre de Poche, 2003, p. 314). « [L]es citoyens qui, dans une *monarchie*, se lamentent de leur liberté perdue n'enragent que de ne pas être invités à prendre en main le timon de la République » (*Du Citoyen*, X, 8, présentation et trad. Philippe Crignon, Paris, Garnier-Flammarion, 2010, p. 227).

30   Plus que de Hobbes, on pourra rapprocher ici Montaigne de Pascal pour qui « tout le malheur des hommes vient d'une seule chose, qui est de ne savoir pas demeurer en repos dans une chambre » (*Pensées*, éd. Lafuma, 136).

Montaigne n'est pas plus tendre envers le zèle religieux, tout du moins dans sa version politico-religieuse. Ainsi, au début de l'« Apologie de Raimond Sebond », il dénonce les soi-disant « chrétiens » qui prennent prétexte de leur foi pour justifier leurs motifs les plus inavouables que sont la paresse intellectuelle, la peur de la mort, le fanatisme et la cruauté :

> Je voy cela evidemment, que nous ne prestons volontiers à la devotion, que les offices qui flattent nos passions. Il n'est point d'hostilité excellente comme la chrestienne. Nostre zele faict merveilles, quand il va secondant nostre pente vers la haine, la cruauté, l'ambition, l'avarice, la detraction, la rebellion. A contrepoil, vers la bonté, la benignité, la temperance, si, comme par miracle, quelque rare complexion ne l'y porte, il ne va ny de pied ny d'aile. Nostre religion est faicte pour extirper les vices ; elle les couvre, les nourrit, les incite (II, 12, 444).

Le motif de charité peut donc, comme celui du bien public, couvrir les passions les plus nocives de l'âme, et en particulier le fanatisme et la cruauté.

VICES PUBLICS ET VERTUS PRIVÉES

Il existe cependant des figures plus sincères de cette éthique du dévouement au public. Par exemple, Montaigne n'accuse pas d'hypocrisie les « genereux meurtriers de Caesar » (II, 10, 413) : il condamne plutôt Brutus et Cassius pour avoir manqué de sens politique, en provoquant le contraire ce qu'ils espéraient et en jetant « la chose publique à tel poinct qu'ils eurent à se repentir de s'en estre meslez » (III, 9, 958). Quoi qu'il en soit, Montaigne pense que ces exemples de vertu civique antique ne se retrouvent que rarement en son temps : La Boétie, dernier témoin d'un temps passé, représente plus une exception que la règle. La fracture de l'histoire s'opère avec les guerres civiles : celles-ci rendent caducs les idéaux moraux et politiques des Anciens. Toute forme d'engagement dans la vie politique apparaît dès lors comme une forme de *polypragmosunè* au sens de Platon[31], c'est-à-dire de propension à s'immiscer dans ce ne relève pas de notre compétence.

---

31 Voir Platon, *République*, IV, 434b-c et 444b.

Une bonne illustration de cette fracture est l'attitude de Montaigne vis-à-vis de son propre père, qu'il cite, dans le chapitre « De la vanité », comme un modèle de dévouement tant dans les affaires politiques que dans le gouvernement de sa maison. Ce « si bon père » (III, 9, 951) estimait qu'une vie honnête était une vie entièrement consacrée au public. Montaigne se dit d'accord sur le principe : « Je suis de cet avis, que la plus honnorable vacation est de servir au publiq et estre utile à beaucoup » (952). Mais il n'en revendique pas moins pour lui-même une conduite opposée : « Pour mon regard je m'en despars [...]. Je me contente de jouir le monde sans m'en empresser, de vivre une vie seulement excusable, et qui seulement ne poise ny à moy ny à autruy » (952-953). Dans le chapitre suivant, « De mesnager sa volonté », Montaigne rapporte que son père s'est consacré à sa tâche de maire de Bordeaux jusqu'à s'oublier lui-même[32]. Montaigne professe ici encore son admiration pour cet exemple, mais il refuse quant à lui de se plier à cet idéal de sacrifice de soi pour le bien public : « ce train, que je loue en autruy, je n'aime point à le suivre ».

Les traits de caractères que Montaigne revendique sont associés au désir d'une vie privée et retirée qui dépasse le simple dégout face à la situation du temps : « j'aime la vie privée parce que c'est par choix que je l'aime, non par disconvenance à la vie publique (autant selon ma complexion) » (III, 9, 988). Montaigne décrit souvent ce caractère rétif au service public en des termes auto-dépréciatifs, faisant état, en particulier dans les chapitres « De la praesumption » et « De la vanité », de sa poltronnerie, de sa paresse et de sa négligence, de son insensibilité, de sa nonchalance, de son irrésolution, de son manque de mémoire et de capacité d'anticipation, ou encore de son amour du branle et du mouvement. Or il s'agit presque toujours de défauts reconnus tels par rapport à une conception civique de la vertu. Pour Cicéron, par exemple, la grandeur d'âme se reconnaît à l'amour de la gloire militaire et au désir de l'emporter sur tous : ce modèle martial de la vertu est importé dans les affaires civiles, qui ne demandent pas moins de courage, d'énergie

---

32 « Il me souvenoit de l'avoir veu vieil en mon enfance, l'ame cruellement agitée de cette tracasserie publique, oubliant le doux air de sa maison, où la foiblesse des ans l'avoit attaché long temps avant, et son mesnage et sa santé, et, en mesprisant certes sa vie qu'il y cuida perdre, engagé pour eux à des longs et penibles voyages. Il estoit tel ; et luy partoit cette humeur d'une grande bonté de nature : il ne fut jamais ame plus charitable et populaire » (III, 10, 1005).

et de sens du sacrifice pour la communauté que les affaires militaires
(« nombre d'entreprises civiles l'emport[e]nt en importance et en éclat sur
les militaires[33] »). Machiavel, quant à lui, fait de la grandeur conquérante
un gage de vertu civique, en fustigeant les attitudes d'attentisme, de
procrastination ou d'évitement de la guerre, et préférant une milice
citoyenne à une armée mercenaire[34] – non parce qu'elle serait nécessairement supérieure au combat, mais parce qu'elle entretient les passions
thumiques des citoyens et éduque ceux-ci au sacrifice de leurs intérêts
particuliers en faveur de la communauté. Et l'une des raisons pour
laquelle la lutte intestine qui a opposé à Rome le peuple et les grands a
contribué à renforcer le lien civil est qu'elle a entretenu une dynamique
de mobilisation, dynamique qui fait défaut aux républiques pacifiées[35].
Pour La Boétie, il ne pense certainement pas comme Machiavel que le
dissensus en tant que tel puisse produire du lien social (en témoignerait
sa prise de position contre le biconfessionnalisme dans le *Mémoire sur
l'*Édit de Janvier) : il reste que, dans son *Discours*, il ne s'éloigne pas du
modèle d'une vertu « virile ». C'est le défaut de cette vertu qui est la
première cause de la corruption des républiques :

> Aisement les gens deviennent soubs les tirans lasches et effemines […]. Il
> est doncques certein qu'avec la liberté, se perd tout en un coup la vaillance :
> les gens subjects n'ont point d'allegresse au combat ni d'aspreté […], [ils] ne
> sentent point bouillir dans leur cœur l'ardeur de la franchise, qui fait mespriser
> le péril et donne envie d'achapter par une belle mort entre ses compagnons
> l'honneur et la gloire[36].

Replacée dans ce contexte, la confession par Montaigne des qualités de
mollesse, de paresse et d'irrésolution contribue à promouvoir les valeurs
inverses de la vertu civile défendue par la morale républicaniste.

Selon Nannerl Keohane, Montaigne opérerait une translation des
vertus réputées publiques de courage, de vigueur et de fermeté face à

---

33   Cicéron, *Les Devoirs (De officiis)*, texte établi par M. Testard, introduction, traduction et
    notes S. Mercier, Paris, Les Belles Lettres, 2014 : voir, en particulier I, 74, p. 85 ; I, 78,
    p. 89 ; I, 84, p. 95.
34   Machiavel, *Discours sur la première décade de Tite Live*, trad. A. Fontana & X. Tabet, Paris
    Gallimard, 2004. Voir en particulier les chapitres I, 43 (p. 199-200), II, 10 (p. 294-295),
    II, 12 (p. 298-303), II, 14-15 (p. 306-312), II, 19 (p. 332), II, 30 (p. 376) et III, 10 (p. 441).
35   *Ibid.*, I, 6, p. 76-83.
36   Étienne de la Boétie, *De la servitude volontaire ou le contr'un …*, éd. N. Gontabert, Paris,
    Gallimard, 1993, p. 106.

la fortune, au profit du privé – le public étant pour sa part associé aux vices traditionnellement tenus pour privés, tels la lâcheté, l'hypocrisie et la versalité[37]. Si l'on poursuit cette idée, Montaigne continuerait à défendre l'idéal de l'humanisme civique, mais en tant qu'idéal de vie privée. Une telle lecture ne nous paraît pas prendre la mesure des revendications paradoxales par Montaigne de traits de caractères que la tradition de l'humanisme civique considère comme des défauts à la fois publics et privés. Le vrai renversement consiste plutôt à réhabiliter dans leur ordre propre (privé) les vices publics que sont la mollesse, le goût de l'inaction ou de la médiocrité. Le chapitre « De mesnager sa volonté » fait en ce sens écho aux préoccupations du *Discours de la servitude volontaire*, à savoir diagnostiquer les causes de l'aliénation de la liberté, mais en inversant la maladie et la thérapie, et en affirmant la supériorité de la mollesse et la nonchalance sur le courage et la virilité. Le souci du public n'est pas ici le remède, mais au contraire la cause principale de la servitude : le remède consiste en retour dans une conquête d'autonomie vis-à-vis à ces contraintes.

Il ne s'agit cependant pas d'opposer les vertus privées et les vices publics. Car les vices que Montaigne revendique pour siens et dont il fait l'éloge paradoxal ne sont des vices que par rapport à une certaine conception de la vertu publique, la conception républicaniste. Or Montaigne pense que ces prétendus vices sont en réalité des vertus privées *et* publiques. Sa complexion personnelle, que Montaigne décrit comme faite de mollesse, de lâcheté, de vanité, et de versalité, se révèle politiquement supérieure aux vertus réputées publiques, associées au souci de la gloire et de la maîtrise de la fortune. On assiste bien ici une inversion de l'échelle républicaniste des valeurs. C'est en ce sens que Montaigne revendique le droit à un engagement mesuré, qui sait faire la distinction entre les partis et les individus : on peut être du parti monarchique-catholique, à la fois opposé aux Huguenots et aux catholiques bellicistes, tout en reconnaissant la grandeur d'âme et la prudence militaire de François de Guise (I, 24, 123-124 ; I, 45, 274), la valeur « des vers excellens et en beauté et en desbordement » de Théodore de Bèze (III, 9, 989) ou le charisme de Gaspard de Coligny auprès de

---

37 Nannerl O. Keohane, « Montaigne's Individualism », *Political Theory*, vol. 5, n° 3, 1977, p. 364, repris dans *Id.*, *Philosophy and the State in France : The Renaissance to the Enlightment*, Princeton, Princeton University Press, 1980, p. 114.

ses soldats (II, 34, 742)[38]. Cette froideur pour la cause peut aisément passer, surtout dans un contexte de guerre civile, pour un manque de loyauté, voire pour une forme de trahison[39]. Mais c'est là confondre la neutralité indifférente critiquée par Montaigne, pour qui il n'est « ny beau ny honneste de se tenir chancelant et mestis, de tenir son affection immobile et sans inclination aus troubles de son pays et en une division publique » (III, 1, 793), et la modération des passions, qui le conduit à ne s'attacher à « la cause generale et juste [...] non plus que moderéement et sans fiévre » (III, 1, 792), c'est-à-dire avec une forme de distanciation que nous nommerions aujourd'hui ironique.

Un engagement trop zélé pour la chose publique n'est donc pas seulement nocif à l'individu, dont la tâche première est de « mesnager sa volonté ». Il l'est aussi au bien public, altérant des intentions « légitimes et équitables » pour les rendre « seditieuses et illegitimes » (792). De ce point de vue, la paresse, la nonchalance, l'insouciance, la vaine curiosité ou la distraction jouent le rôle de passions compensatrices[40], permettant d'équilibrer la passion immodérée et suspecte du zèle pour le public. Le pays a plus besoin de négociateurs prudents que de fanatiques agités. Le « bon » citoyen est celui qui fait preuve de modération, voire de superficialité dans son engagement, en manifestant un esprit d'empathie et de respect pour ses adversaires, en se comportant vis-à-vis d'eux « commodément et loyalement » et en tentant de comprendre leur point de vue (III, 10, 1012). Montaigne pense avoir satisfait à ces exigences, se targuant sinon d'avoir été le maire le plus zélé de Bordeaux, tout du moins d'avoir suffisamment bien fait pour être réélu, et ce, surtout, « sans [se] despartir de [s]oy de la largeur d'une ongle » (III, 10, 1007).

---

38 « Je me prens fermement au plus sain des partis, mais je n'affecte pas qu'on me remarque specialement ennemy des autres, et outre la raison generale. J'accuse merveilleusement cette vitieuse forme d'opiner : Il est de la Ligue, car il admire la grace de Monsieur de Guise. L'activeté du Roy de Navarre l'estonne : il est Huguenot. Il treuve cecy à dire aux mœurs du Roy : il est seditieux en son cœur. Et ne conceday pas au magistrat mesme qu'il eust raison de condamner un livre pour avoir logé entre les meilleurs poetes de ce siecle [i.e. Théodore de Beze] un heretique » (III, 10, 1013).

39 « J'encorus les inconveniens que la moderation aporte en telles maladies. Je fus pelaudé à toutes mains : au Gibelin j'estois Guelphe, au Guelphe Gibelin » (III, 12, 1044).

40 Voir Albert O. Hirschman, *The Passions and the Interests. Political Arguments for Capitalism before its Triumph*, Princeton, Princeton University Press, 1977 ; *Les Passions et les intérêts. Justifications politiques du capitalisme avant son apogée*, trad. P. Andler, Paris, Presses Universitaires de France, 1980, p. 23-32. Le terme est appliqué à Montaigne par Emiliano Ferrari, *Montaigne, une anthropologie des passions*, Paris, Classiques Garnier, 2014, p. 270.

S'il est déjà vrai pour Montaigne que « les vices privés font les vertus publiques », selon l'expression qui sera popularisée par Mandeville[41], il faut ajouter que ces vices ne sont tels que conformément à un code moral qu'il juge caduc, et qu'ils se révèlent des vertus dans une éthique de l'expression de soi qui rejette toute forme d'autorité extérieure.

Le discours de Montaigne se situe ainsi à l'opposé du discours républicaniste qui demande au citoyen un engagement entier pour la chose publique. Chez Machiavel par exemple, la participation du peuple à la décision, le maintien des citoyens dans une situation de pauvreté, la religion civile, la formation d'une armée citoyenne et même l'entretien du *dissensus* entre les grands et la plèbe ont pour fonction de mettre constamment le citoyen sur le pied de guerre. Comme l'écrit Quentin Skinner, commentant les chapitres XVII et XVIII des *Discorsi*, ce que Machiavel entend par la « corruption » du peuple, « c'est le manquement à consacrer toute son énergie au bien commun, ainsi que la tendance concomitante à placer ses propres intérêts au-dessus de ceux de la communauté[42] ». La promotion par Montaigne de la valeur de la sphère privée bouleverse cet équilibre des forces entre individu et État.

PRÉMISSES LIBÉRALES

Cette sphère du moi « retiré » fait ainsi chez Montaigne l'objet d'une revendication publique[43]. Ne nous y trompons pas : le registre de la description psychologique de ses attitudes et de son idiosyncrasie sert à

---

41 « La société des hommes se tient et se coust, à quelque pris que ce soit. En quelque assiete qu'on les couche, ils s'appilent et se rengent en se remuant et s'entassant, comme des corps mal unis qu'on empoche sans ordre trouvent d'eux mesme la façon de se joindre et s'emplacer les uns parmy les autres, souvant mieux que l'art ne les eust sçeu disposer. Le Roy Philippus fit un amas, des plus meschans hommes et incorrigibles qu'il peut trouver, et les logea tous en une ville qu'il leur fit bastir, qui en portoit le nom. J'estime qu'ils dressarent des vices mesme une contexture politique entre eux et une commode et juste societé » (III, 9, 956).

42 Quentin Skinner, *Les Fondements de la pensée politique moderne, op. cit.*, p. 240-241.

43 Un point qui a été développé, dans la perspective taylorienne de l'« éthique de l'authenticité » par Anne Hartle, *Montaigne and the Origins of Modern Philosophy*, Evanston, Northwestern University Press, 2013.

Montaigne à exprimer des valeurs normatives et prescriptives. Comme
l'écrit justement André Tournon, Montaigne érige « en règles les attitudes
spontanées[44] ». À travers la confession de ses défauts, celui-ci énonce bel
et bien quelque chose comme une déclaration de droits. La description
psychologique le dispense de toute justification rationnelle (je suis
comme je suis, parce que c'est ma nature…) de la même façon que le
discours déontologique des droits de l'homme se formule en termes de
déclaration de vérités considérées comme évidentes par elles-mêmes et
qui n'ont pas besoin d'être fondées sur des principes plus généraux. Le
point de vue conséquentialiste, selon lequel l'égoïsme est, sur le plan
social, plus performant que l'altruisme, se double ainsi d'un point de
vue déontologique, qui tend à faire de la sphère privée une sphère de
liberté inaliénable : « l'interest commun ne doibt pas tout requerir de
tous contre l'interest privé […]. Toutes choses ne sont pas loisibles à un
homme de bien pour le service de son Roy ny de la cause generalle et
des loix » (III, 1, 802).

Face à la nature essentiellement libre de l'esprit humain, la domination politique ne saurait se justifier qu'en tant que remède à d'autres
formes plus nocives de dominations, ouvertes ou insidieuses, de l'individu
par la société. C'est en ce sens que, dans le chapitre « De la vanité »,
Montaigne s'indigne de devoir sa sécurité à ce qu'il nomme ailleurs sa
« petite prudence » et d'être « hors la protection des loix », demandant
à « vivre par droict et par auctorité, non par recompence ny par grace »
(III, 9, 966). Il ne faut pas se méprendre sur le sens de cette exigence
d'un état de droit. Pour un républicaniste (et cela vaut pour les républicanistes actuels, tels Philip Pettit et Quentin Skinner), un état de droit
n'est tel qu'en tant qu'expression d'une volonté populaire, par opposition
à l'arbitraire de la volonté des puissants. Pour Montaigne, ce n'est pas
l'origine de la loi qui rend celle-ci légitime, mais la protection qu'elle
confère à nos actions de par le régime de prévisibilité qu'elle instaure.
Pour Montaigne, comme plus tard pour Hobbes, la prérogative du
souverain n'est pas incompatible avec l'état de droit, à condition que la
volonté du souverain soit rendue publique dans des lois claires et cohé-
rentes. Le rôle de l'autorité politique est ici compris comme subordonné
à ce que Locke nommera les « intérêts civils » des individus. À ce titre,
la solitude de Montaigne ne participe pas d'un projet de retrait de la

---

44   André Tournon, *Montaigne. La Glose et l'essai*, 1983, rééd. Paris, H. Champion, 2001, p. 272.

société dans une intériorité apolitique : elle a une dimension publique, au sens où elle rapporte la société à son nouveau fondement, à savoir l'individu considéré dans son état pré-social ou a-social. On peut, pour reprendre l'expression de Raymond Polin (appliquée à Rousseau), parler d'une « politique de la solitude ».

Concluons en citant deux auteurs qui prolongent ces prémisses libérales contenues dans la pensée des *Essais*. Tout d'abord Tocqueville, qui résume le principe des démocraties modernes en écrivant que l'intérêt particulier n'a plus à être sacrifié à l'intérêt général, mais qu'« une sorte d'égoïsme raffiné et intelligent semble le pivot sur le quel roule toute la machine [sociale][45] ». Cet « égoïsme raffiné » semble faire écho à l'« amitié que chacun se doibt » que Montaigne décrit comme « salutaire et reiglée, également utile et plaisante », par opposition à une amitié « molle et indiscrete, en laquelle il advient ce qui se voit au lierre, qu'il corrompt et ruyne la paroy qu'il accole » (III, 10, 1006) : celui qui « en sçait les devoirs et les exerce », ajoute-t-il, a « attaint le sommet de la sagesse humaine et de nostre bon heur ». Le second auteur est Emerson, comme Montaigne pourfendeur de l'hypocrisie des morales altruistes régnantes (« leurs vertus sont des façons de faire pénitence. Je ne souhaite pas expier, mais vivre[46] ») et héraut d'une éthique de l'authenticité qui semble faire écho à l'éloge par Montaigne d'une preud'homie qui « se sente de quoy se soustenir sans aide, née en nous de ses propres racines par la semence de la raison universelle empreinte en tout homme non desnaturé » (III, 12, 1059). La description par Stanley Cavell de la solitude émersonienne semble pouvoir s'appliquer à Montaigne : « Son aversion [pour la société] offre à l'inspiration démocratique la seule mesure interne de sa fidélité à elle-même [...]. Puisque son aversion constitue un geste par lequel on se *détourne continuellement* de la société, c'est par là même qu'on se tourne continuellement vers elle[47] ». La démocratie, au sens libéral du terme, repose sur une vision de la société consentie par chacun, ou, en tout cas, à laquelle chaque individu *pourrait* consentir. Mais pour penser ce qu'implique ce consentement, quel en est le sens, quels sont les coûts et

---

45 Alexis de Tocqueville, *Voyage en Amérique*, dans *Œuvres*, Paris, Gallimard, coll. « La Pléiade », 1991, t. 1, p. 230.

46 Waldo Emerson, *La Confiance en soi et autres essais*, trad. M. Bégot, Paris, Payot & Rivages, 2000, p. 93.

47 Stanley Cavell, *Conditions nobles et ignobles. La constitution du perfectionnisme moral émersonien*, trad. C. Fournier et S. Laugier, Paris, Éditions de l'éclat, 1993, p. 123.

les bénéfices attendus, quels compromis il implique et quelles en sont
les conditions et les limites, il faut commencer par penser l'homme dans
sa condition de retrait de la société, voire l'homme réticent à la société
et aux obligations qui lui sont attachées. Dans une telle perspective, le
politique ne peut apparaître que comme un instrument au service des
fins de l'individu, qui est à la fois l'instance fondatrice et critique de la
société. Cette situation a bien été décrite, pour la critiquer, par Hegel :

> Si l'État est confondu avec la société civile et si sa destination est située dans
> la sécurité et la protection de la propriété et de la liberté personnelle, l'intérêt
> des individus singuliers comme tels est alors la fin dernière en vue de laquelle
> ils sont réunis, et il s'ensuit que c'est quelque chose qui relève du bon plaisir
> que d'être membre de l'État[48].

Sans doute ne sommes-nous jamais en réalité membres d'un État par
« bon plaisir » : mais la signification de l'État ne peut être comprise
qu'à l'aune d'un consentement possible. L'interprétation d'un Montaigne
apolitique risque ici d'oublier l'essentiel, à savoir que la « retraite » de
l'auteur des *Essais* ne participe pas d'un simple geste de rupture de la
société, mais est destinée à poser les fondements d'un nouvel ordre social.

Thierry GONTIER
Université Jean-Moulin – Lyon 3
Institut de recherches
philosophiques de Lyon (IRPhiL)

---

48 Hegel, *Principes de la philosophie du droit*, § 258, traduction et commentaire Jean-François
    Kervegan, Paris, Presses Universitaires de France, 1998, rééd. 2003, p. 333-334.

RÉFLEXIONS
AUTOUR DES GUERRES CIVILES
DANS LES *ESSAIS* DE MONTAIGNE

> Mais l'on vit dans son propre siècle,
> même quand on ne le veut pas, et l'air
> du temps pénètre même dans les espaces
> clos, surtout lorsque c'est un air tendu
> et fiévreux, un temps lourd et orageux.
> Nous l'éprouvons tous : même enfermée,
> l'âme ne peut rester en repos quand le
> pays se soulève. À travers murs et fenêtres
> nous atteignent les vibrations du temps ;
> si l'on peut s'accorder une pause, l'on ne
> peut se retirer totalement du monde[1].

Commentant les dernières décennies du XVIᵉ siècle, Jean-Claude Ternaux note qu'il s'agit d'« une époque où la guerre civile est constamment présente, larvée ou déclarée[2] ». Les productions écrites de cette période portent les échos du conflit ayant opposé les catholiques aux protestants durant plus de trente ans. Il en est ainsi des *Essais*, qui conçus, rédigés et réécrits dans « le moiau de tout le trouble des guerres civiles[3] », ont ces dernières comme motif principal, voire comme « matière première[4] ». Tout

---

1   Stefan Zweig, *Montaigne*, Paris, Presses Universitaires de France, 1982, p. 97-98.
2   *Lucain et la littérature de l'âge baroque en France : citation, imitation et création*, Paris, H. Champion, 2000, p. 14.
3   *Les Essais*, (II, 6, 391), éd. Jean Balsamo, Michel Magnien et Catherine Magnien-Simonin, Paris, Gallimard, coll. « Bibliothèque de La Pléiade », 2007. Nous indiquons la numérotation des chapitres et la pagination d'après cette édition.
4   D'après Géralde Nakam, « la guerre civile accompagne Montaigne tout au long de sa vie d'homme. Elle est la réalité de base de son livre, l'arrière-plan de sa création et très profondément, la matière première de sa réflexion. Elle se montre dans les *Essais* sous son aspect physique (sièges, batailles, tortures et souffrances des corps), ou dans ses modalités

en tenant à préserver sa neutralité[5], en évitant de prendre parti pour tel camp ou tel autre – même s'il arrive qu'il fasse part directement de son indignation et de sa révolte, par exemple lorsqu'il crie au scandale lors de la huitième guerre de religion : « Monstrueuse guerre » (III, 12, 1087), c'est sur un mode détourné, dans tous les cas tempéré et méditatif, que Montaigne dénonce les guerres civiles. Mode singulier en effet, quand on sait que de nombreuses réflexions dans les *Essais* sont en lien étroit avec les guerres civiles. Ces réflexions, qui sont d'ordre social, moral et anthropologique, se teintent de scepticisme[6], principalement au sujet de l'homme et de ses capacités de bien et de progrès.

Sans la crise des guerres civiles, on n'aurait sans doute pas eu ces « moments sceptiques[7] », ces « situations dubitatives, [et] ponctuelles[8] » qui jalonnent les *Essais*, du moins dans l'ampleur qu'on leur connaît. C'est sur ce postulat que nous voudrions nous pencher, afin de montrer que vecteur de déclin, la guerre civile est la brèche dans laquelle se faufile la pensée sceptique montaignienne pour déconstruire un certain nombre de topiques inhérentes à la société et à l'homme.

En 1577, en pleine période de guerres de religion, un placard est affiché stipulant que « la Paix affermit un Estat, la Guerre estrangere l'esbranle, la Civile le ruine du tout ». Ce même placard avertit que « si la Guerre s'allume davantage, la Justice et la Police seront renversées, le commerce et le Labourage cesseront[9] ». C'est à l'aune de ces

---

intellectuelles, morales et sociales. On la retrouve dans le dessin ou dans la trame du texte, sous sa figure moderne de "guerre de religion", ou sous le costume antique des guerres de Péloponnèse et des luttes civiles de Rome », *Montaigne et son temps, les événements et les Essais*, Paris, A.-G. Nizet, 1982, p. 104.

5   Pourtant, cette neutralité à laquelle tenait Montaigne a été mal interprétée par certains de ses contemporains, lui faisant dire « Je fus pelaudé à toutes mains : Au Gibelin j'estois Guelphe, au Guelphe Gibelin » (III, 12, 1090).

6   Selon Philippe Desan, ce scepticisme des années 1560-1580 « ne forme pas un système ». Il répond à une crise morale qui ne permet plus d'avoir de réponses toutes faites devant des situations à tout moment, bouleversées par des pratiques politiques incompréhensibles ». Voir son article « Qu'est-ce qu'être sceptique dans les années 1560-1580 ? Le cas de Montaigne », dans Jean-Charles Darmon, Philippe Desan, Gianni Paganini (dir.), *Scepticisme et pensée morale de Michel de Montaigne à Stanley Cavell*, Paris, Hermann, 2017, p. 26.

7   *Ibid.*, p. 23.

8   *Ibid.*, p. 24.

9   Pierre de l'Estoile, *Registre-Journal du règne de Henri III*, t. 2 (1576-1578), éd. Madeleine Lazard et Gilbert Schrenck, Genève, Droz, 1996, p. 99.

représentations que Montaigne perçoit la guerre civile[10]. Étroitement liée à « la ruine de [son] pays » (III, 12, 1093) et à la mort, elle est d'après lui une catastrophe, au sens de phénomène brutal, de bouleversement et de fin, car elle est, écrit-il, « la science de nous entre-deffaire et entretuer, de ruiner et perdre nostre propre espece » (II, 12, 497). Paradigme de décadence depuis la chute de Rome, une guerre civile est le pire des fléaux qui puisse frapper une nation et provoquer son déclin. La récurrence du possessif « nostre » éclaire la relation que Montaigne établit entre troubles civils et « débauches de nostre pauvre estat » (II, 1, 353). Cette conscience aiguë quant au partage d'un destin commun et du cheminement collectif de toute une nation vers la chute[11] transparaît clairement dans le passage suivant :

> En ceste confusion : où nous sommes depuis trente ans, tout homme François, soit en particulier, soit en general, se voit à chaque heure, sur le poinct de l'entier renversement de sa fortune. [...] Ainsi faict ma curiosité, que je m'aggree aucunement, de veoir de mes yeux, ce notable spectacle de nostre mort publique, ses symptomes et sa forme. (III, 12, 1092)

Si la guerre civile est ressentie comme la pire des décadences, c'est que l'on s'en prend au compatriote, d'où sa « perversion[12] » :

> Et le pis de ces guerres, c'est, que les cartes sont si meslées, vostre ennemy n'estant distingué d'avec vous d'aucune marque apparente, ny de langage, ni de port, nourry en mesmes loix, mœurs et mesme air, qu'il est mal-aisé d'y eviter confusion et desordre. Cela me faisoit craindre à moy-mesme de r'encontrer nos trouppes, en lieu où je ne fusse cogneu, pour n'estre en peine de dire mon nom, et de pis à l'advanture. (II, 5, 384)

Dans son chapitre « Des mauvais moyens employez à bonne fin », il précise qu'« une guerre estrangere est un mal bien plus doux que la

---

10 Au XVIᵉ siècle on ne présentait pas les conflits qui déchiraient le royaume de France comme des « guerres de Religion », mais comme des « guerres civiles », en reprenant l'expression utilisée par les anciens Romains. Sur ce point, voir Nicolas Le Roux, *Le Roi, la Cour, l'État : de la Renaissance à l'absolutisme*, Seyssel, Champ Vallon, 2013, p. 142.

11 Cette conscience de la chute est vivement présente dans les écrits de l'époque, nous pensons à titre d'exemple à François de La Noue lorsqu'il déclare : « nous autres François devons penser que le temps des grands accroissements de la France n'est plus : et que maintenant nous sommes au temps de la declination », *Discours politiques et militaires*, Bâle, Imprimerie de François Forest, 1587, p. 355.

12 Le terme est de Jean Balsamo, « Des *Essais* pour comprendre les guerres civiles », *Bibliothèque d'Humanisme et Renaissance*, vol. LXXII, n° 3, 2010, p. 529.

civile. » (II, 23, 721). De fait, le proche ou « le voisin mort » pèse plus lourd que « le corps de l'ennemi[13] » venu d'ailleurs, d'où le caractère abject de la guerre civile, « guerre sans ennemi[14] », dira d'Aubigné car la cible est le concitoyen, l'autre « soi ». Il en résulte comme « un dénaturement[15] » du lien social si vital entre les Français : ce lien est rompu du moment que ces derniers se mettent à s'entretuer, devenant étrangers les uns aux autres. Pis encore, ennemis. Selon Jean Bodin, « la société humaine ne se peut entretenir que par amitié[16] » et qu'il y va de sa pérennité ; idée qu'entonne également Michel de l'Hospital, lorsque pour fustiger aussi bien l'extrémisme catholique que calviniste, il déclare que « l'amitié est le plus grand bien qui puisse advenir aux cités[17] ». « Amitié » est à entendre au sens de concorde, indispensable pour le vivre-ensemble, et tirant son essence de l'union des Français autour d'un seul monarque et d'une seule religion. Cette union est le socle du corps social, ce tout indivisible dont l'équilibre émane de la bonne entente entre ses différents membres qui sont interdépendants et complémentaires. Or, en se divisant, les Français s'enfoncent dans « une agitation intestine » (III, 10, 1049), nourrie par la haine et perçue comme une maladie[18]. C'est le principe même de la discorde et c'est ce qui lui confère un caractère à la fois absurde et tragique. Aux divisions s'ajoutent l'indifférence à l'intérêt public et l'imposture des uns et des autres. « J'apperçois [écrit Montaigne] en ces desmembremens de la France, et divisions, où nous sommes tombez : chacun se travailler à deffendre sa cause : mais jusques aux meilleurs, avec desguisement et mensonge » (III, 9, 1039).

---

13 Les mots sont de Jean-Claude Caron, *Frères de sang. La Guerre civile en France au XIXᵉ siècle*, Seyssel, Champ Vallon, 2009, p. 87.

14 D'Aubigné, *Les Tragiques* (V. 841), éd. Frank Lestringant, Paris, Gallimard, 1995.

15 Le mot est de Denis Crouzet, *Les Guerriers de Dieu : la violence au temps des troubles de religion, vers 1525-vers 1610*, Seyssel, Champ Vallon, 1990, p. 159.

16 *Les Six livres de la République*, VI, Paris, Fayard, 1986, p. 146.

17 Cité par Denis Crouzet et Jean-Marie Le Gall, *Au Péril des guerres de Religion*, Paris, Presses Universitaires de France, 2015, p. 52.

18 À ce propos, Alain Legros note que pour parler des guerres civiles, Montaigne choisit non pas d'évoquer « les affrontements guerriers mais un état général de maladie, une décomposition du corps social tout entier ». Voir son article, « Michel de Montaigne, assis dans le moiau de tout le trouble des guerres civiles en France », dans Jérémie Foa et Paul-Alexis Mellet (dir.), *Le Bruit des armes. Mises en formes et désinformations en Europe pendant les guerres de Religion (1560-1610)*, Paris, H. Champion, 2012, p. 87.

Montaigne s'indigne en voyant « des natures debonnaires, et capables de justice, se corrompre tous les jours, au maniement et commandement de ceste confusion » (III, 12, 1088). Si un membre du corps social est altéré, c'est tout le corps qui en pâtit, car ne seront pas épargnés les autres membres. Ainsi, les guerres civiles « quand elles viennent à durer, comme la nostre, tout le corps s'en sent, et la teste et les talons : aucune partie n'est exempte de corruption » (III, 12, 1087). Montaigne fait donc le procès de la guerre civile, dès lors qu'elle autorise tous les débordements, y compris la négation de l'ordre[19], ce fondement absolu de la vie en société. Aux prises avec « les troubles », la cité « se défait », car elle perd sa capacité à « faire société[20] ». Au conflit civil se trouve sous-jacent un conflit plus effrayant encore : l'affrontement entre la loi de la police et la loi de la jungle. Dans ce sens, Montaigne met en cause le peuple, quand, livré à lui-même, il fait fi des lois civiles, en s'adonnant à des actes horribles :

> Les meurtres des victoires, s'exercent ordinairement par le peuple, et par les officiers du bagage : Et ce qui fait voir tant de cruautez inouïes aux guerres populaires, c'est que ceste canaille de vulgaire s'aguerrit, et se gendarme, à s'ensanglanter jusques aux coudes, et deschiqueter un corps à ses pieds, n'ayant resentiment d'autre vaillance. (II, 27, 729)

« Ceste canaille de vulgaire » ne dispose pas de facultés de discernement. Autant dire que le peuple est facilement manipulable, en raison de son ignorance et de son manque d'éducation :

> Car le vulgaire n'ayant pas la faculté de juger des choses par elles mesmes, se laissant emporter à la fortune et aux apparences, après qu'on luy a mis en main la hardiesse de mespriser et contreroller les opinions qu'il avoit eues en extreme reverence, comme sont celles où il va de son salut, et qu'on a mis aucuns articles de sa religion en doubte et à la balance, il jette tantost après aisément en pareille incertitude toutes les autres pieces de sa creance, qui n'avoient pas chez luy plus d'authorité ny de fondement, que celles qu'on luy

---

19 « Au nom de l'ordre, [explique Claude-Gilbert Dubois] apparaît la Société pour proposer son secours contre la Jungle sans lois de la Nature. La Société c'est l'ordre : c'est une ordonnance cosmique, c'est un ordre de préséances fondé sur une hiérarchie, c'est une autorité qui donne des ordres auxquels il faut obéir », *L'Imaginaire de la Renaissance*, Paris, Eurédit, 2012, p. 191.

20 Les termes sont de Jacques Donzelot, *Quand la ville se défait*, Paris, Éditions Points, 2008, p. 23.

a esbranlées : et secoue comme un joug tyrannique toutes les impressions,
qu'il avoit receues par l'authorité des loix, ou reverence de l'ancien usage.
(II, 12, 459)

Si un tel avis révèle « un jugement de classe », il témoigne surtout
de « l'horreur d'une expérience vécue », commente Jean Balsamo[21]. En
tout état de cause, « ineptie et vanité humaine » (II, 12, 498), la guerre
s'avère inutile, tant il est vrai qu'elle traduit le non-sens des hommes, leur
« imbecillité et imperfection » (II, 12, 497). Faire « violence au repos de son
païs, pour le guerir » (III, 12, 1089), quelle absurdité, pense Montaigne,
pour qui, la guerre est « un mauvais moyen », incapable de résoudre la
discorde entre les Français, car elle-même est source d'interminables
maux, comme le suggère dans le passage suivant le lexique de la maladie :

> J'escrivois cecy environ le temps, qu'une forte charge de nos troubles, se
> croupit plusieurs mois, de tout son poix, droict sur moy […]. Monstrueuse
> guerre : Les autres agissent au dehors, ceste-cy encore contre soy : se ronge
> et se desfaict, par son propre venin. Elle est de nature si maligne et ruineuse,
> qu'elle se ruine quand et quand le reste : et se deschire et despece de rage.
> Nous la voyons plus souvent, se dissoudre par elle mesme, que par disette
> d'aucune chose necessaire, ou par la force ennemie. Toute discipline la fuit.
> Elle vient guerir la sedition, et en est pleine. Veut chastier la desobeissance,
> et en monstre l'exemple : et employée à la deffence des loix, faict sa part
> de rebellion à l'encontre des siennes propres. Où en sommes nous ? Nostre
> medecine porte infection […] (III, 12, 1087-1088)

Pour remédier à ces maux, il faut recourir à la raison d'État, car il y va
de l'intérêt public. (II, 23). Le pouvoir politique doit ainsi renouer avec
son autorité d'antan, en rétablissant l'État de droit, qui impose la loi
de la « civile police » : arme infaillible « contre des maladies mortelles
et intestines : contre l'injure des loix injustes, contre la tyrannie, contre
le debordement et ignorance des magistrats, licence et sedition des
peuples » (III, 9, 1004).

Dans cette confusion qu'est la guerre civile, les Français s'entretuent
au nom de la religion. Pour Montaigne, celle-ci est utilisée comme un
prétexte pour attiser les passions : « Dieu doit son secours extraordinaire à la foy et à la religion, non pas à nos passions. Les hommes y
sont conducteurs, et s'y servent de la religion : ce devroit estre tout le

---

21 Balsamo, art. cité, p. 529.

contraire » (II, 12, 463). Qui plus est, il explique : « Nostre religion est faicte pour extirper les vices : elle les couvre, les nourrit, les incite » (II, 12, 464). Cela est d'autant plus vrai qu'elle se trouve réinvestie à des fins séculières, et pour toutes autres sortes de « violentes et ambitieuses entreprinses » (II, 12, 463). Montaigne n'épargne pas dans ce sens le pouvoir politique, car il s'en sert afin de « tenir le peuple en office » (II, 16, 667). Aussi n'est-il pas de l'intérêt de tous que des cloisons étanches soient établies entre le religieux et le politique[22] ? C'est peut-être l'une des idées névralgiques du traitement du conflit civil dans les *Essais*. Objet de convoitises, le pouvoir est un vice aussi périlleux que le fanatisme, dès lors qu'il aveugle les esprits dont « sens et entendement, est entierement estouffé en leur passion » (III, 10, 1059). Le fanatisme incite à la haine de l'autre et légitime la volonté de le punir de la façon la plus inhumaine[23], ouvrant ainsi la voie à tous les abus : « Nostre zele fait merveilles, quand il va secondant nostre pente vers la haine, la cruauté, l'ambition, l'avarice, la detraction, la rebellion » (II, 12, 464).

Les passions qui nourrissent la violence sont alimentées par le discours des savants et des théologiens, discours sous-tendu par « la presomption », et que Montaigne associe à l'orgueil. Ces deux vices sont étroitement liés aux troubles civils, époque où chacun prétend détenir la vérité absolue. « Maladie naturelle et originelle » (II, 12, 473) propre à l'homme, la présomption génère des fléaux, car étant :

> Le soing de s'augmenter en sagesse et en science, ce fut la premiere ruine du genre humain ; c'est la voye, par où il s'est précipité à la damnation eternelle. L'orgueil est sa perte et sa corruption : c'est l'orgueil qui jette l'homme à quartier des voyes communes, qui luy fait embrasser les nouvelletez, et aymer mieux estre chef d'une trouppe errante, et desvoyée, au sentier de perdition [...] (II, 12, 525)

Cette présomption s'accompagne de la conviction outrancière d'avoir raison. Le risque est alors grand de tomber dans la répression, en dédaignant l'intérêt public :

---

22 Balsamo évoque judicieusement « un processus de démythification qui [conduisait] à une laïcisation du politique comme sphère d'action et de valeurs autonomes. Il servait surtout à préserver la religion de la contamination du politique », art. cité, p. 537.

23 Pour Pierre Miquel, « la foi attisait la haine, en exigeant du châtiment qu'il ne fût pas seulement exemplaire mais inhumain, comme si rien ne pouvait sauver ceux qui, provoquant Dieu, avaient perdu figure humaine », *Les Guerres de religion*, Paris, France-Loisirs, 1980, p. 87.

> [Le] grand amour de soy et presomption, d'estimer ses opinions jusques-là
> que, pour les establir, il faille renverser une paix publique, et introduire tant
> de maux inevitables, et une si horrible corruption de mœurs que les guerres
> civiles apportent, et les mutations d'estat, en chose de tel poix, et les introduire
> en son pays propre. (I, 22, 124)

Chacun se plaît à discourir imprudemment au sujet de Dieu[24].
Pourtant, la connaissance de l'homme a des limites : encore moins en
« matière divine ». Une majorité de la population se laisse facilement
leurrer par ces « fausses opinions », qui s'appuient sur des « fondemens
ridicules » (II, 12, 515), et qui sont, très souvent, instables[25]. Montaigne
écrit dans ce sens :

> Voyez l'horrible impudence dequoy nous pelotons les raisons divines : et
> combien irreligieusement nous les avons et rejettées et reprinses selon que la
> fortune nous a changé de place en ces orages publiques. (II, 12, 463)

> Or nos raisons et nos discours humains c'est comme la matiere lourde et
> sterile. (II, 12, 468)

Ces discours présomptueux, comme dirait Ronsard, qui « pipent le
vulgaire, et disputent de [Dieu][26] ont un impact sur les esprits de
« ceux qui savent un peu[27] », c'est-à-dire le peuple, à l'époque, inculte
et proie idéale des prédicateurs, car il se laisse facilement manipuler,
« J'ay veu de mon temps [note Montaigne] merveilles en l'indiscrette
et prodigieuse facilité des peuples à se laisser mener et manier la
creance et l'esperance, où il a pleu et servy à leurs chefs : par dessus
cent mescomtes, les uns sur les autres : par dessus les fantosmes, et
les songes » (III, 10, 1059).

---

24 Jean Bodin note au sujet du péril de discuter des choses divines : « Mais la Religion estant
    receuë d'un commun consentement, il ne faut pas souffrir qu'elle soit mise en dispute :
    car toutes choses mises en dispute, sont aussi revoquees en doute : or c'est impiété bien
    grande, révoquer en doute la chose dont un chacun doit estre resolu et asseuré […]. Et par
    la loy de Dieu, il est expressement commandé de l'escrire par tout, et la lire au peuple,
    à tous aages, à tous sexes, et sans cesse : mais il n'est pas dit qu'on en disputera. […] car
    la dispute n'est inventee que pour les choses vray-semblables, et non pas pour les choses
    necessaires et divines, qui sont tousjours revoquees en doute par dispute », *Les Six livres
    de la République*, IV, *op., cit.*, p. 204-205.
25 Montaigne, « L'imbecillité et varieté infinie de nos raisons et opinions » (II, 12, 513).
26 Ronsard, *Discours, Derniers vers*, éd. Yvonne Bellenger, Paris, Flammarion, 1971, VI. 141,
    p. 99.
27 *Ibid.*, IV, 225.

« Esgout[28] » de la nature humaine, la guerre est fondamentalement « sale », car lieu de toutes les formes de violence. Elle fait émerger la part ténébreuse de l'homme, provoquant une crise dans ses représentations. Les guerres civiles sont l'occasion pour Montaigne de réfléchir à l'aspect inhumain de l'homme, cette « mauvaise qualité de l'être[29] », qui le pousse à exercer le mal. « Nature a, (ce crains-je) elle mesme attaché à l'homme quelque instinct à l'inhumanité » (II, 11, 455).

La cruauté, sévissant à l'époque, remet foncièrement en cause l'humanité de l'homme dont elle déconstruit les visions tant positives qu'optimistes, et c'est là que le scepticisme montaignien prend tout son sens. Le titre du onzième essai du second livre « De la cruauté » est à entendre au sens littéral de s'en prendre au corps de l'autre. Il s'agit d'« une forme particulière de violence qui consiste à déchirer la peau, à fouiller la chair, à démembrer les corps et à faire couler le sang, comme en témoignent les épopées homériques[30] ». Durant les guerres civiles, les passions déréglées trouvent leur cristallisation dans la manière de brutaliser le corps de la victime, en allant au-delà des limites de l'humain et de l'entendement. L'homme retrouve non seulement ses instincts primitifs mais aussi une liberté illimitée, proche de l'*hybris*. Considérée par Montaigne « comme l'extreme de tous les vices » (II, 12, 451), cette cruauté des dernières décennies du XVIᵉ siècle dépasse en invention de supplices et d'horreurs tous ceux imaginés par les peuples anciens. « Je vy en une saison en laquelle nous abondons en exemples incroyables de ce vice, par la licence de noz guerres civiles : et ne voit on rien aux histoires anciennes, de plus extreme, que ce que nous en essayons tous les jours » (II, 11, 454).

Les guerres civiles font ressurgir le versant misérable de l'homme, en montrant à quel point il est capable de bassesse et de perversion, dès lors que sa cruauté devient jouissive. Le bourreau trouve du plaisir dans les scènes d'horreur, il jubile même en voyant souffrir sa victime :

> Des ames si farouches, qui pour le seul plaisir du meurtre, le voulussent commettre ; hacher et destrancher les membres d'autruy ; aiguiser leur esprit à inventer des tourmens inusitez, et des morts nouvelles, sans intimité, sans

---

28 Crouzet, *Les Guerriers de Dieu...*, *op. cit.*, p. 159.
29 Vladimir Jankélévitch, *Le Mal*, Paris, Arthaud, 1947, p. 8.
30 Michel Erman, *La Cruauté. Essai sur la passion du mal*, Paris, Presses Universitaires de France, 2009, p. 42.

proufit, et pour cette seule fin, de jouir du plaisant spectacle, des gestes, et mouvemens pitoyables, des gemissemens, et voix lamentables, d'un homme mourant en angoisse. Car voylà l'extreme poinct, où la cruauté puisse atteindre. (II, 11, 454)

L'inclination de l'homme vers la cruauté atteint des proportions effrayantes, tant il est vrai qu'elle devient un objet de fascination. Elle témoigne de ce que Vladimir Jankélévitch appelle « une volonté du mal[31] ». De fait, on ne se contente plus de tuer, mais on veut infliger à la victime des supplices, tout en tâchant de retarder sa mort, en multipliant ses humiliations et ses tourments. « Les morts [écrit Montaigne] je ne les plains guere, et les envierois plustost ; mais je plains bien fort les mourans. Les Sauvages ne m'offensent pas tant, de rostir et manger les corps des trespassez, que ceux qui les tourmentent et persecutent vivans » (II, 11, 452).

Montaigne renvoie – non sans indignation – aux actes de sévices et de torture, auxquels s'adonnent soldatesque et populace à l'époque, portant atteinte à l'intégrité physique de la victime et à sa dignité. Même après leur mort, les corps des victimes sont brutalisés, comme en témoigne le passage suivant :

Quant à moy, en la justice mesme, tout ce qui est au delà de la mort simple, me semble pure cruauté : Et notamment à nous, qui devrions avoir respect d'en envoyer les ames en bon estat ; ce qui ne se peut, les ayant agitées et desesperées par tourmens insupportables. [...] Car de les voir priver de sepulture, de les voir bouillir, et mettre à quartiers, cela toucheroit quasi autant le vulgaire, que les peines, qu'on fait souffrir aux vivans. (II, 11, 452-453)

« Les naturels sanguinaires à l'endroit des bestes, tesmoignent une propension naturelle à la cruauté », déclare-t-il (II, 11, 454). En d'autres termes, l'homme n'est plus cet être conciliant, « civil et communicatif[32] ». Du moment qu'il s'adonne à toutes les formes de violence, il se révèle en deçà du rang des animaux (II, 11, 456). Ces derniers sont plus « réglés » et plus respectueux des lois naturelles que les hommes (II, 12, 496). « Quant à la force, [écrit Montaigne] il n'est animal au monde en butte de tant d'offences, que l'homme » (II, 12, 485).

---

31   Jankélévitch, *Le Mal, op. cit.*, p. 112.
32   Sur ce point, voir Eugenio Garin, *L'Humanisme italien, philosophie et vie civile à la Renaissance*, trad. Sabina Grippa et de Mario Andrea Limoni, Paris, Albin Michel, 2005, p. 249.

Dans ses réflexions sur les cruautés de la fin de siècle, Montaigne pointe du doigt l'exercice de la justice, pour son manque d'éthique ou encore pour sa tendance partisane « Nostre justice ne nous presente que l'une de ses mains ; et encore la gauche : Quiconque il soit, il en sort avecques perte » (III, 13, 1118). Elle est ou remise en question car elle se réduit à son stade théorique, ou s'exerce mal :

> Nous trouvons estrange si aux guerres, qui pressent à ceste heure nostre estat, nous voyons flotter les evenements et diversifier d'une manière commune et ordinaire : c'est que nous n'y apportons rien que le nostre. La justice, qui est en l'un des partis, elle n'y est que pour ornement et couverture : elle y est bien alleguée, mais elle n'y est ny receue, ny logée, ny espousée : elle y est comme en la bouche de l'advocat, non comme dans le cœur et affection de la partie. (II, 12, 463)

Montaigne se montre sceptique au sujet des condamnations qui sévissent à son époque et qui sont non seulement suspectes car « plus crimineuses que le crime » (III, 13, 1118), mais aussi insupportables par leur violence. « Les executions mesme de la justice, pour raisonnables qu'elles soient, je ne les puis voir d'une veue ferme » (II, 11, 452), précise-t-il. Censée être le pilier central de l'État de droit contre la loi de la jungle, la justice semble pourtant entériner la violence, ce qui scandalise Montaigne, puisqu'elle s'enferme dans un cercle vicieux, où les jugements s'apparentent à des actes de vengeance qui se répètent sans trêve. Il en est ainsi des condamnations à mort, qu'il commente en ces termes : « l'horreur du premier meurtre, m'en faict craindre un second. Et la laideur de la premiere cruauté m'en faict abhorrer toute imitation » (III, 12, 1110).

La cruauté qui s'exhibe au grand jour fait ressortir la crise anthropologique que traverse l'homme. Déchu du piédestal sur lequel les humanistes[33] l'ont auparavant placé, il est désormais dépossédé de sa vision idéaliste, dès lors qu'il transgresse les limites imposées par les lois de la nature, de la société ou encore de Dieu, instances qu'il est censé respecter pour vivre en cité. La guerre civile montre sa prédisposition à la régression, en mettant à nu son « mal primaire[34] ». C'est pourquoi

---

33   Entre autres Giannozzo Manetti, Pic de la Mirandole, Érasme, Jean-Louis Vivès, Charles de Bovelles, Pierre Boaistuau, etc. Sur ce point, voir Lionello Sozzi, « *Dignitas hominis* », dans Philippe Desan (dir.), *Dictionnaire Montaigne*, Paris, Classiques Garnier, 2016, p. 498-502.

34   Jankélévitch, *Le Mal, op. cit.*, p. 9.

Montaigne déconstruit le topos de la dignité humaine[35], valeur qu'il juge imaginaire et disproportionnée à l'imperfection de l'homme, dont elle couvre l'imbécillité et la médiocrité : « nous mettons en dignité nos sottises » (III, 13, 1128), affirme-t-il :

> La plus calamiteuse et fragile de toutes les creatures c'est l'homme, et quant et quant, la plus orgueilleuse. Elle se sent et se void logée icy parmy la bourbe et le fient du monde, attachée et clouée à la pire, plus morte et croupie partie de l'univers, au dernier estage du logis, et le plus esloigné de la voute celeste, avec les animaux de la pire condition des trois. [...] C'est par la vanité de ceste mesme imagination qu'il s'egale à Dieu, qu'il s'attribue les conditions divines, qu'il se trie soy-mesme et separe de la presse des autres creatures. (II, 12, 473)

Si Montaigne abhorre la guerre civile, c'est qu'elle est aux antipodes des lois de la police et du progrès, tant il est vrai qu'elle entrave le beau projet de « la débestialisation » de l'homme, socle de l'humanisme. Expérience douloureuse, la crise des guerres civiles aura été pour lui un laboratoire effervescent dans lequel il a passé au crible de nombreuses idées préétablies, qu'il a repensées et déconstruites, d'où son scepticisme. Si le déchaînement de la violence de la fin de siècle traduit la débâcle que vécut la France à cause d'un pouvoir politique qui n'a pas su ou pu agir, il dit surtout une faillite de l'humain. Preuve s'il en est que l'humanité de l'homme n'est pas innée ni définitive, mais qu'elle est une valeur à conquérir et à réinventer toujours.

Olfa ABROUGUI
Université de Tunis I

---

35   Nous pourrions entrevoir ici une remise en question de la thèse de Pic de la Mirandole, stipulant la supériorité de l'homme sur toutes les créatures et sa responsabilité, lorsqu'il avance ses capacités de bien et de progrès, comme dans ce célèbre passage : « Le parfait artisan [Dieu] [...] prit donc l'homme, cette œuvre à l'image indistincte, et l'ayant placé au milieu du monde, il lui parla ainsi : je ne t'ai donné ni place déterminée, ni visage propre, ni don particulier, ô Adam, afin que ta place, ton visage et tes dons, tu les veuilles, les conquières et les possèdes par toi-même. [...] Je ne t'ai fait ni céleste ni terrestre, ni mortel ni immortel, afin que, souverain de toi-même, tu achèves ta propre forme librement. [...] Tu pourras dégénérer en formes inférieures, comme celles des bêtes, ou, régénérer, atteindre les formes supérieures, qui sont divines », *Discours sur la dignité humaine*, trad. Yves Hersant, Combas, Éditions de l'Éclat, 1993, p. 7-9.

MONTAIGNE, AMYOT
ET LES TRADUCTIONS DE PLUTARQUE
PAR LA BOÉTIE

En 1571, près de huit ans après la mort de La Boétie, Montaigne publie l'œuvre de son ami sous le titre :

> *La Mesnagerie de Xenophon. Les Regles de mariage, de Plutarque. Lettre de consolation, de Plutarque à sa femme. Le tout traduict de Grec en François par feu M. Estienne De la Boetie, Conseiller du Roy en sa court de Parlement à Bordeaux. Ensemble quelques Vers Latins & François, de son invention. Item, un Discours sur la mort dudit Seigneur De la Boëtie, par M. de Montaigne*[1].

Selon Philippe Desan, cette publication des « œuvres incompletes[2] » de La Boétie « correspond pour Montaigne à une première entrée dans le monde des lettres[3] ». En effet, Montaigne ajoute deux textes de sa propre main : le *Discours sur la mort de La Boétie*, qui est l'extrait d'une lettre, adressée à son père, l'autre sa Lettre de consolation adressée à sa femme au sujet du décès de Thoinette, leur premier enfant, née en 1570 et morte à l'âge de deux mois. Il n'est pas surprenant que ce soient surtout les deux textes de Montaigne lui-même qui aient attiré l'attention de la critique montaignienne. Les traductions de La Boétie restent relativement sous-exposées, à l'exception de l'étude pionnière de Robert Aulotte, qui les examine dans le contexte des traductions des *Moralia* de Plutarque par Jacques Amyot[4]. Dans le

---

1   Paris, Federic Morel, 1571.
2   Incomplètes, « car il manque toute la part politique de ses écrits ». Philippe Desan, *Montaigne. Une biographie politique*, Paris, Odile Jacob, 2014, p. 212. Le chapitre « Montaigne éditeur des œuvres de La Boétie » et les chapitres suivants étudient le rôle décisif que joue cette publication dans la carrière littéraire et politique de Montaigne.
3   *Ibid.*, p. 212-213.
4   Robert Aulotte, *Amyot et Plutarque. La tradition des* Moralia *au XVIᵉ siècle*, Genève, Droz, 1965, p. 64-69, 104-105.

présent article, nous nous proposons de nous pencher, dans le sillage
d'Aulotte, sur les deux traductions de Plutarque par La Boétie ainsi
que sur le travail de Montaigne en tant qu'éditeur de ces traductions,
et sur la relation qui existe entre ces traductions et celles de Jacques
Amyot, publiées un an plus tard, en 1572[5]. Ce faisant, nous problé-
matiserons l'affirmation d'Aulotte, selon qui : « [Amyot] ne semble
pas avoir mis à profit [les traductions] que La Boétie avait données
des *Préceptes de mariage*, et de la *Consolation de Plutarque à sa femme*[6] ».
Enfin, dans la conclusion du présent article, nous reviendrons brièvement sur le contenu et la fonction des deux lettres que Montaigne a
ajoutées à son édition des ouvrages de La Boétie. Nous allons mettre
à jour ce que nous avons écrit il y a quelques années sur la lettre de
consolation de Montaigne à sa femme[7] – analyse récemment reprise
et élaborée par Jean Vignes[8] – et aussi extrapoler notre propos à la
seconde lettre de Montaigne.

LA BOÉTIE TRADUCTEUR
MONTAIGNE ÉDITEUR

Pour sa traduction des *Préceptes de mariage*, La Boétie a suivi l'édition
grecque de Jean Froben[9]. Aulotte montre qu'il a aussi consulté la traduction latine de Carolus Valgulius[10]. Il arrive à cette conclusion sur
la base d'un certain nombre d'erreurs et d'omissions de traduction qui
correspondent au texte latin de Valgulius. Les *Préceptes de mariage* ont

---

5   *Les Œuvres morales* [...], Paris, Michel de Vascosan, 1572.
6   Aulotte, *op. cit.*, p. 195-196.
7   Paul J. Smith, *Réécrire la Renaissance, de Marcel Proust à Michel Tournier. Exercices de lecture rapprochée*, Amsterdam-New York, Rodopi, 2009, p. 79-85.
8   Jean Vignes, « La lettre de consolation de Plutarque à sa femme traduite par La Boétie et ses prolongements chez Montaigne, Céline et Michaël Fœssel », *Exercices de rhétorique* (en ligne), n° 9, 2017, mis en ligne le 22 juin 2017. URL : http://journals.openedition.org/rhetorique/545 (consulté le 17 octobre 2019).
9   *Plutarchi Chaeronei Moralia opuscula* [...], Bâle, H. Froben et N. Episcopius, 1542. Voir Aulotte, *op. cit.*, p. 65, 325.
10 *Praecepta connubialia. De Virtutibus morum. [A Carolo Valgulio latina facta.]*, Brescia, Bernardinus Misinta, 1497. Voir Aulotte, *op. cit.*, p. 25, 65, et 329.

été traduits en français par quelques autres, mais ces traductions ne trouvent pas leur écho dans la traduction de La Boétie.

Sa deuxième traduction, celle de la *Lettre de consolation de Plutarque à sa femme*, est également basée sur l'édition de Froben, mais ici La Boétie n'a utilisé aucune traduction latine. Il n'a pas non plus pu consulter des traductions françaises de cet ouvrage, pour la simple raison qu'avant lui, il n'en existait pas. Aulotte note que cette traduction, contrairement à la première, ne contient pratiquement aucune erreur d'interprétation : les seules erreurs sont d'ordre typographique[11]. Il est à remarquer que Montaigne n'a pas corrigé ces erreurs en tant qu'éditeur. Selon nous, Montaigne n'a pas eu l'occasion de le faire de façon soignée, parce que pour la publication de l'ouvrage, il a été, apparemment, pressé par le temps, comme en témoigne également une erreur flagrante dans le texte de Montaigne lui-même, quant à l'âge de sa fille Thoinette décédée à deux mois. Comme l'explique Aulotte, « la lettre de Montaigne indique *"deuxiesme an"*, mais il s'agit sans doute d'une erreur du typographe qui a lu *"deuxiesme an"* pour *"deuxiesme moë"*[12] ». Selon nous, cette erreur pourrait s'expliquer parce que le typographe, « ayant peut-être à l'esprit les deux ans de la fille de Plutarque, a dû lire "an" au lieu de "mois"[13] ». Notre interprétation a été questionnée par Jean Vignes :

> cette hypothèse est fragile : d'une part les deux mots ne se ressemblent ni graphiquement, ni phonétiquement ; il paraît improbable de les confondre ; d'autre part, cela suppose de la part du compositeur d'imprimerie une culture plutarquienne qu'il n'avait pas nécessairement (ce texte de Plutarque n'avait jamais été traduit en français auparavant)[14].

Jean Vignes, en revanche, croit plutôt à une « petite falsification » de la part de Montaigne :

> Pour persuader son lecteur de la valeur consolatoire de la lettre de Plutarque, Montaigne a donc tout intérêt à laisser croire qu'il a perdu un enfant déjà

---

11 Aulotte, *op. cit.*, p. 104, n. 4.
12 *Ibid.*, n. 5.
13 Smith, *op. cit.*, p. 82.
14 Jean Vigne (éd.), « Trois textes en série : la consolation de Plutarque traduite par La Boétie – Montaigne – Céline », *Exercices de rhétorique* (en ligne), n° 9, 2017, mis en ligne le 20 juin 2017. URL : http://journals.openedition.org/rhetorique/547, note 95 (consulté le 18 octobre 2019).

relativement avancé en âge (comme Plutarque et son épouse) plutôt qu'un
nourrisson de deux mois (décès hélas banal, dont on se console probablement plus aisément à l'époque). Cette petite mystification renforce en outre
l'identification implicite entre le couple Montaigne et le couple Plutarque,
si l'on peut dire[15].

L'hypothèse de Vignes est certes séduisante, mais elle n'exclut pas forcément la possibilité d'une erreur typographique. En effet, quelques pages
plus loin, le typographe, en composant le texte de Plutarque, va mettre
lui-même « deux ans » pour indiquer l'âge de la fille de Plutarque : « les
deux ans d'entre deux, qui a esté le terme de sa vie[16] » – traduction
curieusement formulée, susceptible de rester ancrée dans la mémoire
du typographe, et qui aurait pu le pousser à (re)lire, dans la lettre de
Montaigne, « ans » pour « moë ».

Quoi qu'il en soit, comment expliquer le manque de temps qui
semble avoir hâté la publication du livre ? La réponse à cette question
peut être trouvée dans la publication imminente de la traduction de
Jacques Amyot des *Moralia* de Plutarque. Cette traduction est annon-
cée depuis longtemps et attendue avec impatience – impatience, parce
qu'Amyot s'est acquis une grande réputation comme traducteur de
Plutarque grâce à sa traduction des *Vies parallèles* (1559). Montaigne
voulait apparemment faire imprimer la traduction de La Boétie avant
celle d'Amyot. Et il a réussi : le privilège du livre date du 18 octobre
1570 : en 1571, le livre est imprimé, suivi d'une seconde émission en
1572, juste avant la traduction d'Amyot, dont le privilège date du
26 août 1572.

AMYOT ET LA BOÉTIE

Ailleurs, nous avons fait l'analyse comparative des traductions par
La Boétie et Amyot de la *Lettre de consolation de Plutarque à sa femme*
– analyse qui a relevé un nombre important de similitudes entre les
deux traductions. Afin de ne pas nous répéter, nous nous limitons,

---

15 *Ibid.*
16 La Boétie, f. 95v.

dans le présent article, aux seules traductions des *Préceptes de mariage*. Tout comme c'est le cas de la *Lettre de consolation*, les traductions de La Boétie et d'Amyot présentent des similitudes remarquables. Un certain nombre de ces similitudes sont sans doute des coïncidences, ou elles sont, au contraire, plus ou moins nécessaires, par manque de traductions alternatives possibles. De cette dernière catégorie, nous relevons quelques exemples dans le tableau suivant, tout en en citant en note un nombre plus élevé[17] :

La Boétie	Amyot
la grace de la bouche (f. 74r)	la grace de la bouche (145E)
comme chiens ou boucs (f. 75v)	comme chiens et boucs (145H)
fermer la porte à toutes autres religions recerchees, & *superstitions estrangeres* [...] *à la desrobee* [...] *cecy est mien, cela n'est pas mien* (f. 78r)[18]	*elle ferme sa porte à toutes* curieuses inventions nouvelles de religions, & toutes *estrangeres superstitions* [...] à la *derobbee* [...] *cela est mien, cela n'est pas mien* (146G)
comme une maison, une navire (f. 82v)	comme une maison ou une navire (148C)

Il y a des passages dans Amyot, surtout à la fin du texte, qui présentent une densité particulièrement forte de similitudes avec La Boétie. En voici deux exemples illustratifs, où nous mettons en italiques les correspondances les plus voyantes :

---

17 Afin de ne pas alourdir le tableau, nous mettons, dans la présente note, les principaux autres exemples en référant à Amyot seulement, non pas à La Boétie. Dans nos références à Amyot, nous suivons la pagination selon Amyot, en indiquant la page folio et la lettre signalant la place sur la page (huit lettres pour deux pages recto et verso). Donc « 147G » veut dire « f. 147verso, paragraphe n. G ») : « Elles ne veulent pas croire que » (145H) ; « garde la maison » (146A). Exemples de similitude non nécessaire : « leur enseignent à se [...] quand elles sont seules » (146D), « leur enseignent de chercher leurs plaisirs & voluptez à part » (146D) ; « Nous voions mesmes que les poëtes & les orateurs qui veulent » (147G) ; « pour avoir des enfans » (148C) ; « ouvrent non seulement les portes de la maison, mais aussi les oreilles » (148H) ; « de peur que ce ne soit adiouster feu sur feu » (148H) ; « Que me fera il doncques si ie commance [...] & à luy faire faire tort » (148H) ; « son esclave fugitif » (149A) ; « aussi la femme qui par ialousie est sur le point de faire divorce avec son mary qu'elle die à par soy en elle mesme » (149A) ; « non pas quand leurs marits se parfument, mais quand ils s'adonnent à aimer des putains » (149C).

18 Cet énoncé contient plusieurs similitudes avec le passage correspondant d'Amyot, similitudes que nous avons mises en italiques.

La Boétie	Amyot
lasche moy, toutes femmes sont une la lampe mise à part [...] Mais la femme mariee, *il faut* mesme lors que la lumiere *est ostee*, qu'elle ne soit de mesme que les femmes communes, *ains* quand le *corps ne se voit point*, que lors *paroisse* en elle sa chasteté [...] (f. 86v)	*Laissez moy*, Sire, *toutes les femmes sont une* quand la chandelle est esteincte [...]; mais *il fault* pourtant que l'honeste Dame mariee, principalement quand la clarté *est ostee*, ne soit pas tout une que les autres femmes : *ains* fault que lors que son *corps ne se voit point* elle face plus *paroistre* sa pudicité [...] (149E)
comme estant le lict du mary la vraye *eschole de chasteté* à la femme [...] Mais *celuy qui* iouit de tous ses *plaisirs*, & les *deffend à sa femme*, c'est *ny plus ne moins*, que celuy qui commande à sa femme de tenir bon *contre les ennemis, ausquels il s'est rendu luy-mesme* » (f. 87r)	la chambre nuptiale luy sera une *eschole* d'honneur & *de chasteté* [...] car *celuy qui* prent *plaisirs* qu'il *defend à sa femme*, fait *ne plus ne moins que* s'il luy commandoit de combattre *contres des ennemis, aux quels il se fust* desia *luy-mesme rendu* (149F)

Comme nous l'avons dit, toutes ces similitudes, vues individuellement, pourraient s'expliquer par une coïncidence ou par l'impossibilité de traduire le grec différemment. Pris ensemble, cependant, le nombre de similitudes nous semble suffisamment élevé pour exclure toute coïncidence. Plus convaincantes à ce sujet sont les nombreuses traductions similaires pour lesquelles plusieurs traductions alternatives sont possibles. Afin de donner une idée des alternatives possibles, nous citons, comme *tertium comparationis*, la traduction littérale en français moderne des énoncés en question dans l'édition Budé[19] :

La Boétie	Amyot	Budé
mais rabaissent leurs femmes (f. 75v)	ains à rabaisser leurs femmes (145H-146A)	mais c'est elles qu'ils humilient (p. 149)
user de la bride (f. 75v)	user de la bride (146A)	on tient la bride (p. 149)
La femme avecques la chemise despouille la honte (f. 75v)	la femme despouille la honte avec la chemise (146A)	quitte sa pudeur en même temps que sa tunique (p. 149)
de la dissolution de l'yvrongnerie (f. 77r)	de leurs yvrogneries, & de leurs dissolutions (146E)	à leurs débauches et à leurs inconvenances d'ivrognes (p. 151)

---

19 *Préceptes du mariage*, dans *Œuvres morales*, t. II, éd. et trad. Jean Defradas, Jean Hani, Robert Klaerr, Paris, Les Belles Lettres, 1985, p. 136-166.

Car tout ainsi que les medecins sur toutes fievres craingnent celles la qui (f. 79r)	Car tout ainsi que les medecins craignent d'avantage les fiévres qui (147B)	Tout comme les médecins redoutent plus les fièvres (p. 153)
qui sentent sa femme commune (f. 81r)	qui sente sa courtisane (147G)	digne d'une courtisane (p. 156)
Il fault donc que la femme sçachant cela remedie à l'occasion d' (f. 83r)	aussi fault il que la femme de bonne heure remedie à l'occasion de (148D)	elle doit porter remède à ce qui l'occasionne (p. 159)
là où les vieillards sont effrontez (f. 86r)	là où les vieux sont effrontez (149E)	là où les hommes âgés agissent sans vergogne (p. 163)

Dans l'exemple suivant, on note une forte présence de similitudes, qui, par ailleurs, appartiennent aux deux catégories : similitudes nécessaires par manque d'alternatives (« si les ennemis » ; « en cholere »), et similitudes non nécessaires :

La Boétie	Amyot
Si les ennemis les chargeoient en criant *qu'ils les receussent sans mot dire* : & s'ils les *assailloient* sans crier, qu'en criant ils les repoussassent : & *les femmes d'entendement*, quand les marys tancent & *crient estans en cholere*, elles demeurent en paix *sans dire mot* : & quand ils *se taisent*, elles devisant à eux, & *appaisant* leurs courages, les *adoucissen*t (f. 83v)	[...] *si les ennemis* leur venoient courir sus avec grands cris, *qu'ils les receussent sans mot dire* : & au contraire, s'ils venoient les *assaillir* en silence, qu'eulx leur courussent avec grands cris à l'encontre : aussi *les femmes de* bon *entendement* quand elles voient que leurs marits *estans en cholere crient*, elles *se taisent* : & au contraire, s'ils *ne disent mot*, en parlant à eulx & les reconfortant elles les *appaisent* & *addoulcissen*t (148E)

Cet exemple trahit une certaine *anxiety of influence*[20], par les différences dans l'ordre des mots (inversion : « crient estans en cholere » *versus* « estans en cholere crient ») et dans la structure syntaxique (« appaisant leurs courages, les adoucissent » *versus* « les appaisent & addoulcissent »). Cela se constate aussi dans l'exemple suivant où tout se passe comme si Amyot avait changé l'ordre des mots, afin d'éviter tout soupçon de plagiat – un cas d'*anxiety of influence*, qui fait camoufler les emprunts au modèle suivi.

---

20 Le terme est de Harold Bloom, *The Anxiety of Influence : A Theory of Poetry*, Oxford & New York, Oxford University Press, 1973.

La Boétie	Amyot	Budé
comme il est, d'embrasser, de s'entrebaiser, de s'entracoller (f. 76r)	comme il est, de s'entre-baiser, ambrasser & accoller (146C)	– et c'est le cas –, […] d'échanger des caresses, des baisers, de se tenir enlacés (p. 150)

Il est intéressant de noter comment tel terme médical en grec, que la traduction moderne de Budé (p. 165) rend par *môles*, se traduit. Ce n'est sans doute pas par hasard que les deux traducteurs français, traduisent ce mot par *amas*, quoique La Boétie emploie une traduction paraphrasante :

La Boétie	Amyot
[…] que les femmes font sans forme comme des masses de chair assemblees entre elles (on l'appelle Amas) (f. 88r)	[…] qui font des amas sans forme (149H).

Citons aussi le cas intéressant où les deux traducteurs s'écartent de la structure syntaxique grecque en la remplaçant par une double proposition relative : *toy qui as* et *ce que Timoxenus en a escrit à* :

La Boétie	Amyot	Budé
ô Eurydice, toy qui as leu ce qu'en a escrit Timoxene à Aristille (f. 87r)	toy Eurydicé qui as leu ce que Timoxenus en a escrit à Aristilla (Preceptes 149F)	Toi, Euridice, lis les conseils adressés par écrit à Aristylla par Timoxéna (p. 163)

Toutes les similitudes susmentionnées confirment l'analyse que nous avons faite ailleurs sur les traductions de la *Consolation de Plutarque à sa femme* par La Boétie et Amyot : elles indiquent que ce n'est qu'au dernier moment qu'Amyot a reçu les traductions de La Boétie, et qu'il a légèrement ajusté sa propre traduction, en particulier en termes de choix de mots et de style. Amender sa traduction en utilisant celles de ses prédécesseurs relève par ailleurs d'une pratique très commune, comme l'a démontré Aulotte pour Amyot[21].

---

21   Aulotte, *op. cit.*, p. 196-199.

UN TIC STYLISTIQUE D'AMYOT :
LES DÉDOUBLEMENTS

L'étude des emprunts d'Amyot à La Boétie peut jeter une lumière nouvelle sur sa tendance aux dédoublements (para-)synonymiques, tendance, qui, à première vue, est un « tic » stylistique. Aulotte, au contraire, montre que l'utilisation fréquente du dédoublement ne résulte pas d'une prolixité convulsive et non dirigée, mais de la recherche assidue d'un rythme équilibré dans la phrase française[22]. Pareils dédoublements, qui ne sont pas inspirés par le texte grec de Plutarque, mais possiblement par la traduction de La Boétie, se trouvent dans les deux exemples suivants :

La Boétie	Amyot
[…] leurs plaisirs & voluptez (f. 77r)	[…] leurs plaisirs & voluptez (146D)
Mais certes cela est honneste & bien seant (f. 83v)	Mais bien est il seant & honeste (148E)

Dans les deux cas, Amyot semble prendre tel mot chez La Boétie, tout en le dédoublant :

La Boétie	Amyot
en l'entendement des femmes (f. 88r)	en l'ame & en l'entendement des femmes (150A)
elles enfantent plusieurs (f. 88r)	elles engendrent & enfantent plusieurs (150A)

Cas intéressant : dans l'exemple suivant, Amyot, dans l'espace d'une seule phrase, enlève un dédoublement du texte de La Boétie tout en en ajoutant un autre :

---

22 *Ibid.*, p. 292-295. Voir aussi l'analyse récente d'Olivier Guerrier, « Retour sur la question du binôme synonymique », dans Françoise Frazier et Olivier Guerrier (dir.), *La Langue de Jacques Amyot*, Paris, Classiques Garnier, 2018, p. 111-127.

La Boétie	Amyot
retirent les femmes de toutes choses indignes, & mal avenantes (f. 87v)	Retirent & destournent les femmes d'autres exercices indignes (149H)

Terminons cet aperçu avec la phrase suivante qui montre bien la manière variée dont Amyot construit son texte : par emprunt littéral à La Boétie (*en toy-mesme* ; *devise avec elle*), par dédoublement imposé par le texte grec de Plutarque (*luy rendant amis & familiers*) et par deux dédoublements de son propre cru, qui ne sont pas imposés par le grec de Plutarque ni inspirés par le français de La Boétie (*fais luy en part, & en devise avec elle* ; *les meilleurs livres et les meilleurs propos*) :

La Boétie	Amyot
en toy-mesme. En ceste façon devise avec elle, luy rendant familiers & privez tous les meilleurs propos, & les plus honnestes (f. 87v)	en toy-mesme, fais luy en part, & en devise avec elle, en luy rendant amis & familiers les meilleurs livres & les meilleurs propos (149H)

FONCTIONS RHÉTORIQUES
DES DEUX LETTRES DE MONTAIGNE

Pour conclure, retournons aux deux lettres de Montaigne. J'ai essayé ailleurs de démontrer que sa *Lettre de consolation à sa femme* doit être considérée comme un paratexte à fonction rhétorique, qui, indirectement, fait la louange de la *Lettre de consolation* de Plutarque. Montaigne le fait en recourant au principe rhétorique du *pathos*, qui fait appel à l'émotivité du lecteur, et, deuxièmement, en utilisant le topos rhétorique de la modestie pour faire l'éloge de Plutarque en se minorant lui-même. J'ai résumé cette intention dans une paraphrase, que je prends ici la liberté de citer : « La lettre de Plutarque est si bien faite que moi, Montaigne, j'ai préféré utiliser cette lettre pour consoler ma femme de la mort de notre fille, plutôt qu'en écrire une moi-même[23] ».

---

23   Smith, *op. cit.*, p. 82.

À ce sujet, les questions posées souvent par les lecteurs montaigniens sont celles de savoir si Montaigne était triste ou non de la mort de sa fille, et s'il avait aimé ou non sa femme. Si ces questions restent sans réponse définitive, nous croyons toutefois qu'il est possible d'apporter une précision à la dernière question. Pour cela, relisons l'ouverture de la lettre :

> Ma femme vous entendez bien que ce n'est pas le tour d'un galand homme, aux reigles de ce temps icy, de vous courtiser & caresser encore. Car ils disent qu'un habil homme peut bien prendre femme : mais que de l'espouser c'est à faire à un sot. Laissons les dire : ie me tiens de ma part à la simple façon du vieil aage, aussi en porte-ie tantost le poil. Et de vray la nouvelleté couste si cher iusqu'à ceste heure à ce pauvre estat (& si ie ne scay si nous en sommes à la derniere enchere) qu'en tout & par tout i'en quitte le party. Vivons ma femme, vous & moy, à la vielle Françoise (f. 89r).

Selon nous, cette ouverture se lit comme un compliment savamment tourné, dont voici notre paraphrase : « Actuellement on croit que l'amour est impossible dans le mariage. Autrefois, en revanche, on pensait le contraire. Or, comme je suis en tout traditionnel, je suis d'accord avec l'opinion d'autrefois. Aimons-nous donc[24] ». Il affirme qu'il l'aime – la question de savoir dans quelle mesure cela est vrai, reste, bien sûr, sans réponse.

À notre avis, l'autre lettre de Montaigne, son *Discours sur la mort de La Boétie*, a une fonction rhétorique comparable à celle de la première, même si elle n'a pas trait à Plutarque, mais à La Boétie. En soulignant que le dédicataire de la lettre est son propre père, Montaigne semble vouloir indiquer au lecteur non seulement l'importance historique de La Boétie (« le meilleur homme de notre siècle »), mais aussi son engagement personnel. Que son père soit mort quelques années avant la publication du livre, est un fait dont le lecteur visé n'est pas nécessairement au courant – Montaigne ne le dit pas explicitement –, mais, évidemment, pour Montaigne lui-même, la connexion entre la mort du père et celle de son ami est de première importance.

Les quatre textes dont nous avons discuté – les deux lettres de Montaigne et les deux traductions de La Boétie – forment ainsi un ensemble cohérent et soudé, tant du point de vue de leur contenu que de

---

24   *Ibid.*, p. 83.

leur *pathos* rhétorique et de leur émotivité sous-jacente. L'édition entière des textes de La Boétie doit sa cohérence à cet ensemble, y compris sa traduction de Xénophon, sa poésie latine et française et les épitres paratextuelles que Montaigne a ajoutées à cette publication, et dont Philippe Desan a souligné la place et l'importance dans la carrière politique et littéraire qui, à cette époque, s'ouvre à Montaigne[25].

Paul J. Smith
Universiteit Leiden

---

25 Desan, *op. cit.*, p. 216-225.

MONSTRANCES MONTAIGNISTES
POUR RELIQUES BOÉTIENNES

Au début de son essai sur l'amitié, Montaigne écrit qu'il n'est resté des écrits de La Boétie que le *Discours de la Servitude volontaire* et les *Mémoires sur l'édit de janvier 1562* : « C'est tout ce que j'ay peu recouvrer de ses reliques, outre le livret de ses œuvres que j'ay faict mettre en lumiere[1] ». Montaigne ne publiera jamais ces textes politiques, mais, une dizaine d'années après la parution du « livret », un ensemble de vingt-neuf sonnets de son ami prend place au livre I de ses *Essais*, avant d'être biffés dans l'Exemplaire de Bordeaux. Toutes ces pièces de La Boétie éditées par Montaigne sont accompagnées d'épîtres dédicatoires. Montaigne a livré ainsi, forgés sur le même modèle, six textes qui constituent l'intéressant corpus de ses écrits originaux antérieurs à la publication des *Essais* et postérieurs à la rédaction de la lettre à son père sur la mort de son ami, reliquaire des ultimes paroles de La Boétie[2]. Dans ce genre dédicatoire des œuvres d'autrui, où il inscrit les figures du destinataire et de l'ami, Montaigne offre un certain nombre de constantes :

> aiant curieusement recueilly tout ce que j'ay trouvé d'entier parmy ses brouillars et papiers espars çà et là, le jouët du vent et de ses estudes, il m'a semblé bon, quoy que ce fust, de le distribuer et de le departir en autant de pieces que j'ay peu, pour de là prendre occasion de recommander sa memoire à dautant

---

1 Montaigne, *Essais*, Bordeaux, S. Millanges, 1580, p. 253.
2 Voir les pages que Philippe Desan, dans *Montaigne. Une biographie politique*, Paris, Odile Jacob, 2014, consacre à la lettre sur la mort de La Boétie (p. 136-141) et à « Montaigne éditeur des œuvres de La Boétie » et aux « dédicataires bien en cour » (p. 210-225). Dans *Montaigne dans tous ses états*, Fasano, Schena Editore, 2001, p. 14, il fait remarquer que « Dans ces petites pièces de rhétorique qui accompagnent les écrits morcelés de La Boétie on a l'impression que Montaigne se fait la main. Cette fragmentation n'est pas sans rappeler la pratique du "lopinage" si chère aux Cannibales comme à Montaigne ».

plus de gents, choisissant les plus apparentes et dignes personnes de ma cognoissance, et desquelles le tesmoignage luy puisse estre le plus honorable[3].

Cependant, dans ces monstrances, où Montaigne livre à l'adoration du public les reliques de son ami, il n'hésite pas à laisser du sien et, dans les marginales des traductions de La Boétie, à afficher des prédilections et des préoccupations caractéristiques ensuite des *Essais*, où, en un dernier geste, il voudra conserver la monstrance, mais sans la relique.

OSTENSION

C'est en 1571 que sont publiées cinq de ces six épîtres dédicatoires, la sixième se trouvant dans les *Essais* de 1580, à la fin du chapitre 28 du livre I. Le titre du « livret » des œuvres de La Boétie, pour reprendre le terme de Montaigne, annonce la traduction, à partir du grec, de *La mesnagerie de Xenophon*, des *Regles de mariage de Plutarque*, de la *Lettre de consolation de Plutarque à sa femme*, ainsi que des *Vers Latins et François de son invention*[4]. Si les vers latins sont bien présents dans cette édition, les *Vers françois* font l'objet d'une édition séparée la même année et chez le même imprimeur. Le livret s'achève par un extrait de la lettre de Montaigne à son père sur la mort de La Boétie, appelé en page de titre « discours », lettre non datée[5]. La même publication en deux volumes est reprise en 1572.

Avant la traduction de la *Mesnagerie de Xenophon*, se trouvent trois pages de Montaigne adressées à Louis de Saint-Gelais, seigneur de

---

3   *Vers François de feu Estienne de La Boetie Conseiller du Roy en sa Cour de Parlement à Bordeaux*, Paris, Federic Morel, 1571, f. 3r.

4   *La Mesnagerie de Xenophon. Les Regles de mariage, de Plutarque. Lettre de consolation, de Plutarque à sa femme. Le tout traduict de Grec en François par feu M. Estienne de La Boëtie, Conseiller du Roy en sa court de Parlement à Bordeaux. Ensemble quelques Vers Latins & François, de son inuention. Item, vn Discours sur la mort dudit Seigneur De la Boëtie, par M. de Montaigne*, Paris, Federic Morel, 1571 (privilège du 18 octobre, achevé d'imprimer du 24 novembre). Par commodité, l'ouvrage sera désigné dans les renvois des notes suivantes sous le titre de *Livret*.

5   « Extraict d'une lettre que Monsieur le Conseiller de Montaigne escrit à Monseigneur de Montaigne son pere, concernant quelques particularitez qu'il remarqua en la maladie et mort de feu Monsieur de la Boetie ».

Lansac, et une page d'avertissement au lecteur en date du 10 août 1570. Ces deux éléments ont visiblement été intervertis à la composition, si bien que l'on a pu prendre pour une dédicace générale de l'ouvrage cette première épître qui ne concerne, en fait, que la pièce de Xénophon. Les *Regles de mariage* sont précédées de quatre pages de Montaigne à Henri de Mesmes en date du 30 avril 1570 et la *Lettre de consolation* de deux pages de Montaigne à sa femme, en date du 10 septembre 1570. Les *Poemata* sont accompagnées d'une dédicace à Michel de L'Hospital datée du 30 avril 1570. La préface des *Vers françois* à Paul de Foix (1er septembre 1570) est la plus longue. La seconde série de vers français est présente en 1580 dans le second chapitre numéroté « VINTHUITIESME » du livre I des *Essais*, sous le titre « Vingt neuf sonnetz d'Estienne de la Boëtie a Madame de Grammont comtesse de Guisen » – *alias* Corisande d'Andoins[6] ; deux pages de dédicace lui présentent ces sonnets. Mais, c'est à la fin du chapitre précédent, « De l'amitié », également chiffré « VINTHUITIESME », que se lisent une justification du remplacement – de dernière minute – de la *Servitude volontaire* par ces sonnets, ainsi qu'une sorte d'avertissement sur la provenance de ces sonnets. La disposition, à expliquer par des contraintes éditoriales que l'enquête de bibliographie matérielle de Philippe Desan a précisées, perdurera dans les éditions parues du vivant de Montaigne[7]. Ces vingt-neuf sonnets ont pu faire l'objet d'une diffusion antérieure à leur publication dans les *Essais*[8] : Montaigne n'écrit-il pas, dans la dédicace, avoir « voulu que ces vers en quelque lieu qu'ils se vissent » portent en tête le nom de « céte grande Corisande d'Andoins » ?

Dans les deux avertissements – en tête du livret de 1571 et en fin du chapitre 28 du livre I des *Essais* –, Montaigne explique les circonstances dans lesquelles les textes de La Boétie qu'il publie lui sont parvenus. En 1571, le ton est péremptoire : « Lecteur tu me dois tout ce dont tu jouïs de feu M. Estienne de la Boëtie[9] ». Montaigne précise n'avoir rien

---

6   Les vers français et latins (avec traduction) ont été récemment édités, *Poésies complètes*, édition critique par Christophe Bardyn et Marilise Six, Paris, Classiques Garnier, 2018.

7   Philippe Desan, « La place de La Boétie dans les *Essais* ou l'espace problématique du chapitre 29 », dans *Montaigne dans tous ses états, op. cit.*, p. 37-68.

8   Jean Balsamo, *La Parole de Montaigne : Littérature et humanisme civil dans les Essais*, Turin, Rosenberg et Sellier, 2019, p. 119 : « Comme tel, il avait peut-être fait l'objet d'une première publication séparée, sous forme séparée, ou en un manuscrit de présentation, aujourd'hui perdu ».

9   *Livret*, f. 3v.

trouvé d'autre dans la librairie que lui laissa par testament celui qu'il avait connu six ans avant sa mort. La Boétie, qui ne se serait pas prêté à une publication de ces écrits, aurait pourtant composé beaucoup d'autres vers français et latins ; Montaigne l'en avait entendu « reciter de riches lopins », mais il ne sait ce qu'ils sont devenus, non plus que ses poèmes grecs. La Boétie écrivait chaque « saillie » qui lui venait en tête sur le premier papier venu sans aucun souci de le conserver. Montaigne s'abstient toutefois, finalement, de publier « un Discours de la servitude volontaire et quelques memoires de noz troubles sur l'Edit de janvier 1562 » ; il leur trouve « la façon trop delicate et mignarde pour les abandonner au grossier et pesant air d'une si mal plaisante saison[10] ».

Dix ans plus tard, dans les *Essais*, Montaigne, après s'être expliqué sur les raisons politiques de censurer une seconde fois le *Discours de la servitude volontaire*, composé par « ce garson de dixhuict ans » – qu'il rajeunira de deux ans sur l'Exemplaire de Bordeaux –, avertit son lecteur qu'il substitue au texte annoncé en début du chapitre « De l'amitié » un ensemble de sonnets :

> Or en eschange de cet ouvrage serieux j'en substitueray un autre produit en céte mesme saison de son aage plus gaillard et plus enjoué, ce sont vingt et neuf sonnets que le sieur de Poiferré homme d'affaires et d'entendement, qui le connoissoit longtemps avant moy a retrouvé par fortune ches luy parmy quelques autres papiers, et me les vient d'envoyer, de quoy je luy suis tres-obligé, et souhaiterois que d'autres qui detiennent plusieurs lopins de ses escris par cy par la en fissent de mesmes[11].

Montaigne reconnaît donc qu'il ne possédait pas tous les papiers de La Boétie et souhaite que d'autres, à l'instar de ces sonnets procurés par Poiferré, soient mis en lumière[12].

Sans revenir ici sur le statut et les qualités des dédicataires masculins, de « grands serviteurs de la monarchie », « bien en cour[13] », il faut noter, dans la dédicace d'une des pièces à sa femme, l'insistance de Montaigne

---

10 *Ibid.*
11 *Essais*, 1580, p. 276.
12 Sur cet « intendant et homme de confiance de la comtesse de Guiche », voir Jean Balsamo, « Montaigne, le "sieur de Poyferré" et la comtesse de Guiche : documents nouveaux », *Montaigne Studies*, vol. 16, 2004, p. 75-92.
13 Anne-Marie Cocula, *Étienne de La Boétie et le destin du Discours de la servitude volontaire*, Paris, Classiques Garnier, 2018, p. 195 ; Philippe Desan, *Montaigne. Une biographie politique*, *op. cit.*, p. 210 ; voir Arlette Jouanna, *Montaigne*, Paris, Gallimard, 2017, p. 187-188.

sur son désir de ne pas garder pour lui seul ces papiers et d'en faire part à ses amis ; comme il n'en a, croit-il, « nul plus privé » qu'elle, il lui envoie la lettre consolatoire de Plutarque à elle qui vient de perdre sa fille, un présent rendu « si propre » par la Fortune[14]. À Corisande d'Andoins – seconde des femmes de ce corpus de lettres dédicatoires –, il déclare : « Ce present m'a semblé vous estre propre, d'autant qu'il est peu de dames en France, qui jugent mieus et se servent plus à propos que vous de la poësie[15] ». Il utilise la même expression dans la dédicace à Louis de Lansac de la traduction de la *Mesnagerie de Xenophon*, « present qui m'a semblé vous estre propre[16] ». Dans la dédicace des vers latins à Michel de L'Hospital, il souhaite que celui-ci l'apprécie tout autant que l'admirait La Boétie. Et d'ajouter que « ce leger present, pour mesnager d'une pierre deux coups » servira aussi de témoignage de « l'honneur et la reverence » que lui-même lui porte[17] !

OSTENTATION

De fait, Montaigne fait de sa pierre plusieurs coups dans ses dédicaces. C'est l'occasion de suggérer l'exceptionnelle amitié qui le lie à La Boétie. Celui-ci lui a fait l'honneur « de dresser avec moy une couture d'amitié si estroicte et si joincte, qu'il n'y a eu biais, mouvement ny ressort en son ame, que je n'aye peu considerer et juger » ; « De vray il se loge encore chez moy si entier et si vif, que je ne le puis croire ny si lourdement enterré, ny si entierement esloigné de nostre commerce ». Montaigne a tâché de « rescuciter et remettre en vie » « le plus grand homme …de nostre siecle ». Et « il ne fut jamais rien plus exactement dict ne escript aux escholes des Philosophes du droit et des devoirs de la saincte amitié, que ce que ce personnage et moy en avons prattiqué ensemble[18] ». À sa femme, il reprend les termes mêmes employés par La Boétie dans son testament, en évoquant « Ce mien cher frere, et compaignon inviolable »

14   *Livret*, f. 89v, pour la mort de leur fille Antoinette née le 28 juin 1570.
15   *Essais*, 1580, p. 276.
16   *Livret*, f. 2r.
17   *Ibid.*, f. 101v.
18   Respectivement, *Livret*, f. 2v, 72r, 71v, 101v.

qui lui donna « mourant ses papiers et ses livres, qui m'ont esté depuis
le plus favory meuble des miens[19] ». À la différence près, qu'il n'est pas
mention de papiers dans le testament de La Boétie[20]…

Ces textes d'accompagnement semblent souvent prétextes à affirmer
des convictions personnelles. Ainsi en est-il, à propos du désir de ne pas
laisser s'évanouir le nom de La Boétie, d'un long développement sur le
souci d'une réputation posthume :

> Voila pourquoy, Monsieur, quoy que des fines gens se mocquent du soing
> que nous avons de ce qui se passera icy apres nous, comme nostre ame logee
> ailleurs, n'ayant plus à se ressentir des choses de ça bas : j'estime toutefois que
> ce soit une grande consolation à la foiblesse et brieveté de ceste vie, de croire
> qu'elle se puisse fermir et allonger par la reputation et par la renommee[21].

Dans sa lettre à sa femme, à propos de ceux qui « disent qu'un habil
homme peut bien prendre femme : mais que de l'espouser c'est à faire
à un sot », il se tient pour sa part, « à la simple façon du vieil aage » ; il
est aussi contre la « nouvelleté » « qui couste si cher jusqu'à ceste heure
à ce pauvre estat » et d'ajouter : « Vivons ma femme, vous et moy, à la
vieille Françoise[22] ».

N'appliquerait-il pas à sa propre situation ce qu'il écrit à Michel de
L'Hospital aussi bien qu'à Paul de Foix ? À ce dernier, en mettant en
avant les insignes qualités de son ami, il regrette qu'elles n'aient pas
été mieux reconnues : « moy à qui seul il s'est communiqué jusques au
vif, et qui seul puis respondre d'un million de graces, de perfections
et de vertus qui moisirent oisifves au giron d'une si belle ame, mercy à
l'ingratitude de la fortune[23] ». Il s'exprime longuement à ce sujet dans
la lettre à Michel de L'Hospital. Pour ceux qui sont aux affaires, il est
difficile d'arriver à la connaissance des hommes, difficile « de trier et
choisir parmy une si grand multitude et si espandue », d'« entrer jusques
au fond des cœurs pour y veoir les intentions et la conscience, pieces
principales à considerer ». La Fortune semble présider à l'attribution des

---

19 *Ibid.*, f. 89r.
20 La Boétie, *Œuvres complètes*, éd. Paul Bonnefon, Bordeaux, G. Gounouilhou, Paris,
    J. Rouam, 1892, p. 428 : « Ledict testateur prie […] son inthime frere et inviolable amy,
    de reculhir, pour un gaige d'amitié, ses livres qu'il a à Bourdeaulx ».
21 *Livret*, f. 71v.
22 *Ibid.*, f. 89r.
23 *Vers François*, f. 2v.

charges : « Et en celles où l'ignorance et la malice, le fard, les faveurs, les brigues et la violence commandent, si quelque election se voit faicte meritoirement et par ordre, nous le devons sans doute à la fortune, qui par l'inconstance de son bransle divers s'est pour ce coup rencontree au train de la raison ». Les mérites de La Boétie ont été insuffisamment appréciés : « A la verité, ses forces furent mal mesnagees, et trop espargnees. De façon que au dela de sa charge il lui restoit beaucoup de grandes parties oisives et inutiles : desquelles la chose publique eust peu tirer du service, et luy de la gloire ». La Boétie a été « non-chalant de se pousser soy-mesme en lumiere » et « il a esté d'un siecle si grossier ou si plein d'envie, qu'il n'y a peu nullement estre aidé par le tesmoignage d'autruy[24] ». Montaigne n'évoquerait-il pas sa propre situation et des déboires personnels[25] ?

Quant aux insignes vertus qu'il reconnaît à l'ami, ne dresseraient-elles pas un auto-portrait idéal ?

> Qui pourroit faire voir les reiglez bransles de son ame, sa pieté, sa vertu, sa justice, la vivacité de son esprit, le poix et la santé de son jugement, la haulteur de ses conceptions si loing eslevees au dessus du vulgaire, son sçavoir, les graces compaignes ordinaires de ses actions, la tendre amour qu'il portoit à sa miserable patrie, et sa haine capitale et juree contre tout vice, mais principalement contre ceste vilaine traficque qui se couve sous l'honorable tiltre de justice[26].

Montaigne se révèle aussi dans les marginales dont sont dotées les trois traductions de La Boétie. La présomption qu'elles puissent être de Montaigne est renforcée par leurs particularités[27]. Elles mettent en

---

24 *Livret*, f. 100 et 101.

25 Voir Philippe Desan, « La rupture avec le parlement », *Montaigne. Une biographie politique, op. cit.*, p. 197-210 ; Arlette Jouanna, *Montaigne, op. cit.*, p. 167. Toutefois, pour Anne-Marie Cocula, *Étienne de La Boétie et le destin du Discours de la servitude volontaire, op. cit.*, p. 91 « Quant à Montaigne s'il décide en 1570 de céder sa charge de conseiller à Florimond de Raemond, c'est davantage pour conforter sa position à la tête de la seigneurie périgourdine héritée de son père que pour marquer son amertume de ne pouvoir accéder à la grande chambre après avoir siégé aux requêtes, puis aux enquêtes, et à la Tournelle à partir de 1567 ».

26 *Livret*, f. 101r.

27 Pour Paul Bonnefon, dans La Boétie, *Œuvres complètes*, éd. citée, p. 65, les manchettes sont vraisemblablement de Montaigne (analogie avec les notes marginales sur son exemplaire des *Commentaires* de César). Pour une typologie des annotations, voir Alain Legros, « Annotations de Montaigne », dans Philippe Desan (dir.), *Dictionnaire Montaigne*, Paris, Classiques Garnier, 2018, p. 85-92.

valeur des « similitudes », « fort à propos » ou « digne de noter » ; des « comparaisons fort pertinentes » ; de « beaux avertissements » ; de « beaux effets et notables » ; des exemples « fort à propos » ou « familier » ; des « remonstrances », une « response joyeuse », des « apophtegmes » ou encore une « Briefve repetition de tout ce qui a esté traicté au paravant ». Est relevée plus précisément la « Comparaison de la compaignie de l'homme et de la femme à un neud » – Montaigne parlera dans les *Essais* du « nœud de nos mariages[28] ». Ce qui frappe, c'est la vingtaine de marginales qui adoptent la même forme syntaxique. En voici quelques exemples : « Qu'il y a quelque art et sçavoir de la mesnagerie, encore qu'on n'aye de quoy mesnager » ; « Que bien user des femmes sert beaucoup en mesnage » ; « Qu'un qui est nonchalant ne peut faire les autres soigneux » ; « Que c'est qui importe le plus » ; « Que le deuil doit estre moderé » ; « Qu'il faut se contenter de ce qui plait à Dieu ». Tel est exactement le patron des titres de cinq essais du livre I qui dateraient de 1572, comme « Que l'invention juge nos actions » ou « Qu'il faut sobrement se mesler de juger des ordonnances divines ». Il n'est qu'un exemple dans le livre II, pour un essai rédigé vers 1576 : « Que notre desir s'accroit par la malaisance ». Montaigne délaissera ce tour au profit de son concurrent par « de », d'usage quasi exclusif au livre III (douze des treize titres).

Les ajouts manuscrits portés en marge d'un exemplaire du livret sont de même ordre, ce qui renforce l'hypothèse de leur authenticité[29]. À plusieurs reprises, il est fait état de belles similitudes : « [B]elle similitude [d]u vin et de l'eau » ; « Similitude fort à propos d'ung [v]in fort à une [bon]ne terre ». De multiples marginales adoptent la forme privilégiée par *que* : « Qu'il vaut au[tant] chaumer que tra[u]alyer mal » : « Que la fache[rie] ne nous d[oict] esbranler [pu]ysque passions desordonn[ee]s ne nous pu[uent] esbranler ».

Les marginales de ces traductions de La Boétie mettent donc en exergue l'analyse rhétorique que Montaigne peut faire de la prose avec une mise en valeur des similitudes ; elles attestent certaines particularités stylistiques de Montaigne, répétitives à une époque donnée. Elles sont significatives de sa manière de s'approprier un contenu, d'en faire un commentaire. Les pièces poétiques sont, elles, dépourvues de marginales,

---

28 *Essais*, 1580, II, 15, 309.
29 Ajouts manuscrits de l'exemplaire reproduits dans l'édition procurée par Paul Bonnefon.

mais les épîtres dédicatoires des *Vers François* de 1571 et des *Vingt neuf sonnetz* dans les *Essais* relèvent de jugements de Montaigne sur la poésie qu'il « aime d'une particuliere inclination[30] ». Toutefois, dans la seconde de ces épîtres, son appréciation contradictoire, à dix ans d'intervalle, des premiers *Vers François* de La Boétie est pour le moins singulière.

RELÉGATION

Le recueil des *Vers François* comporte une pièce « A Marguerite de Carles sur la Traduction des plaintes de Bradamant au XXXII. Chant de Loys Arioste », le « Chant XXXII des plaintes de Bradamant », une chanson et vingt-cinq sonnets. Dans la première pièce, La Boétie explique n'avoir aucun plaisir à la traduction : « J'ayme trop mieux de moymesmes escrire / Quelque escript mien, encore qu'il soit pire », mais, sur le commandement de Marguerite de Carles, sa future femme, il a traduit « le deuil de Bradamant » : « Je tournerois pour toy non pas des vers, / Mais bien je crois tout le monde à l'envers[31] ». Dans l'épître dédicatoire à Paul de Foix, Montaigne précise que la publication de ces vers a été différée car on ne les trouvait pas assez limés pour les mettre en lumière. Mais pour « qui s'arrestera à la beauté et richesse des inventions », ils sont « pour le subject autant charnus, pleins et moëlleux, qu'il en soit encore veu en nostre langue[32] ». Selon lui, « la mignardise du langage, la douceur et la polissure reluisent à l'adventure plus en quelques aultres, mais en gentillesse d'imaginations, en nombre de saillies, pointes et traicts, je ne pense point que nuls autres leur passent devant[33] » ; il use ainsi de termes repris ensuite dans les *Essais*[34].

---

30 *Essais*, 1580, I, 26, 186.
31 *Vers François*, f. 7r.
32 *Ibid.* Montaigne, dans ses *Essais*, évoquera « un plaisir solide, charnu et moelleux comme la santé » (II, 37, 649).
33 *Vers François*, f. 4r.
34 « les saillies poetiques, qui emportent leur autheur mesme et le ravissent hors de soy » (I, 24, 160) ; « les pointes mesmes plus douces et plus retenues, qui sont l'ornement de tous les ouvrages poetiques des siecles suivans » (II, 10, 103).

Mais il fait volte-face, dix ans plus tard, dans la dédicace des vingt-neuf sonnets à Corisande d'Andoins. Il prétend alors que les *Vers François* furent faits alors que La Boétie était « à la poursuite de son mariage, en faveur de sa femme » et qu'ils « sentent desja je ne sçay quelle froideur maritale ». Cette froideur est en contradiction avec les qualités que Montaigne leur avait reconnues à leur publication. Ils sont, en outre, donnés comme postérieurs aux vingt-neuf sonnets, alors que Montaigne avait prétendu que certains dataient de l'enfance de La Boétie. Montaigne leur oppose ces vingt-neuf sonnets qu'il loue en des termes voisins de ceux qu'il avait employés pour les *Vers François* : « Il n'en est point sorty de Gascoigne qui eussent plus d'invention et de gentilesse, et qui tesmoignent estre sortis d'une plus riche main ». Ils « ont je ne sçay quoy de plus vif et de plus bouillant : comme il les fit en sa plus verte jeunesse, et eschaufé d'une belle et noble ardeur que je vous diray, Madame, un jour à l'oreille[35] », chuchotement complice promis à la belle Corisande, future maîtresse du roi de Navarre. Montaigne termine cette épître galante par sa propre conception de la poésie : « Et moy je suis de ceux qui tiennent que la poësie ne rid point ailleurs : comme elle faict en un subjet folatre et des-reglé[36] », une définition qu'il reprendra en 1588 en évoquant « un art follastre et subtil, desguisé, parlier, tout en plaisir, tout en montre, comme elles [les femmes][37] ».

Pareil revirement s'explique par deux publications contemporaines qui ont pu servir à Montaigne de points de comparaison avec les *Vers François* de La Boétie. En 1572, paraît un ouvrage qui regroupe des imitations de l'*Orlando furioso* de l'Arioste par divers poètes français, publication attendue depuis longtemps[38]. La laborieuse traduction des plaintes de Bradamant par La Boétie ne pouvait que faire pâle figure face aux brillantes variations de Baïf ou de Desportes. Baïf s'est attaché à l'histoire de Fleurdepine, qui tombe amoureuse de Bradamante « en habit mâle » ; il se joue à plaisir du masculin et du féminin – « Sa Bradamant de femme homme devient » –, usant de la rime *Bradamante/amante*, parlant de « sa belle Bradamant ». Desportes, lui, dans son imitation

---

35 *Essais*, 1580, p. 276 et 277.
36 En 1588, il définira ainsi la philosophie : « Il n'est rien plus gay, plus gaillard plus enjoué et a peu que je ne die follastre » (I, 26, 212).
37 *Essais*, 1588, III, 3.
38 *Imitations de quelques chants de l'Arioste par divers poetes François*, Paris, Lucas Breyer, 1572 ; ensemble de pièces de Desportes, Saint-Gelais, Louis Dorléans et Baïf.

de la complainte de Bradamant du chant **XXXII**, n'hésite pas à le transformer en amant éploré et il fournit une pièce, « Angelique », où il fait de l'aimé d'Angélique, un Adonis, un Ganymède. « Sujet folatre et des-reglé » qui dut plaire à Montaigne, comme l'atteste ce singulier passage, présent dans l'édition de 1595 des *Essais* :

> Et quand il commencera de se sentir, luy presentant Bradamant ou Angelique pour maistresse à jouïr, et d'une beauté naïve, active, genereuse, non hommasse, mais virile, au prix d'une beauté molle, affettée, delicate, artificielle ; l'une travestie en garçon, coiffée d'un morrion luysant, l'autre vestue en garce, coiffée d'un attiffet emperlé : il jugera masle son amour mesme, s'il choisit tout diversement à cet effeminé pasteur de Phrygie[39].

Par ailleurs, dans ses *Diverses Amours* parues en 1572, Baïf offre « Six sonets d'Estienne de La Boitie », reprise des sonnets XIII, XIX, XVI, VIII, XV et XXIII des *Vers françois*[40] ; Montaigne possédait un exemplaire de l'ouvrage de ce poète que La Boétie connut avant Montaigne et qui avait dédié, dans ses *Quatre livres de l'Amour de Francine* de 1555, un sonnet à La Boétie[41]. Ces six sonnets sont une réécriture : de la première version, il ne subsiste que huit vers identiques.

Selon la nouvelle chronologie établie par Montaigne, La Boétie, à 18 ans – donc en 1548 –, aurait composé les vingt-neuf sonnets, c'est-à-dire avant les premiers recueils de Du Bellay, de Ronsard, de Baïf, au temps de la traduction de Pétrarque par Vasquin Philieul. Mais, ces *Vingt neuf sonnetz* sont beaucoup plus élaborés. Ils s'organisent en recueil, alors que les pièces des *Vers François* sont disparates[42]. L'absence de fautes de versification, qui abondent dans les *Vers François*, la qualité des rimes coïncident mal avec l'hypothèse d'une antériorité. Contrairement aux *Vers françois*, l'épizeuxe est très fréquente dans ce recueil[43] où est privilégiée une structuration par hémistiches parallèles[44]. Les particularités

---

39 Montaigne, « De l'institution des enfans », Les *Essais*, I, 25, Paris, Gallimard, 2003, p. 168.
40 Jean-Antoine de Baïf, « Second livre des diverses amours », *Euvres en rimes*, Paris, Lucas Breyer, 1572, f. 196-197 ; voir *Œuvres complètes*, II, éd. Jean Vignes, Paris, H. Champion, 2010, p. 532-534 et 961-969.
41 *Quatre livres de l'Amour de Francine*, Paris, André Wechel, 1555, f. 36v.
42 Michel Magnien, « De l'hyperbole à l'ellipse : Montaigne face aux sonnets de La Boétie », *Montaigne Studies*, vol. 2, n° 1, 1990, p. 7-25.
43 Quatorze emplois / deux emplois.
44 Pour les différences stylistiques, voir Mireille Huchon, « Poétique de La Boétie », dans Marcel Tetel (dir.), *Étienne de La Boétie : sage révolutionnaire et poète périgourdin*, Paris,

de la version Baïf des six sonnets favorisent précisément ces tours et sont proches des divergences stylistiques que l'on peut constater entre les *Vers François* et les vingt-neuf sonnets. Elles correspondent aussi aux types de corrections que Baïf apporte en 1572 à ses *Amours de Francine*, publiés quinze ans auparavant.

Les modifications des six sonnets seraient imputables à Baïf, selon la plupart des critiques[45]. Et, comme les particularités des vingt-neuf sonnets correspondent à ces corrections, le scénario suivant a pu être envisagé : Montaigne, soucieux de donner une meilleure image des écrits de La Boétie, que celle des premiers vers français publiés, aurait limé les vingt neuf sonnets sur le modèle des six sonnets modifiés par Baïf. N'avoue-t-il pas une « condition singeresse et imitatrice » ? « [Q]uand je me meslois de faire des vers [...], ils accusoient evidemment le poete que je venois dernierement de lire[46] » ; mais une parenthèse précisait qu'il n'en fit « jamais que des Latins » et il se montre, par ailleurs, soucieux de conserver fidèlement les reliques de son ami. En ces temps d'émulation entre poètes, on ne saurait éliminer l'hypothèse des six sonnets corrigés par La Boétie même à la manière de Baïf, en un dialogue dont témoignerait leur insertion dans l'ouvrage de Baïf. Les sonnets des *Vers François* seraient une première version et La Boétie aurait, ensuite, mis en œuvre sa nouvelle manière dans les vingt-neuf sonnets qui relèvent d'une esthétique de La Pléiade. Quoi qu'il en soit, la chronologie imaginée par Montaigne ne tient pas.

Il est une autre énigme. Pourquoi, alors qu'il les célèbre, Montaigne a-t-il voulu, au soir de sa vie, faire disparaître de ses *Essais* le texte de ces vingt neuf sonnets, suppression qui a donné lieu à maintes hypothèses[47] ? Sur l'Exemplaire de Bordeaux, Montaigne, tout en précisant, « Ces poemes se voient ailleurs », a biffé d'un trait oblique les vingt-neuf sonnets de La Boétie. Mais pas seulement... Il a éliminé d'un même trait oblique

---

H. Champion, 2004, p. 175-194.

45 Position de Paul Bonnefon, éd. citée, p. LXIV, largement reprise. Voir la synthèse de Jean Vignes, dans Baïf, *Œuvres complètes*, éd. citée, p. 961-966.

46 *Essais*, 1588, III, 5.

47 Voir, entre autres, Michel Magnien, « Le centre indécis du livre I : réflexions sur la "place" de La Boétie au sein des *Essais* », *Montaigne et l'intelligence du monde moderne : Essais, livre 1*, Paris, CNED, Presses Universitaires de France, 2010, p. 127 ; Alexandre Tarrête, « Les *Vingt-neuf sonnets* de La Boétie dans les *Essais* de Montaigne : un texte hors de "saison" ? », dans *La Muse de l'éphémère : formes de la poésie de circonstance de l'Antiquité à la Renaissance*, Paris, Classiques Garnier, 2014, p. 403.

l'avertissement qui commence par « Ce sont 29. Sonnets… ». De plus, deux traits obliques, dans ce paragraphe, barrent les deux lignes qui évoquaient « le sieur de Poiferré homme d'affaires, et d'entendement, qui le connoissoit long temps avant moy[48] » ; fait rare, car Montaigne n'a utilisé, par ailleurs, la rature par barre oblique sur le texte imprimé de 1588 que pour la traduction d'une citation latine[49]. Montaigne met donc Poiferré au ban de ses *Essais*, alors qu'il conserve Corisande d'Andoins.

Ce n'est peut-être pas en raison d'une édition de ces sonnets, qui serait parue ailleurs, mais dont on n'a pas trouvé trace, qu'il les évince[50]. En effet, il est une autre correction manuscrite significative sur l'Exemplaire de Bordeaux. Entre « c'est tout ce que j'ai pu recouvrer de ses reliques » et « outre le livret de ses œuvres que j'ay faict mettre en lumiere », Montaigne introduit une référence aux papiers de La Boétie : « Moy qu'il laissa, d'une si amoureuse recommandation, la mort entre les dents, par son testament, heritier de sa bibliotheque et de ses papiers[51] ». Le testament de La Boétie n'évoquait pourtant pas des papiers, mais seulement le legs de livres. En se faisant l'héritier seul des papiers de La Boétie, Montaigne enlève toute légitimité aux papiers trouvés par Poiferré qu'il raye à jamais des *Essais.* A-t-il estimé que l'homme d'affaires lui aurait donné de la fausse monnaie ?

Le curieux maintien de la lettre-dédicace, seule survivance des *Vingt neuf sonnetz,* mais qui fait à elle seule chapitre, est un signe de l'importance primordiale accordée par Montaigne à ses enchâssements. Ce sont ses monstrances qui lui importent et non les reliques de son ami. Il évoquait au début du chapitre sur l'amitié, son désir d'imiter le peintre qui choisit le plus bel endroit du mur pour y loger un tableau élaboré de tout son talent et qui l'accompagne, autour, de grotesques, « peintures fantasques n'ayant grace qu'en la varieté et estrangeté ». À défaut d'être capable de produire un tableau « riche, poly et formé selon l'art », Montaigne avait

---

48 *Essais*, Exemplaire de Bordeaux, f. 74r.
49 *Ibid.*, f. 129r.
50 La mention de l'édition de 1595, « Ces vingt neuf sonnetz d'Estienne de La Boëtie qui estoient mis en ce lieu ont esté despuis imprimez avecques ses œuvres », pourrait n'être qu'une explicitation de la formule de Montaigne « Ces poemes se voient ailleurs » ; sur l'hypothétique édition, voir Michel Simonin, « Les papiers de La Boétie, Thomas de Montaigne et l'édition de la Chorographie du Médoc », dans *L'Encre et la lumière*, Genève, Droz, 2004, p. 457-488.
51 Montaigne avait d'abord écrit « en son testament », il a remplacé le « en » par « la mort entre les dents par ».

tout d'abord souhaité en emprunter un à La Boétie, son *Discours de la Servitude volontaire*, écrit « par manière d'essay, en sa premiere jeunesse ». L'ouvrage ayant été copié ailleurs, il l'avait, en fin de chapitre, remplacé par un « plus gaillard et enjoué » – les *Vingt neuf sonnetz*. Mais voilà que ce nouveau tableau se voyait ailleurs…, vraisemblablement en version originale et d'une autre main que celle que lui avait assurée ce Poiferré, violemment éliminé des *Essais*. Montaigne n'en a pas voulu pour autant supprimer sa scène de complicité avec la Belle Corisande, prétexte à une définition de la poésie qui « ne rid point ailleurs, comme elle faict en un subjct folatre et desreglé », à l'image des grotesques.

Il ne lui restait plus qu'à décrocher le faux La Boétie de la cimaise des *Essais*.

Mireille HUCHON
Sorbonne Université

MONTAIGNE, ERASMUS
AND THE *MORIAE ENCOMIUM*

A few years ago, while some of Montaigne's *Essais* were very much in my head, I happened to re-read Erasmus's *Moriae Encomium* for a class I was about to teach, and I could not help noticing the parallels between the two texts. Erasmus is mentioned only once in the *Essais* in "Du repentir" (III, 2, 850) where Montaigne makes a joke about expecting that Erasmus would always speak in adages and apothegms. Montaigne cites a few of the same proverbs that Erasmus discussed. Montaigne makes no mention of the *Moriae Encomium* and he never includes a quotation from a work of Erasmus which he could not have taken directly from its classical or Biblical source. Montaigne was educated along the lines set out in Erasmus's *De ratione studii* and his views on Latin style may have been influenced by Erasmus's *Ciceronianus*.[1] Pierre Villey lists a 1522 edition of the *Moriae Encomium* in his reconstruction of Montaigne's library but does not regard the work as a significant source.[2] Hugo Friedrich gives an illuminating comparison between the *Moriae Encomium* and "De la vanité" (III, 9).[3] In general the scholarly consensus has been against Montaigne's knowledge of the *Moriae Encomium* so, once I looked more carefully, I was surprised to find so many parallels and it may well be that other people could find more of them than I have listed.

1   Michel Magnien, "Montaigne et Érasme: bilan et perspectives", in Paul J. Smith and Karl Enenkel (eds.), *Montaigne and the Low Countries 1580-1700* (Leiden: Brill, 2007), p. 17-45; Michel Magnien, "Érasme", in Philippe Desan (ed.), *Dictionnaire de Michel de Montaigne*, 2nd edition (Paris: H. Champion, 2007), p. 389-390, both with bibliography; Bruno Roger-Vasselin, *Montaigne et l'art du sourire à la Renaissance* (Saint-Genouph: A.-G. Nizet, 2003).

2   Montaigne, *Les Essais*, ed. Pierre Villey, Verdun-Louis Saulnier (Paris: Presses Universitaires de France, 1965), p. xlviii; Pierre Villey, *Les Sources et l'évolution des Essais de Montaigne*, 2nd edition (Paris: Hachette, 1933), p. 138-139.

3   Hugo Friedrich, *Montaigne*, trans. Dawn Eng, ed. Philippe Desan (Berkeley: University of California Press, 1991), p. 307-309. See also Barbara Bowen, *The Age of Bluff* (Urbana: University of Illinois Press, 1972), p. 3-23, 103-161; Margaret MacGowan, *Montaigne's Deceits* (London: University of London Press, 1974).

I have listed the parallels below in the order in which they occur in
the *Moriae Encomium*, except that where I thought that Erasmus was
returning to a very similar point later on, I've gathered all the references
at the first occasion on which the idea occurs. The number references
to Erasmus are to pages in the standard Amsterdam edition and to line
numbers. The line numbers show how long each section is. The page
numbers will give an indication of where there are passages in Erasmus
which have no parallel in Montaigne. For Montaigne's *Essais* I've given
page numbers in the standard Pléiade edition of 2007 by Jean Balsamo,
Michel Magnien and Catherine Magnien-Simonin.

   A: Amsterdam edition of *Moriae Encomium*, ed Clarence H. Miller,
Opera omnia, IV-3 (Amsterdam: North Holland, 1979). P: Pléiade edition,
Montaigne, *Essais*, ed. Jean Balsamo, Michel Magnien and Catherine
Magnien-Simonin (Paris: Gallimard, 2007):

1. It is justifiable to speak about myself, since no one knows more
   about this subject than I do. A 72.33-4; Montaigne, II, 6, 396-
   399; III, 2, 845.
2. Folly of sexual intercourse; folly and the penis; folly of love and
   marriage. A 80.143-73, 94.411-24; Montaigne, I, 20, 104-105; III,
   5, 921-922, 935-936.
3. Pleasure is central to life; pleasure belongs to folly. A 80.175-82.183;
   Montaigne, I, 19, 83-84; I, 38, 251; III, 13, 1156-1159, 1164.
4. Happiness depends on ignorance; with Sophocles quotation (=P
   522). Prudent not to desire too much knowledge, to wear ignorance
   gracefully, also folly. Happiness of being deluded. Deception is
   happier than wisdom. A80.183-5, 106.615-7, 108.671-94, 130.96-
   132.127; Montaigne, II, 8, 413-414; II, 12, 513, 518-519, 521-523.
5. Passion is stronger than reason in man and belongs to the body.
   A88.313-90.328; Montaigne, II, 2, 366; II, 12, 517-518, 569, 582-
   583, 630.
6. Satire against women. A90.329-59, 94.412-21, 108.688-94, 116.846-
   50, 118.909-914; Montaigne, I, 55, 333-334; II, 8, 414, 419-420;
   II, 12, 494; III, 5, 896-900; III, 9, 1035.
7. Mockery of drunkenness. A91.360-76; Montaigne, II, 2, 359-365.
8. Folly of sexual jealousy. A94.421-4; Montaigne, III, 5, 906-907,
   912-913.

9. Men are inherently dissatisfied; only saved by self-love. A94.435-96.454; Montaigne, II, 17, 681; III, 9, 991-992.

10. Wickedness and foolishness of war. A.96.464-77; Montaigne, II, 12 497-499; III, 12 1087-1090.

11. Folly and vanity of fame; and importance of fame in motivating people. Absurdity of scholarly fame. A102.543-61, 138.238-142.347; Montaigne, I, 41, 278; II, 16, 659, 661-662, 666-668.

12. An ugly container for a beautiful object, compared by Erasmus to the Silenus figure and (in the *Adagia*) to Socrates, by Montaigne to Socrates. A.104.577-91, Montaigne, III, 12, 1082-1084, 1104-1105.

13. Whole life of man is a play. A104.599-603; Montaigne, III, 10, 1057.

14. Mockery of Stoic ideal of detachment from emotion. A106.625-49; Montaigne, I, 12 69; II, 2, 366-367; II, 12, 558, 642.

15. Miseries of human life and people's reluctance to leave it. A106.655-108.690 Montaigne, II, 12, 509-512; II, 37, 796-799; III, 13, 1130.

16. Vanity of sciences. A110.717-111.741; Montaigne, II, 12, 516-517, 566-575.

17. Attacks on rhetoric and logic. A110.728-32, 111.747-8, 140.295-303, 142.354-60, 162.587-164.610, Montaigne, I, 25 175-179; I, 39, 253-257; I, 51, 324-327; II, 10, 434-435; II, 12, 617-618, 621-622; III, 8, 968-972.

18. Satire against lawyers and glossing. A110.732-3, 142.948-53; Montaigne, III, 13, 1111-1114.

19. Satire against doctors. A111.744-8. Montaigne, II, 12, 589-590; II, 37, 806-815; III, 13, 1126-1127, 1135.

20. Comparison of abilities of animals and humans. A112.759-75; Montaigne, II, 12, 474-511.

21. Man's misfortune comes from trying to go beyond his limitations whereas other creatures are content. A112.776-80, Montaigne, II, 12, 549, 591-592, 642; III, 11, 1082; III, 13, 1166.

22. Those who strive for wisdom are furthest from happiness. Disadvantages of learning. A112.780-113.794, 116.854-62; Montaigne, II, 12, 524-525.

23. Mockery of elaborate funerals and of pride in ancestors. A126.23-128.36; Montaigne, I, 3, 42-43; II, 16, 664-665; III, 9, 1026.

24. Mockery of pride of different nations. A129.59-130.75; Montaigne, III, 9, 1031; III, 13, 1128.

25. Happiness depends on opinion. A130.96-8; Montaigne, I, 40, 258-259, 276-277.

26. Outline of Scepticism. A130.98-102; Montaigne, II, 12, 529-534, 628-639.

27. Variability of human tastes. A130.110-21; Montaigne, I, 22, 114-118; I, 30, 211-20; II, 12, 507-508.

28. No benefit gives pleasure unless it is shared. A132.135-6; Montaigne, I, 27, 200; III, 9, 1032-1033.

29. Follies of human behavior; mischief and destruction caused by this creature. A134.185-138.237; Montaigne, II, 12, 469-474.

30. Satire against schoolmasters. A138.242-59; Montaigne, I, 24, 138-139, 141-142.

31. Satire against philosophers. A144.361-380; Montaigne, II, 12, 520-523, 533-544; III, 13, 1164-1165.

32. Perils and dangers of being a prince. A168.675-169.716; Montaigne, I, 42, 283-289; III, 7, 960-965.

33. Satire against courtiers and flatterers. A170.717-738; Montaigne, I, 9, 57-60; II, 16, 656.

34. Proverbs and stories about folly. A178.891-903, 180.919-182.996, 194.268-72; Montaigne, I, 40, 259-260; II, 12, 522-523.

35. Folly and vanity. A180.919-30; Montaigne, II, 17, 671-672; III, 9, 1034-1035.

36. St Paul and Christian Folly. A182.969-184.14, 186.67-188.105, 188.130-40 Montaigne, II, 12, 465, 526-527, 547, 552, 559; III, 13, 1165-1166.

37. Philosophy is a preparation for death. A190.159-63; Montaigne, I, 19, 82-84, 87-92.

The most important point of this paper is to ask you to register the number of resemblances of views on a range of different questions and their importance for both writers. Montaigne takes up most of the important arguments which Folly makes, with the exception of Folly's lengthy attacks on religious hypocrisy. Just as strikingly many of the arguments which Erasmus employs are also important issues for Montaigne. For example, Montaigne believes strongly in the importance of pleasure, in the stupidity of sexual jealousy, in the wrong-headedness of the Stoic view of the emotions, in the vanity of learning and in the variety of human opinions and customs. Other people might point out the importance to Montaigne of shared benefits, of happiness depending on opinion, of the human propensity for wishing to go beyond their limitations or of human reluctance to leave the miseries of earthly life.

Clarence Miller provides a list of 38 editions of the *Moriae Encomium* between 1511 and 1540; 32 of these (including all the French editions) are earlier than 1525. Other catalogues show copies of editions from Antwerp in 1544 and Basel in 1551. In the seventeenth century there were 8 Dutch editions (Leiden 1617, 1618, 1622, 1624, 1627, 1641 and 1648, and Amsterdam 1629).[4] This pattern of publication suggests that it would certainly have been possible for Montaigne to have owned a copy if he had wanted one, but also that *Moriae Encomium* may well not have been as well known in the 1570s and 1580s as it is today. It is also possible that a staunch Catholic like Montaigne might not have wanted to admit to knowing the book well. My feeling is that it is more likely that Montaigne had read the book than that he had not, but his knowledge of the text certainly cannot be proved.

Looking more carefully down the list we could say that some of the shared arguments, for example that philosophy is a preparation for death (attributed to Plato, and to Cicero), or there is no benefit in pleasure unless it is shared, or that human tastes and customs are extremely varied, are quite well established opinions of earlier writers. Erasmus delights in incorporating such opinions in Folly's speech, where Montaigne might use them either as a starting point for a chapter or as a support for an observation he wants to make.

Some of the other shared elements look like reworkings of aspects of classical satire, for example satire against schoolmasters, lawyers or philosophers, mockery of pride in funerals, ancestors or nations, and satire against women. This type of material is very important to Erasmus in establishing a tone for Folly's declamation and in making her say many things which satirists would say in their own voices, thus extending the field of Folly's supporters and complicating the kinds of mockery which are going on. Montaigne too enjoys the force of satire in establishing a critical complicity with an audience and the way in which satire involves extreme ideas and expressions. Especially in the

---

4   I am grateful to Jan Bloemendal and Kees Meerhoff for locating these further editions.

"Apologie de Raimond Sebond" satire is an effective means of deflating human self-esteem and exposing vice, pretension and hypocrisy.

There is one very noticeable conflict between Folly's views and Montaigne's which may help us think about another aspect of their parallelism. Quite early in the book, Folly mounts an attack on Socrates, as an example of the stupidity of philosophers. Two things strike me about this in relation to Montaigne. First Montaigne loved to attack philosophers in general but, secondly and much more significantly, he never attacked Socrates; instead he venerated him precisely because of what he presented as Socrates's embracing of ordinary life. One can't quite imagine Erasmus praising Socrates for that, but it marks up the contrast between Montaigne's criticism of other philosophers and his consistent admiration for Socrates.

But Erasmus is actually rather careful about the terms in which he allows Folly to attack Socrates. Folly's arguments do not do any serious damage to Socrates's views. He is attacked for not conforming himself better to the time, for not being more practical and for not being defended more effectively. Why should Erasmus attack Socrates in this way, apparently without rejecting any of his serious arguments? A rather plausible interpretation is that Erasmus is here exploiting the nature of his imagined speaker. Since it is Folly, who attacks Socrates, Erasmus's real intention should be understood as the opposite of what it appears to be. Folly attacks Socrates in ways which make it clear that Erasmus admires him, just as Montaigne does. There is plenty of external evidence to support this interpretation, not least the chapter of Erasmus's *Adagia* on the Silenus of Alcibiades (III iii 1). This chapter was first included in the 1508 edition of the *Adagia* before being much expanded in the 1515 edition.

But this raises a more interesting and important issue. Some of the other statements which I have listed are also very likely to be subject to reversal through the trope of irony. So, for example, it seems to me rather unlikely that Erasmus actually believes that happiness depends on ignorance, that deception is better than wisdom or that those who strive for wisdom are furthest from happiness. Nor do I really think that Erasmus himself would exalt the body above the soul in the way that Folly does. This takes us to the central problem of interpreting the *Encomium*. On one side, Erasmus clearly agrees with many of Folly's statements, using the persona of Folly as a way of distancing himself from observations which he thinks might offend powerful enemies, such as the Church hierarchy. On the other hand, there seem to be several other places in which we have to reverse what Folly says to discover Erasmus's true opinion. The problem with having to make such choices is that in some instances we cannot feel confident that we have chosen the right way. One could go further and say: in the case of some of the opinions which Folly expresses, we really cannot be at all sure of what Erasmus actually thinks. Of course, there are other cases, for example in his criticism of clerical abuses and religious superstitions, where Erasmus's meaning is clear, even though using the mouthpiece of Folly permits him a degree of deniability.

Some of this is a matter of genre. Erasmus is writing a mock enco-mium, a *jeu d'esprit*. In order to amuse his audience his task is to find as many arguments as he can in favour of folly and to express them as strongly as he can. The more unlikely and the more paradoxical the argument the more he can show off his skill by making the most of it. On the other side, though, the fact of writing a mock encomium enables him to include as part of the jest unusual or unorthodox arguments which he actually believes in. In that sense the more serious and pro-found the argument, the more the audience admires his inclusion of it within the jest. I think we can agree with Michael Screech that Erasmus meant the climactic apotheosis of Christian folly very seriously indeed, even though he took the precaution of expressing it in the framework of a running joke.[5]

The figure of Lady Folly operates in a complicated way. She incor-porates both a degree of self-contradiction and a strong sense of re-envisioning the normal assumptions of life. Folly keeps telling us that she is female, which implies, in the terms familiar in Erasmus's times, that she is bound to speak foolishly. At the same time though she tells us that she is essential. Without women and without folly there would be no prolongation of the human species. Furthermore, life would be unbearable without folly and pleasure. Everything that is worth living for comes from folly. This cannot be Erasmus's normal view, since he quite likes living in an all-male environment and since he prefers learning to

---

5   Michael A. Screech, *Ecstasy and the Praise of Folly* (London: Duckworth, 1980).

ignorance, but in another way Folly's arguments are unanswerable and, as Erasmus goes on to show, come very close to the basis of Christian charity as expounded by St Paul.

In my view some of the ideas which are expressed both by Folly and by Montaigne would be views which Erasmus, so to speak, expresses mockingly at least on the surface, as the opinions of Folly, but which Montaigne holds seriously. Could it be then that Folly's transvaluing of the habits of women, fools and ordinary people in fact prompts Montaigne to his own rethinking of normal assumptions? Of course, it is often very difficult to decide what view Montaigne himself actually holds and the technique of obscuring his own relationship to the views expressed in his work may even be something he learned from reading Erasmus.

But let me give some examples where I think we do know what Montaigne thought. The last chapter of the *Essais* is so definite in expressing the view that human beings must give proper weight to the needs of the body and should not always subordinate the body to the soul, that I think we must take this to be Montaigne's own view. When Erasmus allows Folly to say that man is dominated by emotions which control most of his body, I think it rather likely that Erasmus believes that Folly is wrong here and that in his view human beings should restrain their emotions for the sake of their souls.

When Folly states that happiness depends on ignorance and that it is better to be deceived than to be wise, I think that Erasmus believes this view to be incorrect and that knowledge is more important than happiness. In spite of his expressed devotion to truth, Montaigne, in contrast, seems to find occasions on which the happiness of believing that your family obey and respect you, in II, 8, or that your wife is faithful to you, in III, 5, are preferable to finding out that these beliefs are untrue.

My suggestion, then, is that Erasmus believed that it was possible to take a consistent line on moral and spiritual issues and that one could teach that line. In the *Moriae Encomium* he uses the figure of the speaker, Folly, as a mask to play around with what he believes and what he wishes to be able to deny. Montaigne, on the other hand, believed that the human mind was constantly changing, that he might uphold one view at one time and another at another. In "De la vanité" Montaigne says that he writes for a few men and a few years. *"Si c'eust esté une matiere de durée, il l'eust fallu commettre à un langage plus ferme"* (1028). Knowing that his work is constantly changing, constantly in process, he prefers to issue it in French, rather than in Latin, even though he tells us that Latin is his native tongue, and even though he believes that Latin is the more lasting and more universal language.

I now want to consider the issue more from Montaigne's point of view by looking at the way three of his chapters use materials similar to those Erasmus used in the *Moriae Encomium*, or perhaps taken directly from it. I will begin with the "Apologie de Raymond Sebond" (II, 12), the longest chapter and also the one with the most parallels with Erasmus.

The "Apologie" presents both a spiritual and a worldly perspective on Christianity. Very near the beginning of the chapter Montaigne asserts that if we fully and wholeheartedly believed in God instead of fearing death we would want, as Paul says in Philippians I:23, to die and be with Jesus (465). But Montaigne uses this quotation mainly to contrast Paul's profoundly spiritual attitude with the conventional Christianity prevailing in France in his time. We are Christians, he says, because we were born in a Christian country. We are Christians by the same token that we are Perigordians or Germans (466). Immediately afterwards, taking a worldly perspective he defends Sebond's enterprise by insisting that since reason is part of the human constitution religion needs the support of reason (467-468). He explains to us that his aim in writing this chapter is *"De froisser et fouler aux pieds l'orgueil et l'humaine fierté; leur faire sentir l'inanité, la vanité, et deneantise de l'homme […] leur faire baisser la teste et mordre la terre, soubs l'authorité et reverence de la majesté divine"* (II, 12, 469).

According to Montaigne, man pays a very high price for reason. The good things which human beings claim for themselves are very doubtful and beset with insecurity and worry, whereas the benefits which other creatures enjoy, such as peace, rest and health, are real and substantial (P510-11). Montaigne sets out sceptical arguments from Sextus Empiricus in order to attack human pride in knowledge and reason. What is there to be proud of if we know nothing, our reason is unreliable and our philosophers disagree on all important questions? Montaigne uses the extensive comparisons with animals which he takes from Plutarch in order to show that man's proud claim to superiority over the animals is false. In the "Apologie" Montaigne uses the material he shares with Erasmus for a strong polemical purpose.

We can say the same, I think, of the texts from St Paul relating to Christian Folly which Montaigne quotes in the "Apologie". It is very striking that the "Apologie" contains so many of these texts but Montaigne uses them, not to take up an Erasmian position on the foolishness of God or of true Christianity, but rather to support his own contention that human wisdom is flawed and that only God has true knowledge. He summarises several of the crucial passages from scripture near the passage I quoted above.

> *Que nous presche la verité, quand elle nous presche de fuir la mondaine philosophie: quand elle nous inculque si souvent, que nostre sagesse n'est que folie devant Dieu: que de toutes les vanitez, la plus vaine c'est l'homme: que l'homme qui presume de son sçavoir, ne sait pas encore que c'est que sçavoir: et que l'homme, qui n'est rien, s'il pense estre quelque chose, se seduit soy-mesmes, et se trompe? Ces sentences du sainct Esprit expriment si clairement and si vivement ce que je veux maintenir.* (II, 12, 470)

When he paraphrases Paul's assertion that man's wisdom is but foolishness to God, Montaigne's aim is straightforwardly polemical. He wants to diminish man and exalt God. Later on he talks about the stupidity of men in thinking themselves wise (P525), of Christ's preference for the simple and ignorant (P526) and quotes at length a passage from St Paul which we also find towards the end of the *Moriae Encomium*:

> *Car comme il est escrit; Je destruiray la sapience des sages, et abbattray la prudence des prudens. Où est le sage? où est l'escrivain? où est le disputateur de ce siècle? Dieu n'a-il pas abesty la sapience de ce monde? Car puis que le monde n'a point cogneu Dieu par sapience, il luy a pleu par la vanité de la predication, sauver les croyans.* (1 Corinthians I: 19-21; 527)

Again, Montaigne makes it clear that his purpose in quoting this passage is to attack human pride and to insist that man has no real knowledge. The clinching argument for the difference between Montaigne and Erasmus here is the description of Tasso, added in 1582. Montaigne presents Tasso's madness, not as an example of religious folly, but as a proof of human weakness. Tasso's poetic sensitivity led him to madness. *"à cette exacte, et tendue apprehension de la raison, qui l'a mis sans raison?"* (P518). Rather than being a gift of God, madness is the extreme consequence of human reason and the proof of its insufficiency.

In contrast to the "Apologie," "Sur des vers de Virgile" (III, 5) aims at amusement. As his body drags him back into weakness Montaigne wants to use his mind to lighten up the gloom, to liven up his bodily torpor, by writing about sex. This chapter is meant to be fun and it means to assert the importance of bodily pleasure as an element of human life. Montaigne signals this deliberate change of heart with a quotation from Horace, right at the beginning of the chapter.

> *Misce stultitiam consiliis brevem* (III, 5, 884. Horace *Odes*, IV.12.27)

Let's add a little folly to this moral advice. Folly here stands for light-heartedness, liveliness, just as love does, as Montaigne goes on to say.

> *L'amour est une agitation esveillée, vive et gaye: Je n'en estois ny troublé, ny affligé, mais j'en estois eschauffé, et encores alteré [...]. C'est une vaine occupation, il est vray, messeante, honteuse, et illegitime: Mais, à la conduire en cette façon, je l'estime salubre, propre à desgourdir un esprit, et un corps poisant.* (III, 5, 935)

Montaigne rather enjoys himself in confessing his indiscretions and in collecting and commenting on lines of poetry concerned with sex. But he also has some very serious points to make, most notably about the double standard which applied to sexual transgression. He argues very forcibly that it is unreasonable for men to expect that women alone should have to resist the powerful impulse of sexual desire. In making his defense of women's right to infidelity, Montaigne includes a number of comments and stories which are typical of male satire against women, but his intention throughout seems to be to educate men, and, since he also directs the chapter particularly to them, to amuse women. Men's expectations of their wives' abstinence are so unreasonable in the light of their own conduct that Montaigne decides to amass many arguments against them (896-905).

He is equally strong in condemning jealousy. First, he points out Vulcan's lack of jealousy in fashioning the armor for Venus's son by another man, directly after her seduction of him in the episode which gives this chapter its title. Then he points to the great men of antiquity who knew that their wives were unfaithful and did nothing about it (906). After justifying infidelity on the part of wives by declaring that *"C'est donc folie, d'essayer à brider aux femmes un desir qui leur est si cuysant et si naturel"* (909), he warns men about the dangerous folly of suspicion: *"La curiosité est vicieuse par tout: mais elle est pernicieuse icy. C'est folie de vouloir s'eclaircir d'un mal, auquel il n'y a point de medicine, qui ne l'empire et le rengrege: duquel la honte s'augmente et se publie principalement par la jalousie: duquel la vengeance blesse plus nos enfants, qu'elle ne nous guerit?"* (III, 5, 912). Finally, he appeals to the argument from equity: *"Chacun de vous a fait quelqu'un coqu: or nature est toute en pareilles, en compensation et vicissitude. La frequence de cet accident, en doibt mes-huy avoir moderé l'aigreur: le voylà tantost passé en coustume"* (III, 5, 913).

Even though the tone of this chapter is often light, since Montaigne makes so many arguments against jealousy and none in favour of it I think that we have to take this as a seriously held view, on which he wanted to persuade his readers. Erasmus's tone is much more ambivalent and the context is a paragraph in which Folly claims that it is only because of her that people are able to stay married, mainly because husbands are too stupid to notice what their wives get up to: *"Ridetur, cuculus, curraca, et quid non vocatur, cum moechae lachrymas labellis exorbet. At quanto felicius, sic errare, quam zelotypiae diligentia cum sese conficere, tum omnia miscere tragoediis"* (IV-3, 94.421-424). The main effect of this sentence is to mock husbands. It is possible to sustain the view that this passage actually includes a warning against jealousy, but it also seems clear that Erasmus thinks that men have very good reason to distrust their wives. The elements are the same as in the passages from Montaigne, but the tone is different. In Erasmus the satire against marriage is stronger; in Montaigne the warning against jealousy prevails.

Summing up the chapter Montaigne concludes that *"Nostre vie est partie en folie, partie en prudence"* (P932). He insists that the madness of desire is part of human nature: we should not refuse to speak of it or denature ourselves by denying it, but we *should* moderate it: *"La philosophie n'estrive point contre les voluptez naturelles, pourveu que la mesure y soit joincte: et en presche la moderation, non la fuite"* (III, 5, 936).

"De la vanité" (III, 9) begins with a logically conducted humorous defence of different kinds of vanity, which ends with a very serious point. The human delight in change is undoubtedly vain, but the Stoic sage's satisfaction with everything about himself is decidedly worse (989-992). More even than "Sur des vers de Virgile," "De la vanité" mingles humour and seriousness. The desire to travel is vain but so is every other human activity, and so in particular are the moral rules which people make for themselves.

Il y a de la vanité, dites vous, en cet amusement? Mais où non; Et ces beaux preceptes sont vanité, et vanité toute la sagesse. Dominus novit cogitationes sapientium, quoniam vanae sunt. [1Corinthians, 3.20] Ces exquises subtilitez, ne sont propres qu'au presche. Ce sont discours qui nous veulent envoyer tous hastez en l'autre monde. La vie est un mouvement materiel et corporel: action imparfaicte de sa propre essence, et desreglée: je m'emploie à la servir selon elle. (III, 9, 1034)

Montaigne mocks the kind of morality which makes rules which humans are bound to break: *"L'humaine sagesse, n'arriva jamais aux devoirs qu'elle s'estoit elle mesme prescript: Et si elle y estoit arrivée, elle s'en prescriroit d'autres au delà, où elle aspirast tousjours et pretendist: Tant nostre estat est ennemy de consistance"* (1036). It is vain to keep making rules which we can't keep, but like other forms of vanity this is part of human liveliness, part of our inherent tendency to motion, and so must be accepted. Out of this understanding of vanity Montaigne describes a moral attitude which suits the here and now: *"La vertu assignée aux affaires du monde est une vertu à plusieurs plis, encoigneures et couddes, pour s'appliquer et joindre à l'humaine foiblesse: meslée et artificielle; non droitte, nette, constante, ny purement innocente"* (1037).

For all the similarities between Vanity and Folly, this conclusion seems a long way from Erasmus's counsel of abandoning the wisdom of the world to give oneself to the folly of Christ. Montaigne wants to adjust wisdom to the demands of the world rather than rejecting both world and wisdom. Memories of walking in Rome move his heart in a way that seems not just vain: *"Quelqu'un se blasmeroit, et se mutineroit en soy-mesme, de se sentir chatouiller d'un si vain plaisir. Nos humeurs ne sont pas trop vaines, qui sont plaisantes. Quelles qu'elles soient qui contentent constamment un homme capable de sens commun, je ne sçaurois avoir le cœur de le pleindre"* (III, 9, 1044).

Strangely and seriously, paradoxically and tentatively, Montaigne sets up delight as a counter-weight to vanity. When we study ourselves, we find that there is nothing but vanity, inside and outside, but the closer we stay to ourselves and our feelings the smaller the degree of vanity. The chapter ends by urging men to acknowledge both their real physical and intellectual limitations, and their unlimited desire and pride, in a spirit of laughter. *"Sauf toy, O homme, disoit ce Dieu, chaque chose s'estudie la premiere, et a selon son besoin, des limites à ses travaux et desirs. Il n'en est une seule si vuide et necessiteuse que toy, qui embrasses l'univers: Tu es le scrutateur sans cognoissance: le magistrat sans jurisdiction: et après tout, le badin de la farce"* (III, 9, 1047). In contrast to the "Apologie", Montaigne here avoids leaving everything in the hands of God. He does not abandon either reason or vanity; and yet the way real limitations, indomitable desires and laughter are linked in this sentence recalls nothing so much as Erasmus's Folly.

In this paper I have emphasized the large number of parallels between Erasmus's *Moriae Encomium* and Montaigne's *Essais*. Even though he did not originate the approach of writing a text out of one's reading which Montaigne develops, Erasmus's work certainly collected and provided fine examples of this attitude to writing. When Montaigne uses other voices in his texts, whether he quotes another author at length or writes a short declamation for Nature or the penis, he exploits and expands on what he has learnt from Erasmus and the renaissance humanists.[6] In a similar way many of the parallels between the *Moriae Encomium* and the *Essais* represent views which are very important to Montaigne. Some of what Montaigne accepts most strongly from Folly are views which Erasmus expects his readers to reverse through the trope of irony. Thus, for example, Erasmus almost certainly does not agree with Folly's views that ignorance is better than knowledge or that the body is as important as the soul, but Montaigne does. In general Montaigne uses his reading of Erasmus (or Erasmus's sources) as he uses his other reading, in order to prompt or support his own thinking. This was also the way in which Erasmus read and taught others to read. Thus, in the "Apologie" most of the parallels with Folly are used, *contra* Erasmus, to belittle human reason in order to glorify God. In "Sur des vers de Virgile" Folly is associated with sex and liveliness, but Montaigne still takes the opportunity to make serious points, attacking the double-standard in sexual conduct and decrying the folly of sexual jealousy. He reverses the implications of Erasmus's more conventional satire against wives. He also insists on admitting the part which the madness of sexual desire plays in human life. Rather than hypocritically and falsely denying sexual desire as part of human existence we should do our best to moderate and control it.

"De la vanité", mixes humour and teaching. All human activities are vain; setting out moral precepts is the vainest activity of all; but

---

6   Terence Cave, *How to Read Montaigne* (London: Granta, 2007); Peter Mack, *Reading and Rhetoric in Montaigne and Shakespeare* (London: Bloomsbury, 2010), p. 1-73.

all this vanity is part of human liveliness and so must be accepted, not abandoned. Montaigne refuses to reject either the situation of the world or human wisdom. Instead we must adjust human wisdom to the peculiarities of the world we live in. He sets up delight as a value to uphold in considering vanity. Although all human activities are vain, the closer we stay to ourselves and our own delights the smaller the vanity will be. At the end of the chapter, coming closest to the spirit of the *Moriae Encomium*, Montaigne urges his readers to accept both reason and vanity, both human limitation and man's unlimited self-esteem and ambition, in a spirit of laughter. Whether he knew the *Moriae Encomium* directly, as I tend to believe, or indirectly through its sources and Erasmus's other works, reading makes possible Montaigne's own thinking, even though it does not determine it. Reading prompts him to think, but he always reads in his own contentious and playful way to stimulate and support his own reasoning. Erasmus's *Moriae Encomium* may have pushed Montaigne towards new thinking, but it did not determine the conclusions which he drew from that thought.

Peter MACK
University of Warwick

"ON GIVING THE LIE"

Montaigne, Calvin,
and the Death of Michel Servet

The execution of Michel Servet for anti-trinitarian heresy in Geneva, Switzerland on October 27, 1553 provoked an acrimonious debate that reverberated loudly in the history of religious tolerance and especially in the history of religious dissent within Protestantism. The two main antagonists in the first and most virulent phase of this debate were the Basel humanist Sebastian Castellio and the Geneva Reformer Jean Calvin. After the initial wave of recriminations directed against the "Geneva Inquisition," Calvin composed his own apology that appeared simultaneously in Latin and in French in February 1554 under the titles *Defensio orthodoxae fidei* and *Declaration pour maintenir la vraye foy... Contre les erreurs detestables de Michel Servet Espaignol.* After publishing an anthology of voices in favor of religious tolerance entitled *De haereticis an sint persequendi*, Castellio prepared a rebuttal of Calvin known as the *Contra libellum Calvini*, which takes the form of a dialogue between Calvinus and Vaticanus, where the role of Calvinus consists of numbered excerpts from Calvin's *Defensio orthodoxae fidei*. Calvinus 145 reports Servet's fear of death and his appeals for mercy, presumably in order to weaken Servet's claims to martyrdom and perhaps to indulge in some gratuitous cruelty toward a dead adversary.[1] Vaticanus 145 grants that Servet was wasting his time appealing for mercy to Calvinists: *"Ne illi justa causa erat, cur Dei Misericordiam imploraret, cum esset in manibus hominum adeo immisericordium, ut ab eis decollationem precibus impetrare non*

---

1   Jean Calvin, *Defensio orthodoxae fidei de sacra trinitate contra prodigiosos errores Michaelis Serveti Hispani*, ed. Joy Kleinstuber (Geneva: Droz, 2009), p. 50. Calvin asks, *"quisnam mortem hanc martyris esse dicet?"* (p. 51). Bernard Roussel thinks Calvin wrote this *"pour éviter que Servet prenne figure de martyr."* Bernard Roussel, "Un pamphlet bâlois: l'histoire de la mort de Servet", in Valentine Zuber (ed.), *Michel Servet (1511-1553). Hérésie et pluralisme du XVIᵉ au XXIᵉ siècle* (Paris: H. Champion, 2007), p. 179, n. 33.

potuerit, quam impetrare potuisset in media Canibalum barbarie."[2] Alas, the *Contra libellum Calvini* remained in manuscript until 1612, for otherwise this passage may have caught the eye of Michel de Montaigne when he was writing "Des Cannibales" (I, 31). The idea that Calvinists are even more merciless than cannibals may have proved quite congenial to an author who noted the absence of any word for pardon both among the Brazilians and among the combatants in the French Wars of Religion.[3]

While Montaigne could not have read Castellio's dialogue, he certainly could have read Calvin's account, whether in Latin or the vernacular, of the trial of Servet and the theological dispute on which it turned. One of the most conspicuous features of this dispute as reported by Calvin are the copious, mutual recriminations of lying that dominate the theological exchanges between Servet and his captors. The insistent recourse to the boldface accusation *MENTIRIS* suggests a natural affinity between the trial and Montaigne's essay "Du démentir" (II, 18), where the essayist wonders why his compatriots are so quick to take offense at the reproach of mendacity when they are, after all, universally renowned as incorrigible liars. At the end of the essay, he promises to tell us, at some later date, what he knows about *"les divers usages de nos démentirs"* (II, 18, 667),[4] which has been understood as an unfulfilled promise of a treatise on dueling, that would inscribe Montaigne in the literary lineage of Girolamo Muzio and Giambattista Possevino.[5] Without seeking to diminish the importance of this context, I would like to suggest another context in which to situate Montaigne's interest in giving the lie, namely the confessionalization of Europe in the sixteenth century, which sponsored a proliferation of both religious orthodoxies and heterodoxies. In fact, I would like to suggest that religious ortho-doxy is itself the most pervasive, most obstinate, and most pitiless form of the *"démentir"* or *"démenti,"* affirming its own truth by rejecting all

---

2   Sebastian Castellio, *Contra libellum Calvini in quo ostendere conatur Haereticos iure gladii coercendos esse* (Gouda: Jaspar Tournay, 1612), f. L3v.

3   For this dimension of essay I, 31, see David Quint, *Montaigne and the Quality of Mercy. Ethical and Political Themes in the* Essais (Princeton: Princeton University Press, 1998), p. 75-101.

4   All quotations of Montaigne are taken from *Les Essais de Michel de Montaigne*, ed. Villey-Saulnier (Paris: Presses Universitaires de France, 1978). The essays are cited by book, chapter, and page.

5   For this lineage, see Montaigne, *Les Essais*, ed. Jean Balsamo, Michel Magnien and Catherine Magnien-Simonin (Paris: Gallimard, coll. "La Pléiade", 2007), p. 1655.

dissent as a lie. Consequently, the essay "Du démentir" and the polemic *Defensio orthodoxae fidei* may be able to illuminate each other in ways heretofore unsuspected.

The essay "Du démentir" is primarily remembered as an apology for Montaigne's provocative project of writing about himself. The essay begins with an imagined objection to this project, and Montaigne readily admits that he is not famous enough to be of interest to the public. Therefore, he writes for a private audience, an intimate circle of readers, like the Latin satirists Horace and Persius. Even if no one reads him, he adds on the *Exemplaire de Bordeaux*, his project has been worth the effort since both book and author have evolved together: *"Je n'ay pas plus faict mon livre que mon livre m'a faict, livre consubstantiel à son autheur, d'une occupation propre, membre de ma vie"* (II, 18, 665). Here he introduces the theme of the consubstantiality of author and text that has continued to fascinate Montaigne criticism to this day.[6] At the same time, this phrase refers plainly to the Reformation controversy over the real presence of Christ in the bread and wine of the Eucharist, which was one of the most contentious topics in sixteenth-century Europe. It also evokes, *mais de voie oblique*, the trial of Servet, who denied the consubstantiality of the Father and the Son. After this late addition on the benefits of writing the self, the essayist acknowledges that his project exposes him to suspicions of lying. Since people so routinely lie about others, how can we trust someone talking about himself: *"Mais à qui croyrons nous parlant de soy, en une saison si gastée? veu qu'il en est peu, ou point, à qui nous puissions croire, parlant d'autruy, où il y a moins d'interest à mentir"* (II, 18, 666). This candid reflection leads to the final section of the essay, which is devoted to the prevalence of lying and the potency of the accusation of lying in a society dominated by the feudal code of conduct.

Montaigne feels a sort of national affinity for the subject since, as he reminds us, the French have long cultivated a reputation for lying attested to in late antiquity by Salvianus Massiliensis (II, 18, 666). Modern editors refer us to Salvian's *De gubernatione dei*, also known as

---

6   See, for instance, Philippe Desan, "Consubstantialité", in Philippe Desan (ed.), *Dictionnaire de Michel de Montaigne* (Paris: H. Champion, 2007), p. 243. For a theologically informed analysis of *consubstantiel*, see Marjorie O'Rourke Boyle, "Montaigne's Consubstantial Book", *Renaissance Quarterly* 50 (1997), p. 723-749.

De vero iudicio et providentia dei, book one, section 14, but in fact there is nothing resembling such an accusation in this or any adjacent section of Salvian's work. He does accuse the *Galli* of *avaritia* and *luxuria* elsewhere in his work,[7] but the French do not seem any more inclined to lying than any other nation of sinners in Christendom. Montaigne must have retrieved his reference from a Renaissance compilation or miscellany, one that may have consulted a spurious edition of Salvian. Be this as it may, Montaigne finds it worth remarking that a nation of liars should be so sensitive to the accusation of lying, and he wonders if the French are so quick to take offense because they have a guilty conscience. To express his own indignation with lying, and his independence of national stereotypes, he develops the Erasmian theme of speech as the mirror of the soul, *"c'est le truchement de nostre ame"* (II, 18, 667), and warns that whoever betrays speech threatens the very foundations of society. He also quotes a saying of the Spartan general Lysander that he is likely to have found in a collection of apophthegms: *"Ce bon compaignon de Grece disoit que les enfans s'amusent par les osselets, les hommes par les parolles"* (II, 18, 667). One could assume from this decontextualized saying that Lysander was some sort of social satirist, deploring the casual attitude his contemporaries took to the truth. In fact, we can examine this same saying in Erasmus' *Apophthegmata*, where it appears as saying 292 of book 1 and the fifth saying attributed to Lysander: "Others censured him for violating the agreement he had made in Miletus, confirming it with solemn oaths. He commented, 'Boys have to be tricked with knuckle-bones, grown men with oaths' – as if tricking people with broken promises were fit behaviour for a man."[8] In truth, Lysander was a frank immoralist, encouraging lying as a tool of statecraft and proving to be well ahead of Machiavelli in the art of *Realpolitik*. Oddly, Montaigne camouflages this endorsement of lying as a sort of sociological observation, showing that he is not above manipulating the truth himself.

In the conclusion to "Du démentir", the essayist defers to another time a discussion of *"les divers usages de nos démentirs et les loix de nostre honneur en cela"* (II, 18, 667). Apparently he has in mind not only or not

---

7   Salvien de Marseille, *Œuvres*, tome 2 *Du gouvernement de Dieu*, ed. Georges Lagarrigue (Paris: Les Éditions du Cerf, 1975), p. 410-412.

8   *Collected Works of Erasmus*, vol. 37 *Apophthegmata*, tr. Betty Knott and Elaine Fantham (Toronto: University of Toronto Press, 2014), p. 134 = CWE 37:134.

primarily a sociology of dueling but rather a kind of historical study, since he wants to find out, if he can, *"en quel temps print commencement cette coustume de si exactement poiser et mesurer les parolles, et d'y attacher nostre honneur"* (II, 18, 667). Apparently, the ancients never took offense when accused of lying, and people called Caesar a thief and a drunk to his face without consequence. The ancients avenged words with words, not with homicide, and so Montaigne declares, *"Nous voyons la liberté des invectives qu'ils font les uns contre les autres"* (II, 18, 667). This last phrase can serve as a handy introduction to confessional strife in sixteenth-century Europe, where Reformers liberally traded invectives, including and especially the accusation of lying. This custom is confirmed by no less an authority than Servet himself, testifying at his trial in Geneva. When the public prosecutor Claude Rigot accused Servet of blasphemy and heresy for his criticisms of Calvin, the defendant replied: *"que en matiere scolastique, que ce nest point accusation et que cest auiourdhuy commung en matiere de disputation que ung chascun veult maintenir sa cause, estimant sa partie adverse estre en voye de damnation".*[9] "In other words," in the estimation of Roland Bainton, "abuse is simply the technique of controversy".[10] Invective was the method of theological dispute. This makes it all the more remarkable that Calvin sought to revenge words with fire in his duel with Servet.

Servet was actually tried twice for heresy in 1553, the first time by the Roman Catholic Inquisition, to which he had been denounced, in all probability, by Calvin himself. What occasioned these trials was the insufficiently clandestine publication of the *Christianismi Restitutio*, which appeared in early 1553 from the presses of the Lyonnais printer Guillaume Gueroult and which was printed at the expense of the author, to say the least. This extremely rare work, of which only three copies survive and only two in their entirety, develops a highly abstruse doctrine of the Holy Trinity that is not really consistent with any recognized confession and that puts Servet outside the confines of Christianity. Rather than defend himself to the Inquisition, Servet denied his authorship of the incriminating texts (the *Restitutio* and the thirty letters he had sent to

---

9   *Ioannis Calvini opera quae supersunt omnia*, ed. Baum, Cunitz, and Reuss, vol. 8 (Brunswick: Schwetschke, 1870), p. 779 = CO 8:779.

10   Bainton, *Hunted Heretic. The Life and Death of Michael Servetus 1511-1553* (Boston: Beacon Press, 1953), p. 187.

Calvin arguing about the Trinity) and broke out of jail before he could
be punished. Liberated in April, he was back in jail in August, this
time in Geneva, in the hands of men so merciless they would have put
the Tupinambi to shame.

For his second trial, Servet was in the mood for disputation. Whereas
he understood perfectly well the stakes of his first trial and resorted
quickly to evasion, in Geneva he seems to have expected the trial to be
conducted according to the laws of scholastic disputation and confessional
controversy (and in the spirit of Julius Caesar) rather than the laws of
honor, which regard the *démenti* as the supreme offense. Calvin's *Defensio
orthodoxae fidei* includes the rubric "*Sententiae vel propositiones excerptae ex
libris Michaelis Serveti, quas Ministri Ecclesiae Genevensis partim impias ac
in Deum blasphemas, partim prophanis erroribus et deliriis esse refertas asse-
runt,*" which is followed by 38 numbered statements, taken from the
Christianismi Restitutio, deemed impious, blasphemous, or erroneous.
When presented with this document, Servet, still enjoying the unhy-
gienic hospitality of the prison, composed a detailed response entitled
"*Michaelis Serveti responsio ad articulos Iohannis Calvini.*" In other words,
he was prepared to dispute with Calvin on various points of theology
"*instar magistrorum Sorbonicorum*".[11] In this first *Responsio*, divided into
passages cited from the Church Fathers and individual responses to
the 38 accusations, Servet is still rather sparing of the *démenti*. Under
number 11 and again number 16, Servet accuses Calvin of falsifying
his views while number 38 accuses him of perfidy. Number 33 is rather
more blunt: "*Mendacium est quod commisces*".[12] Spurred on by this personal
affront, Calvin composed a second document, also reproduced in his
Defensio, which he calls a brief refutation of the errors and impieties of
Servet and on which the prisoner wrote extensive manuscript annotations while awaiting execution. The *Brevis refutatio* along with Servet's
annotations form a fascinating document for those who are interested
in "*les divers usages de nos démentirs*".

The *Brevis refutatio* wastes no time in giving Servet the lie. Servet
had maintained at the outset of his trial that the name Trinity was not
in use before the Council of Nicaea, and the Genevan pastors had cited
the testimony of the Church Fathers against him without deterring

11   Calvin, *Defensio*, p. 59.
12   *Ibid.*, p. 71.

the accused from persisting in his point of view. Calvin summarizes as follows: *"Huius mendacii ac impudentiae Iustini martyris, Origenis, et similium testimoniis convictus, non destitit extra causam vagari"*.[13] This prefatory *démenti* sets the tone for what follows, especially in Servet's own annotations. Servet had begun his *Responsio* by explaining that his *scopus* or goal in his writings on the Trinity was to show that the name of Son was always attributed in Holy Scripture to Jesus Christ the man, but Calvin dismisses this as a *"frivola cavillatio"* and interprets Servet's purpose in starkly heretical terms.[14] In response, Servet helpfully directs Calvin to certain passages in his *Christianismi Restitutio* and trusts that once Calvin has read these passages he will be ashamed of telling so many lies. For emphasis, Servet adds what will become a familiar refrain throughout the remainder of the court record: *"Mentiris. Mentiris"*.[15] In this debate, the accusation of lying covers a variety of offenses including misquoting one's adversary, misinterpreting Scripture, and ultimately, falsifying revealed truth. To give someone the lie is to challenge their orthodoxy as well as their integrity. For instance, on the *"nomen Filii"* Calvin alleges Proverbs 30, 4 as an instance where the Bible uses the name of Son without regard to human nature. Servet answers that Calvin is lying since this is a prophecy of Christ the man, as we learn from various Patristic sources. Who does not see, asks Servet, how poor in truth you are, *"quam sis veritatis inops,"* since you can only cite one passage when I have plenty of passages up my sleeve?[16] This notion of the wealth and poverty of truth has enormous potential since the truth seems to depend on one's facility at quoting the Bible, and to give the lie is to outquote one's rival. Both Calvin, author of the *Institutio Christianae religionis*, and Servet, editor of Sante Pagnini's Latin translation of the Hebrew Bible, were well suited for this contest.

As Calvin works his way through the *Responsio*, first the Patristic sources and then the rebuttal of the 38 accusations, Servet the annotator follows close on his heels with his familiar chorus of *Mentiris*. While Calvin treats Servet as *"falsarius"* and at times gives him the hermeneutic lie, disputing Servet's interpretation of the Church Fathers,[17] Servet is

---

13 *Ibid.*, p. 72.
14 *Ibid.*
15 *Ibid.*, p. 73.
16 *Ibid.*, p. 74.
17 *Ibid.*, p. 86: *"Septimo loco mentitur negari realem distinctionem: quia nihil illic docet Irenaeus."*

relentless with the blunt force of his accusation, *Mentiris*, which is rendered in the vernacular with the perfect tense *Tu as menti*. Occasionally he
modifies this formula with an epithet, as in *"Mentiris nebulo"* or *"Mentiris
sycophanta imperitissime,"* but he is not really striving for stylistic variety.[18]
When Calvin arrives at the end of his *Brevis refutatio*, for whose brevity
he really ought not to have apologized, he accuses Servet of leaving no
doctrine untainted by heresy, calling him a Pelagian, a Cathar, and a
libertine.[19] Rather than dispute each point, Servet settles for a final
salvo: *"Mentiris. Mentiris. Mentiris. Mentiris nebulo pessime".*[20] These are
indeed Servet's last words before he fruitlessly invoked the mercy of his
captors at the moment of his death.

   Oddly, having finished the *Refutatio* and before transcribing a letter
from the ministers of Zurich endorsing the persecution of Servet, Calvin
congratulates himself on his own magnanimity in offering Servet the
last word by including the latter's annotations with the trial record
sent to the evangelical churches of Switzerland.[21] The vernacular version of this pseudo-magnanimity is the most brazen: *"Afin que Servet
n'eust occasion de se plaindre que nous l'eussions opprimé de parolles, nous
fusmes contens de luy laisser le dernier mot".*[22] Obviously, Calvin wasn't
going to let anyone but himself have the last word, which is why he
wrote the *Defensio* to attack a dead adversary. It was this vindictiveness
that particularly offended contemporaries, if we can judge from the
Historia de morte Serveti, which was composed in Basel in the immediate
aftermath of Servet's death and which remained in manuscript until
the seventeenth century. In conclusion, the *Historia* summarizes seven
grievances provoked by the death of Servet, of which the seventh, in
Bernard Roussel's modern translation, concerns Calvin's unseemly
determination to have the last word.

> *Septièmement: il paraît que Calvin est en train d'écrire contre quelqu'un qui est déjà
> mort, ce qui ressemble à la demarche des juifs qui, après la mort de Christ, sont
> allés demander à Pilate de faire surveiller le cadavre de Christ (qu'ils dénonçaient*

---

18 *Ibid.*, p. 100-101.
19 *Ibid.*, p. 110.
20 *Ibid.*, p. 111.
21 *Ibid.*
22 Jean Calvin, *Declaration pour maintenir la vraye foy que tiennent tous Chrestiens de la Trinité
    des personnes en un seul Dieu* (Geneva: Jean Crespin, 1554), p. 170.

comme imposteur). De même, disent-ils, Calvin craint, non pas que le corps de Servet soit enlevé en cachette – Calvin a veillé à ce que cela ne puisse arriver –, mais que ses cendres se mettent à parler. Autrement dit, s'il avait voulu écrire contre Servet, il devait le faire du vivant de ce dernier, pour lui laisser la possibilité de répondre, ce qu'on va jusqu'à permettre à un malfaiteur.[23]

This is the seventh and last count brought against Calvin by his Basel critics, whose influence on public opinion Calvin sought to blunt with his *Defensio*.

The second half of the *Defensio* is an exhaustive rebuttal of Servet's annotations in which Calvin betrays his acute sensitivity to the accusation of lying. Here indeed is an illustration of the custom which Montaigne has observed among his compatriots, *"de nous sentir plus aigrement offencez du reproche de ce vice, qui nous est si ordinaire, que de nul autre; que ce soit l'extrême injure qu'on nous puisse faire de parolle, que de nous reprocher la mensonge"* (II, 18, 666). Several passages remind us of how attentive Calvin was to Servet's invectives: *"Me insimulat mendacii," "Bis accusat me mendacii," "in quo me Servetus mentiri arguit," "Mentiri me clamat Servetus," "me contra mentem Tertulliani mentiri clamat Servetus," "an mentitus sim, sicuti mihi exprobrat Servetus, iudicium ex codice fieri volo".*[24] When Calvin gives Servetus the lie, he adds indignantly, *"Me tamen dicit mentiri".*[25] None of these claims or counter-claims concern what a court would recognize as facts, but rather they concern the interpretation of arcane theological doctrine, so that to lie is to deviate from orthodoxy. Since orthodoxy varies within and beyond Switzerland, who isn't lying?

The most sensitive issue in this controversy was the *nomen Trinitatis*, which Calvin claims that Servet rejected while Servet naturally rebuts this claim as a lie: *"Mentiris. Trinitatem ego voco, et doceo".*[26] Calvin chooses to highlight this annotation when he begins his final section, which he inscribes under the heading of *Calumniarum refutatio*. Here is the passage both in Latin and the vernacular:

Quoniam ex eius libris constare diximus, praecise ab eo reiectum fuisse nomen Trinitatis, quasi detestabile cum suo MENTIRIS, ferociter insultat.[27]

---

23   Roussel, art. cit., p. 183.
24   Calvin, *Defensio*, p. 118, 128, 130, 133, 135, 138.
25   *Ibid.*, p. 145.
26   *Ibid.*, p. 91.
27   *Ibid.*, p. 149.

Pource que nous avions remonstré qu'il reiettoit precisement le nom de la Trinité comme detestable, il dresse ses ergots contre moy, avec son dementir.[28]

While the vernacular confirms Montaigne's use of the noun *"démentir"* to designate the fatal gesture of giving the lie, the Latin phrase introduces a complication that may be worth noting. In French, Servet rejects the name of the Trinity as detestable, but the Latin adjective *"detestabile"* seems to modify MENTIRIS not *nomen*. This shift transfers the emotion of the exchange from the point of doctrine to the dreaded affront and subtly reveals what was really at stake for the Reformer in this duel to the death. While one of the disputants was following the laws of scholastic disputation, the other was fighting according to *"les loix de nostre honneur"* (II, 18, 667).

In conclusion, I would like to draw attention to the one aspect of Montaigne's essay that rarely receives any attention, the historical dimension of his promised inquiry into *le démentir*. When did people start giving each other the lie, and why didn't the Greeks and Romans do so? The obvious answer is that the ancient world did not enforce religious orthodoxy and therefore did not persecute religious heresy. So who invented persecution? The Christians, as Pierre Bayle and Voltaire would amply confirm. It is no wonder that Montaigne felt it prudent to defer his inquiry indefinitely.

Eric MacPhail
Indiana University

---

28   Calvin, *Declaration*, p. 240-241.

MONTAIGNE, JUSTE LIPSE
ET LA JUSTIFICATION DES ÉCRITS
« SANS MESLANGE DE THEOLOGIE »

Montaigne exprime son admiration pour Scipion (le premier Africain), un personnage qui, en toute confiance en son innocence, a refusé à plusieurs reprises de « s'excuser ou de flater ses juges », « de plaider sa cause », face aux graves accusations publiques dont il a été l'objet (II, 5, 368)[1]. Scipion, dit Montaigne (citant Tite-Live), « avoit le cœur trop gros de nature [...] pour qu'il sceut estre criminel [*ut reus esse sciret*] et se desmettre à la bassesse de deffendre son innocence [*submittere se in humilitatem causam dicentium*] » (II, 5, 368)[2]. Toutes proportions gardées entre le général romain et notre « escuyer de treffles » (III, 12, 1063), Montaigne, bien pourvu aussi de cette « bonne conscience » qui « nous remplit [...] d'asseurance et de confience » (II, 5, 368), qui produit en nous une « fierté genereuse », un sentiment de « complaisance et satisfaction » (III, 2, 807), évite de recourir à des justifications et des excuses lorsqu'il est victime d'une accusation : « J'ayde ordinairement aux presomptions injurieuses que la Fortune seme contre moy par une façon que j'ay dés tousjours de fuir à me justifier, excuser et interpreter, estimant que c'est mettre ma conscience en compromis de playder pour elle » (III, 12, 1044).

Montaigne fuit, donc, l'humiliation de se défendre. Qui plus est, il admet parfois le bien-fondé de certaines des accusations qui lui sont faites, et même les aggrave par une sorte de « confession ironique » : « Au lieu de me tirer arriere de l'accusation, je m'y avance et la renchery plustost par une confession ironique et moqueuse ; si je ne m'en tais tout à plat, comme de chose indigne de responce » (III, 12, 1044). Il est certain

---

1   Nous citons les *Essais* d'après l'édition Villey-Saulnier, Paris, Presses Universitaires de France, 1965.
2   Tite Live, *Histoire romaine*, XXXVIII, 52, 2.

que la rhétorique classique n'ignore pas l'existence de figures comme la « concession ironique », ainsi définie par Quintilien : « La concession [*concessio*], lorsque, confiants dans l'excellence de la cause [*causae fiducia*], nous donnons l'impression d'admettre même des faits qui nous sont défavorables[3] ». Mais, au-delà des stratégies rhétoriques plus ou moins astucieuses, il s'agit surtout d'un fait moral : la possession d'une « tranquillité d'esprit » qui, comme le dit Pierre Charron (1541-1603) – en paraphrasant Montaigne –, repose sur deux éléments : « l'innocence et bonne conscience » (« la première et principale partie »), et « la force et la fermeté de courage[4] ».

Philippe Desan remarque que ce point de vue pourrait être associé à l'expérience de prison vécue par Montaigne, le 10 juillet 1588, dans le Paris dominé par la Ligue[5]. Mais il est certainement possible de trouver, dans la vie et dans l'œuvre de l'auteur des *Essais*, d'autres réactions similaires. Rappelons, par exemple, deux passages du *Journal de voyage*. Le premier nous découvre que, face aux plaintes de ses compagnons par sa manière capricieuse de voyager, Montaigne non seulement ne s'excuse pas, mais il s'y réaffirme, au point de dire « qu'il n'alloit, quant à luy, en nul lieu que là où il se trouvoit[6] ». Le deuxième évoque le dialogue qui se déroule en mars 1581 au *Sacro Palazzo* de Rome, sur certains passages douteux ou risqués des *Essais*. D'abord, Montaigne semble adopter l'attitude conventionnelle et prévisible d'excuser les points qui lui sont reprochés[7]. Mais, voyant la facilité avec laquelle Sisto Fabri, le plus haut responsable de la censure romaine, accepte ses excuses, Montaigne change d'attitude et encourage son interlocuteur à faire valoir les objections formulées par le « Frater François » qui a révisé son livre : « Je le suppliay, au rebours, qu'il suyvist l'opinion de celuy qui l'avait jugé[8] ». Une situation vraiment curieuse : Montaigne s'accuse lui-même, tandis que le chef des censeurs l'excuse – « [il] m'excusoit fort […] et

---

3   Quintilien, *Institution oratoire*, trad. Jean Cousin, Paris, Les Belles Lettres, 1978, IX, 2, 51. Voir aussi VI, 3, 81, sur la « *confessionis simulatio* » (l'aveu feint).
4   Pierre Charron, *De la sagesse* [1601-1604], éd. Barbara de Negroni, Paris, Fayard, 1986, II, 12, p. 541.
5   Philippe Desan, *Montaigne. Une biographie politique*, Paris, Odile Jacob, 2014, p. 503.
6   *Journal de voyage de Michel de Montaigne*, éd. François Rigolot, Paris, Presses Universitaires de France, 1992, p. 61.
7   C'est l'aspect, nous semble-t-il, souligné par Alain Legros dans Montaigne, *Essais* I, 56, « Des prières », éd. A. Legros, Genève, Droz, 2003, « Introduction », p. 51-53.
8   *Journal de voyage, op. cit.*, p. 119.

plaidoit fort ingenieusement pour moy [...] contre un autre qui me combattoit[9] ». Lorsque, quelques semaines plus tard, l'auteur des *Essais* va « prendre congé » du *maestro del Sacro Palazzo* et de son compagnon, ce sont eux qui lui présentent leurs excuses « de ce qu'ils avoient ainsi curieusement vu mon livre et condamné en quelques choses[10] ».

Ce même modèle pourrait peut-être aussi nous aider à pénétrer un peu plus dans l'« Apologie de Raymond Sebond », ce chapitre énigmatique des *Essais* où la défense de Sebond, accusé d'avoir eu recours à des raisons « foibles et ineptes » (II, 12, 448), devient en fait un réquisitoire violent contre la raison humaine elle-même. Mais pour l'instant nous nous limiterons à examiner un passage bien connu du chapitre « Des prières », le passage, parfois considéré comme « la clef de l'attitude philosophique de Montaigne[11] », qui commence avec ces mots : « J'ay veu aussi, de mon temps, faire plainte d'aucuns escris, de ce qu'ils sont purement humains et philosophiques, sans meslange de Theologie » (I, 56, 322).

Disons d'emblée que ces lignes, ajoutées en 1588, évoquent une « plainte » ou une accusation de caractère général, mais qui concerne sans doute aussi Montaigne lui-même (il est facile de penser à son expérience, déjà mentionnée, au *Sacro Palazzo* à Rome)[12]. Notons, pourtant, que l'expression « j'ai vu » ne doit peut-être pas être prise au sens strict. À différents moments de son livre, Montaigne affirme avoir « vu », par exemple, une succession de changements religieux en Angleterre (II, 12, 579), ou avoir « vu » une certaine histoire dans le livre d'un auteur (II, 25, 688)... Notre hypothèse, déjà présentée dans un article précédent[13], est que dans ce passage Montaigne pourrait plutôt faire référence à la situation vécue par l'humaniste flamand Juste Lipse (1547-1606), à la suite de la publication de son dialogue *De Constantia* (Leyde, 1583-1584). En effet, cette œuvre, au contenu ouvertement stoïque, qui a connu un

---

9   *Ibid.*
10 *Ibid.*, p. 131.
11 Emmanuel Faye, *Philosophie et perfection de l'homme. De la Renaissance à Descartes*, Paris, Vrin, 1998, p. 176.
12 Voir, par exemple, Malcolm Smith, *Montaigne and the Roman Censors*, Genève, Droz, 1981, p. 28-29 ; E. Faye, *op. cit.*, p. 186 ; Alain Legros, « Introduction » à Montaigne, *op. cit.*, p. 68 (et « Annotations », p. 218).
13 Jordi Bayod, « "Montaigne i la filosofia cristiana". Anàlisi d'una pàgina del capítol "Des prières" dels *Assaigs* », *Anuari de la Societat Catalana de Filosofia*, vol. XXI, 2010, p. 47-74.

succès immédiat, a soulevé, comme on le sait, une polémique considérable. Nous pensons que d'une manière ou d'une autre, Montaigne a pu « voir » cette controverse et que le passage du chapitre « Des prières » qui nous occupe en contient très probablement des traces.

L'approche laïque et stoïque adoptée par Lipse dans son ouvrage ne pouvait pas manquer de susciter l'inquiétude et le malaise dans certains milieux religieux. Et il semble que la réaction critique la plus virulente à son encontre a été celle de Laevinus Torrentius (1525-1595), éminent prélat et humaniste, nommé évêque d'Anvers par Philippe II en 1576[14]. En effet, le 5 avril 1584, Torrentius adresse à Lipse une longue lettre dans laquelle, après l'avoir félicité pour son travail, il lui demande de ne pas s'arrêter dans les limites de la sagesse humaine, « vaine et incertaine », et s'efforcer d'aller plus loin (« *ultra progredere* ») regardant attentivement « les choses qui nous ont été transmises du ciel par la divinité [*quae divinitus nobis de coelo tradita sunt*][15] ». Pour Torrentius, aucune philosophie ne résiste à la comparaison avec la doctrine du Christ, et, en particulier, le stoïcisme, si cher à Lipse, ne contribue en rien au salut de l'homme[16]. Torrentius insiste avec véhémence pour recommander à Lipse de rechercher le soutien du christianisme afin de traiter sur la constance. Il lui demande de quitter le point de vue humain (« *humano more* ») ou, en definitive, profane, et de s'empresser de rédiger un nouveau livre à contenu plus religieux[17].

Dans sa réponse, datée du 6 mai 1584, Lipse reconnaît la primauté de la révélation et remarque que, avec le *De Constantia*, il n'a prétendu sinon « adapter [*aptare*] l'ancienne philosophie à la vérité chrétienne[18] ». Il allègue aussi la préface qu'il a composée pour la deuxième édition du livre, sur le point d'être publiée par Plantin[19]. Torrentius n'est cependant

---

14 Sur la première réception du livre, voir René Hoven, « Les réactions de Juste Lipse aux critiques suscitées par la publication du *De Constantia* », dans Charles Mouchel (dir.), *Juste Lipse (1547-1606) en son temps*, Paris, H. Champion, 1996, p. 413-422 ; Nicolette Mout, « 'Which tyrant curtails my free mind?' Lipsius and the reception of *De Constantia* », dans K. Enenkel et Ch. Heesakkers (dir.), *Lipsius in Leiden : Studies in the Life and Works of a Great Humanist*, Voorthuizen, Florivallis, 1997, p. 123-140.

15 Laevinus Torrentius, *Correspondance*, 3 vol., éd. M. Delcourt et J. Hoyoux, Paris, Les Belles Lettres, 1950-1954, t. I, p. 134.

16 *Ibid.*, p. 135-135.

17 *Ibid.*, p. 137.

18 *Ibid.*, p. 138.

19 *Ibid.*

pas satisfait et exhorte de nouveau Lipse, dans une lettre du 7 juillet, à écrire sur la base des Saintes Écritures et en défense de sa vérité[20]. Les critiques de Torrentius semblent avoir irrité Lipse. En fait, il exprime, dans des lettres écrites entre 1584 et 1585, et adressées à d'autres correspondants, une attitude, face à la remise en cause de son livre, bien moins conformiste que ce que nous pourrions supposer. Ainsi, dans une lettre à Joachim Camerarius junior, datée le 17 mai 1584, Lipse écrit en référence à la nouvelle préface de son livre : « Nous avons ajouté [dans *La Constance*] quelques notes pour couper court aux calomnies de certains, que notre siècle produit en abondance[21] ». Et le 23 août, s'adressant à Abraham Ortelius, il déclare : « [...] J'y ai apporté peu changements ; j'y ai seulement ajouté une lettre au lecteur dans laquelle je me défends à bon droit [*in qua iure defendo me*] contre certains défenseurs [*adsertores*] de la piété, eux-mêmes peu pieux, du moins peu avisés[22] ».

Mais, quoi qu'il en soit, la publication, en 1584-1585, d'une deuxième édition « plus christianisée » de son ouvrage, comme Jan Papy l'appelle[23], peut nous amener à conclure que Lipse a cédé à la pression de Torrentius. Ainsi, un petit mais important changement semble confirmer et marquer sa capitulation. Dans la première édition, la dédicace du dialogue « au Senat et au Peuple d'Anvers » contient une référence à la « sagesse [*sapientia*] » qui « seule [*sola*] [peut] conduire à la tranquillité et au repos ». Dans la deuxième édition, Lipse supprime le terme « seule » et ajoute la clause « unie aux lettres divines [*cum divinis litteris coniuncta*][24] ». Mais la principale modification est sans aucun doute l'ajout de la nouvelle préface, intitulée « *Ad lectorem pro Constantia mea praescriptio* ». Cette pièce contient une défense ou apologie qui essaye de répondre à l'accusation – formulée par Torrentius – d'avoir oublié la piété et négligé la source par excellence de la vérité, c'est-à-dire, les Saintes Écritures :

> On nie que j'aie traité ce sujet [la constance] avec assez de piété et dans certains passages avec assez de vérité. Pas assez de piété parce que, semble-t-il, je n'en

---

20 *Ibid.*, p. 179.

21 Juste Lipse, *Iusti Lipsi Epistolae*, vol. II, éd. M.A. Nauwelaerts et S. Suè, 1983, t. II, lettre n° 346, citée à Hoven, art. cité, p. 420.

22 *Ibid.*, n° 365, cité à Hoven, *ibid.* Voir aussi la lettre n° 412, datée 13 février 1585 et adressée à Heinrich Rantzau, citée dans *ibid.*

23 Jean Papy, « Lipsius' (Neo-)Stoicism. Constancy between Christian faith and Stoic virtue », *Grotiana*, vol. 22-23, 2001-2002, p. 47-71 (p. 57).

24 Hoven, art. cité, p. 419.

ai traité [de la constance] qu'en philosophe et que je n'ai pas regardé les livres sacrés d'aussi près que j'aurais pu et dû [*quia Philosophum egisse tantum videor, inquiunt, nec inspersisse quae potui et debui e libris sacris*][25].

En réponse à cette accusation, Lipse invoque deux des motifs traditionnellement allégués par les partisans de la conciliation de la culture classique avec le christianisme, tous deux impliquant la primauté de la foi. En premier lieu, un passage bien connu de saint Augustin dans lequel l'utilisation de la philosophie païenne par des auteurs chrétiens est comparée à la « *spolatio Aegyptorium* » par les Juifs dont on parle dans l'Exode[26]. Et en second lieu, l'argument encore plus célèbre selon lequel la « sagesse humaine » ne doit pas être meprisée, car elle peut être une « servante utile et calme [*sed servit placide et ancillatur*] » de la théologie[27]. En conclusion, l'humaniste flamand, insistant toujours sur la primauté de la théologie, se proclame « philosophe, mais chrétien » : « Moi, j'agis en philosophe, mais en philosophe chrétien [*Philosophum ego agam : sed Christianum*][28] ». Disons, au passage, que cette formule est très proche – et peut-être pas par hasard – de celle qui sera utilisée, quelques années après, par le jésuite Francisco Suárez (1548-1617), éminent représentant de la Deuxième Scolastique, au début de ses *Disputationes metaphysicae* (1597) : « Dans cette œuvre je me mets dans le rôle d'un philosophe [*philosophum ago*], en ayant bien présent à l'esprit que notre philosophie doit être une philosophie chrétienne, et la servante de la divine théologie [*nostram philosophiam debere christianam esse ac divinae Theologiae ministram*][29] ».

La critique – ou la « plainte » – de Torrentius contre Lipse pourrait se résumer avec ces mots de René Hoven : « De qui et de quoi s'agit-il ? De théologiens qui regrettent l'aspect purement philosophique du *De*

---

25   Juste Lipse, *La Constance*, éd. Jacqueline Lagrée, Paris, Classiques Garnier, 2016, p. 43 ; pour l'original latin, nous utilisons l'édition de Lucien du Bois (*Traité de la constance*, Bruxelles et Leipzig, H. Merzbach, 1873). Il faut souligner que le mot « *inspersisse* » évoque l'idée de « mélange ». Voir, par exemple, la trad. française attribuée à Beroalde de Verville, Tours, Mettayer, 1592 : « Que je n'y ay pas meslé ce que j'ai peu et deu des saincts livres ».

26   Juste Lipse, *op. cit.*, p. 43 ; voir saint Augustin, *De doctrina christiana*, II, 40, 60, et Exode, 3, 21-23 ; 11, 2-3 ; 12, 35-36.

27   *Ibid.*, p. 44.

28   *Ibid.*

29   Francisco Suárez, *Disputaciones metafísicas*, 7 vol., éd. S. Rábade Romeo et autres, Madrid, Gredos, 1960-1966, t. I, p. 17 ; le passage a attiré l'attention, entre autres, de Pierre Hadot, *Qu'est-ce que la philosophie antique ?*, Paris, Gallimard, coll. « Folio », 1995, p. 381-382.

Constantia et auraient souhaité le recours systématique à l'Écriture Sainte et à la théologie chrétienne[30] ». Comme on peut le constater, la coïncidence avec la question soulévée par Montaigne à « Des prières » est très claire. Or, il est fort probable que l'auteur des *Essais* ait pris connaissance de ce débat à travers la lecture de la deuxième édition du livre de Lipse, et peut-être aussi par les lettres que les deux humanistes flamands ont échangées entre avril et mai 1584. Lipse a inclus dans l'édition *princeps* de sa première collection de lettres – la première *Centuria* –, publiée en 1586, quatorze lettres de ses correspondants – parmi eux, Torrentius[31]. Cette même collection contient, en plus, une lettre datée du 25 mai 1583, et adressée à Theodorus Leeuwius (1548-1596), dans laquelle Lipse attire l'attention sur Montaigne, qualifié comme le « Thàles français [*Thalete illo gallico*][32] ». Un fait qui augmente la probabilité que l'auteur des *Essais* ait eu la curiosité de consulter ce volume.

La comparaison entre la nouvelle préface de Lipse et le passage de Montaigne au chapitre « Des prières » nous permet de constater que ces deux auteurs réagissent d'une manière assez différente face à l'accusation d'avoir produit des écrits purement philosophiques « sans meslange de Theologie ». Encore une fois, l'auteur des *Essais* refuse de s'excuser. Il assume le bien fondé de l'accusation, et s'efforce plutôt de l'amener à la limite, soulignant l'erreur qui implique mélanger la philosophie et la théologie, et la convenance de maintenir la « doctrine divine » absolument « à part » des écrits « humains et philosophiques » (I, 56, 322-323). À son avis, il faut éviter à tout prix que les deux domaines soient confus. Surtout, Montaigne ne se déclare pas, comme Lipse, « philosophe chrétien », mais (sans la mentionner) il détruit cette catégorie, arguant que la philosophie n'est pas et ne peut pas être une « servante » de la théologie, selon le motif traditionnel repris par Lipse : « La Philosophie, dict Sainct Chrysostome, est pieça banie de l'escole sainte, comme servante inutile, et estimée indigne de voir, seulement en passant, de l'entrée, le sacraire des saints Thresors de la doctrine celeste » (I, 56, 323).

---

30   Hoven, art. cité, p. 417.

31   Juste Lipse, *Epistolarum Selectarum Centuria I*, Anvers, Plantin, 1586, Lettres 96-97, p. 236-246.

32   *Ibid.*, Lettre 43, p. 105-107. Dans une autre lettre, adressée aussi à Leeuwius et datée 2 avril, Montaigne est qualifié comme « sage français [*sapiente gallo*] » ; voir aussi Olivier Millet, *La Première réception des* Essais *de Montaigne (1580-1640)*, Paris, H. Champion, 1995, p. 50-51.

En ce qui concerne cette citation, notons, tout d'abord, que la version reproduite par Montaigne entraîne une certaine radicalisation par rapport aux mots originaux de Jean Chrysostome (349-407)[33]. Pour le Père de l'Église, la servante n'est pas autorisée à pénétrer dans les mystères ; chez Montaigne, il s'agit de plus que cela : il y a une expulsion expresse qui vient de loin (« est pieça bannie »). La phrase alleguée par Montaigne nous fait penser, évidemment, à l'épisode biblique impliquant Sara, l'épouse d'Abraham, et Agar, son esclave égyptienne (deux personnages parfois interprétés comme symboles de la théologie et de la philosophie)[34]. Mais, ici, Agar est surtout l'« *ancilla maledicta* », chassée de la maison d'Abraham et condamnée à vaguer dans le désert[35]. Comment expliquer ces différences ? Nous avons une explication très simple. Il semble que Montaigne ne suit pas ici le texte original de Chrysostome, plus concis, mais il se fonde sur la paraphrase effectuée par Guillaume Budé (1468-1540) dans son *De transitu Hellenismi ad Christianismum* (1535) :

> Or, la philosophie externe (comme dit Chrysostome, dans son *Commentaire sur la première épître aux Corinthiens*) a été, telle une esclave vile et dédaignée, écartée voici longtemps de l'accés à la contemplation des mystères, et jugée indigne de laisser passer son regard sur les secrets du Seigneur [*Externa autem philosophia (ut Chrysostomus inquit in epistolam priorem ad Corinthios), tanquam ancilla vilis atque neglecta, ab ingressu sacrorum theoriæ iampridem repulsa est, indignaque existimata, quae arcana dominica per transitum introspiceret*][36].

L'identification de cette source soulève plusieurs questions. Le livre de Budé, faisait-il partie de la bibliothèque de Montaigne ? Qu'est-ce qui a pu attirer Montaigne de cet ouvrage, paru pour la première fois en 1535 ? Peut-être le fait qu'il s'agit d'une sorte de manifeste de dénonciation contre la Réforme, motivé par l'affaire des Placards (17-18 octobre

---

33   Jean Chrysostome, *Commentaire sur la première épître aux Corinthiens*, Homélie VII, 3, *Œuvres complètes*, éd. M. Jeannin, trad. française de l'abbé Dévoile, Bar-le-Duc, Guérin, 1866, t. 9, p. 337 : « Dédaignée comme une espèce de servante, elle [la sagesse extérieure] n'a point eu permission d'entrer et de pénétrer les secrets du Seigneur ». Voir aussi la tradition latine d'Armand B. Caillau, citée par Legros, *op. cit.*, p. 72.

34   Genèse, 16, 1-6 ; sur l'interprétation du passage, voir surtout Clément d'Alexandrie, *Stromata*, I, 30, 1.

35   Genèse, 21, 9 suiv. ; Aux Galates, 4, 21 et suiv.

36   Guillaume Budé, *Le Passage de l'hellénisme au cristianisme. De transitu Hellenismi ad Christianismum*, éd. Marie-Madeleine de La Garanderie et Daniel Franklin Penham, Paris, Les Belles Lettres, 1993, I, 17, p. 20-21.

1534)? En tout cas, Montaigne s'appuie sur un passage tiré d'une œuvre dont l'approche est vraiment très éloignée de la conciliation prêchée et promue par Lipse dans la deuxième édition de son livre. Comme l'a dit M.-M. de La Garanderie, dans le *De transitu* de Budé il n'y a pas, en fait, de compromis possible entre la philosophie profane et le christianisme, entre l'« Hellénisme » et la « Révélation » : chez Budé il n'y a pas, « au sens où l'on l'entend généralement, de philosophie chrétienne[37] ».

Contrairement à Lipse, Montaigne n'essaie pas de justifier l'utilité de la philosophie en lui attribuant le rôle d'instrument auxiliaire de la religion. Il l'accuse plutôt – on pourrait dire que par une sorte de « confession ironique et moqueuse » – d'être une discipline parfaitement inutile et méprisable. Et il trouve un soutien pour cette position dans une œuvre, celle de Budé, qui nie radicalement la possibilité de passer d'un domaine à un autre. Bref, s'il y avait déjà un certain accord entre les studieux admettant que le chapitre « De la vanité » de Montaigne contient une polémique implicite avec Lipse autour de la valeur des voyages[38], la lecture attentive de la page de « Des prières » qui nous occupe montre, à notre avis, un autre point important de divergence entre les deux auteurs. Cette différence de réaction face à la critique des écrits « purement humains et philosophiques » constitue, selon nous, la confirmation du « divorce intellectuel » entre Montaigne et Lipse dont Michel Magnien a si bien parlé[39].

Toujours dans sa « *Praescriptio* », Lipse rapporte que ses critiques lui ont reproché de s'être abstenu d'utiliser le langage des Écritures Saintes : « Mais, dira-t-on, tu ne devrais pas négliger, même dans les termes, ces materiaux sacrés qui sont meilleurs [*At enim sacra illa meliora, nec verbis iis abstinendum fuit*][40] ». Les positions des deux auteurs sont, aussi à cet égard, assez différentes. Montaigne met l'accent sur la séparation et la disproportion entre « le dire humain » et le « parler divin » : « [...] Que le dire humain a ses formes plus basses et ne se doibt servir de

---

37 Marie-Madeleine de La Garanderie, « Aristote et Platon devant Guillaume Budé », dans *Platon et Aristote à la Renaissance*, Paris, Vrin, 1976, p. 493-499 (p. 498).

38 Michel Magnien, « *Aut sapiens, aut peregrinator* : Montaigne *vs.* Lipse », dans Marc Laureys (dir.), *The World of Justus Lipsius : A Contribution towards his Intellectual Biography*, Turnhout, Brepols, 1998, p. 209-232 ; Paul J. Smith, « Montaigne, Juste Lipse et l'art du voyage », *The Romanic Review*, vol. 94, 2003, p. 73-91.

39 Magnien, art. cité, p. 212.

40 Juste Lipse, *op. cit.*, p. 44.

la dignité, majesté, regence, du parler divin » (I, 56, 323). Au « tu ne devrais pas négliger... » des théologiens, il répond avec un « [le dire humain] ne se doibt servir... ». Nous y reviendrons. Lipse, pour sa part, invite le lecteur à ne pas accorder trop d'importance aux simples mots, ou, en tout cas, à prêter plus d'attention à leur contenu de vérité qu'à leur correspondance avec l'usage établi : « Qu'on ne regarde pas leur style mais leur sens, non s'ils [les mots] sont usuels mais s'ils sont vrais [*nec an usitate, sed an vere*][41] ». Une opposition, celle-ci entre sens vrai et langage usuel (« *usitate* »), qui, loin d'être anodine, nous renvoie à un commentaire contenu dans les *Rétractations* de saint Augustin[42], et aussi à quelques pages de *La Cité de Dieu* où le docteur africain pose la question de l'utilisation des mots qui ne font pas partie du langage chrétien traditionnel. Ainsi, dans le chapitre 21 du livre X, il envisage la possibilité d'appeler « Heroes » les martyrs chrétiens « si la coustume [*consuetudo / usus*] de parler Ecclesiastique le souffroit » ou « [s'] il fust usité [*usitate*][43] ». Quelques pages plus loin, cette fois-ci à propos de prétendues références au Saint-Esprit de la part des philosophes néo-platoniques, saint Augustin poursuit sa réflexion sur les possibilités et les risques de l'utilisation d'un langage non autorisé :

> Car les Philosophes parlent librement [*liberis verbis*], et ne craignent point l'offence des oreilles religieuses aux choses difficiles à entendre. Mais [aux chrétiens] il ne nous est loisible de parler sinon à une certaine regle [*ad certam regulam*], de peur que la licence des paroles [*verborum licentia*] ne nous engendre une opinion contraire à la pieté, aussi bien des choses qui sont signifiees par elles[44].

Au chapitre 29, saint Augustin remarque encore, en se référant tou-jours aux philosophes néoplatoniques, qu'ils parlent selon une forme de langage (« à vostre mode [*more vestro*] ») qui n'est pas soumise à la précise règle chrétienne : « Combien que vous usiez de parolles sans

---

41 *Ibid.*

42 Voir saint Augustin, *Retractationes*, I, 3, 2, à propos de l'utilisation d'un terme comme « monde intelligible », qui ne correspond pas au langage ecclésiastique habituel (« *Ecclesiasticae consuetudini* [...] *inusitatum est* »), mais qui serait correct du point de vue du sens (« *ipsam rem* »).

43 Saint Augustin, *La Cité de Dieu*, trad. Gentien Hervet, Paris, Michel Sonnius, 1584, X, 21, p. 296.

44 *Ibid.*, X, 23, p. 298.

nulle discipline et correction [*verbis indisciplinatis*][45] ». Cela implique évidemment de sérieux inconvénients, mais, en fin de compte, c'est un langage qui constitue une sorte d'ombrage de la vérité : « Vous voyez aucunement, et comme si c'estoit par quelques umbrages d'une legere imagination [*quasi per quaedam tenuis imaginationis umbracula*] là où il faut tendre et s'y arrester[46] ». En bref, il ne semble pas y avoir de contradiction, ni chez saint Augustin ni chez Lipse, entre le recours à des mots inhabituels ou irréguliers du point de vue chrétien et leur valeur de vérité.

Si Lipse semble s'accrocher à la distinction entre les mots et leur sens, comme réponse à la critique pour avoir utilisé un langage qui n'est pas explicitement chrétien, Montaigne, pour sa part, affirme, de la manière la plus résolue, qu'il se permet d'utiliser « *verba indisciplinata* » (c'est-à-dire, « *verba libera* ») sans se soucier de leur correspondance avec la vérité chrétienne : « Je luy laisse [au "dire humain"], pour moy, dire, *verbis indisciplinatis*, fortune, d'estinée, accident, heur et malheur, et les Dieux et autres frases, selon sa mode [1588 : selon sa mode vulgaire] » (I, 56, 323).

Mais revenons à la séparation entre « le dire humain » et le « parler divin ». Sur ce point Montaigne semble s'être inspiré d'une page du livre de Sebond, qu'il avait lui-même traduit du latin au français et publié en 1569 (et à nouveau en 1581). En effet, le maître catalan distingue au chapitre 211 de son livre « deux sortes de parler », la divine et l'humaine :

> Il y a deux sortes de parler, l'une par resolution et en enseignant et commandant de croyre : Celle cy est propre à Dieu, car elle est pleine d'authorité, dignité, honneur, excellence, maiesté, domination, puissance, et superiorité : L'autre sorte de parler par preuve, et de persuader par argument est plus convenable à la foiblesse et sujection de la nature humaine[47].

---

45   *Ibid.*, X, 29, p. 304-305. L'expression « *verbis indisciplinatis* » semble avoir une origine biblique (Ecclésiastique, 5, 14 : « *ne capiaris in verbis indisciplinatis* »). Montaigne ne l'utilise qu'après 1588 ; cependant, la formule « selon sa mode vulgaire », utilisée déjà en 1588, est peut-être une réminiscence du « *more vestro* » de la même page de saint Augustin.

46   *Ibid.*, p. 305. Voir Legros, « Les ombrages de Montaigne et d'Augustin », *Bibliothèque d'Humanisme et Renaissance*, vol. 55, 1993, p. 547-563 (p. 558-559) ; *Id.*, dans *Montaigne*, *op. cit.*, p. 241.

47   Raymond Sebond [Ramon Sibiuda], *La Théologie naturelle*, trad. Montaigne, Paris, 1569, chap. 211, f. 240v. La dernière phrase (« L'autre sorte de parler ») est un ajout de Montaigne qui ne figure pas dans l'original latin. Voir une approche similaire dans Pascal, *Pensées*, Lafuma, 820.

Il est certain que la conception que Montaigne se fait du parler humain
est plus proche de ce que Henri Estienne nomme « parler et escrire
courtisanement ou poetiquement » (en opposition au « parler et escrire
chrestiennement[48] »), que du parler par raisons et par preuves de Sebond.
Mais, quoi qu'il en soit, « dignité, majesté, regence » (I, 56, 323) sont,
pour Montaigne comme pour Sebond, traits caractéristiques du langage
de Dieu que le « dire humain » ne devrait pas utiliser. Avec une possible
exception. Dans les *Essais* Montaigne indique au moins un cas dans
lequel l'homme – ou plus exactement un certain type d'homme : le
philosophe – « emprunte » légitimement les caractéristiques du langage
divin : « quand il faict le legislateur ». En effet, dans un ajout tardif à
un passage de l'« Apologie », consacré au « mystere » des « mensonges
profitables » (II, 12, 512), Montaigne attribue à Platon deux manières
différentes d'écrire, dont l'une correspond au rôle de legislateur et est
définie par son « style regentant et asseverant » : « Où il [Platon] escrit
selon soy, il ne prescrit rien à certes. Quand il faict le legislateur, il
emprunte un style regentant et asseverant [...] » (II, 12, 512).

Philippe Desan a écrit des pages persuasives dénonçant le peu de
fondement de certaines interprétations « libertines » de Montaigne, et
en particulier le risque de tomber dans l'arbitraire associé aux lectures
« entre les lignes[49] ». Mais ce risque d'abus herméneutique, bien réel,
ne devrait pas nous empêcher d'explorer toutes les possibilités offertes
par une attentive analyse interne des textes d'un auteur. C'est un fait,
comme on vient de le voir, que selon Montaigne il existe une forte analogie entre le « parler divin » et le langage du législateur. En référence à
l'arrogance des dogmatiques, Montaigne constate aussi que les religions
et les lois partagent un même langage « regentant ». « Oyez les regen-
ter : les premieres sotises qu'ils mettent en avant, c'est au stile qu'on
establit les religions et les loix » (III, 13, 1075)[50]. Si le mot « emprunter »,

---

48   Henri Estienne commente en effet une liste de termes très semblable à celle de Montaigne :
     « fortune », « fatalité », « destinée », « ciel », « astres », « nature » ou « dieux », Henri
     Estienne, *Deux dialogues du nouveau langage françois italianizé...* [1578], éd. Paul M. Smith,
     Genève, Slatkine, 1980, p. 339-345.

49   Philippe Desan, « Le libertinage de Montaigne », *Montaigne Studies*, vol. 19, 2006, p. 17-28 ;
     Id., « Leo Strauss ou comment lire Montaigne entre les lignes », dans *Montaigne : penser
     le social*, Paris, Odile Jacob, 2018, p. 277-299.

50   *Cf.* II, 12, 539 : « Les opinions des hommes sont receues à la suitte des creances anciennes,
     par authorité et à credit, comme si c'estoit religion et loy ».

associé à l'exercice de Platon comme législateur, nous renvoie à l'idée de masque, c'est-à-dire, de fiction, même d'imposture[51], sur une autre page des *Essais*, à la fin du chapitre « De la gloire », Montaigne nous dit expressément que « tous les legislateurs » invoquent le soutien et le patronage divins, à tel point que l'on peut faire valoir que « toute police a un dieu à sa teste » (II, 16, 629-630). Lorsque la bonne monnaie ne suffit pas, il faut recourir à la fausse, dit Montaigne (II, 16, 629), et il ajoute que les législateurs ne semblent pas avoir trouvé un moyen plus efficace, pour autoriser et consolider les lois qu'ils donnent à leurs peuples, que leur faire croire qu'ils les ont reçues de quelque divinité (II, 16, 629-630).

Mais, à proprement parler, tout le monde n'a pas besoin de cette « fauce monnoye ». Scipion et Montaigne possèdent tous deux (en dehors de leur différence de « lustre ») une « secrete science » sur la valeur réelle de leur volonté et de leurs desseins (II, 5, 368), un « patron au-dedans » dans lequel ils peuvent « toucher » le mérite de leurs actions (III, 2, 807). Bref, ils n'ont pas besoin des lois externes promulguées par un législateur, parce qu'ils découvrent « la loy de bien faire » en eux-mêmes (II, 16, 621). Montaigne peut donc dire : « J'ay mes loix et ma court pour juger de moy, et m'y adresse plus qu'ailleurs » (III, 2, 807). Et cela explique aussi qu'il fasse quelques allusions admiratives à la vieille tradition selon laquelle les sages sont au-dessus de la loi : « Antisthenes permet au sage d'aimer et faire à sa mode ce qu'il trouve estre opportun, sans s'attendre aux loix ; d'autant qu'il a meilleur advis qu'elles, et plus de cognoissance de la vertu » (III, 9, 990)[52].

Montaigne nous rappelle également que certains législateurs se dispensent des lois strictes qu'ils promulguent eux-mêmes « pour la presse » et suivent « les reigles libres et naturelles » dans leur vie particulière, tout comme les médecins qui sont en bonne santé se dispensent de prendre

---

51   Pour la connexion entre « emprunt » et « masque », voir *Essais*, II, 1, 336 ; III, 10, 1011 ; III, 10, 1021. On peut aussi se souvenir d'une expression de La Boétie : « emprunter quelque eschantillon de la divinité » (Estienne de La Boëtie, *De la servitude volontaire ou Contr'un*, éd. Malcolm Smith et Michel Magnien, Genève, Droz, 2001, p. 62).

52   Voir aussi III, 1, 796. Giordano Bruno, contemporain de Montaigne et peut-être lecteur de son livre, se réfère expressément à ce motif, par exemple dans la première partie du dialogue IV de *La cena de le Ceneri*. Voir les notes de l'éd. espagnole de Miguel À. Granada, *La cena de las Cenizas*, Madrid, Tecnos, 2015 ; et aussi M. À. Granada, *La reivindicación de la filosofía en Giordano Bruno*, Barcelone, Herder, 2005, p. 11-29.

les remèdes qu'ils prescrivent aux malades : « Mais c'est que Solon se represente tantost soy-mesme, tantost en forme de legislateur : tantost il parle pour la presse, tantost pour soy ; et prend pour soy les reigles libres et naturelles, s'asseurant d'une santé ferme et entiere » (III, 9, 990)[53]. C'est, croyons-nous, dans un esprit analogue, de pleine confiance en lui-même, en sa « santé » morale, en son innocence, que Montaigne proclame avec insistance la supériorité du « parler divin » – c'est-à-dire biblique –, mais, pour sa part, il préfère utiliser un langage libre et profane, « sans meslange de Theologie » (I, 56, 322). Il semble toutefois clair que si l'auteur des *Essais* devait assumer le rôle de législateur, ou simplement comme il le dit, « s'il m'appartenoit d'en estre creu », il parlerait différemment, il ne seroit pas « si hardy à parler » (III, 11, 1033).

Jordi BAYOD
Universitat de Barcelona

---

53 Sur l'analogie entre le législateur et le médecin, voir Gilberto Sacerdoti, *Sacrificio e sovra-nità. Teologia e politica nell'Europa di Shakespeare*, Turin, Einaudi, 2002, p. 173 et suiv.

DEUXIÈME PARTIE

INTERPRÉTATIONS

MONTAIGNE ARCHIVISTE

I, 8 : « De l'oisiveté »

Dans l'essai I, 8, Montaigne proclame vouloir se mettre à l'écriture dans la retraite de son domaine pour pratiquer l'*otium* suivant son modèle Cicéron[1]. Le lecteur connaît la définition de l'itinéraire essayiste que l'auteur envisage. C'est à la fin de ce bref chapitre qui aurait été un des premiers[2] qu'il dit son intention d'exprimer par le langage les « chimeres et monstres fantasques » enfantés par son esprit : « j'ay commencé de les mettre en rolle » ou, selon une édition antérieure, « d'en dresser la liste » (I, 8, 55). Au cours du texte, l'*otium* s'avère à la fois maladie et remède, cause et effet, genèse et fin, danger d'écrire et raison de l'écriture, semence et produit, stérile et fertile, description et réflexion, citation et commentaire, activité et contemplation. Sur les pages qui suivent, je me propose donc d'examiner la manière dont Montaigne verbalise les produits de son imagination en tant que chimères, c'est-à-dire dans un texte hybride[3].

Comme Hugo Friedrich l'avait indiqué, le dessein de l'écriture pour Montaigne correspond à l'objectif de l'auto-analyse ou de l'observation du moi avant le but de communiquer avec les autres, car il dit : « Mais est-ce raison que, si particulier en usage, je pretende me rendre public en cognoissance ? » (III, 2, 805)[4]. Ainsi, l'acte d'écrire est une mise en page autogérée de sa propre individualité ou bien un enregistrement de celle-ci et du monde dans la réflexion subjective, à chaque instant, au

---

1   *Les Essais*, éd. Jean Balsamo, Michel Magnien, Catherine Magnien-Simonin, Paris, Gallimard, coll. « Bibliothèque de La Pléiade », 2007, p. 1342.

2   Alexandre Eckhardt, « La Préface primitive des *Essais* », *Bibliothèque d'Humanisme et Renaissance*, vol. 9, 1947, p. 160-163. Selon la datation de Villey, « De l'oisiveté » est parmi les premiers essais que Montaigne écrivit lorsqu'il se retira dans sa tour en 1571 (*Les Essais de Michel de Montaigne*, Paris, Alcan, 1922-1923, t. I, p. 36).

3   Sur la notion d'imagination, voir tout récemment Dorothea Heitsch, « Montaigne's Imagination as (Dis)Array : The Functions and Malfunctions of a Faculty », *Montaigne Studies*, vol. 32, 2020, p. 137-153.

4   *Les Essais*, éd. Pierre Villey et V.-L. Saulnier ; édition en ligne par Philippe Desan, University of Chicago. Sauf indication contraire, je cite Montaigne dans cette édition.

fur et à mesure que passe ce dernier[5]. C'est un exercice écrit en train
de s'essayer, non pas un ajout à un résultat fini, mais un procédé de
capturer le changement, la courbe graphique de la subjectivité fluide,
un travail spirituel au sens non-religieux, et de surcroît moral[6]. D'abord
archiviste des produits de son imagination, Montaigne l'est également
des pensées des autres, ainsi figurant comme historien de l'écriture et
gardien de la mémoire. Archiviste, greffier et conservateur à la fois[7],
l'écrivain crée sa propre *historia Montani*[8].

L'ACTE D'ÉCRIRE

Les mots que choisit Montaigne pour désigner son écriture sont « mettre
en rolle », « enroller », « contreroller », « mettre en registre », « enregistrer », « le registre », « la liste », « le rolle », « le contrerolle », mais
aussi « la parole », « le parler », « le mediter », « gloser », « entregloser ».
Ainsi l'acte d'écrire est une pratique à a fois temporelle et spatiale,
durable et muable, ordonnée et désordonnée.

« Mettre en rolle » au sens étymologique veut dire « mettre ou inscrire
sur un rouleau », à voir « écrire sur un rouleau en papier » vu que « rolle »
vient de *rotulus* (le diminutif de rota-roue), le parchemin enroulé, selon
Wartburg qui indique pour le lemma « rouleau » : cahier de parchemin,
de papier, sur lequel on écrit un acte ou des titres[9]. Écrire veut donc dire

---

5   Hugo Friedrich, *Montaigne*, trad. Dawn Eng, Berkeley, University of California Press, 1991,
     p. 328.
6   À la différence des *Exercitia spiritualia* d'Ignace de Loyola (1548), et contrairement à François
     de Sales, Montaigne propose une méditation laïque : « Je propose les fantasies humaines
     et miennes, simplement comme humaines fantasies, et separement considerées, non
     comme arrestées et reglées par l'ordonnance celeste, incapables de doubte et d'altercation :
     matiere d'opinion, non matiere de foy ; ce que je discours selon moy, non ce que je croy
     selon Dieu, comme les enfans proposent leurs essais : instruisables, non instruisants ;
     d'une maniere laïque, non clericale, mais tres-religieuse tousjours » (I, 56, 323). L'adjectif
     « religieux » est ici employé dans son sens étymologique de « créant des liens ».
7   Selon la définition d'Aristote, *La Politique*, livre VII, chapitre 5, § 4.
8   Comme je l'ai montré dans *Writing as Medication in Early Modern France : Literary
     Consciousness and Medical Culture*, Heidelberg, Winter, 2017, p. 96-200.
9   Voir Karin Westerwelle, *Montaigne. Die Imagination und die Kunst des Essais*, Munich,
     Wilhelm Fink Verlag, 2002, p. 262-271.

mettre par écrit dans un déroulement successif de lignes les produits d'une activité mentale dans un champ spatial et temporel. Ensuite, cette activité est à renvoyer à la matière du livre, car le scribe travaille sur le cœur de l'écorce ce dont Montaigne est sans doute conscient[10].

De plus, « mettre en rolle », « enroller », « contre-roller » signifie surveiller et contrôler de manière disciplinée, dans un contexte militaire entre autres. Selon son rang ou selon la classe sociale, un individu est obligé d'accepter un rôle, ou du moins de jouer son rôle. « Contre-roller » en particulier décrit la comptabilité en partie double dans le contexte financier quand on vérifie une liste de dépenses[11]. Au sens religieux c'est Dieu qui contre-rollera lors du jugement dernier[12]. « Enroller », enfin, signifie enregistrer, inscrire ou immatriculer une personne dans un groupe ou une division militaire, selon une terminologie administrative, et, au sens juridique de registre sur lequel les affaires sont inscrites dans l'ordre où elles doivent être plaidées devant un tribunal (1454)[13].

À la fois inscrire sur un rouleau et mettre en ordre, l'acte d'enroller permet à Montaigne de dresser une liste de détails venant de livres d'histoire, d'histoire vécue et transmise, mentale et physique, réelle et imaginaire dans ses archives personnelles. En plus du moraliste, archiviste de la colonne humaine[14], la perspective d'un « Montaigne archiviste » est sans doute à préciser, dans le texte, en relation avec la double culture de Montaigne, homme de robe et d'épée[15]. Cette double culture s'exprime

---

10 Voir Michel Simonin, « *Rhetorica ad lectorem* : Lecture de l'avertissement des *Essais* », *Montaigne Studies*, vol. 1, 1989, p. 61-72 (70).

11 « Ceux qui s'exercent à contreroller les actions humaines, ne se trouvent en aucune partie si empeschez, qu'à les r'appiesser et mettre à mesme lustre : car elles se contredisent communément de si estrange façon, qu'il semble impossible qu'elles soient parties de mesme boutique » (II, 1, 331).

12 « Nous admirons et poisons mieux les choses estrangeres que les ordinaires ; et, sans cela, je ne me fusse pas amusé à ce long registre : car, selon mon opinion, qui contrerollera de pres ce que nous voyons ordinairement des animaux qui vivent parmy nous, il y a dequoy y trouver des effects autant admirables que ceux qu'on va recueillant és pays et siecles estrangers » (II, 12, 467).

13 Alain Rey, *Dictionnaire historique de la langue française*, Paris, Dictionnaires Le Robert, 1998, vol. 3, p. 3277.

14 Voir Pierre Assouline, cité dans *Die diversité von Montaigne bis Montesquieu : Französische Moralisten im Spannungsfeld von Beobachtung, reflektierter Wirklichkeitsperzeption und Versprachlichung*, Göttingen, V & R Unipress, 2016, p. 233.

15 Voir James Supple, *Arms versus Letters : the Military and Literary Ideals in the Essais of Montaigne*, Oxford, Clarendon Press, 1984 ; Philippe Desan, *Montaigne. Une biographie politique*, Paris, Odile Jacob, 2014, chapitre 1.

également dans la différence entre public et privé telle que l'auteur la présente dans « De mesnager sa volonté » : « Le Maire et Montaigne ont tousjours esté deux, d'une separation bien claire » (III, 10, 1012)[16].

Le « registre », par contre, se réfère explicitement à un ordre spatio-temporel. L'écriture ici paraît comme cartographie, comme une mise en place de rubriques et tables ou colonnes, où l'on retient des faits et données triés (comme dans des chroniques), l'achat et la vente de produits (comme dans la comptabilité). Selon Huguet, le « registre » et le « rolle » sont l'équivalent de la liste, du catalogue ou du relevé[17]. La mise sur page d'événements officiels et privés se trouve dans la chronique personnelle de Montaigne, c'est-à-dire dans l'*Éphéméride de Beuther* (1551)[18]. Ce livre que Montaigne avait acquis bientôt après sa publication à Paris consiste en un calendrier avec une page vide sur laquelle le propriétaire peut inscrire les incidents et dates de la famille. L'Éphéméride de Montaigne, comme livre de famille, doit assurer le patrimoine et la continuité de la famille ; il est écrit comme un annuaire dans lequel on note des événements particuliers parfois sur des décennies ; il sert à orienter le chef de famille et sa descendance[19]. L'exemplaire de Montaigne contient une quarantaine d'entrées de sa main[20].

De plus, le « rolle » et « contre-rolle », vu le style oral de Montaigne[21], se rapproche de la parol(l)e et du parler ainsi que du méditer et de l'exercice mental. Enfin, le « mettre en rolle » peut être rapproché du rouleau de Tora[22]. Puisque la famille de la mère de Montaigne, les Louppes ou Lopez, originaires de Saragosse, est une famille d'origine

---

16 Sur ce thème, voir Timothy Hampton, « Private Passion and Public Service in Montaigne's *Essais* », dans Victoria Kahn, Neil Saccamano et Daniela Coli (dir.), *Politics and the Passions, 1500-1800*, Princeton, Princeton University Press, 2006, p. 30-48.

17 *Dictionnaire de la Langue Française du seizième siècle*, Paris, Didier, 1965, vol. 6, p. 619.

18 *Le livre de raison de Montaigne sur l'Ephemeris historica de Beuther*, Paris, Compagnie française des arts graphiques, 1948.

19 Christof Weiand, « *Libri di famiglia* » *und Autobiographie in Italien zwischen Tre- und Cinquecento*, Tübingen, Stauffenburg, 1993, p. 318.

20 Pour une analyse de ce livre, voir Alain Legros, « Éphéméride du Seigneur de Montaigne », *Montaigne manuscrit*, Paris, Classiques Garnier, 2010, p. 67-102.

21 « Le parler que j'ayme, c'est un parler simple et naif, tel sur le papier qu'à la bouche » (I, 26, 171).

22 Ici, il ne s'agit pas de formuler la question d'un héritage juif en termes ethniques ni de voir une écriture marrane dans les *Essais*. Ce qui m'intéresse plutôt, c'est de poursuivre la dynamique entre écriture, culture, mémoire et identité.

juive convertie[23], il est possible de lier Montaigne à un réseau de nouveaux chrétiens qui vivent et travaillent dans une dynamique entre histoire, mémoire, culture et identité. Ainsi, ce ne serait pas que dans son oscillation entre histoire et journal intime que les *Essais* constitue un texte hybride : « Les mestis qui ont dedaigné le premier siege d'ignorance de lettres, et n'ont peu joindre l'autre (le cul entre deux selles, desquels je suis, et tant d'autres), sont dangereux, ineptes, importuns : ceux icy troublent le monde » (I, 54, 313)[24].

RÉSEAUX DE NOUVEAUX CHRÉTIENS

Au XVIe siècle, de nombreux nouveaux chrétiens[25] espagnols ou portugais s'établissent progressivement dans tout le Sud-Ouest de la France[26]. Certains vivent en authentiques chrétiens, d'autres sont ce qu'on appelle des crypto-juifs. En France, ils ont l'avantage d'être considérés comme de simples catholiques et l'Inquisition y est moins sévère que dans la Péninsule ibérique[27]. Selon Gérard Nahon et d'autres historiens, les origines juives d'Anthoine de Lopez, mieux connue sous le nom d'Antoinette de Louppes de Villeneuve, sont établies. Elle descend de Mayer Paçagon, un juif aragonais de Calatayud, converti lors des

---

23 Avrahm Yarmolinksi, « Montaigne, Michel de », dans Isaac Landman (dir.), *The Universal Jewish Encylopedia*, New York, The Universal Jewish Encyclopedia, 1942, vol. 7, p. 626-627 ; Denise R. Goitein, « Montaigne, Michel de », dans Michael Berenbaum et Fred Skolnik (dir.), *Encyclopaedia Judaica*, 2e éd., vol. 14, Macmillan Reference USA, 2007, p. 453 ; Jean Balsamo, « Antoinette de Louppes », dans Philippe Desan (dir.), *Dictionnaire Montaigne*, Paris, Classiques Garnier, 2018, p. 1127-1130 ; Philippe Desan, *Montaigne. Une biographie politique*, Paris, Odile Jacob, 2014, p. 44-45.

24 Sur le concept de métis, voir Philippe Desan, « Montaigne "métis" : "De l'utile et de l'honnête" (III, 1) », dans Philippe Desan (dir.), *Lectures du troisième livre des Essais de Montaigne*, Paris, H. Champion, 2016, p. 59-84.

25 Ainsi appelés après leur conversion forcée au catholicisme et pourchassés par les Inquisitions espagnole (après 1494) et portugaise (après 1536). Pour une définition, voir Carsten Wilke, *Histoire des Juifs portugais*, Paris, Chandeigne, 2015.

26 David L. Graizbord, *Souls in Dispute. Converso Identities in Iberia and the Jewish Diaspora, 1580-1700*, Philadelphie, University of Pennsylvania Press, 2004, p. 65-70.

27 Béatrice de Varine, *Juifs et chrétiens. Repères pour dix-neuf siècles d'histoire (du 1er au XIXe siècle)*, Paris, Desclée de Brouwer, 2013, p. 347 ; Bernhard Blumenkranz, *Histoire des Juifs en France*, Toulouse, Privat, 1972, p. 227.

baptêmes forcés du début du quinzième siècle et qui avait pris le nom de Juan López de Villanueva. Michel de Montaigne est donc lié, par sa mère, aux juifs de la péninsule Ibérique, à ces nouveaux chrétiens d'Espagne[28].

Le premier personnage historique mentionné dans les *Essais* est Édouard de Woodstock (1330-1376) :

> Edouard, prince de Galles, celuy qui regenta si long temps nostre Guienne, personnage, duquel les conditions et la fortune ont beaucoup de notables parties de grandeur, ayant esté bien fort offencé par les Limosins, et prenant leur ville par force, ne peut estre arresté par les cris du peuple, et des femmes, et enfans abandonnez à la boucherie, luy criants mercy, et se jettans à ses pieds, jusqu'à ce que passant tousjours outre dans la ville, il apperceut trois gentils-hommes François, qui d'une hardiesse incroyable soustenoyent seuls l'effort de son armée victorieuse. La consideration et le respect d'une si notable vertu reboucha premierement la pointe de sa cholere : et commença par ces trois, à faire misericorde à tous les autres habitans de la ville (I, 1, 7).

Prince d'Aquitaine pendant dix ans (1362-1372) grâce au traité de Brétigny-Calais (1360), Édouard tenait une cour brillante à Bordeaux, ville où il rapportait le butin de ses chevauchées ce qui en faisait un lieu aisé et accueillant. Ce roi d'Angleterre, détenteur du duché d'Aquitaine dont relève Limoges, se sentait trahi par la cité qui avait ouvert ses portes aux Français tandis que le château lui était resté fidèle. L'événement des deux nobles français vaillants que décrit Montaigne semble avoir été

---

28 Gérard Nahon, *Juifs et judaïsme à Bordeaux*, Bordeaux, Mollat, 2003, p. 33 : Toulouse, Archives départementales de la Haute Garonne, 3E 5418, f. 203-207v, publié dans *Archives historiques du département de la Gironde*, n.s. 1, 1933-1936, n° LXVI, p. 323-331. Sur les origines juives de Montaigne, voir Théophile Malvezin, « Anthoinette de Louppes, Mère de Michel de Montaigne », *Michel de Montaigne, son origine, sa famille*, Bordeaux, Lefebvre, 1875, p. 99-128 ; Donald Frame, « The Lopez de Villanueva », *Montaigne : A Biography*, Londres, Hamish Hamilton, 1965, p. 16-28 ; Géralde Nakam, *Montaigne et son temps : les événements et les Essais. L'histoire, la vie, le livre*, Paris, A.-G. Nizet, 1982 ; *Ead.*, « Présence du judaïsme dans les *Essais* : le récit des persécutions des juifs au Portugal, après leur expulsion d'Espagne en 1492 et la pensée biblique », dans Roland Goetschel (dir.), *1492. L'Expulsion des juifs d'Espagne*, Paris, Maisonneuve et Larose, 1996, p. 291-308 ; *Ead.*, « Ibériques de Montaigne », *Le Dernier Montaigne*, Paris, H. Champion, 2002, p. 63-84. Pour le père de Montaigne, voir Henri Bertreux, « Les ascendances et les hérédités juives de Montaigne », *Revue Hebdomadaire*, 12 fév. 1938, p. 220-228 (223) ; et le commentaire attentif offert par Elizabeth Mendes Da'Costa, « Montaigne and the Jewish Religion », dans Charles Meyers et Norman Simms (dir.), *Troubled Souls : Conversos, Crypto-Jews, and Other Confused Intellectuals from the Fourteenth through the Eighteenth Century*, Hamilton, Outrigger Publishers, 2001, p. 129-141 (132).

inventé par Froissart. Toujours est-il qu'Édouard est le dernier gouverneur de la région bordelaise avant l'expulsion des juifs de France par Charles VI en 1394 dû à son refus de prolonger leur autorisation de séjour[29]. Malgré la validité continue de ce décret royal, Louis XI permet l'installation de nouveaux chrétiens à Bordeaux en 1474 afin d'assurer la prospérité de la ville. La majorité des nouveaux chrétiens sont donc des marchands à succès[30]. Après 1492, une vague d'immigration se fait en France grâce à la position géographique stratégique du pays ; une deuxième vague arrive après l'établissement de l'Inquisition au Portugal en 1536. En 1550, Henri II publie des lettres patentes « concernant les marchands et autres portugais appelés nouveaux Chrétiens » auxquels sont accordés « tous les droits et privileges des habitants des villes où ils demeureront ». En 1574 les nouveaux chrétiens bordelais se font renouveler leurs lettres patentes par Henri III, enregistrées en 1580 au Parlement de Bordeaux : *Privilèges accordés par le Roi aux Espagnols et Portugais de la ville de Bordeaux* avec une *Sauvegarde accordée par le Roi aux Espagnols et Portugais de la ville de Bordeaux*. De plus, en 1574, le Parlement de Bordeaux publie une interdiction de molester « les Espagnols et Portugais bons catholiques[31] ».

Selon Nahon, l'obtention de ces lettres patentes constitue un « acte fondateur de la communauté juive moderne, non seulement de Bordeaux, mais aussi du Sud-Ouest et du littoral atlantique[32] ». Car au-delà des lettres particulières de naturalité que les immigrés fortunés pouvaient demander, ces lettres étaient requises par une délégation de vingt-et-un Portugais dont deux membres sont connus (François de Castro et Louis de Berga), délégation qui demandait la protection collective s'étendant à tous les nouveaux chrétiens[33]. Bordeaux était ainsi un des centres de refuge dont les membres savaient protéger leurs droits acquis et aider les nouveaux arrivants à s'intégrer.

Il est donc possible d'intégrer la famille de Montaigne dans un réseau de nouveaux chrétiens dont faisaient partie André Gouvéa et

---

29 Blumenkranz, *op. cit.*, p. 22.
30 David Sorkin, *Jewish Emancipation : A History Across Five Centuries*, Princeton, Princeton University Press, 2019, p. 25-26 ; *Id.*, « Merchant Colonies : Resettlement in Italy, France, Holland, and England, 1550-1700 », dans Brian Smollett et Christian Wiese (dir.), *Reappraisals and New Studies of the Modern Jewish Experience : Essays in Honor of Robert M. Seltzer*, Leyde, Brill, 2015, p. 123-144.
31 Varine, *op. cit.*, p. 348.
32 Nahon, *op. cit.*, p. 40.
33 *Ibid.*, p. 43.

son frère Antoine, Ramon de Granolhas, Dominique Ram, Jehan Milanges et son fils Simon, Francisco Sanchez, entre autres[34]. Gouvéa est nommé principal du Collège de Guyenne, fondé par la Jurade de Bordeaux (dont faisait partie Pierre Eyquem) en 1533 et proposé dès 1530 ; il y prend ses fonctions le 12 juillet 1534. Docteur en théologie, André Gouvéa avait reçu le 24 avril 1537 des lettres de naturalité de François Ier en date de 1536 qui sont présentées par Pierre Eyquem[35]. Il fait venir à Bordeaux (ou est accompagné par) nombre de Portugais dont le sous-principal Jehan de Costa, Jean Fernandès da Costa, Jehan Gelida, Mathieu da Costa, Guillaume Buérente, et Jacques de Teyve[36]. Antoine et André enseigneront, du temps d'Étienne de La Boétie et Michel de Montaigne, dans le Collège de Guyenne administé par les nouveaux chrétiens. Montaigne nomme l'un des frères dans les *Essais* : « En cela Andreas Goveanus, nostre principal, comme en toutes autres parties de sa charge, fut sans comparaison le plus grand principal de France : et m'en tenoit-on maistre ouvrier » (I, 26, 176). Il est probable que Montaigne était étudiant à l'université de Toulouse, un autre centre pour étudiants nouveaux chrétiens[37]. En fait c'est là-bas que va s'installer Francisco Sanchez (1550/52-1623) qui viendra à Bordeaux en 1564 et qui deviendra professeur de philosophie et médecine à Toulouse où il écrira le traité *Quod nihil scitur de divinatione per somnum ad Aristotelem* (Lyon, 1581)[38]. Non seulement est-il possible que Montaigne soit apparenté à Sanchez par sa mère Antoinette de Louppes, mais il était également parrain de Michel Da Costa, enfant dit marrane[39].

---

34 *Ibid.*, p. 38 ; et Da'Costa, art. cité, p. 133.

35 Jacques Blamont, *Le Lion et le moucheron : Histoire des Marranes de Toulouse*, Paris, Odile Jacob, 2000, p. 41.

36 Nahon, *op. cit.*, p. 39 ; et Da'Costa, art. cité, p. 133.

37 Sur ce point, les renseignements sont rares ; toujours est-il que Montaigne avait de la famille dans cette ville (Olivier Guerrier, « Toulouse », *Dictionnaire Montaigne*, p. 1857-1858). Sur l'aspect de l'université comme lieu d'accueil, voir Patrick Ferté, « Toulouse, université hispanique. Des relations universitaires franco-espagnoles du Moyen Âge à l'Ilustración », *Les Cahiers de Framespa* [en ligne], 14 | 2013, mis en ligne le 12 juin 2013. URL : http://journals.openedition.org/framespa/2611 ; DOI : https://doi.org/10.4000/framespa.2611 (consulté le 21 février 2020).

38 Nahon, *op. cit.*, p. 57. Jean Cobos, « Deux facettes du scepticisme à la Renaissance : Montaigne et Sánchez », *Philosophie*, vol. 9, 1983, p. 29-43. Francisco Sanchez, *Quod nihil scitur, Il n'est science de rien*, trad. Andrée Comparot, Paris, Klincksieck, 1984 ; *That nothing is known, Quod nihil scitur*, trad. Elaine Limbrick, Cambridge, Cambridge University Press, 1988.

39 Richard Popkin, *The History of Scepticism from Savonarola to Beyle*, Oxford, Oxford University Press, 2003, p. 45. Pour les liens de famille possibles entre Sanchez et Montaigne, voir

ESSAIS SUR POUTRES
Pensées sur rouleau

Les nouveaux chrétiens espagnols et portugais qui s'établissent à Bordeaux au XVᵉ et XVIᵉ siècles contribuent à la croissance du commerce (souvent du pastel)[40]. Même s'ils sont appréciés pour leurs contributions et même s'ils portent les noms de baptême reçus de leurs parrains catholiques, ils sont assez souvent soupçonnés de pratiquer secrètement le judaïsme ce qui est clair par la sauvegarde mentionnée ci-dessus et par le fait que leur histoire d'immigration est connue par leurs contemporains au point où Pierre de Lancre, conseiller du roi et magistrat de Bordeaux, peut indiquer, encore en 1622, que les relations des Louppes évoquaient un certain malaise : « Bien qu'on die que le sieur de Montagne estoit son parent du costé de sa mere qui estoit Espagnolle de la maison de Lopes[41] ». Ce qu'il faut retenir, c'est que Montaigne frôle une communauté qui est en train de se constituer, qui est une commuauté en devenir comme Nahon l'exprime[42]. Cela ne change rien à ce que nous savons des responsabilités professionnelles de l'écrivain et au fait qu'à un moment donné il décide de se retirer dans son domaine familial[43].

Cette décision est fixée dans une inscription de la tour de Montaigne :

Pierre Villey, *Les Sources et l'évolution des* Essais *de Montaigne*, Osnabrück, Zeller, 1976 (1908), vol. II, p. 155-157 ; et Fortunat Strowski, *Montaigne*, Paris, Alcan, 1931, p. 145. Cardozo de Bethencourt, « Montaigne parrain d'un marrane portugais », *Revue historique de Bordeaux*, vol. 31, 1938, p. 31.

40 Théophile Malvezin, *Histoire du commerce de Bordeaux : depuis les origines jusqu'à nos jours*, 2 vol., Bordeaux, Bellier, 1892, t. II, p. 209.

41 Pierre De Lancre, *L'Incredulité et mescreance du sortilege pleinement convaincue*, Paris, N. Buon, 1622, p. 340.

42 « Durant plus d'un siècle et demi Bordeaux ne comprendra pas officiellement de juifs et ne tolérera aucunement l'observance du judaïsme. Pourtant le groupe humain qui par la suite s'identifiera comme juif et qui affichera une identité religieuse indubitablement juive sera issu d'une population qu'au XVIᵉ siècle l'historien définit bizarrement par son devenir. En attendant ce milieu parle le portugais et plus souvent l'espagnol, maintient une solidarité familiale et lignagière, et ressent une communauté de destin fortement marquée par la persécution inquisitoriale outre-Pyrénées. Entre un statut admettant avec les Lettres patentes une mesure de tolérance et une politique de rejet voire de répression, les membres de cette communauté ambiguë s'insèrent dans le paysage bordelais » (Nahon, *op. cit.*, p. 39).

43 Voir le fait que le père et le fils de Montaigne étaient tous les deux maires de Bordeaux et que Montaigne a siégé à la Tournelle, chambre criminelle (1567-1568) ; sur cette dernière,

> En l'an du Christ 1571, âgé de 38 ans, la veille des calendes de mars, jour anniversaire de sa naissance, lassé depuis longtemps du service parlementaire et des charges publiques et brûlant du désir de se nicher, encore indemne, au giron des doctes Vierges où il parcourra, serein et sans souci, le si court trajet qu'il lui reste à parcourir pour achever sa course, si toutefois les destins le lui permettent, Michel de Montaigne a consacré ce siège, cette douce tanière qu'il tient de ses ancêtres, à sa liberté, à sa tranquillité et à son loisir[44].

Pourtant, le loisir s'avérera moins agréable à négocier que prévu, car l'écrivain se trouve confronté à l'activité de ses facultés mentales et notamment à celle de son imagination : « [...] et m'enfante tant de chimeres et monstres fantasques les uns sur les autres, sans ordre, et sans propos, que pour en contempler à mon aise l'ineptie et l'estrangeté, j'ay commancé de les mettre en rolle, esperant avec le temps luy en faire honte à luy mesmes » (I, 8, 33). Les produits de ce contre-rolle seront dédiés au public en 1580 : « Mes premieres publications furent l'an mille cinq cens quatre vingts. Depuis d'un long traict de temps je suis envieilli, mais assagi je ne le suis certes pas d'un pouce. Moy à cette heure et moy tantost sommes bien deux ; mais quand meilleur, je n'en puis rien dire » (III, 9, 964)[45]. C'est Sophie Jama qui a tracé le choix de cette date pour en conclure qu'elle est significative car elle renvoie au début du festival de Purim qui rappelle le sauvetage des juifs par Esther et qui tient une place spéciale pour les nouveaux chrétiens voulant préserver leur identité[46].

Le contre-rolle que pratiquera Montaigne consistera en écriture et loisir, mise en page et oisiveté. Et plutôt que de se concentrer sur le proverbe l'oisiveté est la mère de tous les vices, voire tout en le renversant[47], Montaigne emploie le concept de l'oisiveté dans tous ses sens : ainsi il explore le rapport entre *otium* et *negotium*, oscillant entre l'engagement dans la société et dans un loisir productif, dans la tour de son château et

---

voir Alain Legros, « La Boétie et Montaigne juges aux affaires criminelles », *Montaigne Studies*, vol. 32, 2020, p. 215-221.

44   Alain Legros : http://www.bvh.univ-tours.fr/MONLOE/transcr_cabinet.pdf (consulté le 21 février 2020).

45   « A Dieu donq, de Montaigne, ce premier de Mars mille cinq cens quatre vingts » (I, « Au Lecteur », 3).

46   Sophie Jama, *L'Histoire juive de Montaigne*, Paris, Flammarion, 2001, p. 20-24 ; *Ead.*, « The Jewish Identity of Michel de Montaigne », *Troubled Souls*, p. 142-149. Sur le rôle d'Esther, voir David M. Gitlitz, *Secrecy and Deceit : The Religion of Crypto-Jews*, Philadelphie & Jérusalem, The Jewish Publication Society, 1996, p. 116-117.

47   Voir, par exemple, Edwin Duval, « Montaigne's Conversions : Compositional Strategies in the *Essais* », *French Forum*, vol. 7, n° 1, 1982, p. 5-22.

en mouvement vers la cour ou les pays étrangers, tirant son inspiration de nombre d'auteurs classiques et contemporains qui avaient avant lui décliné ce rapport. Tel Salluste, Cicéron, Lucrèce ou Sénèque, mais également Pierre Messie, Des Caures, La Primaudaye ou Plutarque et les Épicuriens souvent critiqués[48]. Au-delà de l'oisiveté comme pratique philosophique, morale et culturelle (Krause, Hartle, Polachek), comme problème de l'intersection entre littérature et médecine (Worth-Stylianou), comme rhétorique et pratique de l'écriture (Mathieu-Castellani, Regosin)[49], ou comme œuvre de méditation ou de conversion[50], l'oisiveté se réfère à la fois à l'*otium* et à l'*otiositas*, la première étant le contraire du *negotium* dans un contexte (romain) spécifique et la dernière étant la paresse (répréhensible). Tous les deux sens permettent à Montaigne de combiner un comportement (in)désirable avec une enfreinte des règles et des hiérarchies sociales[51].

Dans ce contexte, les chimères provenant de son esprit désœuvré actif qui se laisse aller sans but et cible pourraient créer des archives de l'ombre[52], à l'insu de leur propriétaire et pour ainsi dire sans sa responsabilité. Par conséquent, tout ce dont l'auteur est comptable, c'est l'arrangement des archives sur la page, c'est-à-dire leur mise en page. Pourtant cet acte

---

48   Voir là-dessus Virginia Krause, *Idle Pursuits. Literature and* Oisiveté *in the French Renaissance*, Newark, University of Delaware Press, 2003, p. 204, et p. 208 ; *Ead.*, « Montaigne's art of idleness », *Viator*, vol. 31, 2000, p. 361-380.

49   Ann Hartle, « Sociable Wisdom : Montaigne's Transformation of Philosophy », *Philosophy and Literature*, vol. 39, n° 2, 2015, p. 285-304 ; Dora E. Polachek, « Imagination, Idleness and Self-Discovery : Montaigne's Early Voyage Inward », dans Mario A. Di Cesare (dir.), *Reconsidering the Renaissance. Papers from the Twenty-First Annual Conference*, Binghamton, MRTS, 1992, p. 257-269 ; Valérie Worth-Stylianou, « Exchanges between Medical and Literary Discourses in the French Renaissance : Comparing the Fascination with 'des amas et pieces de chair informes' in Montaigne's *Essais* with Joubert's *Erreurs populaires* », *Australian Journal of French Studies*, vol. 52, n° 3, 2015, p. 290-305 ; Gisèle Mathieu-Castellani, *Montaigne, l'écriture de l'essai*, Paris, Presses Universitaires de France, 1988, p. 26-43 ; Richard Regosin, *Montaigne's Unruly Brood : Textual Engendering and the Challenge to Paternal Authority*, Berkeley, University of California Press, 1996, p. 154-163.

50   John D. Lyons, « Meditation and the Inner Voice », *New Literary History*, vol. 37, n° 3, 2006, p. 525-538 ; Brian Stock, « Minds, Bodies, Readers », *New Literary History*, vol. 37, n° 3, 2006, p. 489-501. Montaigne utilise le verbe « mediter » et le nom « le mediter » ainsi que le nom « exercitation » pour décrire sa méthode.

51   Voir Philippe Zawieja (éd.), *Dictionnaire de la fatigue*, Genève, Droz, 2016 : « Oisiveté » p. 605-616, et « *Otium/Negotium* » p. 625-633. Pour une bibliographie, voir Robert A. Schneider, *Dignified Retreat : Writers and Intellectuals in the Age of Richelieu*, Oxford, Oxford University Press, 2019, p. 2, n. 3.

52   Sur ce concept, voir Jean-Christophe Cloutier, *Shadow Archives. The Lifecycles of African American Literature*, New York, Columbia University Press, 2019, p. 24.

porte un sens au-delà de l'élément qui est choisi pour le « dépôt » ; car l'arrangement transforme le sens de l'objet et lui attribue une nouvelle valeur. Tout comme le travail d'excavation du chercheur historique ou archéologique, l'objet sous enquête est altéré par la recherche même de ce dernier[53]. En d'autres termes, l'artefact nomade, une fois capturé, prend sa place dans un système de pensée et de production littéraire qui permet de le mettre en relation avec l'œuvre plus large de son auteur. Parmi ces artefacts ou traces d'archives seraient certains ajouts faits par Montaigne en commémoration de l'expulsion de 1492, notamment la description de la conversion forcée sous Jean II et Emmanuel de Portugal dans l'essai I, 14, rapport qui s'élargit considérablement entre 1580 et 1592[54]. De plus, la réécriture de l'histoire de Razis du Livre des Maccabées 14.37-46 dans « Coustume de l'isle de Cea » (II, 3, 356)[55]. Peut-être qu'il faudrait même ajouter à ces traces d'archives les derniers mots de La Boétie[56] et l'intérêt, même si l'on pourrait le qualifier de purement anthropologique, que porte Montaigne aux coutumes juives dans le *Journal de voyage*[57]. La fascination d'une Espagne prédatrice qui représente aussi un pays de la pensée et d'une langue parlée à la fois par le père et la mère a été signalée de même qu'une sympathie générale de Montaigne pour le destin des juifs[58].

ARCHIVES DE L'OMBRE

L'entendement humain se perdant à vouloir sonder et contreroller toutes choses jusques au bout ; tout ainsi comme, lassez et travaillez de la longue course de nostre vie, nous retombons en enfantillage. – Voylà les belles et certaines instructions, que nous tirons de la science humaine sur le subject de nostre ame (II, 12, 556).

---

53 Voir Carolyn Steedman, *Dust, the Archive and Cultural History*, New Brunswick, Rutgers University Press, 2002, p. 77.

54 Géralde Nakam, *Les Essais de Montaigne : miroir et procès de leur temps*, Paris, A.-G. Nizet, 1984, p. 367-377.

55 Voir l'analyse attentive de Da'Costa, art. cité, p. 137-138.

56 Nahon, *op. cit.*, p. 59-60.

57 Elizabeth Mendes Da'Costa, « The Jews and Montaigne's *Journal de Voyage* », *French Studies Bulletin*, vol. 19, 1998, p. 10-13.

58 Nakam, « Ibériques de Montaigne », art. cité.

Pensée circulaire, existence circulaire, un mouvement circulaire vers l'arrière d'une part, ou vers l'avant, d'autre part, qui propulse des cercles concentriques toujours plus grands se trouve dans les expressions avec lesquelles Montaigne représente l'acte d'écrire, la vie et l'histoire : « mettre en registre », « enregistrer », « mettre en rolle », « enroller », « rouler », « tournoyer ». Par conséquent, ce que nous savons sur notre âme et sur son instruction est limité et doit par nécessité se borner aux coutumes qui nous encadrent. La religion du lieu est donc celle que chacun de nous va adopter comme mode de vie, comme moyen de relier les gens dans un contexte géographique spécifique :

> Tout cela, c'est un signe tres-evident que nous ne recevons nostre religion qu'à nostre façon et par nos mains, et non autrement que comme les autres religions se reçoyvent. Nous nous sommes rencontrez au païs où elle estoit en usage ; ou nous regardons son ancienneté ou l'authorité des hommes qui l'ont maintenue ; ou creignons les menaces qu'ell'attache aux mescreans ; ou suyvons ses promesses. Ces considerations là doivent estre employées à nostre creance, mais comme subsidiaires : ce sont liaisons humaines. Une autre region, d'autres tesmoings, pareilles promesses et menasses nous pourroyent imprimer par mesme voye une croyance contraire. Nous sommes Chrestiens à mesme titre que nous sommes ou Perigordins ou Alemans. (II, 12, 445)

Pourtant, la foi des juifs se distinguerait d'autres convictions, du moins de celles qui réclament nombre d'autorités pour leur soutien, comme les lois du roi Numa Pompilius qui pensait être en contact direct avec nombre de dieux :

> Et l'authorité que Numa donna à ses loix soubs titre du patronage de cette Deesse, Zoroastre, legislateur des Bactriens et des Perses, la donna aux siennes sous le nom du dieu Oromasis ; Trismegiste, des Aegyptiens, de Mercure ; Zamolxis, des Scythes, de Vesta ; Charondas, des Chalcides, de Saturne ; Minos, des Candiots, de Juppiter ; Licurgus, des Lacedemoniens, d'Apollo ; Dracon et Solon, des Atheniens, de Minerve. Et toute police a un dieu à sa teste, faucement les autres, veritablement celle que Moïse dressa au peuple de Judée sorty d'Aegypte. (II, 16, 630)

Dorothea HEITSCH
University of North Carolina
at Chapel Hill

LA FORMATION
DU CONSEILLER DU PRINCE
DANS « DE L'INSTITUTION DES ENFANS »

Dans son excellent ouvrage *Montaigne. Une biographie politique*, Philippe Desan soutient que, au-delà de la dimension littéraire et philosophique du texte, les *Essais* ont aussi une dimension politique, dans la mesure où ils sont ancrés dans leur époque. Montaigne est un homme de son temps, de telle façon qu'il est illusoire de vouloir aborder les *Essais* comme un objet philosophique ou littéraire fixe en ignorant le cadre historique de leur création[1]. C'est ainsi que Desan propose de considérer l'individualité de Montaigne, sa manière d'être et de penser ainsi que ses actions par rapport à la collectivité, comme une manière de vivre et de penser collective. Étudier Montaigne implique donc non seulement de se focaliser uniquement sur le texte ni sur les idées exprimées – supposées être universelles –, mais aussi d'étudier l'auteur dans son contexte social[2].

Nous pouvons relever toutefois dans les *Essais* deux caractéristiques qui nous amènent à préciser cette approche de Desan. À savoir, d'une part, le fait que les *Essais* soient considérés comme un texte classique : même si nous pouvons expliquer les circonstances historiques qui en sont à l'origine, et qui sont fruit de leur temps, il semble que les *Essais* possèdent toutefois cette capacité de briser les limites de leur contexte et de conserver toute leur actualité. De nombreux écrits de la même époque la reflètent également mais ne semblent pas résister aux effets du temps comme le font les *Essais*. Et c'est cela précisément un « classique », un texte qui reste actuel et qui peut être lu encore et encore, sans perdre

---

1   Philippe Desan, *Montaigne. Une biographie politique*, Paris, Odile Jacob, 2014, p. 18.
2   *Ibid.*, p. 19 : « Étudier Montaigne et sa pensée consiste à regarder *autour* de l'auteur, à comprendre le milieu dont il est issu, le parcours social de sa famille, l'éducation qu'il a reçue, les convictions idéologiques et politiques du cercle d'amis et de nobles qui facilitent son intégration à la cour des aides de Périgueux, puis au Parlement de Bordeaux, le placent à la tête de cette ville et le propulsent à la cour ».

de sa vigueur, parce qu'il interpelle un lecteur qui se situe au-delà du contexte dans lequel s'inscrit le texte. D'autre part, malgré leurs plus de mille citations, allégations et emprunts dissimulés, les *Essais* apparaissent comme une œuvre originale, consubstantielle à son auteur. Dans un certain sens, cela confirme la dimension socio-politique du texte, tout en offrant cependant un exemplaire unique d'être humain, qui se présente, en peignant son être universel, comme Michel de Montaigne. Autrement dit, il semble que dans le « moi » des *Essais*, nous trouvons simultanément la singularité et la collectivité, la particularité et l'appartenance à des groupes sociaux déterminés. Desan tient compte de la présence de ces deux domaines, et ainsi, face à deux méthodes extrêmes d'associer les faits d'une vie à un objet littéraire et philosophique tel qu'il l'aborde dans sa biographie de Montaigne[3] à savoir, d'une part, une certaine forme de déterminisme psychologique qui explique le texte par la force de caractère de l'écrivain, c'est-à-dire par sa personnalité et, d'autre part l'introduction d'un certain nombre de faits nous permettant de situer l'œuvre dans son contexte historique de telle façon que l'auteur se convertit en un interprète d'une *Weltanschauung*, Desan, lui, choisit la voie intermédiaire qui donne une place à l'individu et à l'expression de sa subjectivité tout en l'intégrant dans une série de structures politiques, sociales et idéologiques qui façonnent sa personnalité.

Je vais, à partir de là, essayer d'offrir un exemple de la façon dont on peut appliquer une approche philosophique à un texte des *Essais* sans pour cela perdre de vue la dimension socio-politique dans lequel il s'inscrit. J'essaierai de montrer que le chapitre « De l'institution des enfans » offre au lecteur actuel quelque chose qui dépasse le contexte dans lequel ce texte a été produit, mais que ce quelque chose ne pourra être compris correctement que si l'on tient compte en fait de ce contexte. Et c'est précisément ce contexte qui fait que les préceptes éducatifs exposés par Montaigne dans ce chapitre des *Essais*, qui peuvent être interprétés comme des préceptes s'adressant à un homme quelconque, ont été pensés pour un homme concret, destiné à être courtisan et à servir un prince.

Rappelons que ce chapitre est dédié à Diane de Foix, comtesse de Gurson. La famille Foix-Gurson avait intervenue pour promouvoir la

---

3   *Ibid.*, p. 27.

carrière politique de Montaigne[4] et, dans « De l'institution des enfans »,
celui-ci n'a aucun inconvénient à reconnaître sa servitude vis-à-vis de
ladite famille. Dans ce chapitre, Montaigne a donc à l'esprit un enfant
de la noblesse. Sans nul doute, ses opinions peuvent s'étendre à n'importe
quelle personne, mais le point de départ reste concret, individuel et
s'inscrit dans un contexte déterminé. Pour montrer que ces préceptes
éducatifs, applicables en principe à n'importe quel individu, ont été
pensés pour que celui qui se voit *éduqué* (l'éduqué) exerce une fonction
de conseiller du prince, nous allons commenter quelques passages de ce
chapitre dans lesquels Montaigne se réfère à cet aspect en particulier, ce
que nous ferons en lisant le texte à partir de la couche C et en signalant
à chaque fois à quelle couche correspond le texte commenté.

La première référence semble plutôt anecdotique et apparaît déjà
dans la première édition. Au paragraphe dans lequel il affirme que la
science est plus utile lorsqu'elle se trouve en mains nobles et c'est pour
cela, entre autres, qu'elle est bien plus fière de servir à gagner l'amitié
d'un prince plutôt qu'à construire un argument dialectique (I, 26,
149 A)[5], nous découvrons comment Montaigne précise ici quelle est
la science qui l'intéresse et qui sera celle que l'élève devra apprendre.
Les exemples sont révélateurs : bien avant la médecine (prescrire une
pilule), la magistrature (plaider en appel) ou la philosophie (élaborer un
argument dialectique), la science utile est celle qui sert à conduire une
guerre, à diriger un peuple ou à gagner l'amitié d'un prince ou d'une
nation étrangère. Le fils de la comtesse de Gurson est destiné à des
tâches relevant du gouvernement d'un État et c'est dans cette science
que l'on devra l'instruire. C'est pour cela que la phrase « je vous veux
dire là dessus une seule fantaisie que j'ay contraire au commun usage :
c'est tout ce que je puis conferer à vostre service en cela » (I, 26, 150
A) doit être entendue dans le contexte suivant : celui d'un fils de la
noblesse que l'on éduque normalement pour qu'il remplisse des devoirs
socialement bien délimités. Montaigne ne remet pas en cause ces devoirs
ni l'éducation correspondante, il indique seulement qu'il proposera une
seule "fantaisie" contraire à l'usage. Mais cette seule fantaisie remet en
question en réalité la façon d'accomplir ces devoirs puisqu'il soulèvera

---

4   *Ibid.*, 244.
5   Je cite les *Essais* suivant l'édition Villey-Saulnier, *Les Essais*, Paris, Presses Universitaires
     de France, 1965.

un problème de fond de l'éducation, celui d'une éducation permettant de concilier vie privée et vie publique.

Un autre passage significatif est un rajout à la couche C :

> *Neque, ut omnia quae praescripta et imperata sint defendat, necessitate ulla cogitur.* Si son gouverneur tient de mon humeur, il luy formera la volonté à estre tres loyal serviteur de son prince et tres-affectionné et tres-courageux ; mais il luy refroidira l'envie de s'y attacher autrement que par un devoir publique. Outre plusieurs autres inconvenients qui blessent nostre franchise par ces obligations particulieres, le jugement d'un homme gagé et achetté, ou il est moins entier et moins libre, ou il est taché et d'imprudence et d'ingratitude. Un courtisan ne peut avoir ny loi ni volonté de dire et penser que favorablement d'un maistre qui, parmi tant de milliers d'autres subjects, l'a choisi pour le nourrir et eslever de sa main. Cette faveur et utilité corrompent non sans quelque raison sa franchise, et l'esblouissent. Pourtant void on coustumierement le langage de ces gens-là divers à tout autre langage d'un estat, et de peu de foy en telle matiere. (I, 26, 155 C)

Cet ajout est inséré après un passage dans lequel Montaigne souligne la liberté d'opinion de l'éduqué : « Car il ne sera pas mis en chaise pour dire un rolle prescript. Il n'est engagé à aucune cause, que par ce qu'il l'appreuve. Ny ne fera du mestier où se vent à purs deniers contans la liberté de se pouvoir repentir et reconnoistre » (I, 26, 155 A). Analysons d'abord le contexte dans lequel s'inscrit le rajout de la couche C. Parmi les conseils que donne Montaigne sur l'éducation du futur fils de Diane de Foix, figure la question du commerce des hommes. Étant donné que l'homme est un être social, la relation avec les autres est pratiquement inévitable et, en tant qu'expérience, celle-ci se convertit en un élément important de la formation de l'individu. Il convient par conséquent de préciser la façon dont ce commerce doit avoir lieu. Que nous parlions d'un commerce bourgeois ou d'un commerce intellectuel, les relations qui en découlent s'inscrivent dans le cadre d'un processus d'« achat et vente » dans le sens où l'on offre quelque chose et on obtient quelque chose en échange. Il s'agit d'une *logique marchande*[6]. Ainsi le silence et la modestie dans la conversation sont des qualités que Montaigne met en avant parce qu'il ne s'agit pas d'offrir un mauvais produit par excès sinon que le principe d'économie nous évitera de gâcher la conversation

---

6   Voir le chapitre « Économie et rapports sociaux », dans Philippe Desan, *Montaigne : penser le social*, Paris, Odile Jacob, 2018, p. 190-201.

et nous permettra d'économiser nos interventions aussi bien en ce qui concerne la qualité que la quantité. L'éduqué ne doit perdre son temps ni à corriger les autres, car il s'agit en fait de se corriger soi-même, ni à discuter avec quelqu'un qui ne serait pas à sa hauteur. Il s'agit de tirer un bénéfice de la conversation, un bénéfice lié à l'objectif général évoqué quelques pages plus haut (« Le guain de nostre estude, c'est en estre devenu meilleur et plus sage », I, 26, 152 C). Par ces considérations, Montaigne, tout en réaffirmant l'objectif de la conversation – la formation de soi –, en limite le champ car même si toute expérience est bénéfique, peu de conversations sont plaisantes et utiles en même temps pour soi-même. Dans ce sens, les pédants sont l'exemple à éviter car ils prétendent se montrer supérieurs à ce qu'ils sont, en employant un langage magistral, un langage vide du fait qu'il n'est pas le fruit d'une doctrine assimilée ou intégrée par le locuteur et reste donc superficiel : « La doctrine qui ne leur a peu arriver en l'ame, leur est demeurée en la langue » (III, 3, 822 B). C'est pour cela que, bien que l'idéal soit de posséder une âme à plusieurs étages, capable de s'adapter à toute circonstance, le plaisir de la communication est réservé à très peu d'hommes (III, 3, 822-823 B).

Montaigne est parfaitement conscient que, bien qu'il s'agisse de la formation de l'individu, c'est en fait d'un individu très concret, destiné en principe à s'entretenir avec des personnes qui sont à sa hauteur, à savoir la classe du savoir-être. Et dans cette conversation, l'important n'est pas d'en sortir victorieux tel que l'on sort d'un combat, mais de se former et prendre du plaisir. C'est ainsi que ce qui est un fait social se convertit en outre en quelque chose qui possède une utilité particulière et propre. C'est en raison de cet amalgame entre les sphères publique et privée, sociale et personnelle, que la *conférence* est le meilleur et le plus profitable exercice de notre esprit (III, 8, 922 B) parce qu'il permet le contact entre les âmes et un enrichissement de la nôtre si l'autre est forte et vigoureuse (923 B). La recherche de la vérité doit être un point commun dans la conversation (924 B) et celle-ci doit prévaloir sur l'orgueil de la victoire. Ainsi, s'obstiner dans une discussion est une marque d'imbécilité (III, 8, 938 C).

Par contre, la marque de l'éduqué doit être la liberté, ne pas se sentir obligé de défendre aucune idée en particulier. Dans ce sens, le début du rajout de la couche C est révélateur. Il s'agit d'une citation des *Académiques* de Cicéron qui précède le fragment de la couche c citée antérieurement : « *Neque, ut omnia quae praescriptia et imperata sint defendat, necessitate ulla cogitur*[7] ». Nous nous trouvons face à un sujet polémique puisqu'il s'agit de savoir comment préserver sa liberté de jugement et être en même temps un serviteur et conseiller loyal du prince[8]. Le fait de placer cette citation de Cicéron au début de ce passage permet de mettre l'accent sur la valeur qui ne peut disparaître : la liberté de jugement. La citation ne fait que réaffirmer ce qui a été dit dans la première édition sur la recherche de la vérité et le maintien de la liberté d'opinion Cependant, ce rajout présente un cas particulier de conversation, à savoir, une conversation entre le prince et son serviteur, conversation au cours de laquelle la liberté du second peut se trouver limitée. Dans l'original de Cicéron, les *Académiques* se trouvaient confrontés à ceux qui s'opposaient à leur système, l'accent étant mis sur la supériorité des premiers, car ils sont conscients que leurs opinions sont probables et donc que leur jugement n'apparaît pas comme inamovible. Les idées ne peuvent (ne doivent) être prescrites comme vraies et, par conséquent, celui qui converse ne doit nécessairement se sentir obligé à défendre aucune d'entre elles en particulier. Cette citation sert donc à rappeler que, même s'il s'agit d'une conversation inégale du point de vue hiérarchique, l'éduqué, lorsqu'il exerce en tant que courtisan, ne doit pas soumettre son jugement à celui de son prince parce que, dans le domaine des idées, il n'y a point d'autre autorité que celle que l'on s'impose à soi-même en appliquant la raison.

Ceci dit, le courtisan est lié vis-à-vis de son prince par un devoir public, sa loyauté doit être incontestable, mais leur relation reste publique. Cela signifie qu'il ne s'agit pas d'une conversation entre amis mais d'une relation dont les caractéristiques sont socialement établies, avec des obligations claires et bien délimitées. Le devoir public oblige le courtisan à parler en faveur de son maître et, par conséquent, sa franchise et sa liberté peuvent s'en voir affectées. Si, en plus, il existe une dépendance économique, le jugement en est altéré ou bien, si cela n'est pas le cas, les gens peuvent le penser et le courtisan peut être traité d'ingrat. Il reste donc limité dans son jugement parce qu'il ne peut critiquer librement son maître. Cette

---

7   Cicéron, « Aucune nécessité ne le contraint à défendre des idées qu'on lui aurait impérieusement prescrites », *Académiques*, II, 3, 8 ; I, 26, 155 C.
8   Ci-après, voir Joan Lluís Llinàs Begon, *Educació, Filosofia i escriptura en Montaigne*, Palma, Edicions UIB, 2001, p. 108-117.

relation donne lieu à un langage différent de tout autre, un langage qui s'éloigne de celui auquel Montaigne aspire pour son éduqué. Mais ce qui apparaît clairement dans ce fragment, c'est que les opinions sur l'éducation exprimées par Montaigne dans ce chapitre ne se réfèrent pas à un homme dans l'abstrait mais à un homme concret et réel, appelé à accomplir une série de rôles sociaux. Et ces rôles semblent contredire certains préceptes éducatifs dans la mesure où cette relation peut mener à abandonner la recherche de la vérité au profit de la flatterie ou de l'intérêt particulier.

La suite de ce chapitre nous permet de suggérer quelle est la solution proposée par Montaigne face à cette tension entre la liberté de jugement et le devoir public :

> [A] Que sa conscience et sa vertu reluisent en son parler, [C] et n'ayent que la raison pour guide. [A] Qu'on luy face entendre que de confesser la faute qu'il descouvrira en son propre discours, encore qu'elle ne soit aperceue que par luy, c'est un effet de jugement et de sincerité, qui sont les principales parties qu'il cherche ; [C] que l'opiniatrer et contester sont qualitez communes, plus apparentes aux plus basses ames ; que se raviser et se corriger, abandonner un mauvais party sur le cours de son ardeur, ce sont qualitez rares, fortes et philosophiques. (I, 26, 155)

À cette demande consistant en que ce soit sa conscience et sa vertu qui s'expriment dans la conversation, il ajoute à la couche c un autre souhait, à savoir que la raison en soit le guide. On se souvient alors de ce que Montaigne avait assuré quelques pages plus haut, lorsqu'il attaquait la simple répétition de ce qui a déjà été dit et défendait l'assimilation des opinions d'autrui afin de les faire siennes :

> C'est, disoit Epicharmus, l'entendement qui voyt et qui oyt, c'est l'entendement qui approfite tout, qui dispose tout, qui agit, qui domine et qui regne : toutes autres choses sont aveugles, sourdes et sans ame. Certes nous le rendons servile et couard, pour ne luy laisser la liberté de rien faire de soy. (I, 26, 152 A)

C'est ainsi que, de la même façon, dans la relation avec le prince, c'est la raison qui doit prévaloir, c'est elle qui, à tout moment, nous dirige au cours de la conversation vers le meilleur jugement possible. Rappelons que ce que l'on recherche de façon commune dans la conversation, c'est la vérité et, par conséquent, reconnaître une erreur de jugement et prendre en compte de nouvelles considérations susceptibles de le modifier, sont des qualités dont doit faire preuve l'éduqué lorsqu'il converse.

Dans cette optique, le début de la phrase, qu'elle reprend la couche A après les insertions C, acquiert une autre dimension interprétative : « On l'advertira, estant en compaignie, d'avoir les yeux par tout ; car je trouve que les premiers sieges sont communément saisis par les hommes moins capables, et que les grandeurs de fortune ne se trouvent guieres meslées à la suffisance » (I, 26, 155 A). Lorsque le lecteur de l'édition de 1595 lit ce fragment après les considérations sur la relation entre le courtisan et son prince, il ne peut qu'en déduire que ce dernier n'est rien de plus qu'un homme. Et la lecture du chapitre « De l'art de conférer » (III, 8) le confirmera dans cette idée. Dans ce chapitre, Montaigne affirme, se référant aux rois : « Toute inclination et soubmission leur est deue, sauf celle de l'entendement. Ma raison n'est pas duite à se courber et flechir, ce sont mes genoux » (III, 8, 935 B).

Très souvent, les personnes qui nous gouvernent sont des incapables car la fortune est aveugle (III, 8, 934 B). Par conséquent, les princes par le seul fait d'être prince n'en ont pas pour autant raison. La soumission que nous leur devons est externe, mais c'est notre entendement qui doit nous indiquer si ce qu'un prince affirme à un moment donné peut être assumé et accepté par notre jugement. L'éduqué ne doit se soumettre à aucun maître ni à aucune doctrine, et ceci inclut également le prince. C'est ainsi que la vie privée apparaît clairement délimitée par rapport à la vie publique : dans cette dernière nous restons soumis au prince, mais notre entendement ne doit jamais l'être. En d'autres termes, Montaigne veut pour l'éduquer exactement la même chose que ce qu'il pratique lui-même au service de son maître :

> [A] J'ayme la vie privée, parce que c'est par mon chois que je l'ayme, non par disconvenance à la vie publique, qui est à l'aventure autant selon ma complexion. J'en sers plus gayement mon prince par ce que c'est par libre eslection de mon jugement et de ma raison, [C] sans obligation particuliere, [A] et que je n'y suis pas rejecté ny contrainct pour estre irrecevable à tout autre party et mal voulu. (III, 9, 988)

La tension entre vie privée et vie publique n'est pas entièrement résolue mais il l'affronte en préservant au maximum sa liberté dans le respect du devoir public. Sans manquer aux formes propres au devoir public, l'éduqué doit essayer de se comporter toujours de la même manière, avec sincérité et honnêteté. Cette question ne sera pas développée par Montaigne dans « De l'institution des enfans » et le lecteur devra arriver à « De l'utile et l'honneste » pour voir comment Montaigne se présente à nouveau comme un modèle pour celui qui est *éduqué*. Lorsqu'il s'agit d'affaires publiques, la relation qui s'instaure va au-delà du domaine privé mais l'individu doit continuer à être lui-même et il ne peut se désavouer. Même si Montaigne signale à un moment donné que l'homme et le maire se sont toujours distingués l'un de l'autre, cette affirmation doit, comme le remarque Desan, être nuancée[9] parce que, ajoutons-nous, il est toujours question de la même personne, à savoir l'individu qui se forme au travers des expériences qui se succèdent dans sa vie. C'est ainsi que Montaigne affirme : « Je ne dis rien à l'un que je ne puisse dire à l'autre, à son heure, l'accent seulement un peu changé ; et ne rapporte que les choses ou indifferentes, ou cogneues, ou qui servent en commun. Il n'y a point d'utilité pour laquelle je me permette de leur mentir » (III, 1, 794 B).

Montaigne se place alors face au prince lui proposant, dans le cadre social établi, des principes pour leur relation, des principes en accord avec la nature de l'individu. Il tient à préserver sa liberté dans sa conversation avec le prince, il s'agit donc de faire comprendre à ce dernier que, sans cette liberté, le service qu'il peut lui rendre sera inutile. L'éduqué, appelé à être conseiller du prince, ne doit pas oublier que la fidélité vis-à-vis de soi-même vient avant la fidélité au prince :

> Qui est infidelle à soy mesme, l'est excusablement à son maistre. Mais ce sont Princes qui n'acceptent pas les hommes à moytié et mesprisent les services limitez et conditionnez. Il n'y a remede ; je leur dis franchement mes bornes : car esclave, je ne le doibts estre que de la raison, encore ne puis-je bien en venir à bout. (III, 1, 794 B)

Ceci dit, cette hiérarchie des fidélités qui place la raison avant le prince, doit être nuancée. Dans un autre passage de « De l'institution des enfans » où il est fait référence à la relation entre le courtisan et le prince, nous pouvons lire : « Il rira, il follastrera, il se desbauchera avec son prince » (I, 26, 167 A). Voyons donc le contexte dans lequel s'inscrit cette déclaration. Montaigne a affirmé que toute étrangeté dans nos habitudes doit être évitée en tant qu'hostile à la société (166 A). Et ensuite, après avoir illustré cette affirmation, il soutient que, dans son cas particulier et grâce à l'éducation, son appétit s'est adapté à tout type d'aliment. De la même façon, l'éduqué doit s'adapter à toutes les

---

9   Desan, *Montaigne. Une biographie politique, op. cit.*, p. 29.

compagnies et situations, à condition de savoir contrôler le désir et la volonté. La conclusion de Montaigne est claire :

> Qu'il puisse faire toutes choses, et n'ayme à faire que les bonnes. Les philosophes mesmes ne trouvent pas louable en Calisthenes d'avoir perdu la bonne grace du grand Alexandre, son maistre, pour n'avoir voulu boire d'autant à luy. Il rira, il follastrera, il se desbauchera avec son prince. Je veux qu'en la desbauche mesme il surpasse en vigueur et en fermeté ses compagnons, et qu'il ne laisse à faire le mal ny à faute de force ny de science, mais à faute de volonté. (I, 26, 167 A)

Rappelons que la demande consistant à habituer l'enfant à tout fut une des idées réprouvées par l'Église[10]. Habituer un enfant à tout n'est pas en principe une idée orthodoxe, et il semble que cela contredise ce qui vient d'être dit plus haut où il s'agit d'éviter toute excentricité. Mais le fait est que les coutumes varient dans l'espace et aussi dans le temps et, en conséquence, pour Montaigne, c'est un manque de civilité que de ne pas s'adapter à ce que requiert la situation à chaque moment. C'est pour cela que l'éducation doit faire de l'enfant un individu flexible, car ne pas l'être révèlerait une incapacité à réaliser des actions humaines. Ainsi, d'une certaine façon, éduquer c'est éliminer des obstacles de notre nature pour, en quelque sorte, être plus humains c'est-à-dire capables de réaliser de multiples actions et de se conduire façon diverse, car à la différence des animaux, ce qui caractérise les êtres humains, c'est la grande quantité de modes de vie possibles. Et, de nouveau, ce qu'il recommande pour l'éduquer correspond au caractère de Montaigne lui-même lorsqu'il affirme dans « De l'experience » que le meilleur de sa constitution est d'être flexible et peu obstiné (III, 13, 1083 B).

Pour ce qui a trait à la question qui nous occupe, la flexibilité implique d'accompagner le prince jusqu'à l'excès s'il le faut. Mais ce précepte est le résultat d'une délibération rationnelle. Il ne s'agit pas de dévotion dépourvue d'esprit critique, mais de la recommandation initiale de la raison de s'éloigner des coutumes excentriques précisément pour pouvoir s'adapter à n'importe quelle situation. La citation de Sénèque figurant à la couche C – *Multum interest utrum peccare aliquis nolit aut nesciat*[11] – nous éclaire sur la philosophie de Montaigne : la vertu est liée au pouvoir, un

---

10 Ci-après, voir Llinàs Begon, *op. cit.*, p. 194 et suiv.
11 *Lettres à Lucilius*, 90, 46.

homme incapable par nature de libertinage ne pourrait être considéré comme vertueux car, pour l'être, il faut pouvoir être libertin mais ne pas l'être. Mais rappelons que c'est notre raison qui nous indique ce qu'il nous convient de faire. La bonté ne réside pas dans les actions mais dans le jugement qui les évalue. Ceci conduit à une idée dangereuse aux yeux de l'Église et proche de celle de Machiavel : être libertin n'est pas nécessairement mauvais car c'est notre conscience qui, à tout moment, doit déterminer quelle est l'action la plus adéquate. L'exemple que donne ensuite Montaigne dans ce chapitre est significatif : celui de l'ivresse. Et il l'est pour deux raisons : d'une part parce qu'il critique de façon catégorique ce vice dans « De l'yvrognerie » (II, 2), donc un exemple d'action éloigné de sa nature et de l'autre, parce que c'est un vice auquel se sont adonnés dans le monde classique de grands hommes tels que Socrate ou Caton. Le reconnaissant comme un vice ou comme un excès, l'ivresse se convertit ici en une action adéquate. Pour analyser l'ivresse, nous devons la situer dans le contexte dans laquelle elle se produit. Une action, celle-ci ou une autre quelconque, n'est jamais ni bonne ni mauvaise, cela dépendra des circonstances et, en définitive, de ce que le sujet de l'action considère comme le mieux. Ce n'est pas la même chose que de s'enivrer en se laissant emporter par ses passions que de le faire à partir d'une décision de l'entendement qui, à chaque moment, décide sur ce qui est le mieux. Par conséquent, le courtisan que Montaigne se propose d'éduquer ne pourra l'être simplement dans l'intention qu'il acquière des principes universels inamovibles qui délimitent de façon définitive le bon et le mauvais. Au contraire, il doit être éduqué de façon à pouvoir décider à tout moment de ce qui est le mieux et c'est pour cela et du fait qu'il n'existe pas d'actions antérieures considérées toujours comme bonnes, qu'il doit être éduqué de façon à pouvoir tout faire.

Ceci a des conséquences dans le domaine de l'action politique. Ce n'est par hasard non plus que, juste après l'exemple de l'ambassadeur qui est capable de s'enivrer pour son roi, Montaigne fait l'éloge de la nature d'Alcibiade pour sa capacité à se transformer, analogue à celle que Machiavel demande pour le prince. La tension apparaît de nouveau : dans son service au prince, toute apparence, situation et fortune doivent convenir au disciple de Montaigne appelé à être courtisan. Mais la question est de savoir comment se donner sans se perdre. Et la réponse de Montaigne est encore la même : comme il le souligne dans « De menasger sa volonté » (III, 10), c'est le jugement qui doit décider si, à un moment donné, il convient d'hypothéquer sa volonté. La relation avec les autres, y compris avec le prince, passe d'abord par la connaissance des devoirs vis-à-vis de soi-même, pour ensuite pouvoir décider de ses devoirs envers les autres (III, 10, 1006-1007 B). Et parce que « Nous ne conduisons jamais bien la chose de laquelle nous sommes possedez et conduicts » (III, 10, 1007 B), c'est le jugement qui détermine les conditions de l'*engagement*, car nos actions doivent toujours − et c'est cela le principe de la relation avec le prince − être en accord avec notre conscience : « Il ne faut pas regarder si vostre action ou vostre parole peut avoir autre interpretation ; c'est vostre vraie et sincere interpretation qu'il faut meshuy maintenir, quoy qu'il vous couste. On parle à vostre vertu et à vostre conscience ; ce ne sont pas parties à mettre en masque » (III, 10, 1019 B).

Les dernières références que je vais commenter sont des ajouts à l'édition de 1588, à la fin du chapitre, et font partie des considérations de Montaigne sur le théâtre. Montaigne se revendique comme un excellent acteur et défend cette pratique : « C'est un exercice que je ne mesloüé poinct aux jeunes enfans de maison : et ay veu nos Princes s'y adonner depuis en personne » (I, 26, 176 B). Cette fois encore, et bien que Montaigne insiste à plusieurs reprises qu'il ne se présente pas comme un modèle à imiter, ses expériences concordent avec ce qu'il propose pour l'éducation du fils de Diane de Foix. Mais ici, en plus, l'identification touche également le prince. Le théâtre apparaît comme un élément de formation adéquat aussi bien pour le courtisan que pour le prince et pour Montaigne lui-même. C'est ainsi que les recommandations de Montaigne tout au long du chapitre sur le précepteur inclut aussi bien le précepteur du fils de Diane que le précepteur du courtisan ou le précepteur du prince[12]. De cette manière, Montaigne semble opter pour une façon de résoudre le problème présent tout au long du chapitre, celui de la cohérence entre le domaine privé et le domaine public : le courtisan pourra mieux gérer, c'est-à-dire sans se perdre, son service auprès du prince si celui-ci est éduqué de la même façon, ce qui, au-delà de la relation hiérarchique, permettrait que s'établissent des liens d'amitié. Mais si c'est le cas, alors la relation conseiller-prince évoluera de façon différente à ce qui est habituel, car elle cessera d'être un « métier »

---

12   Voir Géralde Nakam, *Les Essais de Montaigne, miroir et procès de leur temps*, Paris, A.-G. Nizet, 1984, p. 230.

défini par certaines formes sociales pour se convertir en une relation
où le courtisan traitera le prince comme un ami, se laissant guider par
la fidélité, le jugement, la liberté et l'honnêteté (III, 13, 1077-1078).
Dans ce chapitre, cette évolution dans la relation se reflète dans la suite
du passage que nous venons de commenter et qui clôt pratiquement
le chapitre, dans lequel Montaigne conseille au prince d'organiser des
représentations théâtrales pour la population (I, 26, 177).

En conclusion, nous avons vu comment, en premier lieu, les préceptes
éducatifs exposés par Montaigne dans « De l'institution des enfans » se
réfèrent à un destinataire concret et à des normes sociales déterminées,
dont nous pouvons aujourd´hui faire abstraction dans la mesure où ces
préceptes sont applicables à n'importe quel être humain ; en deuxième
lieu, comment la formation du courtisan soulève le problème de la relation
entre le domaine privé et le domaine public, question qui se pose parce
que la nouvelle façon de se conduire que doit adopter le précepteur se
heurte aux relations habituelles entre courtisan et prince ; et, en troisième
lieu, comment la solution proposée implique une transformation de
ces relations, dans la mesure du possible, pour tendre vers une relation
qui se distingue par le fait qu'elle se rapproche d'une relation d'amitié.
Dans ce sens, nous remarquons un changement entre la couche A et la
couche C. C'est après de 1580 qu'apparait le conflit entre les devoirs de la
vie publique et la préservation de la vie privée[13]. Mais une fois apparue,
il ne s'agit pas d'exclure les devoirs de la vie publique – l'homme, est
bien évidemment un être social – mais plutôt de combiner celle-ci avec
les paramètres de la vie privée, ces deux domaines se diluant en quelque
sorte du fait que nous nous trouvons face à un être humain qui agit guidé
par son jugement et qui est précisément celui que nous devons former, au
contact avec le monde, non pas pour s'y perdre, mais pour s'y trouver[14].

Joan Lluís LLINÀS BEGON
Universitat de les Illes Balears

---

13 Philipe Desan, « El contexto político y social de los *Ensayos* de Montaigne », dans Joan
   Lluís Llinàs Begon (dir.), *Guía Comares Montaigne*, Grenade, Comares, 2020, p. 15.
14 Montaigne écrit ceci au sujet du plaisir (III, 13, 112 B), mais c'est applicable à toute
   expérience, y compris l'expérience sociale.

ON THE APPEARANCE OF GUY DE BRIMEU, SEIGNEUR D'HUMBERCOURT, IN "DE LA DIVERSION" (III, 4)

Guy de Brimeu, *le seigneur d'Humbercourt*, who was one of the most important political advisors to the Burgundian duke Charles the Bold in the fifteenth century, only appears one time in Montaigne's *Essais*. In "De la diversion" (III, 3, 873), Montaigne refers to an episode that took place the night of 11 October 1467 when Humbercourt, who at the time was lieutenant governor of Charles the Bold, was sent into the town of Liege by the Burgundian duke to negotiate the town's surrender after a long siege.[1] Humbercourt's negotiations with the inhabitants of Liege illustrates an initial example of how diversion, the subject of Montaigne's essay, functions. In this first example of diversion, Montaigne explains how he had used a diversion to assuage the pain of a woman who had just lost her husband. The subsequent example comes from Ovid's *Metamorphoses*, where the young Hippomenes throws golden apples down at the feet of the renowned Atalante in order to slow her down. Montaigne's three examples – personal, historical, mythological – illustrate how peoples' attention can be redirected. Humbercourt, just as Montaigne and Hippomenes, had insinuated

---

1   Michel de Montaigne, *Les Essais*, Jean Balsamo, Michel Magnien, and Catherine Magnien-Simonin (eds.) (Paris: Gallimard, 2007). On Charles the Bold and Liege, see Michael Depreter, "'Moult cruaultéz et inhumanitéz y furent faictes': Stratégies, justice et propaganda de guerre sous Charles de Bourgogne (1465-1477)," *Le Moyen Age* 121 (2015), p. 41-69. On Humbercourt's responsibilities in Charles the Bold's court, see Werner Paravicini, "Guy de Brimeu, Seigneur d'Humbercourt, lieutenant de Charles le téméraire au pays de Liège", in Paul Harsin (ed.), *Liège et Bourgogne, actes du colloque tenu à Liège les 28, 29 et 30 octobre 1968* (Paris: Les Belles Lettres, 1972), p. 147-156; Pierre Gorissen, "La Politique liégeoise de Charles le téméraire, in Paul Harsin (ed.) *op. cit.*, p. 136-144; Paul Harsin, "Liège entre France et Bourgogne au xvᵉ siècle", in Paul Harsin (ed.), *op. cit.*, 239-241; John Bartier, "Les Agents de Charles le téméraire dans la principauté de Liège", in Paul Harsin (ed.), *op. cit.*, p. 157-160.

himself in the thoughts of someone in order to make him or her think of something else.

Montaigne likely found this historical episode in book 2 of Philippe de Commynes's *Mémoires*.[2] In Commynes' *Mémoires*, the episode underlines how diplomacy is often more effective than military violence. Commynes, who worked as a political counsellor to the Burgundian duke Charles the Bold and to his daughter Mary of Burgundy, often juxtaposes scenes in which diplomacy is superior to military violence.[3] The peaceful conclusion of Humbercourt's diplomatic efforts in 1467 functions as a counterexample to the violence which the Burgundians inflicted during the sack of Liege just a year later, in 1468, when many people were drowned and the town burned and razed.[4] In the *Mémoires*, the negotiations are singled out for helping avoid the sort of bloodbath that would take place a year later, one in which Humbercourt himself would take part.

These diplomatic efforts were inspired by Humbercourt's finding himself with only fifty armed men against a far larger contingent of troops and having to find a means of pacifying them. Since he had already taken several inhabitants of the town hostage earlier, he decided to send some of them as ambassadors with new negotiating

2   Philippe de Commynes, *Mémoires*, Joseph Calmette (ed.), vol. 1 (1464-1474) (Paris: Société d'Édition « Les Belles Lettres », 1981), p. 110-116. On Montaigne and Commynes, see Jeanne Demers, "Montaigne, lecteur de Commynes", in Franco Simone, Gianni Mombello, and Jonathan Becks (eds.), *Seconda Miscellanea di studi e ricerchi sul quattrocento francese* (Chambéry: Centre d'Études Franco-Italien, 1981), p. 205-216; Marcel Tetel, "Montaigne's Glances at Philippe de Commynes," *Bibliothèque d'Humanisme et Renaissance* 60:1 (1998) p. 25-39; Jean Dufournet, "Les Premiers Lecteurs de Commynes ou les *Mémoires* au xvie siècle", *Mémoires de la Société d'Histoire de Comines-Warneton et de la région* 14 (1984), p. 51-90; Philippe Desan, *Montaigne. Une Biographie politique* (Paris: Odile Jacob, 2014), p. 548-555; Arnaud Coulombel, "Commynes, Philippe de," in Philippe Desan (ed.), *Dictionnaire de Montaigne* (Paris: H. Champion, 2004), p. 186-188.

3   Jean Dufournet, « La Diplomatie dans les *Mémoires* de Commynes », *Le Moyen Âge* 99 (2013), p. 277. See also p. 275.

4   Commynes, *op. cit.*, p. 166. See also Jean Dufournet, *Philippe de Commynes: un historien à l'aube des temps modernes* (Brussels: De Boeck Université, 1994), p. 220. According to Depreter, the violence against the people of Liege had an objective strategy: *"elle avertissait les grandes villes flamandes des dangers d'une révolte [...] contre leur prince naturel"*, art. cit., p. 47. See also Jean-Louis Fournel, "Les Violences de guerre dans les *Mémoires* de Commynes: Contribution à une Histoire de la violence prémoderne", in Joël Blanchard (ed.), *1511-2011, Philippe de Commynes, Droit, Écriture: deux piliers de la souveraineté* (Geneva: Droz, 2012), p. 119-122.

terms. The idea was less to make any new concessions than to make his opponents lose themselves in vain discussions, thus permitting the outnumbered Burgundians to save themselves. Commynes cites directly from Humbercourt: *"Si nous les pouvons amuser jusques à mynuyt, nous sommes eschappéz, car ils seront las et leur prendra envye de dormer, et ceulx qui sont mauvais contre nous prendront fuytte, voyant qu'ilz auront failly à leur entreprinse."*[5] The idea was to "amuse" the Liégeois until they either got tired or left. Commynes explains that he would not normally have spoken for so long about the surrender of Liege since the matter itself was not of great importance. He did it, he says, to "show how sometimes with such expedient and shrewd actions, which are the product of good sense, one can avoid dangers, great harm and losses" (*"monstrer que aucunes fois, avecques telz expediens et habilitéz, qui procèdent de grant sens, on évite de perilz et grans dommages et pertes"*).[6] Commynes's aim is to illustrate how clever actions can help attain better results than military ones.[7]

The opposition between *"expediens et habilitéz"* and more *"valiant"* behavior is developed throughout Commynes's *Mémoires*. In the section following the description of the siege of Liege, Commynes talks about the usefulness of negotiations, even long drawn-out ones. To illustrate his point, he gives the example of sending ambassadors to negotiate with enemy powers. He explains that one of the advantages of sending large ambassadorial parties to negotiate with enemy powers is that it allows the prince to know what is going on in the other prince's court.[8] Even if the other prince takes pride in the size of the team you sent to negotiate with them, this is of little importance since you will still know more of what your enemy's plans.[9]

Commynes summarizes his point of view regarding the practice of sending ambassadors to enemies, saying: *"[…] à la fin du compte, qui en aura le prouffit en aura l'honneur"*.[10] Honor is associated with the person

---

5   Commynes, *op. cit.*, p. 112.
6   *Ibid.*, p. 114.
7   Dufournet underlines how Commynes devoted ten pages to Humbercourt's negotiations, but only six pages to the Battle of Brusthem. See Dufournet, "La Diplomatie…", art. cit., p. 275.
8   Commynes, *op. cit.*, p. 220.
9   *Ibid.*, p. 219.
10   *Ibid.*, p. 220.

who most clearly takes advantage of the situation. Even if other powers do the same sort of thing in the prince's court, Commynes says, he should not stop sending ambassadors to other courts since this is such a good way to understand what one's adversaries are doing. Since not everyone is as shrewd nor as experienced, the most cunning come out ahead.

Commynes gives another example of a power that knows how to take advantage of diplomacy rather than military strength. When talking of countries that have been able to take advantage in times of war, he says that the English had a saying, or *"mot commun"*, regarding the French. The English explained that when it was a question of fighting battles with the French, they often won. However, when it was a question of treaties conducted with them, they always lost. Commynes remarks that in his experience this was true, and that he had known more people capable of drawing up an agreement or treaty in France than anywhere else. In order to come out ahead in such matters, one needs "willing people who make use of all means and words to achieve their ends".[11] Commynes notes that the people working for Louis XI are especially good at this sort of thing.

Commynes ends this section of the *Mémoires* by saying that he has spoken for so long about the need to keep an eye out (*on doit y avoir l'œil*) on the negotiating parties since he had seen so much trickery and so many bad things (*"tromperies"* and *"mauvaistiéz"*). But he rarely condemns the sort of diplomacy that the English associated with the French. Once Commynes shifts sides and comes to work for the French, in 1472, there would be little evidence of any moral resistance on his part. As Joël Blanchard explains, Louis XI was a master in the art of dissimulation and Commynes never condemns him for it.[12]

---

11 Philippe de Commynes: *"Je vous en veulx monstrer exemple cler. Jamais ne se mena traicté entre les François et Angloys, que le sens des François et leur habilité ne se monstrast par dessus celle des Angloys. Et ont les Angloys un mot commun, que autresfois m'ont dit, traictant avecques eulx, c'est que aux batailles qu'ilz ont eu avec les François, tousjours ou le plus souvent y ont eu gaing, mais en tous traictéz qu'ilz ont eu à conduyre avec eulx, qu'ilz ont perte et dommaige. Et seürement, ad ce qu'il ma tousjours semblé, j'ay congneü gens en ce royaume aussi dignes de conduyre ung grant accord que nulz autres que j'aye congneüz en ce monde, et par especial de la nourriture de nostre roy: car en telles choses fault gens complaisans et qui passent toutes choses et toutes paroles pour venir à la fin de leur matière, et telz les vouloit-il, comme je diz"*, p. 221.

12 Joël Blanchard, *Commynes l'Européen: l'invention du politique* (Geneva: Droz, 1996), p. 245, 247. See also Frédéric Martin, "Jouer le jeu ou se jouer de ses règles: la pratique du droit selon Philippe de Commynes", in Blanchard (ed.), *op. cit.*, p. 79, 85.

It is a little odd in some ways to see an episode which depends so much on *"expediens"* and *"habilitéz"* in the *Essais*. As a general rule, Montaigne does not hesitate to criticize those who are tempted by such useful but morally questionable measures. In "De l'utile et l'honeste" (III, 1, 830), for example, Montaigne rejects those types of actions which are useful but not terribly honest.[13] He also makes a distinction between military valor and trickery in "Si un chef d'une place assiegée doit sortir pour parlementer" (I, 5) that is contrary to the sort of distinction regarding shrewd and valorous actions Commynes often makes in his *Mémoires*. In this essay, Montaigne opposes the valiant behavior of the ancient Florentines and the cowardice of others:

> *Les anciens Florentins estoient si esloignés de vouloir gaigner advantage sur leurs ennemis par surprise, qu'ils les advertissoient un mois avant que de mettre leur exercice aux champs, par le continuel son de cloche qu'ilz nommoient Martinella. Quant à nous moins superstitieux qui tenons celuy avoir l'honneur de la guerre, qui en a le profit, et après Lysander, disons que, où la peau du Lyon ne peut suffire, il y faut coudre un lopin de celle du Regnard, les plus ordinaires occasions de surprise se tirent de cette praticque; et n'est heures, disons nous, où un chef doive avoir plus l'œil au guet, que cette des parlemens et traités d'accord* (I, 5, 48-49).

On the one side we find the Florentines with their bell, the Martinella, which announces the beginning of combat so their adversaries were prepared, and on the other, those who like the Greek admiral Lysander were not above using trickery and deception to win battles.[14] It is noteworthy that Commynes himself seems included explicitly or implicitly with the contemporaries who, like Lysander, are not above sewing on a bit of the fox's pelt when the lion's is not sufficient. Whether Montaigne got the expression *"avoir l'honneur de la guerre, qui en a le profit"*, directly from

---

13 Montaigne: "Le bien public requiert qu'on trahisse, qu'on mente, et qu'on massacre: resignons cette commission à gens plus obeissans et plus souples" (III, 1, 830). For "De l'utile et l'honeste", see Philippe Desan, "Utilité", dans Philippe Desan (ed.), *Dictionnaire de Michel de Montaigne* (Paris: H. Champion, 2004), p. 207-210; Géralde Nakam, *Les Essais de Montaigne – Miroir et procès de leur temps: témoignage historique et création littéraire* (Paris: A.-G. Nizet, 1984), p. 255-261; Valérie Dionne, *Montaigne, écrivain de la conciliation* (Paris: Classiques Garnier, 2014), p. 207-230.

14 Montaigne most likely got the quote about Lysander from Plutarch. On the influence of Plutarch on Montaigne, see Olivier Guerrier, "Plutarque", in *Dictionnaire de Michel de Montaigne, op. cit.*, p. 795-798; Isabelle Kontantinovic, *Montaigne et Plutarque* (Geneva: Droz, 1989), especially p. 129; Felicity Green, *Montaigne and the Life of Freedom* (Cambridge: Cambridge University Press, 2012), p. 179.

Commynes is unclear. It is clear, nonetheless, that Montaigne opposes those who equate honor with profit to those who, like the ancient Florentines, equate honor with military valor.

The passage from *Essais*, 5 creates an oddly specular image with the earlier passage in the *Mémoires* in which Commynes compares the military and diplomatic prowess of the English and the French. Montaigne opposes the valiant Florentines to those who are like the duplicitous Lysander, and explains that it is necessary to have one's eyes open when negotiating treaties and agreements. A century earlier, Commynes had opposed the valorous English, who were good at winning battles, to the crafty French, who were better at devising treaties and agreements. He also noted that it was necessary to have one's eyes open when dealing with ambassadors who negotiate such agreements because of their *"tromperies"* and *"mauvaistiez"*.

It is perhaps a coincidence that the same opposition between "valorous" and "crafty" is found in both texts. Nonetheless, a comparison of these two passages can help illuminate something important about the *Essais*. When Montaigne creates a binary opposite to the valorous Florentines he refers to a *"nous"* or "us" (*"Quand à nous moins superstitieux, qui tenons, celuy avoir l'honneur de la guerre, qui en a le profit..."*). Jeanne Demers has suggested that Montaigne uses the *"nous"* to make believe that the maxim from Commynes is in fact a commonplace which could be shared by many people.[15] This would allow Montaigne to hide the fact that he got the quote from Commynes. As Demers and other critics have noted, Montaigne often cites from Commynes without mentioning his source.[16]

However, it could be that when Montaigne opposes the virtuous ancient Florentines with an "us" for whom honor is associated with taking advantage in a time of war, he is referring to the French, just as Commynes earlier opposes the shrewdness of the French and the valor of the English. The "nous" would not simply indicate a generic "us", referring generally to those who are not superstitious about placing "profit" before "honor", but describe the French specifically.

---

15 Demers, art. cit., p. 208.
16 On Montaigne's tendency to quote from Commynes without revealing his source, see Coulombel, p. 186-188; Demers, p. 205-216; Tetel, 25-39; Dufournet, "Les Premiers lecteurs de Commynes...", art. cit., p. 68-71.

The logic of the passage would seem to support this interpretation since the specific identity of the Florentines on the one hand would demand an equally specific identity on the other. Such an interpretation would make the connection with Commynes that much clearer. Yet even if the "*nous*" does not refer specifically to the French, and the citation does not originate in Commynes, the logical opposition between valorous and crafty does not change.[17] Montaigne still opposes the valiant behavior of the Florentines to others who are less valiant; Commynes, who would come to work for the French because of his own craftiness or duplicity, would seem included with the less valiant.

Montaigne's opposition between valor and craftiness in I, 5 is of a piece with the ethical gist of the *Essais* which insists on the importance of keeping one's word. As Antoine Compagnon explains, the concept of *fides*, or good faith, was essential for Montaigne.[18] Even if many other things in life can be relativized, keeping one's word is sacred. Without good faith human society could not exist. If we had to mistrust each other's word all the time, we could not live in a community. As Montaigne writes in "Des menteurs": "*Nous ne sommes hommes, et nous ne tenons les uns aux autres que par la parole*" (I, 9, 58). It is impossible for a society to exist if we cannot have trust in the promises that we have made to each other.[19]

In many ways it is not difficult to understand Humbercourt's negotiations with the leaders of inhabitants of the town of Liege as an example of the sort of behavior Montaigne criticizes in *Essais* I, 5 or I, 9. To what extent are the "*expédiens*" and "*habilitéz*" that characterized Humbercourt's dealings with the Liegeois a more recent version of the craftiness Montaigne criticizes in Lysander? As we have seen, "*expédiens*" and "*habilitéz*" also seem very close to the sort of "useful" but not very "honest" kind of behavior he criticizes in "De l'utile et de l'honeste" (III, 1). If Humbercourt's actions in Liege are forms of the sort of the moral "*souplesse*" Montaigne criticizes in III, 1, how are we to understand their inclusion in "De la diversion"?

---

17 Joël Blanchard writes about the "useful" nature of French diplomacy, in *op. cit.* p. 243-249.
18 Antoine Compagnon, "Montaigne ou la parole donnée", in Frank Lestringant (ed.), *Rhétorique de Montaigne* (Paris: H. Champion, 1985), p. 14-15; Green, *op. cit.*, p. 179-180.
19 See Green, *op. cit.*, p. 137-140.

It would seem that Humbercourt's negotiations in Liege underwent a kind of metamorphosis so that they could be included in the *Essais*. If in Commynes's *Mémoires*, these negotiations are understood as a form of diplomacy that could be opposed to the military violence that characterized the end of the sack of Liege in 1468, in the *Essais*, these negotiations are used instead as an example of a psychological operation, akin to the one Montaigne performed with the woman who had lost her husband.[20] Just as Montaigne had distracted the woman into thinking of something else so that she wouldn't dwell on the pain of losing her husband, Humbercourt had managed to get the inhabitants to think of something other than their desire to kill him.[21] The emphasis is placed on the ability to insinuate oneself in the mind of another person.

The problem of good faith, or *fides*, is of little concern here. When Montaigne distracted the widow he was not betraying a promise to her. Nor did Hippomenes betray a promise to Atalante when he threw golden apples in her feet to take her attention off their race. The same can be said of Humbercourt's negotiations with the Liegeois: the problem of good faith was of less importance than his ability to insinuate himself into the Liegeois's minds.[22] What Montaigne does with Humbercourt's negotiations is indicative of what he does with Commynes more generally. Montaigne often to seems refer to Commynes without acknowledging his source, perhaps, as several critics have suggested, since Commynes was too close chronologically to Montaigne who preferred to dialogue with the great classical authors.[23]

---

20 For an analysis of the psychological dimensions of "De la diversion", see Lawrence Kritzman, "Montaigne's Death Sentences: Narrative and Subjectivity in 'De la diversion' (Essay 3.4)", in John O'Brien and Malcolm Quainton (eds.), *Distant Voices Still Heard: Contemporary Readings of French Renaissance Literature* (Liverpool: Liverpool University Press, 2000), p. 202-216. For a more philosophical take on this essay, see Pierre Statius, "De la diversion: Montaigne philosophe", *Bulletin de l'Association d'Étude sur l'Humanisme, la Réforme et la Renaissance* 38 (1994), p. 72-99.

21 *Ibid.*, 206.

22 Jean-Paul Sermain: "*La définition de la diversion qui clôt le § est parfaitement conforme à ce que que la rhétorique désigne sous le nom d'insinuatio: pour remédier à l'hostilité du destinataire, il faut adopter son point de vue, pretendre qu'on veut les lui faire adopter*", in "Insinuatio, circumstatia, visio et actio : l'itinéraire rhétorique du chapitre III, 4, 'De la diversion'", in Frank Lestringant (ed.), *op. cit.*, p. 126.

23 For the authors that Montaigne read, see Floyd Gray, *Montaigne et ses livres* (Paris: Classiques Garnier, 2013).

However, he might also have wanted to hide his source for another reason. Commynes represented a difficult model for Montaigne to admit into his literary pantheon given Commyne's reputation for treachery. If the notion of *fides* was so important in the *Essais*, then the inclusion of someone like Commynes could only have been problematic. It would have been surprising for someone like Commynes, who was famous, or more likely infamous, for having betrayed the Burgundian duke Charles the Bold for the French king Louis XI in 1472 to have a place in a work such as the *Essais* in which it was so important to be faithful to one's word. As the former mayor of Bordeaux and former member of the Parlement of Bordeaux, Montaigne would have recognized all too well the kind of professional compromise which had tempted Commynes. Nonetheless, as Philippe Desan has noted, Montaigne was proud of not having betrayed anyone the way that Commynes had.[24] Even if Montaigne knew too well the sort of *"rouages"* necessary for a person working in the political "swamp" of sixteenth-century France, he could not make a place for someone like Commynes who was an exemplar of political betrayal.[25]

When Commynes betrayed Charles the Bold and went to work for Louis XI, he committed the kind of act that Montaigne describes as a deadly threat to society. If we cannot have confidence in the promises that we have made to one another then, as Montaigne explains, human society risks coming apart at the seams. When Commynes transferred his allegiance from the Burgundian duke to the French king, he betrayed the kind of good faith that Montaigne understood as essential to political stability.[26] In this context, it would have been awkward for Montaigne to associate himself too closely with Commynes. It was necessary therefore to make a place for the *Mémoires* in the *Essais* without including

---

24   See Philippe Desan, *Montaigne. Une biographie politique* (Paris: Odile Jacob, 2014), p. 554.

25   Philippe Contamine remarks: *"Traître, ce jeune homme de 25 ans l'est à coup sûr, aussi bien juridiquement que moralement, selon les normes du temps, et qui recevra le prix de sa trahison, en terres, en offices, en pensions, en dons exceptionnels"*, in *Des Pouvoirs en France* (Paris: Presses de l'École Normale Supérieure, 1992), p. 76. See also Peter Noble, "Commynes et Charles le téméraire", in Claude Thiry and Tania Hemelryck (eds.), *La Littérature à la cour de Bourgogne: Actualités et perspectives de recherche*, special edition of *Le Moyen Français* 57-58 (2005-2006), p. 283-290. For different points of view regarding Commynes's "treason", see Irit Ruth Kleiman, *Philippe de Commynes: Memory, Betrayal, Text* (Toronto: University of Toronto Press, 2013), p. 45.

26   Joël Blanchard describes the complexity of the notion of "*foi*" at the end of the Middle Ages in "La Foi jurée: le rituel en écriture", in Blanchard (ed.), *op. cit.*, p. 57-68.

Commynes himself.[27] It was for this reason perhaps that Montaigne cites so often from the *Mémoires* without indicating his source. As he did with the episode about Humbercourt in Liege, Montaigne could include the words but not the author who put them down on paper.

In the *Essais*, Humbercourt himself undergoes the same sort of transformation as Commynes does. If Humbercourt's example helps serve as a positive model in "De la diversion", his reputation in the fifteenth century was decidedly less favorable. A Flemish contemporary, Pieter Treckpoel, who was the parish priest in Beek, near Maastricht, noted at the time of Humbercourt's execution by the people of Gand that *"fut mis à mort et décapité le rusé et orgueilleux fourbe Humbercourt à cause de ses voleries et de sa cupidité"*.[28] Even if Commynes made an effort to represent Humbercourt as an honorable person, writing that he couldn't remember having seen a wiser gentleman or one better able to conduct great affairs, other contemporaries judged him more harshly, including the Liegeois Adrien d'Oudenbosche who remarked at his death that *"[a]insi Dieu punit ceux qui vivent de proie"*.[29] One has only to look at how much Humbercourt benefited from the confiscation of goods from the countries and towns destroyed by Charles the Bold to understand that he was not above actions that were more "useful" than "honest" in order to enrich himself.[30] The revenues that Humbercourt earned from the goods confiscated from those he had defeated at Liege and elsewhere are impressive. The fact that these "donations" were never terminated also underlines just how powerful Humbercourt was at the court of Burgundy.[31]

Given that contemporaries used term such as *"rusé"* and *"fourbe"* to describe him, Humbercourt could easily have served as a model of the bad faith Montaigne criticizes throughout the *Essais*. He would forever be associated with Charles the Bold's cruelty in Liege. As Marc Boone notes, when, following the death of Charles the Bold at the Battle of Nancy, Humbercourt was executed on the authority of the

---

27 Coulombel, art. cit., p. 187.
28 Cited in Paravicini, art. cit., p. 147.
29 *Ibid.*, p. 187-188.
30 See Marie-Rose Thielmans, "La Confiscation des biens des sujets du prince-évêque de Liège dans les ressorts de Poilvache, Montaigle et Bouvignes (1469-1474)", in Harsin (ed.), *op. cit.*, p. 175-180, 190-192.
31 *Ibid.*, p. 180.

Three Estates of Gand on 3 April 1477 along with Charles the Bold's chancellor Guillaume Hugonet, he represented the intransigence of the Burgundian duke since he had been the *"cheville ouvrière"* of the duke's repressive politics in Liege.[32] Even his tragic death in Ghent, which is one of the dramatic highpoints of Commynes's *Mémoires*, was not completely unrelated to a lack of good faith. Humbercourt was tortured and put to death with Hugonet when the Three Estates of Gand learned that they had drawn up a secret agreement with Louis XI declaring that the French should only negotiate with Humbercourt and a few other powerful people close to Mary of Burgundy instead of with the Estates.[33]

Montaigne had therefore to tailor Humbercourt when he chose him as an example in the *Essais*. Everything that was left out in this tailoring helps us to understand better how diversion "differs from the useful but dishonest acts Montaigne denounces in III, 1. Montaigne uses Humbercourt's *"habilité"* not as a model of diplomatic adroitness but as a model of a psychological or rhetorical ploy. The question of *fides*, which could easily have been raised in regards to Humbercourt's dealings with the inhabitants of Liege in 1477, is not. If his historical actions as described in the *Mémoires* could be taken as examples of a form of the *"souplesse"* criticized in III, 1 or I, 5, this is not the case here. Very differently, when understood as illustrating the diversion which Montaigne performed on the woman who had lost her husband, the

---

32 Marc Boone, "La justice en spectacle. La justice urbaine en Flandre et la crise du pouvoir 'bourguignon' (1477-1488)", *Revue Historique* 625:1 (2003), p. 57.

33 On Humbercourt and Hugonet's death, see Boone, art. cit. p. 54-59; Commynes, *Mémoires, op. cit.*, vol. 2, p. 202; Louis-Prosper Gachard, *Note sur le jugement et la condamnation de Guillaume Hugonet et de Guy de Brimeu, comte de Meghem, seigneur d'Humbercourt, décapités à Gand le 3 avril 1477* (Brussels: M. Hayez, 1839), p. 53-61; Maurice-Aurélien Arnould, "Les Lendemains de Nancy dans les 'Pays de par deçà' (janvier-avril 1477)", in *Le Privilège Général et les privilèges régionaux de Marie de Bourgogne pour les Pays-Bas (1477)* (Heule: UGA, 1985), p. 1-83; Jelle Haemers, *For the Common Good: State Power and Urban Revolt in the Reign of Mary of Burgundy (1477-1482)*, *Studies in European History (1100-1700)* (Turnhout: Brepols, 2009), p. 228-248; Wim Pieter Blockmans, "The Formation of a Political Union, 1300-1588", in J.C.H. Blom and Emiel Lamberts (eds.) and James Carleton Kennedy (trans.), *History of the Low Countries* (New York: Berghahn Books, 2006), p. 114; Jean Devaux, "Les Soulèvements urbains de 1477 sous le regard des chroniqueurs du temps" in *Actes du LIᵉ Congrès de l'Association des cercles Francophones d'Histoire et d'Archéologie de Belgique* (Liege: Association des cercles Francophones d'Histoire et d'Archéologie de Belgique, 1994), p. 391-411.

question of good faith is less important than the ability to insinuate oneself in the mind of another person. By transposing these actions to a more psychological register, the problem of good faith disappears.

Humbercourt's transformation from historical figure to psychological exemplum is not unrelated to the relationship Commynes and Montaigne had with history. Both Commynes and Montaigne used history to write about themselves. However, they used history differently. Commynes used his subjectivity to lend authority to the history he was writing. He insisted, for example, that he had been present during the siege of Liège.[34] His *"soi"* was articulated in relation to a historical event and was affirmed as an eyewitness to that event. Whereas Montaigne used history in order write about himself as a self which transcended historical moments in the past.[35] In the *Mémoires*, Humbercourt appears as part of a historical event to which Commynes was a witness. In the *Essais*, Humbercourt loses his historical facticity and becomes a means to illustrate a psychological procedure. Where Humbercourt had been a participant in an actual event which Commynes witnessed, in Montaigne, he becomes an example of the sort of diversionary tactic Montaigne himself had used. In this transition from historical to psychological figure, Humbercourt's appearance underlines how history is subsumed and transformed in Montaigne's transcendent self.

Michael RANDALL
Brandeis University

---

34 Commynes, vol. 1, *op. cit.*, 111.
35 Philippe Desan: *"En niant l'histoire de l'autre, l'essai universalise le moi et propose une histoire qui amoindrit l'expérience de l'autre au profit de l'expérience du moi"*, Montaigne. Une biographie politique, *op. cit.*, p. 553.

« PLAISANTS CAUSEURS [!] »

Essais, III, 11

Je partirai d'un ouvrage récemment édité par Philippe Desan, *The Oxford Handbook of Montaigne*[1]. Confronté à pareille somme, le lecteur a de quoi se réjouir et remplir son imagination de toutes les circonstances qui lui sont livrées pêle-mêle. Irradiée par ce faisceau convergent de causes, la chose finit par advenir. « Plaisants causeurs », s'exclame Montaigne dans son chapitre « Des boyteux » (III, 11), dénonçant un type de raisonnement qui, sous l'habillage scolastique, dissimule le vide de son objet : « ils laissent là les choses, et s'amusent à traiter les causes. Plaisants causeurs » (III, 11, 1026)[2].

« S'exclame Montaigne », ai-je écrit, comme s'il parlait de vive voix, en présence de son lecteur. Ou comme si, tout simplement, il se parlait à lui-même, en se relisant. Cette remarque vive est une exclamation, mais que ne conclut nul point d'exclamation. Il s'agit en effet d'un ajout de l'exemplaire de Bordeaux, ajout manuscrit à la plume, où les points d'exclamation sont rares, comme tout signe de ponctuation. Une simple ligne manuscrite : « Plaisants causeurs », après quoi Montaigne passe à la ligne.

Il n'empêche qu'on retrouve ici la parole vive de Montaigne, ou du moins son simulacre. L'ajout manuscrit à la plume se prolonge ensuite sur une trentaine de lignes :

> Plaisants causeurs. / La conoissance des causes / apartient seulement a / celuy qui a la conduite / des choses, non à nous / qui n'en avons que la / souffrance,

---

1   Philippe Desan (dir.), *The Oxford Handbook of Montaigne*, Oxford & New York, Oxford University Press, 2016.

2   Nous citons Montaigne dans l'édition Villey-Saulnier publiée par les Presses Universitaires de France. Le rapprochement est dû à Ann Blair, « The *problemata* as a natural philosophical genre », dans Anthony Grafton et Nancy Siraisi (dir.), *Natural Particulars : Nature and the Disciplines in Early Modern Europe*, Cambridge (Massachusetts) & Londres, MIT Press, 1999, p. 171-204 ; voir en particulier *in fine*. *Cf.*, du même auteur : « Authorship in the popular 'Problemata Aristotelis' », *Early Science and Medicine*, vol. 4, n° 1, 1999, p. 1-39.

> Et qui en / avons l'usage parfaicte / ment plein, selon nostre / nature, sans en penetrer / l'origine et l'essence. Ny / le vin n'en est plus plaisant / à celuy qui en sçait les / facultez premieres. / Au contraire : et le corps / et l'ame interrompent et alte / rent, le droit qu'ils ont de / l'usage du monde, y meslant / l'opinion de science. Le / determiner et le sçavoir, / comme le / doner, apartient à la regence / et à la maistrise : / à l'inferiorité, / subjection et aprantissage / apartient le jouir, l'accepter. / Revenons à notre costume (*ibid.*)[3]

La version initiale de 1580 est ensuite ressaisie, et des causes, avec ou sans les causeurs, nous passons aux effets, ou plutôt, étant donné que ce mot est phonétiquement ambivalent, ou du moins équivoque, aux conséquences :

> Ils passent par dessus les effaicts, mais ils en examinent curieusement les consequences. Ils commencent ordinairement ainsi : Comment est-ce que cela se faict ? Mais, se fait il, faudroit il dire. Nostre discours est capable d'estoffer cent autres mondes, et d'en trouver les principes et la contexture. Il ne luy faut ny matiere ny baze : Laissez le courre, il bastit aussi bien sur le vuide que sur le plain, et de l'inanité que de matiere,
>
> *dare pondus idonea fumo.* (1026-1027)[4]

« REFORMATION »

Montaigne part d'une remarque sur la récente réforme du calendrier, le pape Grégoire XIII, pour mettre l'année civile en accord avec l'année solaire, ayant raccourci de dix jours l'année 1582. Or cette « reformation » (c'est aussi le mot qu'on emploie pour désigner dès cette époque la Réforme protestante) n'a pas produit les bouleversements qu'on pouvait craindre, les paysans, comme si de rien n'était, s'y retrouvant pour leurs travaux saisonniers. « Ce neantmoins, il n'est rien qui bouge de sa place : mes voisins trouvent l'heure de leurs semences, de leur recolte, l'opportunité de leurs negoces, les jours nuisibles et propices, au mesme

---

3   Les césures d'une ligne à l'autre sont établies d'après le fac-similé de l'exemplaire de Bordeaux. Voir *Essais de Montaigne (Exemplaire de Bordeaux)*, édition établie et présentée par Philippe Desan, Schena Editore-*Montaigne Studies*, 2002, f. 454r.
4   Texte ponctué d'après l'exemplaire de Bordeaux, f. 454r.

point justement où ils les avoyent assignez de tout temps » (*ibid.*). D'où la vanité du jugement humain, dont l'assurance hautaine des juges, en matière de procès de sorcellerie notamment, n'est qu'une illustration particulièrement criante, par les conséquences souvent funestes et tragiques qu'elle entraîne : « Tant il y a d'incertitude par tout, tant nostre apercevance est grossiere, obscure et obtuse » (1026).

L'emploi du mot de « reformation », placé au principe de ce chapitre, n'est sans doute pas anodin. Montaigne ne peut s'empêcher de penser ou de faire penser à la Réforme, qu'il n'aime pas et qu'il réprouve. Mais en passant, il s'amuse. Il se garde bien de dire son sentiment véritable sur cette réformation qui hante de nombreux contemporains et qui touche sa famille, un de ses frères étant réformé. Ce n'est donc pas un mot jeté au hasard, bien au contraire, mais juste glissé en passant, n'en déplaise au lecteur et au lectorat le plus frileux. Montaigne s'amuse de cette réformation bien anodine, placée en exergue, qui aurait dû, pensait-on, « remuer le ciel et la terre à la fois », une réformation, de surcroît, voulue par le pape, et acceptée par lui, seules les contrées réformées d'Allemagne et les cantons protestants de Suisse ayant résisté à cette « réformation » paradoxale et toute catholique, et ayant continué de suivre l'ancien calendrier ! Ironie subtile que cette « réformation » catholique et romaine du calendrier, que refusent ou que négligent les prétendus réformés !

Revenons à Montaigne et au chapitre « Des boyteux ». La première ouverture est illusoire : « Ce neantmoins, il n'est rien qui bouge de sa place » (1025-1026). Tout se referme, aussitôt qu'entrouvert. Ou plutôt tout est immobile et continue comme par le passé : semailles, moissons, négoce. Immobilité ou du moins faux-mouvement : si le monde bouge, car tout bouge, le raccourcissement brutal de dix jours est sans conséquence et la révolution redoutée illusoire.

Montaigne résume la contradiction ou le paradoxe dans un jeu de mots : « Ils laissent là les choses, et s'amusent à traiter les causes ». Choses et causes sont une même chose étymologiquement. Mais des premières, on prétend remonter aussitôt aux secondes, sans s'assurer que les premières existent vraiment. Choses enfuies, causes vaines ! D'où cette remarque incidente ajoutée en marge de l'exemplaire de Bordeaux et ce rebond de la pensée : « Plaisants causeurs ».

Suit un rappel à l'ordre théologique : la plaisanterie désinvolte, ou plutôt l'apostrophe irrévérencieuse ne sont qu'une transition qui amène soudain un propos des plus graves, que ne désavouerait nullement la théologie la plus sévère, et qui rappelle que « la conoissance des causes appartient seulement à celuy qui a la conduite des choses, non à nous qui n'en avons que la souffrance, Et qui en avons l'usage parfaictement plein, selon nostre nature, sans en penetrer l'origine et l'essence » (1026).

REBONDS

Les plaisants causeurs sont donc brutalement rappelés à l'ordre et à la réalité, c'est-à-dire au vide de leurs propos. Montaigne fait ouvertement profession de scepticisme. Tout est vanité. « Je trouve quasi par tout qu'il faudroit dire : Il n'en est rien ; et employerois souvant cette responce ; mais je n'ose, car ils crient que c'est une deffaicte produicte de foiblesse d'esprit et d'ignorance » (1027). Montaigne semble se rétracter. Mais en fait, il hésite ou plutôt il oscille. Il se tient à distance et se tait. Du moins, il aimerait pouvoir pratiquer le doute sceptique, l'interrogation suspensive du « Que sais-je[5] ? » (II, 12, 527). Mais force lui est bientôt de retomber dans la mêlée : « Et me faut ordinairement bateler par compaignie à traicter des subjects et comptes frivoles, que je mescrois entierement » (1027).

Le doute du sceptique Montaigne le replonge, déséquilibré, dans le batelage de ses amis, où il se prend bientôt et où il excelle très vite.

DES CAUSES AUX COCHES

Ce début d'un chapitre claudiquant, comme l'indique le titre « Des boyteux », en rappelle un autre, cinq chapitres plus haut dans le même livre trois des *Essais*. Le chapitre « Des coches » ou des voitures commence ainsi :

---

5   Voir l'article « Que sais-je ? » d'Alain Legros dans Philippe Desan (dir.), *Dictionnaire de Michel de Montaigne*, Paris, H. Champion, 2007, p. 988-989, ainsi que celui de Frédéric Brahami, « Scepticisme », p. 1042-1044.

Il est bien aisé à verifier, que les grands autheurs, escrivant des causes, ne se servent pas seulement de celles qu'ils estiment estre vraies, mais de celles encore qu'ils ne croient pas, pourveu qu'elles ayent quelque invention et beauté[6]. Ils disent assez veritablement et utilement, s'ils disent ingenieusement. Nous ne pouvons nous asseurer de la maistresse cause, nous en entassons plusieurs, voir si par rencontre elle se trouvera en ce nombre,

namque unam dicere causam,
Non satis est, verùm plures unde una tamen sit[7].

Ce début est moins sévère et moins cassant que celui des « Boyteux ». Montaigne s'amuse, mais sans s'agacer. Il laisse courir. De ces causes vaines et arbitraires, de ces causes fausses, il donne toute une liste, en s'amusant. Il en arrive enfin au soulèvement d'estomac, qui va constituer le premier thème du chapitre, et introduire les coches tant attendus, les coches malencontreux qui lui brouillent l'estomac, il ne sait trop pourquoi. « Des coches », c'est-à-dire « Des voitures », par glissement plutôt que par roulement, nous mène insensiblement au Nouveau Monde, et à la destruction des empires aztèque et inca, par quoi s'achève le chapitre. En glissant insensiblement, « Des Coches » nous conduit à un continent sans voiture, ou plutôt sans véhicule à roues, et tel n'est pas le moindre paradoxe.

« Retombons à nos coches », s'exclame l'auteur en fin de chapitre, et tout s'arrête bientôt, par une chute sans rebond (III, 6, 898-899). Voilà comment le chapitre s'achève, et c'était en 2005 ma conclusion, les derniers mots de ma préface à « Des cannibales » et à « Des coches[8] ». Ou plutôt, pour corriger ce qui vient d'être dit, la discrète injonction « retombons à nos coches » est aussitôt suivie d'une correction, ou plutôt d'une épanorthose, qui corrige ou plutôt annule ce qui vient d'être suggéré : « En leur place, et de toute autre voiture : ils se faisoient porter par les hommes et sur leurs espaules » (III, 6, 915). Démenti qui annule purement et simplement ce qui précède. Du moins, plus de coche ni de voiture à proprement parler ! La négation laisse place au vide de la chute. En définitive, ce qu'il faut retenir de la transition « retombons à

---

6   Sur ce mode de raisonnement tautologique, voir Ann Blair, « The *problemata* as a natural philosophical genre », art. cité, p. 171-204, *in fine*.
7   « Car il ne suffit pas d'assigner une seule cause ; mais il en faut énumérer plusieurs dont une seule pourtant est la vraie ». Lucrèce, *De natura rerum*, VI, 703.
8   Frank Lestringant, *Le Brésil de Montaigne. Le Nouveau Monde des « Essais » (1580-1592)*, Paris, Éditions Chandeigne, coll. « Magellane », 2005, p. 59.

nos coches », c'est l'impératif « retombons ». Plus aucun coche ne suit ni ne verse. Tout retombe ou plutôt se retrouve « par terre ». Derniers mots, immobiles, inertes, pour dire l'arrêt définitif. Point final et silence.

Causes incertaines, causes infondées qui ramènent au sol, au vide, au rien, mais par le détour désolant de la ruine de plusieurs empires et de « tant de millions de peuples, passez au fil de l'espée », Aztèques, Incas et tant de millions d'Indiens, « et la plus riche et belle partie du monde bouleversée pour la negotiation des perles et du poivre : mechaniques victoires » (910). Les causes anodines, futiles même, aboutissent à une catastrophe.

« PLUSIEURS MIRACLES DE MON TEMPS » (III, 11)

Retour aux « plaisants causeurs » du chapitre « Des boyteux ». Causes invraisemblables, causes inexistantes, mais véritable imposture que cette insistance à dire le faux et à l'assurer pour vrai. Tant il est vrai que « la verité et le mensonge ont leurs visages conformes » (III, 11, 1027). C'est alors que Montaigne allègue, à l'appui de ses dires, « plusieurs miracles de mon temps », faux miracles en vérité, comme il le glisse ironiquement dans cette même phrase. L'ironie est perceptible dans l'évocation de ces miracles, nés d'un rien et bientôt démesurément amplifiés : « Et y a plus loing, de rien, à la plus petite chose du monde, qu'il n'y a de celle la, jusques à la plus grande » (*ibid.*). En est-on à attendre plus grand miracle encore ? L'on est en droit de se le demander.

D'où la défiance, assez justifiée, pour les procès de sorcellerie, et qui va constituer l'essentiel de ce chapitre « Des boyteux », comme on pouvait s'y attendre. Car le diable, comme chacun sait, boite. Tout le chapitre, par son titre, serait ainsi placé sous le signe du diable.

L'erreur consiste dans l'entêtement à rechercher des causes vaines et vagues : « Car pendant qu'on cherche des causes, et des fins fortes, et poisantes, et dignes d'un si grand nom, on perd les vrayes : elles eschapent de nostre veuë par leur petitesse » (1029). Trois exemples particuliers, celui du prince momentanément guéri, celui des pseudo-prophètes de village et celui de Martin Guerre, cas notoire d'imposture que Jean de Coras, magistrat de Toulouse, a cru pouvoir résoudre, illustrent la difficulté du jugement en des « choses de difficile preuve, et dangereuse creance » (1032). En ces sortes d'affaires, Montaigne recommande la suspension du jugement et pose le principe que « c'est bien assez qu'un homme, quelque recommendation qu'il aye, soit creu de ce qui est humain » (1031). Précepte tout à la fois sage et audacieux, en un temps particulièrement féroce et enclin à voir dans les moindres accidents de la nature les effets d'une surnature maléfique. Le respect de la vie humaine que manifeste une nouvelle fois Montaigne est à rapprocher de sa condamnation de la torture et de la « question » judiciaire[9]. Pour condamner la cruauté des juges, il recourt ici à l'ironie grinçante : « A tuer les gens, il faut une clarté lumineuse et nette » (1031).

Pourtant, dans la mesure où il se défie de la raison et de ses vaines prétentions, Montaigne est tout le contraire d'un rationaliste, et c'est à tort qu'Henri Busson l'a enrôlé sous cette bannière[10]. Comme l'a rappelé Terence Cave, « le travail critique de Montaigne passe par les schémas intellectuels ainsi que les topoi de ses contemporains plutôt qu'il n'en fait table rase[11] ». Quand il parle sur un ton apitoyé des sorcières, il ne les met pas à l'abri du châtiment, bien au contraire. C'est seulement la nature du châtiment qui change : le fouet et l'ellébore au lieu du bûcher.

Ce chapitre ne nie pas la notion de « miracle ». À la suite de saint Augustin, Montaigne redonne au miracle son sens premier, son sens profond, lié à l'étonnement devant la variété du monde et du moi : « Je n'ay veu monstre et miracle au monde, plus expres que moy-mesme : On s'apprivoise à toute estrangeté par l'usage et le temps. Mais plus je me hante et me connois, plus ma difformité m'estonne. Moins je m'entens en moy » (1029). Pour Montaigne, c'est tout le réel qui est *miracle*, c'est-à-dire objet digne d'admiration. Rien de « miraculeux », en revanche, dans les « prestiges » de Satan qui ne sont jamais que des simulacres. Satan ne saurait produire que de faux miracles, dont le caractère artificiel et illusoire est aisément percé à jour. Sur ce point, Montaigne est d'une parfaite orthodoxie catholique, et sa position s'accorde avec celle du jésuite Jean Maldonat, qui était de ses amis.

---

9   Montaigne, *Essais*, II, 5 : « De la conscience » ; II, 11 : « De la cruauté » ; II, 27 : « Couardise mere de la cruauté ».
10   Henri Busson, *Le Rationalisme dans la littérature française de la Renaissance*, Paris, Vrin, 1957.
11   Terence Cave, *Pré-Histoires I*, Genève, Droz, 1999, p. 81.

Montaigne donne toutefois à sa réflexion un tour imprévu qui effraiera
– c'est le cas du juge inquisiteur Pierre de Lancre – ou au contraire réjouira
ses lecteurs futurs. Le chapitre s'achève, « à propos, ou hors de propos, il
n'importe » (1033), par une anecdote plaisante qui en explique le titre,
de prime abord énigmatique. On dit en Italie, « en commun proverbe »,
que faire l'amour avec une boiteuse procure un plaisir infini. Imbu en sa
jeunesse de cette vaine croyance, Montaigne l'a expérimentée à son tour.
« Car par la seule authorité de l'usage ancien, et publique de ce mot : je
me suis autresfois faict à croire, avoir reçeu plus de plaisir d'une femme, de
ce qu'elle n'estoit pas droicte. Et mis cela en recepte de ses graces » (1034).
La conclusion de cet *exemplum* est que l'expérience même, pierre de touche
de la philosophie pratique des *Essais*, est sujette à l'illusion et à l'erreur.

Le chapitre semble devoir amener la conclusion que la vérité nous
est totalement inaccessible. Mais ce serait trop s'avancer. La dernière
phrase nous invite à nous garder de cette « extrémité », aussi illusoire que
l'opinion opposée, d'une trop grande confiance dans le savoir humain :
« Les uns tiennent en l'ignorance, cette mesme extremité, que les autres
tiennent en la science, Afin qu'on ne puisse nier, que l'homme ne soit
immoderé par tout : Et qu'il n'a point d'arrest, que celuy de la nécessité,
et impuissance d'aller outre » (1035).

BOITERIES

On a parfois défini le titre « Des boyteux », comme un titre-paravent,
voire un camouflage destiné à égarer la censure éventuelle et se rapportant,
d'un biais très oblique, au propos principal. Au contraire, pourrait-on dire,
ce titre désigne assez précisément son objet. « Des boyteux », pour reprendre
l'analyse de Gwendolyn Bryant, est un essai sur la claudication du jugement
humain, perpétuellement suspendu sur le vide et tendu entre l'arrêt et le
mouvement[12]. Le « mouvement detraqué de la boiteuse » (1033) est précisément celui de l'esprit humain. Par sa démarche cahotante et discontinue,

---

12   Gwendolyn Bryant, « Montaigne et les boiteux : "à propos ou hors de propos"? », dans
     Symboles de la Renaissance. Second volume, Paris, Presses de l'École normale supérieure,
     1982, p. 125-130.

faite d'arrêts, de reprises et de surprises, Montaigne mime lui-même dans son écriture cette allure déséquilibrée du boitement. Mais cette saccade est aussi celle du diable, tant il est vrai que, comme le rappellera plus tard le roman de Lesage, le diable est boiteux. Or c'est le personnage principal de cet essai, l'esprit de tromperie qui depuis le péché originel trouble le jugement humain et le fait boiter. De sorte que le titre « Des boyteux », pluriel du diable, de ses suppôts et de ses victimes, permet de rassembler en une seule tresse les divers fils dévidés et renoués dans ce chapitre.

« Plaisants causeurs », glissait Montaigne tout à la fois amusé et agacé, relisant ce chapitre impertinent. Et voici que les causes illusoires reviennent, se multiplient et abondent autour de la boiterie de la boiteuse. Ces causes illusoires, Montaigne les a trouvées chez Aristote ou chez Coelius Rhodiginus, tant dans les *Problèmes* que dans les *Leçons antiques*[13]. Il se permet d'ajouter les siennes : « De celles icy je pourrois aussi dire, que ce tremoussement que leur ouvrage leur donne ainsin assises, les esveille et sollicite, comme faict les dames, le crolement et tremblement de leurs coches » (1034). Retour aux coches tremblants et mal assurés, dont les cahots répétés aboutissent à une catastrophe, comme on l'a vu précédemment[14]. Mais les coches ici se féminisent, les catastrophes qu'ils laissent prévoir sont tout érotiques et nullement tragiques !

Cette raison est aussi fantasque, aussi imaginaire que les précédentes. Et Montaigne d'interroger son lecteur : « Ces exemples servent-ils pas à ce que je disois au commencement : Que nos raisons anticipent souvent l'effect : et ont l'estendue de leur jurisdiction si infinie, qu'elles jugent et s'exercent en l'inanité mesme, et au non estre » (*ibid.*). Causes imaginaires de faits imaginaires, comment leur accorder crédit ?

Force est de conclure par une déclaration sceptique. Puisque l'homme est immodéré partout, aussi bien en science qu'en ignorance, la conclusion est le silence, non sans un sourire.

Frank LESTRINGANT
Sorbonne Université

---

13 Aristote, *Problemata*, X, XXIV, 893b et IV, XXXI, 880b ; Coelius Rhodiginus, *Lectiones antiquae*, XIV, IV.
14 Voir ci-dessus les notes 7 et 8.

EUTOPIES, DYSTOPIES, HÉTÉROTOPIES
CHEZ MONTAIGNE

Lorsque Montaigne décrit les indigènes du Nouveau Monde et leur mode de vie, dans son chapitre bien connu « Des Cannibales » (I, 31)[1], comme une forme d'existence idéale, conforme à la nature, avec toutes les vertus sublimes, sans maladies ni souffrances, nous pensons directement à un monde utopique :

> Ils sont sauvages, de mesmes que nous appellons sauvages les fruicts que nature, de soy et de son progrez ordinaire a produicts [...] En ceux là sont vives et vigoureuses les vrayes, et plus utiles et naturelles vertus et proprietez (I, 31, 205).

> Au demeurant, ils vivent en une contrée de païs tres-plaisante et bien temperée ; de façon qu'à ce que m'ont dit mes tesmoings, il est rare d'y voir un homme malade ; et m'ont asseuré n'en y avoir veu aucun tremblant, chassieux, edenté, ou courbé de vieillesse (I, 31, 207).

Or, entre l'idée de l'utopie, tellement cultivée au XVIᵉ siècle à la manière de More, et les sociétés primitives du Brésil, il y a une différence fondamentale, puisque l'utopie désigne une construction fictive et, par conséquent, chimérique et projetée dans un espace-temps indéfini et lointain, alors que les sociétés sauvages, rencontrées et racontées par les explorateurs et voyageurs du Nouveau Monde constituent, par contre, un aspect du réel dans un temps et dans un espace précis et, pour Montaigne, la réalisation concrète de l'idéal de vie. L'élément de l'irréalisable est notamment une caractéristique des utopies, que les dictionnaires définissent d'ailleurs comme un concept de l'impossible, un

---

1 Michel de Montaigne, *Les Essais*, éd. Pierre Villley, Paris, Presses Universitaires de France, 1963. Sur le sujet des Cannibales et du Nouveau Monde, voir Marie-Luce Demonet et André Tournon (dir.), *Montaigne et le Nouveau Monde*, *Bulletin de la Société des amis de Montaigne*, n° 30, 1992 ; Frank Lestringant, *Le Cannibale, grandeur et décadence*, Paris, Perrin, 1994 ; et *Id.*, *Le Brésil de Montaigne. Le Nouveau Monde des « Essais » (1580-1592)*, Paris, Éditions Chandeigne, 2005.

non-lieu, tel que le mot grec οὐ τόπος l'indique. Ce sont, selon Foucault, « des espaces qui sont fondamentalement, essentiellement irréels[2] ».

La vie des indigènes, loin de représenter une aspiration ou un désir d'idéalité, concrétise l'image d'une « eutopie[3] », nom qui, à notre avis, lui correspondrait mieux, dans le sens que c'est un monde édénique, aux yeux de Montaigne du moins, un monde qui porte les caractéristiques d'un lieu d'εὖ ζῆν, d'un lieu de bien-être, d'abondance et de suffisance « sans travail et sans peine[4] ». Tant au niveau de la vie collective qu'à celui du développement personnel, les tribus des indigènes, dépourvues de toute forme d'institution sociale créée par la civilisation, jouissent des relations gérées par les lois de la nature, dans un état de pureté et de respect naturels et instinctifs : « Nul nom de magistrat, ny de superiorité politique ; nul usage de service, de richesse ou de pauvreté ; nuls contrats ; nulles successions ; nuls partages ; nulles occupations qu'oysives ; [...] Les paroles mesmes qui signifient le mensonge, la trahison, la dissimulation, l'avarice, l'envie, la detraction, le pardon, inouies » (I, 31, 206). Cependant, « L'espouventable magnificence des villes de Cusco et de Mexico », décrites par Montaigne dans « Des coches » (III, 6, 909), ces lieux eutopiques vus comme une « contrée fertile et plaisante, fort habitée » (III, 6, 910), dont les habitants avaient comme unique souci de vie de « la passer heureusement et plaisamment » (III, 6, 911), « la plus riche et belle partie du monde », une fois conquise par les Européens et « bouleversée par la negotiation des perles et du poivre » (III, 6, 910), est devenue mémoire d'une harmonie et d'un bonheur naturels à jamais perdus[5].

---

2   Michel Foucault, « Des espaces autres », dans *Dits et écrits : 1954-1988*, t. IV (1980-1988), Paris, Gallimard, 1994, p. 755.

3   On donne souvent le terme d'« eutopie » comme synonyme d'« utopie » et c'est à ce concept que nous nous opposons, en introduisant le facteur de la réalité qui, pour nous, détermine l'eutopie.

4   « Ils jouissent encore de cette liberté naturelle qui les fournit sans travail et sans peine de toutes choses necessaires, en telle abondance qu'ils n'ont que faire d'agrandir leurs limites » (I, 31, 210).

5   Sur cet élément repose aussi Bernard Sève, qui, étudiant le conservatisme de Montaigne, soutient qu'il « rejette non seulement toute pensée utopique, mais tout projet de réforme et d'amélioration », pour préciser dans la note que « La "fonction utopie" est, d'une certaine façon, remplie chez Montaigne, mais à rebours des Utopies de More et de Campanella. Cette utopie montanienne a un lieu, le Brésil, et un temps, le passé. [...] Mais c'est une utopie sans espoir [...]. C'est une utopie du passé, non du futur. Nostalgie, pessimisme et conservatisme sont ici indissociables », *Montaigne. Des règles pour l'esprit*, Paris, Presses Universitaires de France, 2007, p. 165.

Néanmoins, en croyant Montaigne, on pourrait voir cette eutopie se transformer en une utopie sociale, non localisable évidemment ni dans le passé ni dans l'avenir, idéale mais irréalisable, car impossible à exister dans le temps, puisque la condition préalable serait une rencontre spatio-temporelle des civilisations extrêmement éloignées :

> Que n'est tombée soubs Alexandre ou soubs ces anciens Grecs et Romains une si noble conqueste, et une si grande mutation et alteration de tant d'empires et de peuples soubs des mains qui eussent doucement poly et defriché ce qu'il y avoit de sauvage, et eussent conforté et promeu les bonnes semences que nature y avoit produit, meslant non seulement à la culture des terres et ornement des villes les arts de deçà, en tant qu'elles y eussent esté necessaires, mais aussi meslant les vertus Grecques et Romaines aux originelles du pays ! Quelle reparation eust-ce esté, et quel amendement à toute cette machine, que les premiers exemples et deportemens nostres qui se sont presentez par delà eussent appelé ces peuples à l'admiration et imitation de la vertu et eussent dressé entre eux et nous une fraternelle societé et intelligence ! (III, 6, 910)[6]

En rapprochant deux moments historiques fort lointains et trois civilisations également séparées dans le temps et dans l'espace, Montaigne rêve d'une synthèse de valeurs qui aurait créé la société idéale. Dans « Des coches », d'ailleurs, il avait déjà fait référence à cet idéal :

> Il me prend quelque fois desplaisir dequoy la cognoissance n'en soit venuë plustost, du temps qu'il y avoit des hommes qui en eussent sceu mieux juger que nous. Il me desplait que Licurgus et Platon ne l'ayent eüe ; car il me semble que ce que nous voyons par experience en ces nations là, surpasse, non seulement toutes les peintures dequoy la poësie a embelly l'age doré, et toutes ses inventions à feindre une heureuse condition d'hommes, mais encore la conception et le desir mesme de la philosophie. (I, 31, 206)

Assimilant les sociétés primitives à l'Âge d'or mythique[7], il regrette que les Grecs anciens ne les aient pas connues pour en être inspirés en

---

6   De même, il rapproche des valeurs et des traits précis des indigènes de l'autre côté de l'Atlantique à des valeurs rencontrées dans le passé « de nostre monde par deçà » : « Quant à la hardiesse et courage, quant à la fermeté, constance, resolution contre les douleurs et la faim et la mort, je ne craindrois pas d'opposer les exemples que je trouverois parmy eux aux plus fameux exemples anciens que nous ayons aus memoires de nostre monde par deçà » (III, 6, 909).

7   « Ce monde nouveau, autre et jeune, paisible, simple et pur au contact de la nature, renvoie [...] au mythe de l'Âge d'Or. Plus tard, dans l'Europe de la fin du XVIᵉ siècle, en proie aux guerres et aux changements, qui doit faire face à une crise à la fois spirituelle,

poésie aussi bien qu'en philosophie, faisant simultanément allusion à la source d'inspiration que celles-ci pourraient constituer pour la *République* platonicienne, texte fondateur de toute utopie ultérieure[8]. D'autre part, la disparition tant des civilisations anciennes que des peuples du Nouveau Monde constitue leur trait commun et, simultanément, renvoie la conception montaignienne de l'idéal social au domaine de l'utopie abstraite, démarquant ainsi la différence entre l'utopie et l'« eutopie » que les terres découvertes représentaient jusqu'à leur corruption et destruction par les Européens.

Par opposition à ces deux formes d'idéalité, Montaigne voit le monde européen et sa civilisation corrompus, en voie de décadence et même de disparition, son époque étant envisagée comme celle d'un monde pourri et vieilli : « Cet autre monde ne faira qu'entrer en lumiere quand le nostre en sortira » (III, 6, 909). C'est ainsi que, dans une perception dévalorisante, le continent européen lui paraît accumuler tous les maux et les malheurs, tous les vices et les comportements immoraux, incarnation absolue de l'envers de la fraîcheur et de la bonté naturelle des peuples du Nouveau Monde. Si dans les chapitres précédents la méditation de Montaigne est surtout nourrie par son admiration pour la vie naturelle et sauvage, dans d'autres, où il se réfère précisément à la société française de son temps et à ses troubles, on voit pareillement Montaigne renoncer à tout espoir d'amélioration[9] et se référer à un siècle « si gasté », « corrompu et ignorant » (III, 2, 807), à « un siècle desbordé » (III, 9, 946), à « un peuple perdu de toute sorte de vices execrables » (947). Il semble alors peindre un univers proprement dystopique[10], une société en crise, aliénée et malade, dominée par la haine, le crime et la peur, dépourvue de tout espoir de progrès et de prospérité. Les guerres civiles ont évidemment ajouté des traits frappants à cette peinture, puisque les

---

intellectuelle, morale, et à l'effondrement des idées reçues, l'Âge d'Or représente un refuge contre la réalité », dans Philippe Desan (dir.), *Dictionnaire de Michel de Montaigne*, Paris, H. Champion, 2004, p. 721.

8   « Combien trouveroit il [Platon] la republique qu'il a imaginée, esloignée de cette perfection » (I, 31, 207). Voir aussi Joan Lluís Llinàs Begon, « "Des Cannibales" : Montaigne en dialogue avec Platon », *Montaigne Studies*, vol. 22, 2010, p. 159-172.

9   Voir aussi, III, 9, 957. Comme le souligne justement Sève, « Montaigne renvoie du côté de l'utopie toute considération sur le meilleur gouvernement », *op. cit.*, p. 163.

10   Le terme de « dystopie » n'est pas ici employé au sens du genre narratif, lié surtout aux récits de science-fiction, annonçant un monde terrifiant, mais à celui d'une négativité sociale vécue qui éloigne la réalité de toute notion de bien-être.

événements sont vécus de près et les résultats des luttes fratricides se font sentir, provoquant des sentiments de douleur, de peur et même de panique. Vivre au milieu de tueries et de menaces quotidiennes s'avère cauchemardesque, l'horizon s'obscurcit quand le désespoir domine et l'écriture trace désormais les lignes d'un mal d'être, d'une aliénation de l'homme, d'un espace négatif et donc d'une dystopie : « Je me suis couché mille foys chez moy, imaginant qu'on me trahiroit et assommeroit cette nuict là, [...]. Et me suis escrié apres mon patenostre. [...] C'est grande extremité d'estre pressé jusques dans son mesnage et repos domestique » (III, 9, 970-971)[11].

Si l'on y ajoute la corruption qui infecte les institutions, le fonctionnement des magistrats et les attitudes relatives, « des meurs en usage commun et reçeu si monstrueuses en inhumanité sur tout et desloyauté » (III, 9, 956), le tableau de la dystopie paraît complet, projetant sur l'espace-temps vécu par l'auteur le contraire de l'eutopie sauvage : « La corruption du siècle se faict par la contribution particuliere de chacun de nous : les uns y conferent la trahison, les autres l'injustice, l'irreligion, la tyrannie, l'avarice, la cruauté, selon qu'ils sont plus puissants ; les plus foibles y apportent la sottise, la vanité, l'oisiveté » (III, 9, 946).

S'habituer à un milieu dystopique et y participer activement, serait pour Montaigne, une espèce d'esclavage. Or, lui n'est esclave « que de la raison » (III, 1, 794), « tenant le dos tourné à l'ambition » (795), ayant comme « principale profession en cette vie [...] de la vivre mollement et plut tost lachement qu'affaireusement » (III, 9, 949). À une époque où « ils nomment zele leur propension vers la malignité et violence » (III, 1, 793), où « la volonté et les desirs font loy eux mesmes » (III, 1, 795), où « il y a de la prostitution de conscience » (III, 1, 799), Montaigne choisit le chemin qui le mène vers la tour de sa bibliothèque, vers « une pratique ascétique », au sens que Foucault donne au terme[12]. Soucieux de protéger sa liberté personnelle et de trouver sa propre vérité, Montaigne adopte cette pratique de soi, moyennant laquelle Foucault associe l'éthique à la vérité : « Le souci de soi est bien entendu la connaissance du soi – c'est

---

11 Voir aussi, p. 965-966.
12 En donnant au terme un sens général, Foucault considère l'ascétisme comme « un exercice de soi sur soi par lequel on essaie de s'élaborer, de se transformer et d'accéder à un certain mode d'être », « L'éthique du souci de soi comme pratique de la liberté », dans *Dits et écrits*, *op. cit.*, p. 709.

le côté socratico-platonicien –, mais c'est aussi la connaissance d'un
certain nombre de règles de conduite ou de principes qui sont à la fois
des vérités et des prescriptions. Se soucier de soi, c'est s'équiper de ces
vérités : c'est là où l'éthique est liée au jeu de la vérité[13] ».

Le milieu réel et humain est dès lors remplacé par les auteurs du
passé dans un rapport dialogique fructueux, les relations mondaines
font place au commerce des livres[14], la lecture se substitue aux occupations et responsabilités ennuyeuses, les troubles extérieurs reculent
devant le calme et la paix de l'intérieur. On y trouve effectivement le
fonctionnement d'une hétérotopie, telle que Foucault la définit :

> Des lieux réels, des lieux effectifs, des lieux qui sont dessinés dans l'institution
> même de la société, et qui sont des sortes de contre-emplacements, sortes
> d'utopies effectivement réalisées dans lesquelles les emplacements réels, tous
> les autres emplacements réels que l'on peut trouver à l'intérieur de la culture
> sont à la fois représentés, contestés et inversés, des sortes de lieux qui sont
> hors de tous les lieux, bien que pourtant ils soient effectivement localisables[15].

La bibliothèque de Montaigne, espace réel à côté de son milieu familial et social, représente ainsi pour lui un lieu autre, un endroit qui est
l'envers de son monde réel. Là, sa vie se développe dans une voie parallèle à la quotidienneté, qui y est en fait oubliée, effacée, voire contestée,
d'autant plus que l'aménagement de la tour lui assure une sorte de vie
à l'intérieur et à côté de sa vie familiale, un lieu où il peut s'isoler et
s'écarter du monde[16], vivre librement, sans vraiment s'éloigner et sans
perdre tout contact, sans perdre ses commodités non plus :

> Chez moy, je me destourne un peu plus souvent à ma librairie, d'où tout d'une
> main je commande à mon mesnage. [...]. Elle est au troisiesme estage d'une
> tour. Le premier c'est ma chapelle, le second une chambre et sa suite, où je
> me couche souvent, pour estre seul. Au dessus, elle a une grande garderobe.

---

13 *Ibid.*, p. 713.
14 Montaigne précise les bienfaits des livres en disant, entre autres, à propos de ce commerce :
    « il me deffaict à toute heure des compaignies qui me faschent » (III, 3, 827).
15 Foucault, « Les espaces autres », art. cité, p. 755.
16 Déjà, dans l'essai « De la solitude » (I, 39), il avait précisé les bienfaits de la vie isolée et
    solitaire et l'importance accordée par lui à la possibilité d'isolement et au développement
    personnel à l'écart de tout et de tous est bien connue : « Puis que nous entreprenons de
    vivre seuls et de nous passer de compagnie, faisons que notre contentement despende de
    nous ; desprenons nous de toutes les liaisons qui nous attachent à autruy, gaignons sur
    nous de pouvoir à bon escient vivre seuls et y vivre à nostr'aise » (I, 39, 240).

> [...] Je passe là et la plus part des jours de ma vie, et la plus part des heures du jour. [...] A sa suite est un cabinet assez poli, capable à recevoir du feu pour l'yver, tres-plaisamment percé. [...] La figure en est ronde et n'a de plat que ce qu'il faut à ma table et à mon siege, et vient m'offrant en se courbant, d'une veuë, tous mes livres, rengez à cinq degrez tout à l'environ. Elle a trois veuës de riche et libre prospect, et seize pas de vuide en diametre. [...] C'est la mon siege (III, 3, 828).

L'accès interdit aux autres personnes augmente la valeur du lieu hétérotopique, puisque c'est le seul coin de sa demeure soustrait « à la communauté et conjugale, et filiale, et civile » (III, 3, 828). La bibliothèque, lieu idéal d'isolement, représente cette « arriereboutique toute nostre » que Montaigne conseille à ses lecteurs, « toute franche, en laquelle nous establissons nostre vray liberté et principale retraicte et solitude. En cette-cy faut-il prendre nostre ordinaire entretien de nous à nous mesmes, et si privé que nulle acointance ou communication estrangiere y trouve place » (I, 39, 241). En d'autres termes, la bibliothèque montaignienne est une hétérotopie personnelle et privée, un lieu d'échappement au réel, une coquille protectrice de sa liberté et de sa personnalité, à usage exclusif, le coin où il peut « se faire pariticulierement la cour, où se cacher » (III, 3, 828)[17]. C'est le lieu parfait pour se consacrer à ce que Foucault appelle « le souci de soi comme pratique de la liberté[18] », le lieu d'« une pratique ascétique », là où, à travers la connaissance de soi, Montaigne découvre sa propre vérité ontologique et, par conséquent, sa vérité éthique, à savoir sa manière d'être et sa manière de se conduire[19].

Parallèlement, comme toutes les hétérotopies, la bibliothèque montaignienne constitue une « hétérochronie », puisque « les hétérotopies

---

17 Cette fonction de la bibliothèque de Montaigne, isolatrice et libératrice à la fois, est déjà exploitée par la critique : « Ce commerce [...] sert à la fois à trouver compagnie dans les moments de solitude et de retrait par rapport au monde civil, mais il permet aussi de se défaire de cette même compagnie quand on se sent importuné. [...] Dans les deux cas les livres sont implicitement liés à l'idée de l'absence », dans *Dictionnaire de Michel de Montaigne, op. cit.*, p. 598. Voir aussi, Richard L. Regosin, *The Matter of My Book. Montaigne's « Essais » as the Book of the Self*, Berkeley, University of California Press, 1977.

18 « L'éthique du souci de soi comme pratique de la liberté », art. cité, p. 708.

19 Foucault précise, en effet, que le souci de soi est synonyme de la connaissance de soi, « mais c'est aussi la connaissance d'un certain nombre de règles de conduite ou de principes qui sont à la fois des vérités et des prescriptions. Se soucier de soi, c'est s'équiper de ces vérités : c'est là où l'éthique est liée au jeu de la vérité », *ibid.*, p. 713.

sont liées, le plus souvent, à des découpages du temps, c'est-à-dire qu'elles ouvrent sur ce qu'on pourrait appeler, par pure symétrie, des hétérochronies[20] ». En effet, obéissant au principe du système foucaldien, la bibliothèque de Montaigne, non seulement grâce aux livres de différentes époques qu'elle contient, entassant le temps vertical[21], mais surtout en brisant le temps horizontal et personnel de l'auteur, lui offre une ouverture vers un temps autre, celui-ci aménagé par ses occupations livresques et scripturales.

Cette rupture spatio-temporelle que représente pour Montaigne l'hétérotopie de la bibliothèque, venant suppléer aux défauts de sa réalité ou répondre à son besoin intérieur de se connaître et de vivre conformément à son être, se prolonge, d'un autre point de vue, par l'écriture des *Essais*. L'espace de la page du livre, cet espace de confidence personnelle et de témoignage historique, se déploie et crée un univers en expansion. La démarche de l'écriture montaignienne, qui associe le développement du « moi » de l'auteur à l'évolution de son livre, est révélatrice du rapprochement que nous tentons de faire. Assimilant l'espace du livre à son espace vital propre – « Icy, nous allons conformément et tout d'un trein, mon livre et moy. [...] qui touche l'un, touche l'autre » (III, 2, 806) –, Montaigne procède à la formation d'une hétérotopie particulière. On pourrait la considérer, pour utiliser le terme de Foucault, comme une hétérotopie « de compensation[22] », étant donné que dans la vie de leur auteur, les *Essais* ont remplacé des êtres chers perdus et des moments de conversation inoubliables par le dialogue tenu soit avec le lecteur, auquel il s'adresse fréquemment, soit avec les auteurs des écrits interrogés. L'espace hétérotopique du livre est effectivement conditionné par les mêmes principes que l'hétérotopie de la bibliothèque. Se vouer à l'écriture équivaut, chez Montaigne, à une sortie de la vie réelle, à une pratique qui le sauve de l'inaction, mais également à une activité qui substitue l'espace arrangé et contrôlé du livre à l'espace réel plein de soucis, de déceptions et d'accointances désagréables : « Combien de fois m'a cette besogne diverty de cogitations ennuyeuses ! [...] Quant de fois, estant marry de quelque action que la civilité et la raison me

---

20   Foucault, « Des espaces autres », art. cité, p. 759.
21   Pour Foucault, « musées et bibliothèques sont des hétérotopies dans lesquelles le temps
     ne cesse de s'amonceler et de se jucher au sommet de lui-même », *ibid.*
22   Voir *ibid.*, p. 761.

prohiboient de reprendre à descouvert, m'en suis icy desgorgé, non sans dessein de publique instruction ! » (II, 18, 665).

Mais le livre est simultanément un lieu où l'être s'expose, se récite, se reflète jusqu'aux menus détails de sa vie intime, de ses inclinations et de ses défauts, où, comme Montaigne l'avoue lui-même, il s'« estalle tout entier : c'est un SKELETOS où, d'une veuë, les veines, les muscles, les tendons paroissent, chaque piece en son siege. L'effet de la toux en produisoit une partie ; l'effet de la paleur ou battement de cœur, un'autre » (II, 6, 379). Si, alors, pour Géralde Nakam, les *Essais* sont *miroir et procès de leur temps*, selon le titre de son fameux ouvrage[23], ils sont, de même, miroir de la personne, témoignage de l'être et du moi de leur auteur : « Ce ne sont mes gestes que j'escris, c'est moy, c'est mon essence » (II, 6, 379)[24]. De ce point de vue, l'être, modelé en fonction de l'écriture – « je n'ay pas plus faict mon livre que mon livre m'a faict » (II, 18, 665) – est là, dans ce livre « consubstantiel à son autheur » (II, 18, 665). Ce mouvement réflexif, cependant, malgré l'identité parfaite établie entre l'être et l'objet, souffre de l'absence physique de l'auteur. Même si le moi de Montaigne se profile, se met en évidence, se rapproche du lecteur en s'adressant à lui à la première personne, même si celui-ci sent la présence de l'auteur tout au long de la lecture et fait l'expérience d'un tête-à-tête, il ne le voit point, ne peut le toucher ni le sentir non plus, son interlocuteur étant à la fois textuellement présent et physiquement absent. Dès lors, on pourrait assimiler les *Essais* au miroir foucaldien, à cette « expérience mixte, mitoyenne », utopie et hétérotopie à la fois, à ce « lieu sans lieu », mais simultanément existence réelle. Foucault le décrit de la manière suivante :

> Le miroir, après tout, c'est une utopie puisque c'est un lieu sans lieu. Dans le miroir, je me vois là où je ne suis pas, dans un espace irréel qui s'ouvre virtuellement derrière la surface, je suis là-bas, là où je ne suis pas, une sorte d'ombre qui me donne à moi-même ma propre visibilité, qui me permet de me regarder là où je suis absent : utopie du miroir. Mais c'est également une hétérotopie, dans la mesure où le miroir existe réellement, et où il a, sur la

---

23 Géralde Nakam, *Les* Essais *de Montaigne, miroir et procès de leur temps. Témoignage historique et création littéraire*, Paris, H. Champion, 2001.

24 Sur ce sujet nous renvoyons à Richard L. Regosin, *The Matter of My Book, op. cit.* ; et à Fausta Garavini, « Au "sujet" de Montaigne. De la leçon à l'écriture », dans *Carrefour Montaigne*, Pise, Edizioni ETS, 1994, p. 63-93.

place que j'occupe, une sorte d'effet en retour ; [...] À partir de ce regard qui en quelque sorte se porte sur moi, du fond de cet espace virtuel qui est de l'autre côté de la glace, je reviens vers moi et je recommence à porter mes yeux vers moi-même et à me reconstituer là où je suis ; le miroir fonctionne comme une hétérotopie en ce sens qu'il rend cette place que j'occupe au moment où je me regarde dans la glace, à la fois absolument réelle, en liaison avec tout l'espace qui l'entoure, et absolument irréelle, puisqu'elle est obligée, pour être perçue, de passer par ce point virtuel qui est là-bas[25].

C'est l'effet produit par l'écriture des *Essais*, lorsque l'art d'écrire est pris dans ce jeu de miroir où l'espace du livre devient le lieu de réflexion, dans le sens concret du terme :

Moulant sur moy cette figure, il m'a fallu si souvent dresser et composer pour m'extraire, que le patron s'en est fermy et aucunement formé soy-mesmes. Me peignant pour autruy, je me suis peint en moy de couleurs plus nettes que n'estoyent les miennes premieres. (II, 18, 665)

Dès lors, les *Essais*-miroir s'avèrent être un espace autre, utopie et hétérotopie personnelle et privée, l'espace d'une expérience constitutive de l'être de Montaigne. Lieu où le moi s'affirme tout en se connaissant, touchant les frontières d'une vie utopique. Espace hétérotopique offert également aux lecteurs, qui pourraient par la suite s'y installer pour faire l'expérience de leur propre sortie virtuelle de la vie réelle et y chercher éventuellement leur être ainsi que leur utopie personnelle.

Maria LITSARDAKI
Université Aristote de Thessalonique

---

25   Foucault, « Les espaces autres », art. cité, p. 756.

"NOUS SOMMES PART DU MONDE"

Montaigne, Greece and Italy

During the late 80s and the early 90s, scholars thoroughly explored the connections between Montaigne, Greece and Italy. This collective initiative was at its height at four major conferences – on the occasion of the anniversaries of L'Angelier's edition of the *Essais* in 1988 and Montaigne's death in 1992 and their subsequent collectanea: *Montaigne et la Grèce* (1990), *Montaigne e l'Italia* (1991), *Montaigne et l'Europe* (1992) and *Montaigne et l'histoire des hellènes* (1994).[1] This study will revisit the question by analyzing Montaigne's relationship to French anti-Italian Philhellenism.

In his article regarding Montaigne's rapport with contemporary Greeks, Charles Béné remarks that Montaigne's silence was "total", and that he seemed to show no empathy towards their fate under Ottoman rule.[2] It is not easy to square this statement with the fact that most of Montaigne's references on the matter were taken from Blaise de Vigenère's 1577 translation of Laonikos Chalcocondyles' *History of the decadence of the Greek Empire*, full of descriptions of the harsh conditions imposed by the Turks, described as *"loups affamés"*.[3] The Byzantine historian even referred to the campaign in the Peloponese as a *"peuple exterminé, ou pour le moins [...] réduict en servitude"*.[4]

---

1   Kyriaki Christodoulou (ed.), *Montaigne et la Grèce, 1588-1988* (Paris: Aux Amateurs de Livres, 1990); Enea Balmas (ed.), *Montaigne e l'Italia* (Geneva: Slatkine, 1991); Claude-Gilbert Dubois (ed.), *Montaigne et l'Europe* (Mont-de-Marsan: Éditions Inter-Universitaires, 1992); Kyriaki Christodoulou (ed.), *Montaigne et l'histoire des hellènes* (Paris: Klincksieck, 1994).

2   Charles Béné, "Montaigne et la Grèce de son temps", in Christodoulou (ed.), *Montaigne et l'histoire des hellènes, op. cit.*, p. 46, 51.

3   Chalcocondyles, *Histoire de la décadence de l'empire grec, et establissement de celui des Turcs. Comprise en dix livres, par Nicolas Chalcondyle Athenien. De la traduction de Blaise de Vigenere* (Paris: Nicolas Chesneau, 1577), IX, p. 628; X, p. 687.

4   *Ibid.*, IX, p. 632. See Jean Balsamo, "L'*Histoire des Turcs* à l'épreuve des *Essais*", in Françoise Argod-Dutard (ed.), *Histoire et littérature au siècle de Montaigne. Mélanges offerts à Claude-Gilbert Dubois* (Geneva: Droz, 2001), p. 222-236.

By taking Chalcocondyles' work mostly to describe the Ottoman efficacy on war, Montaigne barely referred to the defeated Greeks.[5] Béné's conclusion is weighted in favour of the political factor: Montaigne could not afford to criticize the Ottoman policy due to the important diplomatic ties between the French Crown and the Sultan, established in order to weaken the Habsburg position in the Mediterranean and Eastern Europe.[6] However, he also suggests that Montaigne's brief references to the massacre of six hundred Greek soldiers in the aftermath of the battle of the Hexamilion in 1452 and about Turkish cruelty in general, could be considered an expression of sorrow and empathy toward *"le malheur de la Grèce et la dette éternelle qu'a contractée à son égard la civilisation occidentale".*[7]

On the other hand, it should be noted that Vigenère, himself a prominent Hellenist, held a poor opinion of contemporary Greeks, referring to them as *"ignorans & grossiers"* – while their ancient predecessors where, conversely, *"perfaicts & admirables".*[8] Did Montaigne also take into account this description? If that was the case, his lack of interest appears less surprising. In fact, Montaigne did quote in the *Essais* the distress of *"un de noz historiens Grecs"*, that is, Byzantine Nicephorus Gregoras, who complained about the bad state of Greek culture already in the 14th century.[9] These points of view coincided with that of Pierre Belon

---

5   Montaigne, *"Les Princes de la race Hottomane, la premiere race du monde en fortune guerriere"* (II, 21, 677 C). We cite the *Essais* from the Villey-Saulnier edition published by the Presses Universitaires de France.

6   Charles Béné, art. cit., p. 50. Géralde Nakam, *Les "Essais" miroir et procès de leur temps* (Paris: A.-G. Nizet, 1984), p. 402. See also Christine Isom-Verhaaren, *Allies with the Infidel. The Ottoman and French Alliance in the Sixteenth Century* (London & New York: Tauris, 2011); Edith Garnier, *L'Alliance impie. François Ier et Soliman le magnifique contre Charles Quint, 1529-1547* (Paris: Félin, 2008); Jean Bérenger, "La collaboration militaire franco-ottomane à l'époque de la Renaissance", *Revue internationale d'histoire militaire* 68 (1987), p. 51-66.

7   *Histoire de la décadence de l'empire grec*, VII, p. 458-459. *"Encore du temps de noz peres, Amurat, en la prinse de l'Isthme, immola six cens jeunes hommes grecs à l'ame de son pere, afin que ce sang servist de propitiation à l'expiation des pechez du trespassé"* (I, 24, 201). Béné, art. cit., p. 51.

8   *"Autant ignorans & grossiers pour cette heure là, que leurs anciens predecesseurs furent perfaicts & admirables sur tous autres, de ramasser tout plein de belles choses"*, *Histoire de la décadence de l'empire grec*, f. C2.

9   Montaigne, *"Les secrets de la religion Chrestienne estoient espandus emmy la place, ès mains des moindres artisans; que chacun en peut debattre et dire selon son sens; et que ce nous devoit estre grande honte, qui, par la grace de Dieu, jouïssons des purs mysteres de la pieté, de les laisser profaner en la bouche de personnes ignorantes et populaires"* (I, 56, 321 C). See *Nicephori Gregoræ, Romanæ,*

in his best-seller *Observations* of 1553, where he wrote about the situation in which the Greeks were living under Turkish rule:

> *Tous les Grecs [...] sont pour le iourd'huy en si merveilleux regne de ignorance: qu'il n'y ha aucune ville en tout leur pays, ou il y ait université, & aussi ne prennent aucun plaisir à apprendre les lettres & sciences. Tous indifferemment parlent un langage corrumpu de l'antique: toutesfois leurs paroles approchent plus du bon Grec que les paroles de l'Italien n'approchent du Latin.*[10]

As we can see, although Belon admitted that their tongue was closer to *"bon Grec"* than Italian was to Latin, the Greeks did not systematically appear in a positive light. Montaigne even spoke about *"Mechmet, celuy qui subjugua Constantinople et apporta la finale extermination du nom Grec"* (II, 33, 730). If we take his words literally, there remained no Greeks after the Ottoman conquest.

In this sense, we can add to Béné's analysis yet another omission or silence on Montaigne's part. Blaise de Vigenère admitted that the main reason that had moved him to translate Chalcocondyles' work was to establish the noble origins of his Lord, the Duke of Nevers, Louis of Gonzaga.[11] After a brief account of the *Frankokratia*, during which the Latins had occupied Constantinople and most of continental Greece after the Fourth Crusade, he referred to the last Byzantine dynasty, the Palaiologos, as *"des plus excellens personnages que la moderne Grece ait iamais porté"*. This eulogy represented an attempt to assure that the Duke, far from being a *parvenu*, like many Italians in France were considered at the time, descended in fact from those great Greek Emperors.[12] Through the

---

hoc est Byzantinæ Historiæ. Libri XI. Quibos res a Græcis Imperatoribus per annos CXLV, in *Corpus Universæ Historiæ Præsertim Bizantinæ* (Paris: Guillaume Chaudière, 1567), f. 4v.

10   Pierre Belon, *Les Observations de plusieurs singularitez et choses memorables, trouvées en Grece, Asie, Iudée, Egypte, Arabie, & autres pays estranges* (Paris: Gilles Corrozet, 1553), f. 4v. See Olga Augustinos, *French Odysseys: Greece in French Travel Literature From the Renaissance to the Romantic Era* (Baltimore: Johns Hopkins University Press, 1994), p. 55, 69; Ilana Zinguer, "La poétique du voyage en Orient au XVIᵉ siècle : Pierre Belon – 1553", *Cahiers de la Méditerranée* 35-36, 1 (1987), p. 79-101.

11   *"La vertu propre & particuliere d'un chacun, doit toujours estre pour le principal establissement de sa noblesse"*, *Histoire de la décadence de l'empire grec*, f. A2v.

12   *"De ces grands Monarques icy, d'une si longue suite & rengee d'Empereurs tres-puissants, vous estes descendu"*. *Histoire de la décadence de l'empire grec*, f. A1v-B. Ariane Boltanski has argued that Vigenère's aim was indeed to prove that *"la place que le nouveau duc de Nevers et ses descendants ont conquise était légitime du fait de leur naissance. Leur ascension, à ce titre, n'est pas comparable à celle d'autres courtisans italiens qui s'agrégèrent à la noblesse grâce à l'appui du souverain"*. Ariane

lineage of the last Emperors, the Gonzaga coat of arms contained indeed *"la marque Imperiale de Constantinople, siege souverain de la Monarchie Orientale [et] les tres-chrestiennes fleurs de liz du sang Royal de la maison de France"*.[13] Vigenère's words, as we mentioned before, appeared in a context of growing anti-Italianism that only intensified after the 1572 Saint Bartholomew's Day's Massacre due to the responsibility attributed to Catherine of Medici's' entourage.[14] Perhaps because of this, he felt the need to emphasize not only the Duke's blue blood but also his illustrious Hellenic ancestry. This raises the question if Vigenère's mention of this Greek lineage was somehow related to French Philhellenism. As we know, an *"ardeur nouvelle"* – as Montaigne put it –, endorsed by both Italians like

Boltanski, *Les Ducs de Nevers et l'État Royal. Genèse d'un compromis (ca. 1550 – ca. 1600)* (Geneva: Droz, 2006), p. 35-36; Denyse Métral, *Blaise de Vigenère, archéologue et critique d'art (1523-1596)* (Geneva: Droz, 1939), p. 60-61, 251-252; Jean-François Dubost, *La France italienne, XVIᵉ-XVIIᵉ siècle* (Paris: Aubier, 1997), p. 252-253. See also Paul-Victor Desarbres, *La Plume et le Lys. Carrière, publication et service de la politique royale chez Blaise de Vigenère (1523-1596)* (Thèse de doctorat présentée sous la direction de Marie-Christine Gomez-Géraud, Université Paris Ouest-Nanterre, 2016); Maurice Sarazin, *Blaise de Vigenère, Bourbonnais 1523-1596. Introduction à la vie et à l'œuvre d'un écrivain de la Renaissance* (Charroux en Bourbonnais: Éditions des Cahiers bourbonnais, 1997); Marc Fumaroli (ed.), *Blaise de Vigenère poète et mythographe au temps de Henri III* (Paris: Éditions Rue d'Ulm, 1994).

13   *Histoire de la décadence de l'empire grec*, f. B3.

14   Vigenère himself had spoken in the *epistre au Roy* which opened his 1576 translation of Caesar's *De bello gallico* of *"le ioug & la servitude de l'Empire Romain"*. *Les Commentaires de Cesar, Des guerres de la Gaule. Mis en françois par Blaise de Vigenere* (Paris: Nicolas Chesneau & Jean Poupy, 1576). On French anti-Italianism, see Elisa Grancini, "Les Italiens outragés: l'hostilité française au XVIᵉ siècle", in Ulla Tuomarla et al. (eds.), *Miscommunication and Verbal Violence* (Vantaa: Mémoires de la Société Néophilologique de Helsinki, 2015), p. 169-178; Henry Heller, *Anti-italianism in Sixteenth Century France* (Toronto: University of Toronto Press, 2003); Jean Balsamo, "Les lieux communs de l'italophobie en France à la fin du XVIᵉ siècle", in Madeleine Bertaud (ed.), *Les Grandes Peurs. L'Autre* (Geneva: Droz, 2004), p. 273–287; *Id.*, "La France et sa relation à l'Italie au XVIᵉ siècle (bibliographie 1985-1994)", *Nouvelle Revue du Seizième siècle* 13:5 (1995), p. 267–289; *Id., Les Rencontres des muses: italianisme et anti-italianisme dans les lettres françaises de la fin du XVIᵉ siècle* (Geneva: Slatkine, 1992); *Id.*, "Le débat anti-italien en France à la fin du XVIᵉ siècle", *L'information historique* 53 (1991), p. 61–67; Lionello Sozzi, "La polémique anti-italienne en France au XVIᵉ siècle", *Atti della Accademia delle Scienze di Torino, Classe di scienze morali, storiche e filologiche* CLXXXIX (1972), p. 99-190; Stefano Mastellone, "Aspetti dell'antimachiavellismo in Francia: Gentillet et Languet", *Il pensiero politico* 2 (1969), p. 376-415; Pauline M. Smith, *The Anti-Courtier Trend in Sixteenth Century French Literature* (Geneva: Droz, 1966), p. 29, 94, 155-156; Franco Simone, "La reazione francese al primato umanistico italiano", in *Il Rinascimento francese. Studi e ricerche* (Torino: SEI, 1961), p. 47-57; Émile Picot, "Pour et contre l'influence italienne en France au XVIᵉ siècle", *Études Italiennes* 1 (1920), p. 17-32. On Catherine of Medici's entourage, see Denis Crouzet, *Le Haut cœur de Catherine de Médicis : une raison politique aux temps de la Saint-Barthélemy* (Paris: Albin Michel, 2005).

Girolamo Aleandro and Byzantine Greeks like Hermonymus of Sparta and Janus Lascaris, had strengthened French Hellenism vigorously through the late fifteenth and early sixteenth centuries.[15] The initial "barbarism" – as some Italians would refer to the French humanistic landscape – soon turned into what Erasmus around 1517 called "prodigious mastery".[16] Furthermore, this breath of Hellenic fresh air had encouraged French Humanists to challenge the Italian sense of cultural superiority.[17] The

15 See the very recent Luigi-Alberto Sanchi, "From a Thirsty Desert to the Rise of the *Collège de France*: Greek Studies in Paris, *c.* 1490-1540", in Natasha Constantinidou and Han Lamers (eds.), *Receptions of Hellenism in Early Modern Europe. 15th-17th Centuries* (Leiden: Brill, 2019), p. 53-71. See also Jean-Christophe Saladin, *La Bataille du Grec à la Renaissance* (Paris: Les Belles Lettres, 2000), p. 341-354; Gilbert Gadoffre, *La Révolution culturelle dans la France des humanistes. Guillaume Budé et François Ier* (Geneva, Droz: 1997), p. 13-91; Arthur Tilley, *The Dawn of the French Renaissance* (Cambridge: Cambridge University Press, 1918), p. 257-302. Montaigne described how he remembered Francis I's age: *"Ma maison a esté de long temps ouverte aux gens de sçavoir, et en est fort conneue: car mon pere, qui l'a commandée cinquante ans et plus, eschauffé de cette ardeur nouvelle dequoy le Roy François premier embrassa les lettres et les mit en credit, rechercha avec grand soing et despence l'accointance des hommes doctes, les recevant chez luy comme personnes sainctes et ayans quelque particuliere inspiration de sagesse divine, recueillant leurs sentences et leurs discours comme des oracles, et avec d'autant plus de reverence et de religion qu'il avoit moins de loy d'en juger, car il n'avoit aucune connoissance des lettres, non plus que ses predecesseurs. Moy, je les ayme bien, mais je ne les adore pas"* (II, 12, 438-439).

16 The Italian Gregorio da Città di Castello, maybe the first proper Greek teacher in France, who arrived around 1456 and left the Reign for good a few years later, did a severe diagnosis of the situation: "Could I expect a Barbarian to even reward learned arts? / Could I expect him to praise what he did not know?" (*"Muneret expectem cultas et barbarus artes, / Expectem qui non novit ut illa probet?"*). *Gregorii Tifernatis [...] Ad Pium II. pontifciem max. [...]*, n.p. n.d., v. 19. [FR BnF 30539038]. See John Butcher, *La poesia di Gregorio Tifernate (1414-1464)*, n.p., Digital Editor, 2014, p. 48, 70; Louis Delaruelle, "Une vie d'humaniste au XVe siècle – Gregorio Tifernas", *Mélanges d'archéologie et d'histoire* 19 (1899), p. 9-33, p. 29. Erasmus, by 1499, advised Fausto Andrelini to stay away from France. Percy Stafford Allen (ed.), *Opus epistolarum Des. Erasmi Roterodami* (Oxford: Clarendon Press, 1906), I, p. 238, letter 103, v. 10-11. Still around 1506 he justified his sojourn in Italy "chiefly for the sake of Greek" (*"Italiam adivimus Graecitatis potissimum causa"*). Allen, *op. cit.*, I, p. 433, letter 203, v. 2-3. Tilley, *op. cit.*, p. 287. However, in 1517, he changed his mind saying to Budé: "I do not believe that there is any Italian at this time [...] foolhardy enough to join arms and do battle with Budé" (*"Nunc adeo successisse video ut neminem hac aetate putem esse apud Italos tam improbum sibique fidentem, qui super ista sane laude cum Budæo congredi manusque conserere sustineat"*). Allen (ed.), *op. cit.*, (1910) II, p. 460, letter 531, v. 41-44. Translation of Gerald Sandy, "Guillaume Budé: Philologist and Polymath. A Preliminary Study", in Gerald Sandy (ed.), *The Classical Heritage in France* (Leiden: Brill, 2002), p. 108; *Id.*, "Guillaume Budé and the Uses of Greek", *International Journal of the Classical Tradition* 25 (2018), p. 259.

17 A feeling of superiority which could be traced to Petrarch himself, who affirmed that "the Gauls were the worst liars among all barbarians" (*"Esse Gallos barbarorum omnium mitiores"*). Petrarch, Giuliana Crevatin (ed.), *In difesa dell'Italia (Contra eum qui maledixit Italie)* (Venice: Marsilio, 1995), p. 52-53.

Greek pedigree appeared thus like a pertinent device to give France an independent origin, circumventing Italy.[18]

The praise of the *Gallica lingua* was one way of achieving this task. Guillaume Budé himself tried to prove the linguistic proximity between French and Greek by establishing etymological and grammatical similarities and analyzing words that had remained intact for centuries.[19] His endeavor had indeed a clear anti-Italian bias, to the point of using the notion *italismus* in a pejorative way.[20] A similar input was expressed by Geoffroy Tory, *imprimeur du roi*, who in his work *Champfleury* (1529) claimed that Hebrew and Greek had arrived to France long before Latin, which was finally imposed by *"l'arrogance & insatiable avarice des Romains qui ont voulu totalement estaindre les susdictes bonnes / anciennes / & divines langues, & mettre la leur au dessus"*.[21] According to his version, the druids in Gaul were already teaching Greek when the Romans arrived.[22] Finally, he stated that the Parisians (*Parrhasians*) were direct descendants of Hercules, establishing a direct ethnic relationship with the Hellenes.[23]

---

18 As Philippe Desan has stated, "*à l'époque où Montaigne rédige ses* Essais, *être Français représente une prise de position politique*". Philippe Desan, "Être Français à la Renaissance: l'expérience de Montaigne", in Dubois (ed.), *Montaigne et l'Europe, op. cit.*, p. 47.

19 "But which impedes me to be so surprised, is the fact that this vernacular language keeps also the same Greek words, often unchanged, for many centuries." ("*Quod ne magnopere mirer, facit quod etiam verba ipsa Graeca lingua ipsa vernacula tot seculis immutata retinet*"). Guillaume Budé, *De Asse, et partibus eius* (Lyon: Sébastien Gryphe, 1550), p. 612. Translated into French by Luigi-Alberto Sanchi, *Les* Commentaires de la langue grecque *de Guillaume Budé* (Geneva: Droz, 2006), p. 111-112.

20 "We could define a word *italismus* under the pattern of *medismus*: imitation of the Italian costumes, its words and its culture" ("*Italismus sic dici potest ut medismus, morum Italiae et verborum et cultus imitatio*"), trans. into French by Sanchi, *op. cit.*, p. 117-118.

21 "*Avant que le dit Cesar vint icy, & y traynast la dicte langue Latine, les lettres Grecques y pouvoient estre, & de faict elles y estoient en cours*". Geoffroy Tory, *Champfleury. Auquel est contenu L'art & Science de la deve & vraye Proportion des Lettres Attiques, quo dit autrement Lettres Antiques, & vulgairement Lettres Romaines proportionnees selon le Corps & Visage humain*, n.p. n.d., III, f. VIr. Moreover, Tory stated that the Romans had always wished to speak Greek instead of Latin, because it was "*elle est sans comparaison plus fertile, abundante, & florissant que la leur Latine*", *ibid.*, III, f. XIIr.

22 He even asserted that the druids' original name was actually written in Greek: "*δρυιδαι*" (sic), *ibid.*, III, f. V5.

23 "*Quant Hercules […] y laissa une bande & compaignie de ses gens darmes qui estoient appellez Parrhasians selon le nom de leur pais en Grece du coste Dasie, qui est nommee Parrhasia. Doncques iceulx Parrhasians demourans icy, edifierent en la dicte isle, & commancerent soubz bon & prospere horoscope ceste noble cite de Paris qui est auiourdhuy myelx que Athenes nestoient au temps passe, la fontaine de toutes sciences. La monnoie de toute vertu.*" "*Les Grecs ont este Autheurs aux Latins en toute maniere de doctrine*", *ibid.*, III, f. VIr-VIv. AA. VV., *Geoffroy Tory: imprimeur de*

During the 1550s and 1560s, similar narratives to these radical statements still found support, as the examples of Loys Le Roy and Henri Estienne demonstrate. Le Roy affirmed, in the preface of his translation of Plato's *Timaeus*, that the druids had *"opinions semblables à celles de Pythagoras & de Platon"*, but the Roman conquest had extinguished their culture and language.[24] In the case of Henri Estienne, he declared that Greek, *"la roine des langues"*, had more in common with French than with any other language. Considering that Greece had been *"l'eschole de toutes les sciences"*, the French were then clearly the most suitable men to cultivate the spirit of the Greeks.[25]

In conjunction with this Hellenic enthusiasm, during the late fifteenth and early sixteenth centuries, there was also a particular renewal of the Trojan mythical origins of the Franks.[26] Although the new historiogra-

---

François Ier, graphiste avant la lettre (Paris: Réunion des Musées nationaux et du Grand Palais, 2011); Pierre Cordier, "Geoffroy Tory et les leçons de l'Antiquité", *Anabases. Traditions et réceptions de l'Antiquité* 4 (2006), p. 11-32; Barbara C. Bowen, "Geoffroy Tory's *Champ Fleury* and Its Major Sources", *Studies in Philology* 76 (1979), p. 13-27.

24   "À Monseigneur Le Reverendissime Cardinal de Lorraine, Archevesque & Duc de Reims, & premier Pair de France", in *Le Timée de Platon* (Paris: Michel de Vascovan, 1551). See Enzo Sciacca, *Umanesimo e scienza politica nella Francia del XVI secolo. Loys Le Roy* (Florence: Olschki, 2007); Abraham Henri Becker, *Un humaniste au XVIe siècle. Loys Le Roy de Coutances* (Paris: Lecène, Oudin et Cie Éditeurs, 1896).

25   Henri Estienne, *Traicté de la conformité du langage François avec le Grec* (Paris: Jacques de Puis, 1569), "Préface". Estienne had already expressed his opposition to Italianism in his *L'introduction au Traité de la conformité des merveilles anciennes avec les modernes, ou Traité preparatif à l'Apologie pour Herodote* (n.p., 1566), and continued to do so later on in his *Deux dialogues du nouveau langage françois italianizé, & autrement déguizé, principalement entre les courtisans de ce temps* (Geneva: Henri Estienne, 1578) and *Project du livre intitulé De la precellence du langage françois* (Paris: Mamert Patisson, 1579). See Denise Carabin, *Henri Estienne, érudit, novateur, polémiste. Étude sur* Ad Senecae lectionem proodopoeiae (Paris: Garnier, 2006); Winfried Schleiner, "Linguistic 'Xenohomofobia' in Sixteenth-Century France: The Case of Henri Estienne", *Sixteenth Century Journal* 34:3 (2003), p. 747-760; Gabriel Maugain, "L'Italie dans l'*Apologie pour Hérodote*", *Mélanges offerts à Abel Lefranc* (Geneva: Slatkine, 1972), p. 374-392; Giovanni Tracconaglia, *Contributo allo studio dell'Italianismo in Francia I. Henri Estienne et gli italianismi* (Lodi: Dell'Avo, 1907).

26   See Symphorien Champier, *Le triomphe du trheschrestien Roy de France Louis XII de ce nom* (Lyon: Claude Davost, 1509), f. 3r-4v; Jean Lemaire de Belges, *Illustrations de Gaule et singularitez de Troye* (Lyon: Etienne Baland, 1511); *Id., Le Second livre des Illustrations de Gaule et singularitez de Troye* (Lyon: Etienne Baland & Paris: Geoffroy de Marnef, 1512); *Id., Le Tiers livre des Illustrations de Gaule et singularitez de Troye* (Paris: Raoul Cousturier, Geoffroy de Marnef, 1513); *Id., Epistre du Roy à Hector de Troye* (Paris: Geoffroy de Marnef, 1513); Pierre de Ronsard, *Les Quatre premiers livre de la Franciade* (Paris: Gabriel Buon, 1572). See also Alexandra Pénot, "Le traicté intitulé la concorde des deux langages de Jean Lemaire de Belges. La question du vernaculaire dans un contexte de rivalité politique et

phical methods would soon dismiss the legend, it is also true that it was still present by the time Montaigne began writing his *Essais*.[27] As Philippe Desan has stated, this seemed also a way of contesting Italian superiority, encouraged by an actual historiographical void:

> La France se créa peu à peu un passé aussi prestigieux que celui de la République romaine, et une véritable pléiade de héros, tous associés à l'établissement de la nation française, passa alors dans la littérature française de la Renaissance. C'est l'époque de l'Hercule français, de l'origine troyenne des Francs, et de 'nos ancêtres les Gaulois'. [...] Toutefois, les humanistes français du XVIᵉ siècle rejetèrent l'universalisme culturel dominé par la tradition romaine. [...] Le lien entre Rome et la civilisation latine s'effaça lentement, et l'Italie n'était plus peuplée que d'Italiens qui n'avaient plus rien à voir avec la gloire passée de Rome.[28]

Conversely, Montaigne's position towards Hellenism and Italy seems quite different. His cultural background, fairly defined by Villey as *"latin et italien"*, was maybe one of the factors that pushed him to show no interest in any Hellenic or Trojan ascendency, or in contesting Italian cultural authority.[29] He discredited the whole story of the Trojan origins, for example, as a *"noble farce"* by recalling how many peoples

---

linguistique franco-italienne", *Corpus Eve* [en ligne], Éditions de textes ou présentations de documents liés au vernaculaire, mis en ligne le 12 mars 2018. URL: http://journals.openedition.org/eve/1389; DOI: 10.4000/eve.1389 (accessed on 18 September 2020); Isidore Silver, *Ronsard and the Hellenic Renaissance in France. I Ronsard and the Greek Epic* (St. Louis: Washington University, 1961), p. 435-469.

27   See Elizabeth A. R. Brown, "The Trojan Origins of the French: The Commencement of a Myth's Demise, 1450-1520", in Alfred P. Smyth (ed.), *Medieval Europeans: Studies in Ethnic Identity and National Perspectives in Medieval Europe* (London: Palgrave-Macmillan, 1998), p. 135-179. See also Marc Bizer, *Homer and the Politics of Authority in Renaissance France* (Oxford: Oxford University Press, 2011), p. 17-119; Ronald E. Asher, *National Myths in Renaissance France: Francus, Samothes and the Druids* (Edinburgh: Edinburgh University Press, 1993), p. 111-155; Colette Beaune, *Naissance de la nation France* (Paris: Gallimard, 1985), p. 19-54; George Huppert, "The Trojan Franks and their critics", *Studies in the Renaissance* 12 (1965), p. 227-241; Alain Bossuat, "Les origines troyennes: leur role dans la litterature historique au XVᵉ siècle", *Annales de Normandie* VIII (1958), p. 187-197.

28   Philippe Desan, *Naissance de la méthode: Machiavel, La Ramée, Bodin, Montaigne, Descartes* (Paris: A.G. Nizet, 1987), p. 92.

29   *"Montaigne appartenait encore à cette génération qui avait vu venir d'Italie toutes les délicatesses de l'esprit, les arts, le luxe et le bien-être, presque l'antiquité elle-même. Il avait appris à la connaître et à l'aimer par son père qui lui avait laissé un 'papier journal'. [...] Dès son enfance, il est probable qu'il sut lire la langue de l'Arioste".* Pierre Villey, *Les Sources et l'évolution des* Essais *de Montaigne* (Paris: Hachette, 1908), I, p. 271, 273. On Montaigne's Latin education, see Floyd Gray, *Montaigne bilingue: le latin des* Essais (Paris: H. Champion, 1991); Roger Trinquet, *La Jeunesse de Montaigne. Ses origines familiales, son enfance et ses études* (Paris: A.-G. Nizet, 1973).

– even Romans and Italians themselves – had claimed that same illus-trious origins: *"non seulement aucunes races particulieres, mais la plus part des nations cherchent origine en ses inventions"* (II, 36, 753).[30] Montaigne was not interested in disputing Rome's cultural privilege in favor of any supposed Greek lineage.[31] On the contrary, he continually praised *"la seule ville commune et universelle"* (III, 9, 997), proud to be a Roman citizen – *"un titre vein"* but received with *"beaucoup de plesir"* (*JV* 203).[32]

Additionally, he even criticised Greeks along with Rome's fierce adversaries, the Carthaginians: *"la Grecque subtilité et astuce punique, où vaincre par force est moins glorieux que par fraude"* (I, 5, 25). Indeed, he evoked Plutarch's words: *"Grec et escholier estoient mots de reproche entre les Romains, et de mespris"* (I, 25, 134). On the other hand, Montaigne's "confessions" about his ignorance in Greek are very well known, and have been already proven to be, at the very least, exaggerated.[33] Although he insisted his judgement on Greek *"ne sait pas faire ses besognes d'une puérile et apprentisse intelligence"* (II, 10, 409), the great skills Montaigne displayed in his handwriting leave no place for doubt.[34] In any case,

---

30   *"Qui ne cognoit Hector et Achilles? Non seulement aucunes races particulieres, mais la plus part des nations cherchent origine en ses inventions. Mahumet, second de ce nom, Empereur des Turcs, escrivant à nostre Pape Pie second: Je m'estonne, dit-il, comment les Italiens se bandent contre moy, attendu que nous avons nostre origine commune des Troyens, et que j'ay comme eux interest de venger le sang d'Hector sur les Grecs, lesquels ils vont favorisant contre moy. N'est-ce pas une noble farce de laquelle les Roys, les choses publiques et les Empereurs vont jouant leur personnage tant de siecles, et à laquelle tout ce grand univers sert de theatre?"* (II, 36, 753).

31   It is true that Montaigne recalled, like Le Roy, that *"nos anciens Gaulois"* already believed in the immortality of the soul before the arrival of the Romans: *"La Religion de nos anciens Gaulois portoit que les ames, estant eternelles, ne cessoyent de se remuer et changer de place d'un corps à un autre; meslant en outre à cette fantasie quelque consideration de la justice divine: car, selon les déportemens de l'ame, pendant qu'elle avoit esté chez Alexandre, ils disoyent que Dieu luy ordonnoit un autre corps à habiter, plus ou moins penible, et raportant à sa condition"* (II, 11, 433-434).

32   *Journal du Voyage de Michel de Montaigne en Italie, par la Suisse & l'Allemagne en 1580 & 1581* (Paris: Le Jay, 1774), p. 203. Montaigne had received the Roman citizenship on March 13th 1581 through a Papal bull, which he copies at the end of the essay "On vanity" (III, 9, 999-1000). See Françoise Charpentier, "La Rome de Montaigne, modèle et intercesseur", in Balmas (ed.), *op. cit.*, p. 351-362. Raymond Chevallier, "Montaigne et l'Italie antique", in Balmas (ed.), *op. cit.*, p. 573-580; Susanne Gély, "Les ruines de Rome dans le Voyage de Montaigne", in Balmas (ed.), *op. cit.*, p. 581-595; Michel Bideaux, "Le *Journal de voyage* de Montaigne: un essai sur l'Italie", in Balmas (ed.), *op. cit.*, p. 453-468; Eric MacPhail, *The voyage to Rome in French Renaissance literature* (Saratoga: Anma Libri, 1990), p. 170-193.

33   *"Je n'ay quasi du tout point d'intelligence"* (I, 26, 174); *"Je n'entends rien au grec"* (II, 4, 363).

34   On Montaigne's Greek, see Alain Legros, *Essais sur poutres. Peintures et inscriptions chez Montaigne* (Paris: Didier, 1999); *Id.*, "La main grecque de Montaigne", *Bibliothèque*

he clearly did not link Greek to French in any way and surely did not express the anti-Italian aims of the fellow Humanists mentioned above.

As it has been already remarked of Montaigne's Italianism, his affection for Rome was not independent of his admiration towards Italy, which distinguishes it from a common place in Northern Humanism, which tended to underline the Italian decadence in comparison to the Roman splendor: *"les Italiens, qui se vantent, et avecques raison, d'avoir communément l'esprit plus esveillé et le discours plus sain que les autres nations de leur temps"* (I, 51, 307).[35] Furthermore, he recognized the Italian superiority as far as rhetorical exercises were concerned.[36]

d'Humanisme et Renaissance 61:2 (1999), p. 461-478; Kyriaki Christodolou, "Sur le grec de Montaigne", *Montaigne Studies* 4 (1992), p. 19-39; John O'Brien, "Montaigne devant la poésie grecque: sentence, citation, traduction", in Christodolou (ed.), *Montaigne et la Grèce, op. cit.*, p. 17-25; Bôrje Knös, "Les citations grecques de Montaigne", *Eranos Rudbergianus* 44 (1946), p. 460-483. Legros has noted that *"sous sa plume être 'apprenti', en grec comme en théologie ou en philosophie, pourrait bien être plus une qualité qu'un défaut"*. He has also remarked that in the 1580 edition Montaigne referred in a more positive way to his Greek skills, which he used to consider as *"moyennes"*, Legros, art. cit., p. 462.

35   See for example Erasmus' *Ciceronianus*: "Rome it isn't Rome, nothing is left but ruin and garbage, scars and traces of past calamity" (*"Roma Roma non est, nihil habens praeter ruinas ruderaque priscæ calamitatis cicatrices ac vestigia"*). *De recta latini Graecique sermonis pronuntiatione Des. Erasmi Roterodami Dialogus. Eiusdem Dialogus cui titulus, Ciceronianus* (Cologne: Johannes Soter, 1529), p. 284. In France, Sozzi quotes the examples of Jacques Grévin (*"De cette grande Rome / ne reste que le nom"*, *Sonnets inédits de Grévin sur Rome*, in Édouard Tricotel (ed.), *Variétés bibliographiques* (Paris: Jules Gay, 1863), p. 48), Jacques Du Bellay (*"Rien de Rome en Rome n'apperçois"*, *Le Premier livre des Antiquitez de Rome* (Paris: Federic Morel, 1558), f. 2v) and Pomponne de Bellièvre ("These Romans keep nothing profound from Antiquity; they only know to brag about it". *"Isti moderni Romani nihil penitus retinent de antiquis; solum sciunt jactare se"*, *Souvenirs de voyage en Italie et en Orient* (Geneva: Droz, 1956), p. 275). Sozzi, art. cit., p. 172-173. Montaigne did recognize that: *"Ceux qui disoint qu'on y voyoit au moins les ruines de Rome en disoint trop [...]; ce n'estoit rien que son sepulcre. Le monde, ennemi de sa longue domination, avoit premierement brisé et fracassé toutes les pieces de ce corps admirable; et, parce qu'encore tout mort, ranversé et défiguré, il lui fasoit horreur; [...] c'estoit la fortune qui les avoit conservées pour le tesmoignage de ceste grandeur infinie que tant de siècles, tant fus, la conjuration du monde reiterées à tant de fois par sa ruine, n'avoint peu universelemant esteindre"* (*JV* 114-115). On Montaigne's Italianism, see Concetta Cavallini, *L'Italianisme de Michel de Montaigne* (Fasano: Schena, 2003), p. 159-190; Daniela Boccassini, "Ruines montaigniennes", *Montaigne Studies* 5 (1993), p. 155-190; Marcel Tetel, *Présences italiennes dans les "Essais" de Montaigne* (Paris: H. Champion, 1992); Michel Simonin, "Lectures italiennes de Montaigne: quelques pistes nouvelles", in Balmas (ed.), *op. cit.*, p. 115-131; Mieczyslaw Brahmer, "L'italianisme de Montaigne", *Cahiers de l'Association Internationale des Études Françaises* 14 (1962), p. 225-239; Villey, *op. cit.*, p. 273.

36   *"Le plus fructueux et naturel exercice de nostre esprit, c'est à mon gré la conference. J'en trouve l'usage plus doux que d'aucune autre action de nostre vie; et c'est la raison pourquoy, si j'estois asture forcé de choisir, je consentirois plustost, ce crois-je, de perdre la veue que l'ouir ou le parler. Les Atheniens, et encore les Romains, conservoient en grand honneur cet exercice en leurs Academies.*

In her article on the subject, Françoise Charpentier has stated that, during the first redaction of the *Essais*, Montaigne's Latin background could explain his preference of Rome over *"la grecque subtilité"*, when seen as opposed to Roman virtue.[37] The 1588 edition displayed an even more noticeable Italianism.[38] However, as he moved on with additions and corrections to his work, Montaigne was increasingly prone to value Greek great men, tending to the *"effacement progressif des Romains"*.[39] At the same time, Charpentier detects that not only the Romans slowly fade away, but *"les dénominations globales" – i.e.*, Roman and Greek nations – do as well. He seemed no longer interested in the "genius" of peoples, but in the *"forme universelle"* (III, 2, 813). This evolution leads us to reconsider Montaigne's powerful metaphor to express his view on tradition, that of bees taking pollen from different flowers to produce honey *"qui est tout leur"*, which argues in favor of Philippe Desan's definition of Montaigne as a *"citoyen du monde"* who had the profound desire of gathering *"ces différences dans son propre mode de vie"*.[40]

In sum, a glance into the subject suggests that the little interest Montaigne showed in the Greeks of his time or in their lineage – and precisely in the one which could be addressed to French pedigree in particular – may have had some influence on his consideration of French anti-Italian Philhellenism. In essence, he seemed to make no effort to contest Roman and Italian primacy, as many other French humanists were trying to do by praising the Greek lineage.

Santiago Francisco Peña
Universidad de Buenos Aires

De nostre temps, les Italiens en retiennent quelques vestiges, à leur grand profict, comme il se voit par la comparaison de nos entendemens aux leurs" (III, 8, 922-923 C).

37 Françoise Charpentier, "Grecs et Romains dans l'imaginaire des *Essais*", in Christodoulou (ed.), *Montaigne et l'histoire des hellènes, op. cit.*, p. 237.

38 Yvonne Bellenger, "L'influence du voyage sur les *Essais*: l'Italie dans les deux dernières éditions", in Balmas (ed.), *op. cit.*, p. 315-335.

39 Charpentier, art. cit., p. 240.

40 *"Les abeilles pillotent deçà delà les fleurs, mais elles en font apres le miel, qui est tout leur; ce n'est plus thin ny marjolaine: ainsi les pieces empruntées d'autruy, il les transformera et confondera, pour en faire un ouvrage tout sien: à sçavoir son jugement"* (I, 26, 152). Philippe Desan, "Être Français à la Renaissance", in Claude-Gilbert Dubois (ed.), art. cit., p. 58. *"Le monde nous produit, il a donc ame et raison. Chaque part de nous est moins que nous. Nous sommes part du monde. Le monde est donc fourni de sagesse et de raison, et plus abondamment que nous ne sommes"* (II, 12, 530-531 C).

LA GAIETÉ DE MONTAIGNE

Dans la médecine galénique, la théorie des humeurs attribue à la prédominance de chacune d'entre elles un tempérament propre et des prédispositions psychologiques souvent exploitées en littérature : la pituite le tempérament flegmatique, la bile jaune le colérique, la bile noire l'atrabilaire ou mélancolique, le sang le sanguin ou jovial. C'est ce dernier que ne cesse de revendiquer Montaigne au long des *Essais*, tout particulièrement dans le livre III, en prenant soin de l'opposer à l'inclination mélancolique qui le guette, mais qu'il combat vigoureusement : « C'est une humeur mélancolique, et une humeur par consequent très ennemie de ma complexion naturelle, produite par le chagrin de la solitude en laquelle il y a quelques années je m'étois jetté, qui m'a mis premierement en teste cette reverie de me mesler d'escrire » (II, 8, 385)[1]. Si l'humeur noire l'envahit quelquefois, elle ne saurait mettre à mal son tempérament sanguin, que Montaigne choisit de nommer, parmi la variété des mots à sa disposition, par le terme de « gaieté » – en concurrence avec celui d'« allégresse » – plutôt que celui de « joie » : « la profonde joye a plus de severité que de gayeté extreme et plein contantement, plus de rassis que d'enjoué » (II, 20, 673). Au concept chrétien de la joie, il préfère le sens humoral de la gaieté, plus physiologique que spirituelle, plus sociale que divine[2]. L'étymologie du mot rejoint aussi les qualités que Montaigne prise au plus haut point. Emprunté à l'ancien provençal, lui-même issu du gothique *gâheis*, « rapide, vif » (ancien haut allemand *gahi* « brusque »), et du latin *vagus*, « errant, mobile, sans contrainte », l'adjectif gai, à partir duquel s'est formé le substantif, suggère l'idée

---

1   Par commodité personnelle, je renvoie à l'édition Villey publiée par les Presses Universitaires de France.

2   La gaieté ne saurait se confondre avec la joie : la première est physiologique et sociale tandis que la seconde est spirituelle et intérieure. Il en va de même pour le mot « allégresse » : l'adjectif « allègre » signifie en ancien et moyen français « sain, bien portant », « plein d'entrain ».

de liberté de mouvement ou d'action, en particulier dans les premiers emplois et ses dérivés[3]. Sous l'influence du savoir médical, le nom prend le sens, au XVIe siècle, de « vivacité, animation, ardeur[4] », renvoyant plus explicitement à la bonne santé. Les résonances sémantiques de la gaieté vont ainsi permettre à Montaigne d'élaborer, à partir de son identité humorale, une éthique et une esthétique de la gaieté, dont les *Essais* sont à la fois la démonstration et l'illustration. C'est cette gaieté idiosyncrasique, définie comme une humeur, une sagesse et un style, que nous nous proposons d'examiner ici[5].

« MA GAIETÉ NATURELLE » (III, 8, 938)

D'un essai à l'autre, Montaigne fait de la gaieté la marque constitutive de son être, qui le pousse « naturellement » – l'adverbe et ses dérivés reviennent avec insistance – vers le plaisir et la sérénité : « Je courrois d'un bout du monde à l'autre chercher un bon an de tranquillité plaisante et enjouée, moy qui n'ay autre fin que vivre et me resjouyr » (III, 5, 843 *sq.*). Dès les premiers essais, Montaigne jette les bases d'une gaieté consubstantielle et vitale, étroitement liée à la santé du corps et à la liberté de l'esprit. Pour donner toute son épaisseur à son identité humorale, il n'hésite pas à exploiter les possibilités syntaxiques que lui offre la langue française, l'énumération et la coordination tout particulièrement : « Je cognois, par experience, cette condition de nature, qui ne peut soustenir une vehemente premeditation et laborieuse. Si elle ne va gayement et librement, elle ne va rien qui vaille » (I, 10, 40). À la faveur du binôme adverbial, la gaieté retrouve son sens étymologique de liberté de mouvement, si chère à l'auteur des *Essais*. La « gaieté-liberté »

---

3 Voir Alain Rey (dir.), *Dictionnaire historique de la langue française*, Paris, Dictionnaires Le Robert, 1999, t. 1, p. 861.

4 Voir Edmond Huguet, *Dictionnaire de la langue française du XVIe siècle*, Paris, H. Champion, 1927-1965.

5 Philippe Desan m'a encouragée à écrire sur Montaigne ; il m'a aussi aidée à faire rayonner les études montaignistes dans le cadre du Centre Montaigne, que j'ai dirigé de 2012 à 2017. C'est en signe de ma profonde reconnaissance et de mon admiration que je lui offre ces quelques lignes sur son auteur de prédilection.

favorise ce hasard fécond qui lui permet, par surprise, de se trouver sans se chercher, comme il l'affirme quelques lignes plus bas : « [...] je ne me trouve pas où je me cherche ; et me trouve plus par rencontre que par l'inquisition de mon jugement » (I, 10, 40). Elle est au principe même de la dynamique de la pensée et, par extension, du projet introspectif des *Essais*.

Montaigne recourt souvent au lexique de la gaieté pour exprimer la libre activité de l'esprit, à laquelle il est profondément attaché. Dans le chapitre 10 du livre II, il évoque ainsi son « esprit primsautier », naturellement spontané et volubile, qui l'affranchit de toute attache et le protège des profondeurs insondables de la pensée. « Je ne fay rien sans gaieté », avoue-t-il pour justifier son butinage livresque : « Ce que je ne voy de la première charge, je le voy moins en m'y obstinant. [...] la continuation et la contention trop ferme esblouït mon jugement, l'attriste et le lasse » (II, 10, 409). Le terme s'enrichit, comme par contamination, progressant de la simple jovialité au mouvement, à la diversité et à la liberté, renouant avec ses significations originelles et rejoignant les idées motrices de la pensée de Montaigne. Dans le même temps, il prend tout son relief grâce à l'opposition de deux binômes structurels : la « gaieté-liberté » et la « contrainte-tristesse ». La liberté suscite la gaieté et la vivacité, alors que la contrainte produit l'effet inverse : elle plonge Montaigne dans la tristesse et la fatigue. Au diligent lecteur d'être attentif aux glissements lexicaux et aux jeux de miroir sémantiques.

L'identité entre gaieté et liberté vaut autant pour l'exercice de l'esprit que pour le comportement civique : « J'en sers plus gayement mon prince par ce que c'est par libre eslection de mon jugement et de ma raison, [C] sans obligation particuliere, [B] et que je n'y suis pas rejecté ny contrainct pour estre irrecevable à tout autre party et mal voulu. Ainsi du reste. Je hay les morceaux que la necessité me taille » (III, 9, 988). Comme le dit Bernard Sève, la gaieté est, selon Montaigne, « la marque de l'action juste et libre[6] ». Doté d'un sens politique, elle sert ici à justifier son indépendance et son détachement. Ce développement prend place au cœur de sa réflexion sur le voyage, où Montaigne fait l'éloge du mouvement, de la diversité et de la vanité. Au fil des *Essais*, le champ lexical de la gaieté vient épauler les valeurs qu'il défend pour

---

6   Bernard Sève, « Joie », dans Philippe Desan (dir.), *Dictionnaire Montaigne*, Paris, Classiques Garnier, 2018, p. 996-998.

dessiner les contours d'une sagesse personnelle fondée sur la liberté et la vanité, mais aussi sur la santé et la volupté.

En marge de l'autoportrait qu'il se plaît à camper pour son ami lecteur, Montaigne procède, par touches discrètes, à une véritable apologie de la gaieté, dont il fait à la fois la condition et le corollaire de la santé[7]. « La gaieté et la santé » sont « nos meilleures pièces », dit-il dans le chapitre 39 du livre I. À ses yeux, la santé procède moins, d'un équilibre humoral que d'un surplus d'humeur sanguine, productrice de gaieté ; de même, cette dernière s'accroît à proportion de la vigueur du corps. Intimement liées, la santé et la gaieté confèrent à l'être une intelligence vive et immédiate, au point de prendre rang parmi les sources de l'enthousiasme :

> Noz maistres ont tort dequoy, cherchant les causes des eslancements extraordinaires de nostre esprit, outre ce qu'ils en attribuent à un ravissement divin, à l'amour, à l'aspreté guerriere, à la poësie, au vin, ils n'en ont donné sa part à la santé ; une santé bouillante, vigoureuse, pleine, oisifve, telle qu'autrefois la verdeur des ans et la securité me la fournissoient par venuës. Ce feu de gayeté suscite en l'esprit des eloises vives et claires, outre nostre portée naturelle et entre les enthousiasmes les plus gaillards, si non les plus esperdus. Or bien ce n'est pas merveille si un contraire estat affesse mon esprit, le clouë et faict un effect contraire. (III, 5, 844)

Outre ses vertus corporelles, la gaieté devient, sous la plume de Montaigne, un nouveau *furor* au sens ficinien du terme, une source d'inspiration au même titre que les dieux, l'amour, l'ivresse, un « feu » enfin, moins divin que sanguin. Dans le même temps, comme le dit justement Alain Legros, l'auteur des *Essais* installe, à la faveur de ces associations, « le divin dans la très corporelle nature humaine[8] ». Contrairement à ses contemporains, il retire ses pouvoirs créateurs à la bile noire, qui ne figure pas dans sa liste, pour les attribuer à l'humeur contraire. En effet, la Renaissance avait mis la complexion mélancolique à l'honneur en faisant d'elle un facteur d'élévation et d'enthousiasme créateur. La

---

7   Pour la place cardinale qu'occupe la santé dans la philosophie de Montaigne, voir Sergio Solmi, *La Santé de Montaigne*, Paris, Allia, 1993 ; Jakob Amstutz, « Le concept de santé chez Montaigne », *Heidelberger Jahrbücher*, vol. 18, 1974, p. 101-122 ; Alain Legros, « Santé », dans *Dictionnaire Montaigne*, *op. cit.*, p. 1678-1681 ; et Blandine Perona, « La santé dans le livre III des *Essais* », *Bulletin de la Société Internationale des Amis de Montaigne*, vol. 65, n° 1, 2017, p. 183-196. Voir aussi *Essais*, II, 37, 765.

8   Legros, art. cité, p. 1679.

Renaissance n'est-elle pas « l'âge d'or de la mélancolie », selon le mot de Jean Starobinski[9] ? Tout en héritant des conceptions médicales et théologiques antérieures, Marsile Ficin et les platoniciens de Florence reprennent les idées d'Aristote et présentent la mélancolie comme « l'apanage presque exclusif du poète, de l'artiste, du grand prince et surtout du vrai philosophe[10] ». Montaigne n'adhère nullement à cette promotion de l'atrabile, dont il voit surtout le caractère pathologique et dangereux, préférant les vertus vivifiantes et créatrices de la gaieté[11] : « N'avons nous pas l'esprit plus esveillé, la memoire plus prompte, le discours plus vif en santé qu'en maladie ? La joye et la gayeté ne nous font elles pas recevoir les subjets qui se presentent à nostre ame d'un tout autre visage que le chagrin et la melancholie ? » (II, 12, 564). Il définit la gaieté par la santé jusqu'à les confondre parfois tant la santé représente pour lui, non pas l'absence de maladie, mais une source vive, une énergie allègre à l'image du vers de Théognis qu'il a inscrit dans sa « librairie » : « Rien de plus beau que la parfaite justice, mais rien de plus allègre que la santé[12] ». C'est d'ailleurs le même adjectif qu'il reprend pour se décrire au livre II : « J'ay [...] la santé forte et allegre » (II, 17, 641).

Pourtant, comment concilier cette « gaieté naturelle » avec la « langueur naturelle » (III, 10, 1020), qu'il met en avant ailleurs dans les *Essais*, en particulier dans les chapitres 9 et 10 du livre III, pour justifier son désengagement ou sa prudence politique ? Comment allier des humeurs en apparence contraires comme la pituite et le sang, comment accorder des tempéraments aussi discordants que le flegmatique et le sanguin ? Dans le chapitre 17 du livre II, Montaigne avoue et assume ses contradictions : « J'ay la complexion entre le jovial et le melancholique, moiennement sanguine et chaude » (641). Un « mélancolique sanguin » comme le qualifie Michael A. Screech ? Cette rencontre insolite entre Saturne et Jupiter pourrait expliquer les tiraillements de l'homme ; sa dualité humorale rendrait ainsi compte de sa dualité existentielle, mais

---

9   Jean Starobinski, *L'Encre de la mélancolie*, Paris, Seuil, coll. « La Librairie du XXIe siècle », 2012, p. 62.
10   *Ibid.*
11   Sur la mélancolie, voir Michael A Screech, *Montaigne et la mélancolie*, Paris, Presses Universitaires de France, 1992 ; et Olivier Pot, « L'inquiétante étrangeté : la mélancolie de Montaigne », *Montaigne Studies*, vol. 3, 1991, p. 235-302.
12   Legros, art. cité, p. 1679.

sans doute aussi ontologique, qu'il pose comme une évidence dans le chapitre 10 du livre III : « Le Maire et Montaigne ont tousjours esté deux d'une separation bien claire » (1012). Le tempérament mélancolique, plutôt flegmatique, à vrai dire, le pousse au détachement et à la solitude ; la complexion joviale à l'engagement et à la société. Son apathie consubstantielle marche l'amble avec sa gaieté constitutive. Montaigne construit ainsi le portrait d'un homme à la fois dolent et enjoué, cultivant la vanité et l'oisiveté, dont il tire plaisir : « Je m'emploie à faire valoir la vanité mesme, et l'asnerie, si elle m'apporte du plaisir. Et me laisse aller apres mes inclinations naturelles, sans les controller de si pres » (III, 9, 996). Sous la plume de Montaigne, ce naturel instable est assumé et pour ainsi dire prémédité : ne sert-il pas à justifier sa pensée originale, qui prend délibérément à rebours les préjugés et se plaît à cultiver les paradoxes ?

« J'AYME UNE SAGESSE GAYE ET CIVILE »
(III, 5, 844)

Sur la base d'un autoportrait psycho-physiologique, Montaigne pose les fondements d'une sagesse personnelle, qui procède aussi d'une histoire singulière – son engagement civique – et collective – les guerres de religion. La pensée philosophique est autant liée à une complexion naturelle qu'à une expérience politique s'enracinant dans la tourmente civile. C'est le spectacle des dérèglements humains et des désolations publiques qui conduit l'auteur des *Essais* à formuler, en des termes provocateurs, une conduite de vie fondée sur l'apathie et la gaieté, remotivant le bien vivre et le bien mourir des stoïciens et des chrétiens en « sainement et gaiement vivre » (III, 10, 1007). Selon les mots d'Alain Legros, « il ne veut pour lui-même ni science ni sagesse, oublieuses de ces deux qualités de l'homme vivant[13] » que sont la santé et la gaieté. Contre ses contemporains, qui exaltent tantôt la mélancolie tantôt le martyre, Montaigne reconsidère la santé et la gaieté comme des vertus

---

13 *Ibid.*

salutaires, susceptibles de servir de rempart contre la folie de son siècle[14]. Il cherche, pour sa part, à éviter la souffrance, particulièrement valorisée par la religion chrétienne et la pensée commune de l'époque. « Les prosperitez me servent de discipline et d'instruction comme aux autres, les adversitez et les verges », dit-il dans le livre III (9, 947). Il fuit de même les esprits chagrins : « [B] Je hay un esprit hargneux et triste qui glisse par dessus les plaisirs de sa vie et s'empoigne et paist aux malheurs : comme les mouches, qui ne peuvent tenir contre un corps bien poly et bien lissé, et s'attachent et reposent aux lieux scrabreux et raboteux ; et, comme les vantouses qui ne hument et appetent que le mauvais sang » (III, 5, 845).

Reste que la célébration du bonheur est délibérément polémique : elle s'oppose à la promotion du martyre et de la mortification par ses contemporains. Dans le contexte des persécutions et des massacres, les protestants prônent un héroïsme de la foi sur la base d'une spiritualité de l'affliction. Contre ces élévations spirituelles, contre cette abdication de l'homme et de sa nature devant la transcendance, qui sert d'alibi à l'exercice de la barbarie, enfin contre l'exaltation de la souffrance, l'auteur des *Essais* plaide en faveur de la gaieté et de la vanité. Comme le dit Michel Jeanneret, Montaigne, avec Folengo et Érasme, appartient « à cette aile de l'humanisme qui, contre les extrémismes de toute sorte, travaille à réconcilier l'homme avec lui-même, rend à la créature faillible et fragile, futile et fantasque, sa légitimité et son droit au bonheur[15] ».

On retrouve là les bases de la sagesse montaigniste, la santé du corps et la liberté de la conscience, où l'homme accède pleinement à son identité, où il jouit enfin de lui-même, non pour soi, dans une retraite solitaire, mais dans l'espace d'une sociabilité choisie. Le retour sur soi n'empêche pas une ouverture vers l'autre. Montaigne n'est pas à un paradoxe près : s'il prend soin de délimiter un espace intérieur, d'où il peut regarder le monde à distance et s'entretenir familièrement avec lui-même, comme l'Empereur qui, « au-dessus de son Empire », le « voi[t] et le considèr[e] comme accident étranger » (III, 10, 1012), s'il sait « jouir de soi à part,

---

14　Voir à ce sujet mon article, « "Sainement et gaiement vivre" au temps des guerres de religion : la leçon humaniste de Montaigne », dans Emiliano Ferrari et Thierry Gontier (dir.), *Montaigne. Penser en temps de guerres de religion*, Paris, Classiques Garnier, à paraître.

15　Voir Michel Jeanneret, « Voyages de Folengo et Montaigne vers le vide », dans Véronique Ferrer, Olivier Millet et Alexandre Tarrête (dir.), *La Renaissance au grand large. Mélanges en l'honneur de Frank Lestringant*, Genève, Droz, 2019, p. 706-707.

et se communiquer comme Jacques et Pierre : au moins à soi-même »
(*ibid.*), il ne se définit pas moins comme un être sociable, plus enclin
toutefois aux compagnies privées qu'aux affaires publiques :

> Ma forme essentielle est propre à la communication et à la production ; je
> suis tout au dehors et en evidence, nay à la societé et à l'amitié. [...] Les
> hommes de la société et familiarité desquels je suis en queste, sont ceux qu'on
> appelle honnestes et habiles hommes ; l'image de ceux cy me degouste des
> autres. C'est, à le bien prendre, de nos formes la plus rare, et forme qui se
> doit principalement à la nature. La fin de ce commerce, c'est simplement la
> privauté, frequentation et conference : l'exercice des ames, sans autre fruit.
> En nos propos, tous subjects me sont égaux ; il ne me chaut qu'il y faut ny
> poix, ny profondeur ; la grace et la pertinence y sont tousjours ; tout y est
> teinct d'un jugement meur et constant, et meslé de bonté, de franchise, de
> gayeté et d'amitié. Ce n'est pas au subject des substitutions seulement que
> nostre esprit montre sa beauté et sa force, et aux affaires des Roys ; il la montre
> autant aux confabulations privées. (III, 3, 823-824)

C'est que ces assemblées restreintes se définissent comme des exten-
sions de l'espace intérieur qu'il s'invente dans les *Essais* : elles sont
propices aux « exercices des âmes », sans ambition ni intérêt susceptible d'en compromettre l'authenticité. La gaieté, telle que la conçoit
Montaigne, est « expansive et dynamique, elle est lien avec soi-même
et avec le monde[16] » ; elle s'épanouit dans l'amitié et la « conférence »
ou conversation libre, dans le goût du partage et dans la bienveillance :
« Nul plaisir n'a goust pour moy sans communication. Il ne me vient
pas seulement une gaillarde pensée en l'âme qu'il ne me fache de l'avoir
produite seul, et n'ayant à qui l'offrir » (III, 9, 986). « Bonté », « franchise », « gayeté » et « amitié », voilà de nouvelles associations lexicales
qui confèrent à la gaieté un sens social et moral : « J'ayme une sagesse
gaye et civile, et fuis l'aspreté des meurs et l'austerité, ayant pour suspecte toute mine rebarbative » (III, 5, 844). C'est Socrate qui incarne le
mieux, à ses yeux, cette sagesse gaie et sociale, propre à le ranger parmi
le plus grand des philosophes : « Je croy Platon de bon cœur, qui dict
les humeurs faciles ou difficiles estre un grand prejudice à la bonté ou
mauvaistié de l'ame. Socrates eut un visage constant, mais serein et
riant, non constant comme le vieil Crassus qu'on ne veit jamais rire.
La vertu est qualité plaisante et gaye » (III, 5, 845). Socrate doit cette

---

16   Je reprends ici les mots de Bernard Sève dans « Joie », art. cité.

sérénité et cette jovialité à une « âme » douée « d'une bien allegre et nette santé » (III, 12, 1038). À nouveau, les mots conjoignent les dimensions physiologique, sociale et morale pour définir une sagesse ordinaire, « médiocre », fondée sur l'acceptation de la nature humaine. Sans doute faudrait-il rappeler la comparaison éloquente que Montaigne dresse entre Alexandre et Socrate au chapitre 2 du Livre III : à la grandeur du premier il préfère la médiocrité du second. Mieux, il inverse les valeurs, faisant de la médiocrité de Socrate la preuve même de sa grandeur[17].

Montaigne tire des leçons de son existence et de son temps une leçon d'humilité propre à redonner sa dignité à l'homme commun et à redéfinir son rôle dans la société, l'une et l'autre fondées sur la santé et la gaieté. En témoignent les dernières lignes des *Essais* : « Les plus belles vies sont, à mon gré, celles qui se rangent au modèle commun et humain avec ordre, mais sans miracle et sans extravagance. Or la vieillesse a un peu besoin d'être traicté plus tendrement. Recommandons-là à ce Dieu protecteur de santé et de sagesse, mais gaye et sociale » (III, 13, 1116). Indissociable de la santé et de la gaieté, la sagesse que prône Montaigne assure la réconciliation de la chair et de l'esprit, du corps et de l'âme, de l'homme et du monde, moyennant un exercice de soi assidu, qui s'interprète comme un devoir moral et chrétien : « Il y a du mesnage à la jouyr (la vie) ; je la jouys au double des autres, car la mesure en la joyssance depend de plus ou moins d'application que nous y prestons [...]. Si la faut il estudier, savourer et ruminer, pour en rendre graces condignes celuy qui nous l'octroie » (III, 13, 1111-1112). L'écriture des *Essais* offre à Montaigne le moyen de répondre à ce devoir d'« esjouïssance constante » (I, 26, 161) et d'illustrer, à l'attention du lecteur, cette gaieté morale et sociale.

---

17 Voir à ce sujet Michael J. Giordano, « The Relationship between *Du repentir* (III, 2) and *De mesnager sa volonté* (III, 10) : Conscience in Public Life », *Montaigne studies*, vol. 3, 1991, p. 190-191.

LE VERBE GAI

À l'éthique de la gaieté répond une esthétique de la gaieté, marquée par la liberté et la fantaisie, l'abondance et la surprise, le mouvement et la rupture. Les *Essais* constituent un exemple, certes parmi d'autres, de ce que Terence Cave nomme un « texte cornucopien[18] », généreux et allègre, où abondent les images insolites et les traits d'esprit. Sain, libre et familier, le style de Montaigne est à l'image de la sagesse gaie et sociale qu'il défend. C'est un style jovial qui manie l'humour et l'ironie, par insolence et plaisir, mais aussi par souci de vérité. C'est aussi un verbe virtuose – par référence au « gai savoir », à *la gaya scienza* des troubadours –, un verbe inventif, qui se plaît à déjouer les attentes sémantiques comme les structures syntaxiques. Comment Montaigne marie-t-il les différentes caractéristiques et ambitions d'un style allègre ? Comment articule-t-il la familiarité à la virtuosité, la liberté à la sociabilité, l'humour à la santé ?

Dans ses travaux sur le rire chez Montaigne, Bruno Roger-Vasselin distingue trois tendances humoristiques dans les *Essais* sur la base du rapport à la santé qui s'y exprime : « [...] la charge qui secoue, humour de survie volontiers brutal et même féroce, parfois aussi simple insolence ; l'allégresse qui s'exalte, humour de détente délirant et gratuit ; la politesse qui s'efface, humour emprunté ou amer que menacent la résignation et le conformisme[19] ». Si la première se caractérise par un style libre et énergique, un brin insolent, s'interprétant comme un geste à la fois de résistance aux contraintes et d'affirmation de soi, la deuxième se distingue par un verbe enjoué et enthousiaste, destiné à créer une connivence avec le lecteur et à lui procurer un véritable plaisir. Enfin, « la politesse humoristique », plus cordiale et civile, repose plutôt sur la retenue et la distance sans exclure la complicité. À des degrés divers, Montaigne instaure une relation ludique avec son lecteur, il l'invite à une « confrontation amicale » pour reprendre le mot d'Alexandre Tarrête[20].

---

18 Terence Cave, *The Cornucopian Text : Problems of writing in the French Reniassance*, Oxford, Oxford University Press, 1979. Voir aussi Sève, art. cité.

19 Bruno Roger-Vasselin, « Humour », dans *Dictionnaire de Montaigne, op. cit.*, p. 897-900.

20 Voir Alexandre Tarrête, « Ordre et désordre dans "De l'art de conférer" (III, 8) », dans Philippe Desan (dir.), *Lectures du troisième livre des* Essais *de Montaigne*, Paris, H. Champion, 2016, p. 237-259.

Dans tous les cas, l'humour stylistique crée un espace de liberté, propice à la subjectivation aussi bien qu'à la communication.

Dans les *Essais*, le sujet s'expérimente et s'invente dans la pratique d'une langue affranchie de ses attaches conceptuelles et rhétoriques ainsi que de ses conventions formelles. La pensée dynamique de soi se fait à travers une utilisation libre des mots et de la syntaxe, une association vagabonde des idées, une réinvention originale du sens, où l'humour joue un rôle essentiel. Montaigne ramène pour ainsi dire le français à un degré zéro pour permettre un travail de véridiction par la fantaisie verbale. L'humour accompagne cette démarche philologico-philosophique, consistant à affranchir la langue de son usage commun et des concepts qui lui sont attachés, à remotiver le sens par la création verbale – métaphorique plus précisément – et par la syntaxe – au gré d'un hasard parfaitement maîtrisé. L'image concrétise la pensée de Montaigne en la débarrassant du concept au profit de l'objet, l'humour l'aiguise en valorisant le bon mot pour trouver l'idée juste. La fantaisie qui se glisse dans les mots, dans les images ou dans la syntaxe au gré des digressions, est inextricablement liée à la quête de soi : Montaigne explore les possibilités de la langue comme il s'examine lui-même dans tous ses replis. Cette forme d'introspection linguistique par la métaphore et la fantaisie libère la pensée de Montaigne en lui donnant la force de l'évidence.

Elle lui permet par là même d'accéder à cette familiarité et à ce naturel que l'auteur des *Essais* appelle de ses vœux. Le « parler simple et naïf » (I, 26, 171) dont il se réclame va de pair avec cette libération linguistique et le refus de la rhétorique qu'il condamne à maints endroits. « Le style sain est un style qui refuse la sophistication », comme l'affirme Blandine Perona[21], un style en quête de transparence sémantique et de saveur linguistique au nom de la vérité, mais aussi du plaisir, celui de l'auteur comme du lecteur. L'idéal de simplicité s'inscrit ainsi dans la philosophie de la santé chère à Montaigne, conforme à la (bonne) nature qu'il convient de suivre « gaiement et librement » (III, 10, 1007). Le verbe gai se distingue par son énergie, sa vigueur, pour ne pas dire sa « gaillardise, faite de liberté et de corporéité[22] ». Montaigne reprend

---

21   Voir Perona, « La santé dans le livre III des *Essais* », art. cité, p. 184.
22   Perona, « Gaillardise, liberté et illustration de la langue française. De Montaigne à Marie de Gournay », *Bulletin de la Société Internationale des Amis de Montaigne*, vol. 67, n° 1, 2018, p. 191-209.

volontiers le mot pour décrire les digressions, « ces gaillardes escapades » (III, 8, 994), caractéristiques de son style et révélatrices de la gaieté de son esprit. Celles-ci procurent un plaisir analogue au plaisir amoureux : elles relèvent d'une « érotique du texte », formule de Terence Cave qu'Alexandre Tarrête n'hésite pas à appliquer à l'écriture des *Essais*[23]. Comme l'homme, invité à suivre sa nature et à exercer sa liberté, la langue doit revenir, par le détour d'un libre artifice littéraire et d'une virtuosité maîtrisée, à son épaisseur charnelle et à sa transparence référentielle à la faveur de jeux sonores, d'images concrètes, de digressions imprévisibles, qui lui confèrent ce « naturel », par lequel Montaigne parvient à créer un lien d'intimité exceptionnel avec son destinataire. La simplicité ne s'acquiert qu'au prix d'une volonté créatrice, libre et jubilatoire, grâce à laquelle Montaigne enrichit et illustre la littérature française de son temps sans se départir des principes forts qui le guident : la gaieté, la liberté et la santé.

L'étude de la gaieté donne la pleine mesure de l'interaction féconde qui régit la démarche intellectuelle du penseur et la méthode créatrice de l'écrivain. En revenant aux sources étymologiques, en jouant sur les associations lexicales et syntaxiques, Montaigne décuple la puissance sémantique de la gaieté au point d'en faire l'une des marques de son identité et l'une de ses valeurs essentielles. Parce qu'elle résonne avec la santé et la liberté, la vanité et le plaisir, dont elle tire un sens enrichi, elle constitue, avec ses variations lexicales, « allégresse », « esjouyssance », dans une moindre mesure « joie », l'un des maître-mots de la sagesse de Montaigne, mais aussi de son style. Le désordre, la digression, l'invention métaphorique, l'humour sont autant d'outils et de révélateurs de sa « gaieté naturelle », comme il se plaît à le dire. Au fil des ans, celle-ci n'est plus vraiment spontanée si l'on en croit le livre III : Montaigne la cultive par un exercice spirituel régulier, dans lequel l'écriture joue un rôle cardinal.

Véronique FERRER
Université Paris Nanterre

---

23 Voir Tarrête, art. cité, p. 253.

LA PROPHÉTIE EST MORTE,
VIVE LA PROPHÉTIE

Le cas Montaigne

Depuis toujours, la prophétie est l'alliée du temps et elle a choisi le futur. Le temps « dense », « épais » de la gestation ou de la production temporelle[1] où est enfermée l'espérance, entrelacée d'intérêts eschatologiques. Elle a été déclinée sur le registre sacré et profane, religion et politique, soudée souvent en un nœud inextricable, salvateur, et elle a utilisé la magie blanche – naturelle et bénéfique – comme instrument pour acquérir la pleine maîtrise des formes cosmiques et confirmer le suprême destin des élus. Et, surtout, elle n'a jamais renoncé au privilège de la métamorphose.

VESTIGIA PARVA

À l'automne de la Renaissance, un cas exemplaire de sa transmutation conceptuelle est représenté par quelques réflexions élaborées par la pensée critique montaignienne. En effet, si d'un côté les *Essais* décrètent la fin de la prophétie – et leur ironie corrosive semble ne pas leur laisser d'échappatoire – d'un autre côté ils en sauvegardent la forme la moins charnelle, le *tempus*, comme volonté du possible, en permettant sa survivance le long de parcours hétéroclites, en syntonie avec une conception précise de la fonction anthropologique de la *vis imaginandi*.

Le résultat de cette éducation permanente du regard qu'exerce Montaigne dans toutes les phases textuelles de son œuvre philosophique

---

1   Dans le *Livre de Daniel* (chap. 12, 4) on trouve, notamment, le passage le plus énigmatique de la prophétie de l'Avent.

est, en même temps, un avertissement pour le suffisant lecteur : « j'ouvre les choses, plus que je ne les descouvre » (II, 12, 501 C)[2]. Et « en ouvrant les choses », Montaigne ne voit pas dans le prophète le medium entre l'homme et Dieu, le bas et le haut, mais bien sa mesure « démesurée », bien que la tradition classique le veuille théologien, philosophe, médecin, capable de lire dans le ciel le cours des phénomènes naturels et les changements exceptionnels reliés à l'intervention directe de Dieu dans l'avancée des choses et dans l'histoire des hommes. Les *prognostica* astrologiques, et la prédication apocalyptique des années 80 du Quattrocento, avaient fait de Savonarole un prophète (quoique « désarmé ») et un réformateur : on attendait que Florence devienne la « nouvelle Jérusalem » – emblème et témoin d'une prophétie à laquelle elle ne renonça jamais.

Dans le chapitre « Qu'il faut sobrement se mesler de juger des ordonnances divines » (I, 32), Montaigne expose une sorte de généalogie de la prophétie sans la soustraire à une complexe phénoménologie nourrie de compromission, ignorance et crédulité :

> Le vray champ et subject de l'imposture, sont les choses inconnües : d'autant qu'en premier lieu l'estrangeté mesme donne credit, et puis n'estants point subjectes à nos discours ordinaires, elles nous ostent le moyen de les combatre. [C] A cette cause, dit Platon [*Critias*, 107b], est-il bien plus aisé de satisfaire, parlant de la nature des Dieux, que de la nature des hommes : par ce que l'ignorance des auditeurs preste une belle et large carriere, et toute liberté, au maniement d'une matiere cachee. Il advient de là, [A] qu'il n'est rien creu si fermement, que ce qu'on sçait le moins, ny gens si asseurez, que ceux qui nous content des fables, comme Alchymistes, Prognostiqueurs, Judiciaires, Chiromantiens, Medecins, *id genus omne*. Ausquels je joindrois volontiers, si j'osois, un tas de gens, interpretes et contrerolleurs ordinaires des desseins de Dieu, faisans estat de trouver les causes de chasque accident, et de veoir dans les secrets de la volonté divine, les motifs incomprehensibles de ses œuvres. Et quoy que la varieté et discordance continuelle des evenemens, les rejette de coin en coin, et d'Orient en Occident, ils ne laissent de suivre pourtant leur esteuf, et de mesme creon peindre le blanc et le noir (I, 32, 215).

Montaigne connaît l'œuvre médicale de Paracelse (seulement deux occurrences dans les *Essais*), de ce fils de médecin de campagne et alchimiste passionné, poursuivi par une réputation européenne de magicien qui se consacre aux évocations démoniaques – un nécromant. Dans l'« Apologie de Raymond Sebond », déjà dans l'écriture de la

---

2   Édition de référence : Villey-Saulnier, Paris, Presses Universitaires de France, 1965.

première phase textuelle, il écrit « On dit qu'un nouveau venu, qu'on nomme Paracelse, change et renverse tout l'ordre des regles anciennes, et maintient que jusques à cette heure, elle [la médecine] n'a servy qu'à faire mourir les hommes. Je croy qu'il verifiera aisément cela : Mais de mettre ma vie à la preuve de sa nouvelle experience, je trouve que ce ne seroit pas grand' sagesse » (II, 12, 571 A). Plus loin, dans le livre second, au chapitre 37 (« De la ressemblance des enfans aux peres ») il le mettra au rang du Bolonais Leonardo Fioravanti et du Piémontais Giovanni Argenterio en le mentionnant parmi ceux qui ont procédé à des changements « totaux et universels » par rapport à la médecine de Galien. Dans une variante qui ensuite a été effacée du texte original (1580) il avait défini leur pratique « pure imposture[3] ».

L'hypothèse que Montaigne connaissait l'inspiration fondamentale religieuse et prophétique des idées paracelsiennes (l'avènement final du don divin de la Terre aux hommes) est vraisemblable, mais qu'il connaissait aussi sa position critique vis-à-vis des traditions philosophiques et scientifiques de l'époque – considérées comme totalement inadaptées à la grande mutation du destin humain désormais proche – et son aversion envers les prédictions catastrophiques qui annonçaient la fin du monde imminente, avec même l'indication des diverses étapes ; le temps était venu maintenant où Dieu allait révéler aux hommes les secrets de la nature et des vérités restées longtemps cachées, révélation d'où découlerait un admirable développement des arts et des sciences, une amélioration de la nature et de l'esprit humain, une abondance inattendue des produits nécessaires, la richesse, la fin des catastrophes naturelles et des maladies, un prolongement indéfini de la vie. Mais que ne pouvait lui échapper non plus la conviction jamais réfutée de l'existence du Démon de la part du « nouveau venu[4] ».

---

3   Édition anastatique, publiée par Daniel Martin, Genève & Paris, Slatkine & H. Champion, 1976, p. 608.

4   La profonde crise religieuse et politique de son temps (l'Europe du XVIᵉ enfermée dans des conflits civils et religieux, de sanglantes révoltes de paysans, des tentatives radicales de renverser l'ordre social, comme celle opérée par les anabaptistes, et encore d'autres féroces répressions) semblait confirmer le prochain « renversement » de toutes les institutions politiques et ecclésiastiques et annoncer une longue saison d'événements destructifs. La reprise prophétique de la tradition millénariste avait pris forme avec la punition divine pour les péchés infinis des hommes, suivie d'une ère de paix et de pure perfection spirituelle. Prophéties qui semblaient confirmées par de nombreuses prévisions et horoscopes astrologiques qui annonçaient de très graves catastrophes naturelles – comme ce Déluge

Paracelse considérait que la prévision du futur, la prophétie, était la forme la plus élevée du savoir et de la magie naturelle et qu'elle se manifestait sous différentes aspects : l'astrologie (qui préannonçait le cours et la fin des événements mais, selon Ficin et Pic de la Mirandole, ce n'était pas le cas de l'astrologie judiciaire, populaire et superstitieuse qui attribuait à des phénomènes naturels des caractéristiques divines, niant le libre arbitre, c'est-à-dire le pouvoir accordé par Dieu aux hommes de résister même à l'influence des étoiles, de vaincre les pouvoirs maléfiques et d'accéder à la *deificatio*), les pronostics (oracles et images magiques que possédaient les vertus des astres et pouvaient être lus suivant la même méthode qu'utilisaient les médecins pour suivre l'évolution des maladies) ; enfin l'Écriture Sainte, comme suprême révélation, et les prophéties du Christ et des apôtres. Maintenant qu'était venu le temps du rachat définitif, le livre des cieux annonçait un autre paradis terrestre et la renaissance des élus, hommes nouveaux, en une autre création.

Sur cet aspect de l'hypothétique naissance d'hommes nouveaux aussi (hormis une concession non négligeable : l'attribution d'une telle caractéristique, sur les traces virgiliennes des *homines recentes*, c'est-à-dire issus des mains de la nature, aux *cannibales*, les sauvages d'Amérique), Montaigne semble persifler dans « De la gloire » au cours d'une réflexion sur les discussions qui accompagnaient le *topos* de l'« art du bon gouvernement » : conjecturer la naissance d'hommes nouveaux serait vouloir les engendrer comme Pyrrha (à partir de pierres) ou comme Cadmus (à partir de dents de dragon) – et l'ironie ira jusqu'à moquer l'intervention souhaitée de la Providence divine. Même si, comme le soulignait déjà Dilthey, à sa façon, Montaigne ne semblait pas renoncer à penser à une conception de l'homme autonome qui n'a pas besoin de dogmatisme, de théologie et de métaphysique. Mais outre Montaigne, Valla, Érasme, Machiavel, Juste Lipse, pour n'en citer que quelques-uns, dans leurs œuvres avaient décrit l'attitude prise par l'homme devant le « problème de la vie ».

---

gigantesque causé par conjonction prochaine de toutes les planètes de la Constellation du Poisson, attendue pour l'année horrible de 1526, la grande peur apocalyptique, ou bien la lecture dans les cieux de signes prémonitoires d'effrayants bouleversements prévus aussi par les interprétations les plus radicales de la prophétie de Daniel : l'histoire du monde est *in deterius* répétait aussi Bodin dans son livre, *Methodus ad facilem historiarum cognitionem*, en s'inspirant de la statue de Daniel (*Livre de Daniel*, chap. 2, 31) – de l'or au cuivre, au fer et à l'étain, une décadence dont les traces restent dans les syntagmes « âge d'or » et « âge de fer », le siècle « de fer » dont parlait aussi Giordano Bruno.

Paracelse ne doutait pas qu'il vivait au cours du dernier âge du monde et de l'histoire quand, selon la prédiction contenue dans la prophétie de Daniel, allait finir la domination des faux chrétiens et allait s'établir le règne de l'Esprit[5]. Il avait consigné ses réflexions dans le commentaire au *Pronosticatio* (dont il dénonça les finalités politiques) de Jean de Lichtenberg, l'un des pronostics prophético-astrologiques les plus utilisés chez les catholiques et les protestants pour reconnaître l'avènement de l'Antichrist déjà en action dans l'histoire et pour lequel la Cabale aussi sera utilisée dans la tentative d'en identifier la personne en Martin Luther, comme le prouve, entre autres, une page célèbre d'Anton Francesco Doni[6] qui se sert de Giulio Camillo Delminio et de son *Idée du Théâtre* et, naturellement, le chapitre deuxième du vingtième livre du *De occulta philosophia* d'Agrippa, publiée à Cologne en 1533 : *Qui numeri literis attribuantur. Atque de divinatione per eosdem*; d'autre part, Osiander voyait en Luther le *pastor angelicus* de la tradition millénariste.

PRONOSTIQUES ET PROPHÉTIE POLITIQUE

Pour prendre conscience des conséquences épistémologiques et morales de la métamorphose du concept de prophétie, il faut reconstruire le cheminement à sauts et gambades tracé dans les *Essais* (façon de procéder légitimée selon Montaigne par le grand Platon) en prenant appui sur un petit chapitre du livre premier (I, 11) intitulé « Des prognostications » où Montaigne, comme Cicéron, met les pronostics sous le signe de Tagès, demi-dieu, d'un visage enfantin, mais de senile prudence, en qui il est aisé de reconnaître l'image ou l'emblème du *puer senex*.

---

5   Daniel, 12, 1-3.
6   Anton Francesco Doni dans la troisième partie de *I marmi [Les marbres]* (Vinegia, Pier Francesco Marcolini, 1552) consacre quelques pages pour illustrer une spéculation numérologique singulière sur le personnage de l'Antichrist. Voir Alfredo Serrai, *Storia della bibliografia I, Bibliografia e Cabala. Le Enciclopedie rinascimentali (I)*, éd. Maria Cochetti, Rome, Bulzoni, 1988, p. 13-14. L'argument, tiré de l'*Idée du Théâtre* de Camillo (que Doni ne traite pas très respectueusement) répond à la volonté de montrer comment la prophétie tirée du chapitre 13 de l'Apocalypse donne un nombre qui coïncide à la somme de la valeur des lettres de Martin Luther. Le témoignage est important pour comprendre le climat idéologique et culturel de l'époque.

Dans un ajout manuscrit de la dernière rédaction, tandis qu'il suit la source, Cicéron *(De divinatione*, II, 23) évoquée au début seulement, il répète : « Cette tant celebree art de deviner des Toscans nasquit ainsi. Un laboureur perçant de son coultre profondement la terre, en veid sourdre Tages [...]. Chacun y accourut, et furent ses paroles et science recueillie et conservee à plusieurs siecles, contenant les principes et moyens de cette naissance conforme à son progrez ». Pour conclure : « J'aymerois bien mieux regler mes affaires par le sort des dez que par ces songes » (I, 11, 43 B).

C'est avec ce même chapitre que Montaigne clora provisoirement ses propres réflexions sceptiques, glissant imperceptiblement du pronostic (divination à partir d'astres, esprits, formes/signes du corps, songes *et alia)* à la prophétie (statut et valence spécifique), marquant dans la méthode et dans le contenu une distance sensible même par rapport à certaines analyses « rationalistes » qu'il semblait avoir privilégiées jusqu'à ce point, *s'*inspirant en un premier temps de Cicéron (et de Plutarque) ensuite de Marcus Pacuvius *via* Cicéron qui cependant émettaient des opinions critiques et poussées dans la réflexion sur ce thème.

Mais une dernière allusion à la prophétie attendait le lecteur là où, peut-être, il ne pouvait l'attendre. Presque dans l'*explicit* de « Des coches » (III, 6, 913-914 B) citant à nouveau des pages de Lopez de Gómara et son *Histoire générale des Indes* (vraisemblablement lue dans la traduction française de Martin Fumée)[7], Montaigne réintroduit l'idée de la prophétie (en ce cas chez les Mexicains) au cours d'une discussion plutôt voilée sur la thèse de l'éternité du monde – qui s'appuyait sur une source, non déclarée, mais tangible, les *Discours* de Machiavel – en une confrontation (un *corps à corps)* avec son bien aimé Lucrèce[8].

Bien entendu Montaigne s'accordait avec le caractère catastrophique et presque apocalyptique de la conquête espagnole et portugaise du Nouveau Monde, il en dénonçait avec véhémence la *boucherie universelle*, le génocide. Mais il estimait que le reste – la fin du monde après le cinquième soleil de la prophétie des habitants du Mexique – était le fruit

---

7   *Histoire generalle des Indes occidentales et terres neuves [...] augmentee en ceste cinquiesme edi-*
     tion [...] traduite en François par le s. de Genillé, Mart. Fumée, Paris, 1584 (ou peut-être la
     réimpression de 1587).
8   Voir Nicola Panichi, *Ecce homo. Studi su Montaigne*, Pise, Edizioni della Normale, 2018,
     p. 302-314.

de la faiblesse due à la crédulité humaine et de l'esprit humain qui est le créateur majeur des miracles (« C'est un grand ouvrier de miracles que l'esprit humain », II, 12, 573), miracles qui sont tels à cause de notre ignorance de la nature et non à cause de l'essence de la nature (« De la coustume... », I, 23, 112).

Tout au long de son argumentation Montaigne a réussi à maintenir solidement un registre ironique mais il ne nous épargnera pas, comme toujours, quelques *coups de théâtre* stratégiquement disposés dans d'autres chapitres qu'il faudra donc bien avoir à l'esprit car ils nous aident à comprendre, conformément au credo laïque et sceptique qui les inspire, à quel point, encore une fois, les *Essais* ne se laissent pas lire selon une même direction. Tandis qu'il a confiance en son suffisant lecteur avec l'espoir herméneutique de lui faire saisir des nuances de sens et le *sensus alter*, il les *indique du doigt* (« Ce que je ne puis exprimer, je le montre au doigt »), formant plus ou moins consciemment une sorte de marquage, clairement un index.

Le premier indice d'une survivance intellectuelle de la prophétie dans le registre philosophique montaignien se trouve justement dans le réemploi du lexique langagier prophétique qui ne sera pas sans conséquence (et ne doit pas être considéré comme une sorte de lettre morte, vidée de sens) : le fait d'*indiquer du doigt* est en effet une action essentielle du langage allusif de la prophétie, même si Montaigne dans ce cas-ci, presque par autocorrection, s'appuie en y insistant sur un passage connu de Lucrèce (*De rerum natura*, I, 403) : *Verum animo satis haec vestigia parva sagaci / Sunt, per quae possis cognoscere caetera tute* (« Mais pour un esprit sagace ces faibles indices sont suffisants pour découvrir tout seul tout le reste », III, 9, 983 C).

Donc l'emploi et le réemploi du lexique prophétique, dans une certaine mesure elliptique mais intellectuellement tangible, réserveront quelques surprises dans ces chapitres destinés à en reprendre la signification profonde. C'est le cas de quelques *essais* de frontière : « De la force de l'imagination » repense du point de vue critique la fonction anticipatrice et projective de la *vis imaginandi* ; « D'un enfant monstrueux » construit la signification politique du concept étymologique de *monstrum*, du caractère politique de cet indice, et « De l'amitié » repère, au plus profond et au sein même du concept d'amitié – la chose la plus *unie et une* – l'éventualité (même si elle est qualifiée de miracle) de la multiplication en *confrairie* du lien parfait entre deux êtres, en tant que cellule mère d'un renouvellement du lien possible / unité sociale, en une sorte d'alliance sacrée. Surprises conceptuelles peut-être pas du tout inattendues par la recomposition d'une sorte de mosaïque où les différentes tesselles (événement, monstruosité, anticipation, possibilité et, surtout, imagination et capacité projective) sont recomposées en un art de mosaïste prolifique autrement dit une prophétie laïque hétérodoxe.

Pour donner encore plus de force à sa pensée et alimenter la structure du « Des prognostications », Montaigne extrait de sa besace bien fournie en exemples l'anecdote de Francesco del Vasto, marquis de Saluces[9]. Au cours de son expérience italienne (« au-delà des Alpes ») en tant que lieutenant du roi, le marquis s'était laissé gagner par la peur à cause des pronostics qu'on faisait circuler partout en faveur de l'empereur Charles Quint à tel point qu'il fut conduit à changer de parti et décréter ainsi sa propre ruine. Le « j'accuse » montaignien est sans appel : l'Italie était désormais la scène désolée où « *ces folles propheties* avoyent trouvé tant de place » au point « qu'à Rome fut baillée grande somme d'argent au change, pour ceste opinion de nostre ruine ».

L'anecdote, tout en fournissant une clef de lecture linéaire et un sens défini, n'empêchera pas Montaigne de relancer dans ce même chapitre la question, par une opération raffinée et complexe, articulée et savamment confiée par la suite à d'autres chapitres et à des lieux conceptuels qui en marqueront le tournant définitif. Le problème avait déjà été posé et ce n'est certes pas par hasard que dans « Des prognostications » la critique de cette imagination même qui veut admettre et soutenir l'idée de la légitimation oraculaire et prophétique – sur laquelle l'antiquité, précise Montaigne, a fondé une grande partie des affaires publiques (politiques) et privées, et a réfléchi grandement sur les causes de sa propre décadence – soit arrivée à Montaigne par Plutarque (*De defectu oraculorum*)[10] et surtout par Cicéron[11] qui, recourant, comme je l'ai

---

9   Le marquisat de Saluces (Cuneo) reste français de 1529 à 1601, quand Henri IV le cède à la Maison de Savoie.

10 Pour la traduction d'Amyot : *Des Oracles qui ont cessé*, in *Les œuvres morales & meslees de Plutarque, translatees du Grec en François par Messire Jacques Amyot...*, Paris, Vascosan, 1572 (réimpression avec introduction de Michael A. Screech, Mouton, Johnson Reprints Corporation, 1971), I, f. 336r-352v ; *Pourquoy la prophetisse Pythie ne rend plus les oracles en vers*, dans *ibid.*, II, f. 627v-636v.

11 *De divinatione*, II, 57, 117.

annoncé, à la position plus « équilibrée » de Pacuvius (et de Xénophane de Colophon), tout en admettant l'existence des dieux, essayait de nier toute espèce de divination[12].

DU MARQUIS DE SALUCES
À L'ORACLE DE SOCRATE

Donc, alors qu'il conseille ironiquement au marquis de Saluces de se fier au hasard des dés (plutôt qu'*à la furor propheticus*), Montaigne semble opter pour un règlement de comptes définitif avec son objet : préférer le hasard veut dire nier le caractère effectif de la prophétie.

L'entrée en scène du hasard, de la fortune, dès la première écriture des *Essais* avait eu des effets immédiats pour le destin même de l'ouvrage et attiré des attentions soutenues de la censure. À la fin du chapitre, dans la couche C, Montaigne était revenu à la politique et à la lecture politique de l'imagination prophétique confiée au *deus ex machina* de la fortune :

> Je voudrois bien avoir reconnu de mes yeux ces deux merveilles : du livre de Joachim, abbé calabrois, qui predisoit tous les papes futurs, leurs noms et formes ; et celuy de Leon l'Empereur, qui predisoit les empereurs et patriarches de Grece. Cecy ay-je reconnu de mes yeux, qu'és confusions publiques [politiques] les hommes estonnez de leur fortune se vont rejettant comme à toute superstition, à rechercher au ciel les causes et menaces ancienes de leur malheur. Et y sont si estrangement heureux de mon temps [Savonarole, Nostradamus, Paracelse, Postel ?], qu'ils m'ont persuadé, qu'ainsi que c'est un amusement d'esperits [*sic*] aiguz et oisifs, ceux qui sont duicts à ceste subtilité, de les replier et desnouer, seroyent en tous escrits capables de trouver tout ce qu'ils y demandent. Mais sur tout leur preste beau jeu le parler obscur, ambigu et fantastique du jargon prophetique, auquel leurs autheurs ne donnent aucun sens clair, afin que la posterité y en puisse appliquer de tel qu'il luy plaira (*ibid.*, 44 C).

Clairvoyance, prémonition, télépathie (prévoir le futur, interpréter le passé, découvrir des vérités cachées, capacité de saisir la « réalité » à travers des perceptions extrasensorielles) – *divinatio*, tout est pensé dans le langage ambigu et obscur, sibyllin à dessein.

---

12 *Ibid.*, I, 57, 131 ; I, 3, 5.

Dorénavant Montaigne se met à *essayer*, il commence à tenter de saisir et d'indiquer au lecteur en ce style, nous dirions classique, un surplus de sens qui lui permettra d'ouvrir bien d'autres horizons. En regardant Socrate chez Platon qui, dans le *Phédon* (60e-61a) rêvait souvent de « faire de la musique », son interprétation souligne comment il s'agissait d'un songe répété, recommencé au point que pour le philosophe grec, il finissait par représenter non seulement un aiguillon pour continuer à accomplir ce qu'il avait toujours fait (composer et pratiquer la philosophie – « la musique la plus grande ») mais encore il lui demandait de composer une autre musique – il l'invitait à la poésie, à « l'écriture par images », il lui préfigurait quelque chose à accomplir encore. Ce n'est que dans un second temps que la personne (le démon) de Socrate deviendra, toujours dans « Des prognostications », la voie royale pour introduire le fameux parallélisme entre le moi, le sujet philosophique, et Michel, aspect sur lequel je reviendrai en conclusion de mes réflexions.

Même si la personne philosophique de Socrate, davantage que celle bien plus modeste du pauvre marquis de Saluces, aurait dû servir *à Montaigne* pour clore les comptes avec la prophétie, le résultat auquel il parvient fait ressortir avec plus de clarté et plus de clairvoyance que la première anecdote, un *mélange* de composants définitifs (qui se veulent liquidateurs) et en même temps provisoires. À bien voir, l'opération n'est vraiment pas neutre et n'a pas échappé des mains de son auteur mais répond à son intention de relancer la prophétie sur un autre plan et sous une autre forme, parfaitement compatible avec sa pensée sceptique et son ouverture à la catégorie de la possibilité.

Le passage de la prophétie au démon de Socrate, expérimentateur de l'expérience quotidienne dans la diversité de ses accidents, comme loi commune de la nécessité, advient grâce à une torsion d'ordre moral :

> [B] Le demon de Socrates estoit à l'advanture certaine impulsion de volonté, qui se présentoit à luy, sans attendre le conseil de son discours. En une ame bien espurée, comme la sienne, et preparée par continuel exercice de sagesse et de vertu, il est vray semblable que ces inclinations, quoy que temeraires et indigestes, estoyent tousjours importantes et dignes d'estre suyvies. Chacun sent en soy quelque image de telles agitations [C] d'une opinion prompte, véhemente et fortuite. C'est à moy de leur donner quelque authorité, qui en donne si peu à nostre prudence. Et en ay eu de pareillement foibles en raison et violentes en persuasion : ou en dissuasion, qui estoient plus ordinaires en

> Socrates, [B] ausquelles je me laissay emporter si utilement et heureusement
> qu'elles pourroyent estre jugées tenir quelque chose d'inspiration divine *(ibid.)*.

La source est à nouveau Plutarque (*De genio Socratis*) et l'image de Socrate
est évoquée encore un coup dans le sillage du *Phédon* de Platon[13]. Le
démon socratique avait déjà été interprété par Plutarque en tant que
(métaphore indiquant un) signal mantique mais en même temps et surtout, reconnu comme indice d'un comportement d'inflexible énergie et
intensité, dérivé d'un jugement et d'un principe sûr et décidé. L'attitude
de Socrate (être demeuré pauvre toute sa vie bien qu'il puisse s'enrichir ;
n'avoir jamais abandonné la philosophie devant les plus grands obstacles
ni cédé aux insistances de ses amis qui avaient préparé un plan pour son
salut, avoir conservé un esprit intrépide face à la mort) n'est pas liée à la
labilité d'opinions causée par des présages (ou des éternuements), mais
est le propre d'un homme guidé par une formation et un autocontrôle
supérieurs. La relecture et le message montaigniens sont de nature
éthique : la pensée divine se communique en voie directe uniquement
à l'esprit pur, dénué de passions. Véhiculée par le mythe de Timarque,
mythe d'une vision ultra terrestre de l'outre monde, elle devient une
exhortation au refus des passions qui rendent indigne l'homme en
l'enfonçant de plus en plus dans la *nihilité de l'humaine condition*.

Montaigne souligne à quel point la défense « xénofontesque[14] »
face à l'accusation portée au philosophe athénien d'avoir introduit
« de nouvelles divinités », était restée dans le cadre de ces coordonnées.
L'élève témoignait que le maître avait toujours honoré tous les dieux
et ne pouvait provoquer leur éventuelle colère ; Socrate croyait surtout
dans sa « force spirituelle ». Montaigne commente : *c'était là son oracle
personnel* – sa *furor propheticus*. Connotation théorique qui, bien plus
tard, plaira à Baltasar Gracián qui relancera dans l'*Oracle manuel et art
de la prudence*, en une formule aphoristique l'idée que l'homme puisse
devenir « oracle de lui-même ».

---

13 *Du Demon ou l'esprit familier de Socrates*, dans *Œuvres, op. cit.*, II, 639D [11, 580F-581D].
14 *Memorabilia*, I, ɪ, 1-9.

TEMPUS
De la divination à l'histoire

Mais ce sera la récupération du double sens du terme *monstrum*, dans l'ordre de sa valence philologique, sur laquelle nous reviendrons, qui permit à Montaigne d'en lier la notion à l'usage de l'imagination prophétique dans l'unique acception reconnue et reprise à la fin de « De la force de l'imagination » (la capacité de *dire sur ce qui peut advenir*). L'imagination prophétique est renforcée par une séquence d'une vigueur marquée et d'une épaisseur poïétique qui la rendent éligible, pour notre thème, à devenir le pivot du chapitre « De l'institution des enfans » (I, 26 156-157) : l'acte allusif d'indiquer du doigt à l'intellect le parcours à suivre en le mettant en place marchande, selon l'image efficace concernant Plutarque de *De vitioso pudore* – mais surtout de *De Pythiae oraculis*[15] où le langage prophétique marque et anticipe la potentialité du début : "Je crois que tu connais le mot d'Héraclite : « Le seigneur auquel appartient l'oracle de Delphes ne dit ni ne cache, mais il fait allusion [il indique][16] »".

Sur le présupposé que dans l'histoire de la pensée occidentale le thème du pronostic a toujours été intimement lié à celui du monstrueux, les *Essais* tenteront d'en détricoter la liaison archéologique, en la recomposant avec d'autres instruments, d'autres yeux, d'autres buts et en la relançant avec les distinguos adéquats sur un terrain, nous le verrons, plus ambitieux. En fond de scène Montaigne ne sera pas gêné par l'écho non résiduel des débats de l'Antiquité, du Moyen-Âge et de la Renaissance autour du « monstrueux » ni par l'importance du *De generatione animalium* aristotélicien[17].

Plus vraisemblablement, la tentative de Montaigne de déconstruire le concept de « monstre » s'adressait polémiquement à cette littérature contemporaine sur le prodigieux et sa fortune comme en témoigne le cas de *Des monstres et prodiges* d'Ambroise Paré où non seulement la position aristotélicienne est radicalisée mais encore le monstre demeure lié

---

15   *Ibid.*, 21, 404D.
16   *Ibid.*
17   *De generatione animalium*, IV, 3-4, 789b et 770b.

indissolublement et sans hésitation au mauvais présage et à la mauvaise prophétie : « MONSTRES sont choses qui apparoissent outre le cours de la Nature (et sont souvent signes de quelque malheur à advenir)[18] ». Les *Histoires prodigieuses* de Pierre Boaistuau, de son côté, rapportaient des prodiges de Dieu vivificateurs, envoyés à la ville de Jérusalem pour l'inviter à la pénitence, pour contrer les prodiges de Satan exposés dès le premier chapitre : « Considerons un peu Chrestiens combien cest oracle & Prodige divin est different du précedent. L'un édifie, l'autre ruyne, l'un veult prendre, dissiper & gaster, l'autre conserver, réparer & vivifier[19]... ».

Mais c'est « De la force de l'imagination » qui fait ressortir la complexité des usages rhétoriques, épistémologiques et éthiques de la faculté imaginative, étant donné la présence en elle, cataloguées et illustrées, de presque toutes ses utilisations, distribuées par thème singulier dans des chapitres particuliers. Une sorte de microstructure germinative qui implique, par sa raison d'être même, la précieuse articulation avec le temps. Et parmi les utilisations, un rôle central revient à la catégorie de futur historique, la capacité de préfigurer le possible, de *dire sur ce qui peut advenir*, code avec lequel Montaigne termine le chapitre (I, 21), que l'on doit considérer comme effort conceptuel et lieu privilégié de la définitive conversion et « acceptation » qui s'ensuit de l'ordre de l'imaginaire (et du prophétique) dans le domaine historique. Résultat auquel parvient Montaigne au moyen d'une sorte de torsion conceptuelle de la notion de prophétie (ressenti comme de la « ferraille ») véhiculée par l'idée de « projectualité » consciente, de possible, de tension et d'ouverture au futur, à travers justement la *vis imaginandi* – par un terme appartenant à l'iconologie de la Renaissance, le « Mercure des événements », selon une lumineuse définition hégélienne de la *Philosophie de l'histoire*.

Il convient d'ajouter une autre considération. L'utilisation en un vaste ensemble sémantique dans le texte montaignien de la forme lexicale du verbe *peindre* fait naître quelques réflexions supplémentaires. Ne se manifestant pas neutre en soi, il permet à Montaigne de ne pas devoir se décrire uniquement lui-même, comme annoncé dès l'« Avis au lecteur »

---

18 *Des monstres et prodiges*, éd. Jean Céard, Genève, Droz, 1971, p. 3.
19 *Histoires prodigieuses et memorables...*, éd. de 1560 à Paris, pour Iehan Longis et Robert le Mangnyer Libraires, préface de Gisèle Mathieu-Castellani, Genève, Slatkine, 1996, chap. 2, p. 44.

(*c'est moy que je peins*), de ne pas décrire uniquement le passage dans le présent et du présent mais d'*accommoder mon histoire à l'heure*, comme l'indique énergiquement « Du repentir » (III, 2, 805 B), d'essayer dans l'ajout manuscrit tardif (I, 21, 106 C) de caractériser la soudure presque en oxymore entre métaphore de la peinture et temps futur. Au moyen de la *vis imaginandi*, le chapitre expérimentera la construction (et le dépassement) d'un paradigme considéré presque comme impensable, celui du *ut pictura tempus* – qui est aussi *prophetiae tempus*.

L'utilisation non rituelle de la métaphore picturale classique acquiert dans un premier moment la valence de la *dicibilité du présent* pour être ensuite abandonnée au profit du *dire sur ce qui peut advenir* – la « dicibilité » du futur et parfois d'un futur/passé comme la découverte du Nouveau Monde, ce pays infini dont les démons, les Sybilles et nous-mêmes, précise Montaigne dans « Des coches », avions ignoré l'existence. Monde qui pourrait ne pas être le dernier de ses frères et annoncer, être l'indice du *pas-encore* (III, 6, 909 B). Ou d'un futur annonçant, nous l'avons déjà dit, l'idée de l'intrinsèque caractère politique de l'amitié (I, 28, 191 C).

Montaigne, à plusieurs reprises, avait tenté d'expliquer que former le regard à la complexité et à la contradiction signifie s'ouvrir à la compréhension d'un ordre, à son tour, complexe et signifiant. Ordre complexe et signifiant qui concerne aussi le temps, dans sa dimension future (ce qui peut arriver ou qui sera : il est regrettable que certains savants aient attribué à Montaigne l'idée d'une histoire fermée) dans sa fonction relative à l'être, à l'existence, mais aussi à sa connaissance. Le problème sera posé dans les *Essais* moins dans l'optique de l'*être ou non-être* que dans celle de la coexistence de l'être *et* du non être, c'est-à-dire du non-être-encore qui, par l'intermédiaire de la médiation du temps, se changera en un paradoxal *être du non-être*.

À bien voir, comme dans le cas de la conversation avec soi-même, solitude ou *retraite*, il ne s'agit jamais d'une constante et immuable volonté manichéenne qui tracerait des lignes de frontière entre signifi-cations opposées. Jean Pic de la Mirandole lui a enseigné que dans son spectre d'action, l'imagination, en tant que sujet de la métamorphose, est en mesure de rendre des concepts négatifs en perspectives positives, *comme si*, en travaillant sur la signification polysémique du mot, la *res* recevait le titre et le crédit de la possibilité.

PROPHÉTIE *SIVE* POSSIBILITÉ

Mais il nous faut maintenant faire un pas en arrière pour chercher à nous diriger vers une conclusion. Le cas peut-être le plus
emblématique de métamorphose de la prophétie peut se rattacher
au concept limite (mais à son mode ancien) de monstruosité et il se
trouve dans le chapitre II, 30 (« D'un enfant monstrueux »), un autre
petit chef-d'œuvre de sémantique historique et de métamorphose
politique du concept de prophétie. À la différence de l'acception plus
théorique qui apparaît dans de « De la force de l'imagination », le
court *essai*, véritable pierre précieuse, préfigure une herméneutique
de l'enfant monstrueux (unique tête et corps double) dans toute sa
valence critique et polysémique, en raison de la racine étymologique
même et dans ce cas cratyléenne (au reste nominalisme linguistique
et cratylisme semblent appartenir tous deux à la riche phénoménologie des *Essais*) ou alors sa capacité de *monstrer* : dans cette acception
seulement l'enfant est donc, dans l'optique montaignienne, *monstrum*,
c'est-à-dire signe qui indique, qui montre, qui fait allusion à autre
chose et, à sa manière, exprime dans ce cas un potentiel politique
(inédit, nous le verrons) de la prophétie.

Ici le *monstrum* finit d'être l'effet d'une mauvaise imagination tératologique, incapable de comprendre l'*ordo naturae* et il est replacé par le
jugement philosophique montaignien non seulement dans l'ordre qui
lui est propre (le dit monstre est une des formes de la nature, dans sa
perpétuelle multiplication et vicissitude [de formes] : III, 6, 908), non *contre*
l'ordre de la nature) mais aussi dans un ordre signifiant et allusif qui
peut fonctionner aussi dans son éventuelle et hypothétique valence prophétique, s'ouvrant, en une sorte de « prophétie » politique renouvelée,
à des dimensions nouvelles et possibles : la cohabitation pacifique des
religions ; un bon présage pour le prince d'un État déchiré par les guerres
civiles, sans pour autant attribuer au sens « prophétique » la signification que Montaigne avait déjà mise de côté ironiquement dans « Des
prognostications ». Voici les paroles de Montaigne : « Ce double corps,
et ces membres divers, se rapportans à une seule teste, pourroient bien
fournir de favorable prognostique au Roy, de maintenir soubs l'union de

ses loix, ces parts et pieces diverses de nostre estat ». Mais à bien voir il conviendrait de s'arrêter un peu sur le thème relancé par le personnage allusif de l'enfant monstrueux auquel Montaigne semble donner une valence encore plus articulée et complexe.

Avant tout, on pourrait imaginer une question de méthode et une sorte de paradoxe logico-temporel. Dans ce chapitre dense (seulement apparemment non linéaire, comme c'est habituel dans les *Essais*) Montaigne ne soutient pas simplement une thèse (le *monstrum* comme présage politique). Plutôt il s'appuie sur la thèse de l'adversaire (qu'il ne réfute pas mais qu'il assume comme étant vraie) pour faire glisser, *mutatis mutandis*, l'argument vers sa propre extension herméneutique. Sur la thèse de l'adversaire (celui qui croit à la prophétie, donc la croyance dans la prophétie), il semble construire une sorte de figure rhétorique qui ressemble à la réfutation dialectique, sauf que cette voie ne débouche pas sur une aporie (à laquelle conduirait avec le modèle réfutatoire la thèse de l'adversaire), mais sur une *possibilité*, placée alors *sub condicione* (du regard), de la validité de la thèse contraire à celle de l'auteur : si l'on veut admettre (par l'absurde) l'existence (la véridicité) du présage et de la prophétie, si présage et prophétie ont une réelle consistance, on pourrait alors lire dans ce corps tératologiquement gémellaire de l'enfant un présage politique pour la paix intestine. Montaigne, obsédé par les guerres de religion (la *monstrueuse guerre* et *nostre mort publique*) l'espère jusqu'à tordre à son avantage le discours de l'''adversaire'' (que par principe il réfute et d'autres chapitres en sont témoins) et jusqu'à présenter dans ce cas la ''prophétie'' comme une réelle possibilité.

La conclusion sera dans son style : mais par crainte que les faits démentent le présage ou la prophétie, il suggère qu'il vaudrait mieux les laisser continuer leur chemin puisqu'on ne peut pronostiquer qu'une fois les choses advenues. Mais si d'un côté la conclusion est un refus net de la prophétie classique, de l'autre elle sert à Montaigne à *indiquer* le remède dans le mal (concept qu'il dément ailleurs : *je n'aime pas guérir le mal par le mal*), terme savant sur lequel on a beaucoup discuté.

Cette manœuvre permet d'accomplir un dernier pas au niveau théorique. Dans l'acception reçue par Montaigne, présage et prophétie relancent et définissent, avec un vocabulaire ancien et encore incomplet, ces concepts modernes et laïques qui lui tenaient le plus à cœur : la critique de la crédulité (avec un important distinguo), l'idée de la possibilité (I, 27), l'éternelle herméneutique du visible et de l'invisible (I, 32) et aussi la critique envers la peur de la nouveauté (II, 30), de l'*innovation* et de l'*invention* – la critique lucrétienne du monde renversé de celui qui a éduqué sa propre imagination. Ce sera cependant toujours avec l'aide de « De la force de l'imagination » que l'homme *calamiteux* et *miserable* arrivera à exercer son propre jugement, à arracher le masque de l'imagination elle-même, à constituer le nœud et l'épitome des limites et des pouvoirs de la faculté imaginative aux mille visages contraires, savants et trompeurs, dans son pouvoir et savoir être anticipateur, matérialisant, psychosomatique, anthropologique, éthique (échange de place avec l'autre), magique, historique, projective – à sa façon prophétique, par sa capacité de *savoir dire sur ce que peut advenir.*

Mais ce qui est en jeu, qui découle aussi du discours montaignien sur la prophétie, révèle un objectif plus élevé. Et cela ne doit pas nous étonner. L'objectif formatif est d'arriver à savoir distinguer clairement entre « impossibilité », comprise comme « contre l'ordre de cours de nature », et « inusité », autrement dit « contre la commune opinion des hommes » ; essayer de comprendre « cette infinie puissance de nature » en évitant de juger les événements peu vraisemblables comme faux : « les condamner impossibles, c'est se faire fort, par une temeraire presumption, de sçavoir jusques où va la possibilité » (I, 23, 180 A).

Il est indéniable désormais que l'émergence de la complexité des déclinaisons de l'imagination, surtout en lien avec la *possibilité*, devient l'instrument historiographique et moral le plus adapté pour interroger l'histoire « sur ce qui peut advenir », c'est-à-dire pour constituer un horizon d'attente à propos de ce *jusqu'où* peut arriver la possibilité de l'« humaine capacité » : la meilleure formule à laquelle se fier pour comprendre l'univers ouvert dans son infinité de mondes, infinité de formes, la négation de la hiérarchie apparente des êtres, et une conception ouverte, non prédéterminée, non circulaire – à sa façon « progressive », en spirale, comme Plutarque pensait qu'était le mouvement des îles dans le songe de Timarque.

Avec cette optique, Montaigne polémique avec le concept de Destin, de *Fatum*, ou de Providence, c'est-à-dire avec toute conception qui limite ou annule le libre arbitre. « Les choses advenir », les événements futurs

sont à relier « à nostre volonté » et non à une « inevitable nécessité ».
Montaigne rejette ici ce que lui-même définit « argument du passé ».
À la thèse « Puis que Dieu prevoit toutes choses devoir ainsin advenir,
comme il fait sans doubte, il faut donc qu'elles adviennent ainsi » (II,
29, 708 A) le philosophe réplique :

> le voir que quelque chose advienne, comme nous faisons, et Dieu de mesmes
> (car, tout luy estant present, il voit plutost qu'il ne prevoit) ce n'est pas la
> forcer d'advenir ; voire, nous voyons à cause que les choses adviennent, et
> les choses n'adviennent pas à cause que nous voyons. L'advenement faict la
> science, non la science l'advenement. Ce que nous voyons advenir, advient ;
> mais il pouvoit autrement advenir... (*ibid.*).

Si, au cours d'un long cheminement, qu'il n'est pas possible de reprendre
ici, Montaigne en arrive à discuter en le critiquant le concept de « nouveauté », le recours par moment en négatif à la notion de « nouvelleté »
pourrait sembler une lézarde au cœur même du concept de l'imagination
productive, entendue dans l'acception de pivot de la métamorphose,
possibilité, donc, nouveauté, et comme bloqué dans son statut critique à
cause de l'identité de la coutume, incompatible avec la nouveauté. Mais,
à bien voir, c'est le concept d'*innovation* qui devient problématique dans
les pages montaigniennes au moment où il s'unit à la reconnaissance
qu'elle (le remède) puisse se révéler pire que le mal. Parce que tout, dans
le flot héraclitéen qui emporte le sujet aussi, devient *autre d'un autre*,
passage et métamorphose.

Montaigne n'abandonnera pas l'idée du parcours et du futur et dans
l'un des derniers chapitre des *Essais*, avec une ironie subtile, reprendra
le concept de monstre sur un terrain (tératologique) qui désormais ne
lui appartient plus – et qui lui est devenu, en un certain sens, étranger.
Dans le très célèbre chapitre « Des boyteux », il arrivera à radicaliser le
concept même d'identité du moi en liant indissolublement subjectivité
(le fait d'être *Michel de Montaigne*) et monstrueux, allant même jusqu'à
s'emparer de l'équivalence entre monstruosité et ipséité, autrement dit
à concevoir *la monstruosité du moi* :

> Jusques à cette heure, tous ces miracles et evenemens estranges se cachent
> devant moy. Je n'ay veu monstre et miracle au monde plus expres que moy-
> mesme. On s'apprivoise à toute estrangeté par l'usage et le temps ; mais plus
> je me hante et me connois, plus ma difformité m'estonne, moins je m'entens
> en moy (III, 11, 1029 B).

Un clou chasse un clou, disait Cicéron (*clavio clavium eiciendum putant*) dans les *Tusculanae* (IV, 35). Cesare Pavese le corrigeait dans les dernières pages du *Métier de vivre* (le 16 août 1950), dix jours avant son suicide : *un clou chasse un clou. Mais quatre clous font une croix.* Peut-être que Pavese a raison en haussant la garde, à condition que la prophétie reste (avec Todorov) mémoire.

Nicola PANICHI
Scuola Normale Superiore di Pisa

MONTAIGNE,
PHILOSOPHE DU SOCIAL

Dans son ouvrage, *Montaigne : penser le social*[1], Philippe Desan s'empare d'une question essentielle dans la compréhension, la réception et l'usage des *Essais* de Montaigne : celle du rapport de l'essayiste, en tant qu'auteur publiant, avec la société de son temps, ou plus précisément celle de l'inscription dans le texte des *Essais* des préoccupations d'un homme nécessairement façonné par son mode social d'existence et par les enjeux conflictuels de son époque. En montrant, comme dans bon nombres de ses travaux[2], que Montaigne ne fait pas exception à la règle qui constitue la base des sciences humaines (et de la sociologie en particulier) selon laquelle la constitution de l'identité individuelle relève aussi d'une construction sociale, Philippe Desan prend ainsi position contre une lecture des *Essais*. Cette lecture consiste à les faire valoir à titre de manifestation de la singularité, voire de l'originalité absolue de son auteur, individu écrivant un texte incomparable, au point que le temps semble avoir été suspendu dans sa dimension historique. Ainsi, l'ouvrage *Montaigne : penser le social* s'impose comme un rappel à l'ordre de l'impossibilité qu'il y a pour un individu de ne pas s'exprimer à partir de sa position sociale, alors même que sa démarche ne vise pas à en faire état.

---

1   Philippe Desan, *Montaigne : penser le social*, Paris, Odile Jacob, 2018.
2   Voir par exemple Philippe Desan, *Montaigne. Une biographie politique*, Paris, Odile Jacob, 2014.

EN QUOI LES *ESSAIS* DE MONTAIGNE
PERMETTENT-ILS DE PENSER
PHILOSOPHIQUEMENT LE SOCIAL ?

L'approche critique de Philippe Desan invite à revivifier la lecture des *Essais* dans deux directions :

Premièrement, elle conduit à s'interroger sur le peu de références à Montaigne dans les ouvrages de sciences sociales[3] – ou si l'on préfère dans la réflexion sur la genèse de ces sciences par les sociologues – autrement que comme exception par rapport à une pensée dominante peu encline à prendre la mesure de l'origine arbitraire des découpages du réel qu'elle propose. Par exemple, on peut se demander pourquoi en effet[4], Bourdieu, dans ses *Méditations pascaliennes*, choisit Pascal, plutôt que Montaigne, comme source d'inspiration de sa réflexion sociologique sur l'insertion des individus dans des champs, à partir d'un *habitus* qui suppose la discipline des corps, davantage qu'un état de l'âme. Car il est remarquable que Montaigne, avec sa pensée de l'accoutumance comme plasticité, qui assure l'adaptation au milieu social et la production de nouveautés, se prête aussi bien et même mieux que Pascal – tributaire du mécanisme cartésien dans sa conception de l'automate social – à la sociologie de Bourdieu, qui refuse l'opposition entre pensée finaliste et pensée mécaniste. Philippe Desan nous fournit une explication de cette occultation de Montaigne comme source sociologique, en montrant que la réception institutionnalisée des *Essais* a façonné un Montaigne représentant de la laïcité, moraliste, ou encore libéral, qui excluait la réception des *Essais* que nous pouvons envisager aujourd'hui à l'aune des sciences sociales.

Deuxièmement, et c'est cette seconde direction, complémentaire par rapport à la première, qui fera l'objet du présent article, on peut

---

3   Il faudrait toutefois nuancer l'assertion selon laquelle Montaigne aurait été « écarté des sciences sociales » (*Montaigne : penser le social*, *op. cit.*, p. 304). Claude Lévi-Strauss fait bien de Montaigne l'un des précurseurs de l'ethnologie. Voir « En relisant Montaigne », dans *Histoire de Lynx*, Paris, Plon, 1991, p. 280-283, où il commente la ressemblance entre le premier paragraphe du chapitre XX de *Tristes tropiques* (Paris, Plon, 1955, p. 153) qui énonce le principe du structuralisme et la position ethnologique de Montaigne exprimée dans certains passages de l'« Apologie de Raymond Sebond » (voir Montaigne, *Essais*, II, 12, Presses Universitaires de France, coll. « Quadrige », 1992, p. 573, et p. 579-580).

4   Voir Philippe Desan, *Montaigne : penser le social*, *op. cit.*, p. 148.

se demander si la sociologie de Montaigne (au sens d'un génitif objectif), telle qu'elle est présentée par Philippe Desan – Montaigne serait le porte-parole inconscient de la société de son temps, ce en quoi on gagnerait à socialiser son œuvre pour mieux l'étudier – ne pourrait pas être complétée (comme Philippe Desan nous y invite d'ailleurs à la toute fin de son ouvrage, p. 306) par une sociologie de Montaigne (au sens du génitif subjectif), présentée par Montaigne dans le cadre d'*Essais* qui amorceraient une théorie du social. En d'autres termes, on peut se demander si les recherches actuelles sur Montaigne ne gagneraient pas aussi à présenter Montaigne comme fournissant une analyse du réel qui procède du social, ce qui en ferait un philosophe précurseur des sciences sociales, parce que son objet même serait le social[5].

Il n'y a en effet aucune raison de refuser cette conscience du social à Montaigne, sous prétexte qu'il exprimerait malgré lui dans ses *Essais* des ambitions liées à son appartenance sociale : les sociologues Émile Durkheim et Pierre Bourdieu, de même que les anthropologues Philippe Descola et Claude Lévi-Strauss, qui sont tous de formation philosophique, mais se donnent le social pour objet, ne sont pas davantage à l'abri d'être les porte-paroles inconscients d'intérêts liés au groupe ou au champ auquel ils appartiennent. C'est même de leur propre aveu inévitable[6]. Ainsi, le fait de se faire malgré soi l'expression de ce que P. Bourdieu appelle « la raison scolastique », non seulement n'ôte pas toute valeur à un discours qui fait la critique de la raison scolastique tout en en procédant, mais contribue de manière efficace à « rompre le cercle enchanté de la dénégation collective[7] ». Car ce discours exhibe, par ses tensions mêmes – ces auto-contradictions soulignées par Philippe Desan au sujet de Montaigne, que l'on pourrait relever aussi au sujet de Bourdieu – ce que l'univers du savoir, et indissociablement du pouvoir, dans lequel on est pris, ne veut pas savoir sur lui-même.

On peut ainsi faire évoluer notre conception de la philosophie – conception qui elle-même provient de l'émergence de sciences sociales

---

5   Dans cette mesure, la réflexion que je propose ici se situe dans le sillage des recherches de Frédéric Brahami. Voir *Le Travail du scepticisme. Montaigne, Bayle, Hume*, Paris, Presses Universitaires de France, 2001.

6   Pierre Bourdieu, *Méditations pascaliennes*, Paris, Éditions du Seuil, 1997, p. 275 : « La reconstruction théorique, inévitablement scolastique, du social [fait apparaître] la vérité de ceux qui n'ont ni l'intérêt, ni le loisir, ni les instruments nécessaires pour s'approprier la vérité objective et subjective de ce qu'ils font et de ce qu'ils sont ».

7   Pierre Bourdieu, *Méditations pascaliennes, op. cit.*, p. 15.

à la fin du XIXe siècle et de leur impact sur la conception que la philosophie a d'elle-même – sans pour autant commettre l'erreur de la projeter de manière anachronique sur la conception que Montaigne se faisait de la philosophie en son temps. Il n'y a pas d'anachronisme, au sens où Montaigne s'en prend déjà à l'éducation scolastique (au sens propre, cette fois), à laquelle il reproche de se préoccuper non des choses dont nous faisons l'expérience, mais des textes et de spéculations théoriques. Dans toute « L'Apologie de Raymond Sebond » ne se donne-t-il pas pour cible ce que l'on peut considérer comme l'*analogon* de la vision spectatrice de l'idéalisme philosophique critiquée par les théoriciens des sciences sociales depuis le XXe siècle ? Montaigne exhorte à se tourner vers le concret, au lieu de ne prendre en compte que l'esprit, à l'exclusion du corps et de la sensibilité, considérés à tort comme des obstacles, et jamais comme des opérateurs de nos pratiques. Parce qu'il est l'homme de son temps (où la tradition aristotélicienne est contestée), il promeut une nouvelle conception de la philosophie, associée à une nouvelle anthropologie qui, comme le souligne Philippe Desan, après André Tournon[8], a pour objet non pas l'essence de l'homme, mais la condition de l'homme, comme c'est le cas dans l'anthropologie contemporaine[9]. Ayant rompu avec la métaphysique, l'anthropologie montanienne, n'est ni essentialiste, ni universaliste, ni spiritualiste, mais plutôt existentialiste, empiriste, sceptique surtout, sans être pour autant individualiste. Elle n'est pas fondée sur la seule considération des singularités, puisqu'elle se déploie à partir de l'attention portée aux particularités culturelles, qui ne sont plus pensées dans un rapport d'opposition (ni d'accomplissement) avec une nature humaine unifiée.

Cet aspect épistémologique – qui justifie que l'on situe les premiers pas de l'anthropologie comme science humaine à l'époque de Montaigne[10] – n'est en rien démenti par le prétendu conformisme pratique (social, politique) souvent attribué à Montaigne. En effet, l'étude des particularités

---

8　André Tournon, *Route par ailleurs, Le nouveau langage des* Essais, Paris, H. Champion, 2006, p. 130.

9　C'est ce qui fait dire à Hans Blumenberg en 1971 : « La première anthropologie philosophique digne de ce nom fut, à l'aube de l'époque moderne, l'ouvrage de Montaigne, *l'Apologie de Raymond Sebond* ». Voir « Approche anthropologique d'une actualité de la rhétorique », *L'Imitation de la nature*, Paris, Hermann, 2010, p. 97.

10　Voir Pol-Pierre Gossiaux, *L'Homme et la nature, Genèse de l'anthropologie à l'âge classique, 1580-1750*, Bruxelles, De Bock-Wesmael Université Éditions, 1993, p. 155-157.

prises dans leur histoire ne cesse de rappeler l'emprise du devenir sur les choses qui sont « en perpétuelle mutation et branle », y compris au sein des institutions et des coutumes. À ce titre, elle interroge les manières dont on peut se rapporter au réel et chercher à s'y maintenir sceptiquement, c'est-à-dire en sachant que l'ordre est toujours une construction arbitraire sur du branlant. Ce questionnement, loin d'être purement intellectuel, invite à se demander sur le plan pratique : « Quelle position adopter, sachant que la crise s'inscrit dans le quotidien, et que la seule chose qui compte est la manière de réagir par rapport à des situations sur lesquelles nous avons prises seulement de l'intérieur des structures qui les ont rendues possibles, et par lesquelles nous avons été formés ? ».

La question embarrasse davantage les philosophes d'obédience métaphysique, que des philosophes néo-pyrrhoniens comme Montaigne, pour lequel « nous n'avons aucune communication avec ce qui est » (I, 3, 17 ; et II, 12, 601), si bien qu'il n'est pas nécessaire d'avoir des raisons d'agir pour agir. Montaigne, en raison de sa proximité avec Sextus Empiricus, est également très proche de Bourdieu[11] : il explique et fonde l'action à partir de croyances pratiques (et non des délibérations théoriques selon le modèle du raisonnement pratique aristotélicien) qui sont moins liées à des états d'âme ou à des intentions issues d'une délibération rationnelle, qu'à des états du corps (indissociablement individuel et social) qui, par l'intermédiaire des coutumes, constituent la force structurante de nos actions et des contenus mentaux qui y sont associés. Les coutumes peuvent certes faire l'objet d'une rationalisation éventuelle ayant pour fin de les justifier, mais c'est toujours dans l'après coup[12]. Au sein d'un devenir en perpétuelle mutation, l'innovation

---

11 C'est ce que rappelle Philippe Desan, lorsqu'il cite (p. 160) *Le Sens pratique* de Pierre Bourdieu (Paris, Minuit, 1980, p. 115). Mais on peut se référer également aux *Méditations pascaliennes* (*op. cit.*, p. 337). Depuis Sextus Empiricus (*Esquisses pyrrhoniennes*, I [23-24]) jusqu'à Hume en passant par Montaigne et Bayle, la philosophie sceptique met l'accent sur l'importance des dispositions façonnées par les coutumes dans la détermination à agir. C'est ainsi que le scepticisme représente une philosophie tournée vers la pratique proche de la socio-anthropologie, qui, comme l'ont montré Frédéric Brahami (*Le Travail du scepticisme, op. cit.*) et Christophe Grellard (« Les ambiguïtés de la croyance », *Socio-anthropologie*, vol. 36, 2017, p. 75-89), accorde une importance décisive aux croyances dans l'explication des comportements humains.

12 Philippe Desan souligne ce point (*Montaigne : penser le social*, p. 129-130) lorsqu'à l'issue de l'analyse du chapitre de Montaigne sur la coutume (I, 23), il rappelle que la malléabilité de la raison est au service de cette justification *a posteriori* des pratiques culturelles

souhaitable est celle qui ne se fait pas violemment (par décrets), mais s'appuie sur la souplesse de nos dispositions, sur la coutume comprise comme principe d'accoutumance qui a configuré notre vie[13], et demeure ainsi capable de réactiver des dispositions à des fins de transformation, c'est-à-dire de réajustement au réel. Montaigne critique la recherche de la nouvelleté comme aspiration téméraire à faire éclater le cadre qui a rendu possible le déploiement de toutes nos potentialités, mais non la transformation qui s'inscrit dans ce cadre historique et par conséquent mouvant, ouvert sur l'avenir, dans une recherche permanente de notre adaptation à un environnement social.

Cette considération sur la philosophie de Montaigne explique en quoi il peut être lu comme un penseur du social, non contre la philosophie, mais à partir d'une philosophie du social dont les principes fondamentaux, même s'ils ne sont pas énoncés comme dans un traité de méthodologie de sciences sociales, ont beaucoup d'affinités avec les sciences sociales.

Pour le montrer, suivant cette seconde direction de la sociologie de Montaigne (où Montaigne n'est pas seulement l'objet de la sociologie, mais l'auteur d'un discours sociologique) nous nous en tiendrons à quelques aspects, à notre avis essentiels, de la pensée de Montaigne, remarqués par Philippe Desan, afin de compléter certaines de ses considérations dont l'enjeu est l'articulation (qui suppose la distinction et non pas la séparation) entre la sphère privée et la sphère publique.

En effet, si comme le souligne Philippe Desan, « Montaigne occupe cet espace intermédiaire qui témoigne de la transformation d'un corps privé en un corps public » et que, par cette situation même, il acquiert « une dimension philosophique et sociologique[14] », ce n'est pas seulement comme témoin exemplaire, mais aussi parce qu'il se trouve en mesure de penser philosophiquement le social, de concevoir la constitution sociale de l'identité personnelle dans son rapport d'ouverture à autrui, d'une manière qui, comme il le rappelle très justement et à plusieurs

---

qui les normalise et leur donne du sens. Dans ses *Méditations pascaliennes* (p. 146-147), Pierre Bourdieu, même s'il ne se réfère pas à l'auteur des *Essais* (en faveur de Pascal, grand lecteur de Montaigne), analyse d'une manière similaire à Montaigne ce travail « *post festum* » de la raison à l'œuvre dans la légitimation de nos pratiques sociales.

13   Montaigne : « C'est à la coutume de donner forme à notre vie. [...] Elle nous peut duire non seulement à telle forme qu'il lui plaît [...] mais au changement aussi, et à la variation, qui est le plus noble et le plus utile de ses apprentissages » (III, 13, 1080-1082).

14   Desan, *Montaigne : penser le social*, p. 150.

reprises, a été occultée par la représentation outrancière d'un philosophe reclus dans sa tour, ou pire – pour ce qui est du détournement d'une métaphore montanienne choisie avec soin – dans son « arrière-boutique ».

ESQUISSE D'UNE PHILOSOPHIE
MONTANIENNE DU SOCIAL

Philippe Desan cite *Les Méditations pascaliennes* de Bourdieu comme articulant le corps civil et le corps social : si « le corps singulier finit par se confondre avec le corps des autres », c'est parce que pour un homme qui vit dans le monde « le corps est dans le monde social » tout autant que le « monde social est dans le corps[15] ». Autrement dit, tout isolement du corps propre relève soit d'un pur mythe d'une séparation qui n'est jamais effectivement accomplie, soit d'un acte second de retrait qui suppose au préalable une articulation du corps privé et du corps social réalisée par les coutumes, dont la fonction première est de développer les prédispositions du sujet à la société en les ancrant, par la répétition, dans des pratiques déterminées liées à une position sociale.

Ainsi, si l'on considère avec Philippe Desan qu'en tant qu'elle pense le corps dans sa dimension matérielle et sociale, la Renaissance envisage l'être humain d'une manière normative et prédictible qui transcende les agissements singuliers[16], les *Essais* sont tout à fait emblématiques de cette période et préfigurent ce que nous appelons aujourd'hui les sciences sociales. Montaigne est donc bien l'homme de son temps, non pas malgré lui, mais en tant que théoricien du social : il ne cesse de montrer cette genèse sociale du « moi », comme premier moment mimétique d'une formation personnelle auquel non seulement il ne prétend pas échapper, mais encore sur lequel il insiste comme étant une caractéristique propre à son tempérament. L'individu Montaigne se décrit comme ayant une condition « singeresse et imitatrice » (III, 5, 875) qui le prédispose plus qu'un autre à se mirer en autrui, afin de se forger une personnalité. En ce sens, il préfigure la théorie exposée dans *Looking glass self* de Charles

---

15 Voir *Montaigne : penser le social*, p. 148.
16 *Ibid.*, p. 144-145.

Cooley (1864-1929) mentionnée par Philippe Desan, selon laquelle le
« moi » se construit socialement à partir du regard des autres[17]. En effet,
sans cette constitution première par l'altérité, le « moi » ne serait pas en
mesure, par un retour réflexif sur la propre formation de sa personnalité,
de porter un regard critique sur des pratiques culturelles, non pas dans
le but de les défaire, ni même nécessairement de les réformer, mais de
prendre la mesure de leur arbitraire, et par conséquent d'en relativiser
la valeur, tout en en reconnaissant la fonctionnalité de leur normativité,
leur signification sociale[18].

En ce sens, au sujet de Montaigne, comme au sujet de Bourdieu, on
peut aller jusqu'à soutenir, en revenant sur la concession exposée ci-dessus
(d'une possible auto-contradiction), qu'il n'y a aucune contradiction entre
d'une part l'analyse critique de l'arbitraire ou du caractère inégalitaire
et injuste des coutumes et d'autre part l'absence de revendications ou de
pratiques révolutionnaires. Et il ne semble guère approprié de stigmatiser
leurs positions comme « conservatrices », puisque les valeurs mondaines,
pour ces penseurs du social, n'ont aucune consistance intrinsèque,
qu'elles sont contingentes, à l'épreuve d'un temps qui modifie et parfois
rend les bouleversements inévitables et souhaitables, lorsque les lois et
coutumes ne sont plus susceptibles d'être reçues par les peuples qu'elles
régissaient, qu'« elles ont fait leur temps[19] ». Comment pourrait-il en
être autrement dans un monde caractérisé par la mobilité constante et
l'inachèvement, et par conséquent l'ouverture sur le champ des possibles
et des nouveautés ?

Comme le corps social, la personnalité individuelle, qui fait la synthèse des rôles sociaux, ne cesse d'évoluer avec le temps. C'est pourquoi
il incombe à chacun de construire sa propre cohérence, en assumant
les caractéristiques les plus contraires (illustrées par l'auto-portrait de
Montaigne dans le chapitre II, 1), le caractère « emprunté » des différents
personnages joués, chaque individu construisant son rapport à lui-même

---

17   *Ibid.*, p. 176 et p. 190 : « Comme l'avait suggéré Cooley, son moi ne peut être conçu que
     dans un rapport aux autres, dans un système d'interactions à la fois singulières et socié-
     tales dont les *Essais* nous permettent de cerner l'ampleur et nous donnent la mesure ».
18   Sur ce point, je me permets de renvoyer aux développements qui figurent dans mon
     ouvrage *Scepticisme et inquiétude*, Paris, Hermann, 2019, p. 323-401.
19   C'est sur cette considération que s'achève le chapitre I, 23 des *Essais* intitulé « De la
     coutume et de ne changer aisément une loi reçue ». Voir l'analyse d'« une loi reçue »
     proposée par André Tournon dans *Route par ailleurs. Le nouveau langage des* Essais, *op. cit.*,
     p. 220-234.

sous le regard des autres, toujours en quête de leur approbation. Ainsi, « accommoder son histoire à l'heure », selon la formule de III, 2, désigne le processus par lequel chacun, en tant qu'il se tient dans l'espace public, et donne une autre dimension à son « moi » par cette exposition (qui est pour l'écrivain une « publication » en un sens spécifique), doit composer ce qu'il est, compte tenu des personnages joués, c'est-à-dire des charges publiques endossées (parlementaire, maire, ambassadeur…). Mais nul n'est dispensé de cette démarche, à partir du moment où il éprouve le besoin, en tant qu'être humain, c'est-à-dire en tant qu'être social et parlant, de s'accréditer auprès des autres. Et nul n'est à l'abri de devoir rendre des comptes… À ce titre, cela ne relève pas de l'illusion scolastique de penser que chacun est amené à rassembler les morceaux d'un « moi » « faits de lopins » diversement agencés suite à des rencontres qui mettent d'autant plus à l'épreuve l'homogénéité à construire, qu'elles sont aléatoires et ont lieu dans un monde déchiré par les guerres civiles. Mais il est vrai que ce « moi » pourrait être autrement perturbé dans un autre contexte historique. Il est nécessairement le produit de l'histoire du monde dans lequel il s'inscrit, qu'il s'agisse de son petit monde social, ou des plus grands mondes autour de lui (le royaume, la nation, l'empire, les mondes au-delà des mers…).

Le « moi » de Montaigne est ainsi conçu par Montaigne lui-même à partir de cette situation d'ouverture à l'extériorité qui le façonne. Il ne s'agit ni de duplicité (selon l'interprétation libertine ultérieure[20]), ni d'inauthenticité (selon le point de vue métaphysique qui sera par exemple celui de Heidegger ou de Sartre, pour lesquels le sujet est aliéné dans le « on », l'ordinaire etc.), mais de la nécessité, pour vivre sa vie, de la « jouer[21] ». Ainsi, loin d'alimenter le mythe tenace d'une séparation de l'intérieur et de l'extérieur qui permettrait une scission entre la sphère privée et de la sphère publique garante de l'émergence des libertés

---

20 Sur la différence entre la duplicité libertine et l'articulation entre le privé et le public chez Montaigne, je me permets de renvoyer à mon article « Montaigne, une éthique de la vie ordinaire », dans Antony McKenna et Pierre-François Moreau (dir.), *Le Libertinage et l'éthique à l'âge classique, Libertinage et philosophie au XVIIᵉ siècle*, Saint Étienne, Publications de l'Université de Saint-Etienne, 2009, p. 17-33.

21 Dans *Description de l'homme*, Hans Blumenberg rétorque à l'analyse existentialiste de l'échec de tout projet personnel pris dans une quotidienneté, et ainsi rendu exogène (par la pression des autres, du « On », de l'environnement), que « l'inauthenticité n'est que l'un des vocables pour dire que la vie peut être jouée » (Paris, Édition du Cerf, 2011, p. 788).

individuelles, la conception montanienne du « moi » suppose, à partir d'une distinction entre moi et autrui, une interaction permanente du dehors et du dedans sans laquelle le « moi » serait inconsistant et ne se comprendrait pas lui-même. A la différence de ce que sera la conscience de soi chez Descartes, transparente à elle-même dans l'intériorité, la conscience de soi chez Montaigne fait l'expérience de la monstruosité au-dedans –lieu d'où surgissent de manière impromptue des chimères faisant « le cheval échappé[22] » – et est confrontée toujours davantage, au fil des ans, à une difformité qui fait obstacle à la (re)connaissance de soi[23]. Cette monstruosité, qui traduit une irrégularité (l'*anomalia* du néo-pyrrhonien Sextus Empiricus) irréductible à l'unité dans le rapport à soi-même, ne se surmonte que dans le miroir du monde, métaphore qui ne renvoie pas à un ordre divin, mais à l'ordre instauré par les autres, à l'ordre social à l'image duquel nous nous façonnons[24].

Il n'y a donc pas refuge qui tienne dans l'intériorité[25], ni de retrait possible dans l'arrière-boutique, sans constitution préalable du « moi » dans la boutique, lieu des échanges économiques et sociaux, au moyen du « commerce » avec les autres – terme dont Philippe Desan analyse les différentes connotations et qui s'entend aussi de la relation avec les autres hommes, de la communication. Comme le dit très clairement Philippe Desan : « Montaigne affirme que notre être ne se comprend que dans son rapport à l'autre, principalement par le biais du langage et de l'échange linguistique[26] ». Dans cette interaction sociale, chacun tisse des liens auxquels il est attaché d'une manière différente, selon

---

22 D'après le chapitre I, 8, le surgissement de ces pensées chimériques serait à l'origine même des *Essais*.

23 Montaigne : « On s'apprivoise à toute étrangeté par l'usage et le temps ; mais plus je me hante et me connais, plus ma difformité m'étonne, moins je m'entends en moi » (III, 11, 1029).

24 Montaigne : « Ce grand monde, que les uns multiplient encore comme espèces sous un genre, c'est le miroir où il nous faut regarder pour nous connaître du bon biais » (I, 26, 157). Le commentaire de cette métaphore montanienne par Blumenberg dans *La Lisibilité du monde* (Paris, Éditions du Cerf, 2007, p. 72) insiste également sur la constitution du sujet par le monde.

25 Cet aspect de la pensée de Montaigne est tellement remarquable dans la pensée occidentale, qu'elle attire l'attention de l'anthropologue Philippe Descola : « Parmi ces critiques de l'attribution d'une singularité absolue en fonction de ses facultés internes, Montaigne est sans conteste le plus célèbre et le plus éloquent dans son réquisitoire [...] ». Voir *Par-delà nature et culture*, Paris Gallimard, 2005, p. 244.

26 Desan, *Montaigne : penser le social*, p. 116. Sur l'importance de la communication dans la philosophie de Montaigne, voir Nicola Panichi, « Nietzsche et le gai scepticisme de

qu'il entretient avec eux un rapport relâché, nonchalant, ou au contraire engagé. Il y a en effet une manière de vivre ces liens qui ne relève pas du pur déterminisme, mais engage une liberté, une latitude dans la manière de réagir en situation, comme Bourdieu l'analyse d'ailleurs, contre ceux qui voudraient à tout prix enfermer son analyse entre déterminisme et liberté abstraite finalisée[27].

Et il n'y a pas lieu de déplorer cette constitution sociale du « moi » comme aliénante. Dans le cadre d'une philosophie non essentialiste, qui considère que « nous sommes tout creux et vides », que « la pire place que nous puissions prendre, c'est en nous » (II, 16, 618, et II, 12, 568), l'intériorité est le lieu même de l'inconsistance, de la vanité, au sens non moral de la vacuité. C'est pourquoi, « pour ne nous déconforter [décourager] nature a rejeté bien à propos l'action de notre vue au-dehors » (III, 9, 1000) : la consistance personnelle ne s'acquiert qu'auprès d'autrui et dans les rôles sociaux qui permettent de se constituer par « emprunts » une personnalité multiple traversée de contradictions, dont la cohérence, toujours à ravauder, relève d'une construction sociale de soi nécessaire au bon commerce avec soi.

Ainsi, s'il est vrai que, comme l'analyse Philippe Desan – à l'occasion d'un commentaire concernant l'analyse de l'historienne Natalie Zemon Davis de ce cas d'usurpation d'identité inouïe que présente l'affaire Martin Guerre – « l'identité n'a de sens que dans son rapport à ceux qui la reconnaissent[28] », cette remarque concerne bien Montaigne, non pas malgré lui, mais selon la réflexion qu'il mène dans les *Essais*, en tant que philosophe du social. Et il n'y a à mon sens aucune contradiction chez Montaigne, comme chez Bourdieu d'ailleurs, entre d'une part procéder à l'analyse du social, c'est-à-dire montrer la genèse des normes qui nous façonnent, ce qui conduit à en relativiser la valeur, et d'autre part « jouer le jeu » de cet ordre dans lequel on s'inscrit pour obtenir cette reconnaissance sociale sans laquelle le « moi » serait amputé de ce qui lui permet de s'estimer lui-même, et par là de justifier son existence[29]. Cette justification s'opère

---

Montaigne », § 23, *Noesis*, n° 10, 2006, p. 93-112, [en ligne] URL : http://noesis.revues. org/452 (consulté le 18 septembre 2020).

27 Bourdieu, *Méditations pascaliennes, op. cit.*, p. 200.

28 Desan, *Montaigne : penser le social*, p. 165. Voir aussi Nathalie Zemon Davis, *Le Retour de Martin Guerre*, Paris, Tallandier, 2008 (pour l'édition française).

29 Le dernier chapitre de *Méditations pascaliennes* de P. Bourdieu, intitulé « L'être social, le temps, et le sens de l'existence », conclut sur la fonction de justification qu'apporte le

dès lors non pas en dépit de notre condition métaphysique d'existence – puisque cette dernière est soumise à ce que Blumenberg appelle « le principe de raison insuffisante[30] » – mais à partir des conditions sociales d'existence qui prédisposent chacun, avec plus ou moins de bonheur, à une vie collective où il importe « de se faire une place[31] ».

Les *Essais* montrent ainsi non pas malgré eux, mais sous une forme mûrement réfléchie, la genèse sociale de la singularité du « moi », qui s'inscrit dans une démarche à la fois historique et généalogique caractéristique des sciences sociales. Dans la mesure où les *Essais* ont été lus par des générations de philosophes, et ont pu les influencer, parfois à leur insu – comme c'est le cas de Bourdieu qui s'appuie sur Montaigne à travers Pascal – il convient de récapituler ce qui chez Montaigne, et potentiellement dans sa postérité, constitue les jalons d'une reconnaissance positive – non analysée comme une perte d'authenticité, mais comme une réalité à prendre en compte à des fins de connaissance – de la nature sociale de l'homme.

LES JALONS DE LA PHILOSOPHIE SOCIALE
DEPUIS LE SCEPTICISME DE MONTAIGNE
Pascal, Bayle, Bourdieu

Le scepticisme propre aux *Essais* favorise son épanouissement ultérieur dans les sciences sociales, car cette philosophie conçoit la raison comme indifférente à se déterminer, tant qu'elle n'est pas entraînée par d'autres puissances à obéir à d'autres impératifs que théoriques[32].

Depuis Sextus Empiricus, en effet, la raison n'est pas un critère de vérité : elle ne détient pas de principes de détermination qui lui seraient

---

capital symbolique : « Le monde social donne ce qu'il y a de plus rare, de la reconnaissance, de la considération, c'est-à-dire, tout simplement, de la raison d'être » (p. 345).

30   Blumenberg, « Approche anthropologique d'une actualité de la rhétorique » (1981), *L'Imitation de la nature*, Paris, Hermann, 2010, p. 115.

31   C'est peut-être ainsi qu'il faut comprendre la requête que fait La Boétie auprès de Montaigne avant de mourir. Voir la lettre du 19 août 1563 envoyée par Montaigne à son père, dans Montaigne, *Œuvres complètes*, Paris, Gallimard, coll. « Bibliothèque de la Pléiade », 1962, p. 1359 : « Il se prit à me prier et reprier avec une extrême affection, de lui donner une place ».

32   Dans l'article « Carnéade » du *Dictionnaire historique et critique* (Rem. G), Pierre Bayle présentera également la raison comme en elle-même indifférente à choisir.

propres et qui inclineraient l'individu à se déterminer dans un sens plu-tôt que dans un autre. C'est pourquoi, comme l'analyse Montaigne dans « Comme notre esprit s'empêche soi-même » (II, 14, 611), si l'on attend d'elle une autodétermination à l'issue d'une délibération (dont le modèle est aristotélicien), on risque de s'engluer dans des raisonnements paralysants qui maintiennent dans l'irrésolution davantage qu'ils n'en délivrent (II, 17, 644 et 654). En revanche, si l'on accepte de considérer la raison dans un contexte où elle peut s'exercer comme puissance d'action, en s'en remettant à des données qui ont sur elle une influence déterminante parce qu'elles ne proviennent pas d'elle (mais des sens corporels ou de l'imagination, sous la forme de sentiments, d'affects…), elle apparaît comme investie par des préoccupations humaines. La raison n'est plus une instance souveraine ; elle est englobée dans le champ de la pratique, encadrée par d'autres puis-sances qui la guident, et de ce fait en modifient le statut. Ainsi, lorsque l'anthropologie sceptique prend acte de l'incapacité de la raison à mettre un terme à son examen dans l'intériorité, ce n'est pas pour verser dans une misologie qui en consacrerait l'impuissance, mais pour promouvoir une autre conception de la raison qui trouve dans l'extériorité (et non en elle-même sous la forme de principes de détermination théoriques ou moraux) les principes de régulation qui en consacrent la vocation sociale

Cela ne signifie pas pour autant que la raison se soumet lâchement à l'autorité publique (celle de l'État, du roi, du seigneur) ou privée (celle de la famille, par exemple). Cela signifie seulement qu'elle n'est pas conçue dans le scepticisme de manière isolée, mais associée (et potentiellement épaulée) à d'autres puissances qui ne sont pas chez Montaigne – comme l'estimera l'augustinien Pascal – des puissances trompeuses qui contribuent à la faire persévérer dans l'égarement et à la détourner de la vérité, mais au contraire des puissances salutaires. En effet, en dépit de leur caractère arbitraire, ces puissances non-rationnelles qui entraînent la raison, parfois sans qu'elle y pense, ne sont pas à comprendre seulement comme des automatismes, au sens de ce qui empêcherait la réflexion et assurerait la victoire de l'irrationnel. Elles exercent une fonction normative essentielle à la vie humaine qui permet à l'individu de se façonner par son inser-tion dans un environnement social, et ainsi de se doter d'une puissance d'action qui se caractérise aussi par sa flexibilité. En d'autres termes, la raison, sceptiquement conçue, est comprise comme une raison pratique, non pas en elle-même (à titre de puissance intellectuelle susceptible de manière innée d'analyser une situation), mais comme ayant pour vocation de le devenir en s'appuyant sur des instances de régulation qui ne sont pas elle, mais grâce auxquelles elle sera ajustée à son milieu.

Toutefois, elle y parviendra pleinement en se confrontant à d'autres raisons, souvent de manière conflictuelle, dans l'espace social. Le chapitre « De l'art de conférer », où Montaigne déclare qu'il ne sent heurter rudement sa tête que par une autre tête (III, 8, 928), atteste de l'importance de la mise en opposition des pensées dans le processus d'émergence d'une rationalité sociale susceptible de valider comme raisonnables, acceptables, morales, etc., un certain nombre de propositions, au moins dans un certain champ (de partage d'une position), voire au-delà de ce champ. Non pas que le jugement puisse s'élargir, suivant une théorie d'un sens commun[33], jusqu'à devenir universel : la raison sceptique ne peut sortir de son indifférence et se déterminer que lorsqu'elle est intéressée à choisir, qu'elle est confrontée à des intérêts pratiques qui font que sera finalement considéré comme « raisonnable » ce à quoi plusieurs personnes peuvent prendre part, et qui est par conséquent approuvé. La raison n'agit qu'à partir de ce qui l'influence, de ce qui l'intéresse, c'est-à-dire de ce qu'elle perçoit comme pouvant avantager l'homme tout entier, sans faire abstraction des aspirations qui engagent les satisfactions corporelles.

Car ce sont les besoins de l'homme dans son ensemble – ce qui intègre au-delà du désir de conservation de soi et de ses proches, les appétits de domination – qui orientent la raison. Dire que l'homme est façonné de l'extérieur par les coutumes signifie en conséquence que c'est l'actualisation des dispositions du corps par l'accoutumance[34], principe plastique d'édification de soi, qui permet ensuite à la raison, également malléable, de valider *a posteriori* son engagement dans un champ[35], de décider de ce qui est moral ou immoral, c'est-à-dire conforme ou non conforme aux normes de vie. Ce n'est pas autrement que se constitue l'intériorité

---

33   Au sens de Kant, par exemple. Voir *Critique de la faculté de juger*, § 40.

34   À partir de la considération de ce primat du corps, on peut différencier la tradition sceptique issue de Montaigne de celle de Hume. Dans le livre I du *Traité de la nature humaine*, ce dernier, pour faire la genèse de l'habitude comme principe d'organisation de la vie humaine, commence par étudier l'enchaînement des idées (les principes d'association) au sein de l'imagination, et non les schémas corporels nés de la coutume. En ce sens, Montaigne est plus proche que Hume de la conception bourdieusienne de l'*habitus* comme système de dispositions nées de positions dans l'espace physique et social. Voir P. Bourdieu, *Méditations pascaliennes*, Partie IV « La connaissance par le corps », p. 190 et suiv.

35   Voir P. Bourdieu, *Méditations pascaliennes*, *op. cit.*, p. 145-147.

morale. Montaigne et Bayle[36] sont d'accord sur ce point : même les lois de la conscience que nous croyons à tort universelles et provenir de la nature (ou de la religion révélée, ou du cœur touché par Dieu), proviennent de l'éducation, c'est-à-dire du façonnage des corps, puis des âmes, par les coutumes. Ce en quoi ces auteurs, bien plus que Pascal – du moins si on met de côté ce que ce dernier tient de Gassendi – pour qui il existe un lieu de résidence de la vérité et une première nature, sont les promoteurs d'une pensée du corps social, telle que la formule Bourdieu, au sens où la manière de voir les choses, les croyances, tout ce que l'on croit vrai au plus profond de nous-mêmes, est façonné par les *habitus*, par un modelage qui procède de notre situation, de notre exposition à l'extériorité.

On doit à Montaigne cette considération que la raison ne dispose pas d'elle-même à croire, mais seulement lorsqu'elle devient pratique, c'est-à-dire qu'elle se prononce en fonction d'attachements (d'intérêts) auxquels on tient, non pas en vertu d'arguments, mais parce qu'on y est lié par les coutumes qui cimentent la vie sociale en suscitant des émotions qui relèvent à la fois du corps et des passions de l'âme, sans être pour autant universelles. En effet, même si nos croyances procèdent de prédispositions naturelles (de capacités physiques inscrites dans le corps humain, biologiquement limité), elles résultent de l'actualisation d'un nombre infini (en raison de la multiplicité des combinaisons émotionnelles) de possibilités, dont la réalisation, tributaire d'une histoire, d'un lieu, de circonstances, est toujours particulière.

Ainsi, le scepticisme philosophique de Montaigne lui permet d'inventer les sciences sociales avant la lettre, de penser le social, non seulement comme homme témoin de son temps, mais aussi en philosophe, sans pour autant faire reposer la société sur quelque chose qui la précéderait et qui relèverait d'un artefact métaphysique, ou d'une conception abstraite de l'individu comme avant tout spirituel ou doté d'une singularité irréductible.

Sylvia GIOCANTI
Université Paul Valéry
(Montpellier 3)

---

36 Voir Montaigne, *Essais*, I, 23, 115 ; et Bayle, *De la tolérance*, Paris, Press Pocket, 1992, p. 188-189, p. 191 et p. 354.

WHEN WOMEN ARE THE ISSUE, IS MONTAIGNE STILL THINKING THE SOCIAL?

> It seems to him he says – hence, he does not know why – that one rarely finds women worthy of commanding men. Is this not to place them, individually, in equal counterpoise to men and to confess that, if he does not so place them in general, he is afraid of being wrong, though he can excuse his restriction by the poor and unseemly manner in which that sex is nurtured?
> Marie DE GOURNAY

The title of this article is inspired by Philippe Desan's recent book: *Montaigne: penser le social* (2019), where the honored author presents, among others, two general claims. First: Montaigne is not the philosopher of an isolated self whose only interest lies in its own interiority. Quite the contrary, he always looks at himself as a cultural and social being and highlights his belonging to a specific social condition, which will have important consequences in the kind of life he can live, as well as on his beliefs, speaking manner and so on. More than that, he considers himself not only as a self-spectator, but also as friend or a son, a lover or a political negotiator; in short, as someone in relationship with others and an agent in his social milieu. Therefore the individual, as important as it comes to be in the *Essais*, is definitely intertwined with society and culture.[1] Second: Montaigne doesn't look at human

---

1   "The expressions of an individuality only exist inside a frame of a subjective sociability converted in an objective sociability". Philippe Desan, *Montaigne : penser le social* (Paris: Odile Jacob, 2018), p. 20. Translations are mine.

beings as philosophers usually do, that is, from an abstract point of view, which ends with a general and clear definition of humankind, as Aristotle's *zoon politikon* or Descartes' union of body and soul.[2] Instead, in searching for the "human" what he sees is an enormous variety which is referred to the also enormous variety of customs, traditions and beliefs in different places of the world. Montaigne looks at humankind (himself included) through the eyes of an anthropologist or a sociologist and the book analyses what comes out from this view. Moreover, we can also find in Desan's book a sociology of Michel de Montaigne in the sense Montaigne turns out to be the object of Desan's sociological approach.

Although they cannot be totally distinguished, Desan establishes a difference between the anthropological and the sociological perspectives – or should we say, between the cultural (the human condition) and the social (the institutional) or between what we could call today the global and the local approaches. In *Montaigne: penser le social*, Montaigne as an anthropologist is more present in chapter 4, "The ambiguities of Montaigne's cultural relativism"; by its turn chapter 6 addresses, as it stands in its title, "The elements of Montaigne's sociology". The difference between these levels can be guessed in Desan's remark: custom is "liberating on the level of human condition [and] restrictive on the local level".[3]

In this article, more than Montaigne's returning to himself, I will consider his questioning humankind, which gives rise to my main question: does Montaigne think the woman's condition as anthropologically as or sociologically as he thinks the human condition? In other words: are habits, beliefs, customs or education so central to define womankind as they are to the essayist's understanding of humankind? What leads us to an inevitable problem: are women fairly included in Montaigne's big picture of the human condition? A quick answer to the questions above seems to be a "no", just by remembering many passages of the *Essais* where it is said that women cannot, "by nature", do this or that (being a true friend or really understanding philosophy, for instance). It seems that nature is stronger than customs when women

---

2   This generalization is not exactly fair if we consider the diversity of History of Philosophy, as Desan himself remarks on page 156. Moreover, it is possible to identify a line of thought that focuses on the individual's singularity and give to Montaigne a place of honor in it.

3   Desan, *Montaigne : penser le social*, p. 134.

are the matter. Notwithstanding, a more attentive look will find out
that it is important to differently consider the anthropologist's and the
sociologist's perspectives on the matter. Montaigne will be more likely
to accept women's behavior plasticity and variation when he looks at
them at a distance (considering exotic cultures or disparate habits in
the world as a whole). In contrast, he tends to naturalize women's pos-
sibilities when considering his opposite sex fellows who share his time
and space. Moreover, examples of the first approach are far less frequent
in the *Essais* than those of the second approach. What I will argue here
is that Montaigne's sociology is gender-biased,[4] and in a greater extent
than is his anthropology. I will just suggest, to close this article, that
a different perspective towards women appears in the *Essais* when they
are seen through the eyes of desire, that is, when Montaigne is in love.

THE ANTHROPOLOGICAL PERSPECTIVE
Custom rules

Although Montaigne interpreters can disagree on many points, there
is a broad consensus about the author of the *Essais* being a great thinker
of *l'humaine condition*. It wouldn't be too exaggerate to say that the *Essais*
don't talk about anything other than "the man"[5] – and particularly
about one of them: *"Les autres forment l'homme; je le recite et en represente
un particulier bien mal formé [...]"* (III, 2, 804).[6]
    Simone de Beauvoir and other feminists properly remarked that when
philosophers proposed to think of an alleged universal humankind,
they didn't really consider the experiences of one half of humanity. The

---

4   About Montaigne differently valuing the same behavior in men and women see the sharp
      article of Katherine Ibbett, "Faking it: Affect and Gender in the *Essais*", *Montaigne Studies*
      30 (2018), p. 69-82.
5   I will use the expression "humankind" to refer to humanity in general. Traditionally,
      writers use "man" or "men" or "mankind" meaning humanity. I will keep the terms
      "man", "men" or "mankind" (in quotation marks) when developing a commentary on
      these authors.
6   Michel de Montaigne, *Les Essais*, ed. Pierre Villey and V. L. Saulnier (Paris: Presses
      Universitaires de France, 1999). Further references are to this edition.

question comes out to be if Montaigne could represent an exception in this monotonous history, for being both self-critical and attentive to the particularities of human experience. Beauvoir herself, quoting "On some verses of Virgil", makes a special remark on Montaigne being one of the first philosophers to have

> [...] well understood the arbitrariness and injustice of the lot assigned to women: 'Women are not wrong at all when they reject the rules of life that have been introduced into the world, inasmuch as it is the men who have made these without them. There is natural plotting and scheming between them and us.' But he does not go so far as to champion their cause.[7]

It is evident that he perceived much more on the issue than did the political philosophers of the Social Contract one century or more after him.

So, the reader of the *Essais* has reasons to expect an extraordinary standpoint when the subject is women. Montaigne is a thinker of the diversity: one important target of his approach of the human condition are those who intend to get to a unique definition for "man" or to discover his essence or nature. Our language may be a good tool for everyday life, but it is epistemically misleading when it wraps the variety of herbs under the name of salad (I, 48, 276). As a result of rejecting an exclusive ideal of man he was able to present a notion of humanity that included very different forms of life and remarkably Brazilian Indians, in a time when not only explorers, but also theologians and philosophers believed Cannibals were out of the frontiers of human. "Of Cannibals" is a powerful demonstration that "barbarous" is a relative concept, so no one is allowed to deny the humanity of another based on this other's habits or beliefs.[8]

In the same vein, having considered and reflected upon the "inequality that is between us", he declares: *"Plutarque dit en quelque lieu qu'il ne trouve point si grande distance de beste à beste, comme il trouve d'homme à homme. [...] j'encherirois volontiers sur Plutarque; et dirois qu'il y a plus de distance de tel à tel homme qu'il n'y a de tel homme à telle beste"* (I, 42, 258). He could not better stress the unlimited difference between one man and another and the main point here is that humankind is moulded

---

7   Simone de Beauvoir, *The second sex*, trans. Constance Borde and Shiila M. A. Lovan (New York: Vintage First Edition, 2011), p. 30-31.

8   I discussed this subject in "Montaigne et le Nouveau Monde : en relisant Lévy-Strauss", *Bulletin de la Société Internationale des Amis de Montaigne* 64:2 (2016), p. 129-142.

by culture, by beliefs, by habits. What kind of a man a man will be depends on his "condition" in the sense of all the contingencies that limits, determines and mould him (body's complexion, education, social rank).[9] The anthropological perspective, by reflecting on the extreme difference between cultures, meets the famous stoic thesis: "the taste of good and evil depends in large part on the opinion we have on them" (I, 14). Pain, death or poverty – the three greatest evils according to common sense – in fact have different effects on different people, depending on each one's opinion. But again, as he exceeded Plutarch about the differences between one man and another, he also exceeds the stoic thesis: if the taste of good and evil depends on the opinion we have of them, our opinion itself depends on our education and culture (and not on our reason or will, as "the philosophers" believed). These are the grounds of Montaigne's well settled cultural relativism; the debate remains about cultural relativism leading necessarily to moral relativism.

However, will this verdict remain the same when Montaigne turns his considerations from humankind to women? How would Montaigne answer Marie de Gournay's question: "If proof is needed, is there more difference between them [women] and men than among themselves – according to the training they receive, according to whether they are brought up in a city or a village or according to nationality?".[10]

Of course, the *Essais* bring some examples of differences between women due to customs, habits, beliefs or education. Even the labor pains – usually considered terrible and according to the Old Testament a severe punishment given by God – are despised by some women:

> *Les douleurs de l'enfantement par les medecins et par Dieu mesme estimées grandes, et que nous passons avec tant de ceremonies, il y a des nations entieres qui n'en font nul conte. Je laisse à part les femmes Lacedemonienes; mais aux Souisses, parmy nos gens de pied, quel changement y trouvez vous? Sinon que trottant apres leurs maris, vous leur voyez aujourd'hui porter au col l'enfant, qu'elles avoyent hier au ventre* (I, 14, 58-59).

In the big picture given by the anthropological view, women behave differently in different cultures and can be assigned distinctive and even

---

9   See André Tournon's illuminating article, "Le grammarien, le jurisconsulte et l'humaine condition", *Bulletin de la Société des Amis de Montaigne* 21-22 (1988-1990), p. 107-118.

10   Marie le Jars de Gournay, *Apology for the Woman Writting and Other Works*, trans. Richard Hillman and Collete Quesnel (Chicago & London: The University of Chicago Press, 2002), p. 81.

disparate roles. More strikingly, Montaigne is very attentive to evidences that female chastity – a core value in France at that time – is of little or no value at all in many other societies:

> *En une mesme nation et les Vierges montrent à descouvert leurs parties honteuses, et les mariées les couvrent et cachent soigneusement; à quoy cette autre coustume qui est ailleurs a quelque relation: la chasteté n'y est en pris que pour le service du mariage, car les filles se peuvent abandonner à leur poste, et, engroissées, se faire avorter par medicamens propres, au veu d'un chacun. [...]. Il en est où il se void des bordeaux publicz de masles, voire et des mariages; où les femmes vont à la guerre quand et leurs maris, et ont rang, non au combat seulement, mais aussi au commandement* (I, 23, 112).

A woman can be as strong and brave as a man. As quoted above, there are nations where women can command a war; as quoted bellow, there are others, as in France, where they are assigned to a much more difficult task, to remain chaste: *"Et elles offriront volontiers d'aller au palais querir du gain, et à la guerre de la reputation, plustost que d'avoir, au milieu de l'oisiveté et des delices, à faire une si difficile garde"* (III, 5, 861).

He also points that *"la condition des femmes"* (here meaning women's value) can vary among different people: *"Où l'on estime si mal de la condition des femmes, qu'on y tue les femelles qui y naissent, et achepte l'on des voisins des femmes pour le besoing. Où les maris peuvent repudier sans alleguer aucune cause, les femmes non pour cause quelconque. Où les maris ont loy de les vendre si elles sont steriles [...]"* (I, 23, 113). If we go as far as the society of the Amazons, we will find women who are independent of men for social and political life. (II, 12, 573). Amazon women will be the matter of an interesting narrative in "On some verses of Virgil", where Montaigne summarizes the history of the meeting between Thalestris, the commander of an impressive female army, and emperor Alexander. Thalestris then proposes to him that they should spend some days engaging in sexual activity to produce a remarkable child from the two great commanders (with which the emperor gladly agreed) (III, 5, 885).

So, as it should be evident from the examples above, it is possible for women to command a war, not to care about feeling pain and even to be the active part in seduction; brief, they can do anything a man can do. This leads to an affirmative answer to the question "is there a women's anthropology in the *Essais?*". Custom rules mankind, including womankind, and so cultural relativism imposes itself, at least when Montaigne considers women at a distance.

In what follows we will see that the thesis "custom rules" fades considerably when Montaigne restricts his vision and considers women in his own society. The conservative and pragmatic commandment "one must follow one's country habits" will somehow be replaced by a naturalistic point of view when he changes from the anthropological perspective to the sociological one. Very at odds with the cultural relativism of the anthropological perspective, nature strikes back when the issue is next door women.

THE SOCIOLOGICAL PERSPECTIVE:
Nature strikes back

Continuing reading Desan, I will take as a starting point his Durkheimian understanding of sociology as the theory of "the tension between the social norm and the individuality that deviates from it".[11] If we can characterize the anthropological perspective as an overall view which identifies the diversity and the difference between cultures, the sociological perspective will focus on the relations between social institutions and individuals, or the balance between acceptance and rejection of habits or traditions. In this aspect Montaigne is described by Desan as someone who is always negotiating with the rules, whose individual expression supposes accepting some of them and rejecting others. The *Essais* are the *locus* where this procedure shows itself and results in the self-portrait: there we meet an individual that justifies his taking distance of some specific habits or rules on behalf of authenticity or truthfulness and accepting others on behalf of a conservatism, justified as well as necessary to the maintenance of the public order. At this point we could recall Montaigne's description of the wise man, who accepts the rules in his public life but criticize them with his private reason,[12] and ask: what happens when the individual is a woman? Will the same procedures apply to her? Could she criticize norms as a man can?

---

11   Desan, *Montaigne: penser le social*, p. 174.
12   More than that, we could read between the lines: the wise man can reject rules in practice when consequences are not likely to be that bad.

A satisfactory answer to this question would demand a much more detailed exposition than the one presented here. Anyway, I will point to some evidences that questioning rules is a much more complicated issue to women than it is to men. It will be illuminating to read the lines that introduce the already mentioned narrative about the brave amazon Thalestris and emperor Alexander:

> *De vray, selon la loy que nature leur donne [aux femmes], ce n'est pas proprement à elles de vouloir et desirer; leur rolle est souffrir, obeir, consentir: c'est pourquoy nature leur a donné une perpetuelle capacité; à nous rare et incertaine; elles ont tousjours leur heure, afin qu'elles soyent tousjours prestes à la nostre: pati natae. Et où elle a voulu que nos appetis eussent montre et declaration prominante, ell'a faict que les leurs fussent occultes et intestins [...]. Il faut laisser à la licence amazoniene pareils traits à cettuy cy. Alexandre passant par l'Hircanie, Thalestris [...]* (III, 5, 884-885).

"We must leave to the Amazonian license actions like this one"[13] – French women must not act like the Amazons and surprisingly it is not for the pragmatic reason that each woman must follow the customs of her country, an argument that we could accept coming from Montaigne. He argues though that women should let men command sex because *nature* made women passive, designing their bodies in a certain way, to respond to male's demands. It is true that in the passage quoted above men's active role is also related to their bodies' shape and function, but nature places them in a more favorable position than it does to women. A striking example is found in "Of the affection of fathers to their children", a very important chapter for our quest, because it brings Montaigne's thoughts on family bonds and institutions. In a passage highlighted by Marie de Gournay[14] he argues that men are the legitimate rulers (in politics and in family) – *"[...] il me semble, je ne sçay comment, qu'en toutes façons la maistrise n'est aucunement deue aux femmes sur des hommes, sauf la maternelle et naturelle [...]"* – because women are not given the necessary psychological balance or clearness of judgement. All this is due to the disturbing experiences of pregnancy and nursing which leave their marks on women's soul forever:

---

13 Michel de Montaigne, *The Complete Works*, trans. Donald Frame (New York, London, Toronto: Everyman's Library, 2003), p. 819.

14 See this article's epigraph. Gournay, *Apology for the Woman Writing and Other Works*, trans. Richard Hillman and Collete Quesnel (Chicago & London: The University of Chicago Press, 2002), p. 82.

Car cet appetit desreglé et goust malade qu'elles ont au temps de leurs groisses, elles l'ont en l'ame en tout temps. Communement on les void s'adonner aux plus foibles et malotrus, ou à ceux, si elles en ont, qui leur pendent encores au col. Car, n'ayant point assez de force de discours pour choisir et embrasser ce qui le vaut, elles se laissent plus volontiers aller où les impressions de nature sont plus seules; comme les animaux, qui n'ont cognoissance de leurs petits, que pendant qu'ils tiennent à leur mamelle (II, 8, 399 – emphasis mine).

Would there be a broader distance between a man and a woman than between a woman and an animal? Here women's bonds to their offspring are due to nature instead of to culture or human experience. Their behavior is therefore fixed and blind, impervious to customs or reason. When women are the issue, it's hard to recognize their bodies as the singular, moving, uncontrollable and unpredictable element, as Desan describes Montaigne's conception of bodies.[15] Contrarily, they are looked in general as beings who cannot surpass the marks of their biology. Although the Amazons are presented as a proof that women can command, this is somehow not true when the woman is Montaigne's next-door neighbor – and not for cultural reasons.

In Gournay's short commentary on the passage above, after giving Montaigne the title of "the Third Chief of the Triumvirate of Wisdom" (after Plutarch and Seneca), she continues: had he really looked at women individually, he would have to change his mind about them. So, he preferred to consider them "in general". Gournay criticizes both his bad sociology on women (in short, she accuses him of considering women as a natural fact, not as a social fact) and at the same time she presents a good sociology of Montaigne (as a man afraid to change his mind).[16]

If body enclosures women in a fix and limited destination, so does their soul or reason. They are neither stable enough to be a real friend (I, 28, 187), nor intelligent enough to talk in an appropriate manner about philosophy.[17] Actually, they should feel fulfilled with their exceeding knowledge about how to be loved and respected, which is in fact all women need. Making a great concession, Montaigne admits that those

---

15 See Chapter 5, "What to do with Montaigne's body?", p. 143.

16 See note 14.

17 "They quote Plato and Saint Thomas in matters where the first comer would make as good a witness. The learning that could not reach their minds remain on their tongue" (Montaigne, *The Complete Works*, trans. Donald Frame, p. 757).

unsatisfied with their natural gifts could dedicate their selves to poetry, history and some moral philosophy (III, 3, 822-823).

Body and soul are intimately linked – so Montaigne writes against those (the "philosophers") who wanted to turn man into an angel and despised human corporal dimension. However, the so celebrated union of body and soul doesn't work the same for men and women – it can be liberating in the first case but will be restrictive in the second. Marie de Gournay realized that she had to think differently and set women free from their bodies, from the strength of biology over their souls, even risking stepping backwards in philosophy. At least when it comes to sexual differences, she thinks, corporal features have no consequences over mind: "Further, the human animal, taken rightly, is neither a man nor a woman, the sexes having been made double not as a to constitute a difference in species, but for the sake of propagation alone. The unique form and distinction of that animal consists only in its rational soul".[18]

The examples brought above should be enough to make sense of the hypothesis that, from Montaigne's sociological perspective, women are much more the object of a generalization (on a natural basis) than they are a product of nurture or institutions. Resuming now the idea of the sociological perspective as a theory of "the tension between the social norm and the individuality" we can advance that, because women are not primarily considered as individuals, social institutions in relation to them will usually be presented as a response to their natural features. In other words, some institutions and rules can be understood as confirmations of women's natural fragility and inappropriateness. Among all institutions – religion, politics, laws governing property, education and so on – marriage commands Montaigne's thought on women, which confirms both their lack of *suffisance* to perform activities other than private or domestic and their subordinate position vis-à-vis their husbands. Women, who are not really shaped to rule or to become philosophers, should have the "science of housekeeping" as their "ruling quality" which means they are essentially wives (III, 9, 975).[19]

It is remarkable that, although their titles can suggest it, the two chapters in sequence – *"De trois bonnes femmes"* ("On three good women", II, 35) and *"Des plus excellens hommes"* ("Of the most outstanding men,

---

18   Gournay, *Apology for the Woman Writing and Other Works*, p. 86-87.
19   Montaigne, *The Complete Works*, trans. Donald Frame, p. 757.

II, 36) are not really establishing a parallel between virtuous women and virtuous men. The first chapter should better have as its title "Of three good wives" because it is a great tribute to three ancient women who – very differently from Montaigne's neighboring widows described at the beginning of the same chapter – proved to be truly sad about their husbands death. More than that, these wives decided to die with their husbands, so great was their affection and devotion. By contrast, the second chapter is well described by its title because it deals with three ancient virtuous men – a poet, an Emperor, and a general and politician – and none of them is presented, as a husband.[20] While men's virtues are multiple, which gives room for individuals, women's virtue is just a general one, the matrimonial.

Even among Cannibals, women's virtue is depicted as a *"vertu proprement matrimoniale"*. According to Montaigne's evaluation criteria, male inhabitants of the New World surpass Europeans in virtues as courage, generosity or truthfulness; Indian females surpass the European as wives. He describes the wonders of women who are not jealous of their husbands (as French women are) but proudly and happily approve if they get more wives, for these women are interested above all in their husbands' honor and virtue – exactly as did biblical figures as Lia and Rachel (I, 31, 212-213). This is an interesting example of Montaigne looking at women in different parts of the world through the eyes of a European husband.

As for the vices, other than jealousy a persistent tendency of wives is to be stubborn: "wives have a proclivity for disagreeing with their husbands."[21] Wives' disagreement being a blind and recurrent disposition, it turns out that husbands win the game of discussion even before playing it.

Coming to the conclusion of this topic, it's important to remember that the exposed above is limited to one perspective, that is, what we have been calling the sociological one. As it has been frequently

---

20 It is interesting to notice that, while in English "woman" and "wife" are not interchangeable, in French the word *"femme"* can mean *"épouse"*; it is the same to say *"un homme et son épouse"* or *"un homme et sa femme"*. But *"homme"* never means *"mari"*. Portuguese also assimilates *"mulher"* (woman) and *"esposa"* (wife).

21 Montaigne, *The Complete Works*, trans. Donald Frame, p. 347. As for jealousy, we read in "On some verses of Virgil" that it is a totally irrational passion which affects both men and women, though women are by nature less resistant to it.

remarked, the writing of the *Essais* has as its core characteristic the continual approach of the same subject by different perspectives, which can lead to paradoxical views on the same topic, and it is not different when women and marriage are at stake. However, if we can agree that there is more to be said about Montaigne and women, it's nonetheless justifiable to accept Gournay's provocative sentence: after all, Montaigne did not considered women primarily as individuals, but "in general", and this implied naturalizing some social features.

In a remarkable passage of "On repentance", Montaigne stands at a distance from all institutions and declares to present himself *"par mon estre universel, comme Michel de Montaigne, non comme grammairien ou poete ou jurisconsulte"* (III, 2, 805), the "universal" here meaning the individual and its singularity which is not reducible to any social role. But what is possible for him and other men – to present their selves detached from any social qualification – is not really possible for a woman. Women's identity is so intertwined with marriage that the female individual vanishes under the role of wife.

THE RETURN OF BALANCE
Montaigne in love

A different perspective appears in the *Essais* when women are seen through the eyes of desire. As erotic love and marriage are two radically distinct kinds of relationship, having opposing ends and ruled by separate laws, one can expect that women's picture will gain other colours when they are seen as lovers. Anyway, this theme is not primarily a sociological or anthropological one; we enter now on the grounds of a psychology, where desire is in the center and other things (laws, institutions) gravitate around it. My account of this perspective – women in the context or erotism – will be necessarily schematic, but this chapter cannot be closed without pointing to the more balanced and reciprocal relationship between men and women that can be read especially in some passages of "On some verses of Virgil". Three points seem to be the most remarkable.

First, in this chapter Montaigne returns repeatedly to the at-that-time shocking idea that women are subject to desire as much as men. Denying this reality is therefore, in his opinion, both a stupidity and a cruelty. This parallelism between men and women being established, notwithstanding he will also claim that *some* control of women chastity is necessary to society as it is.

At this point, it is important to have in mind Montaigne's multifaceted reasonings on laws and institutions and just highlight that, on the one hand, laws and institutions are a kind of necessary evil for humankind, who is incapable of knowing the truth in science or in morals: that's why it is less dangerous to accept and follow the laws of one's country than to try to create others, even being aware of their injustice. On the other hand, there are limits imposed by one's humanity and conscience on obeying laws and customs – cruelty is the most important of them, misery is another: *"C'estoit une estrange fantasie de vouloir payer la bonté divine de nostre affliction"* (II, 12, 521) – he writes about offering human sacrifices to gods. When desire is the issue, if it's out of question to change institutions and laws – admittedly unjust to women –, but women are justified in transgressing while pretending to obey them. It is not necessary to be chaste; it will be enough to be discrete. Women can always pretend (for the best results of love games) they don't want what they want. Finally, what should be done is to let each woman take her stance towards rules because she is the best judge of her own situation: *"Il y faut de la moderation; il faut laisser bonne partye de leur conduite à leur propre discretion: car, ainsi comme ainsi, n'y a il discipline qui les sçeut brider de toutes parts"* (III, 5, 884). Differently from what happens when women are identified as wives, when a woman is seen as a subject of desire she can negotiate with laws and customs (even if she is somebody's wife): in this case what works for men also works for women.[22]

Second, men's attempts to control women are ridiculous[23] because the rules of love are above the laws of men and subject both sexes equally. Eros commands over everyone: *"[...] je crois qu'il est vrai ce que dict Platon que l'homme est le jouet des Dieux [...] et que c'est par moquerie que nature nous a laissé la plus trouble de nos actions, la plus commune, pour*

---

22   It is possible for a woman to have the virtues of a good wife without necessarily being chaste and one can be an honored man even being a cuckold husband.

23   See II, 7, where Montaigne strongly criticizes male obsession with female chastity.

nous esgaller par là, et apparier les fols et les sages, et nous et les bestes" (III, 5, 882-883). Eros gives no place for dominating the other because both partners are equally subjected by this powerful god who guides the game of love and its rules.

Third, when writing in the first person about his own love affairs, Montaigne declares to expect from his lovers not only agreement but real desire. What he desires, above all, is her desire, her *volonté*: *"Ainsi ceux cy disent que c'est la volonté qu'ils entreprennent, et ont raison. C'est la volonté qu'il faut servir et practiquer. J'ay horreur d'imaginer mien un corps privé d'affection [...]. Je dis pareillement qu'on ayme un corps sans ame ou sans sentiment quand on ayme un corps sans son consentement et sans son desir"* (III, 5, 882). If it is not in his sociology that we can find an interesting view on women, Montaigne in love is almost a feminist.

Telma DE SOUZA BIRCHAL
Universidade Federal
de Minas Gerais
Conselho Nacional
de Desenvolvimento Científico
e Tecnológico (CNPq)

PYRRHONISM *VS* INTERNALISM

Montaigne and Sanches

Once rediscovered, ancient skepticism was immediately exposed to a subtle enterprise of reinterpretation. Michel de Montaigne (1533-1592) and Francisco Sanches (1551-1623) were the main authors that started this new interpretation. They made substantial contributions on the Pyrrhonian and the neo-Academic fronts respectively.

Montaigne was the first important representative of a new approach to skepticism: on the one hand, he was the first European intellectual, not strictly a philosopher, to fully realize the strong impact of ancient Pyrrhonism; on the other hand, he drew not only on Sextus who was the main source for his more philosophical essay, "The Apology for Raymond Sebond", but also to academic and platonic authors, like Cicero and Plutarch. He made skepticism in its broader meaning worth taking seriously in itself, and not only as a support of a fideistic interpretation of Christianity. Furthermore, skepticism became for him less a body of doctrines than a practice of thinking. Thus, he extensively relied on the technique of *diaphonia* to counterpoise one prejudice against another and to reach by consequence a free and open-minded approach to the infinitely variegated world of customs, beliefs, traditions, authorities, and dogmas including the political and religious ones. In so doing, he discovered that the humanistic idea of human superiority was only an anthropocentric prejudice to be contrasted with the idea of equality and community inside the natural world. He stressed the conformity of the religious behaviors, and very often of the doctrines themselves, for all their constant pretense of revelations, and realized that too often religions were run only by human hands. In politics, even while appreciating the importance of peace and social order, Montaigne denied to the political powers any "mystical" legitimation, revealing thus their origins in force, overbearingness, and imposture. Montaigne's skepticism took on thus a "critical" meaning, being rooted in an anthropological reflection that was a true novelty in comparison to the ancient sources.

All this does not mean that Montaigne did not take sides in the quarrel between Academics and Pyrrhonists. He clearly marked the difference between the real "skeptics" – namely, the Pyrrhonists – on the one side, and on the other both affirmative and negative dogmatists – these latter being neo-Academics who positively and conclusively affirmed the impossibility of knowing, instead of merely claiming the need to suspend judgment. In his *Essays* Montaigne rethought and popularized fundamental Pyrrhonist notions such as *phainomenon*, *criterion*, *epochē*, equipollence between contrary arguments (*isostheneia*), *ataraxia* or apathy, vicious circle (*diallelos*), and "infinite regress." For the first time, the entire Pyrrhonian technical terminology was translated into a modern language (French) and redirected to suit modern needs. Especially in the "Apology" the presence of Pyrrhonism, based on Diogenes Laertius and Sextus, was overwhelming and at the end of the essay Montaigne blended skepticism with some sort of Heracliteism: everything would be in movement, everything changes, including "matter that is always flowing." Only God was rescued from this continual becoming, because He was supposed to be eternal and thus above human reason.[1]

Montaigne addressed two major objections to the neo-academics, one theoretical and the other practical. The former regarded the issue of "likelihood" as a criterion. The author of the *Essays* takes side with Pyrrhonists against Academics on this issue, following an objection already formulated by Augustine (*Contra Academicos*, II. 12. 27): "How can [the Academics] know the similitude of what of which they do not know the essence? Either we can judge altogether, or we cannot at all". On this point, stating a full disjunction ("either... or"), "the opinion of Pyrrhonists" seems to Montaigne "more daring and, all considered, more likely": in the edition annotated and corrected by himself, "truer and more stable". In this connection, Montaigne criticizes *"cette inclination Academique et cette propension à une proposition plustost qu'à une autre"* ("the propensity and inclinations of the Academics towards one proposition more than another") (II, 12, 561-562).[2]

---

1   For further details, see Gianni Paganini, *Skepsis. Le débat des modernes sur le scepticisme.*
     Montaigne – Le Vayer – Campanella – Hobbes – Descartes – Bayle (Paris: Vrin, 2008), chap. 1,
     p. 15-60. For a broader picture, see Gianni Paganini, « Skepticism", in Dan Kaufman
     (ed.), *The Routledge Companion to Seventeenth Century Philosophy* (London & New York:
     Routledge, 2017), p. 145-194.
2   We cite the *Essais* from the Villey-Saulnier edition published by the Presses Universitaires
     de France.

The other objection is somehow the consequence of the former. Montaigne supports Pyrrhonism against Academics on the practical rule of life. It is well known that starting from this issue Academic sceptics and Pyrrhonists came to different conclusions: whereas the former and especially Carneades worked out the notion of graduated probability, the latter stuck to the fourfold rule, consisting in following customs, common beliefs, tradition of arts, and natural affections. This is what Sextus called to take phenomena as "criteria", not in a dogmatic sense, but skeptically. When it came to the rule of probable as a practical orientation, Montaigne rejected it because he thought that to conform to it might open the way to a new form of dogmatism, even if a weaker one. Most of all, probability would have religious implications, since a believer could consider e.g. Reformation as a "more probable" than Catholicism, and this is the reason why Montaigne preferred to adopt Pyrrhonism that pushed to conform to traditions, customs, and religion of one's own country (*ibid.*).

Montaigne's interpretation had a strong impact in leading early modern philosophers to seeing Pyrrhonian skepticism as a sort of phenomenalism.[3] The foundations of this reading can be summarized in two points. (a) The main scene of skepticism became the dichotomy between appearance and reality. The first is knowable. The second, which includes both formal essences and real substances – is unknowable. (b) About reality, we know only the way in which the external object perceptually appears. 'Phenomenon' and 'perception' become synonymous expressions in Montaigne and in his followers, whereas, according to Sextus, there was also a kind of phenomena that were disclosed only to the intellect; they did not have sensible features but were rather like *noumena* (intelligible objects). In addition, Montaigne maintained the basic avowal of ignorance concerning moral laws, no matter whether they were considered as natural laws or as prescriptions connected to the particular settlement of every society.

Another major novelty brought about by Montaigne concerned his transforming a philosophy based on *epochē* and *ataraxia* into a philosophy

---

3   For this impact, even on a 'dogmatic' philosopher such as Hobbes, see Paganini, *Skepsis*, p. 171-228; Paganini, "Hobbes among ancient and modern sceptics: phenomena and bodies", in Gianni Paganini (ed.), *The Return of Scepticism. From Hobbes and Descartes to Bayle* (Dordrecht & Boston: Kluwer, 2003), p. 3-35.

of doubt. In the Greek tradition, *ataraxia* or peace of mind flowed from suspension of judgment – namely from *epokhē* – rather than from knowledge and judgment about things. On the contrary, the author of the *Essays* ended up by making doubt, instead of *epokhē*, the climax of skeptical approach. In this connection, Montaigne's position was defined by a double move: first, he identified skepticism with the activity of doubting; second, he stressed the discomfort involved in the attitude of doubting. This was not without consequences for the entire reception of skepticism by moderns, as doubt was perceived as a state of restlessness and discomfort rather than of calm and moderation of emotions.[4] Thus, skepticism and doubt became co-extensional and synonymous, which was not the case in the ancient sources.[5]

The pervasiveness of the new synonymy between skepticism and doubt can be seen in a crucial passage of the "Apologie". In fact, although Montaigne correctly retrieved the main *phonai* (mottos) of ancient skepticism and showed how they converge into the *epokhē* (II, 12, 505), nonetheless, when he had to briefly summarize and defend them from the accusation of being self-contradictory, he drastically reduced their range to only two sentences: on the one hand, the formula of Socratic ignorance (*"J'ignore"*); on the other hand, the activity of doubt (*"Je doubte"*) (*ibid.*, 527). One should note that both formulas are more of a betrayal than a faithful transmission of the genuine meaning of the *epokhē*; as a matter of fact, both imply a state quite different from the mere suspension of judgment, substituting a balanced neutrality with either a dogmatic denial ("I do not know") or a statement of wavering perplexity ("I doubt").

Another important feature of Montaigne's reflection is rather a lack than a positive affirmation. Here, we allude to the lack of a theory of the subject able to oppose the supremacy of doubt, as it will happen by contrast in Descartes with the discovery of the *cogito*. At first sight, to speak of a missing theory of the subject in an author like Montaigne, who is unanimously seen as a father of the modern subjectivity, may seem

---

4   To characterize modern skepticism, most scholars have focused on the abandonment of the conception of happiness as *ataraxia*. No less important, however, is this new conception of doubt. Cf. Paganini, *Skepsis*, p. 166-169.

5   After writing the "Apologie", Montaigne had more recourse the Cicero's *Academica*. Thence he took up again not only the typical keywords of the Neo-Academic skepticism (probability, likelihood, plausibility), but also the concept of intellectual freedom and integrity, a less methodical notion than the Pyrrhonian *epokhē*.

paradoxical and provocative. However, one should make the distinction between the actual examination of the subject, of which Montaigne was an unattainable master and a wonderful painter, and a proper philosophical theory, of which no early hints are to be found in the *Essais*. The point is that the Pyrrhonian model was more an obstacle than a help to the theoretical, as opposed to experiential, formulation of the role of the subject. Furthermore, it was in accordance with his practice of the "self" (*moi*), that Montaigne avoided a strong doctrine of the subject. Portraying himself as the main topic of *Essais*, he ended up by characterizing the subject in the forms of mutability, inconstancy, and multiplicity.

The point can result even clearer if one looks at the doctrines of the soul as they appear in Montaigne's work. Within the sort of counter encyclopedia that is the "Apologie", beside the demolition of physics, metaphysics, and philosophical theology, there is also the demolition of philosophical psychology, examined in its main different schools. The checkmate given by Montaigne to any "strong" theory of the subject is already implicit in the form he chose for the treatment of this problem. First, following the skeptical method of disagreement (*diaphonia*), Montaigne highlights the hopeless contradictions of psychology. He writes that dealing with this topic we find ourselves in the middle of the "Tower of Babel" (*ibid.*, 553). Furthermore, far from grounding the *esprit*'s prerogative, centrality, and activity, the extensive doxology collected by Montaigne depicts the subject and the soul as parts of nature. He seems to place his trust especially in the crude materialism of Stoics and Epicureans, whereas he considers Platonism, with its complex doctrine of the psyche, to be a fairy tale and poetic philosophy. About Aristotle, Montaigne emphasizes that he was intentionally obscure in this respect hiding his tendency toward mortality of the intellect (*ibid.*, 552). In conclusion, instead of appearing as an undiscussed chief character, the subject enters into the psychology section of the "Apologie" as "an instable, dangerous and daring instrument" (*"un outil vagabond, dangereux et temeraire"*), upon which one cannot rely too much and to which it is better to assign "the tightest possible constraints" (*"les barrieres les plus contraintes qu'on peut"*) (*ibid.*, 559).

Nor could Pyrrhonian tradition have helped Montaigne to make wider room for the subject. It is true that for Montaigne the "sacramental formula" of skeptics is *epekho* ("I suspend [the judgment]"), that is, it seems, a first-person point of view. However, Pyrrhonian skepticism is defined more by impersonality than by subjectivity. Knowing, feeling, and evaluating are recordings of appearances that do not need a strong, substantial definition of the subject, even though they are always related to it. Experiencing phenomena are mostly described using the impersonal form *phainetai*, that is "it seems" or "it appears," so that there is no need to make explicit the role of the perceiving or thinking subject. Even when in Enesidemus's ten modes it comes to the relation between subject and object, the tone of the treatment is in general abruptly naturalistic. The human subject is a piece of nature, as are humors, organs, and membranes in which the knowledge process – presented as a "combination" of these different elements – is realized. From this point of view, the difference between humans and animals is not that significant and it is notable that, according to the first mode, all the living beings, as well as man, provide strong support to this "naturalization" of phenomena. If we want to risk a comparison, this is not far from Hume's idea of a "bundle of perceptions" to which the ego is anonymously reduced. In sum, especially for an author like Montaigne who attempted at a high level the *peinture* of the *moi*, Pyrrhonian tradition constituted an insurmountable obstacle not to practicing this exercise of writing but to rethinking that practice within a coherent theory able to define the ontological status of the subject and not simply its phenomenological status.

After Montaigne, the epistemological aspect of skepticism decidedly prevailed over its original ethical connotations, as one can see in Francisco Sanches's work *Quod nihil scitur* (1581) that since the title reflects the classical formula of *akatalepsia*. Sanches was an influential representative of the Academic tradition that was still alive in the sixteenth century philosophy. Cicero's *Academica* was always present in the occidental debate on skepticism, starting from Petrarca and Valla; it was already printed in 1471 with Cicero's other works. One of Petrus Ramus's friends, Omer Talon, wrote in 1547 a work with nearly the same title, aiming at supporting Ramus's attacks on Aristotle and Aristotelianism, in the wake of the "freedom of philosophizing". Another work, still with the title of *Academica*, was published by Pedro de Valencia in 1596.

In Sanches's work the distinction between Academics and Pyrrhonists seems to be erased in favor of the more general category of "sceptics".

There are no traces of the Pyrrhonian notion of phenomenon in *Quod nihil scitur.* In fact, Sanches started with the sentence: "I do not even know this, that I know nothing". It was Arcesilaus that considered the obscurity of things so overwhelming that he could not know even if he really knew. Sanches was clearly indebted to Augustine's method of refuting the Academics, as can be seen from his "motto proposition" (*"Nec unum hoc scio, me nihil scire"*) that features his own radicalization of knowledge of not knowing. Sanches, however, thought he could take advantages of this argumentative strategy, not against skepticism but to fortify it. If he had been able to prove the initial premise, then he would have been right to infer that "nothing is known" (*"nil sciri"*) and then to confirm total skepticism; if on the contrary he had not been able to prove the initial premise, so much the better – even in that case total skepticism would had been be confirmed. Therefore, in either case, the initial assertion proved to be right.[6]

Sanches displayed also a strong rhetoric of skepticism (much more dramatic than the ancient one), which was described as a difficult and anguished itinerary, often represented in the first person. The idea of "desperation" because of doubt following a passionate yet vain research, lies at the heart of *Quod nihil scitur.* The author's itinerary well expressed the spirit of the late Renaissance philosophy and of its harsh polemic against Scholasticism. In the "Republic of Truth" – he claimed – it is better to doubt, to follow experience and reason than to "swear on authorities". Aristotle, with all of his dogmatic pretentions, cannot be but the worst enemy of the skeptic. In fact, Aristotle was "a human being like us", warned Sanches, and although he had presented himself as "one of the sharpest scrutinizers of nature", he went often mistaken and remained unaware of many things. In the autobiographic story Sanches told about in *Quod nihil scitur,* the author daringly claimed not to have surrendered to authorities, but to have kept investigating nature ("I keep on [asking])", followed only rational investigation, and scorned the deceptive suggestions of Scholastic dialectic.[7]

One of the platonic and academic features that strike at reading Sanches's booklet is that the author went back to the Delphic precept

---

6   Francisco Sanches, *Quod nihil scitur,* in Joaquim De Carvalho (ed.), *Opera philosophica, Revista de Universidade de Coimbra,* vol. 18 (1955).

7   *Ibid.,* p. 28, 33-37.

of knowing oneself and tried to join it with the activity of doubting.[8] In this way he not only considered Socrates as an ancestor of skepticism, but also went beyond the Augustinian thesis based on self-knowledge through the awarenesss of being mistaken (*"si fallor sum..."*). That had been a too straightforward means in refuting skepticism and Sanches preferred another way to get access to some truth. In fact, *Quod nihil scitur* was not totally skeptical: it also contained doctrines that attempted to overcome doubt. Sanches developed another theme that constantly accompanied his skepticism: the return to himself after the disappointment of not knowing. "I am going to return to myself, calling everything into question". This is the second advice, with *akatalepsia*, that Sanches inherited from Socrates: the Delphic demand to know oneself.

What is more important for our comparison with Montaigne, is that precisely the neo-academic stance allowed Sanches to develop a new kind of "internalism" that underpinned a strong philosophical theory of subjectivity.

In fact, the Delphic recommendation took on a more technical meaning in Sanches as it was connected to his classification of human knowledge. He distinguished between external – therefore sensible – and internal – therefore only intellectual – knowledge. In particular, Sanches rethought the status of "internal" knowledge that the mind would acquire by itself without any mediation. Being immediate and intuitive, this internal knowledge enjoyed a special status and was absolutely certain. This is the reason why Sanches positively answered the crucial question, namely whether one can affirm "something which would not be suspected of falsity".

The author started with the "maker's knowledge" (one only knows things that he is able to bring about).[9] Obviously, this principle applied to whatever is made by, or happens in, our intellect, in accordance with a criterion of self-transparency of the soul. Accordingly, the certainty about our own thinking, willing, and desiring was considered by Sanches as more perfect than any possible knowledge regarding what comes from outside: "For I am more sure that I possess both inclination and

---

8   *Cf.* M. Yrjökonsuuri, "Self-Knowledge and the Renaissance Sceptics," in Juha Sihvola (ed.), *Ancient Scepticism and the Sceptical Tradition* (Helsinki: Acta Philosophica Fennica, 2000), p. 225-254.

9   Sanches, *Quod nihil scitur*, p. 30.

will, and that I am at one moment contemplating this idea, at another moment shunning or abominating that idea, than that I see a temple, or Socrates. I have said that we are certain about the real existence of those things that either exist, or else originate, within ourselves".[10] Nevertheless, there is some sort of inverse proportion between the "understanding" (or comprehension) and the "certainty" of knowledge, and this makes "our condition unhappy," limiting our pretention to be certain. It follows that we are absolutely certain that "we think, we want to write" etc., but "we do not know what this thought, this will, this desire is". In fact, the more the mind is certain of a thing the less it is able to understand the same thing and vice versa. The contrary happens to comprehension or understanding: "the knowledge of external things through the senses is greater than the knowledge of internal things without the senses". The opposite holds as regards certainty. In this case, knowledge "of things that are either in us or made by us" is of indubitable certainty. The knowledge we get through "discourse and reasoning" is much less reliable as it is not immediate and intuitive.[11]

This distinction between comprehension and certainty, internal and external, which was destined to have a strong impact on the Cartesian philosophy, inherited also from the late Scholastic debates on the knowledge of the mind and self. Sanches's originality consisted in joining these subtle speculations with the major challenge of skepticism. By distinguishing between internal and external states and explaining how it was possible to acquire much knowledge without going outside of oneself, Sanches enriched the tradition of early modern skepticism with an aspect that was absent from the Pyrrhonist tradition and was just touched on in the neo-academic trend with its precept: "know yourself".

Gianni PAGANINI
Università del Piemonte (Vercelli)
Research Centre of the Accademia
dei Lincei (Rome)

---

10   *Ibid.*, p. 32-33.
11   *Ibid.*, p. 33.

SUR LES RAPPORTS ENTRE L'IGNORANCE, LA SCIENCE, LA PHILOSOPHIE ET LE SCEPTICISME CHEZ MONTAIGNE

Ceux qui cherchent à comprendre la dimension philosophique de l'œuvre montaignienne ont de plus en plus conscience de son interaction fonctionnelle avec son contexte sociopolitique, et de ce fait, à quel point il est nécessaire pour son interprétation d'éclaircir ses fonctions et fonctionnements par rapport aux divers réseaux et milieux dans lesquels sa constitution et réception sont confondues[1]. Philippe Desan a été l'un des premiers auteurs à attirer mon attention sur la nécessité de le faire vis-à-vis de Montaigne : même lorsqu'il s'agit de concepts très abstraits, il faut demeurer, comme l'essayiste, toujours attentif aux formes concrètes des relations et affaires humaines.

Si nous prenons comme thème la classification commune de la philosophie essayistique comme sceptique[2], il est facile de percevoir que la difficulté n'est pas tant dans le titre mais plutôt dans les manières de l'appliquer. Or, celui qui examine les *Essais* avec attention s'aperçoit facilement de l'existence de plusieurs instances qui ont modelé son scepticisme. Sans prétendre les énoncer toutes ou les comprendre totalement dans ses interactions, on pourrait y compter de manière schématique : l'influence du scepticisme ancien[3] ; l'émulation de la méthode

---

1   Voir Warren Boutcher, *The School of Montaigne in Early Modern Europe*, 2 vol., Oxford, Oxford University Press, 2017. L'édition des *Essais* utilisée ici comme référence est celle de Pierre Villey, Paris, Presses Universitaires de France, 2004.

2   Voir Philippe Desan, « Qu'est-ce qu'être sceptique dans les années 1560-1580 ? Le cas de Montaigne », dans Jean-Claude Darmon, Philippe Desan et Gianni Paganini (dir.), *Scepticisme et pensée morale de Michel de Montaigne à Stanley Cavell*, Paris, Hermann, 2017, p. 23-39 ; José R. Maia Neto, « Scepticism », dans Henrik Lagerlund et Benjamin Hill (dir.), *Routledge Companion to Sixteenth Century Philosophy*, New York, Taylor & Francis, 2017, p. 295-318 ; Gianni Paganini et José R. Maia Neto (dir.), *Renaissance Scepticisms*, Dordrecht, Springer, 2009.

3   Voir la note précédente ainsi que Celso M. Azar Filho, « Montaigne e Sexto Empírico », *Ítaca*, vol. 1, 1995, p. 34-37.

socratique[4] ; le sentiment d'« incrédulité » diffus à la Renaissance dû
aux événements de l'époque[5] ; les conflits religieux et l'importance des
questions théologiques au cœur des positions philosophiques[6] ; le poids
du nominalisme dans la réception de la philosophie médiévale[7] ; le rôle
du mode d'argumentation *in utramque partem* dans la genèse de l'essai[8] ;
les lectures montaigniennes de Cuse ou d'Agrippa, etc.[9]. Mais il y a
aussi un sens – et très important dans la logique et logistique textuelle
essayistiques – qui résulte de l'ouverture des savoirs à l'artisanal et à
l'ordinaire au moment de passer au domaine éminemment livresque :
l'éloge montaignien de la docte ignorance reflète également la réévaluation
des pratiques technico-artistiques en cours liée à son essor renaissant.
En plus de la perméabilité des *Essais* en ce qui concerne les savoirs et
sagesses mondaines et ordinaires – on note, par exemple, comment dans
l'essai sentences et proverbes populaires sont devenus équivalents aux
discours philosophiques –, Montaigne les met en relief avec les *personae*
essayistiques des « sages ignorants » – tels que les indiens, paysans, etc.
– toujours simples et efficaces.

Avec le succès de la presse de type mobile de Gutenberg, on a une
circulation des connaissances qui étaient auparavant marginales par
rapport à celles qui étaient établies : des connaissances qui peuvent être
appelées tacites ou implicites aux activités journalières, auparavant transmises oralement, maintenant imprimées, elles gagnent de divers formats
et supports – brochures, almanachs, calendriers, manuels de médecine
à domicile, histoires populaires, etc. – et ceux-ci sont produits, vendus

---

4   Celso M. Azar Filho, « Montaigne e Sócrates : Cepticismo, Conhecimento e Virtude »,
     Revista Portuguesa de Filosofia, vol. 58, nº 4, 2002, p. 829-845.
5   Voir le livre classique de Lucien Febvre, *Le Problème de l'incroyance au XVIᵉ siècle. La religion
     de Rabelais*, Paris, Albin Michel, 1947.
6   Michael Moriarty, *Disguised vices. Theories of virtue in Early Modern Thought*, New York,
     Oxford University Press, 2011.
7   Antoine Compagnon, *Nous, Michel de Montaigne*, Paris, Seuil, 1980.
8   Zachary S. Schiffman, « Montaigne and the Rise of Skepticism in Early Modern Europe :
     A Reappraisal », *Journal of the History of Ideas*, vol. XLV, nº 4, 1984, p. 499-516.
9   Au-delà de chacun de ces facteurs (et peut-être d'autres), leur interaction est aussi décisive
     pour comprendre le scepticisme montaignien. Par exemple, l'ancien scepticisme n'est pas
     simplement reçu, il est reçu dans le contexte du schisme religieux de la Réforme. Un autre
     exemple, particulièrement important ici, comme on verra : l'approbation des arts techniques
     par Sextus Empiricus (Maia Neto, art. cité, p. 299) peut avoir servi à renforcer sa revalori-
     sation à la Renaissance – or, Montaigne lui-même remarque que les sceptiques « se prestent
     et accommodent […] à la tradition des arts », en citant Sextus Empiricus : II, 12, 505.

et lus à côté des références savantes et lettrées. L'espace est ouvert à un public hétérogène de consommateurs, formé en dehors de l'environnement institutionnel et aux intérêts divers, constituant les embryons des cercles littéraires modernes, ainsi que des premières grandes bibliothèques privées. La culture populaire et la savante communiquent[10] entre elles : au moment de l'explosion informationnelle advenue de la presse, cette perméabilité sera un facteur fondamental dans l'avènement de nouveaux genres discursifs, et se déroule parallèlement à la construction en cours des langues vernaculaires d'usage courant (à niveau technique et savant) suivant le langage oral (puisque celui-ci informe les lexiques de presque toutes les branches de la science proto-moderne[11]).

Les intersections renaissantes entre la théorie et la pratique, la science et la technique, le marginal et le canonique, le pur et l'appliqué, le scientifique et l'artistique/artisanal, indiquent l'intersection horizontale et verticale des savoirs dans différents cadres et niveaux épistémologiques : c'est un mouvement de renouvellement des langages techniques et artistiques vers la refondation de leurs concepts de base. En résultent des interférences ou hybridations entre les différents domaines du savoir et des métiers de la Renaissance, en raison de nouveaux problèmes et des nouveaux termes dans lesquels ils sont confrontés et ainsi émerge une interrogation générale sur les principes, les méthodes et les critères de ce que serait la « science » qui répond au cadre historique tumultueux de l'époque, en plus de la revendication d'une liberté de création jusque-là inusitée, et non par hasard parallèle à une grande avancée technique[12]. Or, à cette époque, la connaissance érudite ne se considère pas comme

10   Sur la question générale des relations entre l'« érudit » et le « populaire » du Moyen Âge à la Modernité, les travaux de Mikhail Bakhtine, Roger Chartier, Peter Burke et Tzvetan Todorov sont ici nos références centrales.

11   Bakhtine, *L'Œuvre de François Rabelais et la culture populaire au Moyen Âge et sous la Renaissance*, Paris, Gallimard, 1970, p. 452 ; Charles Dempsey, *The Early Renaissance and Vernacular Culture*, Cambridge & Londres, Harvard University Press, 2012 ; Tom B. Deneire (dir.), *Dynamics of Neo-Latin and the Vernacular : Language and Poetics, Translation and Transfer*, Leyde, Brill, 2014 ; Christopher S. Celenza, *The Intellectual World of the Italian Renaissance. Language, Philosophy, and the Search for Meaning*, New York, Cambridge University Press, 2018.

12   De nombreuses études ont attiré l'attention sur le processus d'hybridation culturelle à la Renaissance. Plus récemment, voir par exemple Peter Burke, *Hybrid Renaissance : Culture, Language, Architecture*, Budapest, Central European University Press, 2016 ; Liliane Hilaire-Pérez, Fabien Simon et Marie Thébaud-Sorger (dir.), *L'Europe des sciences et des techniques : un dialogue des savoirs, XVᵉ-XVIIIᵉ siècle*, Rennes, Presses Universitaires de Rennes, 2016.

autoréférentielle, ni ne refuse nécessairement la lecture et l'utilisation de
textes anonymes dont la connaissance n'aurait été approuvée ni par un
grand auteur ni par les pairs d'un quelconque ensemble académique :
le sage ne corrige pas encore forcément les erreurs du vulgaire, mais
il est même conseillé par celui-ci, dont la figure idéalisée serait plus
proche de la nature et donc des origines pures et authentiques de la vraie
science[13] – cette connaissance « vulgaire » a pu ainsi participer à la base
matérielle de la construction de diverses disciplines savantes. C'est dans
ce sens que l'étude de ces intersections dans leurs diverses possibilités
théorico-pratiques aide à comprendre les conceptions philosophiques de
la Renaissance d'une manière différente de la simple approche à travers
des textes canoniques. Car à partir de là, ces travaux s'éclaircissent de
manière inattendue : comme quand nous constatons que la notion de
sage ignorance chez Montaigne a des racines qui ne se limitent pas au
scepticisme ancien ou à l'eschatologie chrétienne, mais se réfèrent directement à la recherche des connaissances naturelles, communes et ordinaires vers lesquelles son époque était particulièrement bien disposée[14] :

---

13 Un exemple très intéressant est celui des calendriers des bergers (*cf. Calendrier des bergers*,
    préface de Max Engammare, Paris, Presses Universitaires de France, 2008) : une sorte
    d'almanachs qui contient une connaissance vue alors comme évidente et vraie et acces-
    sible à tous sur des événements qui, bien que quotidiens, étaient au cœur de la vie de ces
    sociétés beaucoup plus liées aux rythmes naturels que nous ne le sommes aujourd'hui.
    Nous pouvons faire une comparaison avec l'éloge de l'ignorance, qui ne se réfère pas
    à la simple ignorance, mais à une connaissance supérieure, néanmoins paradoxalement
    simple, ordinaire et commune : « Ce n'est pas tant la force et la subtilité que je demande,
    comme l'ordre. L'ordre qui se voit tous les jours aux altercations des bergers et des enfans
    de boutique, jamais entre nous » (III, 8, 925). Il convient de noter que cela ne signifie
    pas une simple inversion : la connaissance a certainement de l'importance, et la figure
    du berger peut également signifier une intelligence peu développée : « […] mais un
    bien legier accident mist l'entendement de cettuy-cy en pire estat que celuy du moindre
    bergier » (II, 12, 489).

14 Cela ne veut pas dire que l'essayiste ait abandonné ses « préjugés de classe » (si la simple
    application ici d'une telle expression n'était anachronique) ou sa croyance dans une
    hiérarchie des âmes et des savoirs (*cf.*, par exemple III, 8, 931-932). Le point important
    pour nous c'est le respect évident des arts, des sciences et des connaissances en général
    chez Montaigne, même à travers les critiques aiguës auxquelles ils sont soumis. Les *Essais*
    font résonner l'esprit de l'architecture aristotélicienne des sciences (et aussi la pensée
    politique qui l'imprègne) dans laquelle la philosophie est une connaissance fondamentale
    et critique, exempt de contraintes utilitaires ou pragmatiques : pourtant on perçoit dans
    la pensée montaignienne une fusion de la *práxis* e de la *téchne* qui n'est pas ancienne ou
    médiévale dans son esprit : *cf.* Pamela O. Long, « Power, Patronage, and the Authorship
    of Ars : from mechanical know-how to mechanical knowledge in the last scribal age »,
    Isis, vol. 88, n° 1, 1997, p. 1-41.

En ceste université, je me laisse ignoramment et negligemment manier à la loy generale du monde. Je la sçauray assez quand je la sentiray. Ma science ne luy sçauroit faire changer de route ; elle ne se diversifiera pas pour moi. C'est folie de l'esperer, et plus grand folie de s'en mettre en peine, puis qu'elle est necessairement semblable, publique et commune. La bonté et capacité du gouverneur nous doit à pur et à plein descharger du soing de son gouvernement. Les inquisitions et contemplations philosophiques ne servent que d'aliment à nostre curiosité. Les philosophes, avec grand raison, nous renvoyent aux regles de Nature ; mais elles n'ont que faire de si sublime cognoissance : ils les falsifient et nous presentent son visage peint trop haut en couleur et trop sophistiqué, d'où naissent tant de divers pourtraits d'un subject si uniforme. Comme elle nous a fourni de pieds à marcher, aussi a elle de prudence à nous guider en la vie ; prudence, non tant ingenieuse, robuste et pompeuse comme celle de leur invention, mais à l'advenant facile et salutaire, et qui faict tres-bien ce que l'autre dict, en celuy qui a l'heur de sçavoir s'employer naïvement et ordonnéement, c'est à dire naturellement. Le plus simplement se commettre à nature, c'est s'y commettre le plus sagement. O que c'est un doux et mol chevet, et sain, que l'ignorance et l'incuriosité, à reposer une teste bien faicte. J'aymerois mieux m'entendre bien en moy qu'en Ciceron. De l'experience que j'ay de moy, je trouve assez dequoy me faire sage, si j'estoy bon escholier. Qui remet en sa memoire l'excez de sa cholere passée, et jusques où cette fiévre l'emporta, voit la laideur de cette passion mieux que dans Aristote, et en conçoit une haine plus juste. Qui se souvient des maux qu'il a couru, de ceux qui l'ont menassé, des legeres occasions qui l'ont remué d'un estat à autre, se prepare par là aux mutations futures et à la recognoissance de sa condition. La vie de Caesar n'a poinct plus d'exemple que la nostre pour nous ; et emperière, et populaire, c'est tousjours une vie que tous accidents humains regardent (III, 13, 1074).

La paraphrase de la célèbre citation de Térence[15] nous rappelle comment la précarité de notre être nous unit : l'universalité de la condition humaine se manifeste dans cette vulnérabilité fondamentale face aux « accidents humains », égalant la vie des empereurs et des gens du peuple. Étant donné la constitution toujours corporelle et donc circonstancielle – c'est-à-dire relationnelle – de l'être humain, le sentiment de la loi générale du monde énoncé au début du passage constitue le critère le plus fondamental et commun de notre connaissance. Bien sûr, un critère plébéien, mais anobli par la nonchalance montaignienne : « Je la saurai assez, quand la ressentir ». Il n'y a pas de séparation étroite ici entre la

---

15   Encore paraphrasé en II, 2, 346 et enregistré entièrement sur l'une des poutres de la *librairie* : voir Alain Legros, *Essais sur poutres. Peintures et inscriptions chez Montaigne*, Paris, Klincksieck, 2003, p. 339-340.

sensation et la connaissance, et aucune différence claire entre suivre Dieu ou la nature. Si l'essayiste passe sans médiation de la « bonté et capacité du gouverneur » aux « règles de Nature » – c'est précisément parce qu'il les nivelle, les équivalant en ce qui concerne leurs effets sur nos existences mondaines. Et, pour les mêmes raisons logico-ontologiques, ce n'est pas simplement la certitude ou l'exactitude de la « représentation » de la réalité qui est en question ici, mais la façon dont la conduite de la vie est effectuée – « Nostre grand et glorieux chef-d'œuvre c'est vivre à propos » (III, 13, 1108) : dans ce travail quotidien, la perception, la conscience et l'action ne sont pas séparées – pourvues par la nature, nous dit-il, comme notre prudence, nos pieds. On cherche une connaissance très différente de la connaissance falsifiée que l'essayiste définit ici comme « trop sophistiquée » : pas ingénieuse, mais naïve, pas pompeuse, mais simple, pas pour le dire, mais pour le faire. La connaissance authentique est une connaissance naturelle, facile et saine, qui doit en général être récupérée, perdue comme elle l'était par nos philosophies, ces poésies sophistiquées (II, 12, 537) – c'est-à-dire construites par des sophismes –, qui oublient souvent la fonction critique qui devrait leur être inhérente. L'éloge ici d'une certaine ignorance et incuriosité tranquilles, loin de signifier un obscurantisme ou un refus de tout effort de connaissance, constitue la capacité réflexive dont l'exercice distingue cette « tête bien faite ». Car la vraie philosophie, contrairement à la « couleur trop élevée » des peintures philosophiques actuelles, confère à cet esprit bien formé une disposition naturellement simple et réglée, c'est-à-dire une capacité de procéder ordonnément à partir de son expérience personnelle : « La moins desdeignable condition de gents me semble estre celle qui par simplesse tient le dernier rang, et nous offrir un commerce plus reglé. Les meurs et les propos des paysans, je les trouve communéement plus ordonnez selon la prescription de la vraie philosophie, que ne sont ceux de nos philosophes » (II, 17, 660).

L'exigence montaignienne fondamentale de gouverner et ordonner la pensée et le comportement, plutôt que simplement logique ou méthodologique, fait interagir des aspects de multiples savoirs dans le texte de l'essai pour ouvrir la voie à la notion humaniste d'une mesure discursive qui reflète et facilite la poursuite vitale constante d'une mesure d'action. Car c'est de l'éloge d'une ignorance très particulière que nous traitons, et qui ne doit pas être confondue avec la simple stupidité : « Les ames qui, par stupidité, ne voyent les choses qu'à demy jouyssent de cet heur que les nuisibles les blessent moins : c'est une ladrerie spirituelle qui a quelque air de santé, et telle santé que la philosophie ne mesprise pas du tout. Mais pourtant ce n'est pas raison de la nommer sagesse, ce que nous faisons souvent » (III, 10, 1014). On voit clairement ici que la notion érasmienne de mesure dans la sagesse – provenant principalement de sources bibliques, et représentant non exactement la folie, comme parfois on la figure, mais plutôt une sottise ou imbécillité, une sainte ignorance, notion structurante du mysticisme chrétien – n'est pas la seule, ni ne semble-t-elle être la principale source philosophique de l'éloge montaignien d'une ignorance sage. Dans les *Essais*, nous trouvons certainement des traces d'une piété de souche paulinienne, mais son attitude générale – et aussi sa piété propre – est beaucoup plus socratique qu'apostolique :

> Socrates faict mouvoir son ame d'un mouvement naturel et commun. Ainsi dict un paysan, ainsi dict une femme. Il n'a jamais en la bouche que cochers, menuisiers, savetiers et maçons. Ce sont inductions et similitudes tirées des plus vulgaires et cogneues actions des hommes ; chacun l'entend. Soubs une si vile forme nous n'eussions jamais choisi la noblesse et splendeur de ses conceptions admirables, nous, qui estimons plates et basses toutes celles que la doctrine ne releve, qui n'apercevons la richesse qu'en montre et en pompe (III, 12, 1037)[16].

Comme pour le « plus sage des Grecs », prendre les savoirs et métiers les plus ordinaires comme exemple ne rentre pas en conflit avec les aspects sceptiques de la pensée montaignienne. L'apologie de l'incuriosité peux être ici peux ici être en accord avec l'*aude sapere* horatien : or, ce paradoxe a toujours été quelque chose de constitutif de ce qu'on a appelé « philosophie » en Occident depuis les Grecs, et de la relation d'interaction et d'exclusion entre le soi-disant bon sens et la pensée qui s'estime philosophique, quelque chose de constamment remis en question dans leurs traditions. Notez comment ce thème traverse l'essai qu'inspire le fameux début du livre le plus célèbre de Descartes[17] : ne serait-ce pas une contradiction de se rendre compte de son propre non-sens ?

---

16   Sur l'utilisation par Socrate d'analogies techniques pour définir la vertu comme connaissance, voir William K. C. Guthrie, *Socrates*, Cambridge, Cambridge University Press, 1971, p. 122, 131-136.

17   Voir mon article : « Méthode et style dans les *Essais* de Montaigne », *Bulletin de la Société Internationale des Amis de Montaigne*, n° 2, 2016, p. 51-69.

> [...] ma recommendation est vulgaire, commune et populaire, car qui a jamais
> cuidé avoir faute de sens ? Ce seroit une proposition qui impliqueroit en soy de
> la contradiction : c'est une maladie qui n'est jamais où elle se voit ; ell'est bien
> tenace et forte, mais laquelle pourtant le premier rayon de la veue du patient
> perce et dissipe, comme le regard du soleil un brouillas opaque ; s'accuser seroit
> s'excuser en ce subject là ; et se condamner, ce seroit s'absoudre (II, 17, 656).

La prise de conscience de notre propre manque de sens comme en étant justement ce qui nous rend sensés est une autre façon de présenter cette ignorance savante et heureuse que nous avons vue ci-dessus. Entre la sensation et la pensée, l'affection et l'esprit, le « sens » est une notion ambiguë et ambivalente ; et la confrontation entre le « moi » et le « nous » qu'entoure ce passage (et cet essai) nous implique tous : car même pour ceux qui moins vraisemblablement se réclameraient d'un sens indépendant, clair et équilibré, sont fiers de celui-ci (à tort ou non). Notez comment un élan clair pour la recherche et l'apprentissage se manifeste dans tous les passages de l'œuvre montaignienne que nous lisons ici, et comme nous y sommes tous en principe sans exception convoqués : « On attache aussi bien toute la philosophie morale à une vie populaire et privée que à une vie de plus riche estoffe : chaque homme porte la forme entière de l'humaine condition » (III, 2, 805). Chacun sert d'exemple à tous, car chacun est autant l'œuvre de soi-même que de tous. Il s'agit de se conduire parmi les paradoxes de l'existence humaine – animale et rationnelle, spirituelle et corporelle, intellectuelle et sensible – et entre les multiples ombres idéologiques et marqueurs sociaux de ces distinctions – par exemple, théorie et pratique, maître et esclave, action et discours, vie et pensée. C'est la démarche prudente de l'essayiste qu'on est habitué à percevoir comme sceptique : un mélange d'énergie et de modestie, de doute et de curiosité, qui composent l'attitude de tout vrai chercheur.

Certes la dialectique nature-art dans les *Essais* repose sur une éthique nobiliaire, mais il est intéressant de noter que la dépréciation occasionnelle de l'artifice, du vulgaire ou du populaire ne s'étend pas nécessairement aux artisans ou artistes ou à leurs exploits ; et tandis que les différences de classe restent fermes dans le texte, la bonne exécution de leurs activités les valorise – tout comme, dans le cas des hommes du peuple, la bonne conduite de leur vie[18] –, et les concepts moraux sont alors élargis pour aborder le

---

18 Le fait que le « vulgaire/populaire » soit parfois rabaissé dans les *Essais* ne présuppose
    pas dans la philosophie morale montaignienne un clivage élitiste entre le sage et la

terrain commun de la condition humaine (par exemple III, 8, 931-932). Le regard montaignien est à la fois privé et familier, ainsi qu'universel dans sa compréhension et son acceptation non pragmatiques de l'humain. En plus de l'idéal gréco-romain, sa sagesse sereine est certainement pénétrée par l'orgueil de la noble oisiveté créatrice qui sert de marque à sa classe, mais aussi d'une certaine résignation de caractère assez populaire et banale :

> Nous sommes nés pour agir :
> *Cum moriar, medium solvar et inter opus.*
> Je veux qu'on agisse, et qu'on allonge les offices de la vie tant qu'on peut, et que la mort me treuve plantant mes chous, mais nonchalant d'elle, et encore plus de mon jardin imparfait (I, 20, 89).

L'être en mouvement, en action, en circonstance, que nous sommes, ne dispense cependant pas de mesures et de critères pour agir, et l'essayiste nous propose des formes adaptées à l'usage commun. Bien sûr, cette nonchalance est de souche noble, unissant la célèbre *sprezzatura* italienne à la modestie raffinée de Montaigne, noble de robe[19]. Cependant, nous avons ici une disposition méthodologique ou une attitude générale qui est comme inhérente au style montaignien lui-même[20]. Rappelons à quel point l'essayiste est « négligemment » conduit par la loi générale du monde : cette détente ouvre aussi dans les *Essais* les chemins pour la redécouverte des choses et la rencontre des hommes dans les détails des affaires banales de tous les jours :

> Je louerois un'ame à divers estages qui sçache et se tendre et se desmonter, qui soit bien par tout où sa fortune la porte, qui puisse deviser avec son voisin de son bastiment, de sa chasse et de sa querelle, entretenir avec plaisir un charpentier et un jardinier ; j'envie ceux qui sçavent s'aprivoiser au moindre de leur suitte et dresser de l'entretien en leur propre train (III, 3, 821).

---

multitude des ignorants : Sylvia Giocanti, « Montaigne, une éthique de la vie ordinaire », dans *Libertinage et philosophie au XVIIe siècle*, Saint-Étienne, Publications de l'Université de Saint-Étienne, 2009, p. 17-33.

19   Philippe Desan, *Montaigne. Une biographie politique*, Paris, Odile Jacob, 2014 ; Francis Goyet, « Montaigne and the notion of prudence », dans Ullrich Langer (dir.), *The Cambridge Companion to Montaigne*, New York, Oxford University Press, 2005.

20   « Quand j'en saisis des populaires et plus gayes, c'est pour me suivre à moy qui n'aime point une sagesse ceremonieuse et triste, comme faict le monde, et pour m'esgayer, non pour esgayer mon stile, qui les veut plustost graves et severes (au moins si je dois nommer stile un parler informe et sans regle, un jargon populaire et un proceder sans definition, sans partition, sans conclusion, trouble [...]) » (II, 17, 637).

Dans la critique montaignienne au savoir purement livresque, il y a aussi une revalorisation, d'une part, de l'oralité et, d'autre part, des connaissances tacites, advenues de l'expérience personnelle quotidienne, de la pratique, de la coutume ; et on arrive parfois à l'inversion des hiérarchies établies :

> Ceux qui, en m'oyant dire mon insuffisance aux occupations du mesnage, vont me soufflant aux oreilles que c'est desdain, et que je laisse de sçavoir les instrumens du labourage, ses saisons, son ordre, comme on faict mes vins, comme on ente, et de sçavoir le nom et la forme des herbes et des fruicts et l'aprest des viandes de quoy je vis, le nom et le pris des estoffes de quoy je m'abille, pour avoir à cueur quelque plus haute science, ils me font mourir. Cela c'est sottise et plustost bestise que gloire. Je m'aimerois mieux bon escuyer que bon logitien[21].

L'essai a lui-même quelque chose d'artisanale dans sa forme : une procédure heuristique, capable de conduire à de nouvelles façons de penser plutôt que de simplement les exprimer, en reformulant constamment les idées et catégories en jeu. Or, cette recherche nécessite le soutien des nouvelles connaissances émergentes. Par exemple, alors que sa critique de la « forme » rigide de l'homme pourrait sembler mener Montaigne à une sorte de confusion conceptuelle, sa démarche est associée à une très claire connaissance de la science de l'homme de son temps. Les récits de Jean de Léry et d'autres cosmographes fournissent les éléments culturels qui lui permettent de réfléchir sur les manières d'être des « sauvages » ; et la considération d'un nouveau monde avec des hommes si différents l'a conduit loin de l'ethnocentrisme dominant et ignorant ; les œuvres de Sylvius, mais aussi de son célèbre élève, Vésale, permettent à Montaigne de s'appuyer sur les études médicales et anatomiques de son temps pour déligner son humanisme[22]. Malgré la remise en question de toutes les catégories pour proposer un humanisme de la différence, les *Essais* sont constamment irrigués par la science de son temps, que ce soit par des ouvrages sur l'anatomie, l'astronomie, la géographie, la philosophie ou la médecine.

---

21 III, 9, 952 ; voir aussi III, 13, 1081, 1115.
22 Philippe Desan, *Montaigne. Les formes du monde et de l'esprit*, Paris, Presses de l'Université Paris-Sorbonne, 2008, p. 43. Didier Ottaviani, « Montaigne, médico da alma », dans Celso M. Azar Filho, Ottaviani et Rafael Viegas (dir.), *Arte, ciências e filosofia no Renascimento (vol. 2)*, Rio de Janeiro, Letras, 2019, p. 134-149.

Cependant, malgré l'intérêt évident de Montaigne pour les sciences, le progrès technique et la technologie en général[23], et en plus de cela la compréhension des fondements de la science moderne que son travail dénote[24], il n'a jamais entretenu d'ambitions scientifiques au sens strict[25]. Peut-être parce qu'il a été capable d'entrevoir les enjeux et les problèmes métaphysiques, anthropologiques et moraux liés à la puissance de la rationalité scientifique et technique moderne[26]. Et dans cela, nous percevons le caractère distinctif du scepticisme montaignien (si nous voulons insister sur cette classification) : un intérêt indéniable pour les connaissances dont l'intention est toutefois bien différente de la simple acquisition de connaissances autres que celles qui se réfèrent au bonheur et au bien-être individuel et collectif – « J'ay veu en mon temps cent artisans, cent laboureurs, plus sages et plus heureux que des recteurs de l'université, et lesquels j'aimerois mieux ressembler » (II, 12, 487). L'ignorance qui caractérise la tête bien faite symbolise avant tout la capacité de (auto) critique qui mobilise tout discours philosophique digne de ce nom, et pour lequel, se demander comment la science est structurée et à quoi elle sert, sont deux questions entrelacées.

Celso M. Azar Filho
Universidade Federal Fluminense

---

23 François Rigolot, « Art », et Alexander Roose, « Science », dans Philippe Desan (dir.) *Dictionnaire de Michel de Montaigne*, Paris, H. Champion, 2007 ; Henry Heller, *Labour, Science and Technology in France, 1500-1620*, Cambridge, Cambridge University Press, 1996 ; Jonathan Sawday, « In Search of the Philosopher's Stone : Montaigne, Interiority and Machines », *The Dalhousie Review*, vol. 85, 2005, p. 195-220.

24 Alexander Roose, art. cité : « Montaigne pose les fondements de la science moderne », p. 1047. On se souvient que pour Erich Auerbach la méthode montaignienne était déjà scientifique au sens moderne du terme : *Mimesis : Dargestellte Wirklichkeit in der abendländischen Literatur*, Berne, Francke, 1946, p. 277.

25 Philippe Desan, *Montaigne. Les formes du monde et de l'esprit, op. cit.*, p. 80.

26 Thierry Gontier, « Prudence et sagesse chez Montaigne », *Archives de Philosophie*, n° 75, 2012, p. 113-130.

MONTAIGNE, SKEPTICISM AND FINITUDE

Montaigne, Horkheimer:
Unhelpful Skepticism in a Limited World

Montaigne's moderate skepticism – not a Pyrrho-like obstinacy in doubting the reality of an objective world, but a humane refusal of dogmatisms and a degree of doubt as to universal statements about that objective world – is related to his current popularity both in scholarly literature and in educated society. This popularity has costs and benefits for scholarship, and his popular skepticism also has costs and benefits, some of which will be the subject of this essay.

POPULAR MONTAIGNE

When you check the *Klapp-Online* bibliography for studies of French literature and search for "Montaigne", you will be able to peruse six hundred twenty-nine items for the years 2013-2017. That figure is somewhat inflated, since some listings are redundant: articles in collective volumes appear separately, in addition to the volume itself. Moreover, chapters in books are sometimes listed individually, even if they do not pertain to Montaigne, should the book title itself contain the word "Montaigne". So let us say that the actual figure is closer to five hundred. That still means that well over a hundred articles and books were published *every year* on the subject of Montaigne in the four-year period of 2013-2017. Philippe Desan, whom this volume honors, estimates that there are more than ten thousand journal articles published to date on Montaigne[1]. Since

---

1   Philippe Desan, "Bibliographic and Research Resources on Montaigne," in Philippe Desan (ed.), *Oxford Handbook of Montaigne* (Oxford: Oxford University Press, 2016), p. 784.

Desan's estimate was probably made before 2015, I assume that there are now close to ten thousand five hundred articles. I have not looked at compilations of doctoral theses directed on Montaigne, for fear of finding similarly large numbers, although one would hope that directors would discourage students from travelling down such a well-trodden path. I doubt very much that the trend has slowed in the most recent year and months. Some of this appeal of Montaigne to scholars can be attributed to the persistent and generous energy of our colleague. His organization of many colloquia and his editorial direction of *Montaigne Studies* and of numerous volumes of studies (such as the *Dictionnaire Michel de Montaigne* and the *Oxford Handbook of Montaigne*) have made the 16th-century essayist the center of an entire industry. The present volume is, of course, a well-deserved tribute to Philippe Desan, and it is in that spirit that I offer the following contrarian reflections on the Montaigne phenomenon. In short, I take the plethora of scholarship, and our embrace of the essayist, as problematic in our times: moderate skepticism as comfort food, when something else is called for.

Should we not applaud the scholarly stardom of Montaigne? There are good things about this inflation of Montaigne studies. Better Montaigne, no doubt, than, say, the Marquis de Sade, Céline, Helvétius or Philippe Desportes. It is heartening, in addition, to see Montaigne venerated beyond France's borders, as a sort of international sage for our times.

But there are also disadvantages to this inflation. One of the disadvantages is that Montaigne scholars are no longer reading each other. It is just not possible to read all of the studies appearing, to attend all of the lectures, conferences and workshops devoted to the writer. Instead, when deciding to teach and study Montaigne and write about him, we often throw up our hands, similarly to all those Shakespeare scholars dealing with a bloated bibliography. Then, having given up trying to master the secondary materials, we launch into our own reflection on Montaigne's skepticism, on his nonchalance, on his view of writing and alterity, on his view of animals, on his non-philosophical philosophy as if no one had ever published on these subjects before.

There is also an advantage to our (a bit understandable) choice not to read Montaigne scholarship, and to the resulting redundancy of much of our work. If I do not read previous scholarship, and my behavior is typical of members of the current and future set of Montaigne scholars, other scholars most likely will not read mine. Indeed, I am quite certain that with the exception of the editors Amy Graves and Jean Balsamo, Philippe Desan himself, to whom the volume is devoted, and a very few friends, no one will read this essay. This is not such a terrible thing: I am free to say pretty much what I want to. For example: Montaigne is an alien. He was dropped into southwest France from a spaceship driven by balding little people. Pierre Eyquem found him in a ditch and took him in because the little person with the goatee already spoke perfect Latin, like an extra-terrestrial. Or: Montaigne actually was a babbling moron. His essays were ghost-written by Marie de Gournay and dictated by Françoise de la Chassaigne. And why not: his essays were written by monks in Tibet and transported over thousands of miles to Europe to infect Western brains with ideas of submissiveness and indifference. It really does not matter what I say or write about Montaigne.

What to do about this situation? Again, in the knowledge that few scholars will ever read this essay, let me first offer an unrealistic solution. A FIVE-YEAR MORATORIUM ON MONTAIGNE STUDIES, starting just after publication of my essay. No more Montaigne and theory, no more Montaigne and the body, no more Montaigne and writing, ethics and the good life, the self, the New World, politics, religion, and the rest. The only studies allowed would be objectively new biographical or documentary details, such as the account by Montaigne's neighbor of his attempt to take over his château or the discovery of a copy of Augustine's *Confessions* annotated in the hand of the essayist. Anything not rising to the level of biographical or documentary newness will be banished. We should all continue to read and teach Montaigne, just not write about him. Then, after five years, if interest is still there and after we have had time to reflect and ruminate, an international conference could be held to celebrate a return to publishing literary studies on the *Essays*.

MONTAIGNE'S COMFORTABLE SKEPTICISM
IN THE MODERN WORLD: HORKHEIMER

The plethora of studies on and around Montaigne, and his international celebrity, do raise the question of whether or not we *should* all be so charmed by this writer. This is a question posed in 1938 by Max Horkheimer, during the bleak years of the breakdown of the liberal democratic order and the rise of fascism, in an essay entitled *"Montaigne und die Funktion der Skepsis"*[2]. I would like to return to this text, to summarize his critique and to offer my own brief critique, both of Horkheimer and then, in his anachronistic spirit, of another aspect of Montaigne's skepticism itself.

Horkheimer considers Montaigne a prime example of the renewal of ancient skepticism in the 16th century, and acknowledges the appropriateness of skeptical moderation in the face of the period's political uncertainty and religious sectarianism[3]. Montaigne's retreat into the self, his disconnecting of the life of moderation from religious dogma, and his rejection of cruelty were progressive choices, given the circumstances of strife-torn France. For Horkheimer, his skepticism makes way for the exercise of a kind of political power that neutralizes religious conflicts and feudal categories in favor of a liberal bourgeois state, which was to arise from the ashes of absolutist monarchy.

Yet Horkheimer's evaluation of Montaigne is profoundly critical: Montaigne's rejection of cruelty is not a systematic argument against it, but simply a personal disaffection[4]. His retreat into the self is enabled by his personal social and economic conditions, as a bourgeois nobleman[5],

---

2   Max Horkheimer, *Anfänge der bürgerlichen Geschichtsphilosophie. Hegel und das Problem der Metaphysik. Montaigne und die Funktion der Skepsis* (Frankfurt: Fischer, repr. 1971), p. 96-144.

3   *"Von der geschichtlichen Unruhe sich freizuhalten: die skeptische Mässigkeit bezeichnete im 16. Jahrhundert ein fortgeschrittenes Verhalten. […] Darin lag historische Vernunft, solches Masshalten war identisch mit dem Bewahren der eigenen Person, dem Beschreiten des objektiv richtigen Wegs der Toleranz im nationalen Staat. Es war die Unabhängigkeit vom Wahn der Religionsparteien"* (*ibid.*, 123-124).

4   *"Es gibt keinen logischen Beweis gegen Tyrannei und Grausamkeit. Montaigne wendet sich nur von ihnen ab"* (p. 112).

5   *"Die soziale Schicht in Frankreich, der er angehörte, besass die Mittel, ihr Privatleben erfreulich zu gestalten"* (p. 104); the possibility of the cultivation of personal tastes and an inner life is economically restricted even in bourgeois democracies: *"In bürgerlichen Demokratien ist*

and is unavailable to the suffering masses of the people. His self is comparable to the comforts of a museum or a theme park, isolated from the world of work and economic relations[6], and excludes true effort and progress in the social sphere. His corrosive skepticism not only attacks contemporary fanaticisms but also excludes any programmatic vision of a better future[7]. His personal dislike of oppression and constraint does not lead to efforts at abolishing injustice and oppression of others[8]. In this sense, his rejection of human capacity for ascertaining truth is a compromise with power as such, a bourgeois acceptance of political order whatever the grave social costs. Liberal skepticism is no answer to the order proposed by fascism[9]. The freedom that skepticism lends the individual is not grounded in the insight that for an individual to be truly free, his fellow human beings must also be free.

Various elements of Horkheimer's critique strike us as anachronistic or misguided. The real extent of Montaigne's skepticism is still a matter of debate, as is the extent to which Montaigne's thought leads away from, rather than toward, a religious attitude. Montaigne's critique of power in the *Essays* is more thoroughgoing than Horkheimer is willing to acknowledge, as is his sympathy for radical thinkers such as La Boétie. It is probably anachronistic to speak of class warfare in the 16th century. It certainly is anachronistic to locate a manufacturing proletariat with distinct claims and a sense of systematic oppression in the overwhelmingly peasant population of France and the largely traditional corporate organization of the cities. Moreover, it is unfair, no doubt, to pluck Montaigne out of his context and to set his essays against the onslaught of 20th-century fascism, in which he cannot but appear hopelessly naïve and misguided.

---

    es ohnehin zufällig, welchem Individuum die Möglichkeit gegeben ist, sich zu entfalten: die Schicht, die in Frage kommt, ist schmal genug" (p. 122).

6   *"Das Innere spielt im individuellen Leben die Rolle, die den Kirchen, Museen und Vergnügungsstätten, überhaupt der Freizeit im gesellschaftlichen Leben zukommt. In der bürgerlichen Ära sind die kulturellen Sphären, im einzelnen Menschen wie im sozialen Ganzen, von der Wirtschaft getrennt"* (p. 103).

7   And is especially nefarious in modern circumstances: *"Die Skepsis, einst die Negation der geltenden Illusionen, steht heute gegen gar nichts mehr als gegen das Interesse an einer besseren Zukunft"* (p. 126).

8   *"Montaigne hasst die Unterdrückung sozial und privat. Aber die Anstrengung auf sich zu nehmen, das Unrecht abzuschaffen, liegt ihm seinem eigenen Zeugnis zufolge ganz fern"* (p. 116-117).

9   *"Im Frieden, den der liberale Skeptiker heute mit der autoritären Ordnung schliesst, äussert sich keine Praxis der Menschlichkeit, sondern der Verzicht auf sie"* (p. 124).

But is it that unfair? When Antoine Compagnon and Sarah Bakewell recommend Montaigne as summer beach companions or as guides to a better life[10], are we not doing the same as Horkheimer? We are seeing if he will work for us *today*. We might not share Horkheimer's Frankfurt School Marxism and we might know much more about Montaigne and the French 16th century than he did. But we still write reams of scholarship about him out of a sense, usually, that he speaks to us the way almost no one else does in the 16th century, and that we are better off as human beings now in the 21st century for having read and understood him. It is clear that Horkheimer is deeply critical of such an attitude; at best Montaigne serves as an instrument toward a broad socio-economic critique of capitalism. While acknowledging Montaigne's attractiveness to modernity, from Goethe onwards, Horkheimer rejects his skepticism as a viable political option in the face of fascism, and he does not let us know if he feels he is better off as a human being for having read the *Essays*.

I do think that we are better off having read and understood him, but not for the reasons I glean from Compagnon and Bakewell, as soothing as their books may be. I cannot but agree with Horkheimer, however, that our current historical situation makes Montaigne's moderate and skeptical attitude appear fundamentally inappropriate. Fascism, one may argue, is on the rise again. The alliance between global capital and nationalist delusions, through the manipulations of information technology, one may also argue, is alive and well. However, these are not the principal reasons for moderate skepticism's inadequacy. Humanity survived the Reformation and the consequent wars; humanity survived the devastating rise of fascism in the first half of the 20th century. Humanity, perhaps, can survive the turn to nationalism that we are witnessing today, if humanity's future is determined only by its choices of political regimes. Moderate skepticism might not be an ethically attractive posture, but as an empirical practice it does not seem catastrophic.

---

10   *Un été avec Montaigne* (s.l.: Éditions des Équateurs, 2013); *How to Live, or, a Life of Montaigne in One Question and Twenty Attempts at an Answer* (New York: Other Press, 2011).

MONTAIGNE'S SKEPTICISM
AND THE LIMITS OF GLOBAL RESOURCES

There is one entirely catastrophic aspect to Montaigne's moderation and skepticism, however. This is summarized by a little phrase in a chapter of the *Essays* that is not normally thought of as pertaining to questions of certainty and knowledge. We find it in the middle of "Des coches" (III, 6), introducing a famous section praising the magnificence of Cusco and Mexico and excoriating the Spanish for their barbarous cruelties: *"Nostre monde vient d'en trouver un autre (et qui nous respond si c'est le dernier de ses freres, puisque les Dæmons, les Sybilles et nous, avons ignoré cettuy-ci jusqu'asture?) non moins grand, plain et membru que luy, toutesfois si nouveau et si enfant qu'on luy aprend encore son a, b, c..."* (III, 6, 908)[11]. Montaigne expresses the wondrousness of the discovery of a new world to Europeans, in terms of finding a hitherto unknown brother. Look – he is just as large, substantial and articulated as we are. The sense that he is a child (*"si nouveau et si enfant"*) is quickly dispelled by the intelligence and urban culture of the new world. The "contagion" brought by contact with Europeans will bring about its decline and ruin. We have focused justifiably on this admirable critique of Spanish genocidal cruelty.

The difficulty for me, however, resides in the parenthesis: who knows if this new world is the last one we will discover? Who is to tell us that there are not more? Indeed, this possibility, given the instruments available to 16th-century explorers, was not unthinkable. How could we be sure that another continent will not be discovered? That within the new one, vast territories and rich cultures can still be found? This possibility is also, importantly, an element of Montaigne's skepticism and provides comfort to it. That is, the New World demonstrates our ignorance and proves skepticism to be justified. Skepticism is an appropriate intellectual posture when we are in the position of a 16th-century European contemplating the expanse of the known world.

Skepticism is also an appropriate ethical posture, in relation to this kind of a world. I mean this in the sense that when we cannot exclude

---

11   All citations are from *Essais*, Pierre Villey and V.-L. Saulnier (eds.) (Paris: Presses Universitaires de France, 1965).

the possibility that there will always be new worlds (*"qui nous respond si c'est le dernier...?"*), our choices and actions take on value in relation to that possibility. A potentially infinitely expansive world provides our choices and actions with a freedom from catastrophic consequences. We can validate Montaigne's skepticism from the point of view of an expansive worldview: to a certain extent, our individual skeptical autonomy is not out of sync, as it were, with the potential freedom available in an ever expanding space of the world. It does not matter, for example, if we withhold our action or engagement in favor of the cultivation of our inner selves: the possibly endless expanse of the world renders disengagement on our part irrelevant to the future of humanity. It's alright to be a skeptic when political inaction is absorbed by the ever widening horizons.

Our critical fascination with Montaigne's inexhaustible text, always open, infinitely self-critical, self-reflective and seemingly discouraging of conclusions and closure, is a pendant to this ever-expanding world that the essayist imagines when he speaks of the New World. His book is an implicit validation of the ethical correctness of his moderate skepticism. It is as if our reading for openness and undecidability were a re-enactment and endorsement of moderate skepticism. An "open" text seems to mitigate the consequences of the choices made by the reader, and to condone the refusal to choose. Moreover, in a more trivial sense, the inflation of our own often redundant scholarly writing about Montaigne has made it inconsequential, in particular to each other as scholars.

On the other hand, if we know that there are no new worlds, that the current one is finite, our choices and actions take on value in relation to that finitude. It might then be crucial to be aware that the cultivation of an inner retreat has social and environmental costs. It might be crucial to act on knowledge that affects humanity's place in a world whose limits are set. It might require acting on the basis of a worst-case scenario that does not pass the test of certainty, but that, given the alternatives, is the best ethical option.

To formulate it somewhat differently, we can wonder about skepticism's role in an environment whose resources are limited. If there are no new worlds, the skeptic's refusal to see his or her own well-being as connected to humanity's well-being in its (limited) planetary environment takes on a different flavor. This is not Horkheimer's problem. For the social theorist, fascism or no fascism, human activity and the production associated with it never run out of means and material. The problem is the ownership of those means and material, their resulting unequal distribution, and the suffering caused by that inequality. For Horkheimer, Montaigne's moderate skepticism is incapable of a political and economic critique, and especially of systematic action that might alleviate inequality. But even if we grant Montaigne a more radical political position and a more thorough-going rejection of inequality than Horkheimer does, how do we deal with the convenient skeptical projection of a possibly limitless world? Are we in a similar situation to moderate skepticism in the face of inequality and exploitation?

CONCEIVING LIMITED RESOURCES
IN MONTAIGNE'S TIME
The model of liberality

Perhaps a model for thinking about this question that respects early modern concepts is the virtue of liberality. Liberality in the sense of the mean between prodigality and miserliness, especially when applied to the prince. Giving gifts is a way of approaching the question of limited resources, in the microcosm of personal virtue within a polity. It necessarily involves the willful use of resources available to human beings, and it involves as well the notion that limits exist to those resources. But where are those limits located? Is there a conceiving of limits set not by the borders of the polity, but by the resources available to all human beings?

Let us take a brief look at two contrasting views. Machiavelli famously cautioned against princely liberal magnificence. The prince can only afford to be prodigal when he is taking riches acquired from enemies outside the principality; when he takes from his own resources and those of his own people he will be impoverished or acquire the reputation of rapaciousness and thus the hatred of his people[12]. It is not that increased productivity could lead to increased means and thus to increased ability

---

12   Machiavelli, *The Prince*, XVI, *"De liberalitate et parsimonia"*.

to give gifts. Resources are fixed. In this sense, the political gift economy is a zero-sum game for Machiavelli, although his thinking applies only to the limits of the principality, not to the peoples beyond it. A *world* in which resources can be used up is not relevant to liberality, which is a virtue confined to the governance of a limited polity.

A *contrario*, Rabelais's fiction starkly represents an infinite gift economy: his gigantic and normal-sized rulers give one extravagant gift after another, as if those gifts did not imply taking them from somewhere or from someone else. During the war between Grandgousier and Alpharbal, king of the Canary Islanders, the giant takes Alpharbal prisoner, but allows him to return home after the war's conclusion, laden with gifts, in a gesture of liberality (*"un bon tour liberalement faict"*)[13]. In exchange, Alpharbal is asked to give an annual tribute of 2 million gold coins. Each year the islanders increase their tribute, from 2 million to 2,300,000 the next year to 2,600,000 the following, and so forth. It is not that they find increasingly successful means of production; in Rabelais' world, resources are simply limitless, and liberality, just as charity, can similarly be without limits.

What about Montaigne? Interestingly, in "Des coches" Montaigne himself discusses the problem of gift-giving, in a political context:

> Les subjects d'un prince excessif en dons se rendent excessifs en demandes; ils se taillent non à la raison, mais à l'exemple. Il y a certes souvant dequoy rougir de nostre impudence; mais nous sommes surpayez selon justice quand la recompence esgalle nostre service, car n'en devons nous rien à nos princes d'obligation naturelle? S'il porte nostre despence, il faict trop; c'est assez qu'il l'ayde: le surplus s'appelle bienfaict, lequel ne se peut exiger, car le nom mesme de liberalité sonne liberté. A nostre mode, ce n'est jamais faict; le reçeu ne se met plus en compte; on n'ayme la liberalité que future: parquoy plus un Prince s'espuise en donnant, plus il s'apouvrit d'amys. (III, 6, 904)

Montaigne's analysis resembles Machiavelli's in one way: both are highly critical of prodigal princes. However, Montaigne does not primarily consider the allotment of (limited) resources that is implied in Machiavelli's critique of liberality. Instead, the essayist considers liberality from the point of view of the receiver. If the prince simply compensates

---

13   Rabelais, *Gargantua*, in Mireille Huchon (ed.), *Œuvres complètes* (Paris: Gallimard, 1994), chap. L, p. 134. Rabelais's evangelical scenario, in contrast to Machiavelli's, is inseparable from his various representations of charity, and from his fictive universe of abundance. It is not an advice manual to princes, of course.

a subject for the service rendered, he is already doing more than is just, since subjects are in a position of natural obligation toward the prince. Justice only requires that the prince "help" the subject; anything beyond that is a gift. If, however, we as subjects expect to be compensated fully for our service, we are in reality expecting a gift, which, by its very "free" nature, cannot be expected, much less demanded. The prince's liberality, even in this modest sense of compensation for service, creates expectations of continuous further liberality. Those who benefit from his liberality will focus on future benefits rather on the duties owed to the prince. Having exhausted his own resources, the prince will necessarily lose his friends, that is, his gifts will have turned them into subjects interested only in the continuation of their benefits, and once these are exhausted, they will turn away. The only prudent policy for the prince, then, is to "help" his subjects, nothing more. In this way Machiavelli, who prefers princes to appear miserly, would hold a position not far from Montaigne's.

The essayist arrives at this position less through an accounting of limited (or unlimited) resources than through an analysis of our human expectations, through an analysis of obligations between subject and prince and a consideration of the nature of a gift. As it does for Machiavelli, thinking about liberality takes account of the limitedness of the prince's resources, since by giving he can impoverish himself. But it tends to stop at the borders of the polity, as it were, and cannot envisage a situation in which the limits of resources are global, and individual princes' virtues would need to deal with the well-being of humanity as a whole. It is as if the fundamentally expansive sense of the early modern world makes a move from the principality to humanity unnecessary.

So we are justified in applying another version of Horkheimer's critique: the essayist's moderate skepticism blithely assumes an absence of consequences to its choices, since a possibly limitless global environment does not require thinking in terms of how my choices affect everyone else's. In fairness to Montaigne, though, many others in his times shared this relative insouciance. We need to wait for the grand theories of modernity to make global thinking a possibility.

I was tempted to give this little essay the title "Montaigne.com" instead of the more informative title. Since no one will read my essay, it does not make much of a difference, of course. "Montaigne.com" reflects my unease at the current co-opting of Montaigne as a welcome guide to modern life. Montaigne's bemused skepticism, his acute self-awareness and sense of judgment, make him into someone who teaches us to choose well, but at a distance. Not acting, not participating, being at a remove, making sure above all that your own vineyards are in good order: this aspect of his *Essays* is comfort food to us. It might not have been so for the bellicose nobility of 16th-century France, for religious martyrs and intransigents like Agrippa d'Aubigné, or for John Calvin and the *Sainte Ligue*. Montaigne's attitude was fundamentally sane, in that feverish context. And its lessons were innocuous for a world in which the horizons were expansive and so much was unknown to European minds. For today's world, however, Montaigne's moderate skepticism, to formulate it brutally, might be the adornment of the intelligent consumer, picking the right e-service to deliver the best product to the safety of your home, and, when things get really depressing, watching one more movie about space flight and a couple of attractive people colonizing another planet.

Ullrich LANGER
University of Wisconsin-Madison

MONTAIGNE, SKEPTICISM AND FINITUDE

Montaigne, Meillassoux:
Helpful Skepticism and the Multiplicity of Worlds

In this essay, the finitude of the world is considered less as an object of ethical deliberations, and more as a problem calling for bold metaphysical thinking. From the metaphysical point of view, Montaigne's skepticism seems compatible with today's most irrational beliefs. Yet such criticism underestimates Montaigne's artful writing. In reality, the rhetoric of self-contradiction ever-present in the *Essays* opens the way for a renewed humanistic rationality.

CONCEIVING LIMITED RESOURCES IN OUR TIMES
The model of ecology

What to do when your world is ending? This is the question that Montaigne must have pondered when he looked through the window of his library at his beloved Gascony, torn by civil war and desolated by the plague. *"Regardons à terre les pauvres gens que nous y voyons espandus, la teste penchant apres leur besongne. [...] J'escrivois cecy environ le temps qu'une forte charge de nos troubles se croupit plusieurs mois, de tout son pois droit sur moy"* (III, 12, 1040-1041). What to do when your world is ending? This is also the question that Horkheimer must have asked himself while looking at Europe enveloped by fascism. Horkheimer saw Montaigne's skepticism both as a shield from the wave of religious hatred of his times and a screen behind which the author of the *Essays* hid himself in the cozy reclusion of his bourgeois-gentilhomme-class culture. But the monumental biography published by Philippe Desan has definitely dispelled the myth of Montaigne's disengagement from the politics of his day[1]. The point, however, is not to pass judgement on Horkheimer's reading of Montaigne nor on the ways the two intellectuals reacted to the demise of their respective worlds. One can argue that their responses were similar: when the plague struck Bordeaux, Montaigne retreated to his castle, and when the Nazis took over Germany, Horkheimer moved his Institute to the New World.

According to Ullrich Langer, the possibility of adding another world to the one that is about to fade away, or yet another one, and more if needed, changes the ethical equation we are part of. Following Montaigne's brief parenthesis in "Des coches" – *"Nostre monde vient d'en trouver un autre (et qui nous respond si c'est le dernier de ses freres...)"* – Ullrich Langer posits that our actions or our inaction seem less catastrophic when there are other worlds we can step into. If, however, there is only one finite world and this unique world goes to waste in our plain view, our ethical choices are much more dramatic. And indeed they are, since there is little possibility of finding a handy substitute to the world that is crumbling in front of our eyes unless we are able to safely retreat to another planet, provided, of course, that we can afford the trip.

This may, however, be a problem. At the 2015 Paris summit, our world's leaders signed a climate treaty. As Bruno Latour points out, while congratulating themselves on the success of their negotiations (which still require to be acted upon), the politicians realized in a panic that if they were to implement their own plans of economic expansion, there would soon be no planet big enough to accommodate their voracious appetites[2]. Hence, only two options remain: we come "down to Earth" (*atterrir*), as postulated in the title of Latour's 2017 book, or we – rather, the very few of us who can afford it – shop for real estate on another planet. Latour's plea is clear: we must accept our condition of "earthlings," we must reconcile our ways of life, our myths, political programs and scientific projects with the physicality of the ground we stand on. In this article, I argue that Montaigne's skepticism offers us a means to multiply our worlds through writing and reading. I will highlight the humanist character of Montaigne's solution by contrasting it with the philosophy of one of his contemporary readers, Quentin Meillassoux.

---

1   Philippe Desan, *Montaigne. Une biographie politique* (Paris: Odile Jacob, 2014).
2   Bruno Latour, *Où atterrir?* (Paris: La Découverte, 2017).

Let us, however, stay for a moment with Latour's assessment of our ecological situation. The philosophical and political decision to land back on earth relies on the realization that our physicality implies finitude. It is precisely because there is only one world, and because this world is finite, that we have to stop fleeing backwards, like Klee's *Angelus Novus*, terrified at the sight of the catastrophe that engulfs the planet he leaves behind. It is because the only world we live in is finite that we should embrace its finitude. Instead of leaving the planet victim to globalization, we have to touch down on earth and take our seat in the "parliament of things". In this collective of interrelated and hybridized agents, we should engage in intense diplomatic relationships with all the other beings: currents of opinion and maritime currents, viral ideas and deadly viruses, political and atmospheric pressures, historical personalities and non-human legal personae[3].

However, why should we be so sure that there is only one world that we have at our disposal? Montaigne knew there was at least one other, just discovered on the other side of the ocean, and possibly others farther away. Those other worlds were other to him by the customs of their inhabitants, the fruits they bore, and the animals they harbored. The key words here are "to him". From Montaigne's perspective, it was always in relation to someone that the world was one or the worlds were many. The world was unique or the worlds were multiple in relation to a consciousness that apprehended reality, and, more specifically, to a cultural and historical human community shaped by its customs, religion, and institutions. This is why Montaigne could jokingly say that the newly discovered world was like a newborn in comparison with his own world in agony. Nonetheless, he knew well enough that the new world, as "new" as it may have seemed, was bound for death as well, a demise precipitated by the intrusion of the newcomers from the old one.

Yet what about conceiving a world that would not only be other for us, but simply other, other in the absolute sense of the term? Such a world would not only be other in respect to our thinking, but other without any relation to our thought. It would need to be a world not given to any human subject, a world lying beyond the finitude of our

---

3   Bruno Latour, *Face à Gaïa. Huit conférences sur le nouveau régime climatique* (Paris: Éditions La Découverte, 2015); *Politiques de la nature. Comment faire entrer les sciences en démocratie* (Paris: La Découverte, 1999).

being. The quest for such a world is the philosophical project proposed by Quentin Meillassoux in his fundamental book *After the Finitude*[4]. To reach beyond the finitude is to strive to think the absolute, that is something, which is not bound (*absolutus*) by our thinking, something that is necessary and does not partake in our contingency.

SEARCHING FOR A WORLD
BEYOND OUR FINITUDE

In this quest, one route is irremediably closed to our investigation: according to Meillassoux, in our search for an absolute, we should not strive to find an absolute being. In other words, we should not be looking for God, who would serve as the necessary anchor for the contingency of his Creation, who would serve as the prime cause of a long chain of causes leading to ourselves. After Kant's critique of the ontological proof of God's existence, we can no longer claim, as traditional metaphysics did, that predicating perfection guarantees the existence of a perfect being[5]. Speaking more generally, by rejecting the ontological proof of God's existence, Kant made impossible any proof of the absolute necessity of any given being. Where are we thus to look for an absolute if a being cannot be the absolute? This is the task of the speculative realism that Meillassoux promotes in his book in lieu of pre-Kantian, dogmatic metaphysics.

Kant is thus Meillassoux's ally and his foe. He refuted the proof of existence of a necessary, absolute being, but, on the other hand, he did so by enclosing us in the "correlationist circle" that Meillassoux wants to break open. This vicious circle locks us in an inescapable back and forth between the object and the subject: we can never think about an object in itself, isolated from its relation to a subject, and we can never grasp a subject that is not already related to an object. The world has a meaning only because it appears as a world to the self, and the self is only

---

4   Meillassoux, *Après la finitude. Essai sur la nécessité de la contingence* (Paris: Seuil, 2006). English translation, Continuum 2008 and reprinted by Bloomsbury in 2012.

5   Meillassoux, *Après la finitude*, p. 56-59.

a self insofar as it faces the world[6]. The loci of such a correlation in the 20th century are language and consciousness. We cannot speak without speaking about something; to be conscious is always to be conscious of something in the world out there[7]. According to such correlationist thinking, our consciousness and language always point at something that is outside of them. Even when they reference themselves, they take a step back to consider themselves from outside. However, such orientation toward an object exterior to the subject is not of great help for Meillassoux since it is directed always at a world closely bound to the subjective consciousness and the linguistic modes of its expression. Meillassoux is not interested in an outside that is merely relative to us. He dreams of the "Absolute Outside": "[...] le Dehors absolu des penseurs précritiques: ce Dehors qui n'était pas relatif à nous, qui se donnait comme indifférent à sa donation pour être ce qu'il est, existant tel qu'en lui-même, que nous le pensions ou non: ce Dehors que la pensée pouvait parcourir avec le sentiment justifié d'être en terre étrangère – d'être, cette fois, pleinement ailleurs".[8]

Meillassoux phrases this quotation in the past tense because he is referring to a state of the world that is anterior to any terrestrial life. An example of such reality would be, for instance, an isotope, which informs us by the rate of its decay about the conditions on earth before there were any living organisms, not to mention any humans to experience the reality of the world. The goal is to conceive of the earth before there were anybody to see the light and feel the heat of the volcanic eruptions on the surface of the newly shaped globe. However, the point here is not just temporal anteriority, but rather, the lack of phenomenal givenness in a world devoid of any subject. Meillassoux's "Absolute Outside" is, therefore, radically opposed to Latour's world where everything is the measure of everything else[9]. Contrary to Protagoras's famous saying, in Latour's metaphysics there is no privileged human subjectivity that would be the measuring rod of reality. For Latour, man is not the measure of the all things because everything measures everything else and vice versa. Since everything dynamically correlates to everything else,

---

6   Meillassoux, *Après la finitude*, p. 18-19. Meillassoux cites Ph. Huneman, E. Kulich, *Introduction à la phénoménologie* (Paris: Armand Colin, 1997), p. 22.

7   Francis Wolff, *Dire le monde* (Paris: Presses Universitaires de France, 1997), referenced by Meillassoux in *Après la finitude*, p. 20-21.

8   Meillassoux, *Après la finitude*, p. 20-21.

9   Latour, *Irreductions* 1.1.4, in *Pasteur: guerre et paix des microbes* (Paris: La Découverte, 2001).

reality is composed of an indefinite number of interrelated agents, human and non-human, that act upon the other, constantly forming alliances, negotiating, and "composing" the world not only as a composition but also as a composure[10]. Nothing can be more foreign to Meillassoux's speculative realism than such a Latourian animist world of generalized correlationism in which there is no thing-in-itself but only agents whose being consists solely of the amount of relations they entertain with other agents. Meillassoux wants to tear apart such a network of correlations, and in order to do so he needs to break the correlatonist circle that binds the content and the act of thinking together. He must prove that it is possible to think a given reality by abstracting from the fact that we are thinking it[11]. In order to reach a reality unbound to our thinking, Meillassoux has to confront two kinds of correlationisms: the weak and the strong. For the weak correlationists, the other world cannot be understood by our reason, but it is still thinkable. Such is the case with Kant's thing-in-itself. It is unknowable but still thinkable[12]. For the strong correlationist, the world that is other is neither understandable nor thinkable. For Meillassoux, the embodiment of strong correlationism is Montaigne.

LA FAUTE À MONTAIGNE

To be clear: Montaigne is Meillassoux's *bête noire* because his skepticism is at the root of a strong correlationism that undermines the capacity of human thought to make the absolute thinkable. Montaigne epitomizes the defeat of our thinking, left powerless when confronted with what is not correlated to human consciousness and language. For Kant, the thing-in-itself, although unknowable, was at least thinkable.

---

10 Bruno Latour, "May Nature Be Recomposed? A Few Questions of Cosmopolitics", The Neale Wheeler Watson Lecture, 2010, http://www.bruno-latour.fr/node/269.html (accessed on November 14, 2019).

11 This is precisely what a phenomenologist critique of Meillassoux's work deems to be impossible. See Michel Bitbol, *Maintenant la finitude. Peut-on penser l'absolu?* (Paris: Flammarion, 2019).

12 Meillassoux, *Après la finitude*, p. 55-78.

Kant did not know what the thing-in-itself was. Nonetheless, first, he strongly suspected that the thing-in-itself existed because without noumena, the transcendental subject would not be able to perceive any phenomenal appearances. And second, he had every reason to believe that the thing-in-itself was non-contradictory since a non-contradictory thing-in-itself is the logical prerequisite of thought. Both the existence of the thing-in-itself and its non-contradiction are a priori knowledge for Kant. Contrary to Kant's weak correlationism, strong correlationism does not see any reason to accept either of these two assumptions. It does not see why we should posit that there is any thing-in-itself that founds the phenomenal appearance we perceive and why we should deny the existence of a God so powerful that he can overwrite the principle of non-contradiction. For strong correlationists, nothing proves that there is a thing-in-itself behind the phenomena; nothing disproves the existence of an illogical God, a God who does not care about our thinking based on non-contradiction. We cannot rationally ground the impossibility of a contradictory reality or the nothingness of all things and, thus, we cannot disqualify a discourse on the absolute solely because it is irrational[13].

For Meillassoux, strong correlationsim is perceptible in Wittgenstein's analytic philosophy as well as in Heidegger's version of phenomenology. Strong correlationism also permeates postmodernism. All these philosophies renounce thinking the absolute, which does not mean that they deny its existence. The collapse of thinking the absolute does not imply the disappearance of the absolute altogether. On the contrary. Meillassoux deplores the fact that, unchecked by any thought, all kinds of absolutes flourish nowadays. This is the famous *retour du religieux*. Meillassoux dreads such a proliferation of religious feelings in contemporary culture, as do many French intellectuals traditionally committed to *laïcité* that grounds the very identity of the Republic[14]. According to Meillassoux, the rise of religious fanaticisms is prompted by the demise of rational thinking. Its roots can be traced back to early modern fideism that is precisely embodied by Montaigne. And fideism is just another name for strong correlationism. The fideistic roots of strong correlationism trace the battle lines of Meillassoux's philosophy. There is no return

---

13   *Ibid.*, p. 60-61, 68-69.
14   *Ibid.*, p. 74-79.

to dogmatic metaphysics, but speculative realism has to fight against correlationism and its fideistic avatars: *"Contre le dogmatisme, il importe de maintenir le refus de tout absolu métaphysique ; mais contre la violence argumentée des fanatismes divers, il importe de retrouver en la pensée* un peu d'absolu..."[15] But how to rediscover this "modicum of absolute"? How to defend speculative realism against weak and strong correlationists? How to prove that it is possible to think something (content) when there is no thought (act)?[16] The first step is to posit a principle, which allows us to think a given reality while abstracting from the fact that we are thinking it. The principle of non-contradiction is exactly the bulwark that allows Meillassoux to disconnect the content of thinking from the act of thinking.

NON-CONTRADICTION
A gateway to the absolute outside

A good example of how Meillassoux applies the principle of non-contradiction is the solution he provides to Hume's problem in the fourth chapter of *After Finitude* and in a short essay written as a commentary to Isaac Asimov's novel *The Billiard Ball*[17]. Hume asks, "what guarantees causality as a law of nature?" For instance, how can we tell that a billiard ball striking another billiard ball will make it move? According to Hume, we cannot draw this inference from a priori reason but only from experience[18]. The problem is, however, that even if at this very moment it is true that a billiard ball moves another one upon striking it, no experience guarantees that the same will happen in the next minute. This is so because there is no experience of the future but only

---

15 *Ibid.*, p. 80.

16 For instance, it is not contradictory to think the Epicurean atoms or the void without correlating them to the act of thinking, since thought is aleatory and inessential to their elementary natures. Meillassoux, *Après la finitude*, p. 62.

17 *Métaphysique et fiction des mondes hors-science* (Paris: Aux Forges de Vulcain, 2013). English translation: (Minneapolis: Univocal Publishing, 2015).

18 David Hume, *Enquiry Concerning Human Understanding*, Section 4: "Skeptical Doubts About the Operations of the Understanding".

of the present and of the past. Logic does not guarantee that a billiard ball struck by another one will not remain perfectly still. Nor does it preclude it floating in the air like a balloon. It does not because there is nothing contradictory to say that given laws of nature function at time t and other laws of nature function at time $t+1$. It is not contradictory because, as famously stated by Aristotle, the principle of non-contradiction applies only to realities at the same time and under the same aspect[19]. World A is not contradictory with world *non-A* that would appear a moment later; those radically different worlds are simply successive.

Hume's problem is of great interest to Meillassoux because it provides him with the opportunity to conceive of the Absolute Outside, a world that would be outside of our thinking, in this case, beyond the purview of our scientific laws. He calls such a world a "world outside-science" in opposition to a "world of science fiction". A world of science fiction is the same as our present one with the sole difference that in the futuristic reality of science fiction we would extend our understanding of the world's natural mechanisms and consequently augment our technological means of action. On the other hand, the world outside-science is not the same world that we currently live in. The world outside-science is a world that functions according to a completely different set of rules than the ones we are subject to, for instance a world in which a billiard ball struck by another one would disappear like a soap bubble. What prevents us from thinking that such an extraordinary thing will happen next time we play pool?

According to Hume, only custom, that is, only the memory and routine of past pool parties leads us to believe that a billiard ball will move when hit by another one. This is a highly unsatisfactory answer limited to the social habitus. It skeptically avoids any statement about this world or another. Meillassoux, thus, takes into consideration two other solutions to Hume's problem: Karl Popper's and Kant's. Popper states that our explanation of the laws regulating the state of the world, such as the laws of physics explaining the movement of a billiard ball, are valid until disproved by more potent scientific explanations, based on improved techniques of observation that give us insight into currently unknown aspects of reality. This is, again, not to Meillassoux's satisfaction since Popper's solution does not pertain at all to another world but solely to our improved capacity to know the world that we already

---

19   Aristotle, *Metaphysics*, 1005b.

inhabit. For instance, at the quantum level the interaction between bodies may look different from their behavior at the Newtonian level, but the difference between the two conceptions of physics does not affect the world they describe, which remains fundamentally one and unchanged. Meillassoux qualifies Popper's response to Hume's problem as a "science fiction" type of solution. Kant's response to Hume is, on the contrary, a properly "outside-science" way of thinking because it does consider a world that is fundamentally other than the one we live in. The problem is, however, that for Kant this other world is not, strictly speaking, a world but merely a chaos. Indeed, Kant proves the causal relationship between the movements of the two billiard balls by using an argumentation *a contrario*. A world outside-science in which a ball striking another would not cause it to move would be an unruly disorder engulfing all reality, including the consciousness of the transcendental subject perceiving and thinking it. And undermining the transcendental subject is something that Kant cannot do. In other words, without the necessity of laws of nature there is for Kant no possibility of thinking at all. Such a chaos would not be another world in comparison with the one we know, but no world at all.

Kant's correlationism is, therefore, what allows him to answer Hume's challenge: there is no other world, no world "outside-science" because another world would require another transcendental subject to think such a world, which is impossible. Yet, as we know, correlationism is exactly what Meillassoux wants to get rid of. He strives to untie the act of thinking and the content of thought, so that such content of thought becomes absolute and therefore necessary. How to accomplish that if, first, no being can play the role of an absolute, no God can be the necessary anchor of the contingency of the world, and if, second, there is nothing that can guarantee, neither experimentally nor logically, that, in a minute, the billiard ball will not evaporate when struck by another one instead of moving according to the present laws of nature? In other words, where to find the absolute necessity if there is no way to eliminate contingency. The only remaining solution is to make contingency itself necessary. This is Meillassoux's response to Hume and, at the same time, the subtitle of *After the Finitude*.

Contingency is thus the modicum of absolute that Meillassoux searched for. Such absolute is not a being and, thus, speculative realism does not risk reverting into dogmatic metaphysics. Yes, the natural world looks stable, but contrary to Hume and Kant, this does not mean that it necessarily is. No experience nor logic guarantees it. Our world is, therefore, contingent. At any moment the laws that regulate its functioning may, or may not, change. Why, therefore, not trust that such contingency is necessary? It may seem counterintuitive, but it does not contradict experience or logic. This solution is based solely on the power of thinking, namely on the principle of non-contradiction that enables us to think a reality unrelated to us, not given to our consciousness or language.

The same power of the principle of non-contradiction enables us to conceive what Meillassoux calls "divine inexistence"[20]. As a materialist, Meillassoux is convinced that God does not exist. To think otherwise would lead us back to dogmatic metaphysics, or worse, to religious fideism. Yes, God does not exist, but since, like everything else, God is contingent, nothing prevents us from thinking that God may – or may not – exist in the future. This is why it is not contradictory to say "God does not exist yet". Let's make no mistake: such a statement is purely based on the principle of non-contradiction applied to the necessary contingency of our world. It has nothing to do with any kind of messianic faith in the providential necessary order, which, although hidden to our understanding, would reveal itself at a given moment of human history. Nurturing a messianic faith in the divine thereafter would mean to conform to dogmatic metaphysics. Such messianic faith would be similar to the confidence in scientific progress that one day may give us access to biologically engineered immortality – a Popperian trust in the continuous improvement of our scientific and technological methods. No, for Meillassoux, God does not exist, nor does a world in which billiard balls burst into thin air, but the contingency of our world, its necessary contingency, allows us to posit as non-contradictory the thesis that God does not exist yet.

---

20 This expression is also the title of Meillassoux's unpublished doctoral dissertation. For more insight into Meillassoux's thinking about God, see Graham Harman, *Quentin Meillassoux. Philosophy in the Making* (Edinburgh: Edinburgh University Press, 2011); and Quentin Meillassoux, "Deuil à venir, dieu à venir", *Critique* LXII 704-705 (2006) p. 105-115. Meillassoux's article has been translated – with a translation error that ruins its entire meaning – in *Collapse* IV (2008), p. 261-275. See also Meillassoux's "The Immanence of the World Beyond," in P. M. Candler and C. Cunningham (eds.), *The Grandeur of Reason. Religion, Tradition and Universalism* (London: SCM Press, 2010), p. 444-478.

THE PHILOSOPHER'S INDIGNATION
AND THE HUMANIST'S RESPONSE

There is, however, another reason besides philosophical speculation that motivates Meillassoux's thinking. This reason is much more emotional than rational. What prompts Meillassoux's argumentation in favor of the God that does not exist yet is his indignation. Meillassoux cannot come to terms with the death of the innocent millions who perished in the 20th century. If there were any God, how could his providence allow such an injustice to happen? If there is no God, what atonement can we hope for, for these unjust deaths? Either of these solutions – the religious and the atheist one – taken separately are morally and emotionally unacceptable. Meillassoux's resolution of the conundrum hopes to reconcile them: God is not responsible for the scandal of absurd and cruel deaths because he does not exist, but he may, or may not, exist one day, and this necessary contingency of divine inexistence suffices to safeguard us from despair. It is equally interesting to see how indignation against the fanatic illusions of today propels Meillassoux's attack on strong correlationism. Meillassoux is a professional philosopher in pursuit of an absolute, as modest as it can be, in a world in which both God and the human transcendental subject are absent. Yet his intellectual speculation rides on a tide of rough emotions that occasionally burst through the rigorously non-contradictory argumentation. He strives to straighten the power of thinking because he is convinced that by positing the absolute as unthinkable, fideism can benefit the most bloody fanatic fundamentalisms of today. Meillassoux's speculative project is certainly a rigorous philosophical endeavor, but it is also a passionate protest against injustice in the world he lives in.

From the point of view of a seemingly cold analytical philosopher, Montaigne represents an ideal adversary. Contrary to Meillassoux, he does not shy away from exposing the rough emotionality and subjectivity that only intermittently surfaces under the rigorous demonstrations of the speculative realist. The Renaissance humanist openly concedes that he is not a philosopher and confesses that the evils of his world affect him deeply: *"Je ne suis pas philosophe: les maux me foullent selon qu'ils poisent...*" (III, 9, 950). Moreover, Montaigne openly claims at the outset of his book that it is about himself and only about himself. Instead of searching for a modicum of absolute, he pursues every opportunity to exercise his own judgment. He is clearly an unrepentant correlationist whose Pyrrhonian skepticism undermines the power of thought that Meillassoux would like to preserve at any cost in order to break the correlationist circle and untie the content and the act of thinking. It seems that one can hardly imagine a mind more opposed to Meillassoux's. Most importantly, the confrontation over the power of human thinking that opposes Montaigne and Meillassoux takes place on the battlefield that is the principle of non-contradiction.

The point is not to forcefully reconcile the Renaissance humanist and our contemporary speculative realist. Montaigne's and Meillassoux's projects are irreconcilable because the former speaks to another person, while the later speculates about the absolute other. However, by putting them in dialogue, we can determine the sources of their misunderstanding and consequently envision an interesting – properly Montaignian – answer to the question "what to do when your world is ending?"

First, let us respond to Meillassoux's accusation of fideism leveled at Montaigne. It goes without saying that Montaigne not only dwelled in the pre-Kantian universe of dogmatic metaphysics but also that by his deeds and words he stressed his faithful adherence to the teachings of the Catholic Church. Thanks to groundbreaking work by scholars such as George Hoffmann and Alain Legros, among others, it has been established that Montaigne's fidelity to Catholic faith did not prevent him from subtly raising questions regarding doctrinal issues such as the real presence of Christ in the offerings of the mass and the efficiency of Christian prayers[21]. Skepticism is not only compatible with religious faith in the Renaissance, but it has also been extensively used by apologetic discourse in order to promote religious belief. One could, therefore, easily align Montaigne's *Essays* with religiously motivated critiques of human pretense to science, such as Corneille Agrippa's *De Incertitudine et vanitate scientiarum* or Gianfrancesco Pico della Mirandola's *Examen vanitatis doctrinae*. This would mean, however, that we overlook the fact that Montaigne's skepticism targets equally, if not even more aggressively,

---

21   George Hoffmann, "Anatomy of the Mass", *PMLA* 117:2 (2002), p. 207-221; Alain Legros's preface to his critical edition of *Essais, I, 56 "Des prières"* (Geneva: Droz, 2003).

our faith as it undermines our reason. The bulk of Montaigne's ironic
defense of Raimond Sebond's natural theology is devoted to the systematic
destruction of the ambitions of human rationality. However, chapter
12 of Book II of the *Essays* starts with a scathing critique of the human
capacity to believe: *"Si nous tenions à Dieu par luy, non pas nous; si nous
avions un pied et un fondement divin, les occasions humaines n'auroient pas le
pouvoir de nous esbranler, comme elles ont..."* (II, 12, 441). Look around at
our world in ruins, says Montaigne, and you will see that the horrible
war that is waged in the name of our faith is in fact the product of
petty speculations and egoistic partisanship. No, Montaigne's skepticism is not a fideistic path to the absolute, no more than reason is, in
his view, a ladder that will allow us to climb toward transcendence.
Montaigne's profound pessimism pertaining to our faith matches his
systematic doubt laid upon our capacity to comprehend ourselves and
the world around us.

But is Meillassoux completely wrong in pointing to Montaigne's
religious, or more precisely, theological context? The "assurrection"
out of this world and into the realm of the absolute Other is a faint
possibility envisioned by a current of radically mystic metaphysics that
greatly influenced French Renaissance culture and which, I contend, also
had an impact on Montaigne[22]. Thinkers and writers such as Charles
de Bovelles, Guillaume Briçonnet, and Marguerite de Navarre were
convinced that human understanding could not extend beyond our
phenomenal world, which already escapes our capacity to comprehend.
Any mainstream Christian theologian would agree that God's absolute
being is beyond the grasp of our reason. But the radical brand of negative theology that permeated French Renaissance culture in the wake
of Nicolas of Cusa's writings – a theology with which Montaigne was
acquainted – was much more radical: it claimed that God escaped the
reach of the principle of non-contradiction, or as Meillassoux would put
it, that God was a completely illogical God. Such a God was not only
an absolute Other, but also, contradictorily, a Non-Other (*Non Aliud*).

Therefore we can see that even if Meillassoux is too quick to reproach
Montaigne for any fideistic confidence, he is right to contend that the

---

22 Jan Miernowski, *Le Dieu Néant. Théologies négatives à l'aube des temps modernes* (Leiden,
    New York & Köln: E. J. Brill, 1998); *L'Ontologie de la contradiction sceptique. Pour une étude
    de la métaphysique des Essais* (Paris: H. Champion, 1998).

principle of non-contradiction must have had a limited value for the Renaissance humanist. The principle of non-contradiction is indeed the nexus of their disagreement. Let us remember that for Meillassoux, the principle of non-contradiction is the Archimedean fulcrum upon which he can rest his lever and split the act of thinking from the content of thinking which thus becomes a modicum of the absolute. Meillassoux can accomplish that because, in principle, he posits that there cannot be any contradiction at a given time between the act of thinking and the content of thinking. If I say that at moment t the billiard ball moves because it was hit by another billiard ball, I cannot say at the same moment t and under the same circumstances that this ball stays still (which I can say at time $t+1$, when the necessarily contingent laws of nature will change). The law of non-contradiction is, according to Francis Wolff with whom Meillassoux collaborated at the École Normale Supérieure and whom he quotes in *Après la finitude*, the ontological and logical rule of the art of dialogue[23]. In order for dialogue to occur, I have to contradict my interlocutor, but I cannot contradict myself. I have to contradict my interlocutor because if I don't, we would be saying the same thing and thus reduce the dialogue to a monologue distributed to two redundant voices. But I cannot contradict myself because that would presuppose that my world would turn into chaos: there is no such world about which I can truthfully state that a billiard ball hit by another one moves and stays still at the same time.

SELF-CONTRADICTION
AND MONTAIGNE'S NEW RATIONALITY

On both of these accounts, Montaigne would have to disagree. First, Montaigne repeatedly contradicts himself in the *Essays*, permanently changing his position, speaking in different, often divergent voices, undermining his statements by the use of sarcasm or ironically quoting from his readings. Montaigne's self-contradicting ventriloquism is so artful that the reader hardly knows when the essayist is ironic and

---

23 Francis Wolff, *op. cit.*, p. 35-43.

when his words should be accepted at face value. And yet, and this is the second reason for which Montaigne would have to disagree with philosophers such as Meillassoux and Wolff, the *Essays* are profoundly dialogic. Montaigne constantly solicits his reader's response, not through any dialectical competition of ideas, but, in search of unity, presence, and communion.

This double movement of self-contradiction combined with the search for presence and communion propels the chapter "Des coches". Let us go back to the page where Montaigne hypothesizes the existence of other worlds: *"Nostre monde vient d'en trouver un autre (et qui nous respond si c'est le dernier de ses freres...)"*. The parenthetical musings at the possible existence of other worlds follow what Meillassoux could have considered as Montaigne's intention to break the correlationist circle. Montaigne uses the logical distinction *pro natura* and *pro nobis* in order to oppose the thing-in-itself (*"eu esgard à nature"*) and the thing-for-us (*"eu esgard à nostre cognoissance"*). What starts a few lines above as a skeptical questioning of our epistemological capacities – *"Je crains que nostre cognoissance soit foible en tous sens, nous ne voyons ny gueres loin, ny guere arriere"* – evolves into a metaphysical speculation about the existence of realities that are out of reach for our thinking. If these realities were to be correlated with our thought, they would appear diverse and changing, that is, synchronically and diachronically other. Yet the impression that we would have of them as things-for-us would most possibly not match their being as things-in-themselves: *"Si nous voyons autant du monde comme nous n'en voyons pas, nous apercevrions, comme il est à croire une perpetuelle multiplication et vicissitude de formes. Il n'y a rien de seul et de rare eu esgard à nature, ouy bien eu esgard à nostre cognoissance, qui est un miserable fondement de nos regles et qui nous represente volontiers une tres-fauce image des choses"*. (III, 6, 908)

Things do not appear as they probably are. Such a conclusion may seem banal. Let us not forget, however, that this page is inserted into Montaigne's reflection on our act of speaking. What is in fact at stake is not only a matter of epistemology (can we know other worlds?), nor only a matter of ontology (are other worlds really other?), but a matter of our capacity to say the otherness of the world and of ourselves. The problem of speech is precisely the starting point of "Des coches": *"Il est bien aisé à verifier que les grands autheurs, escrivant des causes, ne se servent pas seulement de celles qu'ils estiment estre vraies, mais de celles encores qu'ils ne croient pas. [...] Ils* disent *assez veritablement et utilement, s'ils* disent *ingenieusement"* (III, 6, 898-899, my emphasis).

The point is not that Plutarch felt like vomiting because of fear and Montaigne felt the same because of the movement of the coaches. The point is not that fundamental otherness separates our world and the world back then or the world beyond the oceans. The worry is not that billiard balls may stay motionless upon impact or God may pop out at any moment, like Meillassoux says they (necessarily) may. The problem, for Montaigne, is, on the contrary, that we are indifferently *saying* that nausea is caused by fear and by the rocking movement of a coach, that we *claim* that billiard balls move and that they remain at rest, knowing very well that both cannot be true at the same time. It is the contradiction between the act and the content of our speech that makes Montaigne state that the empire of the Incas ended because this newborn and natural world was infected by our decaying world and, in the same chapter, suggest that Inca civilization reached decrepitude on its own account. The real problem, for Montaigne, is not, *pace* Meillassoux, that God (the one that is, is not, or may come to be) dwells beyond the reach of non-contradiction, reducing our power of thinking to some risky fideism. The real problem is that we constantly contradict ourselves.

Hence, for Montaigne, the dream of a new rationality. Such rationality would hopefully fend off contradictions. It will not only correlate but unite, make coincide the act and the content of thinking, the words and the deeds. This is what Montaigne dreams of while claiming boldly that his book is consubstantial with himself: *"Dieu veuille que cet excès de ma licence attire nos hommes jusques à la liberté, par dessus ces vertus couardes et mineuses nées de nos imperfections: qu'aux despens de mon immoderation je les attire jusques au point de la raison!"* (III, 5, 845). In order for thoughts and acts to coincide, we need faith. Not so much faith in a God beyond logic, not so much trust in our ability to look into the very nature of things-in-themselves but faith in each other. Montaigne's fulcrum is not the principle of non-contradiction that would span this world and the necessary contingent worlds to be, but, as he requests in his initial address "To the Reader," the *bona fide* trust of his reader believing in the real presence of the author of the *Essays* long after his death: *"C'est icy in livre de bonne foy, lecteur"*. Contrary to Meillassoux and Wolff, for Montaigne dialogue is not a language game based on logical and ontological principles, but a human relation – a very close correlation indeed – based on faith in another human being. It is only in such faithful, trustworthy relation that we can hope to find solace when our world is coming to its end.

But for such relation to take place we need to write books and we need to read them. So a moratorium on Montaigne scholarship, jokingly proposed by Ullrich Langer, would in fact counter Montaigne's most fundamental intentions. The most ludicrous interpretations of the *Essays* may be stated (like the ones provokingly advanced by Ullrich Langer), similarly to the most bizarre explanations why people are greeted when they sneeze (like the ones quoted by Montaigne in "Des coches"). But one requirement has to be satisfied: these thoughts have to be said out loud or written on a page in one way or another if we want to conjure worlds from oblivion and save them from death. Renaissance humanists such as Petrarch, Ambroise Paré, and Laurent Joubert knew it too well. And this is what Montaigne set out to do when his world was ending: he set out to write yet another book.

Jan MIERNOWSKI
University of Wisconsin-Madison
Uniwersytet Warszawski

TROISIÈME PARTIE

MATÉRIALITÉS

MONTAIGNE AND THINGS

The *Essais* seem largely given over to the consideration of great matters of the *vita bona*. In his ever-evolving book of the self, Montaigne shares thoughts on virtues and vices, feelings, exemplary heroes, great texts, experiences, and relationships both intimate and public. Yet, here and there, things inhabit the niches and interstices of the *Essais*: from prayers to prognostications, from thumbs to smells, and even from coaches to books – objects abide. At critical junctures in the *Essais*, Montaigne thinks through things and, in so doing, carefully situates objects within ethical relationships that transcend their thingness. As a practice, this operation is telling. A closer look at Montaigne's attitude toward objects sheds light on three fundamental dynamics that underpin the *Essais*. First, they lay open a clear sense of what Montaigne believes to be the nature of affective response. This can be placed aside the essays on sadness, fear, and anger to gain an idea of what generates feeling, but also to explore the fundamentally self-reflexive nature of emotion without true object. Second, our grasp of Montaigne's ethics benefits from observing how relationships can be constructed around things and instrumentalized by them. The apparatus is simply easier to see when it sits at the fulcrum of action.[1] Thirdly, and as an extension of this very clarity, the reification of the self allows for an ethical relationship to a self that has become 'thing.' Montaigne is transformed into an object of consideration, but also into a 'book-thing' that is carefully reinscribed into a relationship to a familiar reader, but also within ethical relationships of friendship and fatherhood, or that of trusted liege and public servant.[2]

---

1   I rely on the definition of Giorgio Agamben for the definition of apparatus or *"dispositif"*. David Kishik and Stefan Padatella (trans), *"What is an Apparatus?" And Other Texts* (Stanford, CA: Stanford University Press, 2009).

2   See also Warren Boutcher, "L'objet livre à l'aube de l'époque moderne", *Terrain* 59, p. 88-103.

As he explores the use of things, their instrumentality, and their propensity to surprise, contravene, delight, transport, confuse and obstruct, Montaigne stages a reconsideration of quotidian objects that often go unnoticed or underestimated. Things become 'things' when they no longer serve their usual purpose, and thereby manifest a certain obstinacy or resistance to a consciousness.[3] This is not an *"effet de réel"* in the classic sense, because for Montaigne no object is superfluous and, in fact, objects without connection to a hermeneutic do not exist in the *Essais*.[4] Montaigne's relationship to things demonstrates an interest in the experience of them and through them, rather than an acquisition or possession of them, preferring a vocabulary of commerce as movement. The objects of everyday life belong to a *"système des objets"*[5] where meaning is acquired through circulation, and value develops through relationships of affective utility. It is distinctive of Montaigne that moral utility *"l'honnête"* possesses an economy that diverges from political utility *"l'utile"*. Things, like beings, can be polysemic like 'Montaigne' and 'the mayor' or hide a proliferation of phenomena: *"Quelque diversité d'herbes qu'il y ait, tout s'enveloppe sous le nom de salade"* (I, 46, 276).

Although we are far from the capitalist tyranny of 'things that would own us' that Bill Brown describes, the economics are not absent. Philippe Desan has demonstrated how the emerging economic discourse in the sixteenth century informs Montaigne's understanding of circulation, exchange, and profit.[6] The notion of *"commerce"* extends beyond pecuniary gain or sale, and, although not fully owned by things, one remains nonetheless tethered to their movement and value. It is these very values that reanimate surrounding objects and put them to work within the exchange. In other words, some version of the *"passage"*[7] belongs to an

---

3   Borrowing directly from Bill Brown, *A Sense of Things. The Object Matter of American Literature* (Chicago: University of Chicago Press, 2004).

4   Roland Barthes, "L'effet de réel", *Communication* 11, 1968, p. 84-89.

5   Jean Baudrillard, *Le Système des objets* (Paris: Gallimard, 1968).

6   Philippe Desan, *Les Commerces de Montaigne. Le discours économique des* Essais (Paris: A.-G. Nizet, 1992), and "Montaigne et le 'moi gelé': 'Le profit de l'un est dommage de l'autre'", *Romance Notes* 30:2 (1989), p. 93-100. Desan has also underscored the more aspirational aspects of the author's social ascension. *Montaigne. A Life* (Princeton: Princeton University Press, 2017).

7   *"Je ne peints pas l'estre. Je peints le passage: non un passage d'aage en autre, ou, comme dict le peuple, de sept en en sept ans, mais de jour en jour, de minute en minute"* (III, 2, 805). I cite Montaigne from the Villey-Saulnier edition published by the Presses Universitaires de France.

economy of things in motion, the self being one of those things.[8] The things that appear in the *Essais* are hence subjected to a treatment that enables their worth. But there is a movement in the other direction, toward thingness, as Montaigne inscribes the transformation of beings into creatures, reifying them for consideration as a 'monstrous child', a 'cripple', or a 'cannibal.' Most crucially, Montaigne himself as becomes *"la matiere"* of his book, the *res* of the text both as a subject matter *"si frivole et si vain"* and an object of distraction or *"loisir"*.[9]

No essay makes clearer the relationship between things and human affect than "Comme l'ame descharge ses passions sur des objects faux, quand les vrais luy defaillent" (I, 4). Montaigne's text approaches several truths regarding the dynamics of human passions, all of which are related to the status of things and the relationship we create to them. The tendency of humans to vent their frustrations on an external object forms the unassuming commonplace with which Montaigne begins, but his essay deftly sprints toward a discussion of a disordered psychology, exploring the transference of emotion onto any available object in the absence of one that may seem more appropriate. Most interestingly, the transference of human feeling onto an object provides emotional and cognitive relief, since the sentiment can be redirected toward a thing that bears the brunt of the passions within. In Montaigne's telling, the gout-stricken gentleman cursing the fatty sausages and salty hams finds his own shouting therapeutic enough to avoid having to modify his poor diet (I, 4, 22). The gentleman consciously constructs a dysfunctional relationship to the things that he consumes, one that requires the satisfaction of displacing his physical discomfort onto them in order to start the cycle anew. This humorous example prepares the reader for more disturbing cases of people tearing out their hair, pounding heads against the wall, or cursing the gods. Here, any distinction between psychic and physical pain collapses, since passion is fully understood in both its concrete and abstract senses of suffering, and throughout the essay one type of pain soothes, extends, or replaces another. This back

---

8   See Jean Starobinski, *Montaigne in Motion*, trans. Arthur Goldhammer (Chicago: University of Chicago Press, 2009) and Michel Jeanneret, *Perpetual Motion. Transforming Shapes in the Renaissance from da Vinci to Montaigne*, trans. Nidra Poller (Baltimore: Johns Hopkins University Press, 2001).

9   Richard Regosin, *The Matter of My Book. Montaigne's Essais as the Book of the Self* (Berkeley: University of California Press, 1977).

and forth emerges as the capacity to seek a replacement for the 'true object' that escapes the grasp. Indeed, a mental anguish without an object bears an explicit comparison to a kind of physical pain: *"il nous deult, si le coup ne rencontre, et qu'il aille au vent"* (*ibid.*). The presence of a thing at arm's length maintains the reasonable distance that inspires comfort. Yet each attempted action upon that object only serves to confirm and reconfirm its status *qua* thing; the soul wanders to find anything available within its proximity to empty out its discomfiting passion – essentially searching for an object that will resist and thereby show itself to be thing.

The ethical quandary of this disordered affect resembles the condition of beasts, caught in a self-destructive pattern of unreason.[10] Objects do not, of course, need to prove their innocence, since they possess no intent and they cause no injury that could justify vengeance or retaliation. This degree of categorical remove of things is precisely what causes the jarring sense of incongruity when they are treated like an animate consciousness. In addition, this distinction founds the assumption that lies behind Montaigne's assertion that it is more barbaric to eat a man still alive with a *"corps encore plein de sentiment"* (I, 31, 209) than one who has died, or that justice should visit violent treatments on corpses rather than living convicts (II, 11, 431), because *"Il faut exercer ces inhumains excez contre l'escorce, non contre le vif"* (*ibid.*). The corpse can no longer engage in a normal moral economy, entering a new phase as a 'thing', where further action or mutilation of the body is a horror all its own.[11]

As Montaigne thinks through these bodies that have become inanimate, he underscores the dangers that come from not respecting the distinct ethics that things command. The refusal or inability to transition to that new paradigm inspires Montaigne's deepest disgust, epitomizing a lack of self-control and a deplorable *"desreglement de nostre esprit"* (I, 4, 24). Conversely, the treatment of animate, feeling bodies like things poses an equivalent level of moral hazard: *"À quoy ne nous prenons nous à tort ou à droit, pour avoir où nous escrimer? Ce ne sont pas ces*

---

10   *"Ainsin emporte les bestes leur rage à s'attaquer à la pierre et au fer, qui les a blessées, et à se venger à belles dents sur soy mesmes du mal qu'elles sentent"* (I, 4, 22).

11   The overkill of violence exerted beyond death on an inert body is grotesque: *"'Qui corpus occidunt, et postea non habent quod faciant'. Et les poëtes font singulierement valoir cette peinture, et au dessus de la mort"* (II, 11, 431).

tresses blondes, que tu deschires, ny la blancheur de cette poictrine, que, despite, tu bas si cruellement, qui ont perdu d'une malheureux plomb ce frere bien aymé: prens t'en ailleurs" (I, 4, 23). The abused female object is reduced to blond tresses and a porcelain breast, dislocated into fragmented body parts that suggest disjointed objects rather than the integrity of a suffering soul that may lie underneath. The abuser sees only a thing as he transfers his rage onto the false object. Even as she lives, she is made object, and Montaigne's condemnation of that objectification targets not only the chaotic passions, but the ethical transgressions they bring.

The smaller bits of the body change into things as they escape the grasp, when they begin to frustrate the consciousness. This applies more particularly when those parts belong to Montaigne himself: *"Je ne puis asseurer mon object"* (III, 2, 805), he tells us. The author of the *Essais* can only seize (himself or things) at isolated moments in time during his search, *in medias res*. In this Montaigne is not so different from the unfortunate characters of "Comme l'ame descharge ses passions sur des objects faux, quand les vrais luy defaillent" where *"nous voyons que l'ame en ses passions se pipe plustost elle mesme, se dressant un faux subject et fantastique"* (I, 4, 22). Significantly, the *Essais* stage this very quest for an object upon which the author transfers his psychic pain of loss. The text serves as recipient of repeated discharges of the passions, a 'book-thing' which emerges as a fetishized object upon which he can displace his unfulfilled love for his friend; when Montaigne approaches things, he approaches himself though his affective and moral relationships to them. In this vein, Montaigne reminds us that Plutarch considered the affection showered on little dogs or pet monkeys to be a displacement of frustrated fondness: *"Plutarch dit à propos de ceux qui affectionnent aux guenons et petits chiens, que la partie amoureuse, qui est en nous, à faute de prise legitime, plustost que de demeurer en vain, s'en forge ainsin une faulce et frivole"* (*ibid.*). Is this what Montaigne means when he suggests that the matter of his book is a subject *"si frivole et si vain?"* The suite of initial essays of Book I echo the *Avis au lecteur* on the question of the transference of deep emotion onto something more frivolous. After the loss of the friend, the sadness ("De la tristesse") and the desires that propel us beyond ourselves ("Nos affections s'emportent au dela de nous") suggest that the 'false object' is always-already, *immer schon*, the book. As a false object, it is also a compelling one, because it fully illustrates the circle of self-reflexive affect that encounters empty air before landing on an object which fails to completely satisfy because it is not entirely another, but rather a Derridean *supplément*.

Certainly, what Montaigne's familiars will find there in the text of the *Essais*, i.e., *"aucuns traits de [s]es conditions et humeurs"*, remains as fragmentary as the features of the abused woman above. Montaigne can only persist as a body-in-parts after he is gone, since he will endure as merely a thing. It is no surprise then why Montaigne categorizes the grasp of both himself and things as belonging to same method: *"C'est un contrerolle de divers et muables accidens et d'imaginations irresoluës et, quand il y eschet, contraires: soit que je sois autre moy-mesmes, soit que je saisisse les subjects par autres circonstances et considerations"* (III, 2, 805). As he appears in the text, Montaigne – as well as his anguish – sit in the same epistemology as the other matters of the book and Montaigne's thingness is the process of the *mise en livre*.

No thing in the essays is simply an inert object, but sits instead within a web of relationships governed by their use or abuse by an agent. To sketch out these relationships, Montaigne relies most heavily on the trope of the paradox, where he can present things as being unlike they seem.[12] The counterintuitive truth that emerges in the *paradoxa* is designed to surprise and awaken a skeptical sense of discernment about the nature of things. In the context of a baroque esthetic, attention increases to what lies hidden in the shadows or behind the screen; the *chiaroscuro* and the *sfumato* highlight the polyvalent nature of objects and the allegories of the senses strive for porosity between representational modes. The question of smells leads Montaigne to the ironic affirmation that to smell good is not to smell at all (I, 55, 314) and a thing (that is invisible!) paradoxically exists at its best or ideal state in its absence. The miasma of plague is a question of communication, exchange and circulation, but so too are the smells of exotic, aromatic cooking that linger in the air, tauntingly suggestive of the hundred ducats spent on spices to prepare it (I, 55, 315). In this context, the essay "Des senteurs" appears as an exploration of porosity between things and beings, *"Quelque*

---

12 For this mode of thinking and its fortunes during the sixteenth century, see Rosalie Colie, Paradoxia Epidemica. *The Renaissance Tradition of the Paradox* (Princeton, NJ: Princeton University Press, 1966) and M.T. Jones-Davies (ed.), *Le Paradoxe au temps de la Renaissance* (Paris: Touzot, 1982).

odeur que ce soit, c'est merveille combien elle s'attache à moy, et combien j'ay la peau propre à s'en abreuver" (I, 55, 315). Montaigne's skin soaks up smells, and when he consumes them it affects his body and soul:

> Les medecins pourroient, croi-je, tirer des odeurs plus d'usage qu'ils ne font: car j'ay souvent aperçeu qu'elles me changent, et agissent en mes esprits selon qu'elles sont: qui me faict approuver ce qu'on dict, que l'invention des ensens et parfums aux Eglises, si ancienne et espandue en toutes nations et religions, regarde à cela de nous resjouir, esveiller et purifier le sens pour nous rendre plus propres à la contemplation (ibid.).

Montaigne situates himself as permeable, open to the effects of surrounding things, existing in relationship to them in a way that surpasses the merely physical. The essayist imagines aromatherapeutic uses of smells, connecting the use of the thing to the well-being facilitated by sustained contact with it. Such a connection with the spirit becomes all the clearer when Montaigne justifies the use of incense in churches, claiming that they bring the body to a state more properly disposed toward contemplation.

A relationship to things that assumes that objects retain some access to the inner life of a subject situates the agent in a moral posture toward the use of things, and clearly foreshadows the chapter that follows the chapter on smells, "Des prieres." Prayers, like odors, are not separable from how they affect the thinking subject and, most importantly, each subject holds a moral responsibility for their proper use. Montaigne's thinking on prayers explores the idiom of words and gestures in a context where growing religious conflict has upped the ante.[13] The moral dangers of the thing lie in its abuse – insincere words, phony or hypocritical gestures, pleas for immoral or self-serving outcomes. Responsibilities of agency for any good skeptic would call for a return to the traditional and time-tested, and Montaigne is no exception as his preference for the Lord's Prayer attests.

Moral integrity is perceptible in everyday objects, which, like prayers, serve as an extension of the agent that employs them. Those who would don their armor *in extremis* and shed it the moment that danger has passed have not formed a proper connection with the idea of combat or bravery. The paradox that leads "Des armes des Parthes" centers on the

---

13   See the study of the essay's textual 'archeology' by Alain Legros, *Montaigne: Essais, I, 56 'Des prières'* (Geneva: Droz, 2003).

burden caused by the armor that hinders more than it helps; the men still trying to lace themselves in while the battle has already come and gone have a reprehensible relationship with things. Fixating on outmoded forms and ignoring their purpose highlights a slavish attachment that cannot withstand the slightest scrutiny. Shorthand for cowardice and lumbering hesitance, the armor can only spell a defense effort that sits at odds with bravery. A quip of the Scipio the Younger captures Montaigne's imagination, where the difference between the shield and the sword sum up two distinct relationships: *"Il est vraiment beau, mon fils; mais un soldat Romain doit avoir plus de fiance en sa main dextre qu'en la gauche"* (II, 9, 404). The instruments and their use offer an indication of the agent that interacts with them and acts upon them. The thing that figures on the arm defines, in large measure, the relationship to action or inaction, to bravery or to caution. The power of the thumb also draws relationships to action – cutting off the thumb to avoid military service or to neutralize a vanquished enemy represents an emasculating gesture that cuts one off from deeds or achievements. More interestingly, the absence of a thumb may preclude the very ceremony of friendship itself, which is sealed by interlocked thumbs and a sharing of blood. The thumb is a body part that serves as instrument in functions of manhood.

The dyad that occasionally expands to triad to accommodate inclusion of the father, the friend, the child, the reader, etc., is a fundamentally reflexive relationship between Montaigne and the book-thing upon which and within which he performs his transference. To gain entry to the book, the counterparty in the familiar relationships must acquire thingness, and Montaigne himself is included in that same operation. In Montaigne's universe, the thing being pursued casts its moral light on the search of it: *"L'entreprise se sent de la qualité de la chose qu'elle regarde, car c'est une bonne portion de l'effect et consubstancielle"* (I, 20, 82). Here, Montaigne praises the quest for virtue as morally transformational however arduous or painful. What is sought after shares qualities, for good or ill, with the pursuer and his motives. When more concrete desires enter into the equation, the collapse of the distinction between subject and object creates perversion or misuse. Montaigne advises his readers to subordinate things to themselves, not themselves to things: *"Conentur sibi res, non se submittere rebus"* (I, 39, 244).[14] Domination by

---

14 Alluding to Horace (Epistles I, 1, 19).

things causes troubled affect and a disturbing psychology that lacks direction and control. A self with integrity does not bend indiscriminately, but remains in command by controlling its relationship to its surroundings. In "De la solitude" Montaigne seeks to praise the value of moderation, but a closer look reveals an ironic twist: in the in the original epistle, Horace calls it a precept of the extravagant hedonist Aristippus. No matter the philosophy, Montaigne seems to suggest, the command of the self and control over objects (even in debauchery) holds the key to living a life in consonance with one's values. Montaigne has the temperament and the deontology of a moralist, and he paints himself on a background filled with things.

Obviously, things serve their purpose as objects in the *Essais*, and their distinctive character contributes tangible attributes to Montaigne's philosophy – although more perceptibly in the category of ethics than ontology. However, things large and small manage to transcend their own thingness in the *Essais*, much as Montaigne himself transcends his transformation into the object of consideration of his work. Montaigne is not among those changeable and crafty liars who *"de mesme chose ils disent gris tantost; tantost jaune; à tel homme d'une sorte, à tel d'une autre"* (I, 9, 36), however difficult he may find it to *"asseurer [s]on objet."* The energy of the *Essais* drives toward a rapport with objects that respects the integrity of the things it encounters and examines them closely within the web of relationships where they operate, circulate, and signify. The matters of Montaigne's book are multiple and material; Montaigne treats things as legible because they sit embedded within an ethical economy. Confusion between animate beings and things causes confusion and tension; the use and abuse of objects writes onto the world the disorders of the soul. Critical attention for the humble objects of Montaigne's *Essais* assays the shape of the work's moral dilemmas, dilemmas to which things can – and do – impart structure on his text. Within the *système des objects* of the *Essais*, things have a morphology and a syntax within a grammar of the self.

Amy GRAVES
University at Buffalo
The State University of New York

« C'EST MOY, C'EST MON ESSENCE »

Un portrait de Montaigne
in lumine aristotelis

Dans un passage célèbre de l'essai « De l'exercitation », Montaigne affirme : « Ce ne sont mes gestes que j'escris, c'est moy, c'est mon essence » (II, 6, 379)[1]. Le mot *essence*, qui appartient au lexique de la métaphysique, est ici posé comme équivalent du « moy » dont les *Essais* sont le portrait, en un passage où est aussi mentionnée l'autorité d'Aristote, au sujet de l'essentielle question de l'honnêteté de cette *peinture* mise en œuvre par et dans le livre[2]. Or la présence de ce bagage scolastique ne va pas de soi : si, dans l'article « Forme » du *Dictionnaire Montaigne*, Claire Couturas, qui livre une belle synthèse sur le sujet, évoque « l'emploi philosophique » et « l'usage établi par la scolastique » pour analyser certaines occurrences du mot[3], la présence de l'héritage aristotélicien dans les *Essais* est le plus souvent interprétée comme une sorte de scorie ou de pis-aller, un emploi faute de mieux. La nature même du mouvement de l'esprit de Montaigne paraît en effet fondamentalement incompatible avec un mode de pensée, la scolastique, senti comme largement dogmatique et rigide, et que Montaigne ne se prive pas de railler.

Les termes *forme*, *essence* ou *substance* sont par ailleurs souvent considérés par la critique comme relevant nécessairement de l'universel ou de l'idéal si on les prend dans leur acception philosophique, l'emploi qu'en fait parfois Montaigne poserait alors problème. Claire Couturas, dans ce même article, pointe ainsi une « tension » entre le nominalisme de Montaigne, qui lui « interdit de donner une définition de l'homme, c'est-à-dire de

---

1   Nous citons Montaigne dans l'édition Villey/Saulnier, Paris, Presses Universitaires de France, [1965] 1988.

2   « De dire moins de soy qu'il n'y en a, c'est sottise, non modestie. Se payer de moins qu'on ne vaut, c'est lascheté et pusillanimité, selon Aristote » (II, 6, 379).

3   Dans Philippe Desan (dir.), *Dictionnaire Montaigne*, Paris, Classiques Garnier, 2018, p. 768-772, ici p. 769, col. 1.

le désigner comme substance » et le fait qu'il « entend parler de lui en
écartant tout ce qui relève du particulier ou de l'accident[4] » ; André
Tournon, quand il réfute à juste titre une analyse dite essentialiste de la
formule « la forme entiere de l'humaine condition[5] », conclut que « penser
la contingence, et l'univers ou la pensée comme lieux de fluctuations
[...] n'était pas facile avec le vocabulaire que fournissait [à Montaigne]
la philosophie de son temps, étroitement tributaire de la scolastique[6] ».
C'est sur cette question du lexique qu'utilise Montaigne que nous voudrions revenir ici, en repartant d'une remarque que fait Philippe Desan :
« l'homme est fondamentalement un homme de terrain ; c'est en ce
sens que Montaigne est aristotélicien[7] ». Nous voudrions ajouter que les
notions aristotéliciennes de *forme, matière, substance* et *accident* sont systématiquement lues aujourd'hui à la lumière de la seule métaphysique, en
oubliant qu'elles sont aussi, et d'abord, non seulement au fondement de la
physique d'Aristote, mais aussi de sa biologie, capitales pour comprendre
l'ordre du vivant. Or il nous semble qu'en se peignant, Montaigne utilise
pleinement et finement les possibilités du lexique aristotélicien, mais tel
qu'il est employé par les naturalistes et non par les métaphysiciens, par
ceux qui s'occupent de l'*infime* ou du *specialissime*.

La scolastique, en effet, n'est pas uniquement le passe-temps favori
de ces aristotéliciens de métier dont les humanistes ont laissé un portrait
peu flatteur (non seulement injuste, mais souvent de mauvaise foi), c'est
également un bagage commun que l'on apprend dans les collèges, dont
celui de Guyenne[8], et dans les *compendia* latins de philosophie qui se
mettent à circuler en abondance à partir des années 1530. Or il n'est pas
inintéressant, pour lire les *Essais*, de regarder de plus près quelle est la
teneur de cette scolastique du quotidien, qui se présente dans la culture

---

4   *Ibid.*, col. 2. Pour l'occurrence « Par long usage cette forme m'est passée en substance »
     (III, 10, 1011), Ian Winter écrit que le mot forme prend « un sens presque aristotéli-
     cien » (« L'emploi du mot forme dans les *Essais* de Montaigne », dans François Moureau,
     Robert Granderoute et Claude Blum (dir.), *Montaigne et les Essais 1580-1980*, Paris &
     Genève, Slatkine, 1983, p. 261-268, à la p. 265).
5   André Tournon, *Route par ailleurs. Le nouveau langage des* Essais, Paris, H. Champion,
     2006, p. 140.
6   *Ibid.*
7   Philippe Desan, *Montaigne. Les formes du monde et de l'esprit*, Paris, Presses de l'Université
     Paris-Sorbonne, 2008, p. 14.
8   Voir *Schola Aquitanica* : programme d'études du Collège de Guyenne au XVIe siecle, *publié
     pour la première fois par Élie Vinet, en 1583*, éd. L. Massereau, Paris, Delagrave, 1886.

de nombreux contemporains de Montaigne comme un ensemble d'outils communs et commodes, dont s'est emparé en particulier le milieu des magistrats[9], bien plus que comme un véritable système philosophique. Comme l'a montré Marie-Luce Demonet dans son introduction et dans l'article qu'elle donne dans l'ouvrage qu'elle a dirigé sur *Montaigne et la question de l'homme*, Montaigne est mieux formé à la logique qu'il ne le prétend, mais cette logique est aussi moins univoque qu'on ne le pense[10], et l'on peut utiliser cet outillage mental sans être pour autant un thomiste ou un scotiste dévot et obéissant.

On trouve un bon exemple de cette solide philosophie de collège, commune aux lettrés de la seconde moitié du XVIe siècle, dans les ouvrages qui ont progressivement constitué, entre 1600 et 1611, ce qui est ensuite devenu le *Cours de philosophie* de Scipion Dupleix[11], lui aussi formé au collège de Guyenne trois décennies après l'auteur des *Essais*. Or Dupleix fait une intéressante remarque sur Montaigne :

> Il y a plusieurs personnages de grande leçon et de bon jugement, toutesfois ignorans de la Philosophie, lesquels sont si dedaigneux qu'ils mesprisent tout ce qu'ils ne peuvent entendre d'eux-mesmes, tant ils sont malades de philautie et trop bonne opinion de soy mesme, et ne cessent de mordre et reprendre les uns et les autres en ce qu'ils n'ont jamais apris. Telles gens pourroient icy faire les pointus et les mocqueurs à l'imitation du sieur de Montaigne (qui a esté d'ailleurs homme de tres-gentil et subtil esprit) disant que c'est folie d'establir la Privation qui signifie le non-estre, pour un principe de ce qui doit estre[12].

Dupleix s'en prend évidemment ici à ce que dit Montaigne dans « L'apologie de Raymond Sebon », lorsqu'il met en cause la notion de principes et la

---

9   Qui sont les premiers grands vulgarisateurs, au sens linguistique comme intellectuel du mot, de la philosophie scolastique en français, voir l'œuvre de Champaignac ou de Dupleix.

10   Voir en particulier son analyse de la notion logique de propre dans « Le propre de l'homme chez Montaigne et Charron », *Montaigne et la question de l'homme*, Paris, Presses Universitaires de France, 1999, p. 47-86, qui montre qu'il n'y a pas seulement un « propre de l'homme », mais bien la possibilité d'établir un « propre de Michel de Montaigne ».

11   D'abord publiées sous forme séparée, la *Logique* (1600), la *Physique* (1603), remaniée en 1611, sa *Suitte* (1604), l'*Ethique* et la *Metaphysique* (1610), ont été réunies sous le titre de *Corps de philosophie* par divers éditeurs de Lyon, Rouen et Genève dès les privilèges échus, puis republiées officiellement en recueil par leur auteur, avec privilège, sous le titre de *Cours de philosophie*, chez son libraire historique, Sonnius. Pour une autre synthèse, plus simple, on peut se référer à l'épitomé de Noël Taillepied, *Œuvres de philosophie, à sçavoir Dialectique, Phisique, et Ethique d'Aristote*, Paris, Jean Paraut, 1583.

12   Dupleix, *Physique*, 5e édition, Paris, Louis Giffart et Pierre Des Hayes, 1618, f. 56r.

prééminence accordée au « Dieu de la scholastique », Aristote, et à ses
« ordonnances » : « Et qu'est-il plus vain que de faire l'inanité mesme
cause de la production des choses ? La privation, c'est une negative ; de
quelle humeur en a-il peu faire la cause et origine des choses qui sont ? »
(II, 12, 540). De fait, le mot *privation* n'apparaît que sept fois dans les
Essais, dont deux dans ce passage où Montaigne ne s'en sert que pour en
récuser la pertinence quand, comme cela a été remarqué, le mot *forme*
est présent cent soixante-dix-sept fois au singulier et soixante-deux fois
au pluriel[13]. Ajoutons que *matière* apparaît cent-soixante fois, *essence*, cin-
quante-cinq et *substance*, trente-six. Montaigne est donc cohérent avec
lui-même, en n'utilisant pas un concept qu'il juge inepte. On peut en
revanche noter qu'il use massivement des deux autres principes, ainsi
que des termes philosophiques qui leur sont liés, or Dupleix (qui semble
incarner ici tout ce que Montaigne, après d'autres, peut reprocher à une
obtuse rigidité scolastique) ne trouve rien à redire à ses usages de *matière*
et *forme*, sinon il ne se serait pas privé de le faire savoir.

Que nous disent en effet les manuels de philosophie, qui fournissent
les concepts usuels permettant d'enquêter sur la nature ? La *substance*,
d'abord, relève de la logique : elle est la première des catégories, « ce qui
subsiste et a son estre par soy-mesme[14] », par opposition à l'accident, qui
ne subsiste que tant qu'il a un support : la substance des aristotéliciens
n'est pas l'essence, mais désigne tout ce qui est, que l'on peut distinguer
en substances incorporelles et corporelles. Le terme de *substance corporelle* est
donc synonyme de *corps*, un corps que la physique décrit ensuite comme
un composé de matière et de forme (voir ce que dit Montaigne, même
si c'est pour critiquer le recours aux catégories : « Et corps qu'est-ce ? –
Substance », III, 12 1069). De cette matière et de cette forme, Dupleix
dit de ce fait dans sa *Physique* que ce sont des « demy substances » : la
matière peut à la rigueur être dite *substance* en ce qu'elle subsiste par soi,
mais elle est dite alors *substance imparfaite* ou *incomplète* « car elle n'existe
jamais comme telle sans la forme, de même la forme sans elle[15] ». La
forme n'est pas quelque chose qui s'ajoute à la matière, ou son aspect,
mais bien « celle qui donne l'estre à la chose[16] », c'est-à-dire à la fois la

---

13   Claire Couturas, « Forme », art. cité, p. 768, col. 1.
14   Dupleix, *Logique*, 4ᵉ édition, Paris, Laurent Sonnius et François Gueffier, 1618, f. 87v.
15   Voir Dupleix, *Physique*, éd. citée, f. 52r-53v.
16   *Ibid.*, f. 54v.

vie et sa fin, ce pour quoi elle est. Dans le cas particulier de l'homme, l'âme est la forme du corps. Elle est indissolublement liée à lui (l'âme et le corps ne sont pas deux entités séparées, même très bien « cousues » ensemble, leur rapport est précisément consubstantiel), ce que Montaigne écrit en termes aristotéliciens : « ce ne sera plus l'homme, ny nous, par consequent, à qui touchera cette jouyssance : car nous sommes bastis de deux pieces principales *essentielles*, desquelles la separation c'est la mort et ruyne de nostre estre » (II, 12, 519).

La substance, ainsi, est une matière qui a reçu son identité constitutive, d'où l'emploi très précis qu'en fait Montaigne dans « Des cannibales » : « Ces muscles, dit-il, cette cher et ces veines, ce sont les vostres, pauvres fols que vous estes ; vous ne recognoissez pas que la substance des membres de vos ancestres s'y tient encore ? » (I, 31, 212). Quant au terme *essence*, qui appartient au lexique métaphysique et s'y oppose à l'*existence*[17], il est pour un aristotélicien comme Dupleix synonyme de *nature* (il « marque la nature de la chose[18] »). Montaigne l'utilise plusieurs fois en doublet avec le terme *vérité* ou déterminé par l'adjectif *vrai* : « en essence et en verité » (I, 20, 91), « l'essence et verité de la chose » (II, 6, 372), « la vraye essence de telles choses » (II, 12, 590), « Et sur ce doubte, que pouvons nous resoudre de leur veritable essence ? » (II, 12, 599). Un des emplois les plus clairs figure sans doute dans le passage suivant : « Ceux qui masquent et fardent les femmes, font moins de mal ; car c'est chose de peu de perte de ne les voir pas en leur naturel ; là où ceux-cy font estat de tromper, non pas nos yeux, mais nostre jugement, et d'abastardir et corrompre l'essence des choses » (I, 37, 305).

Or il n'y a rien là qui empêcherait de saisir l'être à la fois dans la singularité d'un seul et dans le constant changement auquel est soumis ce seul. Chaque chose a sa forme, comme l'homme a sa forme, mais aussi comme Michel a la sienne. Cheminons encore un peu avec Dupleix :

---

17   Notons que Montaigne n'utilise pas non plus le mot *existence* (deux occurrences, pour dire que l'existence ne donne pas accès à l'être). Or, Bernard Croquette, par exemple, réfute l'interprétation essentialiste de l'expression « forme entière de l'humaine condition » en disant : « Il s'agit bien de "forme" et de "condition", d'existence et non d'essence » (*Étude du livre III des* Essais *de Montaigne*, Unichamps, 1995, p. 109). Le terme *existence* tel qu'il existe à la Renaissance ne dit strictement rien de la nature de l'être, encore moins des êtres : il « signifie la nuë entité, le simple et nud estre des choses sans considerer aucun ordre ou rang qu'elles tiennent entre les autres », dit Dupleix, *Metaphysique*, éd. 1617, p. 121.

18   Dupleix, *Metaphysique*, éd. citée, p. 121.

il n'existe pas une « forme premiere commune à la matiere comme
il y a une matiere premiere commune à toutes formes », parce que
« la forme est celle qui ne donne pas seulement l'estre aux choses,
mais aussi les diversifie et faict distinguer les unes des autres[19] ». Or
Montaigne dit de l'âme qu'elle « est seule et souveraine maistresse de
nostre condition et conduite. Le corps n'a, sauf le plus et le moins,
qu'un train et qu'un pli. Elle est variable en toute sorte de formes, et
renge à soy, et à son estat, quel qu'il soit, les sentiments du corps et tous
autres accidents » (I, 14, 57). Le corps naturel, composé indissoluble de
matière et de forme, est par ailleurs, pour un scolastique, l'objet de la
seule physique (sous laquelle tombe aussi l'étude de l'âme), pas celui
de la métaphysique (qui s'occupe de l'être en tant qu'il est, pas des
corps) ; son étude relève d'une enquête sur la nature, définie comme
le siège du changement perpétuel : « La Physique a pour subjet tous
les corps naturels en tant qu'ils sont mobiles : non pas qu'il faille
entendre que tout corps naturel se remuë comme les animaux : mais
bien qu'il reçoit des mouvemens et changemens ou en l'essence et
substance, ou en la quantité, ou en la qualité[20] ». Et quand bien même
on irait se promener du côté de la métaphysique, celle-ci rappelle que
les « choses singulieres [...] ont d'ailleurs un principe d'individuation,
par lequel elles sont distinctes *essentiellement* les unes des autres[21] ».
Le terme de substance désigne de ce fait d'abord et uniquement des
« individus et substances singulières » comme « Socrates, Rome, ce
livre » (ce qu'on nomme les substances premières[22]), ce qui implique
que, même si celle-ci demeure « une mesme en soy », « neantmoins
par certain changement et alteration ou mouvement qui se fait en
elle, [elle] peut recevoir alternativement des accidents contraires. Ainsi
l'homme peut estre tantost froid, tantost chaud : tantost sain, tantost
malade, demeurant neantmois le mesme quant à la substance et quant
à son estre[23] ». Or la forme n'est pas séparable de ses accidents (que
Dupleix propose de traduire par choses « advenantes ») autrement que
par l'esprit, et l'essence même n'est jamais pleinement accessible. La

---

19 Dupleix, *Physique*, éd. citée, f. 55r.
20 Dupleix, *Logique*, 1600, f. 12v (fragment modifié dans les éditions postérieures).
21 Dupleix, *Metaphysique*, éd. citée, p. 131.
22 Ce qu'on peut dire universellement de ces substances, par induction, ne vient qu'après et
    est appelé « substance seconde », « comme homme, ville, livre », *Logique*, 1618, f. 87v-88v.
23 *Ibid.*, f. 90r.

forme et les accidents, enfin, sont « comme la clarté, par le moien de laquelle nous appercevons l'estre des choses[24] ».

On peut objecter que les individus, pour la scolastique, ne diffèrent que par les accidents, ce qui est vrai[25], mais en réalité certains accidents ne sont pas séparables de la forme, sinon par l'abstraction[26]. C'est ici qu'intervient la dimension biologique et ce qu'Aristote a légué à la scolastique à partir de l'analyse du vivant : il existe en effet des *accidents par soi*, attachés à la substance, mais pas à son essence. C'est en particulier ceux qui se sont comme fondus dans la substance individuelle des ancêtres et sont ensuite transmis par la génération. Montaigne s'inscrit très précisément dans cette perspective biologique quand il affirme « Par long usage cette forme m'est passée en substance » (III, 10, 1011), ce qui implique, pour les aristotéliciens, qu'il puisse la transmettre à ses enfants. Or on sait à quel point la transmission de la forme du père est un sujet important pour Montaigne : « Quel monstre est-ce, que cette goute de semence dequoy nous sommes produits, porte en soy les impressions, non de la forme corporelle seulement, mais des pensemens et des inclinations de nos peres ? Cette goute d'eau, où loge elle ce nombre infiny de formes ? » (II, 37, 763).

L'aristotélisme, ainsi, permet d'éclairer avec précision certains des nombreux sens que reçoit le mot *forme* dans les *Essais* : s'il a souvent le sens de *morphè*, l'aspect d'une chose impliquant une dimension esthétique (« J'ay des portraits de ma forme de vingt et cinq et de trente cinq ans » III, 13, 1102), Montaigne l'utilise également à plusieurs reprises avec le sens qui est celui d'*eidos* chez Aristote : ce qui à la fois organise la matière, fait que l'être est ce qu'il est (« la vraie nature de la chose[27] ») et même ce pourquoi il est (comme la vue est la forme de l'œil, dit Aristote), ce qui explique la formule qui pourrait autrement sembler

---

24   Dupleix, *Physique*, éd. citée, f. 69v.

25   Ce qu'on appelle la différence en nombre, soit « une maniere de parler des Philosophes pour signifier une difference non d'essence, mais en nombre et multitude d'accidens : est qui propres aux individus d'une mesme espece » (Dupleix, *Logique*, éd. citée, f. 49r). Montaigne se sert de l'argument de la différence en nombre dans « L'apologie de Raymond Sebon » pour retourner les armes de la scolastique contre ses propres raisonnements : « [...] que toutes les especes sont multipliées en quelque nombre... » (II, 12, 525).

26   Ainsi « la crainte, le froid, le chaud » sont des accidents séparables, car ils ne sont pas attachés à la forme, tandis que la « blancheur » ou « la cicatrice d'une playe fermée » sont des accidents inséparables, voir Dupleix, *Logique*, éd. citée, f. 58-59.

27   La formule est de Pierre Pellerin, *Le Vocabulaire d'Aristote*, Paris, Ellipse, 2009, p. 48.

étonnante : « La forme propre, et seule, et essencielle de noblesse en France, c'est la vacation militaire » (II, 7, 384). La forme est aussi ce qui donne la vie à la matière, et rappelle que l'individu est un vivant, qui ne naît pas par génération spontanée ni, à la différence d'Adam, n'est créé par Dieu. L'*eidos*, ainsi, c'est aussi « les caractères propres qui se transmettent lors de la génération et qui, comme tels, sont présents dans le sperme du père[28] », ce qui incluent les accidents par soi. On peut alors bien considérer qu'il y a une forme propre de l'individu, pas seulement de l'espèce, et la *forme* est ainsi ce qui représente l'*essence* d'une substance, dans sa particularité de corps vivant singulier. Désigner l'homme comme substance c'est précisément en faire un être unique.

Le concept d'*eidos* est ainsi manifestement à l'origine du sens que l'on retrouve dans l'usage que fait Montaigne du mot *forme* pour parler de lui-même, quand il désigne ce qui est à la fois constitutif de son être propre et hérité : « Il y a des naturels particuliers, retirez et internes. Ma forme essentielle est propre à la communication et à la production je suis tout au dehors et en evidence, nay à la societé et à l'amitié » (III, 3, 823) ; « Quant à moy, je puis desirer en general estre autre ; je puis condamner et me desplaire de ma forme universelle » (III, 3, 813) ; « Comme à faire, à dire aussi je suy tout simplement ma forme naturelle » (II, 17, 638), « qualité bien mal-avenante à ma forme universelle : qu'est-il de nous aussi que sedition et discrepance ? » (III, 5, 866), tous emplois où il ne nous semble pas possible de gloser *forme* par « manière d'être » (813) ou « caractère général » (866) comme le fait Villey[29], mais où le nom désigne un ensemble de traits constitutifs qui font l'identité profonde et à ce titre conditionnent l'action.

L'adjectif dont Montaigne accompagne l'usage du mot *forme* est également intéressant. Si l'on considère qu'il utilise ici des outils intellectuels précis, alors *forme essentielle* s'oppose à *accidentelle*, et *universelle*

---

28 *Ibid.*, p. 49.

29 Ajoutons que la forme biologique, tant corporelle que spirituelle, est tributaire d'une nature : Montaigne parle ainsi souvent de ce naturel qu'il a reçu de naissance, la traduction physiologico-psychique de ce qu'il est, et que, puisant maintenant au lexique des médecins, il nomme « complexion ». Le terme de *complexion* est important dans le vocabulaire des *Essais*, car il est un des moyens de saisie de l'être singulier, désignant ce qui détermine les réactions spontanées du corps et parfois de l'âme, et sur lequel bien souvent l'auteur n'a pas de prise (il utilise alors l'expression « de ma complexion » ou « par complexion »).

à *particulière*. Montaigne met en œuvre, comme le disait fort justement Claire Couturas, ce dessein qui consiste à « parler de lui en écartant tout ce qui relève du particulier ou de l'accident » : il tente de retrouver cette « forme sienne », qui n'est pas pleinement accessible car à la fois empreinte d'accidents divers et constamment soumise au changement inhérent à la vie des corps, conformément à ce qu'enseigne la philosophie, mais qui peut se retrouver par la mise en œuvre d'une méthode, celle exposée dans « De l'experience » : en « enregistrant » ses « façons », il peut parvenir à retrouver une « façon commune » derrière les façons accidentelles, « façon commune » ou « forme de vie » qui serait comme l'indice de la fameuse « forme maistresse, qui luicte contre l'institution, et contre la tempeste des passions qui luy sont contraires » (III, 2, 811) : « (Je n'ay point de façon qui ne soit allée variant selon les accidents, mais j'enregistre celles que j'ay plus souvent veu en train, qui ont eu plus de possession en moy jusqu'à cette heure.) [B] Ma forme de vie est pareille en maladie comme en santé » (III, 13, 1080). Notons qu'il y a bien ici unité de l'espèce derrière la diversité des individus[30] : « il n'est *personne*, s'il s'escoute, qui ne descouvre en soy une forme sienne, une forme maistresse... ». En revanche, confondre cette forme sienne avec l'accomplissement parfait de la forme de l'homme serait une erreur grave, la « forme maistresse » de chacun n'est pas « la maistresse forme de nature », aucun homme n'est un chef-d'œuvre : « Il semble à chascun que la maistresse forme de nature est en luy ; touche et rapporte à celle là toutes les autres formes. Les allures qui ne se reglent aux siennes, sont faintes et artificielles. Quelle bestiale stupidité ! » (II, 32, 725).

Un point nous semble ici particulièrement important : en logique, la conclusion de la définition de l'individu et que « par ce qu'il n'y a que les seules especes qui puissent estre proprement et parfaictement definies », l'individu « ne peut aussi estre parfaitement defini, mais seulement descrit et depeint » :

---

30 Montaigne, en effet, n'ignore ni ne conteste la notion d'*espèce* appliquée à l'homme, ni le fait que l'homme soit une espèce différente de l'animal (« la science de nous entredesfaire et entretuer, de ruiner et perdre nostre propre espece, il semble qu'elle n'a pas beaucoup dequoy se faire desirer aux bestes », II, 12, 473 ; « Remerquons, au demeurant, que nous sommes le seul animal duquel le defaut offence nos propres compaignons, et seuls qui avons à nous desrober, en nos actions naturelles, de nostre espece », II, 12, 484 ; « car les hommes sont tous d'une espece, et sauf le plus et le moins, se trouvent garnis de pareils outils et instrumens pour concevoir et juger, I, 14, 51). Ce sont les critères usuels de la définition qu'il récuse, quand il lui arrive d'y toucher.

> Individu est ce qui a certaines proprietez, lesquelles toutes ensemble ne peuvent convenir à un autre. Par exemple, Socrates a cela de propre qu'il est Athenien, fils de Sophronisque Philosophe, Stoïque, moqueur, à la barbe longue, au nais crochu, marié à deux femmes ensemble et plusieurs autres qualitez, dont chascune, ou aucunes, peuvent bien se trouver en une autre, mais non pas toutes ensemble. Les individus peuvent estre signifiés en diverses façons, ou par leur nom comme *Romulus* [...] ou par un pronom demonstratif adjousté au genre ou à l'espece, comme *cete substance, ce corps* [etc.][31].

L'individu, ainsi, ne peut que se dire par son nom et se peindre (ou être peint), deux gestes fondateurs pour la construction des *Essais*, dans lesquels Montaigne se « communique » par son « estre universel, comme Michel de Montaigne » (III, 2, 804). On trouve la trace de cette différence de saisie entre l'espèce définissable et l'individu, uniquement représentable, dans un passage considéré comme l'un des maître-mots des *Essais*, le début de « Du repentir » : « Les autres forment l'homme ; je le recite et en represente un particulier bien mal formé » (III, 2, 804), à la différence que Montaigne y indique trois voies, et non deux : celle qu'il ne suit pas et qui consiste à « former l'homme », que l'on peut comprendre ici comme le fait de réunir un ensemble de traits définitoires propres à constituer cette espèce seconde qu'est l'homme en général, et les deux qu'il suit, mais qu'il distingue : celle qui permet d'appréhender autrui, que l'on ne connaît que de l'extérieur et dont on peut donc raconter la vie, faire l'histoire :

> Les Historiens sont ma droitte bale : ils sont plaisans et aysez ; et quant et quant [C] l'homme en general, de qui je cherche la cognoissance, y paroist plus vif et plus entier qu'en nul autre lieu, la diversité et verité de ses conditions internes en gros et en destail, la varieté des moyens de son assemblage et des accidents qui le menacent (II, 10, 416),

et celle qui permet de s'appréhender soi-même, qui n'est plus récit mais représentation, enquête sur ce que l'on peut saisir de sa propre forme que l'on connaît intuitivement.

Tout se passe donc comme si Montaigne, loin de devoir s'accommoder d'un lexique philosophique inadapté, avait su au contraire en voir les potentialités et s'amusait à en tirer les fils. Il s'en tient au pied de la lettre aux principes qui régissent l'étude de l'individu : le portrait (de

---

31 *Ibid.*, f. 49v-50r.

soi) et le récit (des autres). À la différence cruciale avec le physicien ou le métaphysicien que cette peinture est la fin et non le commencement de son enquête. Or le mot de *peinture* nous conduit nécessairement à l'avis Au lecteur, à sa « forme naïfve » et à la connaissance « plus entiere et plus vifve » qu'elle permet. Avant d'examiner cette occurrence du mot *forme*, nous voudrions glisser ici une remarque (dont on ne saurait dire s'il s'agit tout à fait d'une boutade) : *récitant* l'homme en historien et *représentant* son propre portrait naïvement, Montaigne annonce ou décrit un projet qui ressemble singulièrement à celui des naturalistes, ces hommes qui au cours du XVIᵉ siècle ont cessé de faire de la *philosophie* naturelle pour faire de l'*histoire* naturelle, c'est-à-dire peindre au vif non des espèces animales, mais des spécimens[32], et l'on peut s'amuser à rapprocher les mots choisis par Montaigne de ceux des historiens, non de l'homme, mais de l'animal : Pierre Belon écrit une *Histoire de la nature des oyseaux, avec leurs descriptions et naïfs portraicts retirez du naturel*, et Rondelet une *Histoire entiere des poissons [...] avec leurs pourtraits au naïf*. Les *Essais* sont une *Histoire entiere de la nature de l'homme avec le portrait au naïf de Michel de Montaigne*.

Qu'en est-il justement de la « forme naïve », si l'on poursuit ainsi la lecture à la lumière de l'aristotélisme ? Dans sa dernière rédaction, portée par l'Exemplaire de Bordeaux et par le texte posthume, Montaigne modifie la rédaction initiale de ce passage de l'avis Au lecteur en « Mes defauts s'y liront au vif, et ma forme naïfve, autant que... ». Cette rédaction crée une intéressante ambiguïté de construction[33], qui consisterait à voir dans « naïfve » non l'épithète de « forme » mais l'attribut de « ma forme », autrement dit *mes defauts s'y liront au vif, et ma forme [s'y lira] naïfve*. Cette construction serait logique car, de même que Montaigne dit « Ce ne sont mes gestes que j'escris, c'est moy, c'est mon essence », et donne à l'adjectif *consubstantiel* utilisé dans l'expression « livre consubstanciel à son autheur » (II, 18, 665) son sens plein et premier, il dit bien « c'est moy que je peins ». Son livre, c'est donc sa forme, sa forme tout court,

---

32   Même si ces individus sont en fait des types, à la grande différence de Michel de Montaigne qui n'est image que de lui-même. Il ne serait sans doute pas inutile de rapprocher le mouvement à l'œuvre dans le dessein montanien et la querelle qui traverse les sciences naturelles et médicales sur la question de la représentation et l'idée de ce que doit être une image au vrai : représentant un spécimen réel ou sa forme dite « absolue » ?

33   Plus difficile à lire dans la rédaction initiale « Mes defauts s'y liront au vif, mes imperfections et ma forme naïfve, autant que... ».

ce qui saisirait toute sa forme ou toutes ses formes dans le temps. On ne lira donc pas « la forme naïfve » de Montaigne dans les *Essais*, mais *sa forme y sera lue naïve* (pour appliquer ici les tests de reformulation bien connus des grammairiens) c'est-à-dire non seulement « au naturel », comme chez les anatomistes pour qui l'image fait mémoire (« car je ne veux tirer de ces escrits sinon qu'ils me representent à vostre memoire au naturel », II, 37, 783) mais « au vrai », « à la vérité », débarrassée des accidents transitoires incessants, des altérations et mutations qui la recouvrent et qui la cachent, plus facilement visible ou lisible que dans la vie, restituée par le travail d'enquête : la forme dans son « essence et verité ». Car s'il dit ne pas s'être embelli ou fardé, Montaigne dit aussi que son livre le rend plus « net » à la vue : « Me peignant pour autry, je me suis peint en moy de couleurs plus nettes que n'estoyent les miennes premieres. Je n'ay pas plus faict mon livre que mon livre m'a faict, livre consubstantiel à son autheur, d'une occupation propre, membre de ma vie » (II, 18, 665).

L'avis Au lecteur affirme que ses parents et amis nourriront « plus entiere et plus vifve, la connoissance qu'ils ont eu de [luy] ». Et de nouveau dans le livre III : « or les traits de ma peinture ne forvoyent point, quoy qu'ils se changent et diversifient » (III, 2, 804). Le livre dit donc mieux que la vie la vérité de l'individu et si la forme de Montaigne n'est jamais saisie que par bribes successives au fil du texte, l'avis Au lecteur pose au seuil de l'œuvre ce qui sera le résultat de la lecture, une fois le livre refermé, le seul emploi de « ma forme » qui ne serait pas déterminé par une épithète : on y aura vu la forme tout entière, vraie et unique de son auteur.

Cet appui sur le sens strict du lexique aristotélicien permet encore de tirer deux fils, qui seront la conclusion de ce parcours. Montaigne, comme chacun le sait, dit aussi être « la matiere de [s]on livre », non pas le sujet, ce dont on parle, mais le substrat, comme la matière première jointe à une forme pour faire une substance. Sauf que bien sûr ce livre a un auteur : la matière est ce dont cet auteur fait quelque chose, autrement dit, pour en revenir à la scolastique, une matière seconde qui donne ici naissance à un corps artificiel[34]. En faisant de lui-même

---

34 Notion qui se distingue de celle de corps naturel en ce qu'un corps artificiel est tout
    corps « figuré ou élaboré par l'industrie de hommes », rappelle Dupleix dans la *Physique*,
    éd. citée, f. 28r, précisant que leur sujet est un corps déjà formé, un composé de matière

la matière d'un livre qui montre sa forme *naïfve*, Montaigne construit nécessairement la vérité par la « façon », la « figure » (nom de la forme quand elle se fait artificielle). On peut en effet *former* quelqu'un d'autre que soi : « Je reviendrois volontiers de l'autre monde pour dementir celuy qui me formeroit autre que je n'estois, fut ce pour m'honorer » (III, 9, 983). Se faire la matière d'un livre qu'on écrit au long cours revient donc à se former, dans tous les sens du terme, comme Montaigne dit dans « De l'institution des enfants » qu'il cherche « de former non un grammairien ou logicien, mais un gentil'homme » (I, 26, 169). La langue de Montaigne est, ce qui est rare, involontairement ambiguë dans les moments où, à ce sujet, elle se voudrait la plus claire : « Quel que je soye, je le veux estre ailleurs qu'en papier. Mon art et mon industrie ont esté employez à me faire valoir moy-mesme ; mes estudes, à m'apprendre à faire, non pas à escrire. J'ay mis tous mes efforts à former ma vie. Voylà mon mestier et mon ouvrage. Je suis moins faiseur de livres que de nulle autre besoigne » (II, 37, 784).

Pourtant, « Former [s]a vie », c'est aussi écrire le livre, et l'« ouvrage » peut désigner le résultat comme le travail de soi et du livre ; « Mon mestier et mon art, c'est vivre » (II, 6, 379). La forme produite par l'écriture de l'*Essai*, celle que l'on va pouvoir lire *naïfve*, c'est donc la forme construite par le Montaigne auteur à partir de la matière léguée par le Montaigne naturel, ce Montaigne tel qu'il veut se former, et qui, lui étant ainsi « passée en substance » pourra être léguée à la fois à ses enfants par la loi de la biologie et à ses lecteurs, par le miracle du livre rendu consubstantiel grâce à une écriture qui se confond avec la formation de soi. On peut ainsi prendre dans un sens strictement technique la formule « C'est le seul livre au monde de son espece » (I, 8, 385) : les *Essais* sont un livre que la logique ne permet pas de rattacher à une espèce supérieure, dont on ne peut dégager de traits définitoires, seulement dire ce qu'ils sont :

> Et à ce propos je ne puis assez m'esbahir de la sotte et frivole opinion du vulgaire des pedans qui font disputer en leurs escoles à leurs disciples, et qui pis est, soustenir et croire que le Soleil, la Lune, le Monde, le Phenix (si

---

et de forme, auquel quelqu'un, et non la nature, va donner une forme nouvelle. Mais si les statues ou les objets sont des exemples traditionnels de corps artificiels, nul ne dit ce que sont les livres consubstantiels à leur auteur...

d'avanture il estoit en nature ainsi qu'escrit Herodote) sont especes, attentu qu'il est notoire aux plus lourdauts, que ce sont choses singulieres, et par consequent ne peuvent estre especes, qui presuposent tousjours universalité[35].

Dans l'ordre scolastique des choses, les *Essais*, seuls de leur espèce, se rangent donc entre le soleil et le phénix.

Violaine GIACOMOTTO-CHARRA
Université Bordeaux Montaigne
Centre Montaigne

---

35   Dupleix, *Logique*, éd. citée, f. 51r.

« TOUT LE MAGASIN
DES MOTS ET DES FIGURES »

Images et métaphores
dans le *Journal de voyage* de Montaigne

Sainte-Beuve, un des lecteurs les plus attentifs de Montaigne, a désigné l'emploi des images comme la caractéristique significative de son style incomparable : « son style est une figure perpétuelle, et à chaque pas renouvelée ; on n'y reçoit les idées qu'en images ; et on les a, à chaque moment, sous des images différentes, faciles et transparentes pourtant. [...] pensée, image, chez lui, c'est tout un [...][1] ». Cette idée de Sainte Beuve selon laquelle les pensées et l'image forment chez l'auteur des *Essais* une unité indissociable, a été adoptée par la recherche montaigniste moderne. Hugo Friedrich souscrit à ce passage des *Causeries du lundi* dans sa célèbre monographie[2] et Floyd Gray, dans son ouvrage classique, *Le style de Montaigne*, donne à son constat la précision d'une maxime : « L'image n'est pas dans le langage pour un effet de style ; elle est réellement dans la pensée de Montaigne. [...] La plupart du temps l'image n'illustre pas la pensée de Montaigne, elle *est* la pensée[3] ».

Les *Essais* de Montaigne sont en effet tissés d'images et de comparaisons[4] qui en règle générale ne sont pas insérées[5] comme des ornements dans

---

1 Charles Augustin Sainte-Beuve, *Causeries sur Montaigne*, éd. François Rigolot, Paris, H. Champion, 2003, p. 124 et suiv.
2 Hugo Friedrich, *Montaigne*, Bern, A. Francke, 1949, p. 453 et suiv.
3 Floyd Gray, *Le Style de Montaigne*, Paris, A.-G. Nizet, 1958, p. 155.
4 À ce sujet, voir Michael Baraz, « Les images dans les Essais de Montaigne », *Bibliothèque d'Humanisme et Renaissance*, vol. 27, 1965, p. 361-394 ; Yves Delègue, « Les comparaisons dans les Essais de Montaigne », *Revue d'Histoire Littéraire de la France*, vol. 66, 1966, p. 593-618 ; Carol Clark, *The web of metaphor. Studies in the imagery of the Montaigne's Essais*, Lexington, Kentucky, French Forum, 1978 ; Michel Magnien, « Métaphores », dans Philippe Desan (dir.), *Dictionnaire de Michel de Montaigne*, Paris, H. Champion 2007, p. 758 et suiv.
5 Kathy Eden, « Montaigne on Style », dans Philippe Desan (dir.), *The Oxford Handbook of Montaigne*, Oxford & New York, Oxford University Press, 2016, p. 384-396.

le texte mais cristallisent en elles presque au sens de la « métaphorisation absolue » de Hans Blumenberg[6] les positions intellectuelles fondamentales et les représentations scientifiques d'une époque. Que cette constatation soit valable aussi pour le deuxième grand texte de Montaigne, son *Journal de voyage*, c'est ce que la présente analyse souhaite démontrer. Après un bref aperçu sur l'emploi des métaphores dans les *Essais*, elle se concentrera sur le *Journal de voyage*.

Une tendance qui traverse continûment les *Essais* des trois éditions de 1580, 1588 et 1595, c'est la conscience de vivre dans un monde instable perdant ses solides structures garantes de l'ordre. Aucun lecteur des *Essais* n'oubliera cette image marquante que Montaigne a trouvée pour cet état. « Le monde n'est qu'une branloire perenne[7] ». Dans l'équivalence du monde avec une balançoire se concrétise de façon quasi physiquement perceptible le sentiment d'insécurité, d'absence de soutien éprouvé sur un sol instable. Montaigne, comme on peut l'observer fréquemment dans ses *Essais* poursuit dans une série de comparaisons et d'images qui s'enchainent cette troublante expérience existentielle : « Toutes choses y branlent sans cesse, la terre, les rochers du Caucase, les pyramides d'Ægypte : et du branle public, et du leur. La constance mesme n'est autre chose qu'un branle plus languissant » (III, 2, 844-845).

L'emploi du verbe, d'où vient le substantif « branloire » intensifie la sensation d'un mouvement incontrôlé et incertain. L'ajout du pronom « toutes » signalant la validité générale et de la tournure durative « sans cesse » accentue la globalité du mouvement à laquelle toute chose est soumise et face à laquelle il n'est pas d'échappatoire, pas d'esquive possible dans d'autres espaces d'expérience. Des exemples judicieusement choisis soulignent cette constatation : Montaigne choisit trois domaines qui sauf le premier sont d'une statique immuable mais en réalité soumis eux aussi à la loi du mouvement. Même notre terre d'apparence si compacte et stable connaît le phénomène des secousses telluriques. Et même les rochers du Caucase et les pyramides d'Égypte, célèbres depuis l'antiquité comme des *monumenta perennia*[8], ne font pas exception à cette

---

6   Hans Blumenberg, « Paradigmen zu einer Metaphorologie », *Archiv für Begriffsgeschichte*, n° 6, 1960, p. 7-142, p. 9 et suiv., p. 20.

7   Montaigne, *Les Essais*, éd. Jean Balsamo, Michel Magnien et Catherine Magnien-Simonin. Édition des « Notes de lecture » et des « Sentences peintes », établie par Alain Legros, Paris, Gallimard, coll. « Bibliothèque de la Pléiade », 2007 (III, 2, 844).

8   Horace, *Carmina* III, 30, 1.

loi naturelle. La triple répétition du verbe « branler » montre de façon insistante et suggestive que la seule constante de la création est son inconstance. Et ce n'est pas un hasard si la maxime de Pline l'Ancien inscrite sur une des solives de sa bibliothèque est : « *Solum certum nihil esse certi [...]*[9] ».

C'est ce scepticisme profondément enraciné chez l'auteur, cette courageuse remise en question des vérités en apparence toujours valables qui aujourd'hui encore, après presqu'un demi millénaire, fascinent les lecteurs. Aux pensées non conventionnelles correspond un style non conventionnel qui pour les contemporains se distinguait de façon rafraichissante des argumentaires secs, propres aux traités théologiques ou philosophiques. Avec des métaphores marquantes, Montaigne illustre son procédé d'écriture, « l'alleure poetique, à sauts et à gambades » (III, 9, 1040). Détours et digressions caractérisent sa manière de procéder : « mon stile, et mon esprit, vont vagabondant de mesmes » (III, 9, 1041), comme on peut le lire dans « De la vanité ».

Montaigne qui déteste le ton ampoulé des « lettres ceremonieuses » (I, 9, 256) et les règles des manuels de rhétorique[10] ne se laisse pas limiter dans le choix de ses images par les prescriptions des poétiques anciennes ou modernes qui de façon trop précieuse distinguent entre comparaison, métaphore, métonymie et allégorie. Ces différenciations terminologiques ne l'intéressent pas. Avec beaucoup de détachement, il constate dans l'essai « De la vanité des paroles » : « Oyez dire metonomie, metaphore, allegorie, et autres tels noms de la grammaire, semble-il pas qu'on signifie quelque forme de langage rare et pellegrin ? ce sont titres qui touchent le babil de vostre chambriere » (I, 52, 327). Ici, les désignations conceptuelles des grammairiens à la suite de Quintilien[11] sont très brutalement traitées comme des raffinements sans valeurs, démasquées comme des escroqueries, des coquilles vides – des titres –, qui ressemblent au bavardage des femmes de chambre. La plasticité de la langue de Montaigne vit de la mise en œuvre originale de comparaisons

---

9   Montaigne, *Sentences peintes*, p. 1314 (Pline l'Ancien II, 7, 25).

10   Nicola Panichi, « L'attitude de Montaigne à l'égard de la rhétorique est très critique », art. « Rhétorique », dans Philippe Desan (dir.), *Dictionnaire de Montaigne, op. cit.*, p. 1023 ; voir aussi Déborah Knop, « Montaigne on Rhetoric », dans Philippe Desan (dir.), *Oxford Handbook of Montaigne, op. cit.*, p. 397-414, p. 399 et suiv.

11   Sur cette thématique, voir Gérard Defaux, « Quintilien », dans Philippe Desan (dir.), *Dictionnaire de Montaigne, op. cit.*, p. 990 et suiv.

et d'images. Il n'a pas besoin de manuels pour les inventer et se moque des figures rhétoriques dont les théoriciens les affublent.

Montaigne dispose d'un réservoir absolument inépuisable d'images et les chercheurs se sont occupés intensivement de son « magasin des mots et des figures » (III, 5, 916). Walter Schnabel a dès 1930 enregistré toutes les variantes possibles d'expressions imagées dans son livre *Montaignes Stilkunst* et il arrive au chiffre considérable de plus de 900 références[12]. À partir de cette collection, Albert Thibaudet a tenté de dresser une liste d'images et classe son matériel sous 55 catégories[13]. Les sections vont de « vêtements » et « nourriture » jusqu'à « spectacles-théâtre » et « bâtiment ». Particulièrement complète est la liste des différentes métaphores du mouvement. Thibaudet distingue fondamentalement entre « mouvement du corps vers le dehors » et « mouvement du corps vers le dedans », et fractionne cela jusqu'aux plus petites unités de signification « mouvement précipité et ralenti » et « mouvement de la main et de la tête ». Mais il n'exploite que les *Essais* et renonce à intégrer dans son observation le deuxième grand texte de Montaigne, le *Journal de voyage* alors qu'il cite « promenade » et « voyage[14] » comme des dispensateurs indépendants d'images pour la métaphorisation.

C'est ici que commence la présente étude : seront analysées les métaphores et les comparaisons du *Journal de voyage* car c'est un souhait de la recherche, étant donné qu'une étude systématique de l'imagerie du *Journal de voyage* fait jusqu'ici défaut. Avant de réfléchir aux raisons qu'il faut également comprendre de cette réticence vis à vis de la deuxième œuvre achevée de Montaigne, quelques informations fondamentales sur la naissance et la publication du *Journal* ne seront pas sans intérêt pour la compréhension et la critique du texte[15].

Montaigne partant de Bordeaux en 1580-1582 a visité la Suisse, l'Allemagne méridionale, l'actuelle Autriche et l'Italie. Un des principaux

---

12   Walter Schnabel, *Montaignes Stilkunst, eine Untersuchung vornehmlich auf Grund seiner Metaphern*, Breslau et Oppeln, Priebatsch's Buchhandlung, 1930.

13   Albert Thibaudet, *Montaigne*, Paris, Gallimard, 1963, p. 505 et suiv. : « Les images de Montaigne ».

14   Thibaudet, *Montaigne*, p. 549 et suiv.

15   Sur l'histoire d'édition, voir en particulier Concetta Cavallini, « Journal de voyage », dans Philippe Desan (dir.), *Dictionnaire de Montaigne, op. cit.*, p. 621-662 ; et François Rigolot, « Montaigne's Travel Journal », dans Philippe Desan (dir.), *Oxford Handbook of Montaigne, op. cit.*, p. 179-195.

motifs du voyage est la recherche de stations balnéaires en France et en Italie. Montaigne souffrant de calculs voulait atténuer ses douleurs par une cure d'eaux thermales. Des plans de carrière – Montaigne spéculait sur un poste d'ambassadeur au Vatican[16] – ont également joué un rôle dans la réalisation de ce voyage. Naturellement le connaisseur de l'histoire antique et amateur des lettres latines et italiennes était intéressé par les centres culturels et politiques anciens et actuels de l'Italie. Pendant le voyage, Montaigne a tout d'abord dicté ses observations à un secrétaire, plus tard il les a consignées de sa propre main. La recherche actuelle dispute sur l'origine du locuteur : le secrétaire ou Montaigne ou le secrétaire par la bouche de Montaigne.

Presque un tiers du texte est écrit en italien. Commençant par les notices du 13 mai 1581 pendant le premier séjour aux Bagni di Lucca jusqu'au retour en France, l'auteur érudit s'exerce à la langue de Boccace, de Bembo et de Pétrarque – auteurs qu'il connaît et apprécie. Le texte du *Journal de voyage* n'a pas été publié du vivant de Montaigne. Montaigne a fixé ses observations comme des supports mémoriels destinés à un usage privé dans le cercle très étroit de sa famille.

Le manuscrit est resté ignoré jusqu'en 1770 dans un coffre au château de famille de Montaigne. Ce n'est qu'en 1774 que le *Journal* fut publié, édité par Meunier de Querlon. Ce dernier, familier du milieu littéraire parisien, parvint à s'attacher pour l'édition la collaboration de Jean Capperonnier et Giuseppe Bartoli, deux philologues confirmés.

Le *native speaker* Bartoli se chargea de la transcription et du commentaire des passages écrits en italien, que Querlon actualisa ensuite à son tour pour un public cultivé dans une version moderne du français. La publication du texte lui-même fut pour le public des lecteurs contemporains une totale déception, prolongée par le mépris de la recherche jusqu'au siècle dernier. Les raisons de ce malentendu évident entre l'auteur et ses lecteurs se situent à plusieurs niveaux. D'abord les notes privées rapidement rédigées ou dictées ne rappellent que de loin l'élégance stylistique appréciée et la densité intellectuelle des *Essais*. De plus, on se lassait de la description permanente des sources thermales et de leur effet purgatif. Plus profond que le refus pour des raisons esthétiques fut le fait que l'image qui s'était enracinée chez les

---

16   Philippe Desan, *Montaigne. Une biographie politique*, Paris, Odile Jacob, 2014, p. 319 et suiv.

lecteurs des *Essais* d'un Montaigne précurseur des idées du siècle des Lumières n'était pas confirmée par le récit de voyage, mais était même contredite. Deux passages surtout dans le *Journal de voyage* ont altéré sensiblement la « vision encyclopédique[17] » d'un Montaigne modèle des Lumières. D'abord la description non distanciée de la génuflexion pendant l'audience chez le pape Grégoire XIII et ensuite le récit de la visite du lieu de pèlerinage de Lorette au cours duquel Montaigne avait dans la *casa santa* offert un *ex voto* qui le représentait lui et sa famille en prière devant une image de la vierge Marie. Montaigne le prétendu esprit fort et grand sceptique de l'époque moderne « à genoux » devant la mère de Dieu. C'était effectivement une dimension de la personnalité de Montaigne que l'on n'avait pas imaginée.

À ces moments de trouble s'ajoute encore l'incertitude des chercheurs montaignistes ultérieurs qui ne parvenaient pas à savoir avec une totale certitude si l'un des passages du texte qu'ils interprétaient provenait de l'auteur ou de son secrétaire. Les problèmes sont aggravés dans les parties rédigées en italien où, en l'absence du manuscrit original, l'on ne peut examiner dans quelle mesure Bartoli est intervenu dans la langue très personnelle de Montaigne pour la lisser ou la corriger. Du point de vue de l'authenticité d'un texte de Montaigne, la retranscription en français de Querlon est de peu d'intérêt pour l'explication. Et la question s'est posée à juste titre de savoir s'il était même raisonnable d'interpréter des notations non destinées à la publication de la même façon qu'un texte littéraire. Tous ces faits ont troublé sensiblement la réception scientifique.

Et pourtant, il vaut la peine de s'intéresser aux images du *Journal de voyage*. Il faut d'abord constater que l'histoire littéraire moderne utilise une notion étendue de la littérature. Les projets, les esquisses, les prémisses d'une publication sont considérés comme tout à fait dignes d'analyses. On peut même dire que, grâce à ce matériau brut, il est possible de dégager de façon plus nette des structures intellectuelles secrètes et des préférences stylistiques d'un auteur mieux que dans un texte poli et repoli, sans cesse retravaillé.

---

17   Philippe Desan, « Coste, Pierre », dans Philippe Desan (dir.), *Dictionnaire de Montaigne, op. cit.*, p. 259 ; *Id.*, « Vers une édition des œuvres complètes de Montaigne aux XVIIᵉ et XVIIIᵉ siècles : les paradoxes de Marie de Gournay et de Pierre Coste », dans Philippe Desan et Anne Régent-Susini (dir.), *Éditer les œuvres complètes (XVIᵉ et XVIIᵉ siècles)*, Paris, Société des Textes Français Modernes, 2020, p. 129-156.

Dans l'ensemble, on note dans le journal deux procédés relatifs à l'imagerie : dans les passages qui de manière sèche et factuelle rendent compte des étapes du voyage, il n'y a guère de métaphores, tout au plus de brèves comparaisons, par exemple lorsque Montaigne compare l'extension de l'enceinte fortifiée de Padoue à celle de Bordeaux[18] ou lorsque les broches tournantes dans les auberges suisses lui rappellent de petits moulins à vent (*JV* 18). Dans le *Journal*, on trouve toutefois aussi plusieurs endroits où il est fait part de réflexions substantielles de l'auteur. Et dans ces passages centraux pour la vision de soi de Montaigne et son attitude existentielle qui peuvent se mesurer tout à fait à la créativité intellectuelle et à l'élégance stylistique des *Essais*, il y a des métaphores et des champs métaphoriques d'une grande pénétration.

Le grand thème de tout ce récit de voyage, c'est le défi central de l'époque : la menace de schisme religieux causé par la Réforme et ses conséquences sur la façon de vivre à tous les niveaux, de celui de la famille à celui de l'État.

Dans ses descriptions des situations confessionnelles compliquées du domaine germanique[19], Montaigne utilise des vocables générateurs d'images ambivalents pour caractériser les difficultés du vivre ensemble des différentes communautés de croyances. Selon l'estimation du visiteur venu de France, la coexistence des trois religions présentes dans les différentes villes d'Empire débouche sur « la confusion et le meslange » (*JV* 23) – termes à connotation péjorative évoquant un état de désordre et de confusion. Pour caractériser des conflits internes à la Réforme à peine compréhensibles pour un étranger entre calvinistes, martinistes – c'est ainsi qu'il désigne les partisans de Luther (*JV* 16) – et adeptes de Zwingli sur la doctrine de la communion, Montaigne a recours à la métaphore du chemin et parle de diverses voies (*JV* 33). Montaigne est un observateur attentif de la situation confessionnelle dans le Saint Empire et le voyageur venu d'une France déchirée par les guerres de religion

---

18   Michel de Montaigne, *Journal de voyage*, éd. François Rigolot, Paris, Presses Universitaires de France, 1992, p. 66 ; p. 27 la comparaison de Constance à Châlons-sur-Marne ; p. 62 de Vérone à Poitiers ; p. 75 de Ferrare à Tours, etc.

19   Amy Graves, « La théologie en voyage : Montaigne et la géographie confessionnelle », dans Philippe Desan (dir.), *« Dieu à nostre commerce et société » : Montaigne et la théologie*, Genève, Droz, 2008, p. 277-285 ; et Charles Dédéyan, « La religion dans le *Journal de voyage* de Montaigne », dans Enea Balmas (dir.), *Montaigne e l'Italia*, Genève, Slatkine, 1991, p. 391-418.

admire la coexistence pacifique quoique non dépourvue de tensions des diverses communautés confessionnelles. À noter cependant que l'emploi des métaphores empruntées à la maladie ne laisse pas de doute sur la position d'un adepte de la religion catholique, comme lorsqu'il remarque qu'en Bavière le duc est un des rares princes allemands à avoir préservé son pays de la contagion de la Réforme et qu'il a l'intention de continuer à l'en préserver : « car ce prince, plus que nul autre en Allemaigne, a maintenu son ressort pur de contagion, et s'y opiniastre » (*JV* 38).

Et quand Montaigne considère avec admiration l'ordre des jésuites comme « une pepiniere de grands hommes en toute sorte de grandeur » (*JV* 121) que les hérétiques auraient à redouter, il montre de façon évidente où vont les sympathies d'un partisan de l'Église romaine qui, littéralement soulagé, constate en entrant dans l'espace italophone que depuis Augsbourg il n'est plus question de la nouvelle orientation reformée : « Quant aux nouvelles religions, il ne s'en parle plus depuis Auguste » (*JV* 58). Les métaphores utilisées ouvrent de profondes perspectives sur les dispositions conscientes et inconscientes d'un auteur ; elles peuvent même les démasquer.

Il est un endroit central dans le *Journal* particulièrement fructueux pour notre questionnement, c'est un épisode qui constitue presque toujours le sommet des récits de voyages pour tous les visiteurs étrangers de l'Italie : l'arrivée à Rome et la rencontre avec la ville vantée comme le *caput mundi*[20]. L'événement est pour Montaigne aussi d'une telle importance qu'il en note précisément la date, le lieu et l'heure. C'est le dernier jour de novembre 1580 après la traversée d'une campagne ressentie comme ennuyeuse et peu variée, vers 20 heures du soir, que la société de voyage de Montaigne franchit la *Porta del popolo* et entre dans la ville éternelle. La *Porta del popolo* est dans la topographie de Rome un lieu doté d'une aura. Cette porte d'entrée monumentale provient de l'emplacement tardo-antique du mur d'Aurélien et avait été, deux décennies avant la visite de Montaigne, sous le pontificat de Pie IV, transformée dans le style Renaissance. Il s'agit donc d'une synthèse

---

20 À ce sujet, voir Gisèle Mathieu Castellani, « Poétique du lieu, l'enfance et la mort », dans E. Balmas (dir.), *Montaigne e l'Italia*, *op. cit.*, p. 339-350 ; Françoise Charpentier, « La Rome de Montaigne, modèle et intercesseur », dans Balmas (dir.), *Montaigne e l'Italia*, *op. cit.*, p. 351-362 ; Concetta Cavallini, *L'Italianisme de Michel de Montaigne*, Fasano, Paris, Schena Editore, Presses de l'Université Paris-Sorbonne, 2003, p. 159-190 ; Eric MacPhail, « Rome », dans Philippe Desan (dir.), *Dictionnaire de Montaigne*, *op. cit.*, p. 1028 et suiv.

typique de la Rome antique et moderne qui à la fois fascine et trouble Montaigne – c'est une perturbation mentale, qui se manifestera aussi ultérieurement dans le choix des images. Pendant des siècles la *Porta del popolo* a constitué pour le visiteur venant du nord l'entrée classique ; un instant qui a été sans cesse mis en scène avec solennité, Goethe en son temps constate dans son *Voyage italien* de façon pathétique : « et ce n'est que sous la *Porta del popolo* que je fus certain d'avoir Rome[21] ».

Avoir Rome, la posséder, c'est aussi ce que désirait Montaigne : « Tous ces jours là, il ne s'amusa qu'à estudier Rome » (*JV* 99). Tout d'abord, il fait la connaissance de la ville en compagnie d'un guide français puis, de façon indépendante, en s'aidant de cartes et de livres qu'il se faisait présenter à chaque veille d'une visite programmée d'un quartier ou de monuments. Le secrétaire raconte que son maître au bout de quelques jours était en mesure de servir lui-même de guide.

En fait, les guides imprimés de Rome n'ont fait qu'actualiser le savoir de Montaigne sur la ville. Car dans le chapitre III, 9 (« De la vanité »), il raconte que depuis son enfance il a vécu en pensée dans Rome, que dans son imagination, il a fait la connaissance du Capitole avant celle du Louvre et du Tibre avant celle de la Seine[22].

Dans le *Journal de voyage* – plus directement que dans l'*Essai* rédigé plus tard – il y a un protocole d'expérimentation qui fixe minutieuse-ment les étapes de la perception et ne dissimule pas les agacements ou les contradictions. L'impression dominante est celle du temps qui passe, la métaphore du tombeau est explicitée de manière prégnante, reliée avec des champs métaphoriques proches comme celui du corps de l'État et de la catastrophe naturelle. À l'origine de toutes ces méditations, il y a le contraste considéré comme fondamental entre la grandeur antique, le sublime et l'état présent de décadence et de médiocrité. Rome n'est pour Montaigne qu'un tombeau : « ce n'estoit rien que son sepulchre » (*JV* 100). « Sepulchre » – « tombeau » – « bière » – « enseveli » avec ces vocables issus du champ lexical de la mort et de l'ensevelissement, Montaigne fixe de manière constamment renouvelée l'impression fondamentale qui se dégage de sa rencontre réelle avec le champ de ruine antique.

---

21 Johann Wolfgang von Goethe, *Italienische Reise*, dans *Werke*, éd. Erich Trunz, Hambourg, Christian Wegner, 7. Aufl. 1967, t. XI, p. 125.

22 Montaigne, *Essais* : « Je sçavois le Capitole et son plant, avant que je sceusse le Louvre : et le Tibre avant la Seine » (III, 9, 1042).

À quel point la position de Montaigne est originale également sur cette thématique des ruines de Rome, c'est ce que démontre son appréciation opposée à la *communis opinio* de l'époque qui prétendait que les ruines pouvaient du moins témoigner encore de la grandeur d'autrefois. Montaigne réfute cette idée chère aux poètes humanistes et pense, en quelque sorte, « à rebours » que la destruction de l'État romain a été totale, que l'on ne peut plus parler que de restes misérables, qui émergent par hasard encore de la fosse et ne peuvent plus du tout contribuer à la gloire de la ville. Une nouvelle fois, Montaigne se sert de l'insertion d'images extrêmement suggestives lorsqu'il veut décrire l'énergie destructrice : Le soulèvement des peuples asservis par Rome disperse les membres de l'empire autrefois si puissant. Et comme même les ruines inspirent encore de l'angoisse et de la terreur, on les enfouit dans cette terre : « Le monde, ennemy de sa longue domination, avoit premierement brisé et fracassé toutes les pieces de ce corps admirable ; et, parce qu'encore tout mort, reversé et desfiguré il luy faissoit horreur, il en avoit enseveli la ruine mesme » (*ibid.*). La comparaison de l'État avec le corps humain qui remonte dans la tradition grecque à Platon et Aristote – développée encore par Tite-Live en accentuant les fonctions différenciées de chaque membre[23] devient dans ce passage une abondante dispensatrice d'images et d'idées, qui ouvre des dimensions exégétiques toujours neuves. Pour Montaigne, ces membres déformés ayant survécu à l'anéantissement « ces membres desvisagés » (*ibid.*) n'offrent aucune consolation. Il refuse avec véhémence l'idée d'un potentiel invincible de la mémoire, qui prétend que la vraie grandeur historique ne pourrait être effacée de la mémoire collective des hommes, même par des incendies et des débordements de violence. Car ce qui reste, selon Montaigne, ce ne sont pas les points culminants d'une civilisation mais seulement les reliquats pitoyables qui ne peuvent en aucune manière représenter l'ancienne gloire – « cette gloire immortelle » (*ibid.*).

Au contraire, quand ces misérables restes d'architecture antique sont intégrés aujourd'hui dans la construction de palais modernes, cela ne donne qu'un résultat bâtard : « les bastiments de cette Rome bastarde

---

23   Sur la tradition de cette métaphore, voir Alexander Demandt, *Metaphern für Geschichte.*
      Sprachbilder und Gleichnisse im historisch-politischen Denken, Munich, C. H. Beck, 1978,
      p. 21 et suiv. ; et Gotthard Frühsorge, *Der politische Körper. Zum Begriff des Politischen im*
      17. Jahrhundert und in den Romanen Christian Weises, Stuttgart, Metzler, 1974, p. 59 et suiv.

qu'on alloit asteure attachant à ces masures antiques » (*ibid.*). Le terme de
« bâtard » stigmatise dans le monde aristocratique du début de l'époque
moderne un descendant issu d'une relation illégitime : dans les contextes
dépassant le domaine juridique, ce vocable dans son emploi adjectival ou
substantivé prend une signification clairement péjorative[24]. Montaigne
l'emploie deux fois de cette manière, ainsi par exemple quand dans le
chapitre « De l'affection des peres aux enfants » il parle d'« une affection
bastarde » (I, 8, 420) et quand, dans « Du pedantisme », il postule que
les bâtards et les gens ordinaires ne sont pas dignes de s'occuper de philosophie : « Les bastardes et vulgaires sont indignes de la philosophie »
(I, 24, 147). Le contexte suggère que les bâtards ici sont pris dans le
sens d'êtres déficients, car dans la phrase qui précède il est question des
« ames boiteuses » (*ibid.*), des esprits claudicants qui pareils aux personnes
éclopées sont incapables de marcher correctement et de penser justement.

Quand Montaigne, qualifie de bâtard le résultat de la pratique très
en vogue dans la Rome de la Renaissance, consistant à intégrer des restes
antiques n'ayant pas été déplacés dans de nouveaux bâtiments, il le fait
avec une intention clairement dépréciative. Montaigne en effet voue
une admiration sans borne aux nouveaux bâtiments contemporains tels
que le *Palazzo dell' Archiginnasio* à Bologne (*JV* 77) ; ce qu'il rejette avec
véhémence, c'est la synthèse architecturale de l'ancien et du moderne,
telle qu'elle a été réalisée par exemple avec l'insertion de l'arc de Titus
dans le *Palazzo Frangipani*. Pour rendre l'impression oppressante de son
profond déplaisir, Montaigne a recours au moyen tout à fait inhabituel
du saut d'époque. En pleine méditation sur la *vanitas gloriae*, c'est sa
triste actualité politique qui lui vient à l'esprit, la France déchirée par les
guerres de religion. Car les bâtiments que l'on a ajoutés aux monuments
antiques lui rappellent les nids que les moineaux et les corneilles ont
suspendus, en France aux voutes des églises détruites par les huguenots :
« quoy qu'ils eussent de quoy ravir en admiration nos siecles presens,
luy faisoient resouvenir proprement des nids que les moineaux et les
corneilles vont suspendant en France aus voustes et parois des eglises
que les Huguenots viennent d'y demolir » (*JV* 100).

Quels contrastes entre la splendeur de bâtiments antiques et les
misérables lieux de nidifications choisis par des oiseaux occupant dans la

---

24   *Le petit Larousse illustré*, p. 124 ; *Le petit Robert*, p. 230.

hiérarchie des espèces volantes une place peu considérée. Les moineaux et les corneilles, contrairement à l'aigle et au pélican, sont considérés comme des espèces qui vivent dans la saleté et à proximité des cadavres. Une comparaison est ici froidement insérée qui dit beaucoup de choses sur la position partisane de l'auteur. Le dédain et même le mépris s'expriment dans cette image, qui rappelle au lecteur d'aujourd'hui cette invective du jeune Manlius dans le poème *Porta Nigra* de Stefan George lorsque celui-ci se moque des pauvres chaumières que les habitants du Moyen Âge avaient insérés dans cette splendide porte de ville romaine[25].

Mais le véritable objet de scandale réside dans la désignation des auteurs de cette destruction. Ce sont les huguenots, que le vieux croyant désigne comme responsables. Brusquement, ce sont les controverses sanglantes de sa patrie qui sont présentes, le temps utilisé montre que la profanation des lieux saints par les adversaires religieux n'est pas si éloignée. Montaigne diffame à Rome, la capitale de la chrétienté catholique, les protestants en les traitant de barbares.

Les lecteurs du texte publié en 1774 se sont demandés à juste titre où donc étaient la tolérance tant vantée et les idées iréniques de ce Montaigne célébré comme un précurseur des Lumières. Meunier de Querlon se demanda sardonique à cet endroit dans une note de son édition princeps ce que les apôtres de la tolérance pourraient bien dire à ce sujet et déclencha ainsi une violente polémique qui rendit très difficile la réception du *Journal* : « Les Apôtres de la Tolérance ne s'empresseront pas de vérifier ce fait, qui doit un peu les gêner, sur-tout écrit de la main de Montaigne[26] ».

Revenons à la méditation de Montaigne qui par tentatives intellectuelles successives souhaiterait se faire une idée claire de l'extension de la Rome antique. La hauteur du *Monte testaccio* formé d'un entassement de débris et de morceaux d'amphores lui donne une vague idée de la grandeur de la métropole impériale dont la vue étonne le visiteur moderne qui se demande comment, sur un espace aussi serré, tous ces

---

25 Stefan George, *Werke*, Düsseldorf et Munich, Helmut Küpper vormals Georg Bondi, 3. Aufl. 1976, t. I, p. 234 et suiv.

26 Meunier de Querlon, dans *Journal du Voyage de Michel de Montaigne en Italie, par la Suisse et Allemagne en 1580 et 1581*, avec des notes par M. de Querlon, 3 vol., À Rome ; et se trouve à Paris, Chez Le Jay, 1774, t. II, p. 116, note b. Voir à ce passage Wolfgang Adam, *Verspätete Ankunft. Montaignes Journal de voyage im 18. Jahrhundert. Rezeption eines frühneuzeitlichen Textes*, Heidelberg, Universitätsverlag Winter, 2012, p. 86.

temples et palais ont pu tenir si serrés ensemble. Car c'étaient de puissants bâtiments comme le montrent encore aujourd'hui les ruines du temple de la paix sur le *forum romanum*. Et ici Montaigne pour rendre l'impression sensible recourt aux images de la chute des rochers dans la montagne : « la chute toute vifve comme d'une grande montaigne, dissipée en plusieurs horribles rochers » (*JV* 101). Ce n'est que grâce à la terreur inspirée à un observateur par un spectacle naturel, ces « horribles rochers » qui rappellent un *locus desertus* que la violence de la destruction peut être décrite –, mais, et cela résume la réflexion surchargée de comparaisons et de métaphores : un Romain de l'antiquité ne reconnaîtrait plus Rome s'il la voyait aujourd'hui : « Il croyoit qu'un ancien Romain ne sauroit recognoistre l'assiette de sa ville quand il la verroit » (*ibid.*). Cette densité et cette prégnance des images sont atypiques dans le *Journal de voyage* et elles font ressortir l'importance de cette vision de fin d'un monde, ce passage qui par son niveau littéraire pourrait tout à fait avoir sa place dans les *Essais*.

Reste encore pour ainsi dire en tant que point fort à mentionner un dernier passage dans lequel Montaigne assimile de façon très moderne le lecteur d'un récit à un voyageur. Cette réduction du champ de la narratologie au monde d'expérience d'un voyageur se situe à un point extrêmement compliqué du *Journal de voyage* dont l'interprétation a causé de très grandes difficultés depuis la publication du texte. Dans la note sur le séjour à Rovereto, le secrétaire enregistre cette constatation irritante pour le lecteur selon laquelle Montaigne déclare que, s'il n'avait été obligé de ménager le groupe l'accompagnant, il aurait préféré au lieu d'aller en Italie visiter Cracovie ou la Grèce. Pour quels motifs Montaigne voulait-il visiter la ville des rois polonais ? On ne peut que spéculer[27].

On reste également perplexe face à l'intention de Montaigne de rallier la Grèce par voie terrestre « par terre » (*JV* 61). Le territoire de la Grèce antique était sous domination turque et totalement coupé du reste de l'Europe. Peut-être s'agit-il d'une des idées bizarres de Montaigne avec lesquelles il ne cesse de surprendre ses lecteurs ?

---

27 Voir à ce sujet avec des arguments importants Élisabeth Schneikert, « Montaigne et l'appel de la Pologne. Pourquoi Montaigne désirait-il aller à Cracovie ? », dans Philippe Desan (dir.), *Montaigne à l'étranger. Voyages avérés, possibles et imaginés*, Paris, Classiques Garnier, 2016, p. 115-132, p. 121.

Comme possible motivation du souhait de Montaigne de poursuivre son voyage seul, le secrétaire cite sa déception de voir que très peu de ses accompagnateurs partageaient l'enthousiasme qu'il avait ressenti à visiter des contrées étrangères. Montaigne était un voyageur attentif qui était ouvert aux expériences neuves et aux rencontres ; il était fasciné par la variété de la nature et de la société humaine, « la diversité[28] ». Dans le chapitre, III, 9, il a clairement noté la valeur extraordinaire que prenaient les voyages dans sa philosophie de la vie ; le voyage est une école de la vie, voilà une métaphore dont l'intensité expressive ne peut guère être dépassée :

> Outre ces raisons, le voyager me semble un exercice profitable. L'ame y a une continuelle exercitation, à remarquer des choses incogneues et nouvelles. Et je ne sçache point meilleure escole, comme j'ay dict souvent, à façonner la vie, que de luy proposer incessamment la diversité de tant d'autres vies, fantasies, et usances : et luy faire gouster une si perpetuelle varieté de formes de nostre nature (III, 9, 1018-1019).

On retrouve presque la même formulation dans le *Journal de voyage* quand il parle de la joie qu'il éprouve à visiter des pays étrangers. « [M]ais le plaisir qu'il prenoit à visiter les pays incognus » (*JV* 61), cela lui faisait oublier son âge et ses ennuis de santé.

Faisait partie du charme particulier de ces voyages de découvertes le vagabondage hasardeux, une méthode qui n'était pas non plus propre à enthousiasmer ses compagnons de voyage. Pour Montaigne, il n'y a pas dans sa joie de la découverte de fausses routes ou des détours. C'est précisément cette mobilité sans but qui lui offre des impressions fortes toujours renouvelées. C'est sur ce point que s'établit la relation entre le plaisir du voyage et celui de la lecture. C'est avec l'inquiétude secrète du lecteur approchant de la fin d'un récit passionnant, de la conclusion d'un bon livre, que Montaigne redoute d'atteindre le terme de son voyage :

> Il (Montaigne) disoit aussi qu'il luy sembloit estre à mesmes ceux qui lisent quelque fort plaisant conte, d'où il leur prend crainte qu'il vienne bientost à finir, ou un beau livre ; luy, de mesme, prenoit si grand plaisir à voyager qu'il haïssoit le voisinage du lieu où il se deust reposer, et proposoit plusieurs desseins de voyager à son aise, s'il pouvoit se rendre seul (*JV* 61-62).

---

28   Nicola Panichi, « Diversité », dans Philippe Desan (dir.), *Dictionnaire de Montaigne, op. cit.*, p. 321-324.

Rarement l'affinité subtile entre l'expérience esthétique de la lecture et du voyage, comme deux voies de connaissance de la pensée moderne a été décrite plus justement que dans l'imagerie choisie par Montaigne. Dans les passages importants du *Journal de voyage* aussi, les métaphores et les images forment une unité dont la force de suggestion sur le lecteur ne peut guère être surestimée[29].

Wolfgang ADAM
Universität Osnabrück

---

29 Je remercie mon ami Jean Mondot (Bordeaux) pour la traduction.

L'INSTRUMENTARIUM
DE MONTAIGNE

Montaigne s'intéresse peu à la musique, dont il n'avait, semble-t-il, aucune connaissance théorique ou pratique. Il reconnaît lui-même son inaptitude : « De la musique, ni pour la voix, que j'y ai très inepte, ni pour les instruments, on ne m'y a jamais su rien apprendre » (II, 17, 497)[1]. Une phrase célèbre compare cependant les fantaisies de la musique, « conduites par art », aux fantaisies rapportées dans les *Essais*, conduites « par sort » (III, 2, 44). Et la dernière ligne des *Essais*, dans l'édition de 1588 comme dans l'Exemplaire de Bordeaux et l'édition posthume, évoque un instrument de musique, la cithare, emblème d'Apollon : « *precor* [...] *nec turpem senectam degere, nec cythara carentem* ». Il a paru pertinent d'examiner la présence, discrète mais réelle, des instruments de musique dans l'œuvre de Montaigne, pour en tirer éventuellement quelque éclairage nouveau.

On appelle « instrumentarium[2] » l'ensemble des instruments qui concourent à l'exécution d'une œuvre musicale donnée (l'instrumentarium d'une symphonie de Mozart), ou, en un sens plus large, l'ensemble des instruments disponibles à une époque donnée (le cornet à bouquin appartient à l'instrumentarium de la Renaissance). Montaigne emploie, dans ses écrits, différents noms d'instruments de musique, que nous pouvons regrouper en un instrumentarium, ou plutôt en trois instrumentariums différents. Il s'agit de listes construites par prélèvement dans le texte, non d'ensembles cohérents pensés par Montaigne lui-même – notre auteur n'a aucune théorie organologique personnelle, et n'évoque certains instruments de musique qu'au hasard de ses récits ou de ses réflexions.

---

1   Les références sont à l'édition André Tournon des *Essais*, 3 vol., Paris, Imprimerie nationale, 1998, indication du volume, numéro de chapitre, page.

2   Pour les différentes acceptions techniques de ce terme, je me permets de renvoyer à mon ouvrage *L'instrument de musique, une étude philosophique*, Paris, Éditions du Seuil, 2013, p. 221-225.

Les *Essais* comportent deux instrumentariums distincts : le premier contient des instruments que Montaigne a effectivement entendus (ou dont il parle comme s'il les avait entendus), que j'appellerai « instrumentarium réel » ; le second contient des instruments « littéraires », des instruments évoqués par les auteurs cités par Montaigne ; il s'agit principalement mais non exclusivement d'auteurs anciens et d'instruments antiques. Un troisième instrumentarium contient les instruments nommés dans le *Journal de voyage*, qui sont tous des instruments que Montaigne a observés ct, le plus souvent, entendus. Voici le contenu de ces trois listes – on constatera immédiatement que la plus riche est celle du *Journal* :

> Instrumentarium réel des *Essais* : « grandes cannes » cannibales, cloches, épinette, flûte, luth, orgues, tambour, tambourin, trompette.

> Instrumentarium littéraire des *Essais* : cithare (*cythara*), cymbales, flûte[3], lyre (*testudo*), tambourin, trompette.

> Instrumentarium (réel) du *Journal de voyage*[4] : cloches, clochettes, fifre, flûte, hautbois, luth, orgues, orgue hydraulique de la villa d'Este, « petits pots de terre pleins d'eau », régale, saqueboute, sifflet (appeau[5]), tambour, tambourin, trompette, violon.

On pourrait ajouter une courte liste d'objets non-artefactuels évoqués par Montaigne et produisant de la musique : le corps humain (la voix humaine, souvent évoquée dans les *Essais*, mais aussi le derrière produisant des pets « organisés selon le ton des vers », I, 21, 189), les orbes « solides » des corps astraux (I, 23, 199) dont les mouvements et frottements produisent une musique céleste (la *musica mundana* de la tradition boétienne), et notre vie même, « composée, comme l'harmonie du monde de choses contraires » (III, 13, 463). Nous nous en tiendrons dans cette étude aux instruments de musique proprement dits, mais il

---

3   Jacques Amyot, dans ses traductions de Plutarque suivies par Montaigne, traduit *aulos* par flûte, alors que l'*aulos* le plus courant est un instrument à anche (simple ou double), donc plutôt une clarinette ou un hautbois. Le même mot « flûte » peut désigner, dans les *Essais*, aussi bien un *aulos* grec qu'une flûte (à bec ou traversière) Renaissance. Le contexte lève toute ambiguïté.

4   Montaigne, *Journal de voyage*, éd. Fausta Garavini, Paris, Gallimard, coll. « Folio », 1983 (désormais *JV*).

5   Les sifflets et appeaux sont considérés comme de véritables instruments de musique par Pierre Trichet ou Marin Mersenne, voir Claudie Marcel-Dubois (dir.), *L'instrument de musique populaire*, Paris, RMN, 1980, p. 214.

n'est pas sans signification que Montaigne soit à l'occasion tenté par une extension métaphysique (les orbes) ou burlesque (le corps qui pète) de la notion. On notera également la mention d'un instrument inhabituel : un tambourin fait de peau humaine, destiné à fortifier les soldats au combat après la mort de leur chef (I, 3, 62). Ce genre d'instruments faits de peau humaine, ou d'autres parties du corps humain (sifflets ou flûtes fabriquées dans des os humains), est attesté dans la littérature ethnomusicologique, et déjà chez Jean de Léry.

Pour conclure cet inventaire, on relèvera que Montaigne évoque à plusieurs reprises des instruments indéterminés : « musique d'instruments » des Cannibales (II, 12, 389), instruments dont Socrate aurait appris à jouer aux derniers temps de sa vie (III, 13, 494), ou encore, mais dans un sens métaphorique, « cordes secrètes de nos imperfections » que « nous pinçons » en gaillarde situation (III, 8, 241).

La plupart des instruments évoqués par Montaigne sont aisément reconnaissables, mais quelques-uns posent des problèmes d'identification[6]. Les « grandes cannes ouvertes par un bout, par le son desquelles ils [les Cannibales] soutiennent la cadence en leur danser » (I, 31, 348) sont des bâtons de rythme[7]. Plus délicate est la compréhenstion d'une phrase du *Journal de voyage* concernant la Fontaine de la Chouette à la Villa d'Este : « Ailleurs, on oit le chant des oiseaux, qui sont des petites flûtes de bronze qu'on voit aux régales, et rendent le son pareil à ces petits pots de terre pleins d'eau que les petits enfants soufflent par le bec, cela par artifice pareil aux orgues » (*JV* 233-234). Les régales sont de petits instruments à anche et à clavier, sans résonateur ; « régale » est aussi le nom d'un jeu d'orgue ayant même sonorité, très à la mode au XVIe siècle. Mais la précision « flûtes de bronze » indique que Montaigne (ou son informateur) pense à d'autres types de régale, comme les régales-bibles, dont les tuyaux ne comportent pas d'anche. Les « petits pots de terre pleins d'eau » ne sont pas « une espèce d'ocarina », contrairement à l'interprétation de Fausta Garavini[8] suivie par François Rigolot[9] – les

---

6   Pour toutes les questions d'organologie, la référence esssentielle est Laurence Libin (dir.), *Grove Dictionary of musical instruments*, 2e édition, Oxford, Oxford University Press, 2014.

7   On se reportera à André Schaeffner, *Origine des instruments de musique, Introduction ethnologique à l'histoire de la musique instrumentale* [1936], Paris, Éditions de l'EHESS, 1994.

8   Montaigne, *Journal de voyage*, éd. F. Garavini, *op. cit.*, note 580, p. 433.

9   *Journal de Voyage de Michel de Montaigne*, éd. François Rigolot, Paris, Presses Universitaires de France, 1992, p. 128, note 102.

ocarinas ne contiennent pas d'eau ; il s'agit de « rossignols à eau », sortes de sifflets contenant un peu d'eau et imitant le chant du rossignol[10], et qui, au XVIᵉ siècle. notamment, avaient été adaptés à l'orgue. Cette phrase très dense évoque donc quatre instruments de musique différents : les « rossignols » de la Fontaine que Montaigne appelle « oiseaux » (chacun étant constitué vraisemblablement de plusieurs tuyaux dont une extrémité est plongée dans un peu d'eau[11]), les flûtes des régales auxquelles ressemblent les tuyaux de ces rossignols, les rossignols à eau, jouets d'enfant, au son desquels est comparé le son des oiseaux de la Fontaine, et l'orgue hydraulique de la Villa d'Este, sur lequel nous reviendrons, au mécanisme (« artifice ») duquel est comparé le mécanisme des « oiseaux ». Ce passage comporte donc trois comparaisons : technique (le mécanisme), organologique (les flûtes de bronze), musicale (le son). Cette grande précision peut laisser penser que Montaigne reproduit des explications qui lui ont été données sur place.

Fausta Garavini[12], là encore suivie par François Rigolot[13], se trompe en identifiant les « saquebutes » entendues par Montaigne à Rome (*JV* 265) avec de « longues trompettes » : le mot « saqueboute » a toujours désigné le trombone à coulisses (dont la forme a peu varié du XVᵉ siècle à nos jours), il s'agit d'un instrument très courant au XVIᵉ siècle. Reste enfin le problème des *fiffari* (le nom de l'instrument désignant aussi l'instrumentiste) recrutés et payés par Montaigne pour accompagner le bal qu'il donne le 21 mai 1581 ; ils sont évoqués dans la partie du *Journal* rédigée en italien par Montaigne (*JV* 463). La traduction par *fifre* semble aller de soi, c'est celle que choisit Meunier de Querlon (*JV* 286), encore qu'il soit singulier qu'un orchestre de bal soit composé de cinq fifres. Mais Montaigne lui-même donne une indication très précieuse quelques pages plus loin : « *quelli instrumenti che noi nomamo* hautbois *& essi fiffari* » (*JV* 497), « ces instruments que nous appelons *hautbois*, et eux fifres » (*JV* 358). Le vocabulaire organologique de

---

10 Ces « petits pots de terre » devaient ressembler aux sifflets nᵒ 438 et 448 décrits et reproduits dans *L'instrument de musique populaire, op. cit.*, p. 216-218. Notons une étrangeté : les « rossignols » et sifflets à eau se jouent par la queue, alors que Montaigne écrit que les enfants les jouent « par le bec ».

11 Voir l'article « Rossignol » dans Marc Honegger (dir.), *Science de la musique, Technique, formes, instruments*, 2 vol., Paris, Bordas, 1976, t. II, p. 891.

12 Montaigne, *Journal de voyage*, éd. Fausta Garavini, *op. cit.*, p. 441, note 687.

13 *Journal de Voyage de Michel de Montaigne*, éd. Rigolot, *op. cit.*, p. 352.

l'époque est certes flottant, Michael Praetorius donne à *fiffaro* le sens de
« flûte traversière » dans son *Syntagma musicum* (1620), et le hautbois est
à l'époque couramment appelé *piffaro* (avec un *p* à l'initiale). On peut
toutefois penser que lorsque Montaigne dit explicitement que les *fiffari*
sont des hautbois, il sait ce qu'il dit, et on doit rectifier en conséquence
la traduction de *cinque fiffari* en « cinq hautbois » (étant entendu que
« hautbois » est un terme générique pouvant s'appliquer à des instruments de tessiture différente). L'orchestre réuni par Montaigne pour son
bal était vraisemblablement constitué de cinq hautbois de tailles et de
tessitures différentes – un orchestre de ce type, mono-instrumental, est
conforme aux pratiques du temps[14].

Ces instruments étant désormais identifiés, à quelle fréquence appa-
raissent-ils dans les écrits de Montaigne ? La trompette est l'instrument
le plus souvent évoqué (16 mentions sur l'ensemble des écrits), suivie
des tambours et tambourins (8 si on les compte ensemble), de l'orgue
(7 mentions, sans compter l'orgue hydraulique de la Villa d'Este décrit
dans le *Journal*), des cloches (1 mention dans les *Essais*[15], mais 4 dans
le *Journal* et même 7 si on y ajoute les clochettes). La flûte est nommée 5 fois, le luth 3 fois. Beaucoup d'instruments ne sont nommés
qu'une fois : bâtons de rythme, épinette[16], cymbales, hautbois, régale,
saqueboute, sifflet (appeau). Les instruments à cordes frottées (violes de
gambe, violons, etc.) sont totalement absents des *Essais* alors qu'ils sont
très présents dans la musique de la Renaissance, le violon apparaissant
à deux reprises dans le *Journal*.

L'aspect quantitatif n'est pas le seul pertinent. Certains instruments
prennent, dans les textes de Montaigne, une importance particulière.
Nous examinerons cinq cas significatifs, en suivant l'ordre du texte
des *Essais* puis du *Journal* : l'épinette censée avoir éveillé en douceur
le petit Michel de Montaigne, le luth dont Mme de Grammont aurait
accompagné ses déclamations ou chants poétiques, les bâtons de rythme

---

14   Ces analyses doivent beaucoup aux éclaircissements que m'a donnés mon collègue Jean
     Jeltsch (CFMI, Université de Lille) dont la science organologique et la générosité scien-
     tifique sont sans égales.
15   La « fort grosse cloche » du château de Montaigne qui sonne, deux fois par jour, l'*Ave
     Maria* (I, 23, 200).
16   En réalité l'épinette est nommée une fois en 1580 (I, 26, 297, apparat critique), nulle fois
     en 1582 et 1588, et de nouveau une fois sur l'Exemplaire de Bordeaux et dans l'édition
     posthume (III, 8, 230).

« cannibales », l'orgue hydraulique de la Villa d'Este et enfin les *fiffari*
déjà rencontrés. Les trois premiers de ces instruments, tous évoqués
dans le livre I des *Essais*, présentent de fortes marques d'ambiguïté ; les
deux derniers, évoqués dans le *Journal*, ne présentent aucune ambiguïté
mais témoignent d'une attention inattendue de la part de Montaigne.

1) L'instrument le plus célèbre des *Essais* est certainement l'épinette
du chapitre « De l'institution des enfants ». L'*editio princeps* des *Essais*
porte en 1580 :

> [...] parce que aucuns tiennent que cela trouble la cervelle tendre des enfants,
> de les éveiller le matin en sursaut, et de les arracher du sommeil (auquel ils
> sont plongés beaucoup plus que nous ne sommes) tout à coup et par violence,
> il [le père de Montaigne] me faisait éveiller par le son de quelque instrument,
> et avait un joueur d'épinette pour cet effet (I, 26, 297).

Tous les biographes de Montaigne ou presque[17] expliquent que le père de
Montaigne faisait réveiller son fils au son d'une épinette. Cette épinette
ne jouit pourtant que d'une très courte vie dans les *Essais* : elle disparaît
dès l'édition de 1582, pour ne plus jamais revenir. En 1582 Montaigne
écrit : « il me faisait éveiller par le son de quelque instrument », et coupe
la fin de la phrase. Nouvelle modification en 1588, destinée sans doute
à gommer la trop grande sécheresse de la phrase toute nue de 1582 :
« il me faisait éveiller par le son de quelque instrument, et ne fus [je ne
fus] jamais sans homme qui m'en servît ». Cette troisième version est
définitive et ne sera modifiée ni sur l'Exemplaire de Bordeaux ni dans
l'édition posthume. L'épinette « de réveil » du petit Montaigne survit
pourtant, dans l'imaginaire collectif, à la rature dont elle est l'objet dans
l'histoire du texte. Certaines images culturelles ont une telle puissance
d'évocation qu'elles résistent au savoir qui les invalide. Reste toutefois
l'énigme de cette première mention de l'épinette, et de cette rature.

Relisons les trois versions du texte. Un élément est intangible : « il me
faisait éveiller par le son de quelque instrument », le reste est variable. Le
texte de 1580 est en fait composé de deux propositions distinctes, dont
la seconde n'est nullement l'explicitation de la première : « il me faisait
éveiller par le son de quelque instrument », puis « et avait un joueur
d'épinette pour cet effet » ; l'élimination de la seconde proposition ne

---

17 Philippe Desan fait exception (*Montaigne. Une biographie politique*, Paris, Odile Jacob,
    2014).

modifie pas le sens de la première. C'est par mégarde que l'on a identifié
« quelque instrument » avec « une épinette ». Si d'emblée Montaigne avait
voulu dire que son père le faisait réveiller au son d'une épinette, il eût été
plus naturel d'écrire « il me faisait réveiller par le son d'une épinette » (je
n'ignore pas que, s'agissant de Montaigne, l'argument d'une formulation
« plus naturelle » est assez faible). Mais, dès 1580, il existe un écart entre
la formule « quelque instrument » et la mention d'une épinette qui n'est
nommée qu'en référence au musicien qui en joue. « Quelque instrument »,
cela veut dire un instrument sinon quelconque, du moins indéterminé,
un des instruments que l'on peut trouver chez un petit noble du Périgord
ou dans son voisinage, une épinette, un luth, une flûte, un violon, tous
instruments qui peuvent se jouer doucement. « Quelque instrument », cela
peut aussi vouloir dire « un jour tel instrument, un autre jour tel autre ».
La précision de 1588 va dans ce sens : « et ne fus jamais sans homme qui
m'en servît » suggère l'idée qu'il y eut plusieurs instrumentistes différents,
certainement pas des professionnels et encore moins des virtuoses, quelques
notes ou quelques accords peuvent suffire pour éveiller un enfant.

Peut-être Montaigne a-t-il sincèrement pensé que c'est une épinette qui
l'éveillait enfant, et éprouva-t-il ensuite un doute, ou reçut-il un démenti
d'un proche, lecteur de l'*editio princeps*. Peut-être aussi Montaigne enfant
était-il sensible à la sonorité « corde pincée », qui est commune à l'épinette,
au luth et à la harpe, auquel cas il n'aurait plus su lequel de ces instruments
était employé. Peut-être enfin, et l'hypothèse serait ici plus « politique » (au
sens de la biographie politique de Philippe Desan), l'expression « joueur
d'épinette » lui a-t-elle paru, après-coup, quelque peu disproportionnée
voire ridicule. « Joueur d'épinette » est un titre officiel accordé dès le début
du XVIe siècle à certains musiciens du Roi ou des princes. J'évoquerai
simplement la dynastie des Champion : Thomas Champion (1530-1580),
musicien, organiste et épinette d'Antoine de Bourbon puis d'Henri II, son
fils Jacques Champion de la Chapelle (1555-1638), « joueur d'épinette »
d'Henri III, Henri IV et Louis XIII, son petit-fils Jacques Champion de
Chambonnières (1601-1672) « joueur d'épinette de la chambre du roi »
en survivance de son père. Alors, un « joueur d'épinette » pour un gamin
de 5 ans fils d'un petit noble tout récent[18]…

---

18   Je remercie Alain Legros pour les échanges très fructueux que j'ai eus avec lui autour de
     cette épinette, et sur beaucoup d'autres sujets montainiens. Mon interprétation n'engage
     que moi.

2) Le deuxième instrument énigmatique n'est pas nommé, mais apparaît en filigrane dans un texte : le luth de Mme de Grammont. Dédiant à « cette grande Corisande d'Andoins » les *Vingt et neuf sonnets d'Étienne de la Boétie*, Montaigne écrit :

> Ce présent m'a semblé vous être propre, d'autant qu'il est peu de dames en France qui jugent mieux et se servent plus à propos que vous de la poésie ; et puis qu'il n'en est point qui la puissent rendre vive et animée comme vous faites par ces beaux et riches accords dequoi, parmi un million d'autres beautés, nature vous a étrennée (I, 29, 329).

André Tournon[19] pense que la formule évoque le luth (instrument polyphonique pouvant produire des accords, ce que la voix ne peut pas) dont aurait joué Mme de Grammont, Pierre Villey parle d'« accords de musique » sans autre précision[20], d'autres éditeurs des *Essais* sont moins affirmatifs et se contentent d'évoquer les talents musicaux de Mme de Grammont[21], ou ne se prononcent pas[22]. Si l'on donne à « accord » son sens musical précis (ensemble d'au moins trois notes émises simultanément – deux notes ne forment qu'un intervalle et non un accord), le texte ne peut concerner qu'un instrument de musique polyphonique, luth, épinette, harpe ou guitare. La poésie était chantée au XVIe siècle, avec accompagnement d'instrument. Cela suffit-il à établir que Montaigne évoque ici le luth ? La formule « beaux et riches accords » évoque irrésistiblement un instrument, et un instrument polyphonique. Pourtant la formule lue à la lettre est quelque peu absurde en ce qu'elle juxtapose des ordres hétéroclites : « beaux et riches accords » relève de la culture et de l'institution, non de la nature. La nature peut avoir étrenné Mme de Grammont d'une belle voix, non de riches accords instrumentaux.

Mais faut-il donner à « accord » son sens moderne ? Si les musiciens sont passés depuis la fin du XVe siècle d'une écriture d'intervalles à une écriture d'accords[23], si Pietro Aaron dresse dès 1523 un tableau des consonances

---

19   Montaigne, *Essais*, Imprimerie nationale, *op. cit.*, p. 590.
20   Montaigne, *Essais*, Paris, Presses Universitaires de France, 1965, p. 196.
21   Michel Magnien et Catherine Magnien-Simonin, dans Montaigne, *Essais*, Paris, Gallimard, coll. « Bibliothèque de La Pléiade », 2007, p. 1419 ; Béatrice Boudou dans Montaigne, *Les Essais*, éd. Jean Céard *et alii*, Paris, La Pochothèque, 2001, p. 302.
22   Emmanual Naya, Delphine Reguig et Alexandre Tarrête dans Montaigne, *Essais*, Paris, Gallimard, coll. « Folio-classique », t. I, p. 654.
23   Sur cette question assez technique, voir Carl Dahlhaus, *La Tonalité harmonique, étude des origines*, Mardaga, 1993, notamment ch. II, p. 61-157. Une conscience d'intervalles entend

de trois sons[24], le mot « accord » lui-même n'a pas nécessairement au XVIᵉ siècle son sens moderne. Pontus de Tyard l'emploie à plusieurs reprises dans son *Solitaire second, ou prose de la musique* (1555), mais c'est au sens ancien de consonance entre deux notes ; la définition de Jean Nicot en 1606 va dans le même sens : « Accord en outre se prend pour la consonance de deux ou plusieurs sons. Selon ce, les musiciens disent une tierce, quinte ou diapason être bons accords[25] ». Il est donc difficile de savoir ce que Montaigne mettait réellement sous le mot « accord » en son usage musical. « Beaux et riches accords » pourrait simplement signifier une exceptionnelle capacité vocale à chanter au plus près de l'émotion du poème. Le seul autre emploi musical du terme « accord » dans les *Essais* ne nous éclaire guère : « L'éphore qui coupa si rudement les deux cordes que Phrinys avait ajoutées à la musique ne s'esmaie pas si elle en vaut mieux, ou si les accords en sont mieux remplis : il lui suffit pour les condamner que ce soit une altération de la vieille façon » (I, 23, 214-215). Le plus remarquable dans ce passage est que Montaigne remplace le mot « lyre » employé par Plutarque dans les deux sources probables de l'anecdote[26] par le mot « musique », l'expression « couper les cordes de la musique » étant assez curieuse. Quand au mot « accord », il pourrait tendre vers le sens moderne (alors même que les Grecs ignoraient la polyphonie), le verbe « remplir » pourrait incliner dans ce sens.

Concluons : si le luth de Mme de Grammont est possible, voire vraisemblable, il ne peut pas être inféré avec certitude des quelques lignes ambiguës citées plus haut.

3) Les bâtons de rythme tupinamba sont explicitement présents dans le texte de Montaigne : « Il se voit en plusieurs lieux, et entre autre chez moi, la forme de leurs lits, de leurs cordons, de leurs épées, et bracelets de bois dequoi ils couvrent leurs poignets au combat, et des grandes cannes ouvertes par un bout, par le son desquelles ils soutiennent la cadence en leur danser » (I, 31, 348). La description que donne Montaigne du bâton de rythme est précise, elle correspond à celle donnée par Gabriel Soares

---

dans l'accord « do-mi-sol » la superposition d'un intervalle de tierce majeure (do-mi) et d'un intervalle de tierce mineure (mi-sol) ; une conscience d'accord entend un bloc sonore unique. La conscience d'accord est encore instable au XVIᵉ siècle, y compris chez les musiciens.

24 Pietro Aaron, *Toscanello de la musica*, Venise, 1523.

25 Jean Nicot, *Thrésor de la langue française*, 1606, *ad. loc.*

26 Isabelle Konstantinovic, *Montaigne et Plutarque*, Genève, Droz, 1989, p. 158-159.

de Souza en 1587 : « Ce chroniqueur le décrit comme un tronçon de bambou de la grosseur du bras, long de 6 à 7 palmes et ouvert en haut. On le heurtait contre le sol pour marquer la cadence de la danse » écrit Alfred Métraux[27]. L'intérêt de Montaigne pour la culture « cannibale » est avéré, mais le lecteur est surpris par l'expression « la forme ». S'agit-il seulement de représentations graphiques de ces objets (donc de gravures) ? S'agit-il au contraire d'exemplaires physiques, d'*americana*, hamacs, épées, bracelets, bâtons de rythme, comme le pense Frank Lestringant[28] ? Cette seconde hypothèse est la plus tentante à divers égards. Elle permet de mieux comprendre la précision selon laquelle ces « cannes » sont « ouvertes par un bout », ces ouvertures n'étant pas faciles à voir sur une gravure ; on peut les entrevoir sur la gravure « Thevet » (1557) reproduite par Lestringant[29] ; on ne peut en revanche pas les voir sur les quatre photographies reproduites par Métraux. Si Montaigne a réellement possédé un bâton de rythme tupinamba, ce serait (avec la « fort grosse cloche ») le seul instrument de musique dont il nous apprenne qu'il est possesseur, non sans fierté (« il se voit [...] et entre autres chez moi » sonne comme une invitation à venir voir un objet rare et précieux).

4) L'orgue hydraulique de la Villa d'Este à Tivoli[30] est un des plus remarquables instruments mentionnés par Montaigne. Une double confusion est à éviter : d'une part, cet orgue hydraulique est distinct de la grotte « musicale » vue à la villa de Pratolino (*JV* 175) ; d'autre part, les « rossignols à eau » examinés ci-dessus n'appartiennent pas à l'orgue hydraulique (ils auraient pu), mais à la Fontaine de la Chouette. Il s'agit d'un instrument automate sophistiqué, que Montaigne décrit avec précision :

---

27 Alfred Métraux, « Le bâton de rythme. Contribution à l'étude de la distribution géographique des éléments de culture d'origine mélanésienne en Amérique du Sud », *Journal de la Société des Américanistes*, vol. 19, 1927, p. 117-118, avec illustrations p. 118. Voir aussi, du même auteur, *La Civilisation matérielle des tribus Tupi-Guarani*, éd. Perry Geuthner, 1928, ch. XXVII.

28 Frank Lestringant, *Le Huguenot et le sauvage*, Genève, Droz, 2004, p. 214-218. Lestringant remarque que deux « informations inédites » sur le Brésil sont apportées par Montaigne : le bâton de rythme et la Chanson de la Couleuvre – deux informations musicales donc (*ibid.*, p. 218).

29 *Ibid.*, p. 217.

30 Voir Philippe Desan, « Montaigne paysagiste », dans Dominique de Courcelles (dir.), *Éléments naturels et paysages à la Renaissance*, Paris, Publications de l'École des Chartes, 2006, p. 39-49. Sur l'orgue hydraulique de la Villa, « *the most famous 16th-century water organ* », voir le *Grove Dictionary of musical instruments*, *op. cit.*, t. 5, p. 291, diagramme et bibliographie p. 292.

> La musique des orgues, qui est une vraie musique et d'orgues naturelles, sonnant toujours toutefois une même chose, se fait par le moyen de l'eau qui tombe avec grande violence dans une cave ronde, voûtée, et agite l'air qui y est, et le contraint de gagner pour sortir les tuyaux des orgues et lui fournir de vent. Une autre eau, poussant une roue à tout certaines dents, fait battre par certain ordre le clavier des orgues ; on y oit aussi le son de trompettes contrefait (*JV* 233).

Montaigne fait preuve ici d'une curiosité technique exceptionnelle, il distingue bien les fonctions du soufflet (l'air chassé par l'eau est contraint de sortir par les tuyaux de l'orgue, qu'il fait vibrer) et celles du clavier (qui ouvre ou ferme certains tuyaux, selon un mécanisme actionné par « une autre eau » que la précédente). On notera aussi une double indication un peu contradictoire : d'un côté Montaigne assure qu'il s'agit de « vraie musique » (par opposition sans doute avec les imitations de chants d'oiseau et les arquebusades dont il parle juste après), mais il signale également, de façon critique, que cet orgue mécanique « sonne toujours toutefois une même chose ». La musique programmée dans le montage mécanique est répétitive, elle manque de variété et de liberté, elle manque de cette « muance » essentielle à la musique, muance que la pie de l'« Apologie de Raimond Sebond » savait remarquer et imiter au jeu des trompettes (II, 12, 212), et que les astres produisent également (I, 23, 199). Cette vraie musique, mécanique, n'est pas vraiment de la musique.

5) Quelle est la nature de l'intérêt que porte Montaigne aux *fiffari* ? Montaigne est en position de commanditaire d'un bal, qu'il donne pour des raisons sociales. Il recrute à cette fin des musiciens, qui lui coûtent « un écu pour eux tous » (*JV* 286), à comparer aux « six écus » que lui coûte un ensemble assez important de tabliers de taffetas, escarpins, coiffes, colliers, destinés à servir de prix (cadeaux) pour le bal. C'est le seul témoignage que nous donne Montaigne d'un rapport professionnel avec des musiciens. Mais l'intérêt de Montaigne pour les *fiffari* est aussi de nature linguistique – c'est d'ailleurs dans un autre contexte que Montaigne note que *fiffari* signifie « hautbois ». L'intérêt de Montaigne paraît alors porter davantage sur le mot (la langue italienne) que sur la chose (l'instrument de musique). Peut-être même a-t-il été étonné que *fiffari* ne veuille pas dire « fifres » ? Il ne le précise pas.

Peut-on tirer une leçon de l'examen de cet instrumentarium assez hétéroclite ? Deux choses sont à noter.

En premier lieu, ces instruments ne jouent jamais ensemble (les *fiffari* du bal jouent ensemble, mais on ne sait s'ils jouent à l'unisson ou non – dans la réalité ils devaient certainement jouer des airs à plusieurs voix), ils ne sont jamais en interaction, ce sont toujours des instruments isolés que Montaigne évoque. Le seul cas contraire se lit dans « De l'art de conférer » : « Comme en un concert d'instruments on n'oit pas un luth, une épinette et la flûte : on oit une harmonie en globe, l'assemblage et le fruit de tout cet amas » (III, 8, 230, ajout postérieur à 1588). « Concert » signifie ici « jeu concertant » (et non pas exécution publique), ce qui est son sens classique. Ce passage est en fait purement analogique, il s'agit de célébrer l'unité de la sagesse acquise par l'expérience, dans laquelle tous les éléments se fondent, et non pas de penser la musique jouée à plusieurs. Le « concert » des instruments n'est pas pris en compte pour lui-même. On pourrait d'ailleurs contester la description donnée par Montaigne : il n'est pas vrai que dans un concert de trois instruments, on ne distingue pas la flûte, l'épinette, le luth ; les musiciens jouent au contraire sur les contrastes des timbres, des modes d'attaques, des ambitus. On « oit », malgré Montaigne, à la fois l'harmonie résultante et le détail des parties jouées par les différents instruments, avec leurs couleurs et leurs « muances » propres.

En second lieu, la musique jouée par les instruments n'intéresse pas Montaigne, il n'en dit pas le moindre mot. Il ne s'intéresse pas à la musique, mais aux effets de la musique. Ces effets sont de deux ordres, fonctionnels et émotionnels. Les effets fonctionnels sont illustrés par le « trompette de ville », héraut municipal « qui crie un cheval ou un chien perdu » (III, 13, 447), par l'instrument (épinette ou autre) joué pour éveiller en douceur le petit Montaigne, par le sifflet servant d'appeau (*JV* 326). Les effets émotionnels sont, et de très loin, les plus importants dans les *Essais* comme dans le *Journal de voyage*. Ces effets sont eux-mêmes de trois types : militaires, religieux, poétiques.

L'usage militaire des instruments joue un grand rôle dans les *Essais*. Montaigne associe presque toujours les trompettes et les tambours (ou tambourins), à telle enseigne qu'il lui arrive de glisser d'un instrument à l'autre dans un des passages « animaliers » de l'« Apologie de Raimond Sebond », comme si l'un valait pour l'autre : « [...] un cheval accoutumé aux trompettes, aux harquebusades et aux combats, que nous voyons trémousser et frémir en dormant, étendu sur sa litière, comme s'il était en la mêlée, il est certain qu'il conçoit en son âme un son de tabourin sans bruit » (II, 12, 238). Pour le cheval comme pour le guerrier, point de trompette sans tambour ! Ce couplage du tambour et de la trompette, reçu de la tradition et nullement travaillé par Montaigne, ne contredit pas l'absence de prise en compte de l'interaction des instrumentistes jouant de concert, ou des instrumentistes et des voix. Il suffit à Montaigne de constater le pouvoir émotionnel des tambours (I, 26, 279 ; III, 4, 95), des tambours associés aux trompettes (II, 12, 420), ou de la musique militaire en général, « qui vous entretient et échauffe et les oreilles, et l'âme » (III, 13, 473). Le son d'une trompette met « le cœur au ventre » (II, 1, 20) ; et « les médecins tiennent qu'il y a certaines complexions qui s'agitent par aucuns sons et instruments jusques à la fureur » (II, 12, 424). Montaigne enregistre ces faits, sans plus.

Le second poste de l'émotion musicale est d'ordre religieux. L'orgue relaie ici la trompette comme vecteur privilégié de ces émotions :

> [il n'est] âme si revêche, qui ne se sente touchée de quelque révérence, à considérer cette vastité sombre de nos Églises, la diversité d'ornements, et ordre de nos cérémonies, et ouïr le son dévotieux de nos orgues, et l'harmonie si posée et religieuse de nos voix. Ceux même qui y entrent avec mépris, sentent quelque frisson dans le cœur, et quelque horreur, qui les met en défiance de leur opinion (II, 12, 420 ; voir aussi II, 12, 290-291).

L'instrument de musique possède une véritable existence chez Montaigne, mais ce n'est pas une existence musicale. Montaigne accueille les instruments pour leur signification anthropologique et sociale, non pour leur valeur musicale ; certains exploits techniques, comme l'orgue hydraulique de la Villa d'Este retiennent son attention. C'est pourquoi les instruments sont beaucoup plus présents dans le texte bref et non retravaillé du *Journal de voyage* que dans les longs *Essais* inlassablement repris et enrichis. Le voyage et la curiosité sans cesse relancée qu'il suscite rendent Montaigne plus disponible aux instruments que la réflexion, tournée vers l'exercice de son jugement, déployée dans les *Essais*. Dotés d'un statut apparemment modeste dans l'écriture et la pensée de Montaigne, les instruments de musique sont néanmoins présents comme archives des usages et des coutumes. Fruits de l'esprit humain, ils en expriment l'inventivité ; ils contribuent à façonner les croyances et les émotions humaines ; mais ils sont aussi des outils d'harmonie, et à ce titre ils relèvent du meilleur de la raison humaine.

Bernard SÈVE
Université de Lille
UMR 8163 STL

LE REGARD ET LE GESTE

Considérations
sur Montaigne et les peintres

La récurrence et l'importance des emplois faits par Montaigne au long des *Essais* non seulement de la métaphore de la peinture (surtout dans le contexte de sa représentation de soi) mais aussi de références plus ou moins directes à des peintres et à leur activité dénotent un intérêt particulier porté par l'auteur aux peintres. Le présent article ne concerne que ces références explicites, laissant aussi de côté celles où Montaigne utilise la métaphore sans cependant la rapporter à des artistes ou à des groupes d'artistes identifiés en tant que peintres[1].

Ceux nommés dans *Les Essais* sont en fait extrêmement rares et sont tous des artistes anciens connus seulement à travers la littérature classique, par les histoires qu'on raconte sur eux et par les allusions qu'on fait à leurs ouvrages les plus fameux, desquels parfois des copies postérieures restent dont la réelle correspondance avec eux ne peut pas dans la plupart des cas être certifiée.

Une anecdote rapportée dans « De l'art de conferer » concerne Apelle de Cos, un des plus fameux peintres de la période hellénistique :

> A ceux pareillement qui nous regissent et commandent, qui tiennent le monde en leur main, ce n'est pas assez d'avoir un entendement commun, de pouvoir ce que nous pouvons ; ils sont bien loing au dessoubs de nous, s'ils ne sont bien loin au dessus. Comme ils promettent plus, ils doivent aussi plus ; et

---

1 Nous ne pouvons ici faire qu'une très courte sélection de quelques-uns des ouvrages les plus significatifs ayant traité spécifiquement de ce thème : Richard A. Sayce, « The Visual Arts in Montaigne's *Journal de voyage* », dans R. C. La Charité (dir.), *O un amy ! Essays on Montaigne in Honor of Donald M. Frame*, Lexington, Kentucky, French Forum Publishers, 1977, p. 219-241 ; Géralde Nakam, *Montaigne : la manière et la matière*, Paris, Klincksieck, 1992 ; Alain Legros, « Peinture », dans Philippe Desan (dir.), *Dictionnaire de Michel de Montaigne*, Paris, H. Champion, 2004, p. 771-773 ; Jean-Yves Pouilloux, *Montaigne, une vérité singulière*, Paris, Gallimard, 2012, p. 177-193.

pourtant leur est le silence non seulement contenance de respect et gravité,
mais encore souvent de profit et de mesnage : car Megabysus, estant allé voir
Appelles en son ouvrouer, fut long temps sans mot dire et puis commença à
discourir de ses ouvrages, dont il receut cette rude reprimende : Tandis que
tu as gardé silence, tu semblois quelque grande chose à cause de tes cheines
et de ta pompe ; mais maintenant qu'on t'a ouy parler, il n'est pas jusques
aux garsons de ma boutique qui ne te mesprisent. Ces magnifiques atours,
ce grand estat, ne luy permettoient point d'estre ignorant d'une ignorance
populaire, et de parler impertinemment de la peinture : il devoit maintenir,
muet, cette externe et praesomptive suffisance (III, 8, 932 B)[2].

Le peintre semble jouer ici un rôle relativement secondaire si on tient
compte du contexte de la présentation de l'exemple, car il apparaît surtout
comme un instrument révélateur de la sottise d'un homme de pouvoir, un
satrape perse, par la façon dont celui-là réprimande celui-ci. Le contraste
de la magnificence dont s'entoure le politique, lequel ne se montre pas
à la hauteur ni de son pouvoir ni de son devoir, avec son insuffisance
à parler avec un minimum de compétence des ouvrages artistiques et
de l'art de la peinture, constitue le sujet principal de l'épisode, auquel
se joint le thème de la limite de la compétence à un seul domaine (« à
chacun son métier. C'est un leitmotiv des *Essais* », comme le dit Alain
Legros)[3]. En tout cas, Apelle apparaît ici comme un noble représentant
de son art dignifié par le ton effronté et courageux qu'il adopte quand
il blâme sévèrement son visiteur, montrant que s'il était un inférieur du
point de vue politique face au gouverneur perse, en revanche il était son
supérieur non seulement au sujet de la peinture et de son appréciation
mais aussi en matière de par l'exercice du jugement.

Dans le chapitre du Livre I « La fortune se rencontre souvent au train
de la raison », Montaigne attribue au contemporain et rival d'Apelle,
Protogène, une histoire célèbre dans l'Antiquité racontée par Pline
l'Ancien, et utilisée par Sextus Empiricus :

Surpassa elle pas le peintre Protogenes en la science de son art ? Cettuy-cy,
ayant parfaict l'image d'un chien las et recreu, à son contentement en toutes
les autres parties, mais ne pouvant representer à son gré l'escume et la bave,
despité contre sa besongne, prit son esponge, et, comme elle estoit abreuvée

---

2   Nous citons Montaigne dans l'édition Villey-Saulnier publiée par les Presses Universitaires
    de France.
3   Alain Legros, *Essais sur Poutres. Peintures et Inscriptions chez Montaigne*, Paris, Klincksieck,
    2000, p. 164.

> de diverses peintures, la jetta contre, pour tout effacer : la fortune porta tout
> à propos le coup à l'endroit de la bouche du chien, et y parfournit ce à quoy
> l'art n'avoit peu attaindre (I, 34, 221 A).

La narration de Montaigne correspond, comme l'indiquent Pierre Villey et les autres éditeurs des *Essais*, à celle de Pline l'Ancien. L'édition récente dans la Bibliothèque de la Pléiade remarque à propos de cette source dans une note : « Anecdote rapporté par Pline L'Ancien, XXXVI, qui attribue toutefois ce trait au peintre Néalcès ; voir aussi Sextus Empiricus, *Hypotyposes pyrrhoniennes*, I, XII, 28[4] ». Le rapprochement du passage avec celui de Sextus est en effet d'une importance majeure car l'anecdote acquiert une dimension emblématique, au cœur de la présentation du scepticisme en servant de terme de comparaison à la façon dont les sceptiques sont parvenus au moyen d'un renoncement à poursuivre le but de leur quête de la tranquillité d'âme (l'*ataraxia* aussi recherchée par les autres orientations et écoles philosophiques rivales), à l'atteindre fortuitement ; ce qui établit pour les pyrrhoniens une certaine relation entre la voie de l'*epoche* et le but de l'*ataraxia* :

> En fait, il est arrivé au sceptique ce qu'on raconte du peintre Apelle. [...] Les
> sceptiques, donc, espéraient aussi acquérir la tranquillité en tranchant face à
> l'irrégularité des choses qui apparaissent et qui sont pensées, et, étant inca-
> pables de faire cela, ils suspendirent leur assentiment. Mais quand ils eurent
> suspendu leur assentiment, la tranquillité s'ensuivit fortuitement, comme
> l'ombre suit un corps (I, XII, 28-29)[5].

Dans « La fortune se rencontre souvent au train de la raison », Montaigne suit la version de l'épisode présentée par Pline l'Ancien, à vrai dire, sa première version, dans la mesure où l'écrivain latin, quoique parlant comme Montaigne de la peinture d'un chien par Protogène, mentionne brièvement à la fin de sa narration la similitude de ce cas avec celui qui serait arrivé à Néalcès qui essayait de peindre l'écume d'un cheval (« *hoc exemplo eius similis et nealcen successus spumae equi similiter spongea inpacta secutus dicitur* », I, XXXV, 104). En effectuant le change-ment de l'espèce animale indépendamment du nom du peintre, cette

---

4   Montaigne, *Les Essais*, édition établie par Jean Balsamo, Michel Magnien et Catherine
     Magnien-Simonin, Paris, Gallimard, 2007, p. 1432, p. 227, note 6.
5   L'édition suivie est celle de Pierre Pellegrin : Sextus Empiricus, *Esquisses Pyrrhoniennes*,
     Introduction, traduction et commentaires par Pierre Pellegrin, Paris, Éditions du Seuil,
     1997, p. 71.

version constitue donc une variante en apparence plus proche de celle suivie par Sextus. Toutefois, face à ce que dit le philosophe pyrrhonien (et de la confrontation avec le texte de Pline), l'histoire semblait être en son temps bien courante, et en fait peu lui importait si le cas s'était passé avec ce peintre ou cet autre à propos d'un tableau représentant un chien ou un cheval[6]. Du point de vue de Sextus, l'essentiel était de montrer la recherche systématique d'un effet suivi par le renoncement à l'espoir d'obtenir cet effet et conséquence accidentelle de cet effet par la suite de ce renoncement involontaire. C'était ce schéma qui était comparable à celui plus pyrrhonien de la maîtrise involontaire de l'*ataraxia* accomplie fortuitement grâce au geste de renoncement signifié par l'*epoché*.

L'exemple de la représentation d'Agamemnon masqué lors du sacrifice d'Iphigénie par un autre peintre grec ancien, Timanthe, est présent dans un passage bien connu du chapitre « De la tristesse », lequel contraste avec les exemples déjà évoqués concernant Apelle et Protogène, c'est-à-dire la particularité de ne pas nommer l'artiste, le mentionnant simplement comme « cet ancien peintre », en apparente conformité avec le contenu du texte, l'omission tant du nom du peintre comme du nom du père de la sacrifiée correspondant en quelque sorte à la couverture dissimulant le visage de celui-ci :

> A l'aventure reviendroit à ce propos l'invention de cet ancien peintre, lequel, ayant à representer au sacrifice de Iphigenia le dueil des assistans, selon les degrez de l'interest que chacun apportoit à la mort de cette belle fille inno-cente, ayant espuisé les derniers efforts de son art,quand se vint au pere de la fille, il le peignit le visage couvert, comme si nulle contenance ne pouvoit representer ce degré de dueil (I, 2, 12 A)[7].

---

6   On est ici face à trois variantes : 1) celle du chien de Protogène – Pline l'Ancien ; 2) celle du cheval de Néalcès – Pline l'Ancien ; 3) celle du cheval d'Apelle – Sextus Empiricus. L'anecdote racontée par Montaigne suit sans équivoque le modèle 1. Un contemporain portugais de Montaigne, le peintre humaniste Francisco d'Olanda a écrit *Da Pintura Antigoa*, daté de 1548 mais publié intégralement pour la première fois au XIXe siècle, où on trouve la narration de l'anecdote suivie scrupuleusement de Pline (variante 1), à la fin de laquelle il s'interroge sur la capacité des peintres modernes à réussir un effet exécuté par la fortune elle-même, après quoi il mentionne le cas de Néalcès, sans l'identifier pour autant : « Mais comme maintenant peindront les modernes aussi bien que ceux pour lesquels la fortune elle-même peignait ? Le même est arrivé à l'autre qui voulait peindre un cheval en train d'écumer » (Francisco de Holanda, *Da Pintura Antiga*, introduction et notes de Angel González Garcia, Lisbonne, IN-CM, 1984, p. 339-340) [ma traduction].

7   Au sujet de l'impuissance de l'artiste dans cet exemple donné par Montaigne, voir Christine Brousseau-Beuermann, *La Copie de Montaigne. Étude sur les citations dans les*

En rapport avec l'histoire de Protogène, Montaigne souligne dans le chapitre « Divers evenemens de mesme conseil » l'importance du rôle du hasard dans l'exécution de peintures. Celui-ci se manifestant dans des traits involontaires qui surprennent les artistes, traits qui, selon lui, peuvent même n'être reconnus dans les œuvres, que longtemps après leur création et par d'autres que par leur auteur :

> Or je dy que, non en la medecine seulement, mais en plusieurs arts plus certaines, la fortune y a bonne part. Les saillies poetiques, qui emportent leur autheur et le ravissent hors de soy, pourquoy ne les attribuerons nous à son bon heur ? puis qu'il confesse luy mesme qu'elles surpassent sa suffisance et ses forces, et les reconnoit venir d'ailleurs que de soy, et ne les avoir aucunement en sa puissance : non plus que les orateurs ne disent avoir en la leur ces mouvemens et agitations extraordinaires, qui les poussent au delà de leur dessein. Il en est de mesmes en la peinture, qu'il eschappe par fois des traits de la main du peintre, surpassans sa conception et sa science, qui le tirent luy mesmes en admiration, et qui l'estonnent. Mais la fortune montre bien encores plus evidemment la part qu'elle a en tous ces ouvrages, par les graces et beautez qui s'y treuvent, non seulement sans l'intention, mais sans la cognoissance mesme de l'ouvrier. Un suffisant lecteur descouvre souvant és escrits d'autruy des perfections autres que celles que l'autheur y a mises et apperceues, et y preste des sens et des visages plus riches (I, 24, 127A).

On trouve dans ce passage la comparaison entre les effets accidentels de certains gestes de peintres et les ravissements dus à l'enthousiasme poétique, introduisant le rôle du hasard dans l'art oratoire, dans l'art poétique, dans l'art pictural, et dans la création littéraire en général à côté du manque de contrôle dans les domaines de l'art médical et de l'art militaire, dont la sujétion à l'emprise de la fortune (ici redoublée dans la mesure où Montaigne souligne qu'elle peut agir sur la peinture, non seulement d'une façon involontaire mais aussi à l'insu du peintre) fait partie de l'image traditionnelle qu'on a de la pratique de ces deux arts. Les qualités esthétiques de l'ouvrage exécuté peuvent elles-mêmes être conçues alors comme plus redevables de la contingence ou d'autres facteurs externes que des mérites inventifs de leur créateur.

Un exemple rapporté par Plutarque à propos d'un autre peintre non nommé de l'Antiquité, bien qu'identifié comme « mauvais », présente l'intérêt supplémentaire de s'insérer dans le chapitre du Livre III

« *Essais* », Paris & Genève, H. Champion & Slatkine, 1989, p. 203-204.

habituellement reconnu comme un de ceux évoquant la peinture, « Sur des vers de Virgile », et précisément au cœur d'un passage qui considère l'écriture comme art et où l'auteur parle du contraste entre nature et art :

> Les sciences traictent les choses trop finement, d'une mode trop artificielle et differente à la commune et naturelle. Mon page faict l'amour et l'entend. Lisez luy Leon Hébreu et Ficin : on parle de luy, de ses pensées et de ses actions, et si il n'y entend rien. Je ne recognois pas chez Aristote la plus part de mes mouvemens ordinaires : on les a couverts et revestus d'une autre robe pour l'usage de l'eschole. Dieu leur doint bien faire ! Si j'estois du mestier, je naturaliserois l'art autant comme ils artialisent la nature. Laissons là Bembo et Equicola. Quand j'escris, je me passe bien de la compaignie et souvenance des livres, de peur qu'ils n'interrompent ma forme. Aussi que, à la verité, les bons autheurs m'abattent par trop et rompent le courage. Je fais volontiers le tour de ce peintre, lequel, ayant miserablement representé des coqs, deffendoit à ses garçons qu'ils ne laissassent venir en sa boutique aucun coq naturel (III, 5, 874 B).

L'attribution à lui-même par Montaigne d'une attitude comparable à celle du « mauvais peintre » (bien qu'il omette le caractère explicite conféré par le qualificatif employé par Plutarque) se distingue par un mélange d'ironie et d'autodépréciation. Bien sûr, la première faute du peintre est de donner une représentation misérable des animaux qu'il aurait voulu peindre. Cette faute montre son manque de compétence dans son art plutôt qu'un choix en faveur de l'art contre la nature. Mais le jugement lui fait aussi défaut, ce que montre l'interdiction de mettre en face de ses ouvrages les animaux qu'il cherche à représenter, tout en exhibant un mépris redoublé de la nature.

Parmi les cas où Montaigne fait allusion à des peintres de son temps tout en ne les nommant pas, celui concernant l'auteur resté anonyme (malgré les recherches entreprises par Alain Legros sur les vestiges de peintures murales dans le cabinet adjacent à la librairie, lieu probable de son activité)[8] de peintures chez lui prend un relief particulier en vertu de la place qu'il occupe comme *incipit* du chapitre « De l'amitié », lui-même privilégié du point de vue de son emplacement au sein des

---

8 *Cf.* Legros, *op. cit.*, p. 121-126, 141-150, 164-169, 244-247. Legros s'interroge à propos de la possible identité du peintre des *grotesques* et du tableau mentionné dans « De l'amitié » pour conclure de cette façon : « Jacques Gaultier, le peintre du "cabinet", le peintre des "crotesques" et le peintre des lettres sont-ils quatre hommes différents, ou bien une seule et même personne ? Nous en sommes réduits aux conjectures », *ibid.*, p. 245.

Essais (puisqu'il occupe la position centrale du Livre I dans l'édition de 1580). Il s'ouvre par une comparaison entre la procédure du peintre dans le choix du genre de peinture à appliquer dans un espace déterminé et celle qu'il a prise dans son livre :

> Considérant la conduite de la besongne d'un peintre que j'ay, il m'a pris envie de l'ensuivre. Il choisit le plus bel endroit et milieu de chaque paroy, pour y loger un tableau élabouré de toute sa suffisance ; et, le vuide tout au tour, il le remplit de crotesques, qui sont peintures fantasques, n'ayant grace qu'en la varieté et estrangeté. Que sont-ce icy aussi, à la verité, que crotesques et corps monstrueux, rappiecez de divers membres, sans certaine figure, n'ayants ordre, suite ny proportion que fortuite ?
> *Desinit in piscem mulier formosa superne.*
> Je vay bien jusques à ce second point avec mon peintre, mais je demeure court en l'autre et meilleure partie : car ma suffisance ne va pas si avant que d'oser entreprendre un tableau riche, poly et formé selon l'art. Je me suis advisé d'en emprunter un d'Estienne de la Boitie, qui honorera tout le reste de cette besongne (I, 28, 183 A)[9].

L'attention de Montaigne dans la comparaison qu'il établit ici semble porter moins sur la technique elle-même employée par le peintre que sur la distinction qu'il fait entre tableaux « élabouré[s] de toute sa suffisance » et « crotesques », c'est-à-dire, dans ce cas précis, entre pièces centrales et principales, d'un côté, et, de l'autre, ce qu'on peut considérer comme des encadrements peints[10]. L'exécution d'une peinture dans un genre déterminé, comme celui des grotesques, ne nous éclaire pourtant point sur le style employé par le peintre auquel Montaigne fait allusion pour les tableaux placés au centre des parois de sa tour. Le mieux qu'on puisse faire c'est de conjecturer que ces parois

---

9   Les « crotesques », d'un point de vue rigoureux, correspondent à un type de peinture spécifique connotée avec un style possédant des caractéristiques déterminées et impliquant des procédés techniques différents de ceux appliqués aux fresques, peuvent être dits appartenir à la peinture décorative en général.

10   Voir à ce sujet la notion d'« encadrement maniériste » introduite par Michel Butor dans la critique montaignienne et comme pièce de la génèse du projet des *Essais* autour du rapport avec l'ami absent, La Boétie : Michel Butor, *Essais sur les Essais*, Paris, Gallimard, 1968, p. 66-71. Les discussions sur le maniérisme des *Essais* et sur son éventuelle évolution sont issues de l'interprétation de l'*incipit* de « De l'amitié » considéré comme cruciale. Voir par exemple François Rigolot, « Montaigne's Anti-Mannerist Mannerism », dans Keith Cameron et Laura Willet (dir.), *Le Visage changeant de Montaigne*, Paris, H. Champion, 2003, p. 207-230. Voir aussi Géralde Nakam sur la transformation de la conception montaignienne des *Essais* dès 1580 jusqu'à 1588, *op. cit.*, p. 259-270.

n'étaient autres que celles du cabinet dont il reste des vestiges (bien que les fragments des encadrements ornementaux qui subsistent ne correspondent pas au genre des grotesques, comme le soutient Legros[11]) ou, au moins, suivaient le même modèle. En plus de la dimension pour ainsi dire ornementale du genre des grotesques, Montaigne fait valoir certaines caractéristiques de ce genre et style mineur de peinture (quoique à la mode en son temps) – la variété, l'étrangeté, l'hybridation monstrueuse, le manque de figure et d'ordre et la nature fortuite de sa disposition – pour les appliquer en termes autodépréciatifs aux *Essais*. Bien que « la conduite de la besogne » de son peintre ne constitue vraisemblablement qu'un prétexte pour Montaigne afin d'exposer « la conduite de sa besongne[12] », cela n'ôte pas l'importance qu'il confère à la peinture en tant que *besogne* comparable à celle de l'écriture, ni ne l'empêche de démontrer qu'il est bien un observateur attentif de l'activité picturale[13]. Il est possible que Montaigne, en prenant cette observation issue du *regard* porté par lui sur l'activité d'un peintre (qu'on peut qualifier comme *geste* d'un peintre, bien qu'il soit différent d'un *geste* spontané et tout à fait fortuit comme ceux attribués à Protogène, à Apelle ou à Néalcès), comme base de l'*incipit* du chapitre central du Livre I des *Essais* et rapporte par ce biais une idée qui l'avait stimulé, sinon même guidé, dans la disposition initiale de son ouvrage, démontrant ainsi sa conscience de la nature artistique de ses textes réunis autour des traces de La Boétie et de sa mémoire, développées dès l'édition de 1580. Quoique cette conscience soit métamorphosée dans les éditions postérieures, il est douteux que cette évolution reflète une attitude anti-maniériste qui mettrait en cause l'encadrement initial, même envisagée d'un point de vue paradoxal ou « problématique », comme le suggère François Rigolot[14]. Par ailleurs, la référence aux « crotesques » ne se limite pas à un type de dispositif, maniériste ou

---

11 *Cf.* Legros, *op. cit.*, p. 167-168.

12 Ou, comme le dit si bien Legros, « sa propre démarche d'écriture, son originale *dispositio* », *op. cit.*, p. 167.

13 Même en tenant compte de la primauté de l'intérêt de l'auteur pour la conduite et non pas sur un aspect entièrement technique de l'art pictural, comme nous le soutenons, nous ne pouvons interpréter la comparaison et son emplacement au seuil du chapitre que comme une image renforçant la centralité de « De l'amitié » par une procédure de mise en abîme.

14 Rigolot, art. cité, p. 215.

anti-manièriste ; elle reflète aussi un modèle de rêverie antique, tout comme apparemment le font les vestiges de peinture du cabinet de la tour de Montaigne[15].

L'autre peintre de son temps dont Montaigne parle dans les *Essais* sans le nommer, est l'auteur d'un de ses portraits : « quelles que soyent ces inepties, je n'ay pas deliberé de les cacher, non plus qu'un mien pourtraict chauve et grisonnant, où le peintre auroit mis, non un visage parfaict, mais le mien » (I, 26, 174A)[16].

Le regard porté par Montaigne sur les gestes du peintre se révèle aussi dans ses observations sur des aspects techniques ou esthétiques, l'auteur adoptant cependant pour ces cas la généralisation, l'identification de groupe de peintres, désignés de façon générale. Ainsi, dans un passage bien connu de l'« Apologie de Raymond Sebond », évoquant la différence entre la représentation du lointain et du proche dans la peinture est invoquée comme parallèle à l'exigence d'une plus grande exactitude des théories philosophiques (dans un sens très étendu de la philosophie) sur le monde et sur l'homme :

> Et ce n'est pas raison de les excuser. Car, aux peintres, quand ils peignent le ciel, la terre, les mers, les monts, les isles escartées, nous leur condonons qu'ils nous en rapportent seulement quelque marque legiere ; et, comme de choses ignorées, nous contentons d'un tel quel ombrage et feinte. Mais quand ils nous tirent apres le naturel en un subject qui nous est familier et connu, nous exigeons d'eux une parfaicte et exacte representation des lineamens et des couleurs, et les mesprisons s'ils y faillent (II, 12, 538 C).

Parfois, les observations de Montaigne sur des effets picturaux de ces artistes prennent un caractère encore plus précis, soit qu'ils se réfèrent à la lumière dans la peinture[17] ou à l'ambiguïté des recours expressifs pour représenter les gestes plus ou moins spontanés du visage[18].

---

15   *Cf.* Legros, *op. cit.*, p. 150.
16   Sur ce peintre, voir Philippe Desan, *Portraits à l'essai. Iconographie de Montaigne*, Paris, H. Champion, 2007, p. 11-48.
17   « Les dames couvrent leur sein d'un reseu, les prestres plusieurs choses sacrées ; les peintres ombragent leur ouvrage, pour luy donner plus de lustre ; et dict-on que le coup du Soleil et du vent est plus poisant par reflexion qu'à droit fil » (III, 5, 880 B).
18   « Nature nous descouvre cette confusion : les peintres tiennent que les mouvemens et plis du visage qui servent au pleurer, servent aussi au rire. De vray, avant que l'un ou l'autre soyent achevez d'exprimer, regardez à la conduicte de la peinture : vous estes en doubte vers lequel c'est qu'on va. Et l'extremité du rire se mesle aux larmes » (II, 20, 674 B).

Se peindre et peindre des objets choisis, intérieurs ou non, semble être la juste et exacte désignation d'une procédure idéale que, d'un point de vue matériel, l'art pictural représente bien plus que le simple usage d'une métaphore prise pour prêter le nom à son entreprise créatrice, littéraire et philosophique, c'est-à-dire à son « projet de papier[19] ».

Rui Bertrand ROMÃO
Universidade do Porto

---

19   Philippe Desan, *Portraits à l'essai. Iconographie de Montaigne*, *op. cit.*, p. 14.

« *ÉPÉKHÔ*, C'EST-À-DIRE JE SOUTIENS, JE NE BOUGE »

Jeu de paume, histoire et philosophie

« Je soustiens, je ne bouge » (II, 12, 532[1]) : c'est ainsi, on le sait, que dans l'« Apologie de Raimond Sebond », Montaigne traduit le vocable grec *épékhô*. Ce verbe à la première personne est, dit-il, le « refrein » principal des sceptiques de tradition pyrrhonienne qui, en toute occasion, suspendent leur jugement sans pour autant renoncer à l'action. Que Montaigne en ait fait pour lui-même une sorte de maxime au cours des années 1570, deux vestiges matériels l'attestent : il l'avait fait peindre sur une poutre de sa « librairie[2] » et graver en capitales (à l'oméga près) sur des jetons de bronze à son nom et à ses armes en précisant l'année de création (« 1576 ») suivie de son âge (« 43 » ans)[3]. Composé du préverbe *épi-* (« sur ») et du verbe *ékhô* (« je porte », « je tiens », « j'ai »), le mot grec est associé à une image d'équilibre : sur l'unique jeton conservé, celle d'une balance d'orfèvre aux plateaux symétriques, et chez Homère, bien avant que le verbe ait acquis un sens philosophique (« je suspens mon jugement »), celle d'un homme qui, juché sur un escabeau, véri-fie prudemment la stabilité de son installation : *épékhein thrènui podas* (« maintenir fermement les pieds sur l'escabeau »)[4].

---

1 Montaigne, *Les Essais*, éd. Jean Balsamo, Michel Magnien et Catherine Magnien-Simonin, Paris, Gallimard, coll. « Bibliothèque de la Pléiade », 2007.

2 Alain Legros, *Essais sur poutres. Peintures et inscriptions chez Montaigne*, Paris, Klincksieck, 2000, p. 412-415.

3 Marie-Luce Demonet, *À plaisir. Sémiotique et scepticisme chez Montaigne*, Orléans, Paradigme, 2002, p. 35-77 (avec illustrations en couverture) ; *Ead.*, notice « Jeton », dans Philippe Desan (dir.), *Dictionnaire de Michel de Montaigne*, Paris, H. Champion, 2007.

4 Homère, *Iliade*, 14, 21, selon le dictionnaire grec-français de Bailly. Le *Thesaurus Graecae linguae* d'Henri Estienne (1572) propose plusieurs traductions latines pour *Épékhô* : *Inhibeo, Reprimo, Moror, Retro ago, Attendo, Expecto, Cunctor, Differo, Obsto (ne hoc facias)*, autrement dit « je m'empêche d'agir », « je retiens mon geste », « j'attends », « je patiente »...

Dans le monde des corps comme dans celui des idées, « soustenir »,
c'est se retenir de pencher d'un côté ou de l'autre. Sous le texte pyrrhonien
semble se dessiner, en filigrane, la silhouette d'un funambule ou d'un
équilibriste, ou plutôt celle d'un joueur de paume. Lorsque Montaigne
exprime sa pensée, le corps n'est jamais bien loin. Surtout si, parmi
les lecteurs qu'il espère, se trouvent des familiers d'un exercice dont
les jeunes nobles de son temps raffolent, et jusqu'aux rois eux-mêmes.
Mieux que d'autres sans doute, ils pouvaient entendre sous ce mot
l'opération toute physique par laquelle un joueur qui reçoit le service
de son adversaire adopte et maintient une position d'attente qui lui
permette de ne frapper la balle, au terme d'une trajectoire incertaine,
qu'au lieu et au moment du premier rebond dans le carré de service où
il se tient (fig. 1)[5].

En ces temps de « troubles » religieux et civils, la seconde traduction
(« je ne bouge ») pouvant aussi avoir un sens moral et politique, c'est à
tisser des liens entre culture du corps, contexte historique et réflexion
philosophique qu'invite le présent article[6].

---

5   Une bonne illustration de cette posture se trouve dans les *Emblemata* de Sambucus,
     Anvers, Plantin, 1584, p. 133 (ouvrage en ligne sur Gallica) : alors que le joueur qui
     vient de servir la balle sur un « toit » a encore le bras levé au terme de son mouvement,
     de l'autre côté de la corde médiane le joueur qui va la recevoir maintient sa position
     d'attente, la main droite brandissant à mi-corps la raquette, l'autre main sur la hanche
     gauche, la jambe droite un peu fléchie, le pied droit en arrière et le pied gauche tourné
     vers l'intérieur du court. Elle est reproduite dans *Jeu des Rois, Roi des jeux. Le Jeu de paume
     en France* (Paris, Éditions de la Réunion des musées nationaux, 2001) pour illustrer l'article
     de Marie-Madeleine Fontaine, « L'Age d'or du jeu de Paume », p. 71, ainsi que dans Cees
     de Bondt, *Royal Tennis in Renaissance Italy* (Turnhout, Brepols, 2006, p. 198)... et sur un
     timbre hongrois (http://www.sportrural31.fr/les-activites/sports-de-raquettes/) (consulté
     le 18 septembre 2020).
6   Dans son œuvre critique, Philippe Desan n'a cessé, en sa qualité d'historien et sociologue
     de la littérature, de tisser de tels liens entre le livre de Montaigne et la société de son
     temps, par exemple dans *Montaigne : penser le social*, Paris, Odile Jacob, 2018. Le présent
     article, où il est en somme question d'*habitus* corporel et mental, et aussi de « distinction »
     (Bourdieu), lui est naturellement dédié.

FIG. 1 – Sambucus, *Emblemata*, 1584, « *Ad pilulam* », p. 133 (BnF, Gallica).

Que Montaigne puisse entendre le verbe « soustenir » en un sens quasi technique[7], une analogie fameuse du chapitre « De l'experience » incite à le penser : « La parole est moitié à celuy qui parle, moitié à celuy qui l'escoute. Cestuy-cy se doibt preparer à la recevoir, selon le branle qu'elle prend. Comme entre ceux qui jouent à la paume, celuy

---

7   Je n'ai toutefois pas rencontré ce sens spécifique dans les traités et catalogues descriptifs que j'ai pu consulter. En français contemporain et toujours sans complément, « soutenir », c'est, pour des danseuses, « garder le plus longtemps possible une jambe à la hauteur ou à la demi-hauteur avant de la poser à terre », Antonine Meunier, *La Danse classique. École française*, Paris, Firmin Didot, 1931, p. 137.

qui soustient, se desmarche et s'appreste, selon qu'il voit remuer celuy qui luy jette le coup, et selon la forme du coup » (III, 13, 1136). Deux joueurs seulement dans la partie envisagée : celui qui sert et celui qui reçoit (ou qui écoute). Pour s'en tenir au jeu de paume, celui qui reçoit ne s'immobilise que pour bondir à propos, là où la balle de service, engagée côté « dedans » (à droite du filet quand on sort de la « galerie » pour entrer sur le court) retombera sur le « carreau » de dalles côté « devers » (à gauche du filet), après passage obligatoire sur le « toit » qui couvre la « galerie »)[8]. Ce qui est dit ici par Montaigne de « celui qui soustient » (groupe sujet), et qui par conséquent « se desmarche et s'appreste », permet de mieux visualiser l'abstraite formule « je soustiens », employé ici absolument[9].

« Se desmarcher » implique qu'avant de prendre position le joueur qui reçoit ait reculé d'un pas pour se mettre en position. Commun à la paume et à l'escrime, le substantif « desmarche » est maintes fois employé par Henri de Saint-Didier dans son *Traicté contenant les secrets du premier livre sur l'espée seule* (Paris, 1573), dédié à Charles IX que le jeu de paume passionnait (fig. 2)[10]. Les dernières pages de ce livret

---

8   L'espace de jeu étant clos de trois murs en sus de la « galerie » où se trouvent les spectateurs, la balle une fois engagée peut rebondir sur les murs, sur l'un des « toits », sur la « grille » ou bien sur le « tambour ». Les règles en usage à l'époque de Montaigne ont été consignées dans l'*Ordonnance du royal et honorable Jeu de la Paume* de 1592, texte joint à l'*Utilité qui provient du jeu de paume au corps et à l'esprit, traduit du grec de Galien en françois*, Paris, 1599 (en ligne sur Gallica). Un schéma explicatif est fourni dans la « Fiche type d'inventaire du patrimoine culturel immatériel de la France » consacrée au « Jeu de courte paume » sur le site du Ministère de la Culture (www.culture.gouv.fr). Voir aussi le site du Comité français de courte paume (https://paumefrance.com/les-regles) (consulté le 18 septembre 2020).

9   Autre emploi absolu du verbe : « Je soustien tant que je puis, mais je ne sçay en fin, où elle [*i.e.* la vieillesse] me menera moy-mesme » (III, 2, 859). Il s'agit bien de « tenir bon », ici de se maintenir en vie.

10   Il y jouait chaque jour au « tripot » du Louvre. Une estampe de Frans Hogenberg (1535-1590) qui associe en une même image narrativisée la tentative d'assassinat de Coligny du 22 août 1572 et son assassinat du 24 août 1572 montre à l'arrière-plan le roi Charles IX, le duc de Guise et Tiligny (gendre de l'amiral) sur le court, tandis que dans les rues des massacreurs s'acharnent sur les corps de ceux qui ont été défenestrés (Paris, BnF, département des Estampes et de la Photographie, QE-64-PET FOL ; http://passerelles.bnf.fr/grand/pas_977.htm) (consulté le 18 septembre 2020). Dans *Jeu des rois…*, *op. cit.*, p. 12, est reproduite une image inversée de cette estampe avec quelques variantes. Le même ouvrage contient, p. 115, un portrait de Charles IX enfant tenant une raquette (dessin de 1552 attribué à Jean Clouet). Un récit d'Emanuel de Meteren (dans *L'Histoire des Pays-bas, ou Recueil des guerres, et choses memorables…*, La Haye, Hillebrant Jacobz Wou, 1618,

offrent en annexe au lecteur « indocte » un « Traité sur l'exercice, et certains points requis de scavoir au jeu de la paulme, pour tous ceux qui l'aiment, composé par ledit Auteur, attendu que y est requis mesme desmarche, et scavoir, mesmes coups que ausdites armes, comme ce verra par iceluy traité, et l'a fait ledit Auteur à cause de ladite affinité et sympatie qu'ils ont ensemble[11] ». « Desmarche », « coup », « maindroit », « re(n)vers » (mais non « estoc », et pour cause) : un même vocabulaire sert en partie aux deux types d'exercice. Ne sont-ils pas « cousins germains » ? S'entraîner à l'un, c'est se préparer pour l'autre : « qui scaura bien jouer à la paulme, facilement et tost scaura bien tirer des armes. » Quand on reçoit, dit encore Saint-Didier, c'est l'« esteuf[12] » qu'il ne faut pas quitter des yeux, et non pas le regard de celui qui sert, car il peut tromper. Il en est de même, poursuit-il, à l'escrime, où il « fault regarder la pointe de l'espée, et non la veue de l'homme ». Ce qu'il dit de la « premiere desmarche » de celui qui reçoit à la paume (« il se faut tenir sur le pied gauche pour la premiere fois, et presque tousjours en faisant la pirouette sur icelluy : cherchant l'eteuf du costé qu'il ira ») vaut aussi, *mutatis mutandis*, pour la « premiere desmarche » de celui qui « défend » à l'épée[13] et à qui un dessin explicatif indique quelle posture il doit adopter pour commencer et, grâce à des « semelles » numérotées, où il doit placer ses pieds, d'abord joints, puis disjoints (« faut qu'il tire le pied droict arriere »).

IV, f. 81v) confirme le fait en fournissant noms et circonstances sur la tentative et sur l'assassinat.

11 Fac-similé numérique en ligne sur le site des Bibliothèques Virtuelles Humanistes, ou BVH (http://www.bvh.univ-tours.fr) (consulté le 18 septembre 2020).

12 Balle ou boule très dure faite de poils et/ou d'étoffes martelées et ficelées, parfois autour de cailloux, puis entourées de peaux cousues. Montaigne raconte dans son livre comment l'un de ses frères a perdu la vie à 23 ans après avoir reçu un coup d'« esteuf » à la tempe. Son benjamin a par ailleurs été inquiété pour une affaire de duel.

13 Deux estampes de l'époque (Paris, BnF, département des Estampes et de la Photographie, Réserve OA-39-4 et Réserve OA-17-FOL) montrent qu'escrime et jeu de paume ont partie liée, mais aussi que ces deux pratiques sportives ont valeur de marqueur social. De facture voisine, elles présentent toutes deux un joueur de paume en tenue d'apparat qui tient une raquette de sa main droite, mais qui a gardé son épée au côté, main gauche sur la poignée. L'une, intitulée « Joueur de courte paume » est de 1581, l'autre, « Gentilhomme jouant à la paume », est de 1586. La seconde est reproduite par Antonella Fenech Kroke « Culture visuelle du jeu sportif dans la première modernité » (https://journals.openedition.org/perspective/9411) (consulté le 18 septembre 2020).

FIG. 2 – Frans Hogenberg, « Assassinat de Coligny
et massacre de la Saint-Barthélemy », détail (BnF, Estampes).

Ce nom ancien (« desmarche », écrit aussi « démarche » avec accent) apparaît sept fois dans les *Essais*, presque toujours pour désigner un état, une stabilité (vie recluse du Doyen de Saint-Hilaire, constance de Caton *in articulo mortis*). On le trouve en particulier dans la préface « Au lecteur » des éditions du vivant de l'auteur : « [je] me fusse tendu et bandé en ma meilleure démarche ». Se montrer ainsi dès la première page dans une posture avantageuse, c'est précisément ce que l'auteur refuse pour son livre, qu'il veut singulier, déréglé, hors-norme, loin des contraignantes leçons d'escrime ou de paume, au point qu'il eût préféré en cette page d'accueil un portrait de lui « nud » en cannibale. La correction apportée en interligne sur l'Exemplaire de Bordeaux insiste sur ce refus en même temps qu'elle corrige le substantif : « [je] me presanterois en une marche estudiée ». Sur un exemplaire de la première édition posthume des *Essais* dit « Exemplaire d'Anvers[14] », Marie de Gournay reporte cette correction à la main après son passage au château de Montaigne où elle a pu avoir accès, précise-t-elle, à la « preface recorrigée de la derniere main de l'autheur » qui avait été « egarée » lors de la première édition posthume. Après avoir écrit elle aussi « une marche » (donc un pied devant l'autre), elle insère toutefois entre l'article et le nom le préfixe « de », rétablissant ainsi « demarche » (un pied derrière l'autre), qu'elle conservera dans son édition de 1598 et dans les suivantes jusqu'en 1635[15].

La balle du jeu de paume court, pour ainsi dire, à travers les *Essais*. Par exemple lorsque l'auteur, à l'aide d'une métaphore, affirme sa pré-dilection pour l'histoire : « les historiens sont ma droitte bale » (II, 10, 437), c'est-à-dire celle qu'il peut reprendre à la volée, sur son coup droit ou « maindroit ». Ou encore lorsqu'il se moque ou s'indigne de tous ceux qui, dans l'un et l'autre camp des guerres civiles de religion, se font les « interpretes et contrerolleurs ordinaires des dessains de Dieu, faisans estat de trouver les causes de chasque accident » : « quoy que la varieté et discordance continuelle des evenemens, les rejette de coin en coin, et d'Orient en Occident, ils ne laissent de suivre pourtant leur esteuf. » (I, 31, 222). L'obstination du partisan fausse ainsi son jugement. Comme

---

14   Fac-similé numérique en ligne sur le site des BVH (http://www.bvh.univ-tours.fr/Consult/index.asp?numfiche=1293) (consulté le 18 septembre 2020).

15   Un peu plus tard, du moins dans les traités d'escrime, « passe avant » et « passe arrière » seront préférés à « marche » et « desmarche », dissipant ainsi toute hésitation.

le joueur de paume allant et venant sur le court à la poursuite d'une balle toujours en mouvement, il s'affaire à ramener tous les faits, même contraires, dans le champ d'interprétation favorable à sa cause.

Pensons encore à trois occurrences de « pelote » ou « peloter », c'est-à-dire jouer à la paume sans points ni gages, par pur plaisir : « Les dieux s'esbatent de nous à la pelote, et nous agitent à toutes mains » (III, 9, 1004), « Nous pelotions nos declinaisons » (I, 25, 181), « Voyez l'horrible impudence dequoy nous pelotons les raisons divines : et combien irreligieusement nous les avons et rejettées et reprinses selon que la fortune nous a changé de place en ces orages publiques » (II, 12, 463). Cette dernière image fait clairement allusion au changement de côté imposé au serveur quand il a dû concéder deux « chasses » à celui qui reçoit. Le mot technique qui, au jeu de paume, désigne des lignes ou limites permettant de localiser les rebonds et de compter les points, n'est pas non plus ignoré de Montaigne, qui dans une autre page de l'« Apologie » ne l'emploie pas seulement pour désigner la poursuite d'un gibier : « On a raison de donner à l'esprit humain les barrieres les plus contraintes qu'on peut. En l'estude, comme au reste, il luy faut compter et regler ses marches : il luy faut tailler par art les limites de sa chasse » (II, 12, 591).

Sous cet éclairage, la double traduction française d'*épékhô* par Montaigne pourrait se lire ainsi : « je soustiens », donc « je ne bouge ». Comme une leçon apprise par un débutant qui se remémore, à la première personne, ce qu'il doit faire, ou plutôt ne pas faire, pour bien recevoir la balle servie par l'adversaire.

Moins spécifique, la seconde traduction (« je ne bouge ») n'est pas dénuée de connotations éthiques et politiques, même si l'on ne saurait lui donner la force de la devise de Guillaume d'Orange, cet exact contemporain de Montaigne : « Je maintiendrai ».

Les quinze occurrences du verbe « bouger » qu'on trouve dans les *Essais* sous diverses formes sont toutes employées négativement (« ne pas bouger », « ne rien bouger », « sans bouger »…). L'une d'elles reprend la formule « je ne bouge », à la première personne, mais l'usage du présent renvoie ici à un contexte historique donné, celui de l'état du royaume de France au moment où l'auteur écrit, donc entre 1588 et 1592 puisqu'il s'agit d'une addition : « Nostre guerre a beau changer de formes, se multiplier et diversifier en nouveaux partis : pour moy je ne bouge »

(II, 15, 655[16]). C'est précisément pour résister à cet éparpillement du royaume en factions ennemies que Montaigne « maintient » sa position, son engagement indéfectible envers la cause catholique et royale, la seule légitime à ses yeux[17]. En 1585 a commencé la huitième guerre de religion, dont il ne connaîtra pas la fin (il mourra trente ans après le début de la première). La mort du duc d'Alençon au cours de l'année précédente a fait du roi de Navarre l'héritier présomptif du trône de France, auquel il accédera sous le nom de Henri IV après l'exécution sommaire du duc de Guise (décembre 1588) et l'assassinat de Henri III (août 1589)[18]. Les deux partis en conflit tendent de plus en plus à se scinder : catholiques modérés et ligueurs, gallicans et ultramontains, ligue nobiliaire et ligues urbaines, huguenots fidèles ou hostiles au nouveau roi, voire à la monarchie elle-même...

Dans ce contexte périlleux de divisions multiples et d'extrême mobilité, « ne pas bouger » peut être considéré comme une vertu à la fois morale et civique[19]. *Fides et constantia*, telle aurait pu être aussi la devise de Montaigne, qui se félicite de n'avoir pas eu à choisir son camp et de devoir simplement être fidèle à celui qui lui a été imposé par la naissance : « Les loix m'ont osté de grand peine, elles m'ont choisi party, et donné un maistre : toute autre superiorité et obligation doibt estre relative à celle-là, et retranchee. Si n'est-ce pas à dire, quand mon affection me porteroit autrement, qu'incontinent j'y portasse la main :

---

16 Sur l'Exemplaire de Bordeaux, au bas du feuillet 264r, une correction interlinéaire de datation incertaine mais tardive semble avoir répondu au souci d'actualiser le propos lors d'une relecture, et en même temps de loger là une déclaration générale sur l'engagement fidèle de l'auteur, au-delà de ce qu'il avait d'abord écrit et qui ne concernait que sa maison forte : « Nostre guerre a beau changer de formes, la miene ne bouge ». Il biffe « la miene », qu'il remplace par « ie » (je) après avoir ajouté en interligne son constat de la prolifération des partis.

17 Sans prétendre pénétrer dans la conscience intime de l'auteur des *Essais*, trois récentes études sur Montaigne s'accordent, par-delà leurs spécificités et intentions, pour reconnaître son engagement résolument catholique *et* royal : Philippe Desan, *Montaigne. Une biographie politique*, Paris, Odile Jacob, 2014, p. 124-126 ; Arlette Jouanna, *Montaigne*, Paris, Gallimard, 2017, p. 171 ; Jean Balsamo, *La Parole de Montaigne. Littérature et humanisme civil dans les* Essais, Turin, Rosenberg et Sellier, 2019, p. 83.

18 Pour vaincre la Ligue, il lui faudra cependant conquérir son royaume par les armes, et surtout redevenir catholique. Par l'entremise de son amie « Corisande », Montaigne avait œuvré pour qu'advienne cette conversion.

19 C'est en tout cas, récompensée par un vers blanc, celle de la baleine qui ne veut pas déranger son compagnon, un petit poisson de mer gros comme un « goujon » et appelé « la guide » : « Et pendant son sommeil, la baleine ne bouge » (II, 12, 504).

la volonté et les desirs se font loy eux mesmes, les actions ont à la recevoir de l'ordonnance publique » (III, 1, 834). Dans une lettre « Au Roy » du 2 septembre 1590, il assure Henri IV de la continuité de son loyalisme : « Je n'ay jamais receu bien quelconque de la liberalité des Rois non plus que demandé ny merité et n'ay receu nul payement des pas que j'ay employes à leur service desquels Vostre majesté, a heu en partie cognoissance [C]e que j'ay faict pour ses predessesseurs je le feray encores beaucoup plus volontiers pour elle[20] ». Même attitude envers la religion : « puis que je ne suis pas capable de choisir, je prens le choix d'autruy, et me tiens en l'assiette où Dieu m'a mis. Autrement je ne me sçauroy garder de rouler sans cesse. Ainsi me suis-je, par la grace de Dieu, conservé entier, sans agitation et trouble de conscience, aux anciennes creances de nostre religion, au travers de tant de sectes et de divisions, que nostre siecle a produites » (II, 12, 604).

« Ne pas bouger », à cette époque d'agitation continue, peut aussi revêtir un sens militaire. Dans les lettres de Montaigne qui nous sont parvenues[21], la formule négative se rencontre quatre fois, que ce soit pour informer le maréchal de Matignon qu'il n'y a « rien qui bouge » aux alentours des terres de Montaigne, situées sur le parcours en diagonale qu'empruntent désormais les huguenots et le roi de Navarre pour joindre Montauban et La Rochelle, deux de leurs places de sûreté[22]. Même information pour Bordeaux en alarme, au point que le maire répète deux fois la formule « rien ne bouge », en bon informateur. S'adressant aux jurats dans son ultime lettre de Feuillas, il leur transmettra la consigne du nouveau maire (Matignon lui-même) : « ne rien bouger[23] ». Sans qu'on puisse en faire un élément de langage à notre mode, il s'agit

---

20 Lettre n° 26 de mon édition des lettres de Montaigne dans *Montaigne manuscrit*, Paris, Classiques Garnier, 2010, p. 723, et n° 32 de mon édition numérique de 2013 (http://www. bvh.univ-tours.fr/MONLOE/LettresAL_2regul_0913.pdf) (consulté le 18 septembre 2020).

21 Parmi les trente-deux lettres de Montaigne retranscrites dans l'édition numérique de 2013 (voir ci-dessus), où figurent en outre trois lettres collectives écrites en jurade, trois copies tardives de lettres disparues et deux envois des *Essais* de 1588, vingt, adressées pour la plupart au maréchal de Matignon, sont entièrement de la main de Montaigne, qui a d'ailleurs écrit lui-même quatre des adresses. Quatre ont été dictées et ne sont que partiellement autographes (souscription et signature).

22 Anne-Marie Cocula et Alain Legros, *Montaigne aux champs*, Bordeaux, Éditions Sud Ouest, 2013, p. 173 et 179.

23 Lettre n° 21 dans *Montaigne manuscrit*, p. 710, et n° 25 dans l'édition numérique des BVH (voir *supra*, note 20).

sans doute là d'une préoccupation constante en cette année 1585, et au plus haut niveau[24].

Dans les *Essais*, l'expression revient plusieurs fois. Par exemple, dans un commentaire sur l'heureuse décision de Philopoemen, stratège de la ligue achéenne contre Machinidas, tyran de Sparte : « ayant envoyé devant pour attaquer l'escarmouche, bonne trouppe d'archers et gens de traict : et l'ennemy apres les avoir renversez, s'amusant à les poursuivre à toute bride, et coulant apres sa victoire le long de la battaille où estoit Philopoemen, quoy que ses soldats s'en esmeussent, il ne fut d'advis de bouger de sa place, ny de se presenter à l'ennemy, pour secourir ses gens » (I, 45, 295). Vient ensuite la raison pour laquelle l'auteur a rappelé ce fait ancien : « Ce cas est germain à celuy de Monsieur de Guise », accusé par certains d'avoir trop temporisé à Dreux et laissé prendre ainsi le connétable de Montmorency, impatient d'en découdre. Dans ces deux cas, la victoire a été remportée par celui qui a su « ne pas bouger ». Dès l'entrée en matière de ce très court chapitre « De la bataille de Dreux », Montaigne avait donné raison à François de Guise : « le but et la visée, non seulement d'un capitaine, mais de chaque soldat, doit regarder la victoire en gros, et que nulles occurrences particulieres, quelque interest qu'il y ayt, ne le doivent divertir de ce point là ».

Un contre-exemple fameux pourrait être celui de la victoire, à Pharsale, de César sur Pompée à qui il est reproché, parmi d'autres choses, « d'avoir aresté son armée pied coy [sans bouger] attendant l'ennemy ». Mais dans ce chapitre « De l'incertitude de nostre jugement », Montaigne imagine la stratégie inverse et l'argument qu'on en aurait tiré : « si Cæsar eust perdu, qui n'eust peu aussi bien dire, qu'au contraire, la plus forte et roide assiette, est celle en laquelle on se tient planté sans bouger » ? (I, 47, 305). Tel fut en tout cas l'avis de l'oracle de Delphes qui, en temps de guerre, enjoignit aux Grecs de se mêler de leurs affaires : « Ils

---

24   Après avoir pris le château d'Argenton, Henri IV écrit à Corisande : « [j'ai] réduit bien 300 gentilhommes ligueurs à porter les armes avec moi, les autres ont promis de ne pas bouger et ont pris sauvegarde » (Janine Garrisson, *Henri IV*, 2014). En 1567, Montaigne informe son collègue du Parlement, le conseiller Jean de Belot, que des cavaliers huguenots vont et viennent depuis quelques jours au sud de son domaine, essayant de soulever les « reliques » d'anciennes troupes vaincues par Monluc à la bataille de Vergt, et il ajoute : « toutesfois [je] ne sache pas que nul soit encores a cheval ny bougé » (*Montaigne manuscrit*, addendum, p. 726 ; lettre n° 1 de l'édition numérique : voir *supra*, note 20). Dans l'un et l'autre cas, « ne pas bouger », c'est ne pas prendre les armes inconsidérément.

demanderent au Dieu, ce qu'ils avoient à faire des tresors sacrez de son temple, ou les cacher, ou les emporter : Il leur respondit, qu'ils ne bougeassent rien, qu'ils se souciassent d'eux : qu'il estoit suffisant pour prouvoir à ce qui luy estoit propre » (I, 22, 124). Belle admonestation pour tous ceux qui croient servir leur Dieu par leurs calculs ou par leurs armes !… Garder à l'esprit ces récits et ces mots quand on lit la seconde traduction que Montaigne propose pour *épékhô* permet d'ajouter à la réflexion philosophique l'épaisseur de l'histoire, notamment celle d'un demi-siècle de « troubles » civils et religieux qui aura été comme le fond d'écran des *Essais*.

« Quiconque imaginera une perpetuelle confession d'ignorance, un jugement sans pente, et sans inclination, à quelque occasion que ce puisse estre, il conçoit le pyrrhonisme : J'exprime cette fantasie autant que je puis, par ce que plusieurs la trouvent difficile à concevoir ; et les autheurs mesmes la representent un peu obscurement et diversement » (II, 12, 532). Dans les moutures à venir de ce texte de l'« Apologie » où vient se loger le « mot sacramental » des Pyrrhoniens, Montaigne gardera la trace de son embarras de 1580. Le problème posé est celui de la mise en concepts de ce qui est moins une pensée qu'une pratique. En d'autres termes, s'il y a bien des « pyrrhoniens », y a-t-il un « pyrrhonisme » ? L'auteur, au fond, n'était pas très satisfait des deux traductions françaises qu'il avait proposées pour *épékhô*. Comme à l'accoutumée, il les conserve cependant après avoir, non sans ironie, invité le lecteur à imaginer l'inimaginable mode de pensée de ces sceptiques extrêmes qui ont sa préférence parmi tant d'autres « sectes ».

Il faudra attendre l'édition de 1588 pour qu'une trentaine de pages plus loin, ce qui s'apparente à un nouvel essai de traduction de l'épineux « refrein » soit jugé plus satisfaisant, même si la forme est alors quelque peu sacrifiée au bénéfice du sens : « Cette fantasie est plus seurement conceuë par interrogation : Que sçay-je ? comme je la porte à la devise d'une balance. » L'assertion, qu'elle soit affirmative (« je soustiens ») ou négative (« je ne bouge ») convenait mal à l'expression d'un doute qui va jusqu'à douter de lui-même. Le tour interrogatif s'imposait pour traduire au plus près la « devise » du jeton. On sent que Montaigne est heureux d'avoir, après quelques tâtonnements, trouvé la formule adéquate qui, pour des raisons grammaticales, manquait à Diogène Laërce, à Sextus Empiricus et à tous les disciples, proches ou lointains, de Pyrrhon. Si la querelle eucharistique entre chrétiens est proprement « grammairienne » quand elle interroge le sens de la « syllabe *Hoc* » du rituel eucharistique (II, 12, 556), la solution apportée ici par le tour interrogatif l'est aussi. Que la grammaire vienne ici au secours de la philosophie mérite assurément considération, surtout de la part d'un auteur qui ironise volontiers sur cette discipline de collège, dont il avait cependant une parfaite connaissance.

Alain LEGROS
Centre d'Études Supérieures
de la Renaissance, Tours

« JE VIS EN MON ENFANCE »

Communication non verbale dans les *Essais*
(I, 24 : « Divers evenemens de mesme conseil »)

« Ce bastion de la manifestation » : c'est ainsi que la journaliste de France 3 qui s'est rendue à Bordeaux en mars 2019 pour faire un reportage sur les émeutes des « gilets jaunes » a nommé la ville où Montaigne, jadis, a exercé ses fonctions parlementaires et municipales[1]. Sans doute n'avait-elle pas à l'esprit la Gabelle, cet impôt sur le sel qui devint très impopulaire lorsque François Ier l'augmenta à deux reprises, en 1542 et 1544[2]. Toujours est-il que cette étiquette serait également pertinente pour la révolte qui s'ensuivit alors, à cette différence près qu'il ne s'agit plus de sel mais de pétrole. La Guyenne, ancienne province celtique de la France, jouissait à l'époque d'un statut relativement indépendant, notamment par sa liberté de contrôler et de marchander avec le sel, matière première très importante de la région ; elle était donc peu encline à suivre les ordonnances du roi, ce qui donna lieu à un enchaînement d'événements dont un, particulièrement tragique, est raconté par Montaigne dans les *Essais*.

Pourrait-on s'imaginer un Emmanuel Macron qui consulterait les *Essais* pour trouver des conseils qui auraient pu l'aider à faire face aux émeutes des gilets jaunes ? Sans doute aurait-il eu de quoi réfléchir sur les deux épisodes qui vont nous occuper ici : la révolte à Bordeaux en 1548 et l'inspection des troupes royales stationnées dans cette ville en 1585[3]. Relevés de l'expérience personnelle de Montaigne, ils sont situés vers la fin du chapitre « Divers evenemens de mesme conseil » dans le

---

1   https://www.francetvinfo.fr/economie/transports/gilets-jaunes/gilets-jaunes-tensions-pendant-les-manifestations_3183987. html (consulté le 18 septembre 2020).

2   Voir Philippe Desan, *Montaigne. Une biographie politique*, Paris, Odile Jacob, 2014, p. 67.

3   Il n'est pas impensable que des présidents de la France consultent les *Essais* ; au lieu de faire son portrait avec la légion d'honneur, selon l'usage, François Mitterrand a choisi de poser avec les *Essais* de Montaigne.

premier livre (I, 24), mais seulement à partir de l'édition de 1588[4]. Leur importance pour la logique globale des *Essais* n'a pas échappé à la critique. On consultera avec profit Géralde Nakam qui les situe par rapport aux événements contemporains[5] ; Donald Frame, dans sa biographie de Montaigne, offre un résumé utile des circonstances autour de la revue des troupes royales[6] ; et n'oublions pas non plus que ce chapitre du premier livre joue un rôle important dans le livre de David Quint sur la clémence dans les *Essais*[7]. Pour des aperçus plus récents, on consultera en particulier l'étude de Biancamaria Fontana, qui considère ces épisodes à la lumière de la notion de fiabilité[8] – notion très importante pour notre propos, bien que dans une perspective légèrement différente –, ainsi que la « biographie politique » de Philippe Desan. Il y a pourtant un trait particulier du récit de Montaigne qui semble avoir échappé à la critique : le fait qu'il accorde une attention presque exclusive à la « contenance » des protagonistes des deux épisodes, c'est-à-dire l'envoyé du roi, Tristan de Moneins, dans le premier, Montaigne lui-même et ses collègues dans le deuxième. En cela, son récit se distingue radicalement d'autres récits contemporains de ces mêmes événements : celui de la révolte de 1548 par De Thou, par exemple, qui donne un aperçu beaucoup plus complet mais sans s'occuper de la « contenance » des acteurs[9]. C'est justement ce trait distinctif du récit de Montaigne qui pourrait intéresser le président actuel, notamment parce qu'il est susceptible de renseigner sur la manière dont un homme de pouvoir pourrait envisager de communiquer avec une foule nombreuse, dont les intérêts sont opposés aux siens, tout en contrôlant aussi bien ses propres émotions que celles de la foule[10].

---

4   Au moment où la première édition est publiée, le deuxième épisode n'a pas encore eu lieu.

5   Géralde Nakam, *Montaigne et son temps. Les événements et les* Essais, Paris, A.-G. Nizet, 1981.

6   Donald M. Frame, *Montaigne : A Biography*, Londres, H. Hamilton Ltd, 1965.

7   David Quint, *Montaigne and the Quality of Mercy. Ethical and Political Themes in the* Essais, Princeton, Princeton University Press, 1998.

8   Biancamaria Fontana, *Montaigne's Politics : Authority and Governance in the* Essais, Princeton, Princeton University Press, 2008 ; voir en particulier le chapitre 5, « Turning the Tide. Trust and Legitimacy », p. 104-122.

9   Jacques Auguste de Thou, *Monsieur de Thou's History of his Own Time* (traduit à partir de l'édition publiée à Genève en 1620 par Bernard Wilson), Livre V, p. 243-249.

10   Bien que très restrictifs – seuls les participants sélectionnés par le gouvernement avaient droit à y participer – et pour cette raison soumis à des critiques sévères, les débats avec le peuple gérés par Macron lui-même rappellent les situations de négociation directe

La question que nous poserons ici est de savoir pourquoi Montaigne
– fasciné qu'il l'était par tout ce qui a rapport à la communication –
s'est intéressé à ce point au langage non verbal dans des situations
qui risquent déclencher la violence. Pour aborder cette question,
nous proposons d'emprunter comme outillage d'analyse la notion de
l'esprit humain (de la pensée) comme « incarné » : ce qu'on appelle
couramment en anglais « *embodied mind*[11] ». Selon cette conception,
les processus de cognition et d'émotion, au lieu d'être séparés, sinon
opposés, sont considérés comme intimement liés, ce qui conduirait
évidemment à des théories révisées sur les émotions. Le psychologue
Lisa Feldman Barrett, par exemple, avance une hypothèse selon laquelle
nos émotions constitueraient des concepts que nous commençons à
construire et catégoriser dès l'enfance, soit qu'elles sont le résultat aussi
bien de processus d'apprentissage que de dispositions innées[12]. Que les
émotions soient actuellement conçues plutôt comme un phénomène
culturellement conditionné, *à fortiori* sensible au contexte, que comme
des impulsions innées, donc universelles, soutient cette idée. Se fondant
précisément sur les travaux de Feldman Barrett, le sociologue James
M. Jasper adopte aussi cette conception de l'esprit comme incarné[13].
Expert des mouvements sociaux de protestation, il propose que seule
cette conception, celle du processus qu'il appelle (faute de mieux,
dit-il) des « *feeling-thinking processes* », est en mesure de rendre compte
de tels mouvements. Il envisage leur fonction comme suit : « [N]os
processus de "sentir-penser" sont constamment en train de scanner
nos environnements, apportant à notre attention toute information
inattendue, interrompant ou redirigeant le flux de nos actions[14] ».
Parmi les théories sur la manière dont ce « système de surveillance »
fonctionne, nous optons ici pour celle que suggère la pragmatique

auxquelles réfèrent les *Essais*. Voir : https://www.theguardian.com/world/2019/feb/10/
macron-great-debate-france-turning-point-or-puffed-up-nonsense (consulté le 18 septembre 2020).

11   Pour cette notion, voir Diane Pecher et Rolf A. Zwaan (dir.), *Grounding Cognition. The
Role of Perception and Action in Memory, Language and Thinking*, Cambridge, Cambridge
University Press, 2005.

12   Lisa Feldman Barrett, *How Emotions are Made : The Secret Life of the Brain*, Boston, Houghton
Mifflin Harcourt Publishing, 2017.

13   James M. Jasper, *The Emotions of Protest*, Chicago, University of Chicago Press, 2018.

14   « *[F]eeling-thinking processes are constantly scanning our environments, bringing to our attention
any unexpected information, interrupting or redirecting our flow of action* », *ibid.*, p. 40.

évolutionnaire, d'une part parce qu'elle concerne la communication – les *Essais* de Montaigne, comme on l'a rappelé plus haut, est un document éminemment communicatif : « Je parle au papier comme je parle au premier que je rencontre » (III, 1, 790), d'autre part parce qu'elle cherche à montrer que ce qui contribue le plus à la stabilité de la communication, c'est l'honnêteté ou la fiabilité – qui comme par hasard est le thème principal du chapitre d'où cette citation est tirée.

L'importance notoire accordée à l'honnêteté dans les *Essais* se rapporte au fait que la communication comporte toujours un certain degré de risque : le risque non seulement de ne pas être compris et/ou bien cru, mais aussi d'être trompé. Dan Sperber et ses collègues ont suggéré que, si la communication dans la plupart des cas réussit quand même, c'est que notre système de surveillance, soit nos processus cognitifs, a la capacité d'identifier la pertinence de ce qui est communiqué[15], ainsi que d'évaluer son degré de fiabilité[16]. Cette dernière capacité, appelée vigilance épistémique, nous permet d'évaluer non seulement la source du contenu (la locutrice est-elle compétente, peut-on avoir confiance en elle ?), mais aussi le contenu lui-même (cela correspond-il à nos arrière-croyances ?)[17]. Elle nous permet, autrement dit, de nous protéger contre des locuteurs incompétents ou qui cherchent à nous tromper. Que nous possédions effectivement une telle capacité semble être confirmée par le fait qu'il existe dans le langage des expressions qui facilitent ces processus d'évaluation. En explicitant le fondement du contenu comme incertain, peu vérifiable, une expression comme *il semble que* par exemple, affaiblit le degré auquel on fera confiance au locuteur : pourquoi croire à une information si mal fondée ? Mais c'est justement parce qu'elle explicite le fondement du contenu, en conséquence donne à l'interlocuteur la possibilité de juger pour lui-même, que cette expression est aussi susceptible de renforcer l'honnêteté du locuteur. Autrement dit, ce type d'expression, auquel s'ajoutent

---

15 Nous nous référons ici à la théorie de la pertinence, qui pose que tout acte de communication inférentielle transmet une présomption de sa propre pertinence optimale ; voir Dan Sperber et Deirde Wilson, *Meaning and Relevance*, Cambridge, Cambridge University Press, 2012, p. 104.

16 Dan Sperber, Fabrice Clément, Christophe Heintz, Olivier Mascaro, Hugo Mercier, Gloria Origgi, Deirdre Wilson, « Epistemic Vigilance », *Mind & Language*, vol. 25, n° 4, 2010, p. 359-393 (364).

17 Ce que Sperber et ses collègues appellent « *coherence checking* », *ibid.*, p. 375-376.

aussi les expressions modales[18], est susceptible *à la fois* de déclencher les défenses de l'interlocuteur *et* de les neutraliser. Par ce double processus d'activation et de désactivation de la vigilance épistémique de l'interlocuteur, le locuteur augmente ses chances de persuader l'autre de partager son point de vue. Si Montaigne se sert souvent de telles expressions parce qu'elles « moderent et amolissent la temerité de nos propositions » (III, 11, 1030)[19], il est à croire qu'il le fait aussi parce qu'elles possèdent des qualités persuasives qui lui aident à renforcer son honnêteté, sa fiabilité.

Si la vigilance épistémique est de toute évidence importante pour la stabilité de la communication ostensive, c'est-à-dire le mode de communication ouvert et intentionnel dont nous nous servons le plus souvent (ou dont nous sommes le plus conscient)[20], on serait porté à croire que cette vigilance épistémique n'est pas déclenchée par la communication non-ostensive ou bien involontaire, où nos émotions affirmeraient leur priorité. Il paraît pourtant que notre « système de surveillance » comporte également la capacité pour une vigilance émotionnelle, adaptée spécifiquement aux émotions, avec laquelle nous évaluons la bienveillance plutôt que la compétence du locuteur[21]. Articulée à travers des éléments non verbaux : tons de voix, expressions de visage ou d'autres membres du corps, même la manière de s'habiller, l'expression de nos émotions peut bien sûr être ostensive[22], mais souvent elle est non ostensive, non intentionnelle ou involontaire. En tant que telle, elle peut soit interagir avec et complémenter la communication ostensive, soit constituer un

---

18 Voir mon étude *« J'ayme ces mots... » : expressions linguistiques de doute dans les* Essais de *Montaigne*, Paris, H. Champion, 2004.

19 Nous citons Montaigne d'après l'édition Villey-Saulnier, Paris, Presses Universitaires de France, 1988.

20 Selon ce modèle, non seulement nous fournissons des indices de notre intention au niveau de la signification (intention informative) ; nous manifestons aussi notre intention de le faire (intention communicative).

21 Voir Guillaume Dezecache, Hugo Mercier, Tom C. Scott-Philips, « An evolutionary approach to emotional communication », *Journal of Pragmatics*, vol. 59, Part B, décembre 2013, p. 221-233. Sans nier qu'il peut y avoir des heuristiques qui portent sur la communication ostensive aussi bien qu'émotionnelle, vue les différences entre leur histoire phylogénétique et les signaux sur lesquels ces deux aspects de la communication sont basés, les auteurs argumentent tout de même en faveur de l'existence de mécanismes distincts de vigilance émotionnelle (voir *ibid.*, p. 230).

22 Voir Tim Wharton, *Pragmatics and Non-Verbal Communication*, Cambridge, Cambridge University Press, 2009.

acte communicatif indépendant. Abordant enfin les deux épisodes, nous allons voir que Montaigne met en jeu ces deux instances, et qu'il montre par là que les capacités de vigilance épistémique et émotionnelle sont importantes pour pouvoir négocier des situations dangereuses et garder sa sécurité dans un climat de méfiance et de guerre civile.

LES HASARDS DE LA COMMUNICATION

Dans un essai sur le rôle du hasard dans les *Essais*, Philippe Desan suggère que cette notion, qu'il distingue d'ailleurs très utilement de la fortune, fait partie de la forme de l'essai, plus précisément que Montaigne incorpore dans sa conception de l'essai le hasard de l'écriture[23]. Que nos deux épisodes soient juxtaposés sans lien logique apparent, ayant comme effet que des événements qui ont lieu à presque 40 ans de distance, sont rangés sous la rubrique « Je vis en mon enfance », pourrait effectivement paraître n'être qu'un de ces hasards de l'écriture. Mais justement cette absence de démarcation logique et temporelle entre les deux épisodes nous invite à nous y intéresser, car comme le dit Desan : « une forme désorganisée peut produire un objet nouveau, dont l'ordre réside précisément dans son manque d'agencement » (p. 5-6). Paru dans l'édition de 1588, cet « objet nouveau » que constituent nos deux épisodes a sans doute été construit quelque temps entre 1585 et 1588. Mais en quoi consiste donc sa nouveauté ? Pour s'en faire une idée, jetons un coup d'œil sur un autre exemple du chapitre, celui qui met en scène l'empereur Auguste. Informé des plans d'attentat contre lui, il est incapable de décider que faire : se venger ou pardonner. Puisque la première option n'a pas eu de succès jusqu'ici, Livia, sa femme, lui propose d'opter pour la seconde, empruntant ainsi une stratégie utilisée par les médecins : « quand les recettes accoutumées ne peuvent pas servir : ils en essayent de contraires » (129). Nous suggérons que tout comme Auguste, Montaigne suit ce conseil de femme, car aussi bien

---

23 « "Le hazard sur le papier" ou la forme de l'essai chez Montaigne », http://umr6576. cesr.univ-tours.fr/publications/HasardetProvidence/fichiers/pdf/Desan.pdf (consulté le 18 septembre 2020), p. 7.

son jugement des actions de Moneins que ses conseils pour maintenir en bon ordre les troupes royales, représentent des opinions qui vont à l'encontre de l'opinion commune (« Mais il ne me semble pas que sa faute fut tant d'estre sorty, ainsi qu'ordinairement on le reproche à sa memoire », 130 ; « au lieu d'en retrancher aucune chose (à quoy les autres opinions visoyent le plus) qu'au contraire… », 131). Voyons plus en détail sur quoi ces opinions « contraires » se fondent.

Que celles-ci reposent sur une exploration du fonctionnement de la communication non verbale et, surtout, non ostensive, déclenchée par les émotions, est signalé dès le début du chapitre. Ici le duc de Guise neutralise le dessein perfide d'un gentilhomme de sa connaissance simplement par une « lecture mentale[24] » mutuelle. Croisant le traitre le lendemain d'en avoir été averti, et « le voyant desja pallir et fremir des alarmes de sa conscience », le duc lui donne à entendre non seulement qu'il est au courant de ses plans mais qu'il sait que le gentilhomme s'en est rendu compte aussi : « vous vous doutez bien de ce que je vous veux, et vostre visage le montre » (124). Par cette double exposition, de ses plans perfides et des émotions qui les ont trahis, le duc acquiert une maîtrise parfaite sur ses processus mentaux : le gentilhomme n'a qu'à se rendre et demander sa clémence. Mais c'est aussi grâce à cette lecture mentale mutuelle qu'il sauve sa vie, car si son visage est facile à lire, celui du duc l'est aussi ; déclenchant la vigilance émotionnelle du gentilhomme, ce visage indique à celui-ci qu'il risque moins en se soumettant qu'en niant ses plans.

Si le reflet de ses intentions sur son visage ne s'est pas avéré fatal dans son cas, il en va tout autrement pour Tristan de Moneins, ce négociateur commissionné par le roi pour calmer la révolte à Bordeaux. Faisant face à un opposant moins bienveillant qu'un duc déjà enclin à la clémence, sa décision de prendre « une voye de soubmission et de mollesse », autrement dit de complémenter ses paroles « requerant[es] » d'une contenance « demise et flatteuse », se montre désastreuse. En associant à ses mots un tel affichage émotionnel, il calcule mal la réaction des rebelles, ce qui produit le résultat opposé à son intention, qui était de s'assurer leur confiance. À la différence du duc de Guise donc, Moneins ne sait pas neutraliser la vigilance épistémique et émotionnelle de ses adversaires. S'il avait adopté « une gracieuse severité […] avec un

---

24   Ce concept est sans doute plus courant en anglais : « *mind reading* ».

commandement militaire plein de securité, de confiance… », comme le commente Montaigne, il aurait pu se sauver, ou du moins gardé son honneur. Plus subtil que le cas de Guise, cet exemple des hasards de la communication montre avec une lucidité également admirable la force de la communication non verbale.

Mais le cas ne se résout pas si facilement, car Montaigne ajoute « Je luy reprocherois aussi ». La décision du gentilhomme de sortir d'un « lieu tres-assuré » pour « parlementer » avec la foule (décision que Montaigne juge plutôt courageux que téméraire), même « foible et en pourpoint » – action non verbale qui le prive d'autorité – aurait pu marcher s'il n'avait pas « abandonn[é] ce personnage », soit s'il avait joué son rôle jusqu'au bout (comme Montaigne le dit ailleurs dans le chapitre : « La hardiesse […] se represente, quand il est besoin, aussi magnifiquement en pourpoint qu'en armes », 129). Si étonnant que ce soit qu'une contenance « demise et flatteuse » puisse réussir à brider une « mer tempestueuse d'hommes insensez », le point de non-retour n'apparaît que lorsque le gentilhomme comprend le danger dans lequel il se trouve et *change* sa « contenance demise et flatteuse … en une contenance effraiée ». Ce changement involontaire de contenance constitue à la fois le point culminant d'une série de fautes, d'interprétations erronées successives de la situation, et le moment de perte de contrôle. Ainsi, Montaigne n'aurait-il pas choisi par hasard l'expression « saigner du nez » qui précède ce changement et qui est normalement entendu seulement au sens métaphorique : manquer de courage. Cela est bien sûr aussi le cas ici, mais pris au sens littéral elle devient également un signe avant-coureur corporel de ce qui va arriver au gentilhomme, effet aussi involontaire que le changement de sa contenance. Son corps sait, avant lui, son destin, le sang qu'il va verser.

C'est aussi dans ce moment de changement involontaire de contenance que se précise, encore sur le plan non verbal (« chargeant sa voix et ses yeux d'estonnement et de penitence », 131), la manière dont le gentilhomme comprend sa situation. Si bref que soit le moment entre « estonnement » (le *choc* initial) et « penitence », cette fraction de seconde lui laisse le temps non seulement de voir ce qu'il aurait dû faire, mais aussi de regretter ce qu'il a effectivement fait. On comprend pourquoi non seulement la peur, mais les conséquences qu'elle peut entraîner, est ce que Montaigne craint le plus (« C'est ce dequoy j'ay le plus de peur que la peur » (I, 17, 76). Car ce n'est pas le fait que Moneins a eu peur, mais qu'il l'a montrée, mise en évidence, qui a fait accélérer la situation jusqu'au point où il est devenu impossible de la maîtriser. Cela soutient précisément l'argument du sociologue Jasper selon lequel des émeutes ne tournent pas à la violence à cause d'émotions irrationnelles et incontrôlables : celle-ci est souvent le résultat d'une série d'erreurs commises à partir de mauvais calculs et d'interprétations erronées[25]. Pour qu'une situation déclenche la violence, cependant, d'autres facteurs doivent normalement aussi être présents, tels des tensions croissantes, des engagements affectifs, facteurs que Jasper appelle « *background moods* », humeurs d'arrière-plan. La haine contre le nombre non négligeable des collecteurs d'impôts installés dans la région et le fait que Moneins était basque, qu'il n'était pas « l'un d'eux », en sont des exemples dans notre cas. À bien des égards, donc, la manière dont Montaigne interprète et nous fait voir la révolte bordelaise préfigure déjà cet aspect de la recherche contemporaine sur les mouvements de protestation.

« MUTUELLE CONFIANCE ET UTILITÉ »
L'art de l'entregent

Geralde Nakam affirme, à deux reprises en fait[26], que la révolte bordelaise a marqué Montaigne. Elle est aussi convaincue qu'il a été témoin direct de l'événement[27], sans avancer des preuves décisives pourtant[28]. S'il n'est pas possible d'établir avec certitude que Montaigne était effectivement à Bordeaux lors de la révolte, l'absence de lien apparent entre les épisodes soutient le point de vue de Nakam. Nous avons déjà remarqué que les épisodes débouchent sur des opinions contraires à l'opinion commune ; dans cette section nous allons argumenter que la juxtaposition elle-même, qui à première vue paraît non motivée, peut non seulement se rapporter à la « méthodologie » des *Essais*, la manière

---

25 Voir *The Emotions of Protest*, *op. cit.*, p. 34.

26 Nakam, *op. cit.*, p. 28, p. 85.

27 « Il a vu l'événement de ses yeux », *ibid.*, p. 85.

28 « Lorsque Montaigne précise "J'ay veu", il faut le croire », *ibid.*, p. 104. Selon Biancamaria Fontana, pourtant, Montaigne était au Collège de Guienne lors de la révolte ; voir *Montaigne's Politics*, chapitre 5, note 2.

dont Montaigne agence sa communication avec ses lecteurs ; elle montre aussi à quel point l'expérience du premier épisode a été déterminante pour sa conduite dans le deuxième. En ce qui concerne le premier aspect, on peut remarquer qu'au lieu de nier explicitement l'opinion commune (selon laquelle la faute capitale de Moneins était d'être sorti « d'un lieu tres-assuré »), il dirige les processus cognitifs du lecteur *progressivement* vers l'opinion « contraire », d'abord par le connecteur *mais*, qui prédispose le lecteur à réorienter ses processus cognitifs, ensuite en situant les deux opinions sur une échelle : « il ne me semble pas que sa faute fut *tant* d'estre sorty, [...] *comme* ce fut d'avoir pris une voye de soubmission et de mollesse... ». Ce procédé a donc comme effet non pas de nier l'opinion commune mais simplement d'accorder plus de crédibilité à l'opinion opposée. C'est pourtant une crédibilité fragile, témoin le marqueur évidentiel *il me semble*, qui indique que l'opinion relève d'un raisonnement à base d'indices incertains[29]. En utilisant le verbe *sembler*, Montaigne admet que la « gracieuse severité » que Moneins aurait dû adopter ne peut non plus garantir la réussite. Ce qu'elle aurait pu garantir pourtant, c'est qu'une telle action comporte « plus d'honneur et de bien-seance ». Il est peut-être pour cette raison que Montaigne contrebalance l'incertitude de *sembler* avec le pronom personnel *me*, qui signale que l'écrivain est tout de même prêt à y accorder sa propre autorité. Tout en incorporant (« incarnant ») les incertitudes de la communication, cette double mesure de doute et d'autorité individuelle constitue une rhétorique très persuasive qui serait en mesure de neutraliser la vigilance épistémique de son lecteur.

Grâce à la juxtaposition des deux épisodes, ce « nouvel objet » dont parle Desan, cette rhétorique persuasive est susceptible de porter aussi sur le deuxième épisode. La confrontation qu'il raconte a eu lieu en pleines guerres civiles dans une région essentiellement protestante et dans une ville divisée entre ligueurs, catholiques modérés et protestants, ce qui a dû rendre très difficile de se mettre d'accord sur la façon de gérer l'inspection des troupes royales soupçonnées de planifier une mutinerie. Nous suggérons que Montaigne se sert de cette même

---

29   Henning Nølke, « La Dilution linguistique des responsabilités. Essai de description polyphonique des marqueurs évidentiels *il semble que* et *il paraît que* », dans Patrick Dendale et Liliane Tasmowski (dir.), *Les Sources du savoir et leurs marques linguistiques*, *Langue Française*, vol. 102, 1994, p. 84-95.

rhétorique qui combine doute avec autorité individuelle (ces aspects étant réunis dans le marqueur *il me semble*) lorsqu'il va à l'encontre des opinions des autres magistrats, en dépit de leurs « poids et suyte », et exige qu'on adopte une conduite diamétralement opposée. C'est donc une rhétorique qui ne cache pas du tout le fait que la proposition de « s'y trouv[er] et mesl[er] parmy les files » est un plan très risqué dont il ne peut pas garantir l'issue, mais qui a des chances de réussir si l'on préserve l'autorité individuelle, si on y va « la teste droicte et le visage ouvert ». Comment Montaigne a-t-il pu avoir confiance en une telle stratégie aussi risquée, et comment a-t-il réussi à convaincre ses collègues de l'adopter ? Si on considère les deux épisodes ensemble, comme une unité, on pourrait avancer l'interprétation suivante : Montaigne utilise l'expérience de Moneins (qui a montré sa peur) comme tremplin pour faire exactement l'inverse : « surtout ne donner aucun témoignage de ce doubte » ; il n'est même pas impensable qu'en se débattant avec ses collègues il ait utilisé le cas de Moneins pour rendre crédibles ses conseils. Mais le fait qu'il ait eu l'audace de contrebalancer une position faible avec une posture d'autorité, présuppose une certaine confiance dans sa capacité à exploiter le langage non verbal de manière ostensive. Il paraît en effet que Montaigne avait cette confiance, du moins assez pour convaincre ses collègues. Autrement dit, il croyait qu'il était possible dans la situation donnée de manipuler les processus cognitifs et émotionnels de ses adversaires, de neutraliser aussi bien leur vigilance épistémique qu'émotionnelle, et ainsi d'induire leur confiance.

Pour que son plan ait pu réussir, pourtant, un autre facteur devait aussi être en place, notamment un effort pour établir un mutuel respect, ou du moins un sens partagé d'« utilité », comme Montaigne le dit, entre sa partie et les troupes. Ce facteur, absent du premier épisode, impliquait qu'il fallait d'une part laisser tomber l'idée de raccourcir la revue – on note que c'était là ce que voulait faire ses collègues (« a quoy [leurs] opinions visoyent le plus ») –, et d'autre part encourager les soldats à « n'espargner leur poudre ». Ainsi, si Montaigne a réussi à empêcher la mutinerie, pour ensuite établir « dés lors en avant une mutuelle et utile confience » entre sa partie et les troupes royales, c'est grâce à sa capacité à maîtriser l'entregent, cette « tres utile science » (I, 13, 49). Cette manière de procéder, qui rend clair qu'il est dans l'intérêt des deux parties que la situation ne s'intensifie pas, et qui repose sur une capacité à neutraliser la vigilance épistémique et émotionnelle des adversaires, prend donc à contrepied non seulement la conduite de Moneins, mais aussi l'opinion des magistrats de Bordeaux. Ainsi le deuxième épisode montre-t-il non seulement qu'une stratégie d'autorité non violente peut réussir ; il prouve aussi la justesse du jugement que Montaigne porte sur le premier, et corrobore la supposition que, si seulement Moneins s'était comporté selon le principe proposé rétrospectivement par Montaigne, il aurait pu être sauvé.

On remarque en outre que cette « utile science » qui fait écho – au point même de se confondre – à la « mutuelle et *utile confience* », ne présuppose pas ici seulement un sens de parfaite maîtrise des lois de civilité (bien que cet aspect soit aussi présent), mais aussi celui de pouvoir contrôler ou rester calme auprès d'une foule. Car l'entregent est aussi un terme de fauconnerie. Pour apprivoiser l'oiseau, le fauconnier l'entraîne à garder son calme en le promenant parmi des foules de plus en plus denses ; au moment où l'oiseau a pris l'habitude de rester calme, le fauconnier a acquis l'entregent[30]. À cette stratégie constituée par l'intersection entre le monde humain et le monde des animaux, on pourrait encore ajouter une autre, relevée du monde des animaux uniquement. Lors des combats entre des oiseaux pour une ressource – un morceau de poisson, par exemple – on a noté que ce sont les signaux qui risquent le plus d'aggraver le combat, qui sont les plus efficaces pour forcer l'opposant à se retirer. Selon les biologistes évolutionnaires, c'est souvent l'oiseau qui a le plus besoin de la ressource qui réussit, plutôt que celui qui est le plus doué pour le combat[31]. En s'appuyant sur ces deux stratégies, on peut imaginer dans le premier épisode un scénario contrefactuel qui mettrait en scène un Montaigne qui, à la manière du fauconnier, fait promener dans la foule un Moneins qui, puisqu'il est apprivoisé, sait afficher les émotions appropriées à la situation, qui sait combiner autorité avec audace, et en conséquence réussit à créer de l'entregent entre lui et les manifestants. Dans le deuxième épisode, il est lui-même l'oiseau qui affiche des signaux qui risquent d'aggraver le combat, en dépit du fait qu'il est clair qu'il est dans une position beaucoup plus faible que l'opposant. Cette action désespérée réussit contre toute attente, ayant pour résultat l'entregent, soit une « mutuelle et utile confience ».

---

30 https://fr.wiktionary.org/wiki/entregent (consulté le 18 septembre 2020).
31 John Maynard Smith et David Harper, *Animal Signals*, Oxford, Oxford University Press, 2003, p. 8.

CONCLUSION

Nos deux épisodes sont encadrés par des exemples qui portent sur César. En s'appuyant sur le jugement de Montaigne *grosso modo* positif sur César, John O'Brien a récemment suggéré que dans son projet particulier d'introspection Montaigne exploite autant la capacité de l'écriture à externaliser la pensée, le ressenti et la réflexion, qu'il ne les fait porter sur l'intérieur[32]. En effet O'Brien affirme que Montaigne reflète (tel un miroir) certains de ses propres traits à travers César. Cette perspective paraît être particulièrement pertinente dans l'exemple qui précède nos deux épisodes, où nous sommes en présence d'un César qui maintenait le contrôle sur « ses legions, mutinées et armées contre luy » seulement en opposant « l'authorité de son visage et la fierté de ses paroles » (130), soit une situation presque pareille à celle où Montaigne se trouvait en 1585. On pourra aussi apprécier la similarité entre César et Montaigne sur ce point dans le jugement ultérieur que porte Montaigne sur la condition préalable d'une telle réussite, notamment l'absence de toute peur de la mort, précisément une des expériences que Montaigne a tiré de sa chute de cheval[33].

Si son analyse du cas de César permet à Montaigne d'attribuer à lui-même des traits « nobles » sans les mentionner explicitement[34], on peut aussi considérer le langage non verbal comme une forme d'externalisation de la cognition telle qu'elle est ressentie intérieurement. L'exemple du duc de Guise qui ouvre le chapitre en est un exemple : nulle expression verbale ne lui aurait permis de lire les intentions du traître plus clairement que ne l'avait fait son visage. Dans les deux épisodes qui nous concernent, Montaigne ne se sert pourtant pas de ce langage pour refléter ses propres traits à travers quelqu'un d'autre, mais à réfléchir sur la valeur de la

---

32 John O'Brien, « 'All Outward and on Show': Montaigne's External Glosses », dans Francesco Venturi (dir.), *Self-Commentary in Early Modern European Literature, 1400-1700*, New York, Brill, 2019, p. 166. O'Brien fonde son argument sur la théorie de « la cognition distribuée », selon laquelle nos processus cognitifs ne sont pas enfermés dans le cerveau mais se distribuent dans l'environnement.

33 Voir II, 6 : « De l'exercitation ».

34 Ou, comme le dit O'Brien, « *turning the Roman general into an extension of the* je *[de Montaigne] through his absorption into memory* », art. cité, p. 173.

vigilance épistémique et émotionnelle en tant que conditions cognitives préalables de l'entregent, « cette science de mutuelle et utile confiance ». L'émeute à Bordeaux aurait donc eu cette conséquence, parmi d'autres, que Montaigne a appris, dès l'âge de 15 ans, à quel point des émotions fortes telles la peur et la colère peuvent anéantir l'autorité d'un homme et lui rendre impossible d'inspirer la confiance. Ce n'est pas à dire qu'il croyait pouvoir se rendre maître de la fortune ; à la différence de César, pourtant, qui s'abandonne et se remet « à la garde des dieux et de la fortune » (131), Montaigne cherche, précisément par sa capacité à manipuler la vigilance épistémique et émotionnelle de ses adversaires, à contraindre l'espace dans laquelle elle agit. La réussite n'est jamais garantie, bien sûr, mais il suffit de consulter le chapitre « De la physionomie » (III, 12) pour savoir que c'est une stratégie qui a sauvé sa vie plus d'une fois. Et, si cette stratégie entraîne la nécessité de « courber et flechir » les genoux (« Ma raison n'est pas duite à se courber et flechir, ce sont mes genoux », 935), elle est néanmoins diamétralement opposée à celle qui consiste à « se conniller et se desrober », comme devait le faire Tristan de Moneins[35]. Une telle stratégie, qui cherche un équilibre entre l'audace et l'autorité, pourrait éventuellement être utile pour quelqu'un qui se trouve dans la situation du Président actuel de la République Française.

Kirsti SELLEVOLD
Universitetet i Oslo

---

35 Pour le sens politique du terme « conniller », voir Marie-Luce Demonet, « Le Politique "nécessaire" de Montaigne », dans Philippe Desan (dir.), *Montaigne Politique*, Paris, H. Champion, 2006, p. 17-38.

NOTES PRÉALABLES
À UN RECENSEMENT DES EXEMPLAIRES
REMARQUABLES DES ŒUVRES
DE MONTAIGNE

Les *Essais* de 1580

Même s'il est grand lecteur depuis au moins 1549 et ses premiers achats de livres à l'âge de « presque 16 ans », Montaigne n'entre véritablement de l'autre côté du décor, du côté des auteurs et producteurs de livres, qu'à 35 ans, lorsqu'il fait imprimer à Paris – sans que son nom figure au titre – sa traduction du *Liber creaturarum* de Raymond Sebon sous le titre de *La Théologie naturelle*, chez Gilles Gourbin, bénéficiaire du privilège daté du 27 octobre 1568, et ses associés Michel Sonnius et Guillaume Chaudière. Le livre, achevé d'imprimer le 30 décembre 1568, est daté de 1569. Montaigne le dédie à son père, en datant l'épître dédicatoire du 18 juin 1568, jour de sa mort.

Si l'édition se rencontre rarement sur le marché du livre ancien, elle est en revanche moins rare dans les bibliothèques publiques. Moins victime de son succès que les *Essais*[1], elle a heureusement souvent conservé sa reliure d'origine (je me suis limitée pour le moment aux bibliothèques publiques françaises). En outre il s'agit d'un livre à caractère savant et religieux, donc plus susceptible de faire l'objet d'une reliure de luxe.

Je citerai notamment l'exemplaire de la bibliothèque municipale de Lyon (cote 302952), en veau brun probablement lyonnais, à décor de plaque centrale orientalisante[2]. Celui de la BM de Senlis (RP 187/8ł), en vélin doré semble-t-il d'après la description du catalogue (« parchemin, plaques azurées au centre des plats ») qui a appartenu à Baluze. Celui de

---

1 Sur la première réception de Montaigne, voir Olivier Millet, *La Première réception des Essais de Montaigne (1580-1640)*, Paris, H. Champion, 1995.
2 https://numelyo.bm-lyon.fr/f_view/BML:BML_00GOO0100137001101011505 (consulté le 18 septembre 2020).

la BM d'Orléans (A1895), dans une « reliure à décor doré ». Et à Nancy un exemplaire provenant du Dr Payen (cote 305 453, veau brun fleurons dorés, Capucins de Pont-à-Mousson).

Le CCFR signale encore l'exemplaire de la Bibliothèque universitaire de Bordeaux (Bordeaux 3 – Bu Lettres-Pessac Rés. 673), une « reliure du XVIe siècle en veau brun, estampée à froid (double encadrement de filets) et fleurons dorés sur les plats, dos doré ».

Et à la BM de Versailles (Rodouan C 541) un exemplaire incomplet du début, décrit comme en « veau brun à la Du Seuil, fer azuré au centre des plats », probable reliure du XVIe siècle.

Enfin, et quoiqu'il sorte du cadre de cette étude, mentionnons encore à la Sorbonne une « reliure pour les curieux », en « maroquin brun, dos orné à la fanfare, au chiffre de Sully » (Réserve VCR 6= 10875)[3].

Je n'ai pas de description des exemplaires de la BM de Lille (81416) et de la Méjanes à Aix (« Gagnat », c'est-à-dire Gaignat, Baumier n° 103). Le recensement de Jean Balsamo me permet d'ajouter à cette liste l'exemplaire de la British Library (3554.aa.19, veau orné)[4].

En ce qui concerne les exemplaires en main privée ou passés sur le marché, la moisson est beaucoup plus maigre. Je les cite en commençant par les reliures décorées, j'en connais quatre :

– L'exemplaire n° 27141 du *Bulletin Morgand*, en veau fauve, « dos et plats fleurdelysés, milieux et tranches dorées, jolie reliure du XVIe siècle avec Crucifixion et le nom d'Aubin de La Noue ». Je n'en connais pas de reproduction, mais il s'agit évidemment d'une reliure de dévotion dérivée du type funèbre, datant de la fin des années 1570. Le possesseur est probablement cet Aubin de La Noue auditeur en la chambre des Comptes, demeurant place de Grève. Veuf en 1588 d'Anne Legoix, il se remarie avec Marie Desneux (Desneux-La Noue, y aurait-il un lien avec les célèbres amateurs de dessins[5] ?), qui elle-même veuve se remarie en 1606. Son père

---

3   Isabelle de Conihout et Pascal Ract-Madoux, *Reliures françaises du XVIIe siècle, grands décors et reliures pour les curieux, catalogue d'exposition*, Chantilly, Musée Condé et Paris, Somogy, 2002.

4   Jean Balsamo, « Bibliographie provisoire des éditions de la *Théologie naturelle* publiées du vivant de Montaigne », dans Philippe Desan (dir.), *« Dieu à nostre commerce et société » : Montaigne et la théologie*, Genève, Droz, 2008, p. 124-126.

5   Michaël Szanto, « Du cabinet des frères Israël et Christophe Desneux aux collections de François de La Noüe : mise au point sur l'historique des dessins "Desneux De La Noüe" », *Revue du Louvre*, n° 4, 2002, p. 50-59.

Pasquier de La Noue, demeurant rue de la Vieille Pelleterie paroisse Saint-Barthélemy, lui a fait en 1591 donation d'une demi-maison et d'une jolie rente de 1600 écus soleil qu'il révoque l'année suivante[6].

– Le très bel exemplaire anonyme en vélin doré vendu à la vente Marcel de Merre le 6 mai 2007, lot 38[7]. L'exemplaire ne semble pas réglé et ne se confond donc pas avec le suivant.

– L'exemplaire en vélin doré, probablement très beau – je n'en connais pas de reproduction – de la collection De Backer (vente du 3 au 6 mai 1926, n° 447, cité par Tchemerzine), dont la localisation actuelle est inconnue. Il est décrit ainsi : « vélin à recouvr., milieux et angles ornés de grands motifs de fil. dor. Et fers azurés sur le fond entièrement semé d'étoiles, dos orné comme les plats d'un losange central, de motifs en éventail dans les angles et d'un semis, attaches, tr. dor… Bel exemplaire réglé dans sa riche reliure originale, noms manuscrits sur le titre ». L'exemplaire signalé par Delteil, « réglé, riche rel. orig. vélin doré » pourrait être le même.

– L'exemplaire avec des corrections (qui ne seraient finalement pas autographes), qu'aucune collection publique n'avait pu acheter en son temps, à la grande colère de Michel Simonin. L'article d'Alain Brieux de 1958 reproduit les corrections, mais hélas pas la reliure qui est décrite ainsi : « reliure de l'époque à recouvrement, exécutée dans un vélin ivoire orné d'un semis de palmettes dorées. Les larges fleurons d'angles et le motif central à décor de rinceaux sont, pour leur plus grande partie, à réserve de fers azurés. Les tranches du volume sont dorées et l'exemplaire réglé[8] ».

J'en arrive ensuite aux exemplaires en vélin ordinaire :

– L'exemplaire en vélin souple à recouvrements, qui porte l'ex-libris manuscrit XVIIe de P. Cadot et celui, plus tardif, de Gillet, estimé 70 000 euros par Sotheby's à la vente Ribes du 12 décembre 2019

---

6   Arch. Nat. Minutier central, https://francearchives.fr/facomponent/507f6060e63f6736185a5 5de917298c4394b8325 (consulté le 18 septembre 2020) et Châtelet de Paris.Y//132 (consulté le 18 septembre 2020). Insinuations 25 avril 1590 – 24 juillet 1592, f. 415v et 417.

7   https://www.sothebys.com/fr/auctions/ecatalogue/2007/library-of-marcel-de-merre-pf7021/lot.38.html (consulté le 18 septembre 2020).

8   Alain Brieux, « Autres souvenirs de Michel de Montaigne », *Bibliothèque d'Humanisme et Renaissance*, vol. XX, 1958, p. 370-376.

(lot 112), non vendu (il a figuré auparavant dans des catalogues Quaritch de 1999 et Librairie Sourget, 2002, n° 50).
  – Un vélin, à première vue moins séduisant d'après la description du catalogue (« reliure du début du XVIIe siècle. Vélin ivoire, dos a nerfs, titre calligraphié en noir avec fleuron, tranches bleutées. Gardes renouvelées, quelques habituelles rousseurs »), ne s'est pas vendu chez Sotheby's en 2008 (vente du 21 mai 2008, lot 13).
  – L'exemplaire en vélin Michel de Bry (vente, Paris, 1966, n° 194) – Pottiée-Sperry (Paris, 27 novembre 2003, lot 1 : « restauration dans la marge inférieure du f.8 sans atteinte au texte, galerie de vers dans le cahier I. Gardes renouvelées, quelques petits manques au vélin »). Il était passé par la Librairie Edouard Loewy (1972).

La deuxième entrée de Montaigne sur la scène éditoriale a lieu l'année suivante, à l'été 1570, lorsqu'il séjourne à Paris pour confier au célèbre imprimeur en grec Federic Morel les reliques de son ami La Boétie, mort en 1563 : des traductions du grec et des poèmes groupés sous un titre composite : *La Mesnagerie de Xénophon, les Règles de mariage de Plutarque, Lettre de consolation de Plutarque à sa femme, le tout traduict de grec en françois par feu M. Estienne de La Boëtie, [...] ensemble quelques vers latins et françois de son invention. Item un discours sur la mort du dit seigneur de La Boëtie, par M. de Montaigne. Les Vers françois, seconde partie*, Paris, F. Morel, 1571 (et nouvelle émission à la date de 1572).
    Un recensement des exemplaires de luxe de *La Mesnagerie de Xénophon* n'est pas dans mon projet (mais j'aimerais beaucoup retrouver le n° 28489 du Bulletin Morgand, réglé, vélin, filets et milieux dorés, tranches dorées). Je voulais seulement souligner, avant d'en arriver aux *Essais* de 1580, que Montaigne avait, outre sa fréquentation de la Cour, toutes les informations et les réseaux nécessaires pour préparer la sortie de son livre.
    Chaque partie fait l'objet d'une dédicace à un personnage différent, à Louis de Saint-Gelais, seigneur de Lansac, pour Xénophon ; au très grand bibliophile Henri de Mesmes pour le premier Plutarque ; à « Mademoiselle de Montaigne » son épouse pour le second Plutarque ; à Michel de L'Hospital pour les poèmes latins ; au diplomate Paul de Foix pour les poèmes français. Montaigne a très probablement distribué des exemplaires de présent et de dédicace. Aucun n'est connu. Mais ce que

l'on sait de ses pratiques (un envoi sur un feuillet glissé dans le volume pour les exemplaires Loisel et Mme Le Paulmier de l'édition de 1588) rend nos chances de les retrouver bien faibles.

LES *ESSAIS* DE 1580

Montaigne, de retour à Bordeaux et retiré de la vie publique, se met à rédiger les *Essais* qui seront donc publiés en 1580, non à Paris comme ses deux premiers livres, mais comme chacun sait à Bordeaux chez Simon Millanges. Claude Blum a analysé les raisons de cette « infidélité » aux éditeurs parisiens et de l'extraordinaire hâte avec laquelle a été menée l'impression (composition typographique par formes) : la stratégie de carrière du grand homme visant déjà la mairie de Bordeaux[9]. Les nombreuses fautes de l'édition de 1580 seraient imputables au raccourcissement in extremis du délai qui eût été nécessaire à une parfaite correction de l'impression, Montaigne souhaitant être en possession d'exemplaires à offrir lors de son séjour parisien et du voyage italien qui s'ensuivit.

Selon Philippe Desan, « on recense aujourd'hui 39 exemplaires de cette édition de 1580 dans des collections publiques et environ 50 dans des collections privées, soit un total d'un peu moins de cent exemplaires[10] ». Je n'ai pas encore pu contrôler ces quelque 90 exemplaires, quelques-uns seulement, et je livre les résultats de cette première enquête sur les exemplaires de dédicace (offerts au dédicataire du livre) et de présent (offerts en cadeau par l'auteur ou l'éditeur), et les exemplaires en reliure de l'époque. Les bibliophiles recherchent depuis longtemps les *Essais*, et la plupart des exemplaires de 1580 sont dans des reliures postérieures, au mieux des XVIIe et XVIIIe siècles, le plus souvent du XIXe voire du XXe siècle. Il n'en sera pas question ici.

---

9   Claude Blum, « Dans l'atelier de Millanges, les conditions de fabrication des éditions bordelaises des *Essais* (1580, 1582) », dans Claude Blum et André Tournon (dir.), *Éditer les* Essais *de Montaigne*, Paris, H. Champion, 1997, p. 79-97.

10 Philippe Desan, *Bibliotheca Desaniana. Catalogue Montaigne*, Paris, Classiques Garnier, 2011, n°8, p. 34-35 ; édition revue et augmentée, Paris, Classiques Garnier, 2021.

EXEMPLAIRES DE PRÉSENT ROYAUX

Montaigne emporta-t-il des exemplaires des *Essais* quand il quitta Bordeaux pour la cour le 22 juin ? Se les fit-il expédier à Paris ? En tout cas ce n'est pas à Bordeaux, ni en Angleterre, mais à Paris que fut relié le plus beau de tous les exemplaires connus, le magnifique exemplaire destiné à Elisabeth d'Angleterre, le célèbre Payen 2, le seul connu en maroquin à décor doré (hauteur papier 165 mm). Il s'agit d'un décor orientalisant de centre-et-coins, à la mode et en usage à Paris depuis les années 1560. La plaque centrale présente un ovale de feuillages, motif qui se rencontre à partir de la fin des années 1570, et une tête d'ange couronné dont l'usage se répand dans la reliure française à peu près en même temps que les reliures de l'Ordre du Saint-Esprit créé fin 1578. Au centre a été poussé sur chaque plat le chiffre E. R. (*Elisabetha Regina*) surmonté d'une couronne royale fermée. La très jolie plaque d'angle à décor de corne d'abondance est connue sur d'autres reliures parisiennes, j'en citerai deux :

– une reliure sans dos sur des Heures Kerver de 1556 conservées à Chantilly (VIIIC24), commandée pour une certaine Anne Gaulthière[11].
– une reliure de format in-folio de la Bibliothèque Mazarine.

Le volume a été acquis par le Dr Payen en 1858 auprès d'un marchand anglais (M. Edwards) et il porte l'ex-libris de John Dawnay, 4th Viscount Downe (1728-1780, armes et devise : « *timet pudorem* »). Il a donc bien circulé en Angleterre.

Comment Montaigne a-t-il eu l'idée de destiner un exemplaire à la reine d'Angleterre ? Il y a là une connexion qui nous échappe. Quels étaient ses liens avec l'érudit ambassadeur de France à Londres, le protecteur de Giordano Bruno, Michel de Castelnau-Mauvissière (tourangeau mais de souche béarnaise), dont il possédait le livre entré à Cambridge avec la collection De Botton (*Traicté des façons & coustumes des anciens*

---

11   https://www.photo.rmn.fr/archive/01-021962-2C6NU0G4VH15.html (consulté le 18 septembre 2020).

Gaulloys, traduit du latin de P. de La Ramée, par Michel de Castelnau Montaigne.1.8.9(2))? Je ne peux que remarquer, sans tenter de l'expliquer, une coïncidence : c'est pour Castelnau que travaillait dès cette époque celui qui le premier traduira, 15 ans plus tard il est vrai, les *Essais* en anglais, John Florio[12]. En revanche Castelnau, trop occupé à ménager la reine Elisabeth et à négocier le mariage de François d'Anjou, ne quitta pas Londres et ne peut donc avoir rencontré Montaigne lors du séjour à la cour de ce dernier pendant l'été 1580. Montaigne eut-il un contact avec l'intrigant ambassadeur d'Elisabeth à Paris, Edward Stafford ? La romanesque hypothèse d'un cadeau de François d'Anjou à sa « fiancée » en 1581 ne me convainc guère.

Je crois plutôt à plusieurs exemplaires de luxe reliés en même temps et destinés par Montaigne à être offerts en cadeau, le premier d'entre eux étant celui destiné au roi de France.

Le fond de la reliure d'Elisabeth est semé de roses (Tudor) et de lis (ce semé est répété également sur le dos). On sait par le récit qu'en fait La Croix du Maine (1584) que le livre fut présenté à Henri III en juillet 1580, très probablement à Saint-Maur-les-Fossés (le roi y séjourna sans discontinuer de la fin du mois de juin au début de septembre selon l'édition de sa correspondance) : « Sire, il faut doncq necessairement que je plaise à Vostre Majesté puisque mon livre luy est agreable, car il ne contient autre chose qu'un discours de ma vie et de mes actions ».

L'exemplaire destiné à Henri III n'a jamais été signalé mais il a dû exister. Je suis tentée d'imaginer qu'il avait été relié en même temps et de la même manière que celui d'Elisabeth, avec un semé de lis, évidemment sans les roses. Je suis également tentée d'imaginer que Montaigne, qui connaissait son monde, a pu en faire relier d'autres pour ses protecteurs et amis, et pour les princes italiens chez qui il se rendait ensuite. Au moins un pour le Pape comme le fera plus tard son ami Raemond[13], peut-être l'exemplaire confisqué puis rendu. Les bibliothèques italiennes feront-elles un jour apparaître un merveilleux exemplaire destiné à l'un des princes visités ?

---

12 Frances A. Yates, *John Florio : The Life of an Italian in Shakespeare's England*, Cambridge, Cambridge University Press, 1934.

13 Une somptueuse fanfare en maroquin rouge conservée à la Bibliothèque Vaticane sur l'exemplaire de présent au pape Clément VIII de son livre publié chez Langelier en 1599, reproduite dans *Legature Papali*, n° 165, pl. CXXVIII.

L'EXEMPLAIRE DE THOU

La mode bibliophilique est aujourd'hui au vélin, doré de préférence. Le Musée Dutuit a le privilège de conserver le deuxième plus bel exemplaire connu des *Essais* de 1580, relié en vélin doré aux armes de Jacques-Auguste de Thou (exemplaire Soubise-Didot-Nodier). De Thou et Montaigne se sont certes connus, mais Ingrid De Smet a vigoureusement rétabli la chronologie et la réalité des relations mythiques entre les deux hommes[14]. Au moment où il publie les *Essais*, Montaigne n'est pas (il ne le sera jamais d'ailleurs) l'intime ami de Jacques-Auguste, qui a acheté le livre et l'a fait relier comme les autres livres de sa bibliothèque, à Paris. Aucun cadeau, aucune intention de l'auteur. Mais il n'en reste pas moins un merveilleux exemplaire en vélin doré[15].

EXEMPLAIRES EN VEAU

Dans la hiérarchie des reliures et de leur appréciation, il est une catégorie intermédiaire entre le maroquin et le vélin, la reliure en veau. Beaucoup plus fragile que les deux autres, elle est rarement bien conservée. Ce qui fait tout le prix du discret exemplaire, aujourd'hui dans une collection particulière, de la vente Lambiotte, n° 23 : veau fauve, médaillon de fers azurés au centre des plats, etc. Hauteur 164 mm.

Dans les bibliothèques françaises, je ne connais pas pour le moment d'exemplaire en veau du XVIᵉ siècle[16].

---

14 Ingrid de Smet, « Montaigne et Jacques-Auguste de Thou : une ancienne amitié mise au jour », *Montaigne Studies*, n° 13, 2001, p. 223-240.

15 http://parismuseescollections.paris.fr/fr/petit-palais/oeuvres/essais-de-messire-michel-seigneur-de-montaigne (consulté le 18 septembre 2020).

16 Je remercie les conservateurs de la Bibliothèque de l'Institut (Sylvie Biet), de Châlons-en-Champagne (Chantal Husson) et de Chaumont (Bruno Briquez) qui ont très gentiment répondu à mes demandes de photos concernant leurs exemplaires, tous en veau mais du début du XVIIIᵉ siècle. Je n'ai pas encore reçu de réponse pour les autres exemplaires possiblement en reliure de l'époque : Nantes et Niort (cote 4730).

EXEMPLAIRES EN VÉLIN ORDINAIRE

Et j'en arrive aux exemplaires reliés en vélin ordinaire, non doré, sur lesquels le récent passage en vente, très médiatisé, de trois des 4 ou 5 exemplaires connus a attiré l'attention. Tous sont reliés en un seul volume. Je les cite par ordre de leur apparition publique sur le marché du livre ancien.

- 1855 : Exemplaire J.-B. Chevalier de Bearzi (31 mai 1855, n° 943, laconiquement décrit « 2 part. un vol. pet. in-8, vel. »). Non localisé, il correspond peut-être à l'un des suivants.
- 1969 : L'exemplaire Lenoble-Barnabites de Paris-Eustache Guillemeau (1678-1732), acheté par Pierre Bérès à une vente Sotheby's en 1969, qui a ensuite figuré dans son catalogue *Des Valois à Henri IV*, 1995, n° 239), puis dans la collection Pierre Bergé, vendu le 11 décembre 2015, lot 18. Le feuillet d'errata provient d'un autre exemplaire et les gardes sont renouvelées. 156 mm.
- 1971 : L'exemplaire Solieu (?) 1715 – Dumas-Pottiée-Sperry (catalogue 2003, n° 2) – librairie Sourget – Comte de Ribes, vendu le 11 décembre 2019. Il avait été restauré, avec consolidation des marges intérieures de quatre feuillets. « Titre du premier livre et les deux feuillets suivants lavés et brunis, Mouillures dans la marge extérieure de plusieurs feuillets ». Il mesure 152 mm. Il a auparavant figuré en 1971 au catalogue 151 de la Librairie Rossignol, n° 202.
- 1987 : L'exemplaire Albert Natural (catalogue 1987, n° 100), puis catalogue Bernard Quaritch, 1995, n° 20), replacé dans sa reliure, gardes renouvelées et le feuillet d'errata plus court provenant d'un autre exemplaire. 161 mm.
- 2009 : L'exemplaire Pontiere (signature répétée trois fois, dont une à la fin datée de 1602) – André Cordesse (Christie's Paris, 25 juin 2009, n° 30) – Pierre Bergé (vente Paris, 14 décembre 2018, n° 855). Inconnu jusqu'à son apparition à la vente Cordesse en 2009, complet et le mieux conservé des 4 exemplaires, il a en revanche une longue inscription postérieure sur le dos. 164 mm.

Quatre ou cinq exemplaires reliés en vélin ordinaire du temps ?
c'est un bilan provisoire. Je rêvais secrèrtement de voir réapparaître
l'exemplaire de 1580 en « vélin souple à recouvrements, très beau et
très frais à l'intérieur, ex-libris ancien des Minimes du Mans », de la
vente tenue à Genève, Kundig, le 13 juin 1949, lot 89. Grâce à Philippe
Desan, je sais qu'il est entré à la Newberry Library de Chicago avec la
collection Silver, et qu'il ne réapparaîtra plus sur le marché[17].

J'ai parlé jusqu'ici en bibliophile de mon temps. Mais n'oublions pas
que la hiérarchie des contemporains possesseurs de grandes bibliothèques
savantes n'était pas la nôtre. La *Theologie naturelle* avait sa place toute
trouvée. Et « Claude Dupuy fut, avec Henri de Mesmes, un des rares
contemporains d'Étienne de La Boëtie à détenir une copie fidèle de son
Discours sur la servitude volontaire » (respectivement BNF Mss Dupuy 239
et Fr 839) « qui aurait été faite directement sur le manuscrit original
détenu par Montaigne et que ce dernier aurait donné à Mesmes ». Quant
aux *Essais*, que le goût moderne place au premier plan, ils étaient loin
de faire l'unanimité. Citons Scaliger : « la grande fadaise de Montagne
[…] qui a dit qu'il aimoit mieux le vin blanc. Monsieur Dupuy disoit,
que diable a-t-on à faire de savoir ce qu'il aime[18] ? ».

Isabelle de CONIHOUT

---

17   Philippe Desan, « Michel de Montaigne. 1580 Edition of the *Essais*", *The Newberry 125.
     Stories of Our Collections*, Chicago, The Newberry Library, 2012, p. 166-167.
18   Jérôme Delatour, *Les Livres de Claude Dupuy d'après l'inventaire dressé par le libraire Denis
     Duval, 1595. Une bibliothèque humaniste au temps des guerres de religion*, Paris, École des
     Chartes, 1998, p. 91-92.

QUELQUES REMARQUES
POUR L'APPRÉCIATION BIBLIOPHILIQUE

De l'édition des *Essais*
(Paris, L'Angelier, 1588)

Outre ses formes littéraires et philosophiques, la réception des *Essais* a été un phénomène éditorial, qui s'est poursuivi de façon ininterrompue jusqu'à nos jours[1]. Elle a aussi été un phénomène bibliophilique, qui a accompagné la « curiosité en matière de livres » au XVIIIe siècle avant que le docteur Payen, au XIXe siècle, lui donne un tour spécifique. Philippe Desan, qui a ajouté à ses compétences d'historien de la culture et de sociologue celles de collectionneur et de *book-hunter*, a apporté par ce biais une contribution remarquable à la connaissance de l'œuvre de Montaigne, dans la matérialité de sa dimension éditoriale[2]. Je me garderai bien de traiter ici, dans un ouvrage qui lui est offert en hommage, un sujet qu'il connaît si bien. Il trouvera plus modestement, dans les pages qui suivent, avec le souvenir de nos visites chez les libraires, en compagnie de nos amis, François Leray et le regretté Michel Simonin, un prolongement de nos conversations, sous la forme d'une réflexion sur les critères d'appréciation philologiques et bibliophiliques de l'édition des *Essais*, publiée par Montaigne lui-même, en 1588, à Paris, chez Abel L'Angelier. Celle-ci, la plus belle des éditions anciennes, est aussi la moins bien connue. Elle demande à être estimée à sa juste valeur.

---

1   Voir Jean Balsamo, « Publishing History of the *Essais* », dans Philippe Desan (dir.), *The Oxford Handbook of Montaigne*, Oxford & New York, Oxford University Press, 2016, p. 158-178.
2   Philippe Desan, *Bibliotheca Desaniana. Catalogue Montaigne*, Paris, Classiques Garnier, 2011.

UNE ÉDITION ET SON HISTOIRE

L'histoire de l'édition des *Essais* publiée en 1588 et sa description ont
déjà été faites[3]. On en rappellera trois points :

— L'indication de « cinquième » édition donnée sur le titre du volume,
a suscité beaucoup d'interrogations, dans la mesure où l'on ne
connaît, par des exemplaires conservés, que les éditions de 1580 et
1582 (Bordeaux, Millanges) et 1587 (Paris, Jean Richer). Or, dans
la notice qu'il consacre à Montaigne, La Croix du Maine évoque,
dès 1584, d'autres éditions publiées « à Rouen aussi, et en divers
lieux[4] ». En effet, la bibliographie matérielle a permis d'identifier
l'édition parisienne de 1587 comme une nouvelle émission d'une
édition rouennaise perdue, avec une nouvelle page de titre. De ce
point de vue, au sens large, l'édition de 1588 est bien la cinquième,
sinon *au moins* la cinquième. Mais si on la considère du point de vue
textuel, le seul légitime, il s'agit de la troisième originale, après celle
de 1580 et celle de 1582, qui propose un texte révisé, modifié et
augmenté. La nouveauté de l'édition de 1588 par rapport aux deux
précédentes est considérable : elle se voit dans les 543 citations, les
641 additions et les 13 chapitres de l'*allongeail* du livre III, mais
aussi, de façon moins évidente, dans l'immense travail de révision
et de correction effectué par Montaigne sur le texte antérieur et
sa ponctuation. Ainsi, en dépit de sa situation intermédiaire entre
l'originale de 1580 et l'édition complète, posthume, de 1595,
également publiée chez L'Angelier, l'édition de 1588 occupe dans
l'histoire des *Essais* une place décisive. Elle consacrait Montaigne
comme un véritable écrivain, publié à Paris, chez un libraire de
premier plan, qui avait conçu une ambitieuse politique éditoriale
vouée à la promotion des lettres françaises ; elle donnait une version

---

3   Voir Richard A. Sayce et David Maskell, *A Descriptive Bibliography of Montaigne's* Essais,
     Londres, The Bibliographical Society, 1983, p. 12-15, n° 4 ; Jean Balsamo et Michel
     Simonin, *Abel L'Angelier et Françoise de Louvain. Suivi du Catalogue des ouvrages publiés par
     Abel L'Angelier (1574-1610) et la Veuve L'Angelier (1610-1620)*, Genève, Droz, 2002, n° 204.
4   François de La Croix du Maine, *Le Premier volume de la Bibliothèque*, Paris, L'Angelier,
     1584, p. 328.

autorisée des *Essais*, la dernière publiée du vivant de l'auteur et sur le texte qu'il avait fourni. Enfin, au contraire des modestes éditions précédentes, imprimées dans le format in-8° et in-12°, elle leur offrait une présentation digne de leur importance et du statut de leur auteur, un gentilhomme lettré, en un volume conçu avec soin, imprimé de façon lisible sur un beau papier, de dimension plus grande que celui des volumes in-quarto habituels de l'éditeur. De surcroît, un titre-frontispice gravé en taille-douce, probablement imposé par l'auteur, lui donnait une distinction particulière, en le caractérisant comme un ouvrage unique en son genre et dans les collections de L'Angelier[5].

— Le contrat d'édition n'a pas été retrouvé en dépit des recherches menées dans les archives notariales parisiennes. Proposant un nouveau texte dans un nouveau format, cette édition a été établie, selon les usages de l'époque, sur une maquette ou copie d'imprimeur transcrivant une copie d'auteur, toutes deux manuscrites mais non autographes, aujourd'hui perdues. Le texte a été imprimé par un des ateliers travaillant à cette époque pour L'Angelier, probablement celui de Pierre Le Voirrier dont on reconnaît le style dans le bandeau « au chien » du feuillet ã2 et dans le bandeau typographique composé d'une juxtaposition de fleurons de rapport Granjon, qui ouvre le feuillet A1. Montaigne séjournait à Paris au moment de l'impression du volume ; il ne semble pas qu'il en ait assuré lui-même la correction. Celle-ci n'est pas parfaite, le texte présentant de nombreuses coquilles dès l'avis « Au Lecteur ». Sur quelques exemplaires, Montaigne corrigea de sa main la date erronée de celui-ci[6]. L'exemplaire Lambiotte, lavé, relié en maroquin au XIXe siècle, est un de ceux-ci. Longtemps sur le marché, il a été acquis en vente publique par la Bibliothèque municipale de Bordeaux[7]. Il manque en tout cas une étude philologique établie sur la collation de plusieurs

---

5   Jean Balsamo, « Le frontispice des *Essais* (1588) : Montaigne et ses décors », dans Didier Kahn *et alii* (dir.), *Textes au corps. Promenades et musardises sur les terres de Marie Madeleine Fontaine*, Genève, Droz, 2015, p. 366-379.

6   Voir Marie-Luce Demonet et Alain Legros, « Montaigne à la plume. Quatre variantes autographes d'une correction de date dans l'avis "Au lecteur" des *Essais* », *Bibliothèque d'Humanisme et Renaissance*, vol. 75, 2013, p. 113-118.

7   Bordeaux, Bibliothèque municipale, D.11632 Rés (250 mm ; m. rouge doublé de Thibaron-Joly ; correction autographe de la date ; nombreuses annotations lavées ; vente Labadie, 1918,

dizaines exemplaires, qui recenserait les variantes textuelles et d'éventuelles corrections en cours d'impression.

– Le nombre relativement important d'exemplaires aujourd'hui recensés dans les collections publiques et privées est le résultat de l'histoire initiale de l'édition et de sa valorisation postérieure[8] ; il ne permet pas d'estimer le tirage. Le volume a été achevé d'imprimer au printemps 1588, au moment des émeutes parisiennes et de la fuite du roi. Sa distribution semble avoir pâti des circonstances. L'auteur reçut quelques exemplaires, dont le plus célèbre est l'exemplaire dit *de Bordeaux*, sur lequel il porta immédiatement des corrections puis des ajouts, qui servirent à préparer une nouvelle édition. Montaigne en offrit quelques autres exemplaires, accompagnés d'envois ou de lettres d'envoi[9]. L'Angelier lui-même dut en distribuer quelques-uns aux familiers de la boutique du Palais et en particulier à Étienne Pasquier, qui jouait le rôle de lecteur et qui était en même temps un ami de l'auteur[10]. Enfin, un autre exemplaire parvint aux libraires lyonnais, qui en firent une contrefaçon publiée en 1593, à moins que celle-ci n'ait été établie directement sur une autre transcription de la copie d'auteur. Les autres volumes imprimés restèrent dans les magasins du libraire et ne furent mis sur le marché qu'après 1600, parallèlement à l'édition posthume procurée par Marie de Gournay et à ses réimpressions ; le libraire n'hésitant pas à répondre au succès que rencontraient les *Essais* en

---

n° 2108, puis vente A. Lambiotte, 7 décembre 1976, n° 24, adjugé 40 000 FF ; catalogue de la librairie Pierre Berès, 74, 1983, n° 110, 75 0000 FF ; vente Drouot, 25 mars 1991).

8   Sayce et Maskell recensent quarante exemplaires dans les collections publiques, Balsamo et Simonin, quarante-trois, auxquels il convient d'ajouter les deux exemplaires de la collection De Botton légués à la Cambridge University Library : 1er exemplaire (255 mm ; 1er état du frontispice ; m. rouge du XVIIe siècle ; exemplaire Henri Bordes) ; 2e exemplaire (248 mm ; veau ancien ; annotations d'un contemporain de Montaigne ; catalogue de la librairie Giraud-Badin, « Dix livres choisis », 1991, n° 6) ; voir Philip Ford, *The Montaigne Library of Gilbert de Botton at Cambridge University Library*, Cambridge, Cambridge University Library, 2008, p. 16-17.

9   Outre l'exemplaire adressé à Antoine Loisel (vente Lamy, 1807, n° 4211, puis vente Lignerolles, 1894, I, n° 448), on conserve la lettre accompagnant l'exemplaire que Montaigne avait adressé à l'épouse du médecin Le Paulmier, qui l'avait soigné au printemps 1588, voir Kees Meerhoff et Paul J. Smith, « La lettre à Mlle Le Paulmier retrouvée », dans Karl A.E. Enenkel et Paul J. Smith (dir.), *Montaigne and the Low Countries (1580-1700)*, Leyde, Brill, 2007, p. 305-326.

10   Balsamo et Simonin, p. 80-81 ; Catherine Magnien-Simonin, « Étienne Pasquier familier de Montaigne ? », *Montaigne Studies*, vol. 13, 2001, p. 277-313.

écoulant une édition devenue obsolète. Cette distribution tardive peut expliquer pourquoi l'on ne trouve presque pas d'exemplaire de l'édition de 1588 en reliure de l'époque, mais presque toujours dans des reliures postérieures à 1650.

LA CONSTITUTION
D'UN STANDARD BIBLIOPHILIQUE

Dans l'inventaire après décès du libraire, en 1621, les quelques exemplaires subsistant de l'édition de 1588 étaient estimés à 1£ 16 sols reliés en parchemin, et à 18 sols « en blanc[11] ». Sur le marché du livre, aux XVIIe et XVIIIe siècles, l'édition de 1588 ne bénéficia d'aucun prestige. En revanche, les lecteurs recherchaient les éditions récentes d'un livre qui appartenait encore à leur culture vive, les éditions en grand format procurées par Marie de Gournay, puis l'édition due à Coste, publiée en 1724 et régulièrement rééditée. On en rencontre de très beaux exemplaires, en maroquin et en reliures à provenance. L'édition de 1588 n'apparut que progressivement dans les cabinets des « curieux en fait de livres ». Elle fut valorisée en tant qu'objet bibliophilique au tournant du siècle, par le mystérieux H.D., dont on mentionne l'exemplaire relié en maroquin du Levant[12], et surtout à partir de la vente Cisternay Du Faÿ (1725), dont l'exemplaire en maroquin citron fut adjugé 30 livres. Quatre ans plus tard, celui de Claude Le Blanc, en maroquin rouge, était adjugé moins de la moitié, à 12 £ 15, et en 1761, celui de Marcellin de Selle, en maroquin citron (peut-être celui de Du Faÿ), à 8 £ 1 seulement, alors que dans la même vente, un exemplaire de l'édition Coste, en veau fauve, était adjugé 32 £[13]. Ces différences tiennent peut-être à des raisons objectives de conservation, elles mettent

---

11   Balsamo et Simonin, p. 506 et 523.
12   Vente Baron de Claye, 1904, n° 21 (maroquin marbré de Constantinople, XVIIe, chiffre H.D. accompagné de quatre fermesses ; puis vente Rahir, IV, Paris, 1936, n° 66). Sur le collectionneur, voir Isabelle de Conihout et Pascal Ract-Madoux, *Reliures françaises du XVIIe siècle. Chefs-d'œuvre du Musée Condé*, Paris, Somogy, 2002, p. 68-69.
13   *Bibliotheca Fayana, seu catalogus librorum bibliothecæ ill. viri Car. Hieronymi de Cisternay Du Faÿ*, Paris, G. Martin, 1725, n° 2628 ; *Catalogue des livres de feu M. Le Blanc*, Paris,

aussi en lumière les éléments de distinction et de prestige qui entrent dans la cote des livres. En février 1823, un amateur sur lequel nous n'avons aucun renseignement, un certain Gaillard, achetait un exemplaire dérelié de l'édition de 1588 pour le prix de 2 frs 20. Il nota cette particularité sur un feuillet du volume[14]. À la même époque, le prestigieux exemplaire du comte d'Hoym, relié en maroquin citron, était vendu 39 frs au cours de la vente de Charles Nodier ; il avait fait 12 £ en 1738, puis 50 frs lors de la vente Mirabeau, et plus tard, 1 000 frs à Londres, en 1860[15]. En 1845, le Dr Payen achetait à Chambéry pour 8 frs un exemplaire relié en vélin rigide du XVIIIe siècle, mais pourvu du titre-frontispice en premier état[16]. Enfin, Brunet, qui indique le prix atteint par l'exemplaire Hangard, relié en maroquin au XVIIIe siècle, 36 frs, précise : « plus d'un fois, nous avons vu vendre pour moins de 12 frs des exemplaires reliés en veau brun[17] ». Ces prix ont un intérêt documentaire, mais sont sans signification, aujourd'hui, dans le cadre d'un marché dérégulé, pour définir le prix moyen d'un exemplaire de l'édition de 1588, dont les extrêmes peuvent varier de un à cinquante, ni pour préciser le prix relatif des exemplaires des différentes éditions originales des *Essais*.

À côté des exemplaires conservés dans les collections publiques, réservés à l'étude, d'autres exemplaires passent régulièrement en vente publique ou sont proposés dans les catalogues des libraires. Sur la base d'un inventaire sommaire des dernières années, après la vente de la collection montaignienne du docteur Pottiée-Sperry en 2003, dont le catalogue sert encore de référence[18], on pourra en établir une typologie,

---

G. Martin, 1729, n° 1278 ; *Catalogue des livres de feu M. de Selle*, Paris, Barrois & Davitz, 1761, n° 1526 et 1527.

14 Vente Ader Nordmann, Paris, salle Favart, 23 juin 2017, n° 63 (reproduction du titre).

15 *Catalogus librorum bibliothecæ Caroli Henrici comitis de Hoym*, Paris, Martin, 1738, n° 2293 ; *Catalogue des livres de la bibliothèque de feu M. Mirabeau l'aîné*, Paris, Rozet et Belin, 1791, n° 635 ; *Catalogue d'une partie de livres rares*, Paris Merlin, 1827, n° 48. Cet exemplaire est mentionné ensuite dans les ventes Potier, baron Double, La Roche-Lacarelle, Francheville ; selon Brunet, le baron Double aurait fait remplacer le frontispice original, très rogné, par le frontispice pris d'un autre exemplaire.

16 Inscription portée dans l'exemplaire BnF Z Payen 9.

17 Jacques Charles Brunet, *Manuel du bibliophile*, III, 1835-1836 ; *Catalogue des livres choisis du cabinet de M**** [Dincourt d'Hangard], Paris, Née de La Rochelle, 1789, n° 330.

18 *Michel de Montaigne et son temps. Collection Pottiée-Sperry*, Sotheby's, Paris, 27 novembre 2003. L'exemplaire de l'édition de 1588 est décrit sous le n° 5 (233 mm, veau fauve ; ex-libris Alfred de Léomesnil : 20 000 €).

en fonction de leur condition. Avec une fréquence significative, apparaît ce qui constitue un standard définissant les bons exemplaires : des exemplaires complets, en bon état général, d'une dimension de page variant de 245 à 250 mm, recouverts soit de reliures de la seconde moitié du XVIIe siècle et du début du XVIIIe, en veau[19], voire en basane de qualité[20], soit de reliures des années 1840-1870, en maroquin, dues aux meilleurs ateliers de l'époque (Trautz-Bauzonnet[21], Duru[22] ou Chambolle-Duru[23], Cuzin[24], Capé[25], Hardy[26]). Ces exemplaires, sans provenances identifiées d'un intérêt particulier, se vendent actuellement entre 10 000 € et 30 000 € en vente publique, et entre 18 000 € et 70 000 € en librairie.

Ce standard constitue un critère d'évaluation. Il permet de définir d'un côté des exemplaires inférieurs, pour les écarter, et de l'autre, des

---

19   Vente Christie's, Paris, 27 novembre 2009, n° 35 (234 mm ; veau porphyre granité ; tranches dorées ; reliure du début du XVIIIe siècle ; estimé 8 000 €) ; vente Drouot, 14 décembre 2011, n° 188 (250 mm ; veau tacheté « de l'époque », double filet sur les plats, signatures *Bigot* et *Alexandre le Jay* ; titre restauré) ; vente Drouot, 22 décembre 2011, Gomez expert, n° 55 (244 mm ; veau brun XVIIIe siècle, ex-libris *Rousseau Delaunois* ; puis catalogue de la librairie Dechaud, 30, n° 42 : 18 000 €) ; catalogue de la librairie Amélie Sourget, 7, 2015, n° 9 (247 mm ; veau granité, vers 1715, provenance *Jobert, Roquelayne*, vicomte de Busseul : 45 000 € ; auparavant catalogue de la librairie Sourget, « Manuscrits et livres précieux de la Renaissance au cubisme », Chartres, s.d., c. 1992, n° 54 : 75 000 FF) ; catalogue de la librairie Vrain, avril 2016, n° 9 (250 mm ; veau brun marbré XVIIe siècle ; baron de La Roche Lacarelle, Henri Burton : 60 000 €) ; catalogue de la Librairie Clavreuil, 2019, n° 4 (248 mm ; veau moucheté, vers 1720 ; ex-libris Paupardin, 1686 : 25 000 €).

20   Vente, Drouot 16 juin 1995, n° 172 (236 mm ; basane du XVIIe siècle, dos orné, cachet B.P. sur le titre) ; puis vente 25 mai 2002, n° 116 ; puis vente Aristophil, 14 novembre 2018, n° 2 : estimé 6 000-8 000 € ; puis catalogue de la librairie Amélie Sourget, 17, 2019, n° 23 : 29 000 €) ; catalogue de la librairie Vrain, 1996, n° 46 (peut-être le même exemplaire : 60 000 FF).

21   Vente Drouot, 17 octobre 2009, n° 221 (246 mm, maroquin rouge de Trautz-Bauzonnet ; vente Gancia, 1868, n° 221 ; Behague, 1880, n° 136 ; catalogue Morgand, 1881, n° 6999 ; puis catalogue de la librairie Dechaud, 25, 2010, n° 30 : 30 000 €).

22   Catalogue de la librairie Vrain, 2011, n° 20 (253 mm ; reliure datée 1853, aux armes de Meaudre de Lapouyade, vente 1920, n° 92 ; auparavant « *Bibliotheca Billiana* » [Labbey de Billy, 1825] ; puis vente Moura, Bordeaux, 1923, n° 95 ; vente M.P.B. [Pierre Brunet], 1935, n° 36 ; puis André van Bastelaer, vente Bruxelles, 6 mars 2010, n° 43).

23   Catalogue de la librairie Amélie Sourget, s.d., n° 9 (246 mm ; maroquin rouge de Chambolle-Duru : 29 000 €).

24   Vente Pierre Berès, 6, Paris, 17-18 décembre 2007, n° 387 (242 mm ; maroquin rouge janséniste : estimé 4 000-6 000 €) ; catalogue de la librairie Camille Sourget, 9, n° 14 (250 mm ; titre en 1er état ; maroquin rouge janséniste doublé de maroquin bleu, de Cuzin).

25   Vente A.L. N[atural], Paris, 13 mai 1987, n° 103 (242 mm, maroquin rouge de Capé).

26   *Bibliotheca Desaniana*, p. 41-42, n° 14 (248 mm, maroquin rouge à la Du Seuil, par Hardy, Marius Michel doreur).

exemplaires supérieurs ou remarquables. Les premiers se caractérisent par un état de conservation moins satisfaisant (exemplaires incomplets, lavés et restaurés comprenant des feuillets suspects d'avoir été refaits en fac-similé), et surtout par leurs couvrures de qualité moindre ou plus tardives ; le plus déprécié étant sans doute un vélin moderne. Un mouvement général tendant vers un surcroît d'authenticité conduit les amateurs à privilégier les exemplaires en reliure ancienne, quitte à accepter leurs défauts d'usage, et à ne plus valoriser les exemplaires en reliure tardive, considérés comme moins suggestifs et moins riches d'histoires, mais aussi plus suspects d'avoir été sophistiqués. Ils ne les acceptent que s'ils offrent un surcroît d'excellence ou de particularité.

Les exemplaires supérieurs se caractérisent par des particularités d'impression et d'édition, par une qualité de conservation, par leur reliure d'une qualité de couvrure ou d'ornementation non commune, et surtout par leur histoire, que révèle leur provenance, historique ou bibliophilique, par leur intérêt littéraire porté par des annotations qui commentent le texte de Montaigne. On pourra ainsi définir des exemplaires supérieurs, et au sommet, des exemplaires exceptionnels, qui conjuguent ces qualités remarquables et qui ont, outre une éminente valeur bibliophilique, une valeur philologique.

NOUVEAUX CRITÈRES D'APPRÉCIATION

PARTICULARITÉS D'ÉDITION

Dans les notices des catalogues de vente, c'est une particularité d'exemplaire, la dimension qui apparaît comme le premier critère d'appréciation. Les très beaux exemplaires auraient de 250 à 260 mm de haut[27]. En réalité, si elle, est importante pour l'appréciation des exemplaires en reliures du XIXᵉ siècle, la dimension reste un critère

---

27 Le plus grand exemplaire connu est celui de la BnF, Rés. Z. 1114 (260 mm ; 1ᵉʳ état du frontispice ; relié en veau brun du XVIIᵉ siècle ; cachet de la *Bibliotheca Regia*). L'exemplaire BnF Z Payen 8, dans un modeste cartonnage moderne, mesure 259 mm. L'exemplaire de la collection Rothschild, conservé au Département des manuscrits de la BnF, III-2-23, 258 mm (maroquin rouge, XVIIᵉ siècle).

relatif pour les exemplaires en reliures anciennes, dont certains des plus prestigieux ont été rognés court. En tout cas, l'existence même d'exemplaires à belles marges, présentant un titre-frontispice intact et un corps d'ouvrage de même dimension permet de réfuter la légende trop souvent évoquée dans les notices pour justifier des exemplaires trop courts, au frontispice fortement rogné, selon laquelle le frontispice aurait été d'une dimension supérieure à la justification du livre et aurait dû être rogné pour correspondre à celle-ci. Le titre-frontispice est connu en deux états ; le premier sans la date et avec l'erreur *orand* pour *grand* dans l'adresse, le second, avec la date et la faute corrigée. Ces états ne correspondent pas à des tirages distincts ou des émissions différentes du livre. On connaît une quinzaine d'exemplaires comportant le titre en premier état, plusieurs d'entre eux sont passés en vente récemment[28]. Un exemplaire présentant un état particulier du cahier liminaire, dans lequel la dernière page de la table est imprimée au verso du titre-frontispice (ã1v) et non pas sur le recto du feuillet ã4 est mentionné dans un ancien catalogue de libraire[29]. On ne signale pas d'autres exemplaires portant cette particularité.

RELIURES

À la différence des autres éditions originales des *Essais*, dont on conserve des exemplaires reliés à l'époque de leur publication et dans des reliures variées, allant du parchemin au maroquin à décor, l'édition de 1588 se caractérise par l'extrême rareté des exemplaires conservés dans leur première condition. Sans même parler des exemplaires « en blanc » encore mentionnés dans l'inventaire du libraire, on ne connaît que deux exemplaires reliés à l'époque même de la publication, et ils sont dans des reliures simples, sans décor, en vélin : l'exemplaire Thorkelin et l'exemplaire offert par Montaigne à Antoine Loisel, déjà mentionné[30]. Un exemplaire très grand de marge, avec le frontispice non

---

28 Catalogue de la librairie Vrain, 1996, n°46, et 2002, n°11 (1er état du frontispice, « sans date » : 90 000 FF) ; catalogue de la librairie Camille Sourget, 9, n°14, ci-dessus, note 24 ; catalogue 16, 2014, n°12, voir ci-dessous, note 50.

29 Catalogue de la librairie Fontaine, 1874, n°1658 (maroquin rouge doublé de maroquin citron, décor à la Du Seuil, M. Michel doreur).

30 Copenhague KB (Fonds Thorkelin : 253 mm ; voir dans ce volume la contribution d'Anders Toftgaard). La localisation actuelle de l'exemplaire d'Antoine Loisel ne nous est pas connue.

rogné, est passé en vente en 2005, puis a été décrit dans le catalogue de la Librairie Sourget comme étant dans une « reliure strictement de l'époque », c'est-à-dire exécutée entre 1588 et 1620[31] ; il complète ce corpus restreint des exemplaires dans leur première reliure. Cette condition, que l'on confond abusivement sans doute avec une couvrure en vélin ou en parchemin, est aujourd'hui très recherchée. Au XIXe siècle, elle semblait rebutante et on la remplaçait systématiquement par des reliures contemporaines. À côté de ces exemplaires reliés en vélin, on mentionnera un exemplaire, vendu en 2018, dans une reliure germanique à ais de bois recouverts de vélin orné de motifs dorés, datable du début du XVIIe siècle, avec une longue inscription en allemand sur le premier contreplat, qui atteste de la première réception européenne des *Essais*[32].

Les autres exemplaires connus sont tous recouverts de reliures postérieures à 1630 pour le moins[33], en veau ou en basane. Certaines de ces reliures somme toute courantes peuvent être soignées et offrir un décor intéressant[34]. Les reliures en maroquin du XVIIe siècle sont rares sur cette édition. Pour le XVIIIe siècle, les catalogues de vente font état d'exemplaires de qualité, reliés en maroquin, provenant des bibliothèques de grands amateurs. Quelques uns, déjà connus, sont à nouveau passés en vente ces dernières années : ainsi le célèbre exemplaire Naigeon, assez court de marges, mais dans une élégante reliure attribuée à Padeloup, en maroquin rouge au dos orné d'une résille dorée, proposé à 85 000 €[35], et un exemplaire relié en maroquin rouge orné de la fin du XVIIIe, dont la reliure a la particularité de porter au dos, outre le nom de l'auteur et le titre de l'ouvrage, la date « 1588 », confirmant ainsi, pour la première fois,

---

31   Vente, Paris, 8 novembre 2005, n° 164 (parchemin à rabats, 258 mm ; ex-libris *Lamy, à Estampes*, 1679 ; puis catalogue de la librairie Sourget, Chartres, XXXII, 2006, n° 67, qui indique 255 mm ; prix non mentionné ; puis catalogue de la librairie Camille Sourget, *40 Livres et manuscrits du XVIe au XXe siècle*, n° 5 : « sur demande »). L'exemplaire figure à nouveau dans la vente de la collection du comte de Ribes, Paris, Sotheby's, 12 décembre 2019, n° 121.

32   Vente Drouot, Drouot Estimation, 29 juin 2018, n° 56.

33   Selon un témoignage de M. Gabriel Rossignol, que je remercie, un exemplaire en maroquin bordeaux à décor de filets, aurait été vendu par le libraire Marc Lolliée, vers 1970.

34   Catalogue de la librairie Camille Sourget, *55 livres et manuscrits du XVe au XXe siècle* [2007], n° 7 (veau brun, dos orné de fleurs de lys, reliure vers 1720 ; ex-libris *Charles de La Haut*, Charleville).

35   Catalogue de la librairie Aurélie Sourget, 16, 2018, n° 12 (246 mm ; maroquin rouge du XVIIIe siècle ; auparavant, vente Naigeon, Paris, 1810, n° 373 ; Firmin-Didot, 1879, n° 209 ; Guy-Pellion, 1882, n° 72 ; vente Paris, 27 avril 1934, n° 84 ; vente Paris, 21 mai 1986, n° 52).

le statut bibliophilique accordé à cette édition[36]. Ce genre d'indication sur des reliures faites à la demande de quelques collectionneurs raffinés, avait d'abord servi à distinguer les incunables, avant d'être appliqué pour mettre en valeur d'autres ouvrages rares.

La qualité de la reliure a pu conduire à certains effets de surenchère. L'exemplaire provenant de la collection Crozat de Tugny, avec son ex-libris manuscrit, a été décrit dans un catalogue de libraire comme étant dans une reliure du début du XVIIe siècle, en *maroquin* Lavallière, à décor à la Du Seuil[37]. Cet exemplaire, de belles dimensions (250 mm), se voyait ainsi attribuer une qualité remarquable supplémentaire : une reliure précoce et dans une peausserie de luxe. Le catalogue de la vente d'origine, en 1751, ne donnait pas d'indication concernant la reliure[38]. Le même exemplaire réapparut dans la vente Pierre Bergé. Reproduit en couleur dans le catalogue, il est décrit en *veau* fauve[39], comme il l'avait été jusqu'alors dans les catalogues des ventes précédentes, où on le retrouvait, reconnaissable à un raccommodage indiqué dans toutes les notices[40]. En 1934, le catalogue de la vente Gougy le décrivait bien en veau fauve, sans mettre en exergue ni sa provenance ni ses dimensions[41]. La notice précisait que l'exemplaire était « dans sa première reliure », ce qui ne voulait pas dire que celle-ci était contemporaine de l'édition.

PROVENANCES

Les exemplaires établis au XIXe siècle ont été lavés et leurs anciennes marques de possession ont été effacées le plus souvent. Quelques uns de ces exemplaires sont pourvus d'ex-libris qui leur donnent un *pedigree* en les rattachant à une suite plus ou moins détaillée et complète de collectionneurs illustres mais modernes[42]. En revanche, une majorité

---

36 Catalogue de la librairie Laurent Coulet, 42, 2009, n° 17 (248 mm ; maroquin rouge fin XVIIIe ; annotations lavées ; 35 000 €).

37 Catalogue du libraire Jean-Baptiste de Proyart, Paris, Grand Palais, 2010, n° 14 (120 000 €).

38 *Catalogue des livres de M. le Président Crozat de Tugny*, Paris, Thiboust, 1751, n° 3007.

39 *La Bibliothèque de Pierre Bergé*, IV, Paris, 14 décembre 2018, n° 859 (estimation : 30 000-40 000 €).

40 Vente Christie's, Paris, 25 juin 2009, n° 31.

41 *Bibliothèque de M. Lucien Gougy*, I, Paris, 1934, n° 196.

42 Collection Jean Paul Barbier-Mueller, Genève (254 mm ; maroquin rouge à la Du Seuil par Hardy-Mesnil, aux armes du prince d'Essling ; catalogue Morgand, 1883, n° 8496, puis 1893, n° 618 ; puis vente P.B., Drouot, 13 février 1978).

d'exemplaires en reliure du XVIIe siècle portent le nom de leurs premiers possesseurs, sous forme de signatures, d'ex-libris manuscrits et plus rarement gravés, parfois armoriés. Ceux-ci ne constituent pas des « provenances » au sens le plus valorisant du terme, dans la mesure où ces noms sont pour la plupart des noms inconnus ou ceux de personnages de peu de notoriété. En réalité, assez peu d'exemplaires sont caractérisés par de véritables « provenances » qui contribueraient à leur donner une plus-value bibliophilique, à l'instar de l'exemplaire De Thou des *Essais* de 1580, conservé dans la collection Duthuit. Cette valorisation des provenances conduit parfois à des confusions : l'obscur avocat [Louis] Malherbe, dont l'exemplaire est passé sur le marché[43], n'est pas le poète, dont on aimerait vraiment retrouver l'exemplaire, s'il existe. En revanche, celui de Claude Expilly est connu[44]; il est d'autant plus intéressant qu'il contient le texte autographe du sonnet que le poète grenoblois composa pour célébrer Montaigne et qui fut imprimé dans l'édition publiée par L'Angelier en 1600. De rares exemplaires sont conservés dans des reliures anciennes armoriées ou portant des chiffres. Ils sont légitimement recherchés. On connaît, dans les collections publiques, ceux d'Élie du Fresnoye, en maroquin brun (Lyon, Université catholique)[45], du comte d'Hoym, déjà cité, en maroquin citron (aujourd'hui à Lyon, Bibliothèque municipale)[46], de Mme de Pompadour, en veau brun (Paris, BnF)[47], ainsi que dans la collection Jean Bonna, à Genève, le célèbre exemplaire, court de marges, mais au chiffre attribué à la marquise de Montespan[48]. On mentionne aussi, outre l'exemplaire du mystérieux « H.D. », déjà cité,

---

43 Catalogue de la librairie Sourget, Chartres, XXII, 2000, n° 70 (245 mm ; veau brun marbré ; ex-libris Timothée Chesneau, Malherbe avocat, Oratoriens d'Agde, *ex-dono* de Louis Fouquet, évêque d'Agde, 1703 : 35 0000 FF / 53 357 € ; auparavant vente duchesse Sforza, 1934, n° 45 ; Christie's, 27.11.1996, n° 397).

44 Grenoble, Bibliothèque municipale (Rés. V. 2856).

45 Voir Anne Bollini, « Un précieux exemplaire des *Essais* de 1588 », *Bibliothèque d'Humanisme et Renaissance*, vol. 53, 1991, p. 419-421.

46 Lyon, BM (409287).

47 BnF, Rés. Smith-Lessouëf, R-170 (242 mm ; veau granité, aux armes de Mme de Pompadour ; vente 1765, n° 2253 ; puis Voisin 1876 ; Morgand, 1876, n° 1872 ; vente Drouot, 5 avril 1880, n° 111).

48 Voir Vérène de Soultrait-Diesbach, *Six siècles de littérature française. XVIe siècle*, Genève Droz, 2016, t. II, p. 48-50, n° 227 (232 mm ; maroquin rouge XVIIe siècle, chiffre de la marquise de Montespan sur les plats ; Signatures et ex-libris Pusey ; Thomas Bortheton of Hey ; vente, Paris, 29 mars 1984, n° 66 ; puis vente J. Ortiz-Patino, Londres, Sotheby's, 2 décembre 1998, n° 15 : 51 000 £).

l'exemplaire du président La Vieuville, non localisé[49]. Un seul exemplaire aux armes est passé en vente ces dernières années, celui de Louis de Béchameil, marquis de Nointel (1649-1718), un financier allié aux Colbert ; il est relié en veau marbré de la fin du XVIIe siècle, restauré, mais avec le frontispice en premier état[50].

EXEMPLAIRES ANNOTÉS

L'histoire du livre, examinée sous l'angle de la lecture, et les études de réception ont contribué à mettre l'accent sur les annotations anciennes portées en marge des livres. Celles-ci, longtemps négligées par les amateurs, qui considéraient qu'elles déparaient leurs exemplaires, constituent aujourd'hui un important critère de valorisation[51]. Un nombre non négligeable d'exemplaires des *Essais* de 1588 portent des marques de lecture et des annotations manuscrites, qui subsistent parfois à l'état de traces dans les exemplaires lavés, reliés au XIXe siècle. Plusieurs sont signalés dans les collections publiques, sans qu'un répertoire systématique ait été établi[52]. À côté de ces exemplaires, de l'exemplaire Loisel très annoté, et d'autres en mains privés[53], deux exemplaires portant de telles annotations sont passés récemment en vente et, ce n'est pas un hasard, ont suscité l'intérêt de Pierre Berès. Le premier porte deux séries d'annotations datables du début du XVIIe siècle : d'une part, dues à un certain Montauban, des marques de lecture qui couvrent une grande partie du livre I, en particulier « Des Cannibales », l'« Apologie » et le chapitre « Sur des vers de Virgile », auquel est donné le nouveau titre

---

49 Il est mentionné dans la notice du catalogue de la vente, *Très beaux livres anciens*, Paris, 29 mars 1984, n° 66.

50 Catalogue de la librairie Camille Sourget, 16, 2014, n° 12, proposé à 48 000 € (252 mm ; 1er état du frontispice ; veau marbré du XVIIe siècle ; armoiries ; auparavant, Guy-Pellion ; R. Danon, 1973, n° 86).

51 Voir Auguste Salles, « Quelques exemplaires annotés des *Essais* », *Bulletin de la Société des Amis de Montaigne*, IIe série, n° 1, 1937, p. 39-40.

52 BnF (8° Z Don 597 : 229 mm : vélin moderne, exemplaire Armaingaud ; *ex-dono* Jacques Godard ; ex-libris *AR* 1603 ; annotations du début XVIIe siècle) ; BnF Rothschild ; Bordeaux, ancien exemplaire Lambiotte ; Bruxelles BR (VI 5371B) ; Cambridge, collection De Botton ; New York ; Princeton University Library (exemplaire Lebrun : annotations de l'époque ; voir Auguste Salles, « Quelques annotations de l'exemplaire Le Brun », *Bulletin de la Société des Amis de Montaigne*, IIe série, n° 5, 1939, p. 28.

53 Vente Dr P., 1929, n° 18 (maroquin de Lortic) ; vente 7 décembre 1954, n° 137 (1er état du titre ; titre 2e état ajouté).

de « De la vieillesse » ; elles balisent le texte et notent en marge des termes servant à la constitution d'un répertoire de lieux communs. Les secondes, d'une autre main non identifiée, proposent un véritable commentaire, agrémenté de citations poétiques en latin, qui font écho à celles de Montaigne, en particulier dans le chapitre consacré à l'amour[54].

Le second exemplaire, que nous avons déjà eu l'occasion de signaler, est d'un intérêt supérieur[55]. Il a été entièrement annoté au début du XVIIe siècle par Jérôme de Boufflers, un gentilhomme lettré, qui avait porté plus de mille notes, inégalement réparties sur l'ensemble des *Essais*. Comme ses contemporains lecteurs de Montaigne, Boufflers inscrivait en marge des aides à la lecture et y enregistrait des termes selon des « lieux » ou en forme de maximes. Mais de façon plus systématique, il cherchait aussi à identifier l'origine des citations latines, voire à trouver la source latine d'une expression française. Enfin, selon sa propre expression reprise de Montaigne, il « barbouilla » ses marges de remarques personnelles, proposant une véritable conversation avec Montaigne et introduisant des éléments de nature autobiographique, la plus significative étant probablement un long commentaire consacré à sa propre expérience des cures thermales, dans le chapitre « De la ressemblance des enfans aux pères ». Les *Essais* apparaissent comme un miroir qui permettait au lecteur de se comprendre lui-même.

L'intérêt de cet exemplaire ne se limite pas à ces notes. Au cours d'un examen plus approfondi, il nous a été possible de mettre en évidence des corrections et des ajouts manuscrits sur le texte imprimé ou en marge de celui-ci. Ces interventions ne sont pas de la main de Boufflers. Elles devaient probablement figurer sur l'exemplaire tel qu'il l'avait acquis et sont analogues aux interventions portées aux mêmes endroits de l'Exemplaire de Bordeaux[56], même si leur leçon diffère dans deux cas,

---

54   Vente, Drouot, 12 mai 1998 (245 mm ; vélin moderne ; ex-libris manuscrits Montauban ; Jean Filoté ; puis vente du 11 décembre 2000, n° 58 ; puis vente Pierre Berès, 3, 16 décembre 2005, n° 283, avec reproduction et longue notice descriptive).

55   Vente Sotheby's, 5-6 décembre 2002, n° 155 (256 mm ; frontispice en premier état, remonté ; maroquin brun moderne, pastiche d'une reliure de style Henri IV ; exposé par la librairie Vrain dans le cadre de la Biennale des Antiquaires, Paris, 2014, puis catalogue de la librairie Vrain, 2016, n° 10 : 450 000 €). Voir Jean Balsamo, « Les *Essais* de Montaigne et leurs premiers lecteurs : exemplaires annotés (1580-1598) », *Montaigne Studies*, vol. 16, 2004, p. 143-150.

56   Ces interventions se trouvent aux f. 17, 66, 66v (l. 14, 22), 139, 169 [*sic* pour 177], 178, 196v, 377v 412 ; les interventions qui divergent de EB, aux f. 247, 273, 412, 421.

et si, dans quatre cas, elles n'y ont pas d'équivalent. Ainsi, au feuillet 377, la leçon erronée « *purpureus* » d'un vers latin de Jean Second est corrigée en « *purpureo* », par ajout d'un « o » sur le mot, d'une même graphie et à une même place dans les deux exemplaires.

Ces quelques corrections si minutieuses et ces ajouts ne sont pas des transcriptions qui reproduiraient les leçons de l'édition posthume, et rien ne permet de les considérer comme une falsification tardive. Elles n'ont pu être portés sur l'exemplaire Boufflers qu'au cours de la phase de révision du texte des *Essais*, dont l'Exemplaire de Bordeaux était jusqu'ici le seul témoin subsistant, et probablement en relation à celui-ci. Il pouvait donc être tentant d'attribuer certaines d'entre elles à Montaigne. Pourtant, s'ils donnent bien la même leçon que EB, avec quelques mots en grec, les trois ajouts sur huit, quatre lignes et deux lignes, en marge du f. Yy, chiffré 169 [*sic* pour 177), avec les signes d'insertion placés dans le corps du texte, sont manifestement d'une autre main, en qui il faudra voir celle d'un collaborateur de l'imprimeur ou de l'auteur, travaillant sous leur contrôle. En revanche, il est impossible de trancher dans le cas des simples corrections, ainsi le « o » de « *purpureo* », qui ne se distingue pas des graphies de Montaigne, ou plutôt attribuées à lui. Mais si on en réfute la paternité à Montaigne sur l'exemplaire Boufflers, on devra aussi examiner d'un regard plus critique les corrections de même nature portées sur l'Exemplaire de Bordeaux. Ainsi, à la lumière de l'exemplaire Boufflers, mais aussi des exemplaires qui portent la correction de la date de l'avis « Au lecteur », l'opération de correction du texte des *Essais* et la réécriture de ceux-ci, qui ont conduit à l'édition posthume publiée en 1595 et 1598, apparaît comme un processus plus complexe que ne l'a prétendu la tradition critique, impliquant plusieurs acteurs, dont la collaboration définit une « autographie » élargie, qui ne se limite pas à la seule main de Montaigne.

De ce point de vue, indépendamment de sa reliure moderne, l'exemplaire Boufflers, pour les questions philologiques qu'il conduit à examiner, est particulièrement remarquable. Est-il pour autant, ainsi que le prétend le libraire dans sa notice, « le plus intéressant exemplaire des *Essais* à la date de 1588 en main privées » ? On lui préférera un autre exemplaire, jamais décrit ailleurs, proposé par le même libraire, le *blue stone* qui réunit tous les critères d'excellence, même si sa hauteur n'est *que* de 247 mm : la reliure, un maroquin noir de la fin du XVIIe siècle à double filet et fleurons dorés sur les plats ; une provenance moderne, Gustave de Beaumont, ami et éditeur de Tocqueville ; une provenance ancienne identifiée, le comte de Flamarens, de la maison de Grossoles, qui rattache cet exemplaire, sinon à la *familia* immédiate de l'écrivain, du moins à des personnages qu'il avait pu connaître en Guyenne, autour de Henri de Navarre, et au groupe des tout premiers lecteurs des *Essais*, capables de comprendre leurs implications éthiques et politiques directes. L'exemplaire porte sur une garde une appréciation sur Montaigne, éditeur des œuvres de La Boétie, complétée d'une appréciation moins flatteuse critiquant son personnage de « noble d'épée ». Il présente surtout une correction *autographe* de Montaigne qui corrige la date de l'avis « Au lecteur », selon une formule différente de celles de l'Exemplaire de Bordeaux et de l'exemplaire Lambiotte[57]. Il s'agit là de ce que les bibliophiles anglais qualifient d'*association copy*, un exemplaire qui ouvre et qui concentre de multiples perspectives. Si l'érudition qui sous-tend la bibliophilie est une affaire de méthode, elle sait aussi parler à l'imagination.

Jean BALSAMO
Université de Reims

---

57 Le volume nous a été présenté en octobre 2004 par M. Jean-Claude Vrain, qu'il nous est agréable de remercier ici.

"CERTES, JE LIS CET AUTHEUR AVEC UN PEU PLUS DE REVERENCE ET DE RESPECT" (II, 10)

The *Essais* and corpus linguistics

It is safe to say that the "Montaigne Project", led by Philippe Desan in the early 2000s, has revolutionised Montaigne studies. By making available the Bordeaux copy, a manuscript that had never been really studied before, it allowed scholars to access the *"fabrique des* Essais". It made it possible to study the *Essais* as a text in making, with the progress from one edition to the other through the three *"couches* [layers]", to read passages that had been crossed out, to analyse additions as well as *"repentirs"*. Furthermore, the Montaigne project, offering the Villey edition of the *Essais* with the corresponding images from the Bordeaux copy, allowed a search of the full text.[1] Through software developed by the ARTFL project[2] and the University of Chicago, the PhiloLogic search engine, it offers a full-text search, retrieval and analysis tool. A real treat for scholars interested in frequency, collocation and concordance – what a difference it has made!

The problem with the *Essais* – or should I say the delight – is that the text is very long – 1360 pages in the Penguin Classics edition.[3] Therefore any digital support alleviates considerably the task of the researcher wanting to 'excavate' within the text. Especially since Montaigne

---

1   *Les Essais de Michel de Montaigne*, Pierre Villey and V.-L. Saulnier (eds.) (Paris: Presses Universitaires de France, 1978 [1965]).

2   The Project for American and French Research on the Treasury of the French Language (ARTFL) is a cooperative enterprise of the Laboratoire ATILF (Analyse et Traitement Informatique de la Langue Française) of the Centre National de la Recherche Scientifique (CNRS), the Division of the Humanities and Electronic Text Services (ETS) of the University of Chicago.

3   Michel de Montaigne, *The Complete Essays*, trans. M.A. Screech (London: Penguin Classics, 1993). The Kindle edition (819 pages) shows 203,000 words and promises 13 hours and 12 minutes reading at 250 words per minute.

himself acknowledges his chattering tendency – and this is what draws us to the *Essais*: *"Le monde n'est que babil"* (I, 26, 168)[4] [The world is nothing but babble]. Montaigne considers his *Essais* as the ideal place for expressing himself freely, to let his thoughts expand, at the cost of digressions.[5] Some critics, such as Hugo Friedrich, "go so far as to say that there is no argumentative purpose to the *Essais*": "The open form of the *Essais* resembles a stroll [...]. Thus [Montaigne] sets out without knowing where the journey will take him."[6] However, as Montaigne points out, these digressions are not made without some soul-searching: *"Je m'esgare, mais plustot par licence que par mesgarde. Mes fantasies se suyvent, mais par fois c'est de loing, et se regardent, mais d'une veue oblique"* (III, 9, 994). According to Déborah Knop, Montaigne sometimes "opens up a third dimension, namely that of a discourse, which is oblique and surprising but without being actually gratuitous."[7]

In this chapter, I will focus on the argumentative dimension of the *Essais*. Some scholars, among them George Hoffman, have studied Montaigne's use of logical arguments, such as syllogisms and enthymemes.[8] Arrested by the "famous and nebulous affirmation"[9] found in the first chapter of Book II, "Of the inconsistency of our actions":

> *Je n'ay rien à dire de moy, entierement, simplement, et solidement, sans confusion et sans meslange, ny en un mot. Distingo est le plus universel membre de ma Logique.*

---

4   All quotations from Montaigne are taken from *The Complete Works of Montaigne*, trans. Donald Frame (Stanford: Stanford University Press, 1958) and from the Villey-Saulnier edition.

5   See Emily Butterworth, "'Un flux de caquet'. Excès et éthique de la parole à la Renaissance (le cas de Montaigne, 'Sur des vers de Virgile')", in Florence Cabaret and Nathalie Vienne-Guerrin (eds.), *Mauvaises langues!* (Rouen: Presses Universitaires de Rouen et du Havre, 2013), p. 327-340: *"comme une confession, un lieu où la compulsion à se dire et à se montrer peut s'exprimer librement"*, p. 339.

6   Hugo Friedrich, *Montaigne*, ed. Philippe Desan, trans. Dawn Eng (Berkeley: University of California Press, 1991), p. 335. Quoted by Déborah Knop, "Montaigne on Rhetoric", in Philippe Desan (ed.), *The Oxford Handbook of Montaigne* (Oxford and New York: Oxford University Press, 2016), p. 401.

7   Déborah Knop, "Montaigne on Rhetoric", in Philippe Desan (ed.), *The Oxford Handbook of Montaigne, op. cit.*, p. 401.

8   George Hoffmann, "Fonder une méthode à la Renaissance. Montaigne et ses professeurs de philosophie; *Distinguo*: l'apport de Sylvius", *Bulletin de la Société des Amis de Montaigne* 25-26 (1991), p. 45-60.

9   Sébastien Prat, *Constance et inconstance chez Montaigne* (Paris: Classiques Garnier, 2012), p. 219.

[I have nothing to say about myself absolutely, simply, and solidly, without confusion and without mixture, or in one word. *Distinguo* is the most universal member of my Logic]" (II, 1, 335 B [242])

Ian McLean (1982, 1996), Daniel Ménager (1995), Sébastien Prat (2011, 2015) and George Hoffmann (2016), have brilliantly examined in particular the art of the *distinguo* in the *Essais*.[10] While the *distinguo* has been identified as a crucial element of Montaigne's scepticism,[11] I will restrict my analysis to its linguistic and rhetorical components and look in particular into a morphem, *certes*. In order to weight the specificity of Montaigne's style, I will take a corpus linguistics approach and contrast and compare the *Essais* with Montaigne's *Theologie naturelle de Raymond Sebon* (1581)[12] and other texts by contemporary authors – including Jean Bodin, Estienne Pasquier, Jean de Léry, Jacques Cartier, and Agrippa d'Aubigné.[13] Of course, this computer-assisted corpus analysis will take full advantage of the Montaigne project. KWIC (Key word in context) concordances will be used as data for textual exegesis and information retrieval.

---

10 Ian McLean, "'Le païs au-delà: Montaigne and philosophical speculation', in I.D. MacFarlane and I. McLean (eds.), *Montaigne* (Oxford, Clarendon Press, 1982), p. 101-132; *Id.*, *Montaigne philosohpe* (Paris: Presses Universitaires de France, 1996), p. 35, 99, 114; Daniel Ménager, "Montaigne et l'art du 'distingo'", in John O'Brien (ed.), *Montaigne et la rhétorique* (Paris: H. Champion, 1995), p. 149-159; George Hoffmann, "Distingo", in Philippe Desan (ed.), *Dictionnaire Montaigne* (Paris: Classiques Garnier, 2016), p. 319-321. See also Philippe Desan, *Montaigne: les formes du monde et de l'esprit* (Paris: Presses de l'Université Paris-Sorbonne, 2008), p. 159; Steven Randall, *Distinguo: Reading Montaigne Differently* (Oxford: Oxford University Press, 1992), p. 21-29; Sébastien Prat, *Constance et inconstance chez Montaigne*, *op. cit.*, p. 221-238; *Id.*, "Inconstance et *distinguo*: deux concepts centraux du scepticisme des *Essais* de Michel de Montaigne", *Cahiers du Séminaire québécois en philosophie moderne / Working Papers of the Quebec Seminar in Early Modern Philosophy* 1 (2015), p. 1-19.

11 See for example Sébastien Prat, "Inconstance et *distinguo*", art. cit.

12 *La Theologie naturelle de Raymond Sebon*, trans. M. de Montaigne (Paris: M. Sonnius, 1581). Available online through the "Montaigne Project" (Philippe Desan, ed., and ARTFL) and searchable with the PhiloLogic search engine.

13 The selection criteria included chronological suitability, thematic congruence and online availability of the texts (e.g. through Gallica, Gutenberg or Wikisource): Jean Bodin, *Les six livres de la République*, ed. Gérard Mariet (Paris: Le Livre de Poche, 1993) [abridged version of the 1583 edition (Paris: Jacques du Puis)]; Jean de Léry, *Histoire d'un voyage faict en la terre de Bresil*, ed. P. Gaffarel, (Paris: A. Lemerre, 1880 [1680]); Jacques Cartier, *Relation originale du voyage de Jacques Cartier au Canada en 1534*, ed. H. Michelant and A. Ramé (Paris: Tross, 1867); Agrippa d'Aubigné, *Histoire universelle*, t. 3 (1568-1572), ed. A. de Ruble (Paris: Renouard/Laurens, 1889); Étienne Pasquier, *Les Recherches de la France* (Paris, [1560-1621], Paris: L. Sonnius, 1621).

DISTINGUO

Syntacticians have recently developed a body of studies on the figure of the concession.[14] However, linguists are far from unanimous when it comes to proposing a definition of this concept,[15] because different areas of language are involved: rhetoric, argumentation, sociolinguistics. The concession is the first step in the distinction. According to Fontanier, concession grants something to the opponent in order to obtain a greater advantage.[16] The figure of the concession is a powerful rhetorical tool. Indeed, acknowledging the discourse of the interlocutor, identifying the consensus and taking ownership of their discourse to better refute it, is a strong argumentative strategy, as demonstrated by Charaudeau and Maingueneau.[17] In a poly-

14 Concession: "The surrender of a disputed point or position, in order to ground a new argument upon it, or to clear the way for one of more importance" (*Oxford English Dictionary*). Jacques Moeschler and Nina de Spengler, "Quand même: de la concession à la réfutation", *Cahiers de linguistique française* 2 (1981), p. 93-112; *Id.*, "La concession ou la réfutation interdite. Approches argumentative et conversationnellle", *Cahiers de linguistique française* 4 (1982), p. 8-36; Mary-Annick Morel, *La Concession en français* (Paris: Ophrys, 1996); Charlotte Schapira "*Distinguo, concede, nego*: la réfutation par distinguo", *Syntaxe & Sémantique* 13 (2012), p. 87-102; Stéphanie Fonvielle and Corinne Gomila, "Les connecteurs argumentatifs dans l'écriture universitaire: alibis typologiques ou ponctuants discursifs?", in Jan Goes, Jean-Marc Mangiante, Françoise Olmo, Carmen Pineira-Tresmontant (eds.), *Le Langage manipulateur. Pourquoi et comment argumenter?* (Arras: Artois Presses Université, 2014), p. 149-164; Stéphanie Fonvielle and Jean-Christophe Pellat, *Préludes à l'argumentation proustienne: perspectives linguistiques et sytlistiques* (Paris: Classiques Garnier, 2015).

15 The concession is *"une des notions les plus mal définies en linguistique"* (Jacques Moeschler and Nina de Spengler, "La concession ou la réfutation interdite. Approches argumentative et conversationnellle", *Cahiers de linguistique française* 4 (1982), p. 8).

16 *"Par la Concession, on veut bien accorder quelque chose à son adversaire, pour en tirer ensuite un plus grand avantage"* (Pierre Fontanier, *Les Figures du discours* (Paris: Flammarion, 1977), p. 415).

17 *"Par la concession, l'argumentateur modifie sa position en diminuant ses exigences ou en accordant à l'adversaire des points controversés. Du point de vue stratégique, il recule en bon ordre. La concession est un moment essentiel de la négociation, entendue comme discussion sur un différend ouvert et tendant à l'établissement d'un accord. Du point de vue de l'argumentation, en tenant un discours concessif, le locuteur reconnaît une certaine validité à un discours exprimant un point de vue différent du sien, tout en maintenant ses propres conclusions. Il peut estimer disposer d'arguments plus forts ou plus nombreux, avoir des arguments d'un autre ordre auxquels il ne veut pas renoncer; ou n'avoir aucun argument mais tenir à son point de vue envers et contre tout, selon la formule « Je sais bien mais quand même ». Dans l'interaction, la concession apparaît comme un pas fait vers l'adversaire; elle est constitutive d'un éthos positif (ouverture, écoute de l'autre)"* (Patrick Charaudeau et Dominique Maingueneau, *Dictionnaire d'analyse du discours*, Paris: Seuil, 2002).

phonic perspective[18], at an interactional or social level, concession appears as a step towards the adversary, and is the sign of a positive *ethos*. A principle of scholastic logic, derived from medieval dialectics, where it refers to the act of drawing a distinction in thought or in reasoning, the figure of the *distinguo* comprises two opposite propositions: the first (*concedo*) poses an assertion considered as accepted, while the second (*nego*) goes beyond this first assertion by proposing a stronger one. Again, the *distinguo* is a complex figure, as it is at the same time a figure of rhetoric, a textual sequence, an argumentative process or stratagem and a polyphonic system.

In French, concession is grammatically expressed by a range of tools such as logical conjunctions, including *pourtant, cependant, quand même, néanmoins, toutefois, mais, certes*. The latter has attracted the attention of linguists[19]: while Amalia Rodríguez Somolinos (1995)[20] has studied the semantic evolution of *certes* as a marker of assertion, from the Middle Ages to nowadays, Jean-Michel Adam (1990 and 1997)[21] has described its variations in use, from assertion to concession. More recently Frédérique Sitri and Sylvie Garnier (2009)[22] have analysed *certes* as a dialogical discourse marker.

Certes comes from Vulgar Latin *certas, which had replaced the Classical Latin *certo* "certainly, undoubtedly". According to the *Dictionnaire Historique de la Langue Française*,[23] the word was used until the 16th cen-

---

18 Linguistic polyphony is a theoretical framework developed by Oswald Ducrot which examines the enunciative instances. Ducrot, following Bakhtin, rejects the postulate of the unicity of the speaking subject and distinguishes between the "locutor (speaker)", who places the content in the discourse or the text in progress, and the "enunciator", who guarantees the content communicated (Oswald Ducrot, "Note sur la polyphonie et la construction des interlocuteurs", in Oswald Ducrot et al. (eds.), *Les Mots du discours* (Paris: Éditions de Minuit, 1980); *Id.*, *Le Dire et le dit* (Paris: Éditions de Minuit, 1984).

19 Studies by Jean-Claude Anscombre, "Marqueurs et hypermarqueurs de dérivation illocutoire: notions et problèmes", *Cahiers de linguistique française* 3 (1973), p. 75-124; Oswald Ducrot, *Le Dire et le dit*, *op. cit.*; and Michel Charolles, "La gestion des orientations argumentatives dans une activité rédactionnellle", *Pratiques* 49 (1986), p. 87-99, have paved the way for these linguists.

20 Amalia Rodríguez Somolinos, "*Certes, voire*: l'évolution sémantique de deux marqueurs de l'ancien français", *Linx* 32 (1995), p. 51-76.

21 Jean-Michel Adam, *Éléments de linguistique textuelle* (Liège: Mardaga, 1990); *Id.*, "Du renforcement de l'assertion à la concession: variations d'emploi de *certes*", *L'Information grammaticale* 73:1 (1997), p. 3-9.

22 Frédérique Sitri and Sylvie Garnier, "Certes, un marqueur dialogique?", *Langue française* (Paris: Armand Colin, 2009), p. 121-136.

23 Alain Rey (ed.), *Dictionnaire Historique de la Langue Française* (Paris: Dictionnaires le Robert, 1998 [1992]), t. 1, p. 682.

tury with several nuances, including "seriously, carefully". It appeared in locutions such as *à certes, pour certes*. Because it was so often heard as an exclamation by Huguenots, it was used by metonymy in the sense of "Huguenot".[24] It has to be noted that the word crossed the Channel and became English, as showed by the Oxford English Dictionary, which mentions that its use is nowadays "archaic": "Certes: Of a truth, of a certainty, certainly, assuredly. Used to confirm a statement. ('An old word' (Johnson); used chiefly in poetry or archaic prose)".

Certes variations in use can be summarised into four categories as follows[25]:

> (a) In Old French, *certes* is rarely employed alone, and is used for reinforcement of the assertion, for example after *oïl* [yes] (*oïl certes*). *Certes* takes an emphatic value and shows that the locutor (L) is in agreement with the statement of the enunciator (E1) whose words (P) have been previously reported.[26] *P – Oïl certes.*
>
> (b) Later in time *certes* is employed autonomously, and used as a one-word phrase, marked off by prosody (pausing, intonation) as well as punctuation, still with its emphatic value and assertive meaning. However, little by little, the marks that isolate the word are removed, and it can stand at the beginning of a sentence. *Certes* can be paraphrased as "certainly, definitely, of course, for sure". *P – Certes.*
>
> (c) J.-M. Adam shows how the word *certes* evolves with a corrective meaning as its acquiescence value diminishes. It opens a corrective development within a reasoning or a description of a fact. However, the preceding text keeps its truth value, and the speaker still agrees with it.[27]
>
> (d) Gradually *certes* acquires a concessive value, when combined with another connector, such as *mais*, or *cependant*. As pointed out by Adam, it is this combination only that gives *certes* its concessive value.[28]

The following diagram[29] describes the argumentative process in which *certes* takes place:

---

24 *"On y a vu à ce point une exclamation habituelle des Huguenots qu'on l'a employée par métonymie au sens de 'Huguenot'"*, p. 682.

25 Following conventions are used: P, Q: propositions; C: conclusion; L: locutor; E1: first enunciator.

26 *"Certes marque le point de vue du locuteur par rapport à la valeur de vérité de p, qui est de considérer p vraie et de l'affirmer explicitement"* (Amalia Rodríguez Somolinos, art. cit., p. 61).

27 *"Certes, en tête de phrase ou de paragraphe, ouvre un développement rectificatif au sein d'un raisonnement ou d'une description d'un état de fait. [...] le cotexte antérieur n'en reste pas moins entièrement vrai"* (Jean-Michel Adam, *Éléments de linguistique textuelle, op. cit.*, p. 6).

28 *Ibid.*, p. 8.

29 *Ibid.*

```
Semantic space 1       P        –    mais   – Q    Semantic space 2
L ≠ El                 Certes                       L = El
                       ↓                     ↓
                       C                     non-C
Conceded assertion                                 Argumentative
                                                   orientation
```

The text of the *Essais* will now be explored and the occurrences of *certes* analysed and referred to the four categories defined above. A comparison with contemporary texts will then enable the reader to identify Montaigne's specificity.

CERTES IN THE *ESSAIS*

101 occurrences of the word *certes* can be found in the *Essais*, this number allowing an extensive study of the word[30]:

Book I[31]	1	6	9	14	20	24	26	27	28	29	39	42	56	Total
Number of occurrences	1	1	3	2	1	1	1	1	4	1	1	1	1	19

TABLE 1 – Occurrences of *certes* in Book I.

Book II[32]	2	6	10	11	12	17	27	29	31	33	34	37	Total
Number of occurrences	1	2	2	1	13	2	1	3	1	1	1	2	30

TABLE 2 – Occurrences of *certes* in Book II.

---

30 I have counted approximately 413,330 words in the *Essais*. Thus the frequency of *certes* is 0.025.

31 19 occurrences – 1 added in 1592.

32 30 occurrences – 1 added in 1588, 1 added in 1592.

Book III[33]	1	2	3	4	5	6	7	8	9	10	11	12	13	Total
Number of occurrences	4	1	1	1	8	2	1	3	11	4	2	8	6	52

TABLE 3 – Occurrences of *certes* in Book III.

We can see that the occurrences of *certes* are spread over the three books of the *Essais*, but with more occurrences in the third book. The following dispersion plot allows a visualisation of this trend:

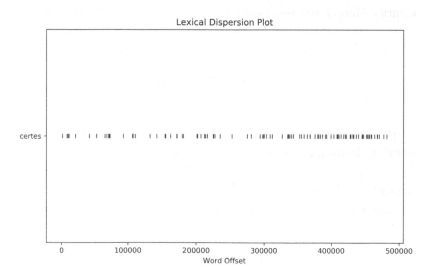

TABLE 4 – *Certes* lexical dispersion plot (*Essais*, Books I-III).

Furthermore, we can note that Montaigne adds *certes* in the *allongeails* – 12 occurrences in the (B) layer, 3 occurrences in the (C) layer.

Certes as a logical conjunction, in the argumentation, indicates a step in the reasoning. It can stand at different places in the sentence: initial, second, or elsewhere.

---

33 52 occurrences – 10 added in 1588, 2 added in 1592.

INITIAL

In many occurrences, *certes* is used at the beginning of a sentence, for a doxic statement. The most famous example would be:

> Certes, *c'est un subject merveilleusement vain, divers, et ondoyant, que l'homme* (I, 1, 9 A).[34]

Here Montaigne pauses and reflects, the comma mimicking the break in the story telling. He stops the narration of an anecdote (Epaminondas in 1580, then Dionysius the Oldest in the 1588 *"farcissure"*) and engages in a more general reflection on the human being – as demonstrated by the use of gnomic present and generic vocabulary *(l'homme, nous).*

> Certes, *ce n'est pas peu de chose que d'avoir à regler autruy, puis qu'à regler nous mesmes il se presente tant de difficultez* (I, 42, 263 A).

> Certes, *c'est une marque non seulement de nostre corruption originelle, mais aussi de nostre vanité et deformité* (III, 5, 878 B).

> Certes, *l'homme d'entendement n'a rien perdu, s'il a soy mesme* (I, 39, 240 A).

Elsewhere as above the initial *certes* emphasises Montaigne's agreement with that which precedes. Here, Montaigne turns to himself. The sentences that follow are personal, with the use of the pronoun of the first person *(je)*, past tenses *(passé composé)* or enunciative present:

> Certes, *j'ay eu souvent despit de voir des juges attirer par fraude et fauces esperances de faveur ou pardon le criminel à descouvrir son fait, et y employer la piperie et l'impudence* (III, 1, 791 B).

> Certes *j'en suis despit quand je considere au demeurant la grandeur de ce personnage* (II, 33, 731 A).

> Certes *je ne sçay pas bien encores quelle elle est* (III, 12, 1062 B).

---

34 Translation by Charles Cotton: "Man *(in good earnest)* is a marvellous vain, fickle, and unstable subject, and on whom it is very hard to form any certain und uniform judgment"; by Donald Frame: "Truly man is a marvellously vain, diverse, and undulating object. It is hard to found any constant and uniform judgment on him" (5).

Montaigne lets a character express himself, here, in a story told by Aesope, a sick patient who is asked about his health:

> Certes, *mon amy, respond il, à force de bien estre je me meurs* (2, 37, 769 A)

Certes can also be found at the beginning of a proposition:

> *Si à si bonnes enseignes je sçavois quelqu'un qui me fut propre,* certes *je l'irois trouver bien loing* (III, 9, 981 B).

> *Considerons au travers de quels nuages et commant à tastons on nous meine à la connoissance de la pluspart des choses [...]*: certes *nous trouverons que c'est plustost accoustumance que science qui nous en oste l'estrangeté* (I, 27, 179 A).

> *posez que la tierce partie soit du mien,* certes *les deux tierces sont richement à elle* (III, 12, 1061 B).

The following table summarises the occurrences of *Certes* placed in initial position/ at the beginning of a proposition:

	Book I	Book II	Book III
Certes	5	2	1
Certes,	2	7	6
certes[35]	1	-	2

TABLE 5 – Occurrences of *Certes* placed in initial position/ at the beginning of a proposition

SECOND

Certes at times comes second in the sentence, after a conjunction. Here *certes* is set loose from its argumentative value and reinforces the following expression, as can be seen below:
After *et*:

---

35   After a strong punctuation mark (comma or colon).

Et certes *la philosophie n'est qu'une poesie sophistiquée* (II, 12, 537 C).

Et certes *je crain* pourtant *que nous ne la jouyssions que par cette voye* (II, 12, 441 A).

After *mais*:

Ce n'est pas un mespris philosophique des choses transitoires et mondaines; je n'ay pas le goust si espuré, et les prise pour le moins ce qu'elles valent; mais *certes c'est paresse et negligence inexcusable et puerile* (III, 9, 953 B).

Mais certes *ils font ma finesse trop fine;* (III, 1, 795 B).

After *car*:

Ou comme les plus fievreux, car certes *c'est fiévre* (III, 12, 1050 B).

(car certes *la fortune y a principalle part)* (III, 1, 792 B).

After *ou bien*:

Ou bien certes, *que nous n'avons pas l'esprit d'esplucher et faire valoir ce qui se passe devant nous* (III, 13, 1081 B).

After *joinct que*:

Joinct que certes *à peu pres* tantum ex publicis malis sentimus, quantum ad privatas res pertinet (III, 12, 1047 C).

Sometimes the locution is not bound and words separate the conjunction (*et, mais*) from *certes*:

Et, s'il est ainsi qu'une forte et vive creance tire apres soy les actions de mesme, certes *cette foy* (II, 29, 709 A).

Et y fus porté certes *plus mal preparé lors* (III, 5, 852 B).

Et crains pour elle autant certes (III, 9, 973 B).

Mais en cettecy, en laquelle on negotie du fin fons de son courage, qui ne faict rien de reste, certes *il est besoin que tous les ressorts soyent nets et seurs parfaictement* (I, 28, 192 C).

Mais, quand je rencontre, parmy les opinions les plus moderées, les discours qui essayent à montrer la prochaine ressemblance de nous aux animaux, et combien ils ont de part à nos plus grands privileges, et avec combien de vraysemblance on nous les apparie, certes, *j'en rabats beaucoup de nostre presomption* (II, 11, 435 A).

In this last example, *certes* marks the punctuation of the cadence in this complicated sentence which multiplies the dependant clauses (temporal, relative and interrogative clauses).

The following summarises the use of *certes* occurring after a conjunction:

	Book I	Book II	Book III
Mais certes	2	2	5
Et certes	2	5	6
Car certes	2	-	1
Ou certes			1
Joinct que			1

TABLE 6 – Occurrences of *certes* after a conjunction

OTHER PLACES

In many examples, *certes* is used for emphasis, or punctuation of a word, or balance of the discourse.

– Emphasis on the negation:

Non certes, *Sire, mais bien le lairroy-je volontiers pour en aquerir un amy* (I, 28, 192 C).

Non de tant certes (II, 12,596 B).

Ny certes *en utilité* (II, 6, 378 C).

ny assez de memoire pour la retenir ainsi feinte, ny certes *assez d'asseurance* (II, 17, 649 B).

Ny n'est certes *raison* (1, 56, 321 B).

– Emphasis on an adjective:

qui nous est plus familière et certes *suffisante à nous instruire de ce qu'il nous faut* (III, 13, 1071 B).

C'estoyent ames diversement belles et certes, *selon le siecle, rares et belles, chacune en sa forme* (III, 9, 957-958 B).

(qui n'a de moy que la recognoissance de sa bonté, mais certes *bien gaillarde)* (III, 13, 1100 B).

In the latter example, two words (*certes, bien*) accentuate the adjective *gaillarde*, introduced by the adversative *mais*.

— Emphasis on a verb:

Cettuy-cy, m'oyant louer les commoditez et beautez de sa ville, qui le merite certes (III, 13, 1080 B).

Ce crollement donq m'anima certes *plus qu'il ne m'atterra* (III, 12, 1047 B).

In the latter example, *certes* reinforces the verb *anima* and also the adverb *plus*, this increasing the emphasis on the paradox expressed by Montaigne.

ç'a esté certes *plus regardant à son intention qu'à mon contentement* (III, 9, 951 B).

This is also the case in the sentence above, where Montaigne unveils the truth about his manor and his relation to his father.

Elsewhere, *certes* keeps its etymological value, "undoubtedly":

j'en diroy certes *ce qu'en dict Cicero, si je sçavoy aussi bien dire que luy* (III, 7, 917 C).

The presentative construction "*il y a*" is often reinforced by *certes*, as is the impersonal modal expression "*il faut*":

il faut certes *qu'il y ait du sort et du bonheur meslé parmy:* (I, 24, 137 A).

il luy faut certes *quitter la maistrise et pre-eminence en la parlerie* (III, 9, 995 B).

car en cet exercice il y a certes *des parties qui ne s'en peuvent passer)* (II, 31, 718 B).

Il y a certes *je ne sçay quelle congratulation de bien faire* (III, 2, 807 B).

Il y a certes *souvent dequoy rougir de nostre impudence* (III, 6, 904 B).

Il y a *du malheur* certes, *et du miracle* (III, 13, 1086 B).

Once, *certes* is isolated by commas in a comment clause:

grande partie, certes, *au secours de la vie* (III, 8, 931 B).

Elsewhere, *certes* is a tool that Montaigne uses to balance his discourse:

La vraye cause d'un changement si nouveau et de ce ravisement [...] et d'un repentir si miraculeux [...], certes *je ne sçay pas bien encores quelle elle est* (III, 12, 1062 B).

Certes marks a pause in this complicated sentence accumulating the possessive phrases of the noun *cause* (*changement / ravisement / repentir*), and starts the second part of the cadence.

As seen below, Montaigne may emphasise a demonstrative pronoun or an adjective introduced by the adversative *mais,* in order to balance his sentence:

Mais *aux affections qui me distrayent de moy et attachent ailleurs, à celles là* certes *m'oppose-je de toute ma force* (III, 10, 1003 B).

Mais *en cettecy, en laquelle on negotie du fin fons de son courage, qui ne faict rien de reste,* certes *il est besoin que tous les ressorts soyent nets et seurs parfaictement* (I, 28, 192 C).

Depuis d'un long traict de temps je suis envieilli, mais *assagi je ne le suis* certes *pas d'un pouce* (III, 9, 964 C).

The locution *à certes* will be analysed separately, as it is not a connector, but an adverb. It can be translated as "seriously, decidedly". It modifies the verb and provides information about the manner. Four occurrences have been recorded:

Socrates avoit seul mordu à certes *au precepte de son Dieu* (II, 6, 380 C).

[Chrysippus] ne pouvoit croire qu'ils eussent parlé à certes *d'une si vaine matiere* (II, 12, 508 A).

[Platon] ne prescrit rien à certes (II, 12, 512 C).

je ne puis pas croire qu'ils parlent à certes (II, 12, 517 A).

Soit par gosserie, soit à certes (III, 13, 1108, B).

CERTES
IN CONTEMPORARY TEXTS

The exploration of texts contemporary to the *Essais* allows benchmarking and identifying the salient features of Montaigne's use of the marker *certes*.

– *La Theologie naturelle* de Raymond Sebon

Montaigne's own translation *La Theologie naturelle de Raymond Sebon* (1569)[36] will first be looked at. At the request of his father, Montaigne translated the *Theologia naturalis* (or *Liber creaturarum*) by fifteenth century Catalan scholar Raymond of Sabunde, professor of theology in Toulouse. Although he translates the words of another author, as demonstrated by Marie-Christine Gomez-Géraud, Montaigne has already mastered his own style.[37]

Just 11 occurrences of *certes* can be found in the *Theologie*:

Theologie chapters	64	95	102	228	247	250	254	257	265	Total
Number of occurrences	1	2	1	1	1	1	1	1	1	11

TABLE 7 – Occurrences of *certes* in the *Theologie*.

Apart from three occurrences where *certes* is used as reinforcement of the negation – "Certes *nul*" (95, 254), "*Non* certes" (95, 254; 229, 733) – and one where it reinforces the conjunctive locution "*d'autant plus que*" (228, 729), *certes* appears in an argumentative context, always at the initial position of the sentence or of the proposition.

In one example, we can even follow a clear *distinguo* path:

---

36 Montaigne published the first Léry edition of his translation in 1569 (Paris: Guillaume Chaudière). We use the text of the second edition (1581) that had been revised by Montaigne. On this translation, see Mireille Habert, *Montaigne traducteur de la Théologie naturelle. Plaisantes et sainctes imaginations* (Paris: Classiques Garnier, 2010).

37 On Montaigne's translation style, see Marie-Christine Gomez-Géraud, "Spiritualité", in Véronique Duché (ed.), *Histoire des Traductions en Langue Française* XVe-XVIe siècles (Paris: Verdier, 2015), p. 515-517.

> Certes *l'homme est merveilleusement desnaturé et malin, s'il ne se sert de ses moyens à l'advantage et proufit de celuy de qui il les a receus, et à le faire le meilleur et le plus grand qu'il peut.* Or *d'autant que nous jettons nos cogitations et nos souhaits jusques à la hauteur supreme par la puissance que Dieu nous a donné de ce faire [...] il nous faut croire, qu'il monte aussi jusques à ceste hauteur derniere et infinite [...].* Ainsi *nous luy garderons l'advantage qu'il doit avoir en toutes choses sur nous* (64, 186).

– Other contemporary texts

A corpus analysis of five contemporary texts has produced the following results:[38]

Contemporary texts	Occurrences
Jean Bodin, *Les six livres de la République*	0
Agrippa d'Aubigné, *Histoire universelle*, t. 3	1
Jacques Cartier, *Relation originale*	0
Jean de Léry, *Histoire d'un voyage faict en la terre de Bresil*	8
Etienne Pasquier, *Les Recherches de la France*	89

TABLE 8 – Occurrences of *certes* in five contemporary texts.

These following plots note the frequency of use of *certes* – the number of occurrences of *certes* per 10,000 words (Aubigné, Léry) or 100,000 words (Pasquier) – and its dispersion in the corpus, so that we can gauge what the relative difference is between Montaigne and his contemporaries:

---

38 I would like to thank Dr Daniel Russo-Batterham for his contribution to these results.

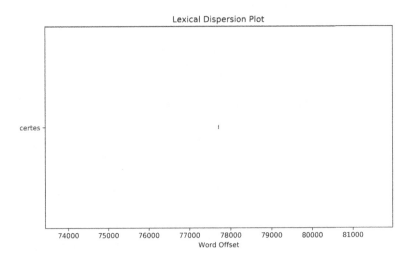

TABLE 9 – *Certes* lexical dispersion plot (Aubigné, *Histoire universelle*, t. 3).

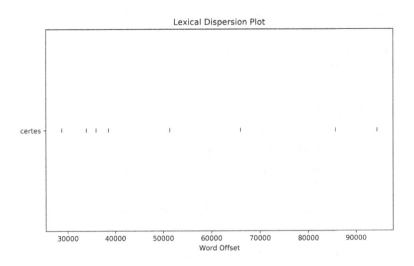

TABLE 10 – *Certes* lexical dispersion plot
(Jean de Léry, *Histoire d'un voyage faict en la terre de Bresil*).

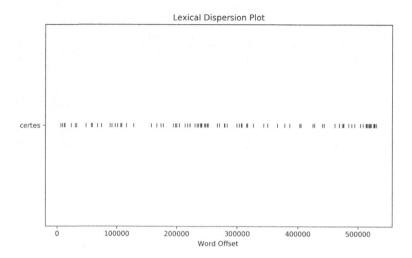

TABLE 11 – *Certes* lexical dispersion plot
(Étienne Pasquier, *Les Recherches de la France*).

It is interesting to note that two authors do not use *certes* at all (Bodin, Cartier), while two have a very limited usage of the word (Aubigné, Léry). Pasquier's usage will be considered below.

In the following examples from Aubigné and Léry, *certes* is used as reinforcement after *et*:

> *mais ceux de la ville le retindrent.* et certes *ils avoyent plus besoin de courage que d'hommes* (Aubigné).

> et certes *aussi celuy qui contre la doctrine de l'Evangile a defendu certains temps et jours l'usage de la chair aux Chrestiens* (Léry).

> et certes *outre cela, ainsi que j'ay tantost touché, les principaux de ses gens estans de nostre Religion* (Léry, 158).

> et certes *comme le pays de nos Toüoupinambaoults est capable de nourrir dix fois plus de peuple* (Léry).

Two argumentative examples can also be found:

> certes, *comme j'ay jà dit, peu s'en faut* (Léry, 384).

> certes *comme je n'en scay rien, aussi croy-je fermement* (Léry).

And three examples where *certes* is used for emphasis, or balance of the discourse:

> *c'est* certes *aussi bien rencontré, que celuy qui en un Concile allega…* (Léry).
>
> *plustost* certes *vaudroit-il mieux envoyer un homme aux galeres que de le metre en un tel grabuge* (Léry, 427).
>
> *ils ne s'en soucioyent* certes *non plus que vous feriez d'avoir perdu une pomme* (Léry).

Conversely, Pasquier's *Recherches* offers a much richer comparison and similitudes as well as differences with Montaigne's *Essais*.[39] Eighty-nine occurrences of *certes* can be found in this historical chronicle in nine books:

Pasquier's *Recherches*	Number of occurrences
Certes (initial)	15
Et certes	27
mais certes	2
Negation reinforcement	7
After noun	26
With *être*	3
After preposed adjective	3
Other	6

TABLE 12 – Occurrences and position of *certes* in Pasquier's *Recherches*.

As shown in this table, *certes* is mostly used after a strong punctuation mark, or after *et*, the latter allowing the discourse to bounce back, to gain some energy at the start of the sentence or the proposition.

More interestingly, in a good number of cases in the *Recherches*, when following a noun *certes* is used as reinforcement of an adjective – there was no case of this found in the *Essais*:

> *Choses* certes *dignes de grande recommandation*
>
> *Cruautez* certes *barbaresques, et indignes d'un chrestie*n

---

39 On the *Recherches*, see *Étienne Pasquier et ses Recherches de la France* (Paris: Presses de l'École Normale Supérieure, 1991); Étienne Pasquier, *Les Recherches de la France* [1607], Marie-Madeleine Fragonard and François Roudault (eds.) (Paris: H. Champion, 1996).

Sometimes this emphasis is followed by the adversative *mais* introducing another qualifier:

> *Histoire* certes *pitoyable,* mais *que je ne puis passer sous silence*
>
> *Grandes raisons* certes *de la part d'Alfonse,* mais *non moindres*

There are cases also where *certes* is used for the balance of the sentence after a modal verb or an evaluative verb:

> *Je ne puis* certes *ne m'esmerveiller*
>
> *J'aurais* certes *aussi cher estre toute ma vie malheureux*

Although the *Essais* and the *Recherches* present some similitudes,[40] the use of the marker *certes* however is slightly different.

CONCLUSION

Reviewing Yves Delègue's *Montaigne et la mauvaise foi: l'écriture de la vérité*,[41] Jan Miernowki lists the instances of "bad faith" found in the *Essais*, among them the Distinguo: "his Distinguo, the craft of conceptual and rhetorical distinctions, which allows him to claim himself to be both truthful and a liar".[42] Methodologically however, the *distinguo* is at the heart of the *Essais*, according to Sébastien Prat. It is "the confession by which Montaigne methodologically takes charge of inconsistency."[43] It demonstrates Montaigne's attention to differences and changes in humane motions. Not only does Montaigne dissect the memorable traits of a range of historical figures, but he also examines himself from different and sometimes contradictory perspectives:

---

40 I have counted approximately 680,000 words in the *Recherches*. Thus the frequency of *certes* is 0.013.

41 Yves Delègue, *Montaigne et la mauvaise foi: l'écriture de la vérité* (Paris: H. Champion, 1998).

42 Jan Miernowski, "Montaigne et la mauvaise foi: l'écriture de la vérité & Montaigne ou la vérité du mensonge (Review)", *Renaissance Quarterly* 55:2 (2002), p. 732.

43 *"l'aveu par lequel Montaigne prend méthodologiquement l'inconstance en charge"* (Sébastien Prat, *op. cit.*, p. 232).

> Que ne nous souvient il combien nous sentons de contradiction en nostre jugement mesmes? combien de choses nous servoyent hier d'articles de foy, qui nous sont fables aujourd'huy? (I, 27, 182 A).

However, the argumentative *distinguo* figure itself is not much used by Montaigne in the *Essais*. We have noted two cases only:

> Certes *je puis aiséement oublier,* mais *de mettre à nonchalloir la charge que mon amy m'a donnée, je ne le fay pas* (I, 9, 34 B).

> Certes *j'ay donné à l'opinion publique que ces parements empruntez m'accompaignent. Mais je n'entends pas qu'ils me couvrent, et qu'ils me cachent: c'est le rebours de mon dessein, qui ne veux faire montre que du mien* (III, 12, 1055 B).

Interestingly, these examples both refer to Montaigne himself, to traits of his character that matter to him – his loyalty to friends, his sincerity. The first movement of the *distinguo* acknowledges a flaw (*concedo*), that is nonetheless corrected in the second movement of the figure (*nego*).

In contrast, the marker *certes* is used by Montaigne extensively, both as a dialogic marker and as a consensus tool.[44] *Certes* marks a step in the discourse, in the reasoning, connecting the universal to the particular – or the reverse. But Montaigne also often uses *certes* for reinforcement of his assertion, as well as for rhythmical balance: *certes* is a tonic element that gives impetus to the sentence. *Certes* introduces an element of stability, of symmetry in the discourse. A balance that contemporary writers, such as Pasquier, are also looking for when using this marker.

Commenting on the historians he likes reading, Montaigne writes about Cesar:

> Certes, *je lis cet autheur avec un peu plus de reverence et de respect qu'on ne list les humains ouvrages: tantost le considerant luy mesme par ses actions et le miracle de sa grandeur, tantost la pureté et inimitable polissure de son langage qui a surpassé non seulement tous les Historiens, comme dit Cicero, mais à l'adventure Cicero mesme* (II, 10, 416 A).

---

44 "Certes *construit ainsi un espace de consensus plus ou moins partiel ou provisoire pour lequel il sollicite un allocutaire, conçu non pas comme l'interlocuteur 'réel' du dialogue, mais comme l'autre à qui tout discours est adressé"* (Frédérique Sitri, Sylvie Garnier, art. cit., p. 121-136).

Here *certes* balances the whole sentence with its suite of binary expressions. Assuredly, Montaigne knows how to bring gravity and gravitas to his oeuvre.

Véronique DUCHÉ
University of Melbourne

MONTAIGNE
ENTRE PARENTHÈSES

(*Essais* 1582, livre II)

À la Renaissance, les parenthèses ne sont pas des signes de ponctuation qu'on utilise couramment[1]. Bien que certains traités sur la langue enregistrent leur présence et leur usage, comme Étienne Dolet le fait dans son traité *La Punctuation de la langue françoyse* de 1540[2], plusieurs auteurs célèbres ne les utilisent jamais[3]. Une réflexion sur les parenthèses chez Montaigne n'a jamais été entreprise, et nous devons à Philippe Desan l'idée d'analyser leur présence dans les *Essais*[4]. C'est pour cela que nous avons proposé, il y a quelques mois, une ébauche de réflexion que nous espérons compléter ici, du moins pour ce qui est de l'édition de 1582 qui représente le texte de référence de notre répertoire[5]. Le choix de l'édition de 1582, qu'il nous semble opportun de confirmer ici, nous permet de vérifier l'incidence de ce signe de ponctuation chez Montaigne dans un

---

1   Susan Baddeley, « L'orthographe française du XVIᵉ siècle : bibliographie raisonnée », dans Jean-Charles Monferran (dir.), *L'Écriture du français à la Renaissance : orthographe, ponctuation, systèmes scripturaires, Nouvelle Revue du XVIᵉ siècle*, vol. 17, nᵒ 1, 1999, p. 161-176. Les études de référence de Nina Catach sont aussi incontournables : *L'Orthographe française à l'époque de la Renaissance (Auteurs – Imprimeurs – Ateliers d'imprimerie)*, Genève, Droz, 1968 ; et *Ead.*, « L'orthographe de Montaigne et sa ponctuation, d'après l'Exemplaire de Bordeaux », dans Claude Blum et André Tournon (dir.), *Éditer les* Essais *de Montaigne*, Paris, H. Champion, 1997, p. 135-171.

2   Étienne Dolet, *La Punctuation de la langue francoyse*, dans Estienne Dolet, LA MANIÈRE / DE BIEN / TRADVIRE D'VNE / LANGUE EN / AULTRE. / D'aduantage. / De la punctuation de la langue Francoyse. / Plus. / Des accents d'ycelle. / MDXL. Une édition fac-similé se trouve à la Bibliothèque nationale, Obsidiane, 1990.

3   Joachim Du Bellay par exemple, n'utilise les parenthèses que pour 1 % du texte de ses lettres. Le pourcentage est donné par Françoise Argod-Dutard, *L'Écriture de Joachim Du Bellay*, Genève, Droz, 2002, p. 56.

4   Concetta Cavallini, *Essais sur la langue de Montaigne. Théories et Pratiques*, Bari, Cacucci, 2019, p. 99-119.

5   Michel de Montaigne, *Essais* (1582), texte présenté par Philippe Desan, Paris, Société des Textes Français Modernes, 2005.

des premiers états du texte des *Essais*, avant l'allongeail de 1588. En effet, le texte de 1582 reprend le texte de la première édition de 1580 avec des ajouts insérés à la suite de son voyage en Italie[6]. Les modifications typographiques survenues après la mort de Montaigne, avec le travail éditorial de Marie de Gournay et de Pierre de Brach, n'entament pas le constat que dès le début de sa rédaction, Montaigne utilise les parenthèses dans son texte, et qu'il le fait d'une manière précise, dans le style qui caractérise son écriture.

Les réflexions que nous proposons ici photographient donc la langue de Montaigne de manière synoptique ; cependant, il serait important de reconstituer la progression et l'évolution de ce signe de ponctuation qui peut changer au fil des éditions. Il n'est pas étonnant de constater en effet qu'après 1582 les parenthèses peuvent augmenter ou disparaître ou être remplacées par d'autres signes. À l'exception des ajouts d'EB, qui portent dans le fait même d'être manuscrits la garantie de leur originalité, il est impossible de faire le tri entre ce qui relève de Montaigne et ce qui relève de l'imprimeur ou des éditeurs.

Si l'on part des données purement numériques, le répertoriage produit les résultats suivants pour l'édition de 1582 : pour le livre I, il y a 49 parenthèses (de typologie différente) pour 305 pages ; pour le livre II, le nombre monte à 99 (presque le double) pour 499 pages[7]. La plupart des 99 parenthèses répertoriées pour le livre II, environ 30 % du total (n° 28-70 de notre répertoire), appartient au chapitre II, 12, « Apologie de Raimond Sebond ».

Les parenthèses, ainsi que nous les avons classées, appartiennent vraisemblablement à une typologie de discours qui permet à l'auteur de préciser sa pensée, de l'élargir par des ajouts. Dans notre étude précédente, nous avons parlé de modalités « assertives » pour les parenthèses

---

6   Concetta Cavallini, *L'Italianisme de Michel de Montaigne*, Fasano & Paris, Schena & Presses de l'Université Paris-Sorbonne, 2003, chap. 3 « Transpositions d'Italie : les *Essais* de 1582 », p. 215 et suiv.

7   Pour ce qui est de la pagination de cette édition en deux volumes, elle est continue dans l'édition originale, allant de 1 à 305 pour le volume I (sans aucun problème de pagination) et de 307 à 806 pour le volume II. Pour le volume II, la pagination est complète mais elle contient les fautes suivantes : la page 752 est signée 724 ; après la p. 793, il y a la progression 795-796-796-797-797-799 pour 794-795-796-797-798-799. Donc les pages sont complètes mais signées de manière erronée comme nous l'avons signalé. Ces fautes n'affectent pas notre répertoriage des parenthèses, sauf pour la page 724 [sic pour 752] ainsi que nous l'avons signalé dans la référence.

du livre I de l'édition de 1582 ; cette définition aide à comprendre la puissance de ce ponctème ouvrant la voie à l'écriture de réflexions personnelles, qui domine les ajouts dans les marges de l'Exemplaire de Bordeaux. Du reste, l'auteur des *Essais* non seulement utilise les parenthèses même dans les ajouts manuscrits, mais se préoccupe de donner aussi des indications à l'imprimeur à ce propos, dans la note manuscrite en tête de l'Exemplaire de Bordeaux[8].

Pour l'analyse des parenthèses du livre I, nous avons proposé un partage en groupes dont les propositions incises « *inquit* » représentent le groupe le plus important[9]. Leur poids dans l'économie du texte du livre II n'est que mineur, car elles attestent la présence d'un locuteur en s'appuyant sur l'inversion syntaxique typique verbe+sujet/pronom sujet : « dict-il » (3)[10], « dit-il » (52), « disoit il » (62), « dis-ie » (63), « disent ils » (65), « leur dit-il » (82) ; ou bien sur l'inversion des incises avec un sujet exprimé qui diffère du pronom personnel telle « dit Eutropius mon autre tesmoing » (73). Les incises « inquit » peuvent aussi se trouver au milieu d'une citation, comme dans l'exemple 64 : « *Galla nega* (dict le bon compaignon) *satiatur amor nisi gaudia torquent* ».

Il faut *également* inclure dans le groupe des incises traditionnelles les parenthèses contenant des locutions adverbiales de confirmation ou de renforcement, comme « pour exemple » (13, 27, 68, 88), ou « a mon advis[11] » (61), « ce me semble » (92) et des locutions par lesquelles Montaigne rapporte les mots, les pensées ou les idées d'autres personnes (« comme on di(c)t », 30, 82 et 83 ; « ce sont ses mots », 81 ; « a ce qu'on m'a dict », 97) dans une sorte d'énoncé « *inquit* "rapporté" ».

Les parenthèses que nous venons de décrire constituent une sorte de "degré zéro" de l'écriture de Montaigne, une première ébauche d'écriture personnelle. L'écrivain n'apparaît pas encore entièrement pour apporter à son texte une touche personnelle d'envergure, cette individualité qui

---

8   « [Q]'il uoie en plusieurs lieues ou il y a des parãtheses s'il ne suffira de distinguer [le] sens aveq des poincts ». Voir le verso de la page de titre de l'Exemplaire de Bordeaux : *Reproduction en quadrichromie de l'Exemplaire avec notes manuscrites marginales des* Essais *de Montaigne (Exemplaire de Bordeaux)*, édition établie et présentée avec une introduction par Philippe Desan, Fasano & Chicago, Schena & Montaigne Studies, 2002.

9   Pour une définition des énoncés « inquit » voir Christiane Marchello-Nizia, *Le Français en diachronie : douze siècles d'évolution*, Paris, Ophrys, 1999, p. 66-67.

10   Les chiffres indiqués entre parenthèses renvoient au répertoire qu'on retrouve en appendice.

11   Dans le livre I, la locution adverbiale « a mon advis » est présente avec une seule occurrence. Cavallini, *Essais sur la langue de Montaigne, op. cit.*, p. 111.

fait le charme de l'écriture des *Essais*. Mais le lecteur le perçoit déjà, à différents degrés. Et c'est justement par degrés que nous allons procéder dans notre description.

La plupart des parenthèses du livre II, comme celles du livre I, est introduite par *car* (19 parenthèses), par *comme* (12 parenthèses), par *et* (8 parenthèses), par un pronom relatif (13 parenthèses). Même à l'intérieur de ce partage se cache une complexité linguistique, Montaigne utilisant toutes les ressources du français de son temps qu'il étale, plie, recompose dans une nouveauté toujours fascinante : *comme*, par exemple, est utilisé à la fois comme comparatif (comme dans les exemples 17 et 20), et comme connecteur introduisant une subordonnée temporelle-causale (comme dans les exemples 11 et 32)[12]. Le reste est constitué de parenthèses variées : celles qui commencent par le pronom personnel sujet *Je* occupent une place importante. C'est une marque évidente de l'individualité de l'auteur qui se réserve l'espace entre parenthèses pour présenter une pensée ou une réflexion : « i'en croy les médecins » (53), « ie dy de voye : car le pas s'en peut ou haster, ou appesantir » (1) et « i'appelle raison nos resveries et noz songes » (49) sont trois exemples de ce genre ; dans les deux derniers exemples, les verbes de définition *dire* et *appeler* renforcent l'emphase sur l'individualité déjà exprimée par le pronom personnel à la première personne. Montaigne, presque en démiurge, nomme et classe, donne aux mots une nouvelle définition dans une sémantique toute personnelle. Dans cette classe de parenthèses variées, nous pouvons aussi inclure les exemples 4 (« il ne me souvient pas bien de cela ») et 80 (« surquoy ie ne me fusse pas mis en peine de le defendre, car cela n'est pas de mon gibier »), où l'apport personnel dans les informations données focalise encore une fois l'attention sur le locuteur par les pronoms sujets (*je*), objet indirect (*me* souvient), possessif (*mon* gibier).

Comme dans le livre I, les complétives de modalité assertive introduites par *car, comme* constituent l'ensemble le plus important au niveau quantitatif. Elles ont une fonction explicative ou expriment une concession ou encore une cause. Les propositions introduites par *comme* ajoutent l'élément de la comparaison avec une variation souvent diatopique (ex. 17, « comme les Italiens… », ex. 36 « comme il s'en voit plusieurs en

Languedoc ») ou diachronique (ex. 20, « comme il advenoit en ce temps la… ») ; encore une fois, l'élément de la comparaison sert à définir avec plus de précision l'identité de celui qui écrit.

La longueur est une caractéristique qui frappe le lecteur, si l'on compare les parenthèses du livre II et celles du livre I. Certaines d'entre elles s'allongent jusqu'à constituer un véritable *excursus* contenant le récit d'un épisode (ex. 6) ou bien la présentation d'un véritable raisonnement avec ses tours et détours (ex. 2 ou 71) ou encore une brève mais efficace *peroratio* personnelle (ex. 11), ou une blande invective contre les grammairiens sur l'apposition de l'indication *ad familiares* aux lettres (ex. 76), jusqu'à la présentation d'une partie de la philosophie Épicurienne (ex. 23) ou des théories de médecins (ex. 75). L'analyse de l'exemple 6 prouve la typologie d'articulation syntaxique que ces parenthèses plus longues peuvent comporter : deux propositions coordonnées « [car] je l'avoy veu a mes talons et me tins pour mort », suivies par une adversative « mais ce pensement avoit esté si soudain » et complétées par une consécutive « que la peur n'eut pas loysir de s'y engendrer ».

D'autres exemples, comme l'exemple 11, présentent une structure syntaxique apparemment plus simple, mais qui rappelle plus directement le style propre à Montaigne, un style fait de vagues successives de discours, toujours liées par la conjonction *et* qui sépare ici le texte contenu dans les parenthèses en cinq segments successifs (« comme ie ne pourroy sans offencer leur assemblée par le chagrin de mon aage & l'importunité de mes maladies, & sans contraindre aussi & forcer les reigles & façons de vivre que i'aurois lors »). Il s'agit apparemment de deux propositions coordonnées ; cependant, chacune d'entre elles se découpe en son intérieur par un jeu de dédoublements et de parallélismes, d'éléments qui se côtoient (le chagrin de mon aage / l'importunité de mes maladies ; sans contraindre / sans forcer ; reigles/façons) qui produisent une phrase « à la Montaigne », toujours rebondissante et qui paraît ne jamais vouloir terminer.

Le parallélisme syntaxique est une constante dans l'écriture de Montaigne et les parenthèses gardent la trace de ce trait de style. La construction de la phrase dans l'exemple 69 est encore une fois très significative. L'écrivain répète trois fois la même structure syntaxique (« ce qui est à nos piedz », « ce que nous avons entre les mains » et « ce qui regarde de plus pres le service de nostre vie ») pour ce qui constitue en effet une liste en bonne et due forme, dépendant de « & de mettre à nonchaloir » ; la conclusion arrive lapidaire à la fin de la liste : « c'est à mon advis une bien lourde faute ». Les hyperbates, cette maîtresse forme des *Essais*, comme on l'a définie[13], serait-elle aussi associable à la liste ? Cela semble très probable, comme il semble probable que, avant de l'utiliser couramment dans tout le livre III, Montaigne s'y essaie déjà dans le livre II et dans les parenthèses en général. Nous retrouvons des exemples parlants, comme l'exemple 42, qui contient « la science de nous entre-deffaire & entretuer, de ruiner et perdre nostre propre espece ».

Parfois, dans les parenthèses, Montaigne fait preuve d'originalité, comme lorsqu'il insère une question rhétorique accompagnée de sa réponse (ex. 55) : « car comment puis i'autrement nommer cela que deffortune ? » et il présente ensuite son explication et sa réponse dans un texte qui aborde l'importance et la typologie des lois chez les Anglais « noz voisins » (f. 578). Le lecteur est frappé par l'aisance avec laquelle Montaigne exprime son point de vue et éclaire sa position, élément presque complètement absent des parenthèses du livre I. La « place textuelle » des parenthèses s'élargit pour consentir à l'auteur d'exprimer son opinion et d'étaler son individualité.

Parfois, ce penchant personnel arrive à configurer une parenthèse en guise d'aparté, comme dans l'exemple 99. Dans ce cas, les parenthèses figurent dans l'épître dédicatoire du chapitre II, 36 « De la ressemblance des enfans aux peres » et consituent une apostrophe directe à la dédicataire, Marguerite d'Aure-Gramont, femme du vicomte de Duras Jean Dufort[14], comme si Montaigne lui parlait à l'oreille pour la rassurer sur le fait que sa critique des eaux chaudes, qui s'insère dans une critique plus générale des principes de la médecine et de la cure[15] traversant

---

13 Françoise Charpentier, « L'hyperbate, une maîtresse forme du troisième allongeail », dans *Montaigne et les* Essais. *1588-1988*, Paris, H. Champion, 1990, p. 239-247.

14 Voir entrée « Duras, Madame de » (Jean Balsamo), dans Philippe Desan (dir.), *Dictionnaire de Michel de Montaigne*, Paris, H. Champion, 2007 (nouvelle édition, Paris, Classiques Garnier, 2018), p. 335.

15 Il y a une très vaste bibliographie concernant le rapport de Montaigne avec la médecine. Nous nous limitons à renvoyer à l'entrée « Médecins/Médecine » (Dominique Brancher) du *Dictionnaire de Michel de Montaigne*, *op. cit.*, p. 740 et suiv. Pour le thermalisme, voir *Michel de Montaigne e il Termalismo, Atti del Convegno Internazionale, Battaglia Terme, 20-21 aprile 2007*, A. Bettoni, M. Rinaldi, M. Rippa-Bonati (dir.), Florence, L.S. Olschki, 2010 (« Aquae », 3). Pour le rapport avec les médecins italiens, voir Concetta Cavallini, « Montaigne e i medici italiani (Bacci, Donati, Franciotti) : una chimera ? », dans *« Ils*

tout le chapitre II, 36, ne concernait pas les eaux « Gramontoises ». L'exemple 99 nous fait presque entrer dans la *familia* de Montaigne, mettant au clair non seulement les rapports de collocation politique avec la famille de Duras/Grammont/Foix, mais aussi la confidence que l'auteur des *Essais* avait avec cette Madame de Duras à qui il dédie ce dernier chapitre du livre II[16].

Un grand nombre de parenthèses concernant ces reflexions personnelles de l'auteur conservent des traces de l'écriture à la première personne, par un pronom complément indirect accompagnant un verbe (« il me semble », ex. 44, « on m'en dira », ex. 2, « il ne me souvient », ex. 4) ou par un pronom personnel sujet à la première personne (« ie dis de voye », ex. 1 « comme ie ne pourroy », ex. 11, « ie dis de ceux… », ex. 21, « et cette enchere ie l'emprunte », ex. 23, et ainsi de suite dans les ex. 31, 37, 43, 49, 51, 53, 55, 71, 80, 96). La force des affirmations de Montaigne est aussi confiée à la nature des verbes utilisés avec ces pronoms à la première personne, qui sont presque toujours des verbes d'affirmation, de nomination ou impliquant un choix et donc une prise de position, souvent sur la base d'une expérience ou d'un souvenir : j'affirme / je dis / je parle (ex. 1, 21, 22, 31, etc.), je nomme (ex. 55), je choisis, je crois (ex. 53), j'ai essayé (ex. 91), je l'avais vu / il me souvient (ex. 4, 6).

Nous voudrions consacrer une attention particulière à certaines parenthèses qui ajoutent, aux formes syntaxiques que nous avons signalées, un supplément d'intériorité, mettant le lecteur directement en contact avec une sphère privée, celle de l'écrivain. L'ex. 37 est éloquent : « car quand a l'ordre ie sens bien que ie le trouble, mais ie n'en observe non plus a renger ces exemples, qu'au reste de toute ma besongne ». La sorte d'aveu dont le lecteur est témoin, s'appuyant sur un verbe de sensation générale, *sentir*, indique aussi une perception et débouche parfois sur un état d'âme. Bien qu'implicite, ce choix instaure un dénominateur commun entre l'écrivain et le lecteur, choix qui est aussi une stratégie discursive, une stratégie de rapprochement, de positionnement de l'écrivain et du

---

cognoissent *bien Galien, mais nullement le malade ». Montaigne e l'esperienza del corpo tra medicina, letteratura e filosofia*, Rome, Bardi Edizioni, 2018, p. 117-140.

16 Sur les rapports entre Montaigne et ses dédicataires, voir Jean Balsamo, « Montaigne et ses lectrices », *Revue d'études culturelles*, vol. III, n° 3, 2007, p. 71-84. Sur la *familia* de Montaigne, voir le numéro des *Montaigne Studies* sur « La *familia* de Montaigne », John O'Brien et Philippe Desan (dir.), vol. 13, 2001.

lecteur du même côté. Ils deviennent complices, comme cela arrive dans l'aparté, et le lecteur sent lui aussi le désarroi de Montaigne qui reconnaît son impossibilité de gérer l'ordre de manière socialement partagée (le choix du lexique est parlant) : il « trouble » l'ordre ainsi qu'on l'entend et cela entraîne une sorte de culpabilité[17].

La célèbre phrase entre parenthèses « car quelque langue que parlent mes livres ie leur parle en la mienne » (ex. 22) semble synthétiser l'essentiel de la nature des parenthèses du livre II : leur volonté d'explication permet de constituer un espace textuel supplémentaire. Montaigne dilate son texte en utilisant de manière expérimentale, pour son époque, les potentialités d'un signe de ponctuation encore peu connu, les parenthèses. La méthode est celle que les lecteurs de Montaigne connaissent assez bien, celle qui a déterminé l'« allongeail » (l'ajout du livre III) mais aussi les annotations dans les marges de l'Exemplaire de Bordeaux, l'espace n'étant jamais suffisant pour une pensée hypertrophique et toujours renouvelée. L'utilisation des parenthèses dans le livre II des *Essais* prouve que les énoncés « *inquit* » diminuent au profit de phrases impliquant un investissement de l'individualité de l'écrivain, qui exprime souvent son opinion à la première personne ou qui décrit ou explique en relation avec ses souvenirs, son passé, ses propres réflexions. Même lorsqu'il n'y a aucun élément syntaxique permettant de renvoyer à l'auteur, le contexte sémantique et textuel prouve bien que le lecteur est à l'intérieur d'une réflexion personnelle que Montaigne partage avec lui, dans une sorte de dialogue parallèle et privé, dans une conversation continue et fluide, qui est le propre des *Essais* et qui fait la fascination de sa langue, depuis quatre siècles. En analysant les interjections et les exclamations comme traces des "affects" chez Montaigne, Marie-Luce Demonet affirme que les premiers livres, surtout le livre I, qui a les allures d'un commentaire, est « très faiblement "affectif"[18] ». Cependant il faut se demander si l'expression

---

17 La question de l'orde dans les *Essais* et la manière dont il faut entendre cette notion par rapport à la disposition du texte (voir Michel Foucault, *L'Ordre du discours*, Paris, Gallimard, 1971), mais aussi à l'architecture des *Essais* a fait couler beaucoup d'encre. Nous nous limitons à citer Daniel Martin (dir.), *The Order of Montaigne's* Essays, Amherst, Hestia Press, 1989 ; et Philippe Desan, « Numérotation et ordre des chapitres et des pages dans les cinq premières éditions des *Essais* », dans Claude Blum et André Tournon (dir.), *Éditer les Essais de Montaigne*, Paris, H. Champion, 1997, p. 45-77.
18 Marie-Luce Demonet, « Interjection et exclamation chez Montaigne. L'expression des affects », dans Franco Giacone (dir.), *La Langue de Rabelais, La Langue de Montaigne*,

de l'individualité, de l'affectivité, même des passions qui sont encore exprimées de manière timide ne se situe pas ailleurs, pour les deux premiers livres. Les parenthèses pourraient être ce lieu, l'endroit d'un essai linguistique avant tout, celui de l'expérimentation, de la présentation de l'individualité de l'écrivain. Le résultat est chose connue.

Concetta CAVALLINI
Università di Bari Aldo Moro

Genève, Droz, 2005, p. 394.

APPENDICE
Essais 1582, livre II
Répertoire des parenthèses

1	II, 1, 313 « De l'inconstance de nos actions »	(ie dy de voye : car le pas s'en peut ou haster, ou appesantir)
2	II, 4, 333 « A demain les affaires »	(car on m'en dira ce qu'on voudra : ie n'entens rien au Grec, mais ie voy un sens si beau, si bien ioint & entretenu par tout en la traduction, que ou il a certainement entendu l'imagination vraye de l'auteur, ou ayant par longue conversation planté vivement dans son ame une generale Idée de celle de Plutarque, il ne luy a aumoins rien presté qui le desmente ou qui le desdie)
3	*Ibid.*, 334	(dict-il)
4	II, 6, 343 « De l'exercitation »	(il ne me souvient pas bien de cela)
5	*Ibid.*, 347	(car i'estoy desarmé)
6	*Ibid.*, 350	(car ie l'avoy veu a mes talons & me tins pour mort, mais ce pensement avoit esté si soudain que la peur n'eut pas loysir de s'y engendrer)
7	II, 8, 359 « De l'affection des peres aux enfans »	(ce qui n'est pas sans controverse)
8	*Ibid.*, 363	(combien qu'à la verité nulle occasion d'un si horrible souhait ne peut estre ny iuste ny excusable)
9	*Ibid.*, 365	(si l'ame n'en a plus de la moitié)
10	*Ibid.*, 366	(car il n'avoit que celle la de bien logée & accommodée)
11	*Ibid.*, 367	(comme ie ne pourroy sans offencer leur assemblée par le chagrin de mon aage & l'importunité de mes maladies, & sans contraindre aussi & forcer les reigles & façons de vivre que i'aurois lors)
12	*Ibid.*, 368	(car il connoissoit aucunement les lettres)
13	*Ibid.*, 376	(pour exemple)

14	*Ibid.*	(c'estoient les deux nobles victoires qu'il avoit gaigné sur les Lacedemoniens)
15	II, 9, 380 « Des armes des Parthes »	(ce sont les excailles, dequoy nos ancestres avoient fort acoustumé de se servir)
16	II, 10, 386 « Des Livres »	(car il se laisse trop aller a ceste affectation de pointes & subtilités de son temps)
17	*Ibid.*, 387	(comme les Italiens qui y sont assez heureux)
18	*Ibid.*, 390	(car puis qu'on a franchi les barrieres de l'impudence, il n'y a plus de bride)
19	*Ibid.*, 397	(qui est la plus commune façon)
20	*Ibid.*, 398	(comme il advenoit en ce temps la, que la grandeur de la fortune estoit tousiours accompagnée du sçavoir)
21	*Ibid.*, 399	(ie dis de ceux desquelz ie ne me veux servir qu'une fois)
22	*Ibid.*, 400	(car quelque langue que parlent mes livres ie leur parle en la mienne)
23	II, 11, 403 « De la cruauté »	(& ceste enchere ie l'emprunte de l'opinion commune, qui est fauce : car a la verité en fermeté & rigueur d'opinions & de preceptes la secte Epicurienne ne cede aucunement a la Stoique, & un Stoicien reconnoissant meilleure foy, que ces disputateurs, qui pour combatre Epicurus & se donner beau ieu luy font dire ce, aquoy il ne pensa iamais, contournans ses parolles a gauche, argumentans par la loy grammairienne, autre sens de sa façon de parler, & autre creance que celle qu'ils sçavent, qu'il avoit en l'ame, dit qu'il a laissé d'estre Epicurien pour ceste consideration entre autres, qu'il trouve leur route trop hautaine & inaccessible)
24	*Ibid.*, 408	(c'estoit son assiette ordinaire que celle la)
25	*Ibid.*, 410	(si fermeté il la faut appeler)
26	*Ibid.*, 414	(qui est un gentil livre pour son estoffe)
27	*Ibid.*, 419	(pour exemple)
28	II, 12, 422 « Apologie de Raimond Sebond »	(et tout le monde est quasi de ce genre)
29	*Ibid.*, 424	(& ce n'est pas raison d'oster sans plus grande occasion a Sebond ce titre)

30	*Ibid.*, 428	(comme on dict)
31	*Ibid.*	(& ie le dis a nostre grande confusion)
32	*Ibid.*, 442	(comme la licence de leurs opinions les esleve tantost au dessus des nuées, & puis les ravale aux antipodes)
33	*Ibid.*, 444	(car il en a de particulieres pour cet usage qu'il espargne & ne les employe aucunement a ses autres services)
34	*Ibid.*, 445	(qui seroit un essay mal aysé à faire)
35	*Ibid.*, 451	(lequel il a esgaré pour s'estre endormy, & ne l'avoit veu partir du logis)
36	*Ibid.*, 454	(comme il s'en voit plusieurs en Languedoc)
37	*Ibid.*, 455	(car quand a l'ordre ie sens bien que ie le trouble, mais ie n'en observe non plus a renger ces exemples, qu'au reste de toute ma besongne)
38	*Ibid.*, 456	(qu'on leur prepare & les recouvre l'on de menues brossailles pour les tromper)
39	*Ibid.*, 457	(cela est aisé a iuger a ceux qui connoissent les histoires anciennes)
40	*Ibid.*, 460	(encore qu'a son iugement les bestes soient incapables de raison)
41	*Ibid.*, 461	(car c'est un poisson a coquille)
42	*Ibid.*, 469	(comme de vray la science de nous entre-deffaire & entretuer, de ruiner & perdre nostre propre espece, il semble qu'elle n'a pas beaucoup dequoy se faire desirer aux bestes qui ne l'ont pas)
43	*Ibid.*, 470	(I'use en liberté de conscience de mon Latin avec le congé, que vous m'en avez donné)
44	*Ibid.*, 473	(car il me semble que nous avons besoing de mettre ce mot en usage)
45	*Ibid.*, 502	(qui sont les pieces principales pour la conservation de la societé humaine)
46	*Ibid.*, 505	(& qui a l'avanture n'eust nulle plus iuste occasion, d'estre appelé sage, que de ceste sienne sentence)
47	*Ibid.*, 511	(comme pour exemple sur le propos de l'immortalité de l'ame)
48	*Ibid.*, 519	(comme tu dis Platon par tes purifications)

49	*Ibid.*, 523	(i'appelle raison noz resveries & noz songes, avec la dispanse de la philosophie, qui dit le fol mesme & le meschant forcener par raison, mais que c'est raison errante)
50	*Ibid.*, 529	(a la mienne volonté qu'aucuns du surnom de Chrestiens ne le facent pas encore)
51	*Ibid.*, 542	(car i'ay choisi ce seul exemple pour le plus commode a tesmoigner nostre foiblesse & vanité)
52	*Ibid.*, 552	(dit-il)
53	*Ibid.*, 566	(i'en croy les medecins)
54	*Ibid.*, 574	(qui pense avoir gaigné le haut point de certitude parmy les sciences)
55	*Ibid.*, 579	(car comment puis i'autrement nommer cela que deffortune ? Que d'un nombre de loix si infiny, il ne s'en rencontre aumoins une que la fortune ait permis estre universellement receuë par le consentement de toutes les nations)
56	*Ibid.*, 581	(qui estoit la principale science & vertu, a quoy il vouloit duire ceste nation)
57	*Ibid.*, 582	(question pour l'amy)
58	*Ibid.*, 587	(si luy est cest autheur aussi familier qu'a homme de nostre siecle)
59	*Ibid.*, 594	(car ilz en viennent iusques la)
60	*Ibid.*, 597	(s'il n'a accoustumé le mestier des recouvreurs)
61	II, 13, 611 « De iuger de la mort d'autruy »	(a mon advis)
62	*Ibid.*, 612	(disoit il)
63	*Ibid.*, 613	(dis-ie)
64	II, 15, 620 « Que nostre desir s'accroit par la malaisance »	*Galla nega* (dict le bon compaignon) *satiatur amor nisi gaudia torquent.*
65	*Ibid.*, 622	(disent ils)
66	II, 17, 639 « De la praesumption »	(bonne ou mauvaise qu'on la doive appeller)
67	*Ibid.*, 647	(aussi ne le sçauroit elle faire que par quelque singerie contrefaicte)

68	*Ibid.*, 657	(pour exemple)
69	*Ibid.*, 658	(& de mettre a nonchaloir ce qui est a nos piedz, ce que nous avons entre-mains, ce qui regarde de plus pres le service de nostre vie, c'est a mon advis une bien lourde faute)
70	*Ibid.*, 670	(car pour les iuger a ma mode, ils les faudrait esclerer de fort pres)
71	II, 19, 676 « De la liberté de conscience »	(car ie ne parle point de ceux qui ne s'en servent que de pretexte, pour ou exercer leurs vengeances particulieres, ou fournir a leur avarice, ou suivre la faveur des Princes, mais de ceux qui le font par vray zele envers leur religion & sainte affection, a maintenir la paix & l'estat de leur patrie)
72	*Ibid.*, 677	(de laquelle le cours de sa vie donne bien cler tesmoignage)
73	*Ibid.*, 678	(dit Eutropius mon autre tesmoing)
74	II, 21, 684 « Contre la faineantise »	(ce qu'on dict aussi de la ieunesse Lacedemoniene, & Xenophon de la Persienne)
75	II, 23, 685 « Des mauvais moyens emploies a bonne fin »	(car cela mesme les medecins le craignent : & par ce qu'il n'y a rien de stable chez nous, ils disent que la perfection de santé trop allegre & vigoreuse, il nous la faut essimer & rabatre par art, de peur que nostre nature ne se pouvant rassoir en nulle certaine place, & n'ayant plus ou monter pour s'ameliorer, ne se recule en arriere en desordre & trop a coup : ils ordonnent pour cela aux Athletes les purgations & les saignées, pour leur soustraire ceste superabondance de santé)
76	II, 24, 690 « De la grandeur Romaine »	(& que les grammairiens en ostent ce surnom de familieres, s'ilz veulent, car a la verité il n'y est pas fort a propos : & ceux qui au lieu de familieres y ont substitué *ad familiares*, peuvent tirer quelque argument pour eux de ce que dit Suetone en la vie de Cesar, qu'il y avoit un volume de lettres dudit *Cæsar ad familiares*)
77	II, 27, 696 « Couardise mere de la cruauté »	(de qui c'est l'effect [sic] de s'exercer seulement contre la resistence, *Nec nisi bellantis gaudet cervice iuvenci*)
78	II, 29, 706 « De la vertu »	(car tout luy estant present, il voit plustost quil ne prevoit)

79	II, 31, 711 « De la colere »	(auquel il appella)
80	II, 32, 717 « Defence de Seneque & de Plutarque »	(surquoy ie ne me fusse pas mis en peine de le defendre, car cela n'est pas de mon gibier)
81	*Ibid.*	(ce sont ses mots)
82	*Ibid.*, 718	(comme on dit)
83	*Ibid.*, 719	(comme on dit)
84	*Ibid.*, 722	(qui est la piece plus admirable de ses oeuvres, & en laquelle a mon advis il s'est autant pleu)
85	II, 35, 724 [*sic* pour 752] « De trois bonnes femmes »	(leur dit-il)
86	*Ibid.*, 755	(ce nous est une bien lourde perte, qu'elles ne soient venues iusques a nous)
87	*Ibid.*, 758	(de laquelle la commodité la plus grande, c'est la nonchalance de sa durée, & un plus courageux & desdaigneux usage de la vie)
88	II, 36, 759 « Des plus excellens hommes »	(pour exemple)
89	*Ibid.*, 763	(aussi n'est-ce pas une piece de la substance de la chose)
90	II, 36, 774 « De la ressemblance des enfans aux peres »	(ils appellent secours ce qui le plus souvent est ren-gregement de mal)
91	*Ibid.*, 775	(& en ay essayé quasi de toutes les sortes)
92	*Ibid.*, 776	(ce me semble)
93	*Ibid.*, 777	(desquelles le nombre est infini)
94	*Ibid.*, 780	(tant ilz abusent desdaigneusement de nostre misere)
95	*Ibid.*, 791	(comme le monde va se pipant ayséemant de ce qu'il desire)
96	*Ibid.*, 799	(car quant aux miracles, ie n'y touche iamais)
97	*Ibid.*, 800	(a ce qu'on m'a dict)
98	*Ibid.*, 802	(mais sans alteration & changement)
99	*Ibid.*, 804	(Ne vo[us] couroussés pas, Madame, il ne parle pas de celles de deça, qui sont soubs la protection de vostre maison, & qui sont toutes Gramontoises)

POINTING FINGERS

Indexical tables in the *Essais*
(Simon Goulart, Abel L'Angelier,
and Henry V Estienne)

The various indexical tables that adorn sixteenth- and seventeenth-century editions of the *Essais* are usually dismissed either as inherently misguided or as inevitably *insuffisants*. This dim view of aids to navigating Montaigne's book has of course a long and venerable lineage: Mlle de Gournay observed in 1635 that *"l'opinion qu'ont euë les Imprimeurs, que la Table des matieres pourroit enrichir la vente des Essais, est cause qu'ils l'y ont plantée: contre mon advis neantmoins: parce qu'un Ouvrage si plain et si pressé n'en peut souffrir".*[1] Nearly a century later, Pierre Coste, who was credited with reviving many of Gournay's editorial preferences in his 1724 London edition of the *Essais*, but who was nonetheless especially proud of the indexes he prepared,[2] conceded: *"je ne prétens pas les garentir complets; (& je ne sais si l'on en fera jamais de tels d'un Livre écrit du stile des Essais de Montaigne)"* (XIV). For Gournay, the *Essais* somehow made indexing superfluous; for Coste, they seemed to defy efforts to order them in any definitive way.

The claim that the *Essais* cannot abide the ordering devices that proliferated in the late medieval and early modern book has been

---

1   Henri V Estienne reprints Gournay's long preface in his 1652 edition, from which I cite here (*Les Essais de Michel Seigneur de Montaigne*, Paris: Augustin Courbé, 1652), n.p. Her remarks obviously did not stop him from adding his own extensive tables and including a *vie d'auteur* (see below).

2   Coste characterizes his tables as *"tout nouveaux"* (XIV) and on the title page as *"beaucoup plus utiles que celles qui avoient paru jusqu'ici."* Page reference to *Les Essais de Michel Seigneur de Montaigne*, ed. Coste, Paris, Par la Société, 1725. For reflections on Coste's editorial method in the *Essais*, see Tilde Sankovitch, "Un travail vétilleux [...] fort nécessaire: The Coste Edition of 1724", *Montaigne Studies* 7 (1995), p. 131-145; and Philippe Desan, "Vers une édition des œuvres complètes de Montaigne aux XVIIᵉ et XVIIIᵉ siècles: les paradoxes de Marie de Gournay et de Pierre Coste", in Philippe Desan and Anne Régent-Susini (eds.), *Éditer les œuvres complètes (XVIᵉ et XVIIᵉ siècles)* (Paris: Société des Textes Français Modernes, 2020), p. 129-156.

enlisted in scholarship that seeks to reconstitute an ideal original in which Montaigne's would be the only audible voice. David Maskell, who has seen his share of editions of the *Essais*, cites with approval Jules Brody's assertion that "to attempt to boil Montaigne's sentences down to any putative ideas, however sophisticated or complete, is to de-write and rewrite the *Essais*, rather than to read them."[3] While it is indisputable that indexical tables that accompany the editions of the *Essais* are forms of rewriting, in the wake of Barthes and Derrida, it has become mainstream to approach the distinction between this kind of activity and what Brody calls "reading" as a matter of degree, rather than as a fundamental qualitative difference. The nature and extent of such rewritings – what Maskell has called *"déformations du texte"* – are in any case of obvious interest for a history of the reception of the *Essais*.[4] Like a title, an index entry has the potential not only to encourage, but also significantly to inflect readings of the passages to which it points. Henri V Estienne went so far as to suggest that his 1652 index could serve not just as a guide, but as a handy alternative to the main text, claiming that his table was so *"exacte"* that *"le Lecteur en toutes rencontres pourra à l'instant trouver son entiere satisfaction, sans estre obligé comme auparavant, de la chercher par une trop longue et incertaine lecture"*.[5] It therefore behooves students of Montaigne to explore the specific types of "deformation" that have been wrought by the indexes "planted" in the *Essais* by its numerous printers.

I propose here to examine the indexical *Tables* in three early editions of the *Essais*: the 1595 Geneva edition associated with Simon Goulart;[6] the 1602 edition published by Abel L'Angelier in Paris;[7] and the 1652 Paris edition prepared by Henri V Estienne *chez* Augustin Courbé. It

---

3   Jules Brody, "From Teeth to Text in 'De l'Expérience': A Philological Reading," *L'Esprit Créateur* 20:1 (1980), p. 7-22, p. 20. Cited in David Maskell, "Déformation du texte des *Essais* aux XVIᵉ et XVIIᵉ siècles" in Claude Blum and François Moureau (eds.), *Études montaignistes en hommage à Pierre Michel* (Paris: H. Champion, 1984, p. 167-172), p. 172.

4   This orientation informs Warren Boutcher's recent *magnum opus*, *The School of Montaigne in Early Modern Europe*, 2 vols. (Oxford: Oxford University Press, 2017) which approaches editing as a form of reading, but which nonetheless has very little to say about indexical tables.

5   "Au lecteur," n.p.

6   *Les Essais de Michel Seigneur de Montaigne*, "À Lyon, pour François Lefebvre," 1595. Hereafter referred to as 1595 Geneva.

7   *Les Essais de Michel Seigneur de Montaigne* (Paris: Abel L'Angelier, 1602).

could very well be, as Mlle de Gournay claims, that behind all three publications lay a hope to increase sales; all of these editions trumpet the presence of tables on their title page. Though the respective book titles deserve an essay of their own, of principal interest for the present discussion are the overlaps and disjunctions among the various *tables* that they advertize. The process of generating such tables, as anyone who has indexed a book will know, entails a series of choices implicitly predicated on a complex web of factors, be they intellectual, political, religious, social, economic, or other. As Coste observed, no table of this sort will ever be *"complet"* for the *Essais*. Yet, like Tolstoy's unhappy families, each of these tables is incomplete in its own way.

Let us first look at the specific titles given to the tables in the three editions under consideration. 1595 Geneva (following Gabriel La Grange's 1593 Lyon edition) offers a *"Table des principales matieres et choses plus memorables contenues aux trois livres du Seigneur de Montagne."* L'Angelier's 1602 Paris edition contains three separate tables. *"Les Pages du Sieur de Montaigne. Où sont contenués les plus rares remarques de son livre, à sçavoir les exemples des vertus & des vices, les plus graves sentences, similitudes & comparaisons"* is the analog to the Geneva table. L'Angelier also announces *"un recueil des loix anciennes des peuples & nations,"* which in fact corresponds to an index sorted by names of people and places. Finally, *"la vie de l'Autheur par remarques principales & precises sur son propre livre"* is a set of references to biographical passages in the *Essais*. All of these are said to be ordered *"en forme de lieux communs."* Abandoning the long-windedness of his title page, Estienne heads his index simply *"Table des matieres plus remarquables contenuës en ce Livre"*; all of his index entries also appear as *manchettes* in the main text.

There has been ample discussion of the presence or absence of biographical appendices in the *Essais*, and I shall not be addressing that subject here. Instead, I will be focusing on the subject indexes (including L'Angelier's index of *noms et lieux*) in order to compare their form and content. It is notable that Coste's perplexity does not appear to have dogged those who prepared the marginal notes and indexes to the three editions of the *Essais* under consideration here. Although Estienne's claim on his title page to have surpassed previous indexes in amplitude and utility implies the inadequacy of his predecessors – in his prefatory note to the reader, he maintains that all previous tables have omitted *"plus que la moitié des choses remarquables"* (n.p.) – none of the editors in question ever mentions, much less thematizes, any hesitation or uncertainty with regard to their own indexical tables. This lack of explicit anxiety suggests a measure of confidence in ordering principles that were implicitly understood to govern both the compilation and the reception of a given index, and invites us to explore what those principles might have been.

One notices immediately that L'Angelier uses a precise classificatory vocabulary to describe his indexes – *exemples, sentences, similitudes, comparaisons, lieux communs* – whereas both the Geneva editor and Estienne limit themselves to the more vague *"memorable"* and *"remarquable,"* terms widely used to title collections of historical, rhetorical, and moral-philosophical material in the period.[8] L'Angelier's subject table does indeed consist largely of commonplace entries (e.g. *Action; Administration; Affliction; Ami/Amitié; Amour;* etc.), but in this, it resembles the tables of both 1595 Geneva and Estienne 1652.[9] It is not clear what L'Angelier intended to supply under the rubric of a *"recueil des loix anciennes des peuples & nations"*; when it appears, his second index is presented as a *"Table exacte des nom propres."* It is, finally, difficult to find any markers of *sentences,*[10] or any explicit guidance on virtures and vices in L'Angelier's tables. In terms of broad structure, then, L'Angelier's table looks very much like those in the 1595 Geneva edition as well as that in Estienne, despite his apparently more technical description. This ultimately leaves us, in all three cases, with a set of subjects deemed *"rares," "memorables,"* and *"remarquables,"* pegged to *lieux communs.* These fundamental similarities oblige us to look more closely at the details of the respective indexes in order to begin to reconstruct some of the principles of selection upon which they were based.

With regard to the three editions considered here, the interventions associated with Simon Goulart have received the most attention. As Neil

---

8   For an in-depth account of the navigational devices that appear in manuscripts and books in this period, see Ann Blair, *Too Much to Know: Managing Scholarly Information before the Modern Age* (New Haven: Yale University Press, 2010). On the concept of the "memorable" as a principle of selection, see Andrea Frisch, "Decorum and the Dignity of Memory," *South Atlantic Review* 83:4 (Winter 2018) p. 119-138.

9   As a point of reference, I consulted the commonplace index prepared by Simon Goulart for his *Morum Philosophia Historica* (Geneva: Jacob Stoer, 1594).

10   An entry in L'Angelier's subject index of which I am particularly fond comes across as more proverbial than sententious: *"Chier au panier pour le mettre sur sa teste, que c'est"* (the reference is to "Sur des vers de Virgile").

Kenny points out, Goulart's energetic editing across numerous publications made it possible for him to *"diriger la lecture"* of the works he presented.[11] Cécile Huchard's characterization of Goulart's collected *Mémoires de la Ligue* as a series of polemical theses presented by its editor as a collection of raw data, along with Amy Graves's analyses of Goulart's enlistment of historical documents as forms of juridical proof, provide ample evidence of Goulart's strong hand as an editor in the turbulent atmosphere of the Wars of Religion.[12] With respect to the 1595 Geneva edition of the *Essais*, Franco Giacone concluded that *"Simon Goulart e stato l'interprete fedele delle direttive ricevute dalla Compagnie des Pasteurs,"* a conclusion that Philippe Desan has reiterated (even as he questions the degree to which Goulart was himself directly involved in the production of the 1595 Geneva version).[13]

Yet directing readers, as the work of Huchard and Graves has shown, did not necessarily entail what the overwhelming majority of analyses of the 1595 Geneva *Essais* characterize as censorship.[14] As Warren Boutcher has recently insisted, as an editor Goulart "saw himself as enfranchising the decent, Christian, private reader-writer" rather than as enforcing a strict set of prohibitions.[15] And indeed, describing the marginal notes to his edition of Plutarch's *Vies parallèles* (in Amyot's French translation),

---

11 Neil Kenny, "'Rendre commode ce qui pourroit nous nuire en beaucoup de sortes': le détournement des textes et de la curiosité chez Simon Goulart", in Olivier Pot (ed.), *Simon Goulart: un pasteur aux intérêts vastes comme le monde* (Geneva: Droz, 2013), p. 57-73.

12 Cécile Huchard, *D'encre et de sang: Simon Goulart et la Saint-Barthélemy* (Paris: H. Champion, 2007); Amy Graves, *Post tenebras lex. Preuves et propagande dans l'historiographie engagée de Simon Goulart (1543-1628)* (Geneva: Droz, 2012).

13 Franco Giacone, "Gli 'Essais' di Montaigne e la censura calvinista," *Bibliothèque d'Humanisme et Rrenaissance* 48:3 (1986), p. 671-699; p. 697. While he does not dispute Goulart's supervisory role, Desan reminds us that "S.G.S" was involved in a number of other editorial projects during the period in which work on the 1595 edition would have been undertaken, and argues that the publication of a work such as Montaigne's *Essais* in Protestant Geneva would in any case have required the collaboration of a number of actors. "Simon Goulart, éditeur de Montaigne", in Pot, *op. cit.*, p. 289-305. In her doctoral thesis, Daisy Aaronian offers a detailed overview and analysis of the interventions visited upon the main text of Montaigne's *Essais* in the 1595 Geneva edition: *Simon Goulart and the Calvinist Edition of Montaigne's* Essais *(1595)*. PhD. diss. Columbia University, 2009.

14 See Giacone, art. cit.; Aaronian published part of her research as "La censure de Simon Goulart dans l'édition 'genevoise' des *Essais* (1595)," *Bulletin de la Société des Amis de Montaigne* 27-28 (2002) p. 83-96; in "Simon Goulart éditeur de Montaigne," Desan focuses on the *"logique de la censure"* governing the edition (art. cit., p. 301).

15 *School of Montaigne, op. cit.*, vol. 2 p. 119. See p. 122-134 for a stimulating and detailed discussion of the 1595 Geneva edition of the *Essais*, which nonetheless has very little to say about the index.

Goulart states that readers should take his interventions as starting points for their own judgments, *"car comme un mesme visage se void en divers sens, aussi un mesme fait, un mesme trait peut recevoir diverses considerations."*[16] The four separate indexes that Goulart supplied for Plutarch support his suggestion that there are many routes through the material, and invite us to nuance Desan's assertion that *"le vagabondage sans direction si souvent promulgué dans les* Essais *représente un fléau pour un homme comme Goulart qui demande à ce que les âmes soient guidés avec fermeté".*[17] Certainly, a very complex set of tables proposing multiple itineraries is hardly tantamount to "vagabondage"; nonetheless, as Denise Carabin observes, *"l'esthétique des index [dans le Plutarque de Goulart] se fonde sur une invite et non pas sur l'interdit".*[18] In this spirit, rather than focus on what the 1595 Geneva edition leaves out, I will attempt to draw attention to at least some of what it positions, via its indexical table, as the *"choses plus memorables"* of the *Essais,* and to juxtapose this material to what one encounters in the tables of L'Angelier and Estienne.[19]

It is not difficult to spot differences among the indexes put forward in these three editions. *"Praesomption,"* for example, yields a single reference in the 1595 Geneva table (*"Presomption, nostre maladie naturelle,"* which is keyed to a page in the "Apologie"); three in L'Angelier's; and a full seven in Estienne's. The presence, absence, and relative predominance of specific entries clearly invites and indeed requires further contextualization within intellectual history as well as within scholarship

---

16 *Les Vies des hommes illustres grecs et romains [...]. Le tout disposé par S. G. S.* (Geneva: Jérémie des Planches, 1583), n.p.

17 Desan, art. cit., p. 302.

18 Denise Carabin, "Comment Goulart indexe-t-il le Plutarque d'Amyot?" *Bibliothèque d'Humanisme et Renaissance* 65:2 (2003) p. 331-345; p. 336-337.

19 It should be noted that none of the texts is available in a form that would permit an accurate digital collation of the indexes. There are, moreover, certain challenges to comparing the indexes "by hand," as it were: as readers of the 1595 Geneva edition have pointed out, that index collates two separate tables from Gabriel La Grange's 1593 edition, simply tacking La Grange's entries for book three of the *Essais* onto the end of those for books one and two. Page references in 1595 Geneva are sometimes slightly off or simply missing (this is not the case, thankfully, with L'Angelier or Estienne). This can make it difficult to determine whether the respective indexes are referring to the same passages in the *Essais.* Perhaps most significantly, the determination that index entries that are not perfectly identical are nonetheless very similar is a matter of judgment, and requires a point of reference. In my attempts to compare these three indexes, I have used 1595 Geneva as that point of reference.

on these particular editors as well as on the reception of Montaigne. It is of course not possible here to list, much less to interpret, all of the considerable and detailed differences among the three indexes. Therefore, I will focus on one particular theme – the New World – tracking the nature and frequency of its appearance in the respective tables and pointing out what I consider to be some significant trends.[20]

As it happens, the rubric *"Cannibales"* provides a fruitful illustration of the knotty issues that arise when one begins to investigate the matter of the New World in the indexical tables to the *Essais*. The La Grange/Geneva index contains no such rubric, nor does the term appear anywhere in their *Tables des choses plus memorables*. Rather, the indigenous peoples of the Americas are referred to as *"Americains,"* as *"Indiens,"* or, most frequently, as *"habitans des terres neuves."* By contrast, L'Angelier, hewing more closely to the words Montaigne uses in the body of the essays, has *Chanson d'un prisonnier Cannibale* in his subject index; his names index lists *"Cannibales quelle nation c'est,"* with further subentries *"leur principale science"*; *"leur arrivee à Rouen"*; and *"leurs mœurs,"* all keyed to "Des cannibales" save the last subentry, which directs both to the "Apologie" (where the *"Cannibales"* are said to live a happy life in blissful ignorance of the *"preceptes d'Aristote"*) and to "Des coches" (to the passage in which Montaigne paraphrases the response *"ce peuple"* gave to the remonstrances of the Spanish, which concludes with *"tesmoignent mes Cannibales"*).

Things take an unexpected turn in Estienne's 1652 index, which contains the entry *"Cannibales, quels Barbares,"* under which appear eight rather neutrally descriptive subheadings (e.g. *"leur police"*; *"leurs bastiments"*; *"leur licts"*; *"leur pain"*). Most strikingly, Estienne indexes these very same passages a second time, under the rubric *"Sauvages."* All of these entries are keyed to the sequence of passages in I, 31 where, of course, Montaigne questions the basic meaning of the terms *"barbare"* and *"sauvage."* The

---

20 I used two approaches in my analysis of the indexing of the New World in these three editions of the *Essais*. The first was simply to locate, list, and collate all index rubrics that specifically mention the New World. The second was to locate, list, and compare all index rubrics that refer to a selected subset of essays in which matters related to the New World appear. Based on the number of references across the three indexes, these essays are "Des cannibales," "Des coches," and the "Apologie de Raymond Sebond," though New World references in the indexes occasionally direct to other essays (some of which will be mentioned below).

evolution of these index entries raises some provocative questions. Are Estienne and his readers by now so familiar with Montaigne's critique of ethnocentric conceptions of barbarity that the index entry constitutes a wink and a nod? Or is Estienne taking a risk in assuming his readers have assimilated that critique? (How risky would that have been in 1652 Paris?) Alternatively, is he hoping to lead unenlightened readers *"comme par une fauce porte"* to Montaigne's interrogation of Eurocentric assumptions? Or is it possible that Estienne himself was simply unaware of the problem, so eager was he to increase the size of his index by half? The tables are replete with such Pandora's boxes. In the remainder of this essay, however, I shall draw attention to discrepancies among the indexes whose implications can be more immediately grasped, and that afford new perspectives on 1595 Geneva and L'Angelier 1602 in particular.

Philippe Desan has observed that *"les abus de la conquête espagnole et le jugement critique de Montaigne sur la 'colonisation' du nouveau monde occupent une place encore plus visible dans l'édition génévoise des* Essais *de 1595,"* citing the *"sonnet d'Expilly"* as characteristic of this trend.[21] A comparison of the index in that edition with the tables of L'Angelier provides further substantial evidence that the New World enjoys a privileged place in the Genevan edition of the *Essais*. In addition to conserving La Grange's numerous New World entries, the 1595 Geneva table shows the traces of a fairly attentive proofreading of La Grange's indexes, insofar as it corrects several erroneous references to New World passages. The first two phrases of the entry *Espagnols, leur grand avarice. Leur cruauté contre le roy de Peru.leurs autres mauvais deportements aux Indes occidentales*, for example, lead to the first page of "De trois commerces" in La Grange's table; the 1595 Geneva index correctly situates them in "Des coches." Likewise, the La Grange entry for *"Cruauté des Espaignols"* leads erroneously to III, 3, and is likewise revised to the correct page reference in III, 6 in 1595 Geneva. Many of the New World (and other) references provided in La Grange's index are erroneous, in particular for the "Apologie."[22] For example, a disproportionate number of the New World references to the "Apologie" in La Grange's table direct to page 580, yet none of

---

21   Desan, art. cit., p. 303-304.
22   Although the text of this essay is more or less correct, the pagination is quite muddled. After a sequential streak from the beginning of the essay on page 431 to page 499, there are numerous irregularities in the pagination.

the topics that refer to it actually appears on that page. This error in La Grange accounts for several of the missing page numbers in 1595 Geneva, and shows how keen the Genevans were to retain certain entries in spite of it. A rubric like *"Avarice des Espagnols"* was, apparently, simply too good to give up.

In comparison to both Estienne's and L'Angelier's, the 1595 Geneva index explicitly invokes the New World in a much wider range of entries. The commonplace rubrics *Ambassadeurs, Beauté, Cérémonies, Chiens, Deploration, Hommes, Magnificance, Mœurs, Religion, Sepultures, Simplicité,* and *Supplices* all generate entries that explicitly mention the New World, whereas none of these rubrics are linked to the New World in the indexes of L'Angelier and Estienne. Instead, L'Angelier and Estienne both tend to use rubrics specific to the Americas in their tables: *Cannibales* and *Sauvages,* as we have seen; also *Mexicains; Indiens* (very frequent in Estienne); *Peru.*

Whatever the intent behind the hitching of the New World to the wagon of commonplace rubrics in 1595 Geneva, the effect is to encourage a reader to associate a greater number of topics with the matter of the New World, and to privilege material related to the conquest over other aspects of the essays thereby cited. The full versions of the Genevan entries, moreover, frequently offer either an unambiguous condemnation of Spanish conduct in the Americas or an idealization of New World peoples, thus highlighting Montaigne's critique of European colonization. These include: *Chemin du Peru, surpassant toute magnificence ancienne; Roy de Cusco & son espouvantable magnificence; Deploration des Conquestes des Indes, faictes contre les Espagnols; Espagnols, leur grand avarice. Leur cruauté contre le roy de Peru.leurs autres mauvais deportements aux Indes occidentales; Magnificence des Roys de Onsco [sic], & de Mexico; Mexicains, leur espouvantable magnificence; Mexicains, jugeoyent la fin du monde, par leur desolation; Simplicité & industrie des Americains; Supplices trescruels & injustes contre les Roy du Peru, & de Mexico; Villes de Quito & Cusco, & leur incomparable magnificence.*[23] *Description d'un jardin admirable,* while fairly opaque as an index entry, sends the reader to a

---

23   1595 Geneva omits La Grange's mirror entry *Ville de Quito, tres-magnifique* under Q, perhaps because it lacks a page number. A final omission in 1595 Geneva is La Grange's *Roy du Peru fait mourir cruellement par les Espaignols,* a mirror entry for *Espagnols [...] leur cruauté contre le Roy du Peru,* and erroneously pegged to "Des trois commerces" in La Grange's index.

passage about the abundance of either Peru or Mexico (Montaigne does not make this clear); similarly, *Invention de l'imprimerie & de l'artillerie* leads to the passage in which Montaigne points out that these things were invented long before Europeans discovered them.

By contrast, significantly fewer entries direct to other parts of the essay in 1595 Geneva: *Coche de Marc Antoine, coche de Heliogabalus, coche de l'Empereur Firmus; Firmius empereur romain, & son triomphe; la Libéralité s'accommode volontiers avec la tyrannie; le mot Liberalité sonne liberté* (this last appears twice in La Grange, the second time as *"nom de liberalité sonne liberté,"* but the Genevans drop it); and *Des Tyrans sacrifiez à la haine du peuple.* Moreover, whereas La Grange included an entry for *De l'Esternuement, & pourquoy on salut ou benist ceux qui esternuent,* the Genevan table leaves this out, since the passage was cut from the essay; also omitted, however, are *Galba, son honneste liberalité* and *Prodigieux spectacles des Romains, en leurs theatres. Leur Prodigalité enorme,* in spite of the fact that the Geneva edition retains the passages to which these La Grange entries refer. Thus, the imbalance in favor of the New World in this cluster of entries is only partly a function of the source in La Grange; adjustments made to the 1595 Geneva table tip the scales even further.

In addition to this quantitative imbalance, there is at least one entry in the 1595 Geneva table – following La Grange – that appears deliberately to mislead the reader. *Beauté des habitans du Peru. des Mexicains* refers to the passage in the "Apologie" in which Montaigne observes that from that which Mexicans and Peruvians find beautiful, *"nous formerions la laideur."* A peruser of the index – in particular one who, as Estienne imagined, satisfied his curiosity by consulting the indexical tables, rather than undertaking a long and uncertain reading of the essays themselves – could reasonably infer that Montaigne simply asserted that the *habitans des terres neuves* were beautiful.

L'Angelier's indexes push in what one might legitimately term the "opposite" direction, on every front. L'Angelier's tables consistently stop short of incorporating explicit references to the New World, even when his commonplace entries lead to the New World essays. Moreover, with very few exceptions, these references do not lead to passages that offer either a critique of Spanish conduct or an idealization of New World peoples. There are, for example, close to fifty entries in L'Angelier's subject index that refer to passages in "Des coches." The overwhelming majority of these involve Montaigne's critique of luxury – a central element of the essay, to be sure, and one that the "Calvinist" 1595 Geneva text somewhat surprisingly downplays. A partial list of L'Angelier's non-New-World-related index entries for III, 6 includes *Amphitheatres somptueux; Coches employez en guerre; Coches trainez par divers animaux; conjonction des astres; convoitise n'a rien plus propre que d'estre ingrate; Esternuer, pourquoy nous benissons ceux qui esternuent; Garces nus attelees à un coche; Lettre de Philippus à Alexandre; Mercadence des Rois cause d'une infinité de maux; Pont neuf de Paris; Science de l'homme est petite; Semer de la main et non verser du sac;* and *Vomissement de ceux qui vont sur mer.*

A small subset of L'Angelier's index entries for III, 6 do direct to pages on the New World, and to passages that cast the Spaniards' conduct in the New World in a negative light. The most unequivocal are *Desloyauté des Espagnols* (which leads to Montaigne's account of Francisco Pizarro's treacherous assassination of the Inca emperor Atahualpa); and *Douleur,* with a subentry *du Roy de Mexico* (which, although separate from the subentry *exemples de la douleur patiemment endurée,* leads to an account of the Spanish torture of the Aztec ruler Moctezuma II). Nevertheless, the indexical scales here are heavily weighted toward the critique of luxury, just as in 1595 Geneva they are weighted towards a condemnation of the Spanish colonization of the Americas.

There are, moreover, other indications in the tables that L'Angelier was not particularly interested in the New World. The most striking aspect of his 1602 table entries for "Des coches" is that several of them set the Spanish conquest not in the Americas, but in China (!). In spite of the fact that the middle of the essay generates the entry *Monde nouveau descouvert* in the subject index, which suggests that the context of the discussion was understood by the indexer, references to subsequent pages that pursue the critique of Spanish conquest include *Harangue des Espagnols en leur conqueste de la Chine, Somptuositez du Royaume de la Chine,* and *Response de ceux de la Chine aux Espagnols.* This error is further reinforced in the names index, where *La Chine* initally generates the page reference to III, 6 in which Montaigne mentions the invention of printing in ancient China, but then gives way to a subheading, *conqueste d'icelle,* which refers to the following pages of the essay that in fact unequivocally refer to the Spanish conquest of the New World.[24] A possibly honest if rather breathtaking mistake, this has the effect of reframing the Spanish conquest of the newly-encountered indigenous Americans as a battle with a technologically advanced civilization known to Europeans since Antiquity.

One encounters additional entries in the tables of L'Angelier 1602 that tend to mitigate the critique of Spain which the Geneva 1595 table so eagerly amplifies. While the 1595 Geneva table points to dogs who *"tiroient paye des Espagnols aux Indes,"* L'Angelier's dogs are simply *"mené en guerre."* In L'Angelier's *table exacte des noms*, Mexico Roy refers to the passage near the end of "De la modération" where Montaigne lists *"divers exemples d'horrible cruauté"* that characterize the practice of human sacrifice in the New World. The closest analog entry in Geneva 1595 is *Roy de Mexico, sa magnificence*, which refers to the passage in "De l'usage de se vestir" where Montaigne gives the lie to the image of naked primitives by describing Moctezuma II's ever-changing wardrobe and his elaborate table settings. L'Angelier's *table des noms* locates Fernand Cortez in the passage on the cruelty of indigenous human sacrifice from "De la modération," whereas the page reference for Geneva's *Ambassadeurs du Roy du Mexico, leur response signalé à Fernand Cortés*, bypasses that part of the essay to take the reader to its very last sentences, which cite the defeated Aztecs addressing their conqueror: *"Seigneur, voylà cinq esclaves; si tu és un Dieu fier, qui te paisses de chair et de sang, mange les, et nous t'en amerrons d'avantage; si tu és un Dieu debonnaire, voylà de l'encens et des plumes; si tu es homme, prens les oiseaux et les fruicts que voicy."* The typesetting of that essay (which appears as I, 29 in both editions) places the story of the ambassadors as a *rejet* in both books, with Cortés named on both the penultimate page and on the last page in L'Angelier, and referred to only as *"luy"* on the page chosen for indexing in 1595 Geneva. It is therefore clear in both cases that an editorial choice has been made about where to point an indexical finger at Cortés (these are the only entries in which he is mentioned).

---

24   These errors persist in L'Angelier's Paris 1604 edition of the *Essais*; I have not yet attempted to trace them beyond this edition. I have not found any mention of this error in the scholarly literature. For an account of French knowledge of China at this time, see Jean Balsamo, "Les premières relations des missions de la Chine et leur réception française (1556-1608)," *Nouvelle Revue du XVIᵉ Siècle* 16:1 (1998), p. 155-184.

Andrew Pettegree has argued that, within the contentious climate of the Reformation, various potentially polemical objects, images, and books were not necessarily read with careful attention to detail, but were rather evaluated according to a few salient markers and acquired as signs of adhesion.[25] Indexes certainly merit more careful scrutiny in this regard, although it can be hard to uncover the multiple and contingent ways in which readers no doubt used such tables. In any case, rather than accusing them, we should explore further the myriad ways in which the pointing fingers of indexical tables are conjoined to the body of the *Essais*.

Andrea FRISCH
University of Maryland,
College Park

---

25 Andrew Pettegree, *Reformation and the Culture of Persuasion* (Cambridge: Cambridge University Press, 2005).

QUATRIÈME PARTIE

RÉCEPTION

MONTAIGNE ET TCHOUANG-TSEU (ZHUANGZI)

Deux penseurs face à la mythologie

Concernant les études sur la comparaison de Mongaigne avec le philosophe chinois Tchouang-tseu (ou Zhuangzi), notons le bel article écrit en France il y a déjà plus d'un demi-siècle par Jean Biermez : « Sur Montaigne et la sagesse taoïste » (*Revue de Paris*, juillet et août 1969, p. 18-28). Ce n'est pas seulement une comparaison des penseurs des deux pays, mais aussi une excellente étude sur Montaigne ; en le comparant avec Tchouang-tseu et Lao-tseu, Biermez essaie d'y élucider le mystère de la création chez ce sage français.

Par ailleurs, cet article a aussi inspiré à Hidéo Sékiné, qui avait achevé la première traduction complète japonaise des *Essais* en 1935, un ouvrage en japonais : *Montaigne shôyô*, sous-titré « De Montaigne vu par un Extême-Oriental » (Tokyo, Hakusuisha, 1980)[1] ; ce montaigniste japonais y compare Montaigne avec Tchouang-tseu et Lao-tseu. C'est pourquoi nous pourrions dire que le sujet d'une telle comparaison n'est pas vraiment neuf, mais plutôt traditionnel et classique.

Or Montaigne connaissait-il les penseurs taoïstes chinois ? Nous savons qu'il a vécu au temps où les Jésuites commençaient à découvrir l'Asie et il a montré dans ses *Essais* un intérêt pour la Chine[2]. Pourtant

---

1   Hidéo Sékiné, *Montaigne shôyô*, Tokyo, Hakusuisha, 1980 ; le mot japonais « *shôyô* » signifie « flânerie ». Sur la réception de Montaigne au Japon, voir Hironobu Saito, « La réception de Montaigne au Japon », *Montaigne Studies*, vol. 7, 1995, p. 213-224 ; Shinya Miyakawa, « Montaigne au Japon après la Restauration de Meiji (1868-1920) », *Montaigne Studies*, vol. 16, 2004, p. 197-205. Sur la réception de Montaigne en Chine, voir Ji Gao, « La réception de Montaigne en Chine », *Montaigne Studies*, vol. 28, 2016, p. 165-188.

2   « Nous nous escrions, du miracle de l'invention de nostre artillerie, de nostre impression : d'autres hommes, un autre bout du monde à la Chine, en jouyssoit mille ans auparavant » (III, 6, 952). Michel de Montaigne, *Les Essais*, éd. Jean Balsamo, Michel Magnien et Catherine Magnien-Simonin, Paris, Gallimard, coll. « Bibliothèque de la Pléiade », 2007 ; toutes les références des *Essais* renvoient à cette édition.

rien ne prouve qu'il ait lu les documents taoïstes[3] ; le contraire est même probable.

En effet, Montaigne et Tchouang-tseu sont éloignés géographiquement et historiquement l'un de l'autre ; l'un vécut en France au XVIe siècle, alors que l'on présume que l'autre vécut en Chine au IVe siècle avant Jésus-Christ ; par ailleurs, le livre nommé *Tchouang-tseu* n'est pas totalement écrit par le seul auteur du même nom, mais beaucoup de taoïstes eux aussi en ont continué la rédaction durant environ deux cent ans[4] ; par conséquent, on ne peut que supposer que telle ou telle partie a été écrite par Tchouang-tseu lui-même ; ce livre taoïste doit donc être considéré comme « une sorte d'anthologie[5] » de différents auteurs que par commodité nous nommerons Tchouang-tseu. Une telle genèse de cet ouvrage chinois diffère grandement de celle des *Essais* dont la rédaction est censée avoir commencé environ en 1572 après la retraite de l'auteur et s'est terminée en 1592 par sa mort.

Cependant, les lecteurs de ces deux livres sont d'autant plus étonnés des similitudes de ceux-ci que les circonstances de leurs créations sont bien différentes. Nombre de leurs ressemblances sont répertoriées par Biermez ainsi que Sékiné ; celui-ci essaie de trouver dans les livres taoïstes les idées rappelant celles des *Essais,* et souligne que la lecture attentive et la compréhension de *Tchouang-tseu* lui servirait à mieux comprendre Montaigne[6]. Et en signalant que les *Essais* sont constitués de deux parties : celle du discours et celle de l'histoire, Sékiné note aussi que *Tchouang-tseu* est composé de la même manière ; quant à la construction également, les deux livres se ressemblent curieusement l'un et l'autre. Et de plus, tous les deux contiennent pareillement des maximes, des poèmes et des dialogues, dispersés parmi les pensées philosophiques profondes délivrant ainsi les lecteurs de toute tension ou fatigue[7]. Pourquoi les deux livres, *Essais* et *Tchouang-tseu,* présentent-ils de telles ressemblances ? Cette question nous intéresse grandement.

---

3 Sur ce point, voir Sékiné, *op. cit.,* p. 28-29.
4 Sur la genèse de *Tchouang-tseu,* voir *Sô-zi,* éd. et trad. Tomohisa Ikéda, *Kôdansha-gakuzyutu-bunko,* 2 vol., Tokyo, Kôdansha, 2014, t. 1, p. 32-33 [en japonais] (« *Sô-zi* » est l'appellation japonaise de *Tchouang-tseu*).
5 *Ibid.,* t. 1, p. 33.
6 Sékiné, *op. cit.,* p. 123. Pour montrer la similitude entre les philosophies de nos deux penseurs, Sékiné relève des mots de *Tchouang-tseu,* surtout des chapitres VI « L'école du premier principe », XII « Ciel et terre », XVI « Corriger la nature », etc. (*ibid.,* p. 124-136).
7 *Ibid.,* p. 132.

LES MYTHOLOGIES GRECQUES ET CHINOISES

Face à cette question ou ce mystère, nous nous proposons d'examiner dans cet article les mythes contenus dans ces deux livres. Car entre l'Occident et l'Orient, on peut rencontrer des mythes semblables ; ne pouvons-nous pas penser qu'ils servent d'intermédiaire, une sorte de trait commun et de mémoire anciennne partagés parmi de nombreuses nations ? Sur les raisons pour lesquelles il y des récits ou motifs mythologiques semblables partout dans le monde, Akira Goto fait remarquer deux points : 1) les pensées similaires que les êtres humains peuvent avoir malgré les différences culturelles et environnementales ; 2) les migrations des hommes ainsi que les transmissions culturelles[8]. Et d'ailleurs, en invoquant la doctrine « *World Mythology* » de Michael E.J. Witzel, Goto dit que, si l'on remarque des similitudes entre les mythologies, celles-ci partout dans le monde peuvent se classer en deux groupes : celles de type Gondwana et celles de type Laurasia ; en général ce classement correspond aux études sur les déplacements des hommes, et celles de type Laurasia comprennent la mythologie grecque ainsi que la plupart des mythes chinois et japonais[9].

En effet, il n'est pas difficile de trouver de nombreuses ressemblances entre les mythologies grecques et chinoises. Par exemple, dans le mythe grec, Atlas qui supportait le ciel sur ses épaules est métamorphosé à la fin en pierre et en montagne ; dans le mythe chinois de la création du monde, après la mort du géant Pangu qui avait séparé le ciel de la terre, son corps a donné naissance à l'univers terrestre[10].

> Lorsqu'il [Pangu] fut sur le point de mourir, il transforma son corps : son soufle devint les vents et les nuées, sa voix les éclats du tonnerre, son œil gauche le soleil, son œil droit la lune, ses quatre membres et les cinq (parties de son) corps les quatre extrêmes et les cinq montagnes sacrées, son sang et ses humeurs le fleuve Bleu et le fleuve Jaune, ses nerfs et ses artères les veines

---

8   Akira Goto, *L'Initiation à la mythologie mondiale*, « *Kôdansha-gendaï-shinsho* », Tokyo, Kôdansha, 2018, p. 7-8 [en japonais].

9   *Ibid.*, p. 8-13.

10   Voir Yoshihiko Izushi, *Les Études des mythes et légendes de la Chine*, Tokyo, Chûôkôronsha, 1973, p. 21-22 [en japonais].

de la terre, ses muscles la glèbe des champs, ses cheveux et ses moustaches les astres et les repères sidéraux, les poils de sa peau la végétation, ses dents et ses os les métaux et les pierres, ses essences et sa moelle les perles et les jades, sa sueur et ses écoulements les pluies et les marais[11].

Les yeux de Pangu sont ainsi devenus le soleil et la lune, alors que le poète grec Hésiode appelle Zeus le dieu avec les yeux regardant tout sur le monde[12] : « Zeus l'Olympien au large regard[13] », « Zeus au vaste regard[14] ». Et de plus, il reste un mythe grec dans lequel Phaéton, fils du soleil Hélios, ne pouvant diriger le véhicule solaire hérité de son père, a failli incendier le monde et a fini frappé par la foudre de Zeus ; d'autre part en Chine il y a un mythe où, quand dix soleils apparaissaient dans le ciel et commençaient à brûler l'univers, le grand archer Yi en a abattu neuf[15]. C'est ainsi que les mythologies grecques et chinoises comprennent des éléments semblables. Ne peuvent-elles pas alors servir d'intermédiaire entre l'Occident et l'Orient ?

Toutefois en ce qui concerne leurs manières de passer à la postérité, elles sont assez différentes. La mythologie gréco-romaine a survécu au Moyen Âge, dominé par le christianisme qui la considérait comme paganisme, et s'est bien transmise à l'époque de la Renaissance. Sur ce point, selon Jean Seznec, la Renaissance nous apparaît comme la réintégration d'un sujet antique dans une forme antique : on peut parler de Renaissance le jour où Hercule a repris sa carrure athlétique, sa massue et sa peau de lion. Il ne s'agit nullement de résurrection : Hercule n'était jamais mort, pas plus que Mars ou que Persée : du moins le nom et l'idée de ces dieux avaient-ils tenacement survécu dans la mémoire des hommes. Le Moyen Âge, malgré de longues éclipses, en avait gardé le souvenir[16].

Par contre, la mythologie chinoise a connu un processus de transmission beaucoup plus complexe. Selon le *Dictionnaire des mythologies et des religions des sociétés traditionnelles et du monde antique*, l'ancienne mythologie

---

11 *Anthologie des mythes et légendes de la Chine ancienne*, trad. et éd. Rémi Mathieu, « Connaissance de l'Orient », Paris, Gallimard, 1989, p. 29.

12 Voir Izushi, *op. cit.*, p. 25.

13 Hésiode, *Théogonie ; Les travaux et les jours ; Le bouclier*, trad. et éd. Paul Mazon, Paris, Les Belles Lettres, 1979, p. 63 *(Théogonie)*.

14 *Ibid.*, p. 95 *(Les travaux et les jours)*.

15 Voir Izushi, *op. cit.*, p. 39-41 ; *Anthologie des mythes et légendes de la Chine ancienne, op. cit.*, p. 47.

16 Jean Seznec, *La Survivance des dieux antiques*, Paris, Flammarion, 2011, p. 249.

chinoise nous a été très mal transmise, c'est un fait bien connu, et il suffit de parcourir les anciens livres chinois pour s'en convaincre. Dans les Classiques confucéens, on reconnaîtra difficilement les vieux mythes camouflés en histoire : aux origines on ne trouve que des souverains, sages fondateurs de la civilisation. Dans les écrits des différentes écoles philosophiques, on rencontre des allusions à des légendes, mais toujours de façon très fragmentaire[17]. Sur ce point, Téruo Takéüchi dit lui aussi que les Chinois antiques n'étaient pas satisfaits de conserver les légendes comme des histoires mystérieuses et extraordinaires, puis inséraient les mythes sous la forme la plus rationalisée possible dans les livres et classiques confucéens ; ce n'est pas parce qu'ils ne respectaient pas ces légendes héritées de leurs ancêtres, mais bien plutôt parce qu'ils les respectaient beaucoup[18]. Au fond d'une telle rationalisation des mythes, on pourrait trouver la particularité des philosophies chinoises qui apprécient le réel et qui traitent principalement de la morale politique[19]. C'est pourquoi, pour connaître les mythes chinois originels, il faut les extraire à nouveau à partir des légendes historiques ainsi que des philosophies politiques[20].

Or dans chacune de ces traditions mythologiques, de quelle façon nos penseurs français et chinois ont-ils traité les mythes dans leurs œuvres ? Seznec fait remarquer que Montaigne a beaucoup pratiqué les répertoires de toutes sortes pour chercher les exemples et les anecdotes mythologiques ; et ce mythologue cite comme répertoires les recueils mythographiques tel que le *libellus* d'Albricus (paru à Bâle en 1549), l'*Officina* de Textor, la *Religion des anciens Romains* de Du Choul et le *De Diis gentium* de Giraldi[21]. Par ailleurs Seznec dit aussi que les humanistes français, et les plus grands, ont utilisé, à l'occasion, des livres d'une érudition fort mêlée, mais qui les dispensaient de remonter aux sources antiques. Il fait allusion aux répertoires, aux compilations, aux manuels de mythologie. Toutefois, d'une façon générale, ces livres ne paraissent pas avoir exercé d'influence décisive sur leur formation, ni sur

---

17 Yves Bonnefoy (dir.), *Dictionnaire des mythologies et des religions des sociétés traditionnelles et du monde antique*, 2 vol., Paris, Flammarion, 1981, t. 1, p. 158.

18 Téruo Takéuchi, *L'initiation aux Quatre Lives et aux Cinq Classiques confucéens : la formation et le développement de la pensée chinoise*, « Héïbonsha-library 320 », Tokyo, Héïbonsha, 2000, p. 13 [en japonais].

19 Voir Izushi, *op. cit.*, p. 66.

20 *Ibid.*, « Préface de Sôkichi Tsuda », p. 2.

21 Seznec, *op. cit.*, p. 363-364.

leur vision du monde antique[22]. La mythologie n'aurait-elle eu aucune influence sur la pensée et l'œuvre de Montaigne ?

Nous savons que durant toute sa vie Montaigne se range du côté du catholicisme ; Philippe Desan écrit que son fameux conservatisme est en fait une réaction logique face aux excès qui marquent son temps. Maintenir la religion reste la seule solution possible devant l'ardeur des réformés[23]. D'autre part, il nous apparaît que la connaissance de la mythologie gréco-romaine est aussi un objectif digne de son intérêt. En effet ce sage bordelais lui-même raconte y avoir eu de l'attachement depuis son enfance : « Le premier goust que j'euz aux livres, il me vint du plaisir des fables de la Metamorphose d'Ovide. Car environ l'aage de 7. ou 8. ans, je me desrobois de tout autre plaisir, pour les lire » (I, 25, 182). Selon André Motte, les références aux dieux antiques sont empruntées le plus souvent à des poètes latins[24], et il cite Ovide et Virgile comme les poètes les plus souvent convoqués[25]. En relevant dans les *Essais* plus de deux cent soixante allusions aux personnages des mythes grecs, Alain Moreau juge que Montaigne s'intéresse aux mythes grecs[26]. Et d'ailleurs, en ce qui concerne les références aux divinités antiques dans les *Essais*, Motte fait remarquer que peu fréquentes dans le premier livre, les références affluent dans le deuxième et elles continuent d'être abondantes dans le troisième où elles s'étalent dans neuf essais sur treize[27]. Cette évolution ne montre-t-elle pas le processus selon lequel Montaigne approfondit sa philosophie à travers la mythologie ? On ne pourrait pas donc negliger l'influence de celle-ci sur son œuvre.

Dans *Tchouang-tseu* aussi, on voit beaucoup de fables qui viennent de la mythologie. En traitant de cette particularité, Shizuka Shirakawa fait remarquer que l'homme appelé Tchouang-tseu dont la philosophie est principalement écrite dans ce livre est originaire de l'État de Song[28] ;

---

22 *Ibid.*, p. 364.

23 Philippe Desan, *Montaigne. Une biographie politique*, Paris, Odile Jacob, 2014, p. 125.

24 André Motte, « Montaigne et les dieux antiques », dans Kyriaki Christodoulou (dir.), *Montaigne et la Grèce, 1588-1988*, Paris, Aux Amateurs de Livres, 1990, p. 131-141, ici p. 134 ; voir aussi Alain Moreau, « Montaigne et les héros de la mythologie grecque », *ibid.*, p. 142-152, ici p. 146.

25 *Ibid.*, p. 134, note 9.

26 *Ibid.*, p. 143.

27 *Ibid.*, p. 131-132.

28 Shizuka Shirakawa, *La Mythologie chinoise*, « *Chûkô-bunko* », Tokyo, Chûôkôronshinsha, 2003, p. 48-49 [en japonais].

ce pays accepta l'ancien peuple de la dynastie des Shang (Yin) après son effondrement (vers le XIe siècle avant Jésus-Christ) : dynastie qui avait dû conserver beaucoup de mythes. Selon Shirakwa, quand un pays s'effondre, sa mythologie disparaît. Dans le pays Song qui avait perdu ses mythes, la philosophie de Tchouang-tseu est apparue plus tard. Ses fables ont hérité des façons de penser conservées dans la mythologie ; celle-ci est dissimulée dans sa pensée[29].

Pourtant hériter d'une mythologie ancienne ne débouche pas toujours sur une religion ou sur une pensée religieuse. Sur ce point, selon Mikisaburou Mori, l'athéisme rationaliste n'est pas toujours particulier au confucianisme ; les taoïstes se trouvent dans une position plus radicale. Bien qu'ils emploient, de même que les confucianistes, des termes comme « ciel » ou « Tao », ceux-ci ne signifient rien de religieux. La conception du « ciel » que forment les taoïstes est bien proche de celle de la « nature » au sens moderne. En ce qui concerne l'idée de respecter le ciel, si le taoïsme le définit comme vivre, sans artifice, selon la nature, sa position est un peu différente de celle du confucianisme ; mais quand ces deux écoles considèrent le ciel comme être rationnel sans personnalité, leurs points de vue sont complètement identiques[30]. On peut voir un tel rationalisme dans le chapitre XIII « La voie du ciel » de *Tchouang-tseu* : « Le vide, la tranquillité, le détachement, l'insipidité, le silence, le non-agir sont le niveau de l'équilibre de l'univers, la perfection de la voie et la vertu. [...] Le vide, la tranquillité, le détachement, l'insipidité, le silence et le non-agir constituent le principe de tous les êtres (XIII, 111)[31] ». Malgré leur abondance dans *Tchouang-tseu*, les mythes se distinguent ainsi de quelque chose de religieux, de même que la mythologie gréco-romaine pour Montaigne.

---

29   *Ibid.*, p. 49.
30   Mikisaburou Mori, *La Mythologie de l'Antiquité chinoise*, Tokyo, Daïan, 1969, p. 308 [en japonais].
31   *L'Œuvre complète de Tchouang-tseu*, trad. et éd. Kia-hway Liou, « Connaisssance de l'Orient », Gallimard/Unesco, 1985 ; toutes les références de *Tchouang-tseu* renvoient à cette édition ; nous désignons après la citation les numéros du chapitre et de la page.

LES MYTHES COMME EXEMPLES

Montaigne emploie les mythes comme exemple pour établir ses pensées. Sur ce point, selon Motte, Montaigne, à vrai dire, n'entretient pour la religion antique qu'un intérêt fort indirect ; les dieux ne sont guère présents dans son œuvre que pour illustrer ses propres pensées ou pour en agrémenter l'expression[32]. Olivier Guerrier lui aussi fait remarquer un point semblable en citant l'exemple trouvé dans l'« Apologie de Raimond Sebond » : l'épisode d'Ulysse et des Sirènes qui lui « offrent en don la science » témoigne du caractère néfaste de la connaissance[33] : « Et les Sireines, pour piper Ulysse en Homere, et l'attirer en leurs dangereux et ruineux laqs, luy offrent en don la science. La peste de l'homme c'est l'opinion de sçavoir. Voylà pourquoy l'ignorance nous est tant recommandée par nostre religion, comme piece propre à la creance et à l'obeyssance » (II, 12, 514). Mais selon Motte, une telle façon d'employer les mythes est fréquente au XVIᵉ siècle. Les formules imagées reprises des Anciens font à l'époque partie intégrante du langage de nombreux écrivains, tout comme le Moyen Age parlait spontanément la langue biblique[34].

Nous pouvons trouver le même rôle des mythes dans *Tchouang-tseu*. Ceux-ci y sont en usage comme fable pour illustrer l'argument et convaincre les lecteurs. Par exemple, dans le premier chapitre « Liberté naturelle », on cite la légende d'un poisson nommé Kouen et d'un oiseau nommé P'eng :

> Dans l'Océan septentrional se trouve un poisson nommé Kouen dont la grandeur est de je ne sais combien de milliers de stades. Ce poisson se métamorphose en un oiseau nommé P'eng ; le dos du P'eng s'étend sur je ne sais combien de milliers de stades. Lorsque l'oiseau s'élève et vole, ses ailes sont comme les nuages du ciel. C'est lors de la grande marée que l'oiseau se prépare à partir pour l'Océan méridional : le « Lac céleste » (I, 29).

De cette légende, selon Ke Yuan, à moins d'analyser cette légende en détail, on la prend seulement pour une fable ; personne ne la prend

---

32 Motte, art. cité, p. 134-135.
33 Olivier Guerrier, « Mythologie », dans Ph. Desan (dir.), *Dictionnaire de Michel de Montaigne*, Paris, H. Champion, 2007, p. 804.
34 Motte, art. cité, p. 135.

pour un mythe. Mais en fait, c'est un mythe assez ancien[35]. Et dans ce mythe, une minuscule caille ne comprend pas ce que siginifie la grandeur de l'oiseau P'eng et le méprise; à travers le contraste entre les deux espèces d'oiseaux, l'auteur essaie de montrer « la différence entre le petit et le grand ».

> Une caille se moque de lui en disant : « Où va cet oiseau? Je m'élève dans les airs sans dépasser une toise, je descends et volette parmi les armoises. Cela est aussi pour moi le but du vol. Où va cet oiseau? »
> Telle est la différence entre le petit et le grand.
> Certains ont une intelligence suffisante pour exercer une certaine fonction. D'autres, par leur conduite, peuvent servir d'exemple à un canton. D'autres possèdent la qualité du prince et s'imposent à une principauté entière. Tous se donnent de l'importance comme telle caille fière d'elle-même (I, 30-31).

Ici, l'auteur compare au « petit » ceux qui persistent dans leurs propres mesures et s'enorgueillissent de leur réputation et de leur gloire, et il les critique. Ce qui est le plus important pour l'auteur, c'est l'esprit libre qui ne dépend de rien : « Quant à celui qui maîtriserait la substance de l'univers, utiliserait la puissance des six souffles et ferait ainsi une excursion dans l'infini, de quoi dépendrait-il encore? Aussi dit-on : "l'homme parfait est sans moi, l'homme inspiré est sans œuvre; l'homme saint ne laisse pas de nom" » (I, 31). Comme ci-dessus, le mythe de Kouen et P'eng illustre l'argument qui signale la relativité du jugement de valeur ou du point de vue pour l'appréciation, et il est employé comme exemple pour prêcher l'importance de la liberté et de l'indépendance. Sur ce point, nous pouvons dire que les mythes jouent le même rôle dans *Tchouang-tseu* et dans les *Essais*.

---

35 Ke Yuen, *Les Mythes et légendes en Chine*, 2 vol., trad. Hiroshi Suzuki, Tokyo, Séïdosha, 1993, t. 1, p. 42. Le roi T'ang écoute aussi la même légende à travers son vassal Ko, comme *Tchouang-tseu* ajoute que « le dialogue entre T'ang et Ko est du même genre » (I, 30).

LES MYTHES COMME MIROIR
OU COMME UNIVERS IDÉAL

Selon Guerrier, chez Montaigne, le mythe ne donne plus accès aux mystères du monde, mais concourt à l'exploration des énigmes du sujet qui s'y déchiffre[36]. Le héros le plus souvent cité est Enée (7 fois)[37]. Montaigne s'identifie à lui. Dans III, 12, il raconte sa mésaventure : il a été pris pendant son voyage « par quinze ou vingt Gentils-hommes masquez » (III, 12, 1109) qui lui demandent une rançon ; au moment le plus dramatique du récit, il cite un vers de l'*Énéide* :

> *Tunc animis opus, Ænea, tunc pectore firmo.*
> [C'est alors qu'il te fallut du courage, Énée, qu'il te fallut un cœur intrépide]
> (III, 12, 1109).

Selon Moreau, le courage auquel Montaigne se réfère ici n'est pas le courage physique du guerrier, la vaillance, mais plutôt un courage moral, la résolution, le sang-froid ; l'éthique proposée à travers Enée n'est pas l'héroïsme épique, mais une sagesse faite de modération, de sang-froid et d'humanité. L'insertion de la citation à la gloire d'Enée dans une anecdote personnelle révèle que cette éthique est précisément celle de Montaigne lui-même[38]. Le mythe pour Montaigne est un miroir où celui-ci se reflète pour se connaître[39]. En effet, l'introspection est un des aspects particuliers aux *Essais* ; en citant les autres, décrits dans les livres ou racontés dans les évènements historiques, Montaigne essaie de se mettre à leur place afin de s'y observrer lui-même[40] ; il s'identifie également aux protagonistes trouvés dans les mythes. La mythologie sert à étudier et à approfondir l'introspection.

Dans *Tchouang-tseu*, on peut rencontrer des mythes dont l'endroit et l'époque sont pris pour un univers idéal. Par exemple, dans le chapitre IX

---

36 Guerrier, art. cité, p. 805.
37 Moreau, art. cité, p. 145.
38 *Ibid.*, p. 148.
39 *Ibid.*, p. 151.
40 Sur ce point, voir Fausta Garavini, *Monstres et chimères. Montaigne, le texte et le fantasme*, Paris, H. Champion, 1993 ; Shinya Miyakawa, « Introspection », dans *Dictionnaire de Michel de Montaigne, op. cit.*, p. 591-593.

« Sabots de chevaux », on raconte l'ère du souverain mythique Ho-siu :
« souverain de la très haute Antiquité[41] » ; la politique de celui-ci apprécie la nature originelle et fruste des hommes : « Au temps du souverain
Ho-siu, les hommes se tenaient dans leur maison sans savoir ce qu'ils
faisaient. Au-dehors, ils allaient sans savoir où ils allaient. Lorsqu'ils prenaient leur nourriture, ils étaient contents, puis se tapant sur le ventre, ils
allaient se promener. C'est là tout ce que le peuple savait faire » (IX, 86).

Selon Yuan, c'est un pays comme un paradis. Dans ce pays, il n'y a
pas de gouvernement, ni de dominateur ; le peuple ordinaire n'a pas de
désir, ni de goût ; en respectant la nature, tout le monde vit longtemps,
d'un air content et heureux. En fait le peuple de ce pays est un être mi-
homme et mi-dieu et on peut le prendre pour un surhomme terrestre[42].
Et cette utopie située à l'époque mythique est comparée à la société de
l'auteur de *Tchouang-tseu* :

> Lorsque les saints survinrent, ils plièrent et brisèrent les hommes par le rite
> et par la musique, afin de rendre correctes leurs attitudes, puis ils prônèrent
> la bonté et la justice afin d'apaiser tous les cœurs sous le ciel. Ce fut alors que
> le peuple se tendit vers la passion de savoir et lutta pour l'intérêt matériel sans
> qu'on puisse mettre un terme à ces maux : tel fut le crime des saints (IX, 86).

L'auteur de *Tchouang-tseu* considère son époque comme un temps où
ceux qui sont appelés « les saints » déforment la nature simple et comme
brute des hommes en y introduisant la conception de la société ou de
la sociabilité. Selon Mori, « les saints » ne signifient pas les personnes
« sacrés », mais les hommes « très intelligents[43] ». Ici, le mythe du pays
idéalisé de Ho-siu se situe dans le courant historique et fait contraste
avec l'époque contemporaine de *Tchouang-tseu* ; l'auteur prend ce mythe
pour un modèle afin de critiquer son époque et sa société.

Une telle attitude à l'égard de la mythologie n'est pas toujours
spécifique à *Tchouang-tseu*. D'une manière générale, la mythologie a été
transformée en histoire par des lettrés soucieux avant tout d'enseigner
une morale et un art de gouverner, et cela en se référant à des modèles

---

41 *Lao-tseu, Tchouang-tseu, Lie-tseu*, avant-propos, préface et bibliographie par Étiemble ;
    trad. et éd. K. Liou et Benedykt Grynpas, Paris, Gallimard, coll. « Bibliothèque de la
    Pléiade », *Philosophes taoïstes*, 1980, p. 712.
42 Yuen, *op. cit.*, t. 1, p. 117. C'est le même pays décrit et appelé « le royaume de Houa-siu »
    dans le chapitre II-1 « *Houang-ti* » de *Lie-Tseu*. Voir *Sô-zi, op. cit.*, t. 1, p. 572.
43 Mori, *op. cit.*, p. 313.

qu'ils cherchaient dans la plus haute antiquité[44]. Selon Mori, les anciens mêmes admirent l'Antiquité. L'Antiquité pour les chinois, c'est en fait une notion abstraite : « l'antiquité » dont ils rêvent et qu'ils imaginent ne possède aucune base objective. Nous trouvons que l'idée de respecter l'Antiquité pour les chinois est en réalité celle de « confier leurs idéaux aux temps anciens » ; en termes plus précis, il ne s'agit pas d'apprécier l'Antiquité, mais plutôt de l'exploiter à des fins didactiques[45].

La mythologie pour le philosophe chinois est ainsi le modèle pour placer ses idéaux et mieux comprendre son époque et sa société, alors que les mythes pour le sage français sont un miroir pour mieux se regarder et se comprendre soi-même.

LES MYTHES COMME REPRÉSENTATIONS DE LA VIE OU DU MONDE

Alors que Montaigne emploie les mythes pour illustrer ses pensées, il ne peut pas se contenter d'accepter l'interprétation traditionnelle de ceux-ci ; Guerrier indique l'exploitation de « la polysémie du mythe » dans les *Essais*, en prenant pour exemple le mythe de Pygmalion cité des *Métamorphoses* d'Ovide : ce mythe-ci se lit comme « le paradigme de l'erreur des sens » dans II, 12, en même temps comme « l'emblème des passions incestueuses » dans II, 8[46]. Montaigne recherche ainsi la possibilité de plusieurs interprétations d'un mythe.

Il donne aussi sa propre interprétation à la mythologie et y confie sa philosophie de la vie. La mythologie sert à Montaigne à se rechercher soi-même ; ce sujet est ainsi évoqué vers la fin du chapitre « De l'experience », avant de clôturer son livre par la mention d'Apollon :

> C'est une absolue perfection, et comme divine, de sçavoir jouyr loyallement de son estre : Nous cherchons d'autres conditions, pour n'entendre l'usage des nostres : et sortons hors de nous, pour ne sçavoir quel il y faict. Si avons nous beau monter sur des eschasses, car sur des eschasses encores faut-il marcher de nos jambes.

---

44 *Dictionnaire des mythologies, op. cit.*, t. 1, p. 158.
45 Mori, *op. cit.*, p. 303-304.
46 Guerrier, art. cité, p. 804.

> Et au plus eslevé throne du monde, si ne sommes nous assis, que sus nostre cul. Les plus belles vies, sont à mon gré celles, qui se rangent au modelle commun et humain avec ordre : mais sans miracle, sans extravagance (III, 13, 1166).

Il va sans dire que le souhait de se connaître soi-même et s'accepter ne peut se séparer de la devise du temple d'Apollon de Delphes : « connais-toi toi-même » ; notre humaniste semble comprendre que cette devise donne aux hommes comme un avertissement pour qu'ils se rendent compte de leurs défauts et imperfections ; une telle interprétation se lit à la fin du chapitre « De la vanité » :

> Ceste opinion et usance commune, de regarder ailleurs qu'à nous, a bien pourveu à nostre affaire. C'est un object plein de mescontentement. Nous n'y voyons que misere et vanité. [...] C'estoit un commandement paradoxe, que nous faisoit anciennement ce Dieu à Delphes : Regardez dans vous, recognoissez vous, tenez vous à vous. [...] Sauf toy, ô homme, disoit ce Dieu, chasque chose s'estudie la premiere, et a selon son besoin, des limites à ses travaux et desirs. Il n'en est une seule si vuide et necessiteuse que toy, qui embrasses l'univers : Tu es le scrutateur sans cognoissance : le magistrat sans jurisdiction : et après tout, le badin de la farce (III, 9, 1047).

Ainsi Montaigne prolonge audacieusement le « commandement du Dieu à Delphes » en y donnant son interprétation originale. Et d'ailleurs Montaigne conclut les *Essais* par l'appel à Apollon, cité des *Odes* d'Horace :

> Or la vieillesse a un peu besoin d'estre traictée plus tendrement. Recommandons la à ce Dieu, protecteur de santé et de sagesse : mais gaye et sociale :

> > *Frui paratis et ualido mihi*
> > *Latoe dones, et precor integra*
> > *Cum mente, nec turpem senectam*
> > *Degere, nec Cythara carentem.*

> [Accorde-moi, fils de Latone, de jouir des biens qui me sont acquis, à la fois en pleine santé et l'esprit intact, je t'en supplie, et de ne pas traîner une vieillesse honteuse, privée de la cithare] (III, 13, 1166-1167).

Selon Motte, plutôt qu'une profession de foi, c'est bien une conception de vie et tout un idéal éthique qui s'exprime à travers cette évocation du dieu delphique[47]. La philosophie de la vie de Montaigne se résume ainsi à la prière adressée au dieu mythique à la fin du livre.

---

47   Motte, art. cité, p. 140.

Concernant ces mentions du Dieu de Delphes trouvées dans les deux chapitres (III, 9 et III, 13), Géralde Nakam signale aussi qu'elles se répondent[48] ; d'autre part, en remarquant le caractère du dieu Apollon, elle voit dans la prière de la fin du livre le vœu de l'auteur pour la longue vie de son livre : Dieu de lumière et de musique, Apollon promet la gloire et l'immortalité. Tout lucide que soit Montaigne sur la durée des livres, du sien, de son langage même, il n'en est pas moins conscient de léguer avec ses *Essais* son patrimoine personnel et celui de son temps. Que le protecteur des Muses le protège lui-même, afin qu'il puisse offrir au lecteur, en « échanson », ses *Essais* à « essayer » ; à une longue suite de lecteurs : tel est son vœu[49]. Nakam considère que cette façon de clôturer le livre est un essai hardi et libre. Pour elle, cette invocation finale comporte aussi une manière de défi, bien caractéristique encore de Montaigne et de cette Renaissance éprise de hardiesse et de liberté : celui de placer à ce point-clé de l'œuvre et de son Panthéon personnel, au lieu des saints et du Dieu chrétien de l'âge baroque, le dieu païen de la lumière, le dieu même de la Renaissance[50]. Ainsi peut-on trouver dans l'appel à Apollon une nouvelle entreprise littéraire et créatrice de l'écrivain français ; celui-ci interprète et dispose originalement dans son livre le mythe d'Apollon.

Par rapport à une telle réception et traitement des mythes dans les *Essais*, on peut trouver dans *Tchouang-tseu* des mythes que l'auteur renouvelle et recrée plus audacieusement afin de bien exprimer ses pensées ; par exemple, dans le chapitre VII, « L'idéal du souverain et du roi », Tchouang-tseu utilise un mythe du Chaos en le transposant dans une fable destinée à illustrer les méfaits des civilisateurs trop zélés[51]. Nous trouvons aussi la transformation d'un mythe dans le chapitre XVII « La crue d'automne » : l'auteur y fait raconter sa propre pensée par deux dieux, le seigneur du Fleuve et le dieu Jo de la mer du Nord : pensée sur la difficulté de saisir cet univers et sur le Tao[52].

En ce qui concerne un des deux dieux, le seigneur du Fleuve, le traducteur de *Tchouang-tseu* Kia-hway Liou dit qu'il est la personnification

---

48 Géralde Nakam, « Sur les derniers mots des *Essais* », dans *Prose et prosateurs de la Renaissance : Mélanges offerts à M. le Professeur Robert Aulotte*, Paris, SEDES, 1988, p. 235-248, ici p. 240.

49 *Ibid.*, p. 243.

50 *Ibid.*, p. 244.

51 *Dictionnaire des mythologies, op. cit.*, t. 1, p. 223.

52 Sur le dialogue entre deux dieux, Ikéda écrit qu'il se fonde sur la philosophie de l'égalité des choses et des hommes (voir *Sô-zi, op. cit.*, t. 1, p. 1088).

du Fleuve Jaune selon l'imagination du peuple chinois[53]. Ce dieu est très important dans la mythologie chinoise[54]. Mais il n'est pas toujours aimé des hommes et on le décrit quelquefois comme dieu ignoble et adultère[55] ; ce caracère drôle et négatif serait également hérité dans *Tchouang-tseu*. Quant à un autre dieu, Jo de la mer du Nord, c'est le génie de la mer du Nord. Ce personnage n'existe que chez *Tchouang-tseu*. C'est sans doute un personnage forgé de toutes pièces[56]. Liou en dit lui aussi qu'il est la personnification de la mer Orientale selon l'imagination de l'auteur du présent chapitre[57].

Dans le chapitre XVII, le seigneur du Fleuve s'enorgueillit de la grandeur du fleuve Jaune inondé par les pluies d'automne :

> [Le seigneur du Fleuve] suivit alors le courant, descendit vers l'est et arriva à la mer du Nord. Il contempla les eaux qui s'étendaient sans bornes vers l'orient, puis se tourna, leva la tête et regarda Jo auquel il dit « L'adage "Qui a appris une centaine de choses sur la vérité se croit supérieur à tout le monde" s'applique à mon cas... » (XVII, 134).

À ce mot, Jo répond : « Une grande intelligence ayant embrassé le lointain et le proche ne s'humilie pas de la petitesse, ni ne se gonfle de la grandeur, car *elle sait que* toute mesure est infinie. [...] Connaissant le chemin uni, elle ne chérit la vie, ni n'exècre la mort. Car *elle sait que* le commencement et la fin ne peuvent durer... » (XVII, 135) [nous mettons en italique]. La répétition de l'expression « elle sait que... » montrerait qu'une grande intelligence décrite par Jo comprend ce monde et l'accepte tel qu'il est ; d'autre part, en rencontrant la mer du Nord, le seigneur du Fleuve trouve sa propre petitesse ; ce dialogue des deux dieux chinois ne nous rappelle-t-il pas le mot de Montaigne cité ci-dessus ? : « C'est une absolue perfection, et comme divine, de sçavoir jouyr loyallement de son estre [...]. Et au plus eslevé throne du monde, si ne sommes nous assis, que sus nostre cul » (III, 13, 1166). Le voyage du seigneur du Fleuve nous rappelle aussi un autre mot du sage français :

---

53 *L'Œuvre complète de Tchouang-tseu*, op. cit., p. 324, note de XVII, 3.
54 « Parmi les nombreuses divinités des cours d'eau que connaissait la Chine antique (parmi lesquelles plusieurs divinités féminines), le Dieu du fleuve Jaune, le Ho-po, est de loin le plus important », *Dictionnaire des mythologies*, op. cit., p. 198.
55 Yuen, op. cit., t. 1, p. 306-313.
56 *Lao-tseu, Tchouang-tseu, Lie-tseu*, op. cit., p. 715.
57 *L'Œuvre complète de Tchouang-tseu*, op. cit., p. 324, note de XVII, 5.

« Ce grand monde [...] c'est le mirouer, où il nous faut regarder, pour nous cognoistre de bon biais » (I, 25, 164).

Et si le seigneur du Fleuve demande à Jo ce qu'il doit faire et ce qu'il ne doit pas faire, celui-ci répond :

> Dans la perspective du Tao, qu'y a-t-il de noble, qu'y a-t-il de bas ? Ce ne sont là qu'oppositions relatives. [...] Toutes les choses sont unes et égales ; laquelle est courte, laquelle est longue ? Le Tao n'a ni fin ni commencement. Ce sont tous les êtres qui meurent et qui naissent. [...] La vie des êtres est pareille au galop du cheval. En chacun de ses mouvements, il se modifie, en chacun de ses instants il se déplace. Vous me demandez ce que vous devez faire, ce que vous ne devez pas faire ? Eh bien, laissez-vous aller à vos transformations naturelles (XVII, 138-139).

Et si le seigneur du Fleuve lui demande ce qui est le ciel et ce qui est l'homme, Jo répond :

> Le bœuf et le cheval ont quatre pieds, voilà le ciel ; on bride la tête du cheval et l'on passe un anneau dans les narines du bœuf, voilà l'homme. C'est pourquoi il est dit : Ne pas détruire le céleste par l'humain ; ne pas détruire l'ordre naturel par l'action humaine. *Ne pas sacrifier son bien propre pour la gloire sociale ; observer strictement tout cela et ne s'en écarter jamais, c'est là faire retour à la vérité naturelle* (XVII, 139) [nous mettons en italique].

Cette fin de la citation aussi ne nous rappelle-t-elle pas notre sage bordelais ? Ainsi voit-on dans ce dialogue des deux dieux se développer la philosophie sur l'égalité des choses et des hommes : philosophie caractéristique de *Tchouang-tseu*. La pensée propre de ce livre taoïste s'exprime à travers les dieux mythiques[58]. Comme l'un de ces deux dieux est censé être inventé par l'auteur de ce chapitre, son dialogue avec un autre dieu serait aussi une création ; le mythe est recréé avec audace. Cette hardiesse peut-elle s'expliquer par la rationalisation de la mythologie qui est un phénomène particulier à la Chine ?

Nous trouvons des ressemblances entre les attitudes de Montaigne et de Tchouang-tseu à l'égard de la mythologie : dans les *Essais* ainsi que dans *Tchouang-tseu*, les mythes s'emploient comme exemple pour bien exprimer les idées des auteurs ; ils sont aussi les moyens de réflexion pour se connaître soi-même ou pour comprendre le monde ; et en citant

---

58   Voir *Sô-zi, op. cit.*, t. I, p. 1088.

les mythes, Montaigne comme Tchouang-tseu confient leur conception de la vie ou du monde. En pareil cas, des dieux mythiques peuvent être hardiment traités pour les entreprises littéraires et créatrices : l'humaniste français clôture son livre par l'appel au dieu païen et le penseur chinois renouvelle et recrée des mythes pour les mettre dans son contexte. De toute façon, les mythes jouent un rôle très important dans les deux livres sur les plans de l'expression comme de la pensée ; nos deux auteurs les mettent positivement en valeur. Il est sûr que nous ne pouvons pas simplement affirmer que tel mythe fait saisir telle conception à nos penseurs. Mais ne pouvons-nous pas penser que la mythologie est un des éléments qui peuvent rapprocher deux livres français et chinois[59] ?

Shinya MIYAKAWA
Université Meiji, Tokyo

59　Je tiens à remercier Bernard Leurs (Université de Jeunes Filles Nihon, Tokyo) d'avoir bien voulu relire mon article pour l'améliorer.

SELF BEFORE THE SELF

The evidence
of early readers of the *Essais*

In considering the early readers of the *Essais* up to the year 1700, we can discern three categories. The first category is the best-known and the most worked on, involving prominent figures such as Charron and Pascal. The second features identifiable but little-known readers of Montaigne who make reference to the *Essais* without any hint of the ideological colouring present in the heated atmosphere of the first category. It is not that they do not use the essayist for particular purposes, but rather that they are quite specifically not part of the polemic generated by arguments over his scepticism or supposed libertinism. The final category is composed of often anonymous or, if not anonymous, nonetheless otherwise unknown readers of Montaigne whose engagement with the *Essais* is recorded through penmarks of various varieties in the text. My focus will be on the second and third categories. Extending Philippe Desan's work on the history of the book and printing[1], I shall be considering evidence derived largely from unrecorded copies of the *Essais* in British libraries (in other words, not listed in Sayce and Maskell's bibliography)[2], with support from recorded but unstudied or understudied material where this is relevant. My aim is in part to de-centralize the story of early readings of the *Essais*, which has been dominated until now by too great an occupation with *printed* reactions to Montaigne's writings, and to concentrate on early annotations. In a sense, the material I shall be discussing is contingent evidence of engagement with Montaigne, but not contingent in the sense of haphazard, passing or random. The annotations all testify to what Timothy Chesters has called "patterns

---

1   See Philippe Desan, *Montaigne dans tous ses états* (Fasano: Schena Editore, 2001), and *Bibliotheca Desaniana. Catalogue Montaigne* (Paris: Classiques Garnier, 2011).

2   Richard Sayce and David Maskell, *A Descriptive Bibliography of Montaigne's "Essais", 1580-1700* (London: The Bibliographical Society and MHRA, 1983).

of attention"[3], displaying forms of understanding of the *Essais* and an appreciation of their intellectual and conceptual value. I shall attempt to illustrate that understanding by dealing with two topics of keen interest to all readers of Montaigne: self and subject.

The self seems to be a perennial source of interest to *montaignistes*: whether as a body in the world, as an adumbration of a strictly future *moi* (Terence Cave), as an episodic self as opposed to a narrative self (Galen Strawson), as a self characterized by self-control and self-husbandry indebted to Seneca and Plutarch (Felicity Green), or as a first-person stance (James Helgeson).[4] Yet the usual complaint against early readers of the *Essais* is that they omit any comment about the "*moi.*" How could they have missed it, given not only its prominence, but its importance for an understanding of Montaigne's work? I argue that they did not miss it, but located it elsewhere and thought of it otherwise. We may begin with a copy of the 1593 La Grange edition of the *Essais*, now in Cambridge, which has been extensively annotated by an anonymous late sixteenth or early seventeenth century French reader. When Montaigne describes his project in the opening lines of "Du dementir," this annotator summarizes it as "*Escrire de soy*".[5] That is a small indication of a common early assumption: talk of "self" is talk of "*soy.*" If "*moi*" suggests a narrative favoured by our own Modernism because it is linked to a consciousness which repeatedly asserts itself by "*je/me/moi*" and gives rise to some of Montaigne's most quoted statements, "*soy,*" by contrast, can be applied to things as well as concepts such as self: all are *objects* of scrutiny, not just examples of a self-contained subjectivity distinguished by its ability for self-analysis. The term "*soy*" can be applied to a whole range of phenomena from across the spectrum of the internal and the external worlds. Phrases such as "*en soy*" and "*de soy*" mediate between those two spheres, the internal and the external,

---

3   Timothy Chesters, "'Le demi-sourire de Montaigne': Flaubert and the *Journal de voyage*," in Neil Kenny, Richard Scholar and Wes Williams (eds.), *Montaigne in Transit: Essays in Honour of Ian Maclean* (Oxford: Legenda, 2016), p. 203-222 (p. 216).

4   Terence Cave, *Pré-histoires: Textes troublés au seuil de la modernité* (Geneva: Droz, 1999), p. 111-127; Galen Strawson, "Against Narrativity," *Ratio*, new series 17:4 (2004), p. 428-452; Felicity Green, *Montaigne and the Life of Freedom* (Cambridge: Cambridge University Press, 2012); James Helgeson, *The Lying Mirror. The First-Person Stance and Sixteenth-Century Writing* (Geneva: Droz, 2012).

5   Montaigne, *Livre des Essais* (Lyon: La Grange, 1593), p. 687; Trinity College, Cambridge, G.20.2.

at the same time that they intensify the focus on whatever is being considered. So it is not that the world is somehow an extension of my introspection or that oneself is a special entity from which all other things flow, but rather the reverse: that self is part of a continuum all with at least some similar characteristics and whose members can be both individuated and scrutinised as topics of critical attention. *"Soy"* is a term and a concept that emphasizes the interlacing of self and other entities, not only their mundane way of all being together in the world, but also their inter-implication, their implying of each other. Thus, for Montaigne's non-polemical early modern readers, the emphasis is not primarily myself as I am internally as the privileged focus of investigation, but oneself as one is in dealings with the external world and in dealings with intellectual, ethical, and cultural concepts that belong to that world. Traditionally in Montaigne studies, we have thought about how the essayist uses *"moi"* to move between the inner and the outer, to discuss agent and instrument, to ponder on thought and extension; and, at least in certain quarters, we have analysed these aspects as part of a larger modernist preoccupation with subject and object, theory and practice, or representations and things. It is easy to understand how devotion to *"moi"* has come about. For on this argument, Montaigne is our ideal ancestor who names us best because, in foregrounding the *"moi,"* he names what is most essential to us, our "I," our self, our individuality, our identity. This neat assembly of some of the defining characteristics of Western humanism tends to make us the father of Montaigne rather than the reverse. It is a story about family likenesses which we have heard or read almost to the exclusion of other perspectives.

By contrast, *"soy"* develops another lexical and conceptual range, without tying it automatically into questions of consciousness, the singular "I" ("singular" in many senses and "I" with a capital letter), or a *"moi"* that has a conceptual history within a philosophical tradition of which Montaigne might be the precursor. *"Soy"* allows us to displace such intellectual baggage and to attend to a different set of questions, in which the distinctive element in Montaigne is not, in this regard, apperception, but the function of *"soy"* as an object in a world of similar objects, all of which can be identified as *"soy."* Thus, to take three sets of instances:

(a) *"Soy"* asks: how is this thing in itself, of itself, by itself? It is definitional. *"La vie n'est* de soy *ny bien ny mal"* (I, 20, 93)[6]; *"La vertu, dict Antisthenes, se contente* de soy*"* (I, 39, 241); *"La justice* en soy*, naturelle et universelle, est autrement reiglée, et plus noblement"* (III, 1, 796).

(b) Secondly, *"soy"* asks: what is the relationship between the objects of consciousness and their effects in the world? It is reflective. *"comment se peut l'ame et l'entendement asseurer de cette ressemblance, n'ayant* de soy *nul commerce avec les subjects estrangers?"* (II, 12, 601); *"une forte et vive creance tire* apres soy *les actions de mesme"* (II, 29, 709); *"nostre fantasie faict* de soy *et de nous ce qu'il luy plaist"* (II, 29, 711); *"nostre estat accommodant les choses* à soy *et les transformant* selon soy*..."* (II, 12, 600).

(c) Thirdly, *"soy"* asks: what account can be given of the multitudinous *"soy"* that inhabit the world? It is analytical. *"Pourquoy n'a le temperé quelque forme des objects relative* à soy*?"* (II, 12, 600); *"cette goute de semence dequoy nous sommes produits, porte* en soy *les impressions [...] des pensemens et des inclinations de nos peres"* (II, 37, 763); *"toute humaine nature est tousjours au milieu entre le naistre et le mourir, ne baillant* de soy *qu'une obscure apparence et ombre"* (II, 12, 601).

With the use of *"soy,"* narrative selves can stand alongside episodic selves and analytic selves and practical selves depending on the context and on the motion of the *essai* as assay and experiment. *"Soy"* seems to posit a relational outlook in which the pronoun can be tied not just to a variety of attributes, but to a variety of activities.

It hardly needs emphasising that *"soy"* is not a reified entity, there is no *"le soy,"* any more than there is a *"le moi"* at this stage in Renaissance French. Unlike *"moi,"* moreover, *"soy"* has no cluster of easily excerptable formulations such as *"moy, qui me voy"* (p. 847) or *"moy je me roulle en moy mesme"* (p. 658) so beloved of *montaignistes*. *"Soy,"* I maintain, is an object in a world of objects; it can be a function without a single defined *quidditas* to distinguishes humans from other objects. *"Soy"* is a descriptor of an *activity* or a *practice* rather than of a separate, identifiable centre of reflexion which has been the focus of interest in Montaigne criticism up to now. It is not what *"soy"* tells us about Montaigne's concern for his own consciousness, but what it is as an indicator of a manner of thinking and being and acting all at once. So Galen Strawson's argument that the self is a mental phenomenon, representing "the profound sense in which one is alone in one's head"[7], is not altogether borne out by

---

6   All references in the text are to *Les "Essais" de Michel de Montaigne*, ed. Pierre Villey and V.-L. Saulnier (Paris: Presses Universitaires de France, 1965). My emphasis.

7   Galen Strawson, "The Self," *Journal of Consciousness Studies* 4 (1997), p. 405-428 (p. 407).

Montaigne's *"soy,"* which wants to know how I situate myself in respect of a lived world; how am I "studied for action," to recall the title of a famous article by Grafton and Jardine[8]; how it is that the essayist can claim, *"je suis tout au dehors et en evidence"* ("De trois commerces," p. 823).

In one sense, of course, we do not need to choose between *"soy"* and *"moi"* as descriptors; we can see them as co-existing and serving rather different purposes, different functions. In another sense, nonetheless, attention to *"soy"* does extend our understanding of Montaigne's thinking about the object we call self. From the evidence of the early readers, it seems that they did not consider self in the *Essais* to be a unitary concept, nor even a narrative device blending all the elements into a single persuasive story, but rather a bundle of terms and ideas operating in a variety of spheres, some overlapping, some not, yet all consistent with the project of essay writing. We can say that *"soy"* is part of a lexical cluster and that early modern readers of the *Essais* are very much more attuned than we are to what is included in that cluster. In paying attention to *"soy,"* for example, I am aware that I have failed to give due prominence to terms such as *"âme"* or *"esprit"* which themselves might be taken by some as a coherent centre anchored in particular intellectual traditions; while Bernard Sève has attempted to argue for a Montaignian theory of the mind as the primary harmonious intellectual principle in his writings[9]; the body also has a claim on our sense of self (I am what I am because I experience myself as visibly the same physical entity through time and space); likewise, memory (I am what I am because I have a store of memories uniquely – or I believe uniquely – associated with the being I call "me"). Montaigne has illustrative material for all those aspects. What is important about *"soy"* is that it is recognized by his contemporaries, whereas *"moi"* comes to full prominence only at a later stage of reading the *Essais*. One of our historical and intellectual inaccuracies has been to take *"moi"* as one of the most distinctive and significant features of the *Essais* without seeing that there are alternative perspectives – alternatives familiar to Montaigne's contemporaries and near-contemporaries in a way that the vocabulary of *"moi"* is not. It is when there is a shift from

---

8   Anthony Grafton and Lisa Jardine, "'Studied for Action': How Gabriel Harvey read his Livy," *Past and Present* 129 (1990), p. 30-78.

9   Bernard Sève, *Montaigne. Des règles pour l'esprit* (Paris: Presses Universitaires de France, 2007).

understanding self as *"soy"* to understanding The Self solely as *"le moi"*
that the debate over self changes register. Even then, a caveat needs to be
entered: such furious arguments over the nature of The Self are largely
confined to the first category of readers I mentioned (Pascal is a prime
example) while other French readers are unconcerned by such debates;
and abroad too – in early modern England and Germany, to take only
two instances – polemic over Montaigne's *"moi"* goes largely unheeded.

I suggest therefore that the early modern insistence on giving instances of *"soy"* equal weighting with occurrences of its extension and
action in commonplace reality can throw a different light on what we
are used to calling Montaigne's self-portraiture. If we want to look for
an early modern understanding of the self-portrait, for instance, it is
hardly, I would argue, in the *"moi"* passages, but in the *"soy"* analyses
which connect the myriad manifestations of the inner world with the
multiple expressions of the outer world. Inner and outer constitute a
continuous, or semi-continuous, entity. *"Je ne dis les autres, sinon pour
d'autant plus me dire"* (p. 148) thus becomes a project of portraiture by
way of projection, bearing out what the essayist says about king Perseus:
*"Ce qu'on remarque pour rare au Roy de Macedoine Perseus, que son esprit, ne
s'attachant à aucune condition, alloit errant par tout genre de vie et representant
des mœurs si essorées et vagabondes qu'il n'estoit cogneu ny de luy ny d'autre
quel homme ce fust, me semble à peu pres convenir à tout le monde"* (p. 1077).
Our essayist thus invents parallel lives not imagined by Plutarch, for
instance Cyrus and Agesilaus, or more than one version of the same
personality: the Xenophontic and the Platonic Socrates is one such case.
He refracts himself through multiple personalities in speech or action
and displays abiding fascination with multi-dimensional characters such
as Epaminondas, or those such as Caesar and Xenophon who bridge
the sphere of writing and action, of literature, war and politics. Some
early modern readers understood the importance of such a plurality of
figures for the essayist. An unidentified seventeenth-century reader, a
member of the Digby family – to whom Sir Kenelm Digby was related
– underscored in the family copy of the Sonnius 1595 a crucial sentence
about Epaminondas in III, 1 as well as the description of Socrates as
"le maistre des maistres".[10] The great early seventeenth-century German

---

10   Montaigne, *Essais* (Paris: Sonnius, 1595), book III (separate pagination), p. 201; Sherborne
      Castle J.8.21.

jurist, Christoph Besold, a devoted reader of the *Essais*, understands that Montaigne prefers Epaminondas to other leaders.[11] At stake here is a prismatic notion of character, but also one that is dispersed along a spectrum, in many different chapters, not gathered into one place. These are, at the same time, permutations on writing lives, and a *mise-en-abysme* of Montaigne's own project of self-description. Not only what lies beyond oneself, but how one may take shape and conduct activity in other, parallel forms, are issues of abiding consequence for our essayist and for his early readers. If there were such a thing as modelling oneself on Montaigne's example for his first readers, it would lie in the forms of (self-) projection which equip them for their engagement with that wider world.

One further area of the application of *"soy"* needs special consideration because it is granted privileged status by Montaigne's first readers. This is oneself and writing or sometimes self-expression in general. The annotator of the La Grange 1593 *Essais* composes summary statements of points from various chapters as follows: *"L'Autheur escrit de soy po^r la vanité du subiect," "Quelle saison la plus propre aux choses vaines," "Corruption du siecle qu'on ne peut croire a aucun escriuant de soy ny presq^e d'autruy"* and of course the famous *"Escriuaillerie est symptome d'vn siecle desbordé".*[12] The annotator of a copy of the 1627 *Essais* makes *"parler de soy"* one of his or her very first entries, and these flyleaf entries are in fact themselves an index of the printed marginal summaries on the pages indicated which normally have underlinings or other penmarks at the corresponding points.[13] A late seventeenth-century reader of a 1604 *Essais*, who obligingly signed his ownership of his copy to the year 1678, indexed *"Se trop estimer & pas assez autruy,"* again with a corresponding underlining on the page in question.[14] The Sherborne reader underscored in the Sonnius 1595, *"De dire moins de soy, qu'il n'y en a, c'est sottise, non modestie: se payer de moins, qu'on ne vaut, c'est lascheté & pusillanimité selon Aristote".*[15] Because

---

11 See John O'Brien, "Montaigne beyond the Rhine: The *Essais* in the Work of Christoph Besold," in *Montaigne in Transit, op. cit.*, p. 171-186 (p. 182).

12 Montaigne, *Livre des Essais*, 1593, *op. cit.*, p. 688, p. 174 (book III, separate pagination), p. 689, p. 173 (book III, separate pagination).

13 Montaigne, *Essais* (Rouen: Guillaume de la Haye, 1627), rear flyleaf. Cambridge University Library, De Botton collection, Montaigne 2.5.153.

14 Montaigne, *Essais* (Paris: L'Angelier, 1604), rear flyleaf; Cambridge University Library, F160.d.4.11.

15 Montaigne, *Essais*, 1595, *op. cit.*, p. 242.

of intrinsic link as the early modern saw it between style and character, writing takes on a particular role in the *Essais*. Writing oneself is vain in the Renaissance sense of vacuous, and any self which is expressed in and by writing is no less insubstantial; it gives the illusion of security by the iteration of a pronoun *"je"* which is merely an empty signifier, a ghostly presence. The reader of the 1627 *Essais* seems to understand instinctively this dimension of Montaigne's thought. *"S'entretenir & arrester à soy on n'engendre que fantosmes,"* he writes, summarizing "De l'oisiveté".[16] *"S'entretenir & arrester à soy"* echoes a phrase from that short but important chapter, *"s'entretenir soy mesmes, et s'arrester et rasseoir en soy"* (I, 8, 33). It seems likeliest that *"fantosme"* here is a variant form of *"fantasme"* – the evidence is that *"fantasme"* could be written *"fantosme,"* which brings in the link with *"le vague champ des imaginations,"* also in I, 8. *"On n'engendre que fantosmes"* is how that reader of the 1627 edition understood the meaning of Montaigne's *"m'enfante tant de chimeres et monstres fantasques"* (*ibid.*). Statements by the essayist as to the value of his thought as imaginative fancy may have led him or her in that direction, but other early readers of the *Essais* such as Jean-Pierre Camus likewise understand that this form of self-writing is the expression of someone who indulges in *"humeurs, boutades, imaginations"*.[17] Arguably, it is only later in the seventeenth century, in particular circles, when vanity comes to be interpreted as self-obsession, that Montaigne can be considered vain in that new sense. The point I want to underline at this juncture is that writing is posited as a relational phenomenon which involves the question of how textuality stands vis-à-vis the multi-faceted concept of vanity and how such vanity itself relates to the question of subjectivity. The annotator of the 1627 *Essais* takes those ideas a stage further. Now vanity has nothing to do with transience or contingency or laments over human pride, but is rather a way of highlighting the equivocation of the very process – self-expression and writing – by which we make sense of things and from which we derive understanding as well as the processes by which we articulate that understanding. In attending to ourselves, we find only phantom thoughts produced by a phantom self.

---

16   Montaigne, *Essais*, 1627, *op. cit., loc. cit.*
17   Jean-Pierre Camus, *Diversitez*, book 29, letter 107, quoted in Olivier Millet, *La Première réception des "Essais" de Montaigne (1580-1640)* (Paris: H. Champion, 1995), p. 163.

The question of *"soy"* can be linked to our second area of thematic importance in Montaigne's thought, which is the extent to which one's self is the subject of or subject to something or someone. The link between subjection and subjectivity was a *topos* of late twentieth century thought because, particularly but not exclusively in psychoanalytical circles, identity was seen as constructed in the field of the Other and subject to the Father's Law. A modified version of the same outlook can still be found as recently as 2011 in Thierry Wanegffelen's *Le Roseau pensant*. He claimed that Western modernity had been constituted from the outset by two phenomena, subjection and subjectivity, which were inseparable and interdependent. It is the tension between subjection and subjectivity that comprises *"la dialectique du Sujet"* for Wanegffelen.[18] Slightly more recently still, the 2012 monograph *"C'est moi que je peins"* by Marie-Clarté Lagrée is commended by Frank Lestringant for the same perspective: *"Le sujet s'invente par un processus simultané de subjectivation et d'assujetissement".*[19] The problem here, as Wanegffelen understands, is that of freedom; discussing Lipsius's *De Constantia* and *Politica*, he observes that subjection is not synonymous with a complete privation of freedom because the Lipsian Sage is always able to develop personal freedom through self-mastery. Montaigne himself offers a wider and more nuanced spectrum of interest than Lipsius in respect of questions of subjection, subjectivity, and freedom. To what am I subjected? he asks. Of what or of whom am I a subject? His answers are manifold, and some have already been seen: dreams, delusions, fantastical ideas. Others are political law, religious law, natural law, the law of princes and magistrates; custom and habit as semi-natural laws. And how far do those subjections compose my subjectivity? he further wants to know. How far, by contrast, do they enable my freedom? Over what do I have a choice or control? What difference exists between obeying (laws, monarchs) and serving; between being obedient and being servile? Can one ever be free of all laws, and should one be? The essayist's early readers embraced this dimension of Montaigne's thought with particular gusto. Christoph Besold, to whom I referred a little earlier,

---

18   Thierry Wanegffelen, *Le Roseau penchant. Ruse de la modernité occidentale* (Paris: Payot, 2011), p. 17.

19   Marie-Clarté Lagrée, *"C'est moy que je peins." Figures de soi à l'automne de la Renaissance* (Paris: Presses de l'Université Paris-Sorbonne, 2012), p. 522.

was drawn to problems of parleying and how it is that speaking puts the negotiator, the envoy or the ambassador in a position in which they obey the commands of their ruler or the needs of the situation rather than the demands of truth[20]. How does the positionality of such a role – the subject-position that the speaker is compelled to adopt – affect the question of truth-saying? Other early readers, again, show lively interest in questions of the mean and excess, and wonder what it is that makes humans more than human or less than human. "Whatever possessed him or her to do that?" we ask of someone acting under the effects of inner compulsion. Montaigne has many different answers to that question: custom, habit, opinion, the passions, stupidity, presumption, sectarian hatred are among them. Some of his first readers, following in his footsteps, are attentive to such moments when excess can turn into deficiency, rationality into folly, which is epitomized for them by the suicide of the younger Cato. Was this suicide the ultimate hallmark of the Stoic, an act of self-mastery and a supreme act of rationality by which he asserted his freedom in the face of death? Or was it a compulsion, an obsession, a *"folie"*? The reader of the 1627 edition of the *Essais* quoted De l'Ancre's arguments in the *Tableau de l'inconstance* in order to condemn Cato's action.[21] Again: how is that excess holds us in thrall by its ideological power, an excess of virtue or courage or constancy, for example, as when, in chapter II, 29, "De la vertu," the assassin of William of Orange patiently endures gruesome torture (p. 711). Is that the height of courage, or is it fanaticism? In this and other cases, early readers seem to understand that Montaigne is concerned with an acme or a zenith which turns out not to be one, a *summum bonum* which is not necessarily either *summum* or *bonum*, a sovereign good which can be a mask for an overmastering delusion.

It seems, then, that we therefore need to modify, rather than dismiss, the notion of the subject and we can point to a particular Montaignian conceptualisation of this idea. This is the notion of self as containing what exceeds the individual as commonly conceived, meaning both what lies outside the individual and what lies in excess of any centre of rational, discursive understanding. That is a vital dimension of the

---

20 Christoph Besold, *Spicelegia Politico-Juridica, De legatis...* (Strasbourg: Heirs of Zetner, 1624), p. 95-96, p. 174.
21 Montaigne, *Essais*, 1627, *op. cit.*, p. 390.

Essais and one that endlessly fascinated their author. As he warns us in the very final chapter of his work, *"Ainsin en cette-cy [science] de se cognoistre soy mesme, ce que chacun se voit si resolu et satisfaict, ce que chacun y pense estre suffisamment entendu, signifie que chacun n'y entend rien du tout"* (p. 1075). A crucial example here is the fantastical and the chimerical: they can be a sign both of delusion and of the possible expansion of self-understanding: fantasy and imagination allow the exploration of areas of perception, thought, and self-knowledge not available to rational processes such as induction and deduction. The fantastical, which appears to be excessive, superfluous or empty imagining, can be pregnant with a new type of thought, as Sainct Sernin, an early Protestant reader of Montaigne, makes clear in his dedicatory letter to his *Observations sur les Essais* of 1626. Sernin takes his imagery from "De l'oisiveté," the chapter we looked at earlier which contains various emblems of the fantastical, notably that of an uncontrollable horse, which Terence Cave has analysed as a description of the life of the mind.[22] That equine image is materialized into more intrusively bodily form in chapter II, 6, "De l'exercitation," as a runaway horse that careers into Montaigne while he is out riding, knocking him over, and imperilling his life, but in the process relea-sing quite specifically in that chapter the activity of *"imagination,"* *"songe,"* *"rêve,"* mobilised and re-configured for the purposes of new type of investigation, one that cannot be set out in syllogisms – in other words, the analysis of areas of somatic, automatic and semi-automatic behaviour and utterance, involving speculative mental activity. In both chapters I, 8 and II, 6, such mental activity is designated by reference to criteria considered in the Renaissance to be unsafe and unreliable. *"Songe,"* *"imagination,"* and the like are, in this context, less what belong to the subject than that to which the subject belongs but which are not returned to the subject as part of the order of rationality, *"sagesse,"* self-control or self-management. In that respect, the economy of self-mastery that some recent critics have identified in the *Essais* tends to be disrupted rather than confirmed by self-knowledge; self-knowledge, understanding, and self-mastery can be out of kilter with each other in Montaigne's work; so that essay writing becomes the probing of that

---

22   Jonatan de Sainct Sernin, *Essais et observations sur les Essais du Seigneur de Montaigne* (London: Edward Allde, 1626), sig. A3r-v; Terence Cave, *How To Read Montaigne* (London: Granta, 2007), p. 7-10.

delicate, ever-changing dialogue between expressions such as *"estre à soy"* (p. 242, 828) and *"nous ne sommes jamais chez nous"* (p. 15).

I conclude, therefore, that a historical, contextual reading based on annotations, marginalia or the *Nachleben* of the *Essais* can open up a different dimension of Montaigne's activity. Attention to the essayist's early readers can show us areas of meaning that had been otherwise been hidden or blurred or possibly even overlooked. When we see things their way, to use an expression of Quentin Skinner's[23], we discover a network of connections different from those we assume if start with an a priori concept of *where* and *how* we will find concepts such as self. Enfolding the understandings of early modern readers within our own notion of self and subject is thus more than a concession to historical curiosity; it is a conceptual necessity in so far as such readers help us circumscribe the limits of our understanding by highlighting the discontinuities and breaks which disrupt ideas that might otherwise seem eternal and uniform; at the same time they open up perspectives that may have become occluded by our tendency to hear the echo of our own voice rather than the sound of theirs. "Self" and "subject" will thus occur as problems or queries rather than episodes in a history that leads directly to us. Exploring the story of such conceptual objects means paying attention to the twin nuclei – early modern and modern – the dialogue between which might help us avoid the twin pitfalls of antiquarianism on one hand and presentism on the other; in other words, the temptation to repeat back to the Renaissance what it says about itself, and the temptation to re-make the past to suit the preferences or demands of the present.

John O'BRIEN
University of Durham

---

23   Quentin Skinner, "Introduction: Seeing Things Their Way," in *Visions of Politics, I: Regarding Method* (Cambridge: Cambridge University Press, 2002), p. 1-7.

ON FLORIO'S "REPENTANCE"

Something may be done that we will not.[1]

Late in the chapter "Of vanity," Montaigne asks whether human beings can be held responsible for not achieving what they cannot possibly achieve.[2] As John Florio puts it in his 1603 translation of the *Essays*, "Man dooth necessarily ordaine unto himselfe to be in fault. [...] The lawes which condemne us, not to be able, condemne us for that we cannot performe."[3] Displaying the compression of thought characteristic of the prose in Book Three, Montaigne's remark resonates with many other passages in the *Essays*, but it raises in acute form the conflict between human freedom and the laws that humans freely create. Just a moment earlier Montaigne has noted that "No man is so exquisitely-honest or upright in living, but [...] that tenne times in his life [he] might not lawfully be hanged" (593), and readers familiar with Shakespeare will recall Hamlet's rebuke of Polonius: "Use every man after his desert and

---

1   William Shakespeare, *Troilus and Cressida*, 4.4.92. All quotations from Shakespeare's plays are drawn from Stephen Greenblatt, et al. (eds.), *The Norton Shakespeare*, 3rd ed. (New York: Norton, 2016).

2   *"Luy est-il injuste de ne faire point ce qu'il luy est impossible de faire?"* I rely for my text of the *Essais* upon the recent Pléiade edition of the posthumous 1595 Paris imprint: Jean Balsamo, Michel Magnien, Catherine Magnien-Simonin, and Alain Legros (eds.), *Les Essais de Michel Seigneur de Montaigne* (Paris: Gallimard, 2007); here, p. 1036. Paris 1595 is the text on which John Florio depended most fundamentally as he translated the *Essais* into English.

3   *The Essayes or Morall, Politike and Militarie Discourses, of Lo[rd] Michaell de Montaigne*, trans. John Florio (London, 1603), p. 593. Hereafter I provide in-text citations to this edition's pagination. To minimize confusion, however, I rely on the chapter titles provided by Donald M. Frame in his translation: *The Complete Works of Montaigne* (Stanford: Stanford University Press, 1958). On occasion I also quote from M. A. Screech (trans.), *Michel de Montaigne: The Complete Essays* (Harmondsworth: Penguin, 1991).

who shall scape whipping?"[4] The difference is that while Hamlet assents to the idea that we're all inherently transgressive, Montaigne implies that it's our own fault that we've designed laws that are incompatible with our nature as human beings. And this difference epitomizes the ideological tension on which I wish to concentrate: that is, between a view of moral responsibility that emphasizes not only human frailty but also judgments based on absolute or near-absolute standards of conduct, and, alternatively, a view that questions such judgments given the predominant patterns of human behavior noted by historians, philosophers, and poets with whom Montaigne was familiar – along with the patterns noted by Montaigne in his observation of himself. I particularly wish to examine this cluster of issues as it manifests itself in the lexical register of Florio's version of Montaigne's extraordinary chapter "Of repentance."

Freedom is famously complex as a topic in Montaigne, and scholars inevitably differ on how to characterize its presentation and development in the *Essays*.[5] I tend to contemplate Montaignian freedom using a dialectical shorthand in which early and optimistic assessments of human liberty are subsequently negated or qualified by experiential considerations: custom, taboo, education, age, health, memory, fortune, instinct, imagination, the passions, ideological commitments, vice, and even virtue.[6] What we see, however, is that despite such constraints, Montaigne still holds out the possibility of a reestablishment of freedom

---

4   *Hamlet*, 2.2.450-451.

5   For a range of commentaries on freedom in Montaigne, see, Jack I. Abecassis, "'Le Maire et Montaigne ont tousjours esté deux, d'une separation bien claire': Public Necessity and Private Freedom in Montaigne," *Modern Language Notes* 110 (1995), p. 1067-1089; Keith Cameron, "Montaigne and 'De la Liberté de Conscience'," *Renaissance Quarterly* 26:3 (1973), p. 285-294; William M. Hamlin, *Montaigne's English Journey: Reading the Essays in Shakespeare's Day* (Oxford: Oxford University Press, 2013), p. 67-94; Peter Holbrook, "Shakespeare, Montaigne, and Classical Reason," in Patrick Gray and John D. Cox (eds.), *Shakespeare and Renaissance Ethics* (Cambridge: Cambridge University Press, 2014), p. 261-283; Pierre Magnard, "Liberté," in Philippe Desan (ed.), *Dictionnaire de Michel de Montaigne*, 2nd ed. (Paris: H. Champion, 2007), p. 678-680; and Richard Scholar, *Montaigne and the Art of Free-Thinking* (Oxford: Peter Lang, 2010), e.g., p. 2-15, 44-53, 63-66, 91-134. Abecassis is particularly interesting on the ways in which public necessity functions as a precondition of freedom of thought understood, in Rortian terms, as creative and critical *redescription*. Scholar provides a thorough and compelling account of free-thinking as a crucial form of Montaignian liberty.

6   See Florio, 281, on how faith in reason can qualify our liberty.

– a diminished, chastened freedom – through conscious detachment from the dogmatic slumber of our habitual and socially-sanctioned inclinations. And this, in my view, is one of his most brilliant adaptations of Pyrrhonism: the distillation of a sense that doubt is a major form of freedom, and that, as he argues in the "Apology of Raymond Sebond," to "consider of things without dutie or compulsion" is a way to nurture one's liberty (291). "Is it not some advantage," he asks, "for [a man] to finde himselfe disingaged from necessitie, which brideleth others? Is it not better to remaine in suspence, then to entangle himselfe in so many errours, that humane fantasie hath brought forth?" (291).[7]

Still, as we move deep into the *Essays*, reading the chapters of Book Three and attending to post-1588 additions throughout, it's hard not to feel that Montaigne's confidence in freedom-through-retreat undergoes a final diminishment. We no longer expect to hear claims such as those in Book One about how "the premeditation of death, is a fore-thinking of libertie" (34), or of how solitude helps us "establish our true libertie" (120), or of how it lies within our power, when dealing with evils, "either to contemne them or turne them to our good" (127).[8] We are perhaps reminded of the passage in Shakespeare's *Richard the Second* where John of Gaunt urges his son to imagine exile as travel undertaken for pleasure – and his son rejects the advice:

> Oh, who can hold a fire in his hand
> By thinking on the frosty Caucasus? (1.3.258-259)

Like Bolingbroke, Montaigne counterweights his clear love of liberty with perceptions born of experience. "I hate those morsells that necessitie doth carve me," he writes in "Of vanity" (592); elsewhere he adds that "it hath sometimes befalne me to have the will to deny, when I had not powre to refuse" (520). Indeed the sense of power as a crucial subcategory of will emerges strongly in Book Three: it can seem a quasi-corporal faculty that's presented as inferior to the abstract

---

7   Cf. Florio, 379, where Montaigne keeps "doubt and libertie to my selfe, to chuse, untill occasion urge me"; Montaigne enjoys the state of irresolution, which feels like freedom to him. See too Florio, p. 98, where Montaigne argues that we retain liberty in part by being moderate – by avoiding zeal and extremism.

8   But cf. this claim in "Of vanity": "Nature hath plac't us in the world, free and unbound, and wee emprison our selves into certain streights" (p. 582).

will and yet, through its very weakness, carries a potential veto over the will's inclinations.[9] And this brings us back to the agonistic conception of the self that Montaigne so often conveys – a self full of unruly proclivities and conflicting intentions, with memory refusing to cooperate (286), imagination tyrannizing over reason (41-42), the penis exercising its "indocile libertie" (43), and so on. The role of involuntary limitation fascinates Montaigne; what he terms "casuall instinct" in the "Apology" amounts to a force that "makes us [...] favor one thing more then another, [...] encline to one man more then to another, and [...] without any leave of reason, giveth us the choice, in two like subjects" (328).[10] On the whole, then, I think we're left with a rueful sense that while liberty may be both a natural endowment and a powerful desire, the human will is nonetheless constantly constrained by external and internal forces. And late in the *Essays*, Montaigne's pronouncements about liberty sound distinctly more circumscribed than those earlier on: a man lives "not so much as he would himselfe, but as others will: not according to that he proposeth to himselfe, but to that which is proposed to him: according to times, to men and to affaires" (594).[11]

Even in earlier chapters, of course, we find hints of this circumscription, for instance in Montaigne's C-text addition at the outset of Book Two that "we will nothing freely, nothing absolutely, nothing constantly" (194). And Florio is not always as alert to such reservations as we might wish. In the chapter "Of cruelty," for instance, Montaigne takes great care to distinguish between actions, on the one hand, that appear to be virtuous but in fact proceed merely from a natural predisposition toward benevolence, and, on the other, actions wholly premised on overcoming temptations toward hostility and retaliation. "The one action might be termed goodness," says Florio; "the other vertue" (243). But then Montaigne adds that this is why we are not in the habit of attributing

---

9   See Scholar, p. 160-161, for a useful distinction between "freedom" and "will" in Montaigne: "The will is the part of the soul that is directed to choice and action: it acts in concrete instances, and its actions are not only made possible by the freedom of the soul, but also help to preserve that freedom."

10 "Casuall instinct" is Florio's rendition of *"instinct fortuite"* (Montaigne, 599). Cf. Florio, p. 217-218: "there are severall motions in us, which proceed not of our free will. [...] men know by experience, there be some partes of our bodies, which often without any consent of ours, doe stirre, stand, and lie downe againe."

11 For similar passages, see Florio, p. 86, 511, 610, and 611.

virtue to God, although we readily acknowledge that God is good, powerful, and just. As we read in the original French, God's actions are *"toutes naïfves et sans effort"* (442): entirely natural and effortless.[12] Florio, however, botches the claim. God's "workes," he writes, "are all voluntary, unforced, and without compulsion" (243). By defaulting to liberty-talk, and augmenting it inaptly, he shows that he has missed the point of Montaigne's previous sentences, since God doesn't *choose* to be good; God *is* good. Volition is beside the point when actions are natural, spontaneous, inbuilt.[13] This is not to deny that God has freedom, but to affirm that malevolence holds no temptation for God; internal struggle does not constitute part of the divine nature as conceived by Montaigne and the culture he inhabits.

This distinction between goodness and virtue appears several times elsewhere in the *Essays*, but it emerges with particular force in "Of repentance," one of the most gripping and audacious of all Montaigne's writings, and a chapter whose breadth of implication will, I hope, assist me in weaving together the threads of my argument.[14] "A man cannot boast of contemning or combating sensualitie," says Montaigne, "if he see hir not, or know not hir grace, hir force and most attractive beauties. I know them both, and therefore may speake" (492). This recasting of a central claim in "Of cruelty," however, is now set against

---

12 Balsamo, et al. gloss *"naïfves"* as *"naturelles"* (p. 442). Frame translates it as "natural" (p. 307), Screech as "his [God's] properties" (p. 472).

13 Montaigne reinforces this point at the outset of the chapter "Of virtue," writing that "there is nothing but we may attaine unto, yea, as some say, to exceede Divinitie it selfe; forsomuch as it is more to become impassible of himselfe, then to be so by his originall condition" (Florio, p. 405).

14 Valuable discussions of this chapter include the following: Erich Auerbach, *Mimesis: The Representation of Reality in Western Literature* [Bern, 1946], trans. Willard R. Trask (Princeton: Princeton University Press, 2003), p. 285-311; Jules Brody, "'Du repentir' (III: 2): A Philological Reading," *Yale French Studies* 64 (1983), p. 238-272; Terence Cave, *How to Read Montaigne* (London: Granta, 2007), *passim*; Hugo Friedrich, *Montaigne* [Bern, 1949], trans. Dawn Eng, ed. Philippe Desan (Berkeley: University of California Press, 1991), p. 207-257; Peter Holbrook, *op. cit.*; Peter Mack, "Rhetoric, ethics and reading in the Renaissance," *Renaissance Studies* 19:1 (2005), p. 1-21; Richard A. Sayce, *The Essays of Montaigne: A Critical Exploration* (London: Weidenfeld and Nicolson, 1972), *passim*; Richard Strier, *The Unrepentant Renaissance: From Petrarch to Shakespeare to Milton* (Chicago: University of Chicago Press, 2011), p. 207-229; James Supple, "'Du repentir': Structure and Method," in Philip Ford and Gillian Jondorf (eds.), *Montaigne in Cambridge: Proceedings of the Cambridge Montaigne* (Cambridge: Cambridge French Colloquia, 1989), p. 69-85; and Ian Winter, "Form, Reform, and Deformity in Montaigne's 'Du repentir'," *Montaigne Studies* 3 (1991), p. 200-207.

a very different argument, creating tensions which never surface in the earlier chapter. Repenting, as we know, is something that Montaigne rarely does. "My actions," he claims, "are squared to what I am and conformed to my condition. I cannot doe better. And repentance doeth not properly concerne what is not in our power; sorrow doeth" (489). For what, then, can we hold a person morally responsible, if we extrapolate from Montaigne's claims about himself? If, through what Shakespeare's Iago calls "a permission of the will" (*Othello*, 1.3.325), a man allows certain vicious propensities to establish themselves so thoroughly in his character that they become a kind of second nature, and if, in the end, he has no power to eradicate them, is he responsible for their presence and their deleterious effects? Montaigne, I suspect, would answer with a qualified "yes" – but he would not see repentance as an appropriate response on the part of this man. To repent, first of all, would be hypocritical; it would embed the man in a contradiction, for his own will enabled the establishment of the vicious tendencies he now regrets. More fundamentally, repentance would fail to take into account the nature of the will that this man discovered in himself, along with the frailty of his powers of resistance against what this will has countenanced. In short, Montaigne describes an unusually complex relationship between responsibility and behavior, a moral space where one can be objectively guilty of certain acts without being precisely responsible for them, and where sorrow and regret are entirely appropriate – but where to repent would be to misrepresent and even demean oneself: to claim for oneself a degree of agency and self-determination that one cannot convincingly assert.[15] It's an odd form of compatibilism, one that the

---

15   Friedrich argues that Montaigne "lacks the ethical stimulus inherent to the feeling of guilt"; "also absent is that deeper sense of responsibility which seizes a man when he believes in the moral, spiritual, and religious perfectibility of human essence as a whole" (p. 227). Strier takes a position similar to that of Friedrich, but introduces a new element to the argument, namely that Montaigne's views in "Of repentance" link him with the attitudes of the Reformers, and especially those of Luther. For Strier, Montaigne is "a psychological determinist" (p. 222) who believes that our character traits are inborn and unchangeable. Mack, cited by Strier, observes that Montaigne "seems to argue for a morality that is more understanding of the limitations of different people, while allowing the possibility that God could make a more decisive intervention which might lead to true repentance and comprehensive reform" (16); Montaigne "attempts to formulate an attitude to his own sins that acknowledges the truth about his nature, the seriousness of sin and the practicalities of living in the world. This honest and realistic confrontation

philosopher Galen Strawson doesn't sketch out in his important article on the complexities of moral responsibility.[16] And we're thus brought back, once again, to the strange exceptionalism of Cato the Younger, just as we are in "Of vanity." Montaigne writes that while beseeching God to excuse his weakness is perfectly legitimate, it's not something he can term "repentance," any more than is expressing "the displeasure of being neyther Angel nor Cato" (489). "[M]y conscience," he writes in a post-1588 addition, "is contented with it selfe; not of an Angels or a horse's conscience, but as of a man's conscience" (484).

So how does Florio respond to all of this? It seems to me that he experiences more difficulty presenting this chapter to English readers than almost any other in the *Essays*. Some of his usual tendencies are very much on display: the French noun *"vice"* becomes "sinne" on one occasion; on another "sinne" appears with no precedent in the French, as does the word "sinner."[17] The more Catholic, theologically-charged, and behaviorally-oriented *"penitence"* is rendered as "repentance"; *"coupable"* becomes both "guiltie" and "culpable"; and *"desrobez"* both "wronged" and "robbed."[18] Montaigne's *"entiere reformation,"* meanwhile, morphs into an "undefiled reformation"; *"conscience,"* in one crucial instance, is magnified into "[an] unspotted conscience"; *"miraculeux"* becomes merely "admirable"; and both *"convalescence"* and *"reparation"* appear as "amendment."[19] In general there's more vice in Montaigne, more sin and guilt in Florio. Indeed *"vice"* is one of the few nouns in the *Essays* that occurs less frequently in Florio's text than in the French – and *"miracle"* is another. In an ideological realm where miracles have ceased, Montaigne's 72 references to the miraculous dwindle to just 38 in Florio.[20]

---

between religious and philosophical maxims and live experience constitutes a new approach to the understanding of human nature in relation to vice. We should take this seriously as a form of ethical innovation" (p. 17). See also Brody, p. 263; Cave, p. 58-66; Holbook, p. 271; Sayce, p. 220; Supple, p. 78; Winter, p. 206.

16 Strawson, "The Impossibility of Moral Responsibility," *Philosophical Studies* 75 (1994), p. 5-24. See also Strawson's more recent presentation of this argument: "Your Move: The Maze of Free Will," *The New York Times*, 22 July 2010.

17 Florio, p. 491, 489 ("sinner"); Montaigne, p. 856, 853 (*"celuy qui les [pechez] possede"*).

18 Montaigne, p. 852, 847, 852; Florio, p. 488, 484, 489. *"Penitence,"* which appears 13 times in Paris 1595, occurs only five times in Florio.

19 Montaigne, p. 854, 847, 849, 857; Florio, p. 489, 484, 487, 491.

20 For these figures I have relied upon the text of Paris 1595 available online at the University of Chicago's *Montaigne Project*; for Florio, the best current resource is *Early English Books Online*, which uses a digitized version of the 1613 second edition of Florio's translation.

But what sets Florio's version of this chapter most conspicuously apart from other sections of the *Essays* is the presence of three significant mistranslations. In the first of these, Montaigne writes that while our natural inclinations can be reinforced by education, *"elles ne se changent guere et surmontent"* (851). And thus, in Donald Frame's rendering of the phrase, these inclinations are "scarcely to be changed and overcome" (615).[21] But Florio gives us this: "they neither change nor exceed" (488) – a formulation that weakens Montaigne's point about how entrenched and intransigent these natural tendencies are. Next, in a C-text addition, Montaigne claims that *"Je n'ay guere à me prendre de mes fautes ou infortunes, à autre qu'à moy"* (855); or, as Frame puts it, "I scarcely have any occasion to blame my mistakes or mishaps on anyone but myself" (618).[22] But Florio eliminates the qualification: "I have no body to blame for my faultes or misfortunes, but my selfe" (490). He thus makes the claim categorical while simultaneously rendering incoherent Montaigne's adjacent comments about the power and unpredictable effects of fortune in human affairs – and *"fortune,"* I might add, is another of the nouns that occurs less frequently in Florio than in the French. Florio seeks to diminish the role of chance in human life, so that the implied relation between human will and divine power is more exclusive, less diluted by other forces.

Finally, and very close to the chapter's end, Florio inserts a blatant negation of a key Montaignian claim. Montaigne writes that God must touch our hearts: *"il faut que nostre conscience s'amende d'elle mesme, par renforcement de nostre raison, non par l'affoiblissement de nos appetits"* (858). Our conscience, in short, must amend itself with the aid of our reason rather than through the inevitable diminishment of our passions and desires. But Florio adds a "not": "our conscience must amende of it selfe, and not by re-inforcement of our reason" (491).[23] I can only speculate as to why he makes this mistake: perhaps because of Montaigne's general skepticism about reason, or perhaps in response to a Protestant reflex to attribute *all* to God and nothing to ourselves. But it's an egregious misrepresentation of Montaigne's argument, and the effect is to place

---

21   Screech: "they can hardly be said to be altered or overmastered" (p. 913).
22   Screech: "I have hardly any cause to blame anyone but myself for my failures or misfortunes" (p. 918).
23   This error is not corrected in either the 1613 or 1632 editions of Florio, which tends to support the view that it's not merely a printer's blunder.

primary stress on the grace of God for the amendment of one's conscience, rather than to suggest that we must amend our consciences ourselves – presuming, that is, that God has given us sufficiently strong reason and will to do so. Florio has failed to maintain his focus on the most critical point in the chapter.

And thus, when we read "Of repentance" in Florio, we're less likely to be reminded of a crucial cognate argument in the "Apology" than we are when we read the chapter in French – or, for that matter, in Frame or Screech.[24] This argument occurs near the end of Montaigne's response to Plato's contemplation of whether human beings are sufficiently robust to conceive of and experience eternal beatitude or misery. "[U]pon what ground of their justice," asks Montaigne, "can the Gods reward man and be thankfull unto him after his death, for his good and vertuous actions, since [they] themselves adressed and bred them in him? And wherefore are they offended, and revenge his vicious deedes, when themselves have created him with so defective a condition, and that but with one twinkling of their will, they may hinder him from sinning?" (301).[25] Montaigne readily concedes that the objections he has raised are merely the musings of reason (299), and he demarcates these thoughts as lying outside the bounds of Christianity, but the damage is nonetheless done. As in Christopher Marlowe's *Doctor Faustus*, we're left with a question not to be asked: how can omnipotent divinity punish the failings of a human being when divinity designed that being to fail?[26] "I cannot doe better," writes Montaigne (489); "in like circumstances, I should ever be the same" (490). Can a man be "unjust in not doing that, which he cannot possibly atchieve?" (593). Montaigne would never ascribe to himself the Miltonic formula that he was "sufficient to have stood, though

---

24 Both Frame and Screech, of course, translate Montaigne not from Paris 1595 but from the Bordeaux Copy as edited by Strowski, Villey, Saulnier, etc., but this fact does not affect the claim I offer here.

25 "Sinning," incidentally, is *"faillir"* in the French of 1595 (Montaigne, p. 549).

26 Peter Holbrook, approaching this question from the perspective of Luther's and Nietzsche's rejections of free will, notes that "Luther's response to the issue of 'what sort of persons [God] wills to be recipients of partakers of his [...] mercy' – and the sort of persons he withholds this mercy from – was simply to declare it 'the most awe-inspiring secret of the Divine Majesty'" (p. 267). In other words, the best answer Luther can give to the problem he raises by denying free will is to revert wholly to an ideological superstructure whose premises are unfalsifiable.

free to fall."[27] Nor is his book an implicit theodicy, although it moves in that direction from time to time, particularly in other sections of the "Apology," and in "Of virtue," "Of prayers," and a few chapters elsewhere.[28] Indeed the passages I've quoted here give new resonance to what Angelo, in Shakespeare's *Measure for Measure*, calls "compelled sins": transgressions which, in his view, "stand more for number than for account."[29] Yet they stand for *both* in Montaigne; otherwise he wouldn't probe the question of repentance so powerfully.

In the end, while I wouldn't go so far as to say that Florio ever mistranslates Montaigne in ways that terminally debilitate our access to the original efforts at essaying, he shifts emphases frequently and tilts discussions toward his preferred angles of comprehension. Whereas Montaigne, for instance, presents an account of repentance that straddles the border between religious and secular senses, Florio casts the discussion in a more insistently religious light, simultaneously giving the impression that humans have greater freedom, and thus greater responsibility with regard to self-failing, than does Montaigne. Montaignian nuance is frequently lost in Florio, and as a consequence we sometimes encounter a sense of internal incoherence or jaggedness that we don't find in the original French, even with the interspersion of B- and C-text additions. Most crucially, though, we're sometimes cut off, or at least sharply distanced, from fascinating implications of Montaignian thought – and thus from the likelihood of recalling parallel implications that emerge within English literary texts contemporary with Florio. Shakespeare's explorations of innocent guilt, for instance with Lavinia, Lucrece, Ophelia, Michael Williams, or the novice Isabella who fails to imagine a God who forgives "compelled sins," are less likely to take shape in the minds of Florio's readers because Florio's emphasis on voluntary, self-authorizing sin – and on sin as a sign of liberty – amount finally to forms of resistance against the deeply qualified autonomy that Montaigne so carefully explores. And whereas, for Montaigne, human liberty and thus human moral responsibility are diminished

---

27   John Milton, *Paradise Lost*, ed. Stephen Orgel and Jonathan Goldberg (Oxford: Oxford University Press, 2004), 3:99.

28   E.g., Florio, p. 407, in the chapter "Of virtue."

29   *Measure for Measure*, 2.4.56-57. Cf. Morris Palmer Tilley, *Dictionary of the Proverbs in England in the Sixteenth and Seventeenth Centuries* (Ann Arbor: University of Michigan Press, 1950), S475: "Compelled sins are no sins."

and deformed in multiple and complicated ways, they're deformed yet again by Florio. But Florio's sins in this flawed but indispensable translation require no repentance – and precisely for the reasons that Montaigne has expressed.

William M. Hamlin
Washington State University

MONTAIGNE-PASCAL

Nouvelle lecture

La critique connaît depuis presque quatre siècles la question que je vais essayer d'aborder : quels sont les véritables liens entre le génie de Michel de Montaigne et celui de Blaise Pascal ? On a analysé à fond les passages des *Pensées* où Pascal cite Montaigne et le célèbre *Entretien avec M. de Saci.* Des fleuves d'analyses sont devant le chercheur, à en perdre la tête. Mais il me semble que la question centrale est encore là, ouverte à toute solution.

J'ai relu tout texte possible sur ce sujet. J'ai fait trésor de mes recherches sur Montaigne. J'ai eu une double chance, d'être un ami des plus grands montaignistes et des plus grands pascaliens : Philippe Desan, Jean Balsamo, Michel Simonin pour les premiers, Jean Mesnard et Philippe Sellier pour les seconds.

PROXIMITÉ

Tant de discussions animées et d'hypothèses sur la même table m'ont amené à la thèse que je vais essayer de démontrer : il y a une continuité idéale entre Montaigne et Pascal, ce qui amène à une étonnante identité de vues, malgré l'apparence parfois contraire. Ma méthode est claire et simple : suivre les textes, de part et d'autre, qui *parlent* tout seuls, vivre l'être-écrivain, tout situer dans le contexte social et historique. C'est une méthode pluridisciplinaire et comparatiste, simultanément.

À retenir bien sûr le livre au fond peu usité de Bernard Croquette, *Pascal et Montaigne*[1], qui a le grand mérite de récolter tous les passages

---

1 Bernard Croquette, *Pascal et Montaigne. Études des réminiscences des* Essais *dans l'œuvre de Pascal*, Genève, Droz, 1974.

de Montaigne et de Pascal à mettre en parallèle. La bagatelle de quatre-vingt pages, sur deux colonnes en petite police. On découvre parfois que les deux textes se superposent. Pas une simple imitation-inspiration, mais une *translatio* réelle, l'utilisation du même texte qui vient souvent de loin, des Grecs, des Latins, et aussi des Italiens.

Montaigne est d'une modernité absolue. Tout le monde est en accord sur ce point. D'après moi, Pascal lui aussi est d'une extraordinaire modernité. Le personnage changeant qui procède « à sauts et à gambades » (III, 9, 99)[2], qui n'a aucune ligne droite et qui ne suit que des courbes, se marie avec le personnage des doutes de la vie et de la mort, et simultanément des lignes et des courbes, des cônes et des vides.

Deux hommes qui affrontent la vie comme le plus beau des laboratoires, comme la période du rêve et de l'éveil, lesquels peignent le passage par ce monde.

Montaigne et Pascal sont, les deux, des personnages en mouvement, malgré les certitudes mathématiques de l'inventeur de la calculette. Ils sont deux philosophes, c'est-à-dire deux penseurs sur l'homme et sur son cours dans l'histoire, deux hommes d'action chacun à sa façon, deux auteurs d'autoportraits, deux chercheurs de l'humaine condition, deux êtres croyant dans la liberté et dans la pensée, c'est-à-dire dans la grandeur de l'homme.

Ils sont enfin deux penseurs qui ne se laissent enfermer dans aucun système : on le sait pour Montaigne, moins pour Pascal. Et toutefois, pour moi, c'est d'évidence. Pascal lui aussi est l'être du déplacement.

La pensée de Pascal est-elle vraiment un « renversement[3] » de celle de Montaigne ? Je ne le pense pas. Il faut étudier à fond la méthode de Pascal, philosophique, religieuse, philologique, et se situer au cœur du monde janséniste, par nature adversaire de Montaigne, lequel le voit comme l'homme du « blasphème envers Dieu et [du] péril pour la religion[4] ».

Je suis tout à fait en désaccord avec cette affirmation du grand spécialiste Pierre Villey, l'un des phares montaigniens : « Il [Pascal] emprunte

---

2   *Les Essais. Édition conforme au texte de l'exemplaire de Bordeaux*, éd. Pierre Villey, Paris, Presses Universitaires de France, 2004.
3   Pierre Villey, *Les Essais de Montaigne*, Paris, A.-G. Nizet, 1992, p. 167.
4   *Ibid.*

à Montaigne toute sa documentation sur l'homme, mais c'est pour le retourner contre Montaigne, en tirer des conclusions diamétralement opposées à celles de Montaigne[5] ».

Je pars d'une lecture autre. Pascal est un grand lecteur de Montaigne, il l'assimile, il le comprend, il l'approfondit plus que tout autre. Le dialogue entre les deux est fort possible et réel. L'affirmation, « l'incomparable auteur de *L'art de conférer*[6] », signifie quelque chose, même et surtout face à des observations négatives – on verra pourquoi.

Deux lectures apparemment opposées se révèlent comme similaires, et fort complexes. L'un voit des choses que l'autre ne voit pas, mais leur chemin conduit au fond presque au même point final.

Charles Augustin de Sainte-Beuve le comprend peut-être mieux que d'autres interprètes chevronnés. Il part lui aussi du texte, dans son immense *Port-Royal*[7].

Les prémisses sont les mêmes, les conclusions apparaissent comme différentes : mais le sont-elles vraiment ? Emmanuelle Baillon titre : « Montaigne et Pascal : deux esprits si proches par les prémisses et si distants par les conclusions[8] », pour conclure elle aussi sur l'ouverture à la même lignée[9]. Deux pensées systématiques se rencontrent et collaborent.

Pascal dit-il la vérité, en écrivant : « Les défauts de Montaigne sont grands[10] » ? Je ne le pense pas.

---

5   *Ibid.*

6   Blaise Pascal, *Œuvres complètes*, éd. Jacques Chevalier, Paris, Gallimard, coll. « La Pléiade », 1954, p. 599, *De l'esprit géométrique et de l'art de persuader*. Pour cette édition, j'utilise l'abréviation : Pascal, *OC*.

7   Charles Augustin de Sainte-Beuve, *Causeries sur Montaigne*, éd. François Rigolot, Paris, H. Champion, 2003, *passim*.

8   Emmanuelle Baillon, « Montaigne et Pascal : deux esprits si proches par les prémisses et si distants par les conclusions », dans Jacques Lemaire (dir.), *Montaigne et la révolution philosophique au XVIIᵉ siècle*, Bruxelles, Éditions de l'Université de Bruxelles, 1992, p. 93.

9   *Ibid.*, p. 97 et suiv.

10 Pascal, *Pensées*, éd. Philippe Sellier, Paris, Mercure de France, 1976, p. 288, n. 559. Pour cette édition, j'utilise l'abréviation : Pascal, *Pensées*, Sellier.

HOMME

La matière de la recherche philosophique, chez Montaigne aussi bien que chez Pascal, est l'homme, sous tous ses aspects. Matière immense, qui coïncide avec la vie et avec l'histoire humaine. Les deux savent que le monde n'existerait pas sans l'être humain. Ainsi l'étudient-t-ils sous ses aspects les plus divers, même si en partant parfois d'un point de vue différent.

L'homme est variable pour Montaigne aussi bien que pour Pascal, même si celui-ci reproche à son prédécesseur de ne pas percevoir les apparences extérieures de l'homme. Mais nous savons que c'est un reproche injuste. De fait, Montaigne écrit (I, 43, 268-269) : « Par l'exemple de plusieurs nations, nous pouvons apprendre assez de meilleures façons de nous distinguer extérieurement et nos degrés (ce que j'estime à la vérité être bien requis en un état), sans nourrir pour cet effet cette corruption et incommodité si apparente ».

Dans ces affirmations, il y a de toute évidence la façon d'argumenter de Pascal, où plutôt ses approches plurielles de Montaigne, lesquelles nous touchent encore de nos jours.

Montaigne et Pascal savent à l'unisson qu'il y a une « science de l'homme[11] ». Ce n'est pas la science exacte de la géométrie, mais celle de la variabilité de la vie.

Pascal dit clairement qu'il s'intéresse à la recherche sur l'homme de façon pratique. Il n'aime pas les « sciences abstraites[12] », qui « ne sont pas propres à l'homme et que je m'égarais plus de ma condition en y pénétrant que les autres en l'ignorant[13] ». Est-ce Montaigne ou Pascal qui parle ? Les deux, en se répondant de façon parfaite.

La vertu de Montaigne n'est-elle pas aussi celle de Pascal ? On est presque sur la lignée de Léonard de Vinci : puissance et faiblesse de l'homme. *Homo faber, homo sapiens* et *homo miserabilis*. Et recherche à

---

11 Hélène Michon, « Y a-t-il une science de l'homme ? », *Revue des sciences humaines*, n° 244, 1996, p. 11.
12 Pascal, *À la très illustre Académie parisienne de science*, dans *Œuvres complètes*, éd. Louis Lafuma, Paris, Éditions du Seuil, coll. « L'Intégrale », 1963, p. 102.
13 *Ibid.*

l'infini, dans le mouvement perpétuel de l'âme. La variété de l'homme est la preuve de sa grandeur. Égalité et infinité. Métamorphose et fixité.

Pascal affirme : « Voilà, Monsieur, dit M. Pascal à M. de Saci, les lumières de ce grand esprit qui a si bien connu les devoirs de l'homme. J'ose dire qu'il méritait d'être adoré, s'il avait aussi bien connu son impuissance, puisqu'il fallait être Dieu pour apprendre l'un et l'autre aux hommes. Aussi comme il était terre et cendre, après avoir si bien compris ce qu'on doit, voici comment il se perd dans la présomption de ce qu'on peut[14] ».

Passage merveilleux, où Pascal ne réussit pas à ne pas faire l'éloge de son maître : « il mériterait d'être adoré », même si... Ce même si est nécessaire pour cacher un grand amour. Dieu est sur toute chose, mais l'homme est au centre de l'histoire. D'ailleurs, pour Pascal, Montaigne est un « génie tout libre[15] ». Il le cite à la lettre : « *Nul plaisir n'a saveur pour moi*, dit Montaigne, *sans communication* : marque de l'estime que l'homme fait de l'homme[16] » (III, 9, 986).

Pour Montaigne et Pascal, « l'homme n'a aucun privilège sur les autres créatures. Il est inconstant, fait de "lopins" » (II, 1, 337), lié à la coutume et à l'imagination. Sa connaissance est partielle, comme le passage de la vie en mouvement. L'homme est donc en ce sens « misérable » et faible : « de toutes les vanités, la plus faible c'est l'homme » (II, 12, 449).

Mais chez Pascal tout va vers le désespoir, la douleur, la souffrance, la « conversion vers l'intérieur[17] ». L'un décrit et l'autre dénonce : merveilleuse coopération, qui au fond amène au même point, c'est-à-dire à la « disproportion de l'homme[18] ».

La grande question des passions ramène Montaigne et Pascal au même endroit. Voici quatre citations du *Discours sur les passions de l'âme* de Pascal, qui le prouvent[19] : « Les passions qui sont les plus convenables à l'homme, et qui en renferment beaucoup d'autres, sont l'amour et l'ambition » ; « La vie de l'homme est misérablement courte » ; « Dans

---

14 Pascal, *OC*, p. 563, *Entretien avec M. de Saci*.
15 *Ibid.*, p. 565.
16 *Ibid.*, p. 463, n. 777.
17 Baillon, « Montaigne et Pascal : deux esprits si proches par les prémisses et si distants par les conclusions », art. cité, p. 98.
18 Pascal, *Œuvres complètes*, éd. Louis Lafuma, *op. cit.*, p. 199.
19 Pascal, *Œuvres complètes*, p. 537-539, *Discours sur les passions de l'amour*.

une grande âme tout est grand » ; « L'homme n'aime pas à demeurer avec soi ; cependant il aime : Il faut donc qu'il cherche ailleurs de quoi aimer. Il ne le peut trouver que dans la beauté ».

Les passions gouvernent l'être humain. Elles gèrent le moi. Ainsi la vertu n'est pratiquée que pour elle-même : « la vertu est qualité plaisante et gaie » (III, 5, 845). L'humilité sera le signe de l'homme[20]. Mais aussi de sa grandeur. Montaigne croit à l'immortalité de l'âme comme Pascal : c'est le sens de la vertu qui la conduit.

C'est l'homme tel qu'il est, dans sa faiblesse et sa grandeur[21]. Affirmation de l'homme, dont on perçoit l'immense solitude et le désir immodéré de gloire[22].

On a parlé de « confusion » de Montaigne, en ce qui concerne sa vision de l'homme[23]. Je suis d'un avis opposé. Les *Essais* sont un continuum de réflexions sur l'homme, mais il ne s'agit pas de simples répétitions. Ce sont les répétitions de la vie et du temps, du lien entre l'être et Dieu, la terre et le ciel. Le spirituel se fait phénoménologie, projection de l'être sur le monde, symbole de ce qui est, dans un rite qui est celui de la vie. Montaigne est un anthropologue de l'homme et de Dieu, sans aucun fondamentalisme, toujours avec douceur. Pascal agit de cette même façon.

MOI

En 2007, *Le Magazine littéraire* consacrait un numéro aux *Écritures du moi*[24]. Dans cette galerie, qui commence par saint Augustin, et, en France, via Rousseau, Diderot, Casanova, Chateaubriand, George Sand, Stendhal, Musset, Paul Léautaud, Michel Leiris, Gide, Hervé Guibert

---

20 Clément Sclafert, *L'Âme religieuse de Montaigne*, Paris, Nouvelles Éditions Latines, 1951, p. 234.
21 Hugo Friedrich, *Montaigne*, trad. Robert Rovini, Paris, Gallimard, coll. « Tel », 1968, p. 157 et suiv.
22 *Ibid.*, p. 156 et suiv. et p. 175 et suiv.
23 Philip Knee, *La Parole incertaine : Montaigne en dialogue*, Québec, Presses de l'Université Laval, 2003, p. 109-120.
24 *Le Magazine littéraire*, numéro 11, hors-série, mars-avril 2007.

et Julien Green, constitue un axe fondamental, Montaigne et Pascal occupent un rôle central et inédit. L'autobiographie est souvent vue avec « méfiance ou mépris[25] », mais le moi attire, se fait *confession* – saint Augustin et Rousseau –, intimité dévoilée, secrets offerts au lecteur.

C'est une pratique d'avant-garde, une mise à nu, un autoportrait en devenir, un jeu entre l'être et le paraître, une monstration sous le masque, un souvenir de soi, une chronique de soi-même, une sorte de conquête de la liberté, et même une hantise. On se dé-fabrique, on règle ses propres comptes, on est en confessionnal, on pratique une stratégie du clair-obscur.

Le mot *moi* est présent 644 fois dans les *Essais*. Une énormité. La littérature prend un chemin nouveau, qui portera très loin. C'est une plongée dans son âme. Il faut se « retirer et resserrer en nous » (I, 39, 242). « La plus grande chose du monde est de savoir être à soi » (*ibid.*). « On vous prend pour un autre [...]. Il n'y a rien en moi de ce qu'ils disent » (III, 5, 847).

Chose paradoxale, Pascal lui aussi ne fait que peindre son moi, mais c'est une crucifixion, une autopunition, une interdiction que l'on désire et que l'on aime. Le christianisme interdit orgueil et égoïsme, et refuse de s'occuper de soi-même, sauf dans une confession réelle. Montaigne apparaît comme indigne, le monstre haïssable, l'exemple dangereux à ne pas suivre.

Voici le célèbre passage des *Pensées* sur « le sot projet qu'il [Montaigne] a de se peindre[26] » : « Parler de ceux qui ont traité de la connaissance de soi-même ; des divisions de Charron qui attristent et ennuient ; de la confusion de Montaigne, qu'il avait bien senti le défaut [d'une droite] méthode, qu'il l'évitait en sautant de sujet en sujet, qu'il cherchait le bon air.

Le sot projet qu'il a de se peindre ! Et cela non pas en passant et contre ses maximes, comme il arrive à tout le monde de faillir, mais par ses propres maximes et par un dessein premier et principal. Car de dire des sottises par hasard et par faiblesse c'est un mal ordinaire, mais d'en dire par dessein c'est ce qui n'est pas supportable. Et d'en dire de telles que celles-ci... ».

Texte mémorable, d'une profondeur absolue. Je pense que Pascal parle aussi de sa méthode. Il ne peut pas la mettre de côté. Il sait que c'est

---

25 *Ibid.*, p. 1.
26 Pascal, *Pensées*, éd. Sellier, p. 322-323, n. 644.

là la façon de chercher la vérité. « Confusion » ? Ou plutôt profondeur implicite, qu'il ne peut pas quitter ?

Voici une preuve fondamentale du voisinage des deux écrivains : « Ce n'est pas dans Montaigne, mais dans moi que je trouve ce que j'y vois[27] ». Le moi n'est au fond pas si « haïssable » : il est nécessaire de parler du moi, pour essayer de parvenir à Dieu. Ainsi Pascal consacre-t-il une longue pensée au moi, intitulée « Qu'est-ce que le moi[28] ? ». Il se demande : « Où est donc ce moi, s'il n'est ni dans le corps, ni dans l'âme[29] ? ». Et encore un paradoxe : « Car tout tend à soi : cela est contre tout ordre. Il faut tendre au général, et la pente vers soi est le commencement de tout désordre, en guerre, en police, en économie, dans le corps particulier de l'homme[30] ».

Cela confirme que toute la pensée de Pascal est une marche à la science de l'homme. Montaigne et Pascal, de leur point de vue, sont deux moralistes du moi. Ils ménagent le moi, selon l'expression de Louis Van Delft[31]. Les passions se règlent via le moi. Via le moi on est lié à la terre et à Dieu. On ménage la volonté de Dieu via l'homme. Il y a une convergence entre là-haut et ici-bas.

L'exclamation suivante chez Montaigne est d'une clarté adamantine : « Il n'est description pareille en difficulté à la description de soi-même » (II, 6, 358)[32]. C'est parce que chez Montaigne et Pascal le moi est stabilité et passage, simultanément, faiblesse et force, énergie et condition insoutenable.

Le projet de parler de son propre moi n'est pas si « sot ». Pascal le sait très bien, et essaie de l'accomplir. Pierre Nédoncelle observe : « Il est si passionné qu'il se jette tout entier dans le premier aspect qu'il aperçoit, et il le rejette ensuite, parce qu'il en aperçoit un autre auquel il veut rendre justice avec la même fougue. Il est antithétique à la surface ; mais au fond de lui-même il ne peut se débarrasser d'aucun élément essentiel ; par suite, l'antithèse reste dans l'expression et la dialectique se cache dans l'esprit[33] ».

---

27 *Ibid.*, p. 292, n. 568.
28 *Ibid.*, n. 567.
29 *Ibid.*
30 Pascal, *Œuvres complètes*, éd. Lafuma, éd. citée, p. 421, *Preuves par discours*.
31 Louis Van Delft, « Montaigne et l'économie du "moi" », dans Wilfried Floeck, Dieter Steland et Hosrt Turk (dir.), *Wolfenbütteler Forschungen. Formen innerliterarischer Rezeption*, n° 34, 1988, p. 404.
32 Voir l'analyse du moi chez Montaigne par Hugo Friedrich, *Montaigne, op. cit.*, p. 220-270.
33 Pierre Nédoncelle, « Le moi d'après les *Pensées* », dans *Pascal. Textes du tricentenaire*, Paris, Fayard, 1963, « Le Signe », p. 35.

Montaigne et Pascal sont unis sous le signe du moi. Sous la condamnation de l'auteur des *Essais* par l'auteur des *Pensées*, se cache un éloge.

CONNAISSANCE, SAGESSE

Montaigne et Pascal posent « la question de l'homme et la connaissance de soi[34] ». La monstration et analyse du moi conduisent à cette question capitale. L'être se demande : c'est quoi l'homme ? Quel est son rapport avec le ciel ? Et il se pose des interrogations sur sa vanité. Il se retire pour se connaître. Sa conscience se montre bien avant Sigmund Freud. Montaigne invite l'homme « à ne se contenter jamais de soi, à se repentir pour travailler à se dépasser[35] ». Pascal ne fait-il pas de même ? Devoir de sincérité, « autonomie de la conscience[36] », savoir vivre cette vie. La dignité ne sera pas une qualité obtenue *ab aeterno*, mais le résultat d'un comportement, d'une conquête, d'un choix, de « notre zèle » (II, 12, 444).

Montaigne et Pascal se rencontrent encore une fois. La véritable dignité est dans la « connaissance de soi » (II, 3, 353) et dans le « désir de connaissance » (III, 13, 1065) : notre esprit est sans bornes, parce qu'« il est curieux et avide » (II, 12, 559-560).

Marcel Tetel observe : « La conscience religieuse et morale de Pascal semble distinguer plus nettement le bien du mal que celle de Montaigne, mais les deux penseurs se rejoignent dans l'abîme de la conscience existentielle ou psychologique[37] ».

Si Pascal est plus catégorique et Montaigne plus critique, cela n'éloigne pas leur rencontre. La conscience a une grande responsabilité. Pascal l'isole et Montaigne la lance dans le concert du monde, dans le constat de la faiblesse de la raison. Encore Tetel : « Montaigne et Pascal se rendent compte de l'inconstance du savoir et de la faiblesse des moyens

---

34 Emmanuel Faye, *Philosophie et perfection de l'homme. De la Renaissance à Descartes*, Paris, Vrin, 1988, p. 199.
35 Villey, *Les Essais de Montaigne, op. cit.*, p. 135.
36 *Ibid.*, p. 137.
37 Marcel Tetel, « Conscience chez Montaigne et Pascal », *Saggi e ricerche di letteratura francese*, vol. XIV, 1975, p. 11.

disponibles pour atteindre cette connaissance. Naturellement tous les deux dénigrent la raison. Montaigne s'en sert contre lui-même pour détruire toute position sur laquelle il s'appuierait trop solidement, et Pascal raisonne fermement contre ceux qui déifient la raison[38] ».

La connaissance vient de la conscience. Conscience ouverte chez Montaigne et conscience fermée chez Pascal. Peu importe. Les deux consciences se rencontrent et collaborent. Le premier aime l'imagination, le deuxième la condamne, mais chez les deux il y a : « la conscience est l'être », et « l'homme sait ce qu'il est[39] ».

L'instable du monde se fait stable dans la conscience, via la connaissance. Les deux philosophes trouvent un lien commun dans les mathématiques elles-mêmes. Ils déplorent les apparences pour la profondeur de la conscience, prise « dans les tribulations rongeuses et non dans la sérénité[40] ». L'homme vit dans la précarité.

La sagesse réside dans l'expérience. Montaigne lui consacre son dernier essai. Cela ira très loin, et stimulera les grandes recherches de la science. Galilée est le fruit de cette marche. Pascal lui aussi. Il suffit de lire quelques-uns de ses titres : *Le côniques, Introduction à la géométrie, Le triangle arithmétique, Écrits sur le vide et l'équilibre des liqueurs*... « La vérité est chose si grande, que nous ne devons dédaigner aucune entremise qui nous y conduise » (III, 13, 1065).

La curiosité est une bonne chose si on l'achemine sur la lignée de la sagesse, pour le bien de la connaissance. René Descartes est insuffisant, pour traiter la vérité : Montaigne est sur un chemin pré-pascalien. Le savoir nécessite lui aussi la force de Dieu. Le monde vit dans les « illusions[41] ». L'art de penser de Montaigne et Pascal est un chemin de vérité, et d'expérience mise en acte.

Montaigne va choisir une philosophie plus humaine. Au fur et à mesure, il s'éloigne du stoïcisme, pour suivre la nature. Sa propre folie n'est que « sagesse » qui « est un maniement réglé de notre âme » (II, 2, 348). « Tout sage qu'il voudra, mais enfin c'est un homme » (II, 2, 346).

La vérité est en nous-mêmes. Nous serons sages de notre seule sagesse : une vérité qui fait rencontrer Montaigne et Pascal, au plus haut niveau.

---

38   *Ibid.*, p. 17.
39   *Ibid.*, p. 19.
40   *Ibid.*, p. 35.
41   Pascal, *Pensées*, éd. Sellier, p. 73-75, n. 123-127.

La liberté s'encadre dans ce processus. Usage du monde et usage de la conscience. Connaissance qui avance et sens de ses chances. « Irréductible désir du vrai et du juste[42] », chez les deux philosophes.

Il y aura alors « un bon usage de la raison[43] ». La critique de la coutume chez Pascal devient éloge de la coutume chez Montaigne. La coutume a sa puissance qui est le fruit de la raison depuis longtemps appliquée. « Montaigne a tort[44] » sur la coutume, « mais le peuple la suit par cette seule raison qui la croit juste[45] ». Question de « causes » et « effets » si chers à Pascal[46].

Le monde de l'humaniste Montaigne est un champ de recherche, c'est-à-dire d'« inquisition » : la philosophie reçoit sa plus forte poussée par le sens du « progrès » et de l'« ignorance » (III, 11, 1030), simultanément. Le doute est la lignée de la science et de l'expérimentation. Mais la science de l'humaniste Montaigne doit s'appuyer sur la lumière de Dieu, comme celle de Pascal. Oui, « nous sommes nés à quêter la vérité », mais celle-ci se cache plus « en hauteur infinie » que « dans le fond des abîmes » (III, 8, 928).

Pascal condamne le doute chez Montaigne, mais il a plus de doutes que son maître.

ÉCRITURE

Le plus grand lien entre Montaigne et Pascal est dans leur style, qui est « au carrefour des genres[47] ». Si le deuxième est un virtuose de la parole et de la structure justes – Pascal est peut-être, avec Jean Racine, deux jansénistes, ce qui n'est pas un hasard, le plus grand écrivain du style "classique" –, le premier est pour une langue en cavalcade, qui

---

42 Knee, *La Parole incertaine : Montaigne en dialogue*, *op. cit.*, p. 128.

43 Edmond Giscard d'Estaing, « Pascal et le bon usage de la raison », dans *Pascal. Textes du tricentenaire*, *op. cit.*, p. 286.

44 Pascal, *Pensées*, éd. Sellier, p. 247, n. 454.

45 *Ibid.*

46 *Ibid.*, p. 262, n. 480.

47 Alexandre Tarrête, *A. T. commente les Essais de Montaigne*, Paris, Gallimard, coll. « Folio », 2007, p. 19.

bouge comme le cœur de l'homme. Le langage des *Essais* est celui du mouvement, du cercle ouvert, de la progression à l'infini de la phrase. Celui de Pascal est fait de formules inattaquables – influence aussi des sciences « exactes », sur lui. L'un est pour la formule parlée, l'autre pour l'écrite. C'est le « mouvement de la pensée[48] » qui gère tout chez Montaigne : c'est celui de la formule de la religion et des mathématiques que suit Pascal.

En partant d'une situation différente, Montaigne et Pascal appliquent la même formule. Le plus grand éloge de l'écriture des *Essais* est dans les *Pensées* : « La manière d'écrire d'Épictète, de Montaigne et de Salomon de Tultie est la plus d'usage qui s'insinue le mieux, qui demeure plus dans la mémoire et qui se fait le plus citer, parce qu'elle est toute composée de pensées nées sur les entretiens ordinaires de la vie, comme quand on parlera de la commune erreur qui est parmi le monde que la lune est cause de tout, on ne manquera jamais de dire que Salomon de Tultie dit que *lorsqu'on ne sait pas la vérité d'une chose il est bon qu'il y ait une erreur commune*, etc., qui est la pensée de l'autre côté[49] ». Formules de mémoire, de citations, d'entretiens, de dialogue avec « l'autre côté ».

La présence de Montaigne est partout, chez Pascal. Idées et citations se faufilent aux endroits les plus inattendus. Le texte de Montaigne est le nerf du texte pascalien, une source intarissable. Une seule pensée de l'écrivain bordelais ouvre tout un monde pascalien.

Jean Mesnard est l'auteur d'un article mémorable : *Montaigne maître à écrire de Pascal.* Que c'est juste. Ce titre exprime tout. Intérêt « indiscu-table[50] ». Les éléments communs dépassent largement les contrastes. Je partage en entier la conclusion de Mesnard : « Montaigne lui a enseigné la saveur du concret, le prix d'un terme imprévu et qui fait choc. Il lui a montré que l'ordre et l'équilibre ne sont pas les seules valeurs de la phrase et lui a ouvert la voie de la diversité, de la tension, des figures hardies, lui proposant un certain type de naturel dont il fallait trouver l'équivalent dans un autre langage. Il lui a procuré une mine d'exemples invitant à réfléchir sur les comportements humains, modèles à adap-ter, à compléter par d'autres, et surtout à organiser pour accroître leur

---

48 *Ibid.*, p. 100.
49 Pascal, *Pensées*, éd. Sellier, p. 322, n. 644.
50 Jean Mesnard, « Montaigne maître à écrire de Pascal », dans *La culture du XVIIe siècle. Enquêtes et synthèses*, Paris, Presses Universitaires de France, 1992, p. 74.

force de signification. En définitive, de Montaigne écrivain, Pascal est loin d'avoir tout retenu, et il n'a rien retenu sans le filtrer à son usage. Peut-être cependant lui doit-il, au prix d'une transmutation complexe, d'avoir été tout à fait lui-même[51] ».

Montaigne et Pascal se répondent, en matière de langage[52]. Le texte doit « aveugler » et « éclaircir[53] ». Pour Pascal, saint Augustin, Montaigne et Sebonde sont sur le même plan[54].

Deux façons de pratiquer la philosophie et de philosopher, qui se rencontrent tout le temps[55]. Pascal suit son maître pas à pas. Il en a besoin à toute ligne, même quand il affirme que son autre dirait des « sottises[56] ». Le texte descend du texte. Merveilleuse chaîne textuelle. Après Bernard Croquette, Laurent Thirouin fait une analyse comparative par *lieux communs*[57], en parvenant à une déclaration d'*appropriation* de l'original : « Montaigne dépouillé est critiquable en tout, si ce n'est dans cet art dont il est l'inspirateur – art de juger et de s'approprier, qui érige l'ingratitude en idéal intellectuel. C'est cet *art de conférer*, qui assure à son auteur de demeurer incomparable[58] ».

Le texte pascalien est-il une « authentification des réminiscences[59] » concrètes de Montaigne ? Pascal accomplit un travail immense de réécriture, via son âme et son lien avec l'infini de Dieu. C'est un gigantesque texte en mouvement qui est sous notre regard. Au fur et à mesure, la méthode et l'écriture embrassent le sens. Art de persuader et de conférer qui atteint son sommet.

---

51 *Ibid.*, p. 94.
52 Tetel, « Conscience chez Montaigne et Pascal », art. cité, p. 21.
53 Pascal, *Pensées*, éd. Sellier, p. 145, n. 268.
54 *Ibid.*, p. 268-269, n. 495.
55 Souleymane B. Diagne, « Pascal et les "sottises de Montaigne" : de deux façons de philosopher », dans Claude Blum (dir.), *Montaigne penseur et philosophe (1588-1988)*, Paris, H. Champion, 1990, p. 53-58.
56 Pascal, *Pensées*, éd. Sellier, p. 322 n. 644.
57 Laurent Thirouin, « Montaigne demi-habile ? Fonction du recours à Montaigne dans les *Pensées* », *Revues des sciences humaines*, n° 244, 1996, p. 83.
58 *Ibid.*, p. 102.
59 Croquette, *Pascal et Montaigne. Études des réminiscences des* Essais *dans l'œuvre de Pascal*, *op. cit.*, p. 84.

CHEMIN COMMUN

Revenons à l'*Entretien avec M. de Saci*. Ce texte mériterait encore une longue et profonde lecture. Écrit par le futur janséniste Pascal, il contient toute la vérité de son lien avec Montaigne, « qui fait profession de la religion catholique[60] ». Montaigne est d'une sublime clarté : « Il met toutes choses dans un doute universel et si général, que ce doute s'emporte soi-même, c'est-à-dire s'il doute, et doutant même de cette dernière supposition, son incertitude roule sur elle-même dans un cercle perpétuel et sans repos ; s'opposant également à ceux qui assurent que tout est incertain et à ceux qui assurent que tout ne l'est pas, parce qu'il ne veut rien assurer[61] ».

Plus que tout lecteur, Pascal comprend le voyage de Montaigne. Il poursuit de façon encore plus évidente : « C'est dans ce doute qui doute de soi et dans cette ignorance qui s'ignore, et qu'il appelle sa maîtresse forme, qu'est l'essence de son opinion, qu'il n'a pu exprimer par aucun terme positif. Car, s'il dit qu'il doute, il se trahit en assurant au moins qu'il doute ; ce qui étant formellement contre son intention, il n'a pu s'expliquer que par interrogation ; de sorte que, ne voulant pas dire : 'Je ne sais ?', il dit : 'Que sais-je ?', dont il fait sa devise[62] ». Ce doute est l'essence du texte de l'auteur des *Essais*, où il « juge à l'aventure de toutes les actions des hommes et des points d'histoire, tantôt d'une manière, tantôt d'une autre, suivant librement sa première vue, et sans contraindre sa pensée sous les règles de la raison, qui n'a que de fausses mesures[63] ».

On sait que les *Essais* seront mis à *l'Index* le 28 janvier 1676. Pascal est décédé depuis 1662. Il ne peut plus participer au débat autour de l'œuvre de son maître. L'aurait-il défendue ? Je pense que oui.

Une pensée systématique – Pascal – face à une pensée changeante – Montaigne. Mais les deux pensées collaborent, se marient, se brassent. L'apôtre de la primauté de l'homme, lutteur contre l'intolérance et

---

60 Pascal, *Œuvres complètes*, p. 564, *Entretien avec M. de Saci*.
61 *Ibid.*
62 *Ibid.*
63 *Ibid.*, p. 565.

humaniste numéro un de la Renaissance, rencontre le théoricien de la religion et de la divinité, et de l'homme frappé par le cauchemar de l'abîme. Mais « comme les abeilles [qui] pillotent deçà delà les fleurs, mais elles en font après le miel, qui est tout leur ; ce n'est plus thin ni marjolaine » (I, 26, 152), Pascal crée l'unité via les fragments.

Les multiformités se font centre. La pluralité des hommes se fait Homme. Le point de départ est le même : la philosophie est inutile. C'est l'être qui compte, variable et uni. Joubert observe dans ses *Pensées et lettres* : « La plupart des pensées de Pascal, sur les lois, les usages, les coutumes, ne sont que les pensées de Montaigne, qu'il a refaites[64] ». À l'opposé, Sainte-Beuve soutient que Pascal ne veut que ruiner Montaigne. Je ne peux pas être en accord avec ce grand critique. Montaigne et Pascal accomplissent un chemin commun, celui de l'Être en ce monde.

Il est politiquement indispensable que le janséniste Pascal souligne les « défauts[65] » de Montaigne. Mais ils sont unis dans leur parcours : unité dans la diversité. Montaigne sera toujours, pour Pascal, l'« incomparable auteur ». Ses critiques font partie du débat nécessaire. Sa lecture est profonde : c'est que Pascal parle de lui-même travesti en Montaigne.

Les analogies dépassent les différences. Seules différences possibles : Montaigne est un écrivain « méditerranéen » aimant la joie de vivre et l'optimisme, dans sa position laïque, tandis que Pascal est un penseur du Nord, pessimiste et profondément situé dans sa religion[66].

Giovanni DOTOLI
Università di Bari Aldo Moro

---

64 Louis Joubert, *Pensées, essais, maximes et correspondance*, 2 vol., éd. M. Paul Raynal, 2ᵉ éd., Paris, Veuve Le Normant, 1850, t. II, p. 173.
65 Pascal, *Pensées*, éd. Sellier, p. 288, n. 559.
66 Voir mon livre *Montaigne philosophe méditerranéen*, Paris, Hermann, 2012, *passim*.

MONTAIGNE ET LA CULTURE
DE L'EXEMPLARITÉ AU XVIIᵉ SIÈCLE

Des études récentes ont souligné que l'usage des exemples était une véritable méthode chez Montaigne[1], et cela en deux sens : il prend en quelque sorte des échantillons, il étudie la valeur normative des modèles. Cette double fonction de l'exemplarité le conduit à explorer la culture des anciens, dans laquelle il se meut comme s'ils étaient ses contemporains. Cette familiarité n'est pas simple contingence ni trait de psychologie : elle témoigne d'une décision dans la manière d'écrire l'histoire, en la disjoignant de vues providentialistes aussi bien qu'ethnocentriques. Qu'il s'agisse des Grecs ou des sauvages, des hommes de telle condition, ou de tel temps, quel que soit le statut des sources citées, la liberté de Montaigne n'est pas un universalisme qui uniformiserait les différences, c'est un travail sur la confrontation des singularités. Parmi les lecteurs de Montaigne, Fontenelle l'engage dans la querelle des anciens et des modernes, Gabriel Naudé s'interroge sur son public et son usage, ses disciples libertins et ses détracteurs théologiens polémiquent sur son interprétation. Mais la présente étude prend acte, au-delà des écoles et à partir de Montaigne, d'une philosophie du sujet comme événement dans ce qu'on pourrait qualifier de culture de l'exemplarité au XVIIᵉ siècle.

---

1   Voir notamment le célèbre article de Karlheinz Stierle, « L'Histoire comme exemple, l'exemple comme histoire », *Poétique*, nᵒ 10, 1972, p. 176-200 ; et l'entrée « Exemple – Exemplarité » avec sa bibliographie par Claire Couturas, dans Philippe Desan (dir.), *Dictionnaire Montaigne*, Paris, Classiques Garnier, 2018, p. 690-696. On consultera également l'étude plus ancienne de Marcel Gutwirth, *Michel de Montaigne ou le pari d'exemplarité*, Montréal, Presses de l'Université de Montréal, 1977 ; ainsi que l'ouvrage dirigé pat Laurence Giavarini, *Construire l'exemplarité. Pratiques littéraires et discours historiens (XVIᵉ-XVIIIᵉ siècles)*, Dijon, Éditions Universitaires de Dijon, 2008.

MONTAIGNE SAISI PAR FONTENELLE

Fontenelle renouvelle les *Dialogues des morts* de Lucien en écrivant les *Nouveaux dialogues des morts*[2]. Le dessein de Lucien et de Fontenelle est-il le même ? Quel plaisir trouve-t-on à lire ce genre littéraire qui déplace notre temps et instaure un dialogue en lieu et place d'une lecture : échanger au lieu, comme dit Platon, que l'écrit nous ressasse toujours la même chose, sans commenter[3]. Monumentaliser les morts, faire parler les statues, croiser les statuts des morts et des vivants : plaisir analogue à celui que l'Alice de Lewis Carrol nous fait découvrir en entrant dans les miroirs et en reculant dans le temps. Mais c'est peut-être penser le temps comme l'espace, sans irréversibilité, comme les cavernes dont saint Augustin fait le lieu de la mémoire. Un cheminement désorienté où on se laisse surprendre : la jouissance du dessaisissement. Une promenade. La Mothe Le Vayer en fait un genre[4]. Montaigne la pratique dans sa bibliothèque.

Dans un dialogue de Fontenelle, Montaigne aborde Socrate, qui déclare être dans une certaine solitude, il dit, presque comme un enfant triste : « on me laisse assez seul » : quel est cet on ? car ce n'est pas la compagnie du philosophe que les hommes, vivants ou morts, recherchent. Il se réjouit pourtant d'avoir des nouvelles « de là-haut ». Montaigne lui répond que le monde est si changé qu'il ne le reconnaîtrait pas.

Ainsi s'amorcent des propos sur les anciens et les modernes, querelle fameuse[5] qui ne se réduit pas à la recherche de modèles poétiques, comme l'histoire littéraire a pu le croire, mais signifie aussi la confrontation de deux systèmes, de deux cultures, l'une dominante, celle des censeurs chrétiens, l'autre amoureuse de l'érudition et de la littérature, les lettres

---

2   *Fontenelle, Œuvres complètes*, éd. Alain Niderst, 8 vol., Paris, Fayard, 1990-2000, t. I, p. 47 et suiv. Sur la date des *Nouveaux dialogues*, entre 1681 et 1677, voir Alain Niderst, *Fontenelle à la recherche de lui-même (1657-1702)*, Paris, A.-G., Nizet, 1972, p. 201-207.

3   Platon, *Phèdre*, trad. Léon Robin, Paris, Les Belles Lettres, 1961, 275d.

4   Francine Markovits, « La promenade comme lieu sceptique », dans Jean-Charles Darmon, Philippe Desan et Gianni Paganini (dir.), *Scepticisme et pensée morale*, Paris, Hermann, 2017, p. 145-164.

5   Fontenelle, *Digression sur les anciens et les modernes* (1688), éd. citée, t. II, p. 411 et suiv. Voir par exemple Charles Perrault, *Parallèles des anciens et des modernes* (1688). Aujourd'hui, Marc Fumaroli, *La Querelle des anciens et des modernes, précédé d'un essai*, Paris, Gallimard, 2001.

grecques. Ni progrès ni décadence, c'est une répétition ou une reprise. Chacun des protagonistes imagine plus beau le monde de l'autre, or le monde moderne est plus fou et corrompu que jamais. C'est une réflexion sur une demande, sur ce qu'on demande à un autre temps, mais c'est seulement un trait de la psychologie humaine que cette demande. Socrate dira plus loin, si on est prévenu pour l'antiquité, c'est qu'on a du chagrin pour son siècle et l'antiquité en profite. Mais si l'on compare les ancêtres des anciens, et nous-mêmes comme ancêtres un jour, tout cela est bien égal.

Pourrait-on croire profiter du reste de l'expérience des autres siècles ? Les hommes, comme les oiseaux, se laissent toujours prendre aux mêmes filets. L'exemple du piège ou de la capture n'est pas là par hasard, La Boétie en fait un large usage[6]. Mais en réalité les hommes sont toujours les mêmes. Ainsi pourquoi créditer l'antiquité de plus de sagesse ?

Fontenelle a dédié ses *Nouveaux dialogues des morts* à Lucien, aux champs élyséens. Il a fait, comme lui, moraliser ses morts. Et il ne fut pas être surpris qu'ils parlent de ce qui s'est passé longtemps après eux. Le texte se divise : dialogues des morts anciens, dialogues des morts modernes, dialogues des morts anciens avec les modernes. Il y a eu deux parties successivement parues au cours de l'année 1683.

Le premier dialogue des morts anciens, entre Alexandre le conquérant et la courtisane Phryné, établit le parallèle entre la conquête militaire et la galanterie. Ce marivaudage avant la lettre, « exécuter toujours, sans avoir aucun dessein », n'inspire pas seulement les dialogues où s'expriment les amantes ou les aventurières, et ce n'est pas seulement un épicurisme de l'art de ménager ses passions qui s'exprime, ou plutôt, on pourrait dire que sa logique se transpose dans le domaine de l'exégèse et de la fabrique du divin, des moyens de l'ambition et des ruses de l'imposture politique, de la méditation de la mort et du meurtre politique, du débat entre médecins et physiciens, du débat sur le destin et le hasard, dans le parallèle des dons de l'esprit et des biens de la fortune, dans l'identification des hommes et de leur nom... Raimond Lulle dit à Artémise : « Il en est de la fidélité conjugale comme du grand œuvre [...] toutes les sciences ont leur chimère[7] ». Désabusé, Homère dit

---

6   Voir le *Discours de la servitude volontaire* et notre article : « L'ouvroir de tyrannie », Paris, Klincksieck, à paraître.

7   Fontenelle, *Œuvres complètes, op. cit.*, t. I, p. 159.

à Ésope que les hommes ont donné un sens caché à ses écrits, Ésope rétorque que si l'on a cru les dieux auteurs de discours, pourquoi ne l'aurait-on pas cru des bêtes ? De l'amour à la politique, les machinations suivent des lois, il y a une raison des passions. Le meurtre peut être mis en balance avec d'autres destructions, il y a une économie de ce que les chrétiens appellent le mal. Les commandements et les interdits sont décrits et décriés comme de simples cas de figure, ce qui permet de dire, entre Straton et Raphaël, que « les préjugés sont le supplément de la raison[8] », ce dont elle ne peut se passer. Scarron dit à Sénèque que « toute sagesse est enfermée dans la plaisanterie[9] ». Qu'il s'agisse des dieux grecs, hommes statufiés, ou des Américains qui ont pris les Espagnols et leurs canons pour de dieux, Fontenelle suit la méthode de l'*Histoire des fables* et *De l'origine des fables*, où il montre la fabrique des fables ou des mythes à partir du fonctionnement du discours et des figures de la rhétorique. Métaphore et métonymie sont les procédures de fabrication du sacré. Le Décalogue biblique est battu en brèche. Les interdits comme le meurtre, l'adultère, par exemple sont subvertis en calculs. Faut-il braver la mort ? En badiner ? Où sont les morts ? Dans l'immortalité ? Dans l'éternité ? Dans l'ennui ?

Le jugement de Pluton débute ainsi : « Jamais il n'y eut tant de désordre dans les Enfers[10] ». Depuis que les Morts ont lu les Dialogues qu'on leur fait faire, « tout est renversé ». Les Courtisanes se sont jetées dans le quartier des Héros, les savants ont traité les princes comme les princes devraient traiter les savants, Anacréon et Aristote se disputent la philosophie... Pluton embarrassé décide de faire juger le livre dans son palais[11]. Les uns et les autres viennent plaider.

Il nous semble qu'au-delà de l'ironie de ces textes, il y a une teneur théorique qui tient à une interrogation sur le statut du discours. Fontenelle pratique des déplacements et des transpositions, comme s'il appliquait à la morale et aux discours les mécanismes de sa physique des tourbillons. Nous avons montré ailleurs, à propos de Spinoza et à propos des sceptiques, combien cet échange des déterminations entre le physique et le moral est important dans l'histoire de l'argumentation et comment

---

8   *Ibid.*, p. 173-176.
9   *Ibid.*, p. 153 et suiv.
10 *Ibid.*, p. 215.
11 *Ibid.*, p. 215-216.

il déstabilise les déterminations métaphysiques du dualisme en particulier[12]. Et ce sont les Précieuses qui tirent la leçon de cet argument[13], en vertu de leur « économie du babil ».

La *Lettre des vivants aux morts*[14] vient clore une discussion où il est question de ce que les vivants font dire aux morts et que les morts contestent ; mais aussi, en général, de ce que les uns font dire aux autres et qui est le fondement du nom qu'on leur attribue, Fontenelle dira plus loin que les morts ne méritent pas *ipso facto* le nom d'Anciens ; et ainsi, comme Lucien ne peut se justifier, Pluton érige cette règle : « qu'il défendait à tout faiseur de Dialogues des morts, d'approuver jamais rien, ni de dire du bien de personne, de peur des contradictions[15] ». Au lieu de traiter frontalement des contradictions, le texte travaille sur l'intersubjectif et le discours indirect : il s'agit de ce qu'un tel fait dire à autrui. Il y a déplacement de la question de la vérité de la relation historique : et par exemple, au sujet de la virginité d'Élisabeth d'Angleterre, que plusieurs disent être la plus douteuse de ses qualités, c'est à travers le discours de deux amants que la pudeur de la reine peut s'exprimer sans aveu, sans dénégation non plus. C'est tout un travail non seulement sur le dit et le non-dit mais sur : qui le dit et dans quel échange. Aussi Pluton peut-il légiférer sur le droit ou non qu'ont certains morts à se trouver ensemble dans le même livre.

Le Montaigne de Fontenelle savait bien que Socrate retournerait l'argument du progrès, lui qui enveloppe si adroitement ses interlocuteurs et les fait accoucher de leurs propres pensées, qu'elles leur soient présentes ou inconscientes. Montaigne ne s'avoue pas vaincu : la nature ne saurait-elle plus produire de grandes âmes, des généraux, des sages, et même enfin des Socrate ? La nature s'est-elle épuisée ? A-t-elle voulu prouver ses capacités en produisant quelques échantillons, s'est-elle lassée et réfugiée dans la négligence ? Ce n'est pas donner d'elle une image providentielle mais plutôt une interprétation mécanique, car les machines s'usent, et on n'a pas trouvé de machine sans frottement. Et au siècle de Galilée le monde est une machine.

---

12 André Pessel, *Dans* L'Éthique *de Spinoza*, Paris, Klincksieck, 2018, Voir aussi *Les Versions du sujet, étude de quelques arguments sceptiques au* XVIIᵉ *siècle*, Paris, Klincksieck, 2020.

13 André Pessel, « De la conversation chez les Précieuses », *Communications*, nᵒ 30, 1979, p. 14-30.

14 Fontenelle, *op. cit.*, p. 233.

15 *Ibid.*, p. 226.

Montaigne raisonnait comme un historien de la nature humaine, on dirait peut-être aujourd'hui un anthropologue, pensant que tout changeait, les siècles ayant leur caractère comme les hommes : savants et ignorants, naïfs et raffinés ; ne peut on aligner la morale dans cette comparaison, et distinguer des siècles vertueux et des siècles méchants ? Justement non. Ce n'est pas une conséquence, réplique le Socrate de Fontenelle :

> Les habits changent, mais ce n'est pas dire que la figure des corps change aussi. La politesse ou la grossièreté, la science ou l'ignorance, le plus ou le moins d'une certaine naïveté, le genre sérieux ou badin, ce ne sont-ils que les dehors de l'homme et tout cela change : mais le cœur ne change point et tout l'homme est dans le cœur[16].

Tous ces caractères ne sont donc pas équivalents, la permutation n'est pas universelle, le cœur n'est pas l'universel de la nature humaine. Ce n'est pas pour autant chercher l'essentiel sous l'apparence, Socrate introduit une autre variable qui est la mode :

> On est ignorant dans un siècle mais la mode d'être savant peut venir ; on est intéressé mais la mode d'être désintéressé ne viendra point. Sur ce nombre prodigieux d'hommes assez déraisonnables qui naissent en cent ans, la nature en a peut-être deux ou trois douzaines de raisonnables, qu'il faut qu'elle répande par toute la terre ; et vous jugez bien qu'ils ne se trouvent jamais nulle part en assez grande quantité pour y faire une mode de vertu et de droiture[17].

Montaigne discute faiblement cet argument statistique. La distribution se fait-elle également ? N'y aurait-il pas tout de même des siècles mieux partagés que d'autres ? Tout au plus, répond Socrate, « quelque inégalité imperceptible : l'ordre général de la nature a l'air bien constant ». Comme Leibniz, dont il écrivit l'éloge, Fontenelle dit : tout est là-bas comme ici. Et comme Leibniz, il raisonne sur l'imperceptible et l'insensible.

On ne s'attendait pas à voir Socrate argumenter sur la mode. Plus exactement, on ne s'attend pas à ce qu'une philosophie qui s'affirme comme une théorie des singularités[18], et c'est la méthode de Leibniz, le maître de Fontenelle, soit traitée comme une affaire de style. Car la

---

16   *Ibid.* p. 86.
17   *Ibid.*
18   Voir Christiane Frémont, *Singularités. Individus et relations dans le système de Leibniz*, Paris, Vrin, 2003.

mode et le style passent en général à nos yeux pour des êtres d'apparence et même de contingence. Mais faut-il traiter le contingent pour de l'accidentel par opposition à un essentiel ? Mais si le contingent lui-même était l'essentiel ? Et n'est-ce pas le cas si on pense l'essentiel comme constitué par de l'événementiel, par de l'histoire, par du singulier ? De l'art d'écrire à la théorie des variétés, la hiérarchie et la dogmatique s'absentent, la rhétorique se donne un rôle polémique.

Et n'est-ce pas la position de ceux que l'on qualifie de sceptiques et qui ont été récusés par les métaphysiciens de l'essentiel et du substantiel ? Les premières lignes du *Jugement de Pluton sur les nouveaux dialogues des morts* nous donnent une grille de lecture[19]. Pluton se désole que le désordre le plus total règne aux Enfers, à tel point que les courtisanes et les héros échangent leurs mœurs et leur langage. Qu'on ne s'y méprenne pas, il ne s'agit pas de critiquer le règne des favorites, d'expliquer le politique par Eros ; il s'agit plus sérieusement de la confusion des genres, de la permutation des frontières des domaines, d'un vrai bouleversement des catégories de pensée et d'évaluation. On n'a pas l'habitude de lire ces textes en érigeant la désinvolture en méthode. Pourtant, Fontenelle joue ici à faire de la plaisanterie une philosophie. Les anciens et les modernes effectuent ce que Nietzsche bien plus tard appellera une transmutation des valeurs. Kierkegaard puis Freud souligneront le rapport entre le sacré ou le surmoi et le rôle subversif de la plaisanterie. Elle seule, par son fonctionnement, peut fracturer les monumentalités. La rhétorique, l'ironie et toutes les formes du plaisir du verbe, vont donc déstabiliser les grandes figures de la Providence, elles-mêmes relayées, à l'âge d'un rationalisme positiviste, par les figures du progrès. Par rapport à la dogmatique, la rhétorique est stratégie de déstabilisation. Tout peut être parcouru en tous sens. L'audace n'est pas dans les thèses mais dans le style. C'est une réinterprétation du concile de Trente[20].

La mode et le style vont réévaluer le sens de la contingence et le singulier. Le style détermine le statut du contenu. Le Concile de Trente avait fixé les styles entre la morale et la physique, entre le dogme et les hypothèses. La différence des styles, les frontières entre disciplines étaient la règle. Désormais, il faut convoquer les morts

---

19   Fontenelle, *Jugement de Pluton*, dans *op. cit.*, p. 215.

20   Paolo Sarpi, *Histoire du Concile de Trente* [1619], trad. Pierre-François Courayer [1736], éd. Marie Viallon et Bernard Dompnier, Paris, H. Champion, 2002.

parmi les vivants, renverser les rapports des différents acteurs, il n'y a pas de thèse, seulement des échanges : Pluton demande s'il faut être ancien pour avoir le droit de dire des choses[21]. Le renversement des catégories va de pair avec un droit de péage des thèses que pour cette raison on attribue aux morts. Les morts ont le droit d'exercer toutes les critiques. La Mothe Le Vayer interrogeait le concept de « vertu des payens[22] » pour savoir, à la suite de saint Thomas, si les grands sages qui n'avaient pas connu la parole du Christ pouvaient néanmoins être sauvés. Le salut et la rédemption ne choisissent pas entre les sages anciens et les modernes.

L'ÉCOLE DE MONTAIGNE

Dans l'édition posthume des *Considérations politiques sur les coups d'État* (1667), Gabriel Naudé écrit : « Sénèque m'a plus servi qu'Aristote ; Plutarque que Platon ; Juvénal et Horace qu'Homère et Virgile ; Montaigne et Charron que tous les précédents ». Cela dessine assez bien la culture de ceux qu'on appellera, à la suite de Pintard, les « libertins érudits[23] ». Ils reconnaissent d'abord chez Montaigne un art d'écrire. Naudé le signale dans le même texte : « Ce livre n'a pas été composé pour plaire à tout le monde. Si l'auteur en eût eu le dessein, il ne l'aurait pas écrit du style de Montaigne et de Charron dont il sait bien que beaucoup de personnes se rebutent à cause du grand nombre des citations latines ». Cette façon d'écrire privilégie la fantaisie de l'auteur sur l'ordre strict imposé par la raison démonstrative : « Montaigne suit plutôt les caprices de sa fantaisie que les titres de ses *Essais* ». Naudé reconnaît enfin que Montaigne a « enchâssé » un discours dans un autre. Marie de Gournay, dans sa préface de 1635 aux *Essais*, justifie le refus du dogmatisme des sciences et du caractère scolaire de l'exposition, en

---

21 Fontenelle, *op. cit.*, p. 224.

22 La Mothe Le Vayer, *Œuvres de La Mothe Le Vayer*, réimpression de l'édition de Dresde 1756-1759, 2 vol., Genève, Slatkine Reprints, 1970. Voir t. II, p. 118-219. *Somme théologique de S. Thomas d'Aquin*, trad. et éd. F. Lachat, Paris, Louis Vivès, 1863.

23 René Pintard, *Le Libertinage érudit dans la première moitié du XVIIᵉ siècle*, Paris, 1943, réédition Slatkine, 1983.

comparant Montaigne à Socrate. Elle utilise à ce propos l'expression « libertinage de sa méthode[24] ».

La lecture de l'« Apologie de Raymond Sebond » a fourni aux libertins un modèle d'argumentation sceptique. On passe de la description de la variété des mœurs à une technique de variation réglée. Nous avons souligné ailleurs[25] la parenté de cette méthode avec l'histoire des mathématiques. Les variables sont ici les valeurs théoriques et morales qui prétendent normer la vie humaine. Il s'agit de soumettre la subjectivité à des opérations de déplacement. Si chez Montaigne le « commerce des hommes [...] permet de frotter et limer notre cervelle contre celle d'autrui » (I, 26, 153)[26], si chez lui encore « la raison a tant de formes, que nous ne sçavons à laquelle nous prendre ; l'experience n'en a pas moins » (III, 13, 1065). La culture de l'exemplarité que pratique Montaigne fait école : en mêlant les sources et les auteurs, grecs, latins, chrétiens, il sape les hiérarchies et les protocoles de vérité.

On peut dire que dans les *Dialogues faits à l'imitation des Anciens* (fin 1632) de La Mothe Le Vayer, le thème constant est ce que l'on pourrait nommer l'apologie du multiple. Cette apologie a une fonction pédagogique. Il s'agit de développer ce qu'on pourra nommer une sceptique chrétienne. Déplacer ou humilier les évidences de la raison peut servir à conforter les certitudes de la foi. Dans le *Dialogue de la divinité*[27], La Mothe Le Vayer contemple comme un grand océan « le nombre immense et prodigieux des religions humaines ». Il considère la foi comme l'aiguille aimantée de la boussole : faute de cette boussole, on peut seulement rendre compte de la diversité en établissant une analogie entre l'histoire de l'astronomie et celle des religions[28]. Dans les deux cas, il s'agit de « sauver les apparences » : Ptolémée ou Copernic le font pour le ciel, les différentes religions le font pour les mœurs et

---

24 Marie de Gournay, « Préface de 1635 » aux *Essais* de Montaigne, dans Philippe Desan, « "Cet orphelin qui m'estoit commis" : la préface de Marie de Gournay à l'édition de 1635 des *Essais* », *Montaigne Studies*, vol. 2, nº 2, 1990, p. 90 ; et *Id.*, *Montaigne dans tous ses états*, Fasano, Schena Editore, 2001, p. 207 et suiv.

25 Voir Montucla, *Histoire des mathématiques...*, Paris, an VII, réédition Blanchard, avant-propos Charles Naux, 4 vol., 1968. Voir notre ouvrage, *Versions du sujet, op. cit.*

26 Nous citons les *Essais* dans l'édition Villey-Saulnier publiée par les Presses Universitaires de France.

27 La Mothe Le Vayer, *Dialogues faicts à l'imitation des anciens*, éd. A. Pessel, Paris, Fayard, p. 330.

28 Voir André Pessel, *Versions du sujet, op. cit.*, introduction.

coutumes des hommes. Penser les religions en termes d'équivalence des hypothèses et leur assigner, en termes de savoir, une fonction purement anthropologique, c'est dégager la place pour l'efficace de la grâce et de la foi. C'est aussi, inévitablement, frayer un chemin pour l'interprétation des libertins. On ne décidera pas, chaque parti peut se cacher derrière l'autre et ce jeu a pu séduire différents siècles.

Cette pédagogie par la multiplicité peut même se développer par ce qu'on nommera un bon usage de l'erreur. Tout en récusant la valeur de vérité d'une doctrine douteuse, comme l'alchimie par exemple, les libertins sauvent son usage pédagogique parce qu'elle peut servir à produire des effets positifs dans le sujet. Ainsi dans l'*Apologie pour les grands personnages faussement soupçonnés de magie*, Naudé reconnaît-il que les livres de magie, même s'ils sont faux, habituent les athées à considérer qu'il existe d'autres substances que celles que l'on peut « voir ou toucher ».

Concernant les affaires de religion et de théologie, Montaigne et Charron sont les références communes des libertins. Mais ils sont traités bien différemment par leurs adversaires. Qu'il s'agisse du R. P. Garasse dans *La doctrine curieuse des beaux esprits de ce temps* (1623) ou de Mersenne, dans *L'impiété des déistes, athées et libertins de ce temps*, (1624) ou encore dans *La vérité des sciences contre les sceptiques ou pyrrhoniens* (1625), seul Charron fait l'objet de violentes attaques. Faut-il seulement l'imputer à la différence des styles, donc à la modalité, l'un procédant par « sauts et gambades », par digressions, et l'autre par système et construction des *Trois Veritez*. Il semble que la modalité soit le nœud de l'affaire. *La Sagesse* se présente en trois livres comme un traité de l'homme, dans l'analyse des passions et des conditions de la société, de la différence entre les hommes et de leur différence avec les bêtes. Mais cette anthropologie est entièrement soumise au regard de la sagesse et prudhomie qui se décline selon quatre vertus morales, prudence, justice, force, tempérance. L'ouvrage se conclut sur des discours chrétiens. En revanche, le livre des *Trois veritez* s'ouvre sur l'analyse et la condamnation de l'athéisme, sous ses différentes formes. On passe donc d'une anatomie de la condition humaine, observant les différences dans une histoire, à une apologétique du chrétien. C'est en même temps un système de défense par lequel Charron rectifie son propos anthropologique antérieur, en le resituant dans l'urgence d'une lutte contre l'athéisme, les fausses religions et les libertins. Les imputations sont complexes : car « libertin » est aussi une accusation portée contre le protestant et le janséniste, lesquels n'hésitent pas, après avoir condamné les athées et les déistes, à retourner cette imputation contre les jésuites et autres casuistes[29]. Pour ne parler que des « religions » européennes. Mais il ne faut pas oublier que Charron parle une fois au pluriel des « vraies religions », formule qui n'a pas été relevée.

À la suite de Montaigne, les libertins entendent dégager un nouveau type de sagesse. On en trouvera l'indice dans l'usage de l'expression latine « *bona mens* » traduite dans un premier temps par « bon sens » mais plus tard aussi par « bel esprit » : « Ceux qui disent communément contre ma profession que ce que j'appelle franchise, simplesse et nayf-veté en mes mœurs, c'est art et finesse et plustost prudence que bonté, industrie que nature, bon sens que bon heur, me font plus d'honneur qu'ils ne m'en ostent » (III, I, 795).

L'expression de *bona mens* est d'origine stoïcienne. La différence entre « bon heur » et bon sens peut s'expliquer par la référence à Sénèque qui l'utilise dans la Lettre XVI à Lucilius, pour rendre compte des résultats de la persévérance dans la méditation et pour passer de la simple bonne volonté (*bona voluntas*) à la sagesse accomplie (*bona mens*). Descartes et Naudé utilisent l'expression de manière totalement différente. Le projet cartésien d'un *studium bonae mentis* comme sans doute l'usage du terme *ingenium* dans les *Regulae* et du bon sens dans le *Discours de la méthode* définissent une sagesse universelle qui est un art de bien juger sur toutes les choses rendu possible par une lumière naturelle universelle. Cette capacité de bien juger a pour corrélat l'objet quelconque. Chez Naudé comme chez Charron, comme aussi chez Montaigne, l'universalité fait place à la diversité. L'argumentation sceptique exhibe la pluralité des esprits et l'étendue de leur pouvoir de juger dans l'interrogation sur la nature. Dans son *Petit traité sceptique sur cette commune façon de parler : n'avoir pas le sens commun*, La Mothe Le Vayer va jusqu'à dire que l'esprit humain est un aveugle-né et que, s'il faut raisonner en termes d'imitation, l'humain est au divin ce que les singes sont aux hommes. La *bona mens* chez Naudé est définie dans le *Syntagma de studio liberali* de 1633. Les grands esprits sont « héroïques » en ce qu'ils parviennent à construire de la stabilité dans un monde où tout est mouvant ; l'acquisition de la *bona mens* se fait non par le développement de dispositions fondamentales

---

29   Voir par exemple Jean Duvergier de Hauranne, abbé de Saint Cyran, *Réfutation de l'abus prétendu, et la découverte de la véritable ignorance et vanité du Père François Garasse*, s.l., 1626.

mais par l'intervention du sujet dans une histoire où il rencontre des effets de résistance. Enfin, cette *bona mens* se définit comme un remède par lequel le sujet se guérit des conditions précaires que lui réserve l'histoire des hommes et la constitution du savoir. La culture historique et critique est l'instrument de la *bona mens* pour évaluer l'ordre et la hiérarchie. Anthropologiquement, les récits de voyage et le recueil des histoires relativisent les évidences de l'ici et du maintenant. Le thème des voyages structure les scepticismes, mais surtout il engage des parallèles, des traductions, de effets d'équivalence qui rendent possible une théorie des variations.

Dans les *Entretiens d'Ariste et d'Eugène* (1671), Bouhours traite du bel esprit qu'il définit comme « inséparable du bon sens [...] il est gai, vif, plein de feu comme celui qui paraît dans les Essais de Montagne[30] ». Avec les libertins, comme avec Montaigne, se marque donc une résistance à l'universel. La Rochefoucauld qui écrira : « La bonne grâce est au corps ce que le bon sens est à l'esprit » (Maxime 67)[31] développera dans ses *Réflexions diverses* (16) le thème de la différence des esprits. Fontenelle, dans les *Nouveaux Dialogues des morts*, fait se rencontrer Socrate et Montaigne, qui avoue avoir cru que tout était en mouvement et que tout changeait. Mais Socrate, on l'a vu, lui répond en traitant tous ces changements comme des changements de mode, des changements d'habits : et quoique « ce n'est pas dire que la figure des corps change aussi » ce n'est pas dire non plus qu'il y ait une assez grande quantité d'hommes raisonnables pour faire « une mode de vertu et de droiture ». Il semble que ce Montaigne imaginaire reçoive ici la leçon des libertins.

L'ÉVÉNEMENT DU SUJET

Les études classiques ont fait généralement du cartésianisme un paradigme. On voudrait ici s'interroger sur les limites de ce paradigme. En effet, la détermination du sujet comme point fixe archimédien, tel

---

30   Père Dominique Bouhours, *Entretiens d'Ariste et d'Eugène* (1671), p. 194.
31   La Rochefoucauld, *Réflexions ou sentences et maximes morales et réflexions diverses*, éd. Laurence Plazenet, Paris, H. Champion, 2002.

qu'il est posé dans la *Seconde Méditation*, entraîne la définition du savoir comme effet de la pensée et celle du jugement comme effet du libre arbitre. L'instance du sujet peut alors être causante mais ne peut être causée sinon par Dieu. Il se pourrait cependant que cette thèse constitue une sorte de philosophie autorisée qui s'est imposée, au titre de classicisme, contre d'autres positions.

En effet, la construction de ce paradigme est en quelque façon historiquement encadrée par des positions qui rendent possible une résistance à l'idée du sujet comme principe. La reprise des arguments sceptiques et la réhabilitation de l'épicurisme conduisent à poser la relativisation de la fonction sujet. On fait ici l'hypothèse que cette résistance s'exprime par le traitement du sujet comme événement chez Montaigne ; on pourrait aussi, mais ce n'est pas ici notre propos, caractériser cette résistance et cette détermination du sujet comme place chez Pascal, comme partie chez Spinoza. On mentionne ces cas uniquement pour récuser une lecture du « premier qui » et du précurseur et pour contester une histoire de la philosophie ordonnée au paradigme du sujet comme principe.

À la position principielle du sujet s'opposent tout d'abord les arguments sceptiques que Montaigne a mis en œuvre. On connaît l'usage qu'il fait des dix modes d'Enésidème. Mais surtout, il reformule la question du critère : les critères du jugement ne sont pas ailleurs que dans le jugement même ; c'est pourquoi « nous voilà au rouet » (II, 12, 601). Le sujet est pris dans son discours. Montaigne pose un sujet qui se pense dans un système de relations dont il n'est pas le maître : le moi se produit, *événement* du moi.

On retrouvera ces résistances qui font du sujet un effet de son discours chez des auteurs comme Pascal ou Spinoza. Pascal marque un effet de délocalisation, à la fois dans la créature, comme le montre la dialectique de la raison des effets qui fait opérer la *pensée de derrière*, et dans l'histoire, où un peuple peut être témoin tout en étant dessaisi du sens de son témoignage. C'est le cas des Juifs qui portent un « livre scellé ». Le sujet est pour Pascal, traversé par des puissances dont il n'est pas non plus le maître, leur jeu détermine sa *place*. Spinoza marque la construction de la vérité comme le lieu, méconnu par lui-même, du sujet et non comme l'opération de la pensée du sujet. Spinoza pense le sujet comme effet d'un infini dont il est *partie*.

Pour Montaigne et Pascal, la question reste posée dans une philosophie de la conscience; la question du moi est une égologie sans
ontologie. On pourrait dire, inversement, que chez Spinoza, il s'agit
d'une ontologie sans égologie. Non que la question du moi soit absente
de l'*Éthique* de Spinoza mais le sujet est construit à partir d'autre que
soi : la substance. On évoquera Jean Cavaillès qui formule l'opposition
entre une philosophie de la conscience et une philosophie du concept[32].
L'autre de la conscience et l'intersubjectivité sont en écho dissonant. Le
sujet ne s'appartient pas, ne se fonde pas, ne s'apparaît pas. Le sujet est
effet d'ordre et non principe d'ordre.

Le livre de Montaigne, « Je n'ai pas plus faict mon livre que mon
livre m'a faict, livre consubstantiel à son autheur » (II, 18, 665), nous
montre comment distinguer effet de texte et écriture philosophique :
l'écriture de soi construit le soi parce que dans ce texte, se révèle qu'il
est constitué par autre chose que soi. Écrire n'est pas décrire, recensement de différences qui seraient déjà là ; écrire est se livrer au risque et
à l'expérience d'une quadruple altérité.

La première forme de cette altérité est la rencontre des livres qu'on
lit, avec lesquels on vit. Elle est l'expérience d'une contingence. Loin
de la fiction d'un dialogue, loin des influences ou des emprunts à des
thèses qui seraient toutes constituées, Montaigne se rend vulnérable,
si l'on peut dire, à une déconcertante familiarité avec des thèmes, des
mots cités, des auteurs anciens et modernes ; cette expérience qui fonctionne par pièces et par morceaux, est celle d'une altérité fondatrice.
Cette altérité ne désigne pas la place d'un Dieu créateur. Le moi n'est
pas créé, il se produit. On pourrait dire qu'il a lieu. La bibliothèque est
le lieu originel du moi parce qu'elle permet la production du texte par
un autre texte, elle relativise la fonction de l'auteur, elle lui interdit de
mimer la place du créateur. Il y a comme une échangeabilité des places
de l'ego, ou de la place de l'auteur, de Platon à Sénèque, à Plutarque
(III, 6, 876), à Tacite (III, 8, 920), à Montaigne même. L'autre n'est pas
à la place de la loi et du père mais s'exemplifie indéfiniment dans la
bibliothèque, comme il le fera dans les voyages.

---

32 Jean Cavaillès, *Sur la logique et la théorie de la science*, Paris, Presses Universitaires de France,
    1960, p. 78 : « Ce n'est pas une philosophie de la conscience mais une philosophie du
    concept qui peut donner une doctrine de la science. La nécessité génératrice n'est pas
    celle d'une activité, mais d'une dialectique ».

La seconde forme est la présence d'autres hommes. On pense d'abord à La Boétie, à la singularité de cette relation « par ce que c'estoit luy, par ce que c'estoit moy » (I, 28, 188) à l'unicité de l'ami et au silence qui suivit sa mort. Mais la relation à cet autre moi au tombeau déborde l'amitié, et le rôle de l'écriture est de s'aventurer dans cette perte, d'affronter ce désaisissement. L'*alter ego* transpose, déplace, abolit l'ego. On ne peut néanmoins concéder au lecteur le confort de retrouver cela dans la littérature, qui est loin d'en être le recueillement. C'est au contraire une réflexion sur l'instable, affrontée aux réflexions sur la fermeté du sage. La constance n'est pas où on la croit. Cette familiarité de l'inquiétude, qui ne trouve d'apaisement que dans la solitude de l'amitié, cultive l'improbable, les effets de rencontre.

> Il y a, au delà de tout mon discours, et de ce que j'en puis dire particulierement, ne sçay quelle force inexplicable et fatale, mediatrice de cette union. Nous nous cherchions avant que de nous estre veus, et par des rapports que nous oyïons l'un de l'autre, qui faisaient en nostre affection plus d'effort que ne porte la raison des rapports, je croy par quelque ordonnance du ciel ; nous nous embrassions par noz noms. Et à nostre première rencontre, qui fut par hazard en une grande feste et compagnie de ville... (*ibid.*)

Les sceptiques du siècle suivant, et plus tard Hume, fervents dans le culte de Montaigne, liront à travers lui l'Aristote médecin des problèmes de la mélancolie, et y décèleront la douceur de la tristesse, qui n'est autre que le parti-pris de l'immanence : « Metrodorus disoit qu'en la tristesse il y a quelque alliage de plaisir. Je ne sçay s'il vouloit dire autre chose ; mais moy, j'imagine bien qu'il y a du dessein, du consentement et de la complaisance à se nourrir en la melancholie ; je dis outre l'ambition, qui s'y peut encore mesler » (II, 20, 674). L'usage du sixième mode (le mélange) nous reconduit aux affaires politiques, de Platon à Tacite, et nous contraint à faire part « aux droicts de la fortune » au préjudice de la Providence.

Nous aimons dans la peinture de l'amitié la familiarité de deux âmes « d'un mélange si universel qu'elles effacent et ne retrouvent plus la couture qui les a jointes ». Montaigne fait de cette relation singulière et exemplaire une relation unique. En même temps elle est le chiffre d'un caractère : celui de l'auteur du *Contr'Un*. La réflexion sur la structure de réseau du politique implique une étude des formes anciennes de l'amitié (*naturelle, sociale, hospitalière, vénérienne*) comme condition des mœurs et de la morale : « Et dit Aristote que les bons legislateurs ont eu plus de soing de l'amitié que de la justice ». Mais cette « ardente affection » n'est pas de même rang. « Il n'est pas en la puissance de tous les discours du monde de me déloger de la certitude que j'ay des intentions et jugemens du mien [amy] ». A l'incertitude des savoirs, s'oppose la certitude de l'être de l'ami. Et c'est d'elle que dépend le savoir que j'ai de mon propre être. Je suis une partie de son image, fait dire Spinoza au père de l'enfant mort[33].

Une troisième forme d'altérité est dans les circonstances « impréméditées » et fortuites comme le personnage même du philosophe. Montaigne est un homme politique : à ce titre, il voyage, il conseille, il négocie, il écrit aux puissances, il observe de l'intérieur les dispositifs du pouvoir. La théorie politique de La Boétie des réseaux qui donnent à l'État sa consistance et donnent en même temps la clé de l'obéissance dans la tyrannie accompagne le commentaire machiavélien de la liaison entre *fortuna* et *virtù*. Ce n'est pas dire que Montaigne soit un cynique. Mais sa philosophie du sujet politique et humain rencontre ici la théorie de la connaissance qu'il développe à la fin de l'« Apologie de Raymond Sebond ».

Tout le monde a bien remarqué que la variation des mœurs et des coutumes interdisant la place fixe d'un droit naturel et/ou d'une morale universelle était la reprise du dixième mode d'Enésidème. Mais on n'a pas assez remarqué que les variations sceptiques sont un effet de savoir : sans se présenter dans un ordre totalisant, la variation énumère des connaissances encyclopédiques ; la faiblesse théorique des dogmatiques est de penser clore les énumérations. En outre, il y a deux modes de permutation dans le dixième mode : non seulement les lois, les coutumes, les règles varient, *comme* les fables et les doctrines mais en outre, chacun de ces termes peut jouer le rôle de chacun des autres. C'est sans doute cette seconde permutation qui est la plus intéressante parce qu'elle suggère l'usage déplacé de ce qui est loi dans un lieu en coutume ou en règle de morale dans un autre lieu, et l'usage de ce qui est doctrine ou récit dans un temps en norme dans un autre temps : c'est ce qui est arrivé aux diverses théologies. La croyance au récit détermine sa fonction normative[34]. À la construction d'une intériorité normée

---

33   Voir la Lettre 17 de Spinoza à Pierre Balling sur le rêve et la relation du père au fils (*pater pars memorati filii*).

34   Voir le chapitre V du *Traité théologico-politique* de Spinoza sur les stratégies d'écriture et/ou de discours du législateur Moïse.

par la métaphore politique de l'inscription de la loi dans le cœur des sujets, comme le dira Descartes dans la lettre à Mersenne[35] à propos des vérités éternelles *mentibus nostris ingenitae* s'oppose la description des lois, telle qu'elle se laisse lire dans le livre du monde et dans la diversité des histoires humaines.

Mais il faut faire encore une quatrième remarque, sur un Montaigne autre que lui-même. Si on conjoint les thèmes de la pluralité de l'ego et de son immanence au discours qui le produit, on peut rapprocher cela d'une réflexion sur le diallèle. Chacun sait que le cercle ou la régression à l'infini est l'argument par lequel on établit que les critères des jugements ou des savoirs ne sont pas hors d'eux dans un lieu fixe mais en eux et soumis à toutes les conditions de contingence qui déterminent ces savoirs. On n'a peut-être pas fait assez d'attention à un texte de la Mothe Le Vayer dans *La prose chagrine* où il traite d'écolier celui qui ferait aux sceptiques cette prétendue objection, qu'ils croient au moins en la vérité de leur doute. Cette page pose le sujet sceptique comme conscience d'être logé dans son savoir, encore que cette conscience ne soit pas maîtrise.

Bayle cite La Mothe Le Vayer à la fin de son *Dictionnaire* dans les *Éclaircissements sur les Pyrrhoniens*. Il s'appuie sur la fin de la seconde partie de la *Prose chagrine*, sans la citer mais il en donne la référence. Il s'agit d'un dogmatique qui a la présomption de prédire une totale défaite des sceptiques :

> Chacun croyait qu'il allait confondre régulièrement Sextus surnommé l'Empirique, et que s'il n'avait pas le temps de répondre à tous les arguments de ses dix livres contre les Dogmatiques qu'il appelle Mathématiciens, du moins examinerait-il profondément les trois qui exposent ses hypothèses pyrrhoniennes ; et qu'il montrerait l'impertinence des dix moyens de l'Époque, aussi bien que de toutes ses retenues façons de parler, ou de ses voix pleines de modestie, pour leur laisser le nom que cet auteur leur a donné ou conservé. Mais nous demeurâmes tous fort étonnés, quand nous vîmes qu'il faisait son Achille, et son argument invincible de cette objection si commune ; que s'il n'y a rien de certain, comme l'assurent les sectateurs de Pyrrhon, ce premier établissement et cette sentence fondamentale de leur secte, n'est pas constante ou si elle l'est, comme ils le prétendent, ils se contredisent eux-mêmes en la proférant, parce qu'ils presupposent par elle, étant affirmative, quelque chose d'indubitable et de certain. Son antagoniste lui répartit, avec un souris

---

35 Lettre du 15 avril 1630.

modéré, et plein d'ingénuité, qu'il n'y avait point de si petit logicien qui n'eût connaissance de ce que les sceptiques ont répondu à ce dilemme, et comme ils ont fait aisément concevoir par une infinité de comparaisons ingénieuses, de quelle sorte cette proposition de l'incertitude de toutes choses, se comprend et s'enveloppe elle-même, *seipsam sumperigrapsei ac circumscribit* ; de même que le feu, après avoir brûlé l'aliment qu'on lui donne, se consume encore et s'anéantit par sa propre ardeur [...]. Cet honnête homme le renvoya la dessus aux traités faits exprès en faveur de la sceptique, où il verrait plus amplement les réparties du Pyrrhonisme, et le peu de cas que ses sectateurs ont fait d'un argument qui n'a que l'apparence trompeuse et nulle solidité au fond[36].

Le sceptique triomphe d'autant mieux dans le cercle qu'il s'y loge lui-même et s'y trouve en quelque façon « ravi ». Ce qui est en question dans le scepticisme et que ses adversaires chrétiens devaient pourtant comprendre, c'est l'expérience d'une jouissance du dessaisissement. Cette expérience n'exclut pas l'érudition, elle la suppose au contraire, et les sceptiques possèdent en maîtres les disciplines critiques, historiques et philologiques. C'est une nouvelle méthode d'érudition qui pratique l'encyclopédisme sans y croire.

Et ainsi, des auteurs comme La Mothe Le Vayer ou Bayle auraient appris chez Montaigne un double dispositif : le diallèle contre le cogito, l'encyclopédisme contre le projet de refondation des sciences. Une autre conséquence est la critique de la constance du sujet stoïcien ou chrétien et l'idée d'une révélation naturelle de la morale dont l'esprit de l'Évangile n'est qu'une figure. Les éléments de la philosophie chrétienne seront intégrés à un système général de variation sans que toutefois aucun ego puisse se prévaloir d'une position extérieure à la série.

Si une détermination du sujet autre que la constance morale et la maîtrise épistémique intervient ici, des arguments comme la régression à l'infini et le cercle dans la recherche des critères, qui sont des arguments sceptiques contre les dogmatiques, ne pourront pas être retournés par les dogmatiques contre les sceptiques. Car ils nous font sortir de l'opposition entre l'être et l'apparaître (huitième mode) pour se poser, non comme des objections à quelque savoir qui se présenterait comme vrai, mais comme les règles constitutives d'un savoir en général. Car il y a des savoirs, c'est un fait. Et sans cela, il n'y aurait pas de variation

---

36   On la trouvera aujourd'hui dans l'édition Slatkine des *Œuvres de La Mothe Le Vayer, op. cit.*, t. II, p. 521.

sceptique. Le diallèle nous livre donc une autre conception du sujet du savoir. Qu'est-ce alors que le sujet comme auteur, qu'est-ce que l'autorité du moi ?

La vérité est logée dans le sujet. Ce qui signifie que celui-ci est un lieu et non un principe. Ce qui importe, ce n'est pas une réflexion sur l'évidence qui est toujours réductible à la conviction, l'authenticité, bref à des affects liés à l'histoire du sujet. Il faut au contraire interroger le mode de production de ces pensées, c'est à savoir l'ordre qui les justifie. Montaigne écrit :

> La plus part des hommes sont riches d'une suffisance estrangere. Il peut advenir à tel de dire un beau traict, une bonne responce et sentence, et la mettre en avant sans en cognoistre la force. Qu'on ne tient pas tout ce qu'on emprunte, à l'adventure se pourra il verifier par moy mesme. Il n'y faut point toujours ceder, quelque verité ou beauté qu'elle ait. Ou il la faut combatre à escient, ou se tirer arrière, soubs couleur de ne l'entendre pas, pour taster de toutes part comment elle est logée en son autheur (III, 8, 936).

Pascal, dans *De l'art de persuader*, cite « l'incomparable auteur de *l'Art de conférer* » et reprend le thème : « Il faut sonder comment cette pensée est logée en son auteur ; comment, par où, jusqu'où il la possède[37] ». Dans l'analyse de la désappropriation, Montaigne dissocie le savoir comme fait et le jugement comme activité : « La science et la verité peuvent loger chez nous sans jugement, et le jugement y peut aussi estre sans elles : voire la recognoissance de l'ignorance est l'un des plus beaux et des plus seurs tesmoignages de jugement que je trouve » (II, 10, 409). Ce jugement est l'examen de soi, le sujet y découvre qu'il est l'effet d'un système de circonstances.

On a ici une topique de la connaissance qui n'exclut pas un désir de vérité. Ainsi, en se reconnaissant comme effet de sa propre écriture, Montaigne fait deux choses : d'abord, comme il le dit : « Je ne peints pas l'estre. Je peints le passage » (III, 2, 805) ; il marque un déficit d'ontologie, il réinterprète le huitième mode comme la positivité d'une contingence. Puis il articule l'usage de sa propre vie et le caractère public de la connaissance qu'il va en donner. Il n'atteint pas l'universel mais exhibe une singularité qui est exemplarité. La forme universelle, c'est le nom propre :

---

37   Pascal, *Œuvres complètes*, Paris, Le Seuil, 1963, p. 358.

> Les autheurs se communiquent au peuple par quelque marque particuliere et estrangere ; moy le premier par mon estre universel, comme Michel de Montaigne, non comme grammairien ou poete ou jurisconsulte. Si le monde se plaint de quoy je parle trop de moy, je me plains de quoy il ne pense seulement pas à soy (*ibid.*).

La vraie question est de savoir ce qu'on peut dire du sujet pour sortir de la tautologie. Pour mettre le sujet au pluriel, il faut la contingence. Toute humaine nature est entre naître et mourir, elle est passage, ma vie est passage, ne peut servir de principe à rien. L'analogie est mauvaise interprète en histoire : l'événement est une rencontre qui n'est prédicable d'aucun autre événement. Le sujet est événement et rencontre. Cela détermine-t-il le sens d'une histoire ?

André PESSEL[†]
Inspecteur général honoraire
de l'Éducation nationale

Francine MARKOVITS
Université Paris Nanterre

LES *ESSAIS DANS LE GOÛT DE CEUX DE MONTAGNE, COMPOSÉS EN 1736* DE RENÉ-LOUIS D'ARGENSON

En dépit d'un titre qui affiche sans ambiguïté leur fidélité à l'égard de l'œuvre du maire de Bordeaux, les *Essais dans le goût de ceux de Montagne* n'ont guère retenu l'attention de la critique montaigniste : pas une mention dans l'ouvrage de Pierre Michel consacré en 1970 à la fortune de Montaigne, ni dans les trois riches articles traitant de la réception de Montaigne au XVIIIᵉ siècle publiés par François Moureau[1], deux maigres pages seulement dans l'ouvrage le plus exhaustif sur cette dernière question, publié en 1952 par Mathurin Dréano[2].

Ce manque d'intérêt pour un hommage aussi direct à Montaigne provient peut-être de la publication tardive de ce texte, et surtout des circonstances de cette publication posthume qui ont jeté un doute durable sur son authenticité. Une fois ce point éclairci, il sera bon de se demander si d'Argenson a eu raison d'invoquer ce modèle en tête de son manuscrit, et pourquoi il l'a revendiqué en un temps où la renommée de Montaigne n'était pas au plus haut.

---

1   François Moureau, « Montaigne à l'aube du siècle des Philosophes », *Bulletin de la Société des Amis de Montaigne*, 4ᵉ série, n° 22-23, 1970, p. 49-55 ; *Id.*, « Rabelais et Montaigne modernes et libertins », *Bulletin de la Société des Amis de Montaigne*, 5ᵉ série, n° 1, 1972, p. 11-23 ; *Id.*, « Montaigne au XVIIIᵉ siècle… », *Bulletin de la Société des Amis de Montaigne*, 5ᵉ série, n° 7-8, 1972, p. 59-73.
2   Mathurin Dréano, *La Renommée de Montaigne en France au XVIIIᵉ siècle*, Angers, Éditions de l'Ouest, 1952, p. 416-417.

CONDITIONS DE PUBLICATION
ET PROBLÈMES D'AUTHENTICITÉ

Les Essais dans le goût de ceux de Montagne n'ont pas été publiés par leur auteur, René-Louis d'Argenson[3] (1694-1757), mais par son fils, Marc-Antoine Paulmy d'Argenson (1722-1787), l'un des plus grands bibliophiles de tous les temps, dont l'immense bibliothèque constitue le fonds initial, et le plus précieux, de l'actuelle bibliothèque de l'Arsenal. À défaut de sa bibliothèque, vendue de son vivant[4], il avait, après le décès de son père (26 janvier 1757), reçu tous les papiers paternels, cin-quante-six volumes in-quarto, dont il fit dresser l'inventaire[5]. Trois ans avant sa propre mort, il s'avisa d'en publier une partie, commençant en 1784 par donner hors-commerce une nouvelle édition des Considérations sur le gouvernement de la France, qui avaient déjà été imprimées en 1765 à partir d'une copie fournie par le libraire genevois Gabriel Cramer[6].

L'année suivante, Paulmy se tourne encore vers son imprimeur parisien habituel, Moutard celui qui s'est chargé des 65 volumes de ses Mélanges tirés d'une grande bibliothèque, pour lui confier le manuscrit des Essais dans le goût de ceux de Montagne. À la demande expresse du garde des sceaux, Miromesnil, le petit tirage, prétendument issu de presses hollandaises — puisque la page de titre porte la simple mention « A

---

3   La place manquant pour retracer la vie et la carrière de ce ministre des Affaires étrangères de Louis XV, nous renverrons à la notice très détaillée du DBF (t. II, col. 551-558) ainsi qu'aux thèses de Jean Lamson (Les Idées politiques du marquis d'Argenson, Montpellier, Imprimerie de la Charité, 1943) et de Peter Gessler, R.-L. d'Argenson, 1694-1757. Seine Ideen über Selbstverwaltung, Einheitsstaat, Wohlfahrt und Freiheit in biographischem Zusammenhang, Bâle, Basler Beiträge zur Geschichtswiss 66, 1957.

4   Catalogue des livres de la Bibliothèque de Monsieur***, dont la vente commencera le 8 avril 1755, & jours suivants de relevée, Paris, Didot pour Damonneville, 1755, 169 p. (2450 notices – cote BNF : Δ 11081).

5   « Papiers particuliers de M. Paulmy et des membres de sa famille », Arsenal, ms. n° 6295, p. 11-43. Les papiers de son père couvrent les n° 5268 à 5313 de cet inventaire : voir Armand Brette, La France au milieu du XVIIIe siècle, Paris, Champion, 1898, p. 373-381, ou Henry Martin, Histoire de la Bibliothèque de l'Arsenal, Paris, Plon, 1899, p. 74-77.

6   Selon l'Avis au lecteur : « Il y a plusieurs années qu'il s'est répandu des copies manuscrites de cet ouvrage, et il a mérité les éloges de tous ceux qui l'ont lu. M. Rousseau qui en parle dans diverses notes du Contrat social, paroit en faire beaucoup de cas [...] la copie en a été fournie par Gab. Cramer libraire à Genève » (Considérations..., Amsterdam, 1765, f. *3).

Amsterdam » – sera de nouveau diffusé hors commerce[7]. Cependant, intérêt pour le ministre de Louis XV, ou pour son modèle, Montaigne désormais universellement goûté et fêté[8] – ce qui n'était pas le cas au début du siècle –, cet in-octavo de quatre cent-dix pages semble avoir été fort apprécié, du moins si l'on en croit le rédacteur anonyme du *Journal général de la France* lorsqu'il présente une refonte, annotée par endroits, de l'ouvrage, parue à Bruxelles trois années plus tard :

> Il y avoit eu déjà une édition de cet ouvrage : et quoiqu'il n'ait pas paru avec les formalités requises pour être vendu publiquement, il avoit été dévoré par tous ceux qui avoient pu se le procurer. Aujourd'hui que la vente en est bien permise, il sera entre les mains de tout le monde, parce qu'il est peu de livres qui méritent d'être lus autant que celui-ci[9].

Avant même cette édition bruxelloise, les *Essais dans le goût de ceux de Montagne* avaient déjà été réimprimés en 1785, sous la fausse adresse amstellodamoise, mais en deux tomes, de 230 et 231 pages ; impression en deux parties qui avait elle-même fait l'objet d'une réédition, sans doute pirate, imprimée à Liège à deux reprises, en 1787 puis en 1788, chez Clément Plomteux, présentant le même nombre de pages, mais rebaptisant l'ouvrage : *Les Loisirs d'un Ministre, ou les Essais dans le goût de Montagne composés en 1736*. Si l'on ajoute à ces cinq éditions, la refonte qu'en donnera l'arrière-petit-neveu d'Argenson en 1825,

---

7   D'après l'« Avertissement de l'éditeur », in *Mémoires du marquis d'Argenson, ministre sous Louis XV…*, Paris, Baudouin frères, 1825, p. 139 : « *Les Loisirs d'un ministre, ou Essais dans le goût de Montagne* parurent pour la première fois en 1785, en vol. in-8°. Cette édition imprimée non pas à Amsterdam, comme le porte l'intitulé, mais à Paris, chez Moutard, imprimeur-libraire, est due à M. de Paulmy, fils de l'auteur. Malgré le peu d'inquiétude que semblait devoir causer au gouvernement la publication de cet écrit simplement anecdotique, moral et littéraire, n'ayant que bien rarement trait à la politique, M. Hue de Miromesnil, garde des sceaux, exigea de M. de Paulmy qu'il n'en fût tiré qu'un très petit nombre d'exemplaires (il n'en a existé que 250). M. de Paulmy s'engagea en même temps à n'en faire aucun mauvais usage. Effectivement, ces exemplaires furent par lui donnés et non vendus. » Sur cette diffusion hors-commerce, on a encore le témoignage de Grimm qui écrit dès juin 1785 : « comme il ne se vend point, comme il n'en existe qu'un fort petit nombre d'exemplaires, nous n'avons rien négligé pour nous en procurer un » (*Correspondance littéraire*, juin 1785, éd. M. Tourneux, Paris, Garnier, 1880, t. XIV, p. 157).

8   Pour reprendre les analyses de Dréano et de Moureau concernant l'image de Montaigne à la veille de la Révolution.

9   Cité par l'*Esprit des journaux français et étrangers*, avril 1789, t. IV, 18e année, p. 101, annonçant les *Essais dans le goût de Montagne ou Loisirs d'un Ministre d'Etat*, Bruxelles [& se trouve à Paris, chez Buisson], 1788, in-8°, viii-414 p.

on voit que ces nouveaux *Essais* ont suscité un intérêt certain, dont témoignent encore les comptes rendus élogieux publiés par différents journaux en 1788 et 1789, ou même l'existence d'une traduction américaine publiée en 1797.

L'édition originale de 1785, qui sera notre édition de référence, est précédée d'un « Avertissement de l'éditeur », sans aucun doute rédigé par le propre fils d'Argenson. Après avoir rappelé la deuxième édition, qu'il a procurée l'année précédente, des *Considérations* de son père, dans le sillage de laquelle la page de titre place d'ailleurs le nouvel ouvrage ; après avoir mentionné l'existence d'autres manuscrits « conservés précieusement dans sa famille », et avoir promis d'imprimer « les plus importans de ces ouvrages, qui sont des developpemens du grand système politique de l'Auteur », Paulmy présente les *Essais* en ces termes :

> Voici un morceau que Monsieur le Marquis d'Argenson regardoit comme de bien moindre conséquence. Il est composé de reflexions qu'il avoit faites avant d'entrer dans le Ministere [18 nov. 1744], tantôt d'après ses lectures, tantôt d'après ses conversations avec les gens de son temps, dont la société lui étoit chere […] On y reconnoîtra sans doute l'homme qui a vécu dans la bonne compagnie, & qui a été instruit de ce que tout le monde ne savoit pas. Il n'y a dans cet ouvrage aucun fait qui ne vienne à l'appui d'une réflexion, & qui n'en soit la preuve & l'exemple. (*Essais*, i-ij)

Après avoir vanté les mérites de l'ouvrage, intrinsèquement différent de ce que l'on connaissait déjà de la plume du ministre, l'éditeur explique son rôle et la portée de ses propres interventions, qui semblent malheureusement de conséquence :

> On n'a eu d'autre peine, en le rédigeant, que de réduire un plus gros volume en un d'une moindre étendue, d'adoucir les traits de quelques portraits qui pourroient encore aujourd'hui paroître tracés avec trop de force […] Au reste, on a soigneusement conservé le caractère de franchise, le ton de vérité, l'espèce de naïveté qui caractérisent le style & la façon de penser de l'Auteur. On le retrouvera toujours philosophe sensé, ami sincère de l'humanité, Citoyen zélé, Sujet fidèle du Prince sous lequel il a vécu ; en un mot, on reconnoîtra dans cet ouvrage décousu, où il promène ses idées sur toutes sortes de matieres, l'Auteur du Livre des *Considérations &c.* si réfléchi, si méthodique, & qui peut être si utile à ceux qui veulent connoître les vrais intérêts du Gouvernement, & les bons principes de toute Administration. (*Essais*, iij & iv)

Les suppressions et les interventions du fils ont sans doute été nombreuses[10], mais en l'absence de tout manuscrit – puisque les innombrables papiers laissés par d'Argenson ont quasi tous brûlé lors de la Commune –, il est désormais impossible de juger de leur nombre et de leur étendue. Certains contemporains ont même vu dans cet Avertissement, une coquetterie d'auteur, comme on la pratiquait tant à l'époque, et n'ont pas hésité à faire du marquis de Paulmy le rédacteur de l'ensemble. Un compte rendu paru en mars 1789 dans le *Journal encyclopédique* lui attribue l'ouvrage dès l'entrée[11] ; la livraison du 25 novembre 1788 des *Affiches et Annonces* affirmait déjà que l'ouvrage a été intégralement rédigé par Paulmy :

> Feu M. le marquis de Paulmy avoit mis ces deux ouvrages sous le nom du Marquis d'Argenson, son père […] les deux ouvrages que M. le marquis de Paulmy lui avoit attribués avoient beaucoup servi à le rétablir. Je m'etois bien douté que le fils y avoit grande part, j'avois cru d'ailleurs y reconnoître la tournure de son esprit. Aujourd'hui, cela n'est plus douteux[12].

Le ton est péremptoire, et semble sans appel, au point que M. Dréano a estimé lui aussi que les *Essais dans le goût de ceux de Montagne* étaient du fils ; il les a d'ailleurs abordés dans la partie de chapitre qu'il consacre à Paulmy et à ses *Mémoires tirés d'une grande bibliothèque*. L'inconvénient est que l'un des deux ouvrages ici évoqués, *Les Considérations*, même s'il a été réédité par le fils en 1784, ne peut assurément pas lui être attribué, puisqu'il circulait dès l'année 1739 ; Voltaire en lit alors le manuscrit, et Rousseau un peu plus tard ; et tous deux ont loué René-Louis d'Argenson

---

10   L'Avertissement de l'édition bruxelloise, différent de celui des éditions parisiennes, affirme ainsi que les passages issus de la plume d'Argenson « ne font pas le quart de l'Ouvrage que nous présentons au Public » (éd. citée, p. VI-VII). Propos repris en écho par le *Journal des sçavans*, juil. 1790, p. 453 : « On ne donne pas si exclusivement ces essais à M. le marquis d'Argenson qu'on n'en donne la plus grande partie à M. le Marquis de Paulmy, son fils, rédacteur de cet ouvrage… ».

11   « Si M. le marquis de Paulmy à qui le public doit ces nouveaux Essais… », *Journal encyclopédique*, année 1789, t. II, partie 3, p. 440.

12   Le recenseur anonyme songe au nouveau titre donné dans l'éd. de Bruxelles, où disparaissent à la fois la mention des *Considérations* et la date de composition (1736), mais aussi au fait que les *Essais* s'intitulent désormais *Loisirs d'un Ministre d'État*, or seul le fils a porté ce titre. Mais, comme l'a déjà dit A. Brette (*op. cit.*, p. 389-390), cette édition parue après la mort de Paulmy est visiblement controuvée : de 1785 à 1788 s'opère en fait tout un travail de réécriture et de transposition, l'énonciation glissant du père au fils, de manière parfois fort maladroite.

pour la pertinence de ses analyses politiques. Rousseau lui rendra un peu plus tard hommage en plusieurs passages du *Contrat social*[13].

Deuxième point, et déterminant à mes yeux : il existait parmi les manuscrits laissés par René-Louis d'Argenson un ouvrage intitulé *Essais dans le goût de ceux de Montagne* ; on en trouve en effet mention sous le numéro 5300 dans l'inventaire susmentionné de ses œuvres inédites, dressé à la demande de son fils, et qui remonte à une date antérieure à 1781[14]. Il paraît peu vraisemblable que le fils ait repris un titre inventé par son père pour écrire une œuvre originale ; d'autant moins vraisemblable que la quasi-totalité des faits évoqués ou rapportés dans l'ouvrage sont antérieurs à l'année 1736 mentionnée au titre – même si certains de ses articles sont légèrement postérieurs, et doivent être datés de 1738 ou 1739[15]. Au fil des pages, on découvre en effet que Voltaire a pour lors quarante ans (*Essais*, 407), Fontenelle quatre-vingts (*Essais*, 255-256) ; on lit que « Monsieur Vincent [...] sera sans doute bientôt canonisé sous le nom de *Saint-Vincent de Paule* » (*Essais*, 73) ; or la canonisation eut lieu en 1737. On découvre aussi cet ajout postérieur, porté selon une note de Paulmy[16] sur une feuille volante, et qu'il a placé à la suite de l'éloge du cardinal Fleury : « A la fin de 1736, tous les éloges que je viens de faire de M. le Cardinal de Fleury & de M. Chauvelin, les espérances que

---

13 Voir Rousseau, *Œuvres complètes*, éd. B. Gagnebin et M. Raymond, Paris, Gallimard, coll. « Bibliothèque de La Pléiade », t. III, p. 353, 371, 467.

14 « 5300 : Essais dans le goût de ceux de Montagne (minutte & copie) ms. in 4° – 2 vol. br. » (transcrit par A. Brette, *op. cit.*, p. 377) ; 1781 est la date de la mort du rédacteur du catalogue, l'abbé Luigi Baroni : voir A. Brette, *ibid.*, p. 388, note 3 et H. Martin, *op. cit.*, p. 83-85.

15 Ainsi de l'article sur Moncrif (*Essais*, p. 244-245), qui signale la publication de son *De la Nécessité et des moyens de plaire*, qui n'a été imprimé qu'en 1738 ; ou de celui consacré au cardinal Alberoni (*Essais*, p. 143-147), qui mentionne son entreprise sur Saint-Marin qui date de 1739. Signalons toutefois un passage concernant la carrière éclatante qui attend le duc de Belle-Isle (*Essais*, p. 172-173) où d'Argenson fait preuve d'un don de prophétie si puissant qu'il en devient suspect et a peut-être été un peu aidé *post mortem* par son fils, et deux dates données entre parenthèses dans le texte, celles de la mort du cardinal Alberoni (1752 : *Essais*, p. 143), et de celle de la baronne de Staal (1750 : *Essais*, p. 245) ; mais elles ont très bien pu être ajoutées par la suite soit par d'Argenson au cours d'une relecture, soit par Paulmy lui-même.

16 « *Note de l'Editeur*. L'Auteur avoit fait les deux Articles precedens, comme tous les autres, en 1736 ; mais n'étant mort que vingt ans après, il a eu le temps, en les relisant, de faire des réflexions fondées sur des événements postérieurs ; elles se trouvent, dans son Manuscrit, sur une feuille à part, & l'on ne sait pas précisément en quelle année elles ont été écrites ; les voici : » (*Essais*, p. 131).

j'avois conçues du bien qui devoit résulter de leur accord, étoient vrais & justes. [...] Le cardinal venoit de se combler de gloire, en concluant une paix qui procurait au Roi la Lorraine... » (*Essais*, 131).

Cette allusion au premier traité de Vienne, signé en 1738, qui mit fin à la Guerre de Succession de Pologne, date encore le travail d'Argenson. On peut donc affirmer que l'œuvre a bien été mise sur le métier et composée par le père, et mieux, que cet ouvrage n'est pas même constitué, comme on aurait pu aussi l'estimer, de fragments du *Journal* de son père que Paulmy aurait réunis sous ce titre rendu alléchant par le prestige totalement retrouvé de Montaigne en cette fin de siècle : la comparaison de passages consacrés à des sujets identiques dans les *Essais* et le *Journal*, par exemple des articles consacrés à Moncrif (*Journal* II, 58-64 ; *Essais*, 244-249) ou à l'abbé de Saint-Pierre (*Journal* I, 185 ; *Essais*, 135-137), montrent que les deux ouvrages ne dépendent pas l'un de l'autre, et que les *Essais* ont bien une autonomie totale de composition et de visée par rapport au *Journal*.

René-Louis d'Argenson a bien eu – et c'est là l'essentiel – le projet d'imiter Montaigne, et sans doute à la date indiquée au titre : 1736. Ce texte n'est donc pas à joindre, comme l'a trop rapidement cru M. Dréano à la solide cohorte des ouvrages qui célèbrent Montaigne à la veille de 1789. Il n'est nullement la conséquence de la réhabilitation de Montaigne par les Lumières, comme le pensait ce docte chanoine ; il est bien plutôt un ouvrage avant-coureur du grand mouvement de réhabilitation qui marque la seconde moitié du XVIIIe siècle. Ouvrage précurseur donc, qui diffusé avec près de quarante ans de retard, arrive après que la bataille autour des *Essais* a été livrée.

Reste à savoir ce qui, dans les *Essais* de Montaigne, a retenu d'Argenson, ce qu'il entendait imiter, et de quelle manière il a atteint ses objectifs. La différence que nous pourrions percevoir entre les intentions avouées et le résultat que nous lisons, sera en elle-même instructive, car elle nous permettra sans doute de mieux comprendre comment était perçue l'œuvre de Montaigne, et ce qui en constituait les caractéristiques dominantes pour un lecteur averti du premier tiers du XVIIIe siècle.

UN PROJET ET SA RÉALISATION

Une première chose est sûre, c'est qu'en deçà des critères purement littéraires ou philosophiques, d'Argenson a pu considérer qu'il avait en Montaigne un aîné, voire un modèle. Voici comment, à la date de 1732, il brosse son autoportrait dans son important *Journal*, débuté vers 1725 et qu'il tiendra jusqu'à sa mort :

> J'ai l'imagination, l'esprit vif ; pour peu que quelque nouveauté ou désir sympathique l'anime, cela va extrememement loin, et à la folie, si on n'y prenait garde. Ce que j'ai d'esprit, je l'ai juste ; j'ai le cœur et le sentiment lent, mais rude et tenace pour quelque temps, c'est-à-dire opiniâtre ; la mémoire prompte et habile. J'ai beaucoup de goût, et qui se porte naturellement au droit et au parfait. Je suis naturellement fort gai, aisé à gêner, timide et craintif, étant peu sanguin ; mais quand la bile s'allume j'irais dans le feu ; je crains le péril de loin, mais quand j'y suis, je le supporte. J'ai toujours aimé le projet et pas mal l'exécution ; mais petit à petit, vivement d'abord, et sur mon projet tout chaud, et avec grande volupté ; puis je ralentis, me dégoûte, mais je reprends et mets à fin quand cela est bon ; j'y mets du temps, moyennant cela, mais j'ai mis ainsi beaucoup de grande entreprise à fin[17].

Où l'on peut sans trop se tromper voir un écho du célèbre autoportrait de Montaigne au chapitre « De la presumption » (II, 17, 680-681, éd. Pléiade). Et de fait, les ressemblances sont nombreuses entre le magistrat bordelais et notre futur ministre. Si, tout comme Montaigne, il chérissait et admirait son père, d'Argenson ne déborde pas de sentiments à l'égard des membres de sa famille proche ; il est animé de sentiments de jalousie envers son frère cadet ; il sera très critique à l'égard de son fils, surnommé dans le *Journal* « le petit jésuite » à qui il reproche son manque d'enthousiasme et d'imagination ; et son expérience maritale n'a fait que renforcer chez lui une misogynie profonde, que Sainte-Beuve rapprochera de celle qu'il voit chez Montaigne en leur trouvant même origine, le fait que tous deux aient eu une vie sexuelle précoce.

---

17   *Journal et mémoires du marquis d'Argenson publiés pour la première fois d'après les manuscrits autographes de la Bibliothèque du Louvre*, éd. E. J. B. Rathery, Paris, Vve Renouard pour la Société de l'histoire de France, t. I, 1859, p. 114.

Intéressé, attiré par tout ce qui est nouveau, d'Argenson redoute cependant les nouveautés en politique ; il affirme ainsi à la fin du deuxième chapitre de ses *Considérations sur le gouvernement de la France* :

> On ne peut remédier subitement à d'anciens abus ; il faut toujours plus de temps pour les détruire qu'on n'en a mis à les introduire [...] il faut être autant en garde contre les réformes que contre les abus ; bien des abus ne se peuvent rectifier sans renverser l'usage établi de tous temps. On conclut souvent mal à propos des abus, contre l'établissement même. La plupart des établissements ont été bons dans leur principe, il ne faut que les ramener à leur institution primitive[18].

« De la coustume et de ne changer aisément une loy receüe » avait déjà démontré Montaigne (I, 23/22). Comme lui, d'Argenson a toujours considéré que l'ambition ne saurait tout excuser, ni surtout conduire à tout faire ; et telle manifestation d'anti-machiavélisme (« Il y a un métier à faire où il y a prodigieusement à gagner, c'est d'être parfaitement honnête homme » ; *Journal*, I, 359) rappelle les analyses de Montaigne aux chapitres II, 17 ou III, 1 des *Essais*. Sur la guerre, « tesmoignage de notre imbecillité et imperfection » au dire de Montaigne (II, 12, 497), les deux hommes partagent aussi les mêmes vues. Témoin oculaire de la bataille de Fontenoy, d'Argenson a rédigé une lettre fameuse, adressée à Voltaire, où il rend compte de cette glorieuse journée, mais la clôt sur des considérations humanitaires autour des horreurs de la guerre qui toucheront son correspondant.

Les deux hommes cultivent aussi en commun le goût pour la lecture et l'étude, et semblent avoir travaillé de la même façon, allant de la lecture vers l'écriture, entrelaçant ces deux activités au sein de leur bibliothèque, dont ils parlent tous deux avec chaleur, accumulant jour après jour des notes de lecture pour progressivement donner corps à des compositions de leur cru.

Et si l'on va au-delà des postures ou des déclarations, une des caractéristiques principales communes aux deux hommes serait leur capacité à vivre leurs contradictions. Montaigne qui se dit et se veut gentilhomme, qui passe son temps à mettre le faire à cent coudées au-dessus du dire[19], agit peu et écrit beaucoup, comme n'importe quel robin, surtout après

---

18   Cité par Brette, *op. cit.*, p. XVII.

19   James Supple a, plus qu'aucun, mis à jour cette contradiction fondamentale chez Montaigne : voir son *Arms versus Letters: The Military and Literary Ideals in the "Essais" of Montaigne*, Oxford, Clarendon Press, 1984.

ses mandats de maire – au point que le XVIIe et le début du XVIIIe siècle l'épingleront comme pédant. Les critiques qui ont étudié la pensée d'Argenson n'ont de leur côté guère eu de difficulté à montrer les contradictions constantes du personnage, ses emportements pour une idée qu'il abandonnera le lendemain ; à souligner l'opposition de deux personnalités en lui, l'admirateur de l'abbé de Saint-Pierre, le rêveur spéculatif qui imagine l'aérostation, le théoricien utopiste qui entend supprimer les mariages, et de l'autre l'homme d'Etat qui se prépare à exercer le gouvernement.

Contradiction encore chez ce grand seigneur, en ce qu'il ne compte plus ses quartiers de noblesse, mais joint à sa naissance une puissance de travail et de pensée qui appartient plutôt à son époque aux classes moyennes. Si Montaigne était un robin qui tentait par snobisme de s'arracher aux séductions de la culture humaniste, d'Argenson quant à lui possède et développe les idées et les idéaux du Tiers-État, tout en jouissant des ressources réservées aux plus hauts privilégiés. Chez l'un comme chez l'autre, ces contradictions, plus ou moins maîtrisées et conjurées, constituent comme le moteur de leur pensée.

Puisque l'« Observateur Philosophe », ainsi que se qualifie d'Argenson à la fin de son ouvrage (*Essais*, 372) s'est sans conteste contemplé dans le miroir que lui tendait avec ses *Essais* le « philosophe impremedité et fortuit » (II,12, 578), on pourrait multiplier ainsi à l'envi les comparaisons et les points de ressemblances. Ce jeu serait bien entendu totalement gratuit s'il l'on ne décelait pas chez d'Argenson une identification consciente à Montaigne, et si l'on ne pouvait être sûr qu'à plusieurs moments de son existence, il a lui-même songé au maire de Bordeaux, et qu'il a souhaité être comparé à lui. La meilleure preuve en est évidemment la page fort intéressante qu'il a placée au-devant de ses propres *Essais* ; elle débute par une profession de foi montaignienne, qui tranche par rapport aux réserves que l'on peut à la même époque lire sous la majorité des plumes[20], ou entendre dans les conversations :

> J'aime Montagne, je le lis avec plaisir, non pas que je sois toujours de son avis, mais parce qu'il me donne lieu de réfléchir & d'adopter une opinion ou semblable ou contraire à la sienne. Madame de Sévigné disoit que quand elle

---

20 Voir Dréano, *op. cit.*, p. 94 : « Dans le public, il y en a encore qui ne sont pas réconciliés avec Montaigne. Les esprits difficiles [...] restent nombreux parmi ces hommes du monde. Beaucoup de ceux qui sont et affectent d'être savants tiennent toujours rigueur à Montaigne ».

lisoit ses Essais, elle s'imaginoit qu'elle se promenoit avec lui dans son jardin, & qu'ils causaient ensemble. Je pense de même, & je trouve que Montagne a souvent l'air de jeter en avant quelques propositions, pour engager une petite dispute qui anime la conversation, & la rende plus vive et plus intéressante : c'est assurément là une bonne méthode pour attacher son Lecteur. Je veux essayer de la suivre, de faire un livre aussi décousu, aussi rempli de propositions hasardées, problématiques, de paradoxes mêmes, que celui de cet Auteur. Je veux parler de tout ce qui tombera sous ma plume, ou viendra dans ma pensée ; sauter de branche en branche, n'épuiser aucune matiere, & revenir à différentes reprises sur les mêmes. Je veux que mon livre puisse se lire à *bâtons rompus*, comme il est composé, qu'on puisse le prendre & le quitter à chaque page ; mais qu'après l'avoir fermé, on puisse raisonner sur chaque article. Je m'estimerai heureux, si, au milieu de tout ce désordre réel ou apparent, on reconnoît en moi quelques uns des avantages dont jouissoit Montagne. Je ne lui envie point ses plus grandes qualités, ni les traits de génie dont brille son Ouvrage, ni l'énergie de son style ; mais j'ose assurer que je suis, comme lui, ami zélé de la vérité, de l'humanité & de la justice ; franc & loyal dans mes dits, mes écrits & mes actions ; que je juge mon Siecle avec impartialité & sans humeur, mon prochain avec bonté & indulgence, & moi-même avec quelque ménagement ; car enfin il ne faut pas être plus méchant pour soi que pour les autres. (*Essais*, 1-3)

Le projet est donc ambitieux et a tout d'une gageure ; car, en dépit des protestations *propter infirmitatem*, qui sont d'ailleurs un bon indice du prestige qu'il accorde à son modèle – ce qui répétons-le, n'est pas pour l'époque si courant[21] –, des *Essais* de Montaigne, d'Argenson prétend bien à la fois reproduire la forme (le paradoxe, la variété, le décousu) et le fond (une appréciation à la fois sensible et sincère de son expérience) : « Comme j'aime beaucoup à écrire ce que je pense, sur-tout quand je présume pouvoir me le rappeler avec fruit par la suite, j'ai fait une infinité de notes sur mes lectures, & d'après les conversations des gens qui ont joué ou jouent un grand rôle dans le monde, & avec qui j'ai été personnellement lié, je vais profiter de ces notes pour remplir ce volume-ci » (*Essais*, 14).

Ce qui rapproche davantage encore son dessein de celui de Montaigne, est le désir de confidentialité ; songeant sans aucun doute à l'avis au lecteur

---

21 Voir en 1768 encore, la critique très acerbe qu'Elie Fréron adresse aux *Essais* pour leur forme ; dans l'*Année littéraire*, il condamne dans l'ordre : « 1- le vieux style, le gothisme ; 2- le défaut d'ordre et de liaison dans les matières, souvent décousues ; 3- les digressions continuelles qui déroutent à chaque instant le lecteur ; 4- les citations fréquentes dans lequel [sic] est noyé le texte ; 5- les répétitions sans nombre, si contraires à l'impatience française » (cité par François Moureau, « Montaigne au XVIIIᵉ siècle... », art. cité, p. 71) ; les critiques de Fréron portent sur les points qui sont justement loués par d'Argenson trente ans plus tôt...

de 1580[22], d'Argenson confie en effet à son lecteur : « J'écrivois, comme je fais encore aujourd'hui, pour moi seul, & tout au plus pour mes enfans, après ma mort, ce que voyois, ce que je croyois, ce que je pensois, sans préjugé et sans intérêt de tromper personne (*Essais*, 131) ; *ou encore* : Si je n'étois pas sûr de n'écrire que pour moi seul… » (*Essais*, 204). Parlant de l'abbé de Saint-Pierre il dit également à son lecteur : « Il écrit ses songes et les fait imprimer : je suis tenté d'écrire aussi les miens ; mais je réponds bien qu'ils ne verront pas le jour de mon vivant ; premièrement parce que je ne crois pas encore le monde bien disposé à faire usage de ce que j'imagine pour son bien secondement parce que l'exemple de l'abbé m'effraye » (*Essais*, 10). Et assuré du caractère confidentiel de ses propos, d'Argenson peut dès lors multiplier les protestations de sincérité, et de véridicité : le papier est son confident, le miroir de son monde et accessoirement de sa conscience, qu'il tendra *post mortem*, là encore comme Montaigne, à ses proches et descendants : « Je viens dans un long article, de traiter un sujet bien important [quel sont les qualités d'un bon ministre], d'établir par occasion de grandes maximes et de faire des portraits forts intéressans. J'ose en garantir la justesse & la ressemblance, car je n'ai parlé que d'après des connoissances personnelles ou certaines… » (*Essais*, 238).

DE LA COUPE AUX LÈVRES…

Tel est le projet, ambitieux, et sensible aussi, c'est important pour la fortune de Montaigne, à ce qui constitue la spécificité des *Essais*. Mais l'on est fort déçu, il faut l'avouer, lorsqu'après avoir été témoin de cette ferveur montaignienne, on lit son ouvrage et que l'on essaye de déterminer dans quelle mesure d'Argenson a réalisé son dessein.

Du point de vue formel tout d'abord, il y a loin des *Essais* de 1580 ou de 1588 à ceux de 1736. Point de découpage en chapitres, mais une juxtaposition d'« articles », puisque c'est ainsi que les désigne d'Argenson, séparés par des astérisques. Les articles ne portent pas de titre, mais sont caractérisés par l'unicité de leur sujet, ce qui entre en contradiction avec

---

22 « je ne m'y suis proposé aucune fin, que domestique et privée […] Je l'ay voué à la commodité particulière de mes parents et amis » (Au lecteur, 27).

les déclarations liminaires sur les propos « à bâtons rompus » : une fois la réflexion épuisée – et les développements, parfois fort longs, sont toujours argumentés –, les astérisques signalent le passage à un autre sujet ; ou plutôt à un sujet *voisin*, car l'œuvre entière est ordonnée, c'est-à-dire que les articles n'y sont pas placés de manière arbitraire, en fonction de leur date de composition, par exemple. Ainsi, après l'exorde programmatique, et deux articles sur la morale et l'imitation, l'ouvrage s'ouvre sur une longue série de portraits historiques, qui s'enchaînent de manière tout-à-fait chronologique, depuis les héros des *Vies* de Plutarque, hommage rendu aux goûts de Montaigne (Aristide, Alcibiade, les Gracques, Caton, Démosthène et Cicéron) jusqu'à Jean-Louis de Fiesque et le cardinal de Retz, en passant par Agricola et Tacite (*Essais*, 15-118).

La présentation du mauvais ministre qui ne songe qu'à ses intérêts propres, le cardinal d'Amboise (102-118), permet ensuite l'évocation des plus enthousiastes de Sully, le meilleur des ministres (118-126), bientôt suivis du cardinal de Fleury et de Chauvelin, puis du cardinal Albéroni, premier ministre du roi d'Espagne jusqu'en 1719 (*Essais*, 127-147). Et par une progression métonymique, après les grands ministres viennent les grands généraux, Condé, Turenne, le duc de Vendôme ; le comte de Belle-Isle, le petit-fils de Fouquet fournit à d'Argenson l'occasion de peindre l'ambitieux, et il passe alors à la définition du bon ministre et du bon commis ; s'ensuit un très long jugement sur les différents ministres de Louis XIV, puis du régent (y compris son père) et de Louis XV (*Essais*, 187-238). Point de saut, donc, encore moins de gambade, mais un enchaînement sans surprise à l'intérieur des articles ; et une concaténation des articles, puisque d'Argenson va même jusqu'à ménager des transitions entre eux : « j'ai peint des hommes d'État, ou du moins des hommes qui auraient voulu l'être. Je vais à présent m'occuper des principes de conduite que l'on doit suivre dans la vie privée & dans la société » (*Essais*, 238). Le beau désordre, le décousu annoncés ? Là aussi, déception.

Un autre trait dominant chez Montaigne, l'importance et le rôle accordés aux citations, est également ici totalement négligé : en quatre cent dix pages, on ne relève que treize citations, dont deux citations déformées des *Essais*, et une seule poétique ; on se trouve fort loin du rythme citationnel du modèle revendiqué. Quant aux propositions paradoxales annoncées dans les propos liminaires, je n'en ai pas saisi la moindre.

Sur le fond, pour ce qui est de la naïveté et de la sincérité, on peut bien sûr donner quitus à d'Argenson, et partager l'opinion de Grimm, qui dans sa recension, assez sévère, de la *Correspondance littéraire* avance tout de même ce point : « Il est impossible qu'un auteur aussi sans apprêt ne dise pas la vérité[23] ». On pourrait aussi reprendre l'analyse de Sainte-Beuve à propos du *Journal* d'Argenson, il est vrai : « Il écrit chaque jour ce qu'il sent ; il l'écrit non pas en vue d'un public prochain ou posthume, mais pour sa postérité tout au plus et ses enfants, et surtout pour lui seul, en robe de chambre et bonnet de nuit. La dignité peut y trouver à redire, la curiosité en profite d'autant[24] ». Mais cet abandon se manifeste malheureusement avant tout en un déshabillé stylistique, censé être le reflet de la sincérité du scripteur : si l'intention est montaignienne à la base[25], la réalisation ne l'est malheureusement point ; et d'Argenson ne semble pas avoir saisi que le style « naturel » des *Essais* (« Je veux qu'on m'y voye en ma façon simple, naturelle et ordinaire, sans estude et artifice », Avis, 27) était le fruit d'un travail constant sur la forme : l'expression d'Argenson est très plate, ni vraiment périodique, ni vraiment coupée, observant un entre-deux terne, qui ne saurait bien entendu rivaliser avec l'extraordinaire prose poétique de son modèle. Point de « parler sec, rond et cru, qui tire [...] un peu vers le desdaigneux » (I, 40/39, 237) chez d'Argenson ; point même de pages qui sentent l'huile de lampe, mais un style égal, sans effet, ou presque. Les pointes ou les formules bien frappées sont assez rares sous sa plume[26]. Tout cela est très bonnet de nuit, pour parler comme Giono – ou comme Sainte-Beuve.

Et pourtant le modèle de la conversation est sans cesse mobilisé par d'Argenson ; il prétend même par endroit reproduire des échanges qu'il aurait eus avec son fils ; mais même dans ces passages on aurait du mal à découvrir « un parler sec et naïf », « succulent et nerveux », « tel sur le papier qu'à la bouche » (I, 26/25, 178). De ce point de vue, l'échec est patent. Seules peuvent paraître bien venues les quelques pages du début, assez montaigniennes dans leur bigarrure et leur décousu, qui abordent

---

23 Grimm, *Correspondance littéraire*, éd. Tourneux, p. 157.

24 Sainte-Beuve, « Le marquis d'Argenson d'après les manuscrits – II [10 nov. 1856] », *Causeries du lundi*, 3ᵉ éd., Paris, Garnier, s. d., t. XII, p. 112.

25 « L'éloquence faict injure aux choses qui nous détourne à soi » (I, 26/25, 179) ; « Fy de l'éloquence qui nous laisse envie de soy, non des choses » (I, 40/39, 256).

26 Grimm en relève un certain nombre à la fin de sa recension (*Correspondance littéraire*, éd. Tourneux, p. 161).

successivement l'amour-propre, l'imagination, la morale et l'imitation, autant de sujets chers à Montaigne ; je joindrais à ces réussites le long article, antépénultième dans l'ouvrage (*Essais*, 381-396), consacré aux livres et à la lecture, lointain écho des chapitres II, 10 et III, 5.

Constatation plus inquiétante, en dépit d'une remarque liminaire encourageante[27], le projet fondamental des *Essais*, la peinture du moi[28], ne semble pas perçu, ou du moins pas du tout reproduit par d'Argenson. Le sujet de l'énonciation, le *je* du scripteur est certes omniprésent ; mais s'il est convoqué, c'est le plus souvent comme critique littéraire[29], comme juge[30], ou comme témoin[31]. Le moi est donc garant de la vérité des faits rapportés ; à aucun moment, toutefois, il ne devient objet d'étude. En aucun passage il n'acquiert le statut d'« estre universel », porteur comme tout autre de « la forme entiere de l'humaine condition » (III, 2, 845) susceptible d'intéresser le lecteur, envisagé alors comme un double. Si le moi social est sans cesse présent, donné en montre à travers les amitiés (l'abbé de Saint-Pierre, Moncrif, Voltaire, le cardinal de Polignac) ou les relations (l'abbé Alary, Chauvelin), le moi intime, celui que Montaigne n'hésitait pas à exposer, à exhiber, dans ses chapitres les plus célèbres (II, 17-18, III, 5 & 13), est totalement absent ; on ne peut que le deviner à travers les jugements politiques ou moraux. Le moi a beau ne plus être haïssable, on éprouve encore, autour de 1736, quelque scrupule à le mettre en montre, et d'Argenson n'est décidément pas Rousseau...

Ce que nous livrent ces pages, ce sont bien davantage les analyses d'un homme d'expérience qui se prépare à gouverner : « pour moi qui

---

27 « Il y a des gens qui ont vécu soixante ans sans s'être jamais connus, parce qu'ils n'ont jamais pris la peine de s'étudier ; car pour peu qu'on veuille se rechercher, on se connoit à merveille » (*Essais*, 4).

28 Mise en place dès l'Avis au lecteur : « c'est moy que je peins. Mes défauts s'y liront au vif » (Avis, 27).

29 « En lisant la vie de Lycurgue, je ne peux m'empêcher de me rappeler une comparaison singulière... » (*Essais*, 23) ; « Je viens de lire avec le plus grand plaisir dans Plutarque les deux & portraits d'Aristide et Alcibiade... » (*Essais*, 26) ; « J'ai lu les Harangues de Démosthène avec tout le plaisir possible et sa vie avec peine » (*Essais*, 33), etc.

30 « Je vais dire franchement ce que je pense des ministres que j'ai vu gouverner la France depuis trente ans. » (*Essais*, 187) ; « Si je n'étois pas sûr de n'écrire que pour moi seul, je tremblerois à dire ce que je pense des Ministres du présent regne » (*Essais*, 204).

31 « Je l'ai [le duc de Vendôme] souvent vu au Temple ; j'ai eu pour amis des gens de sa société... » (*Essais*, 162) ; « Je n'ai point connu le marquis de la Fare, mais j'ai quelque fois causé avec l'abbé de Chaulieu... je l'ai vu à la cour de madame la duchesse du Maine, amoureux de Mademoiselle de Launay, sa femme de chambre... » (*Essais*, 165-166).

ne suis pas encore ministre, mais qui pourrai le devenir un jour... »
(*Essais*, 195) – bien davantage des réflexions personnelles sur les hommes
politiques que des réflexions sur l'homme en général. Par conséquent, ces
Essais seraient plutôt à rapprocher de mémoires, tels qu'on en composait
et en éditait depuis près de deux cents ans, ou plus exactement de ces
recueils d'*ana* dont d'Argenson a été si friand : en témoigne le catalogue
de la vente de sa bibliothèque, où je n'ai pas relevé moins de dix-neuf
recueils de ce type, depuis les classiques *Scaligerana*, *Thuana* et autres
Huetiana, jusqu'aux *Polissoniana*[32].

De fait, plus qu'ils ne se révèlent miroir du moi ou registre des expériences de l'homme public et privé, les *Essais dans le goût de ceux de Montagne*
prennent fort souvent l'allure d'un recueil d'anecdotes ; d'Argenson y
déverse parfois directement des informations qu'il a recueillies dans des
mémoires inédits dont il possède le manuscrit. Il consacre ainsi plus
de quarante pages (*Essais*, 280-324) aux potins inédits de la cour de
Louis XIV qu'il découvre dans les papiers que lui a légués son parent,
l'abbé de Choisy (1644-1724). Un peu plus bas, il transcrit sur plus de
vingt pages (*Essais*, 346-367) les anecdotes qu'il a lui-même extraites des
deux histoires manuscrites composées par l'abbé de Longuerue (mort en
1732), celle de Richelieu et celle de Mazarin. Ce goût pour l'anecdote n'est
pas étranger à Montaigne, qui sait se faire conteur quand besoin s'en fait
sentir : on peut pour mémoire mentionner le chapitre I, 34/33 (« La fortune
se rencontre souvent au train de la raison ») qui s'ouvre sur deux longues
anecdotes enchaînées, l'empoisonnement d'Alexandre VI en particulier,
mais ces singularités, ces rencontres étranges rapportées ici par Montaigne
sont étroitement liées au thème central du chapitre, la fortune. C'est loin
d'être toujours le cas chez d'Argenson qui conte souvent pour le plaisir de
conter. Ainsi, tour à tour, il peut évoquer le goût immodéré pour le tabac
à priser du Grand Prieur de Vendôme (*Essais*, 166-167), rapporter un mot
d'esprit de Moncrif sur son âge à l'adresse de Louis XV (*Essais*, 247), ou
même défendre le fait que le cardinal de Rohan serait né des amours de
Louis XIV et de la Princesse de Soubise (*Essais*, 240-241).

Essais, donc, ou mémoires ? Il faut à ce sujet souligner le statut littéraire
flottant, incertain, de ce texte, qui a été rebaptisé en 1787, *Les Loisirs
d'un ministre*, et qui en 1825, surtout, redistribué de manière thématico-
chronologique, s'est vu donner le titre de *Mémoires du Marquis d'Argenson*,

---

32   Voir dans le *Catalogue* cité *supra* à la note 4, p. 94-95, les notices 1400 à 1418.

avant de se retrouver par la grâce du même éditeur, Charles-Marc-René de Voyer de Paulmy, marquis d'Argenson (1796-1862) atomisé et inséré par bribes au sein des cinq tomes de l'édition Elzévirienne des *Memoires et Journal inédit du Marquis d'Argenson* (1857-1858). Cette indécision quant à la nature de l'ouvrage est révélatrice de l'embarras que cause alors le statut des *Essais* de Montaigne eux-mêmes, ouvrage dont la singularité semble irréductible à quelque genre littéraire canonique, à quelque mode d'expression que ce soit. Leur seule caractéristique avérée semble être celle des « pensées mêlées de traits » (Avertissement, *Essais*, ii), le seul critère objectif, l'esthétique de la bigarrure, la *varietas* ; et pour peu qu'il ait composé un « ouvrage décousu » (*ibid.*, IV) d'Argenson estime avoir tenu sa gageure – à ses propres yeux comme à ceux de son fils.

CONCLUSION

Il ne faudrait point écraser l'émule sous l'autorité et le prestige de son modèle. D'Argenson nous en priait dans son préambule. N'oublions pas non plus qu'en bon montaignien[33], il avait d'entrée de jeu rejeté toute imitation servile : « l'état de copiste est subalterne et abject, quelque beau que soit l'original. L'imitation libre & noble est seule digne d'un homme qui se sent de l'élévation & croit avoir du génie » (*Essais*, 15). Mais force est de conclure avec Grimm, qui déplorait dès la publication de l'édition originale que cette « imitation libre & noble » fût une imitation par trop pâle et lointaine :

> Un homme en place, un ministre qui après avoir observé les hommes, après s'être observé lui-même avec la philosophie de Montaigne, oserait encore écrire ses pensées avec la même bonne foi, la même énergie et la même naïveté de style ferait sans doute le livre du monde le plus utile et le plus piquant ; mais ce genre de caractère si original et si rare, il ne faut pas espérer, en dépit du titre, le revoir dans ces nouveaux *Essais* ; ils ne sont pas plus dans le goût de Montaigne que les *Histoires* de feu M. Rollin ne sont dans le goût de celles de Tacite ou de Salluste. Il n'y a pas plus de rapport entre la manière d'écrire qu'entre la manière de sentir des deux écrivains. Le ton de franchise qu'on ne peut refuser entièrement à l'auteur des nouveaux *Essais*, quelque sincère qu'il puisse être,

---

33 « Qui suit un autre, il ne suit rien » (I, 26/25, 157).

n'a cependant ni la bonhommie, ni la hardiesse, ni si j'ose m'exprimer ainsi, cette intimité de confiance qui fait le premier charme de Montaigne. Ce qu'on y trouve bien moins encore, c'est cette variété continuelle de faits et d'idées, cet aimable abandon, cette sève de génie enfin qui donne au livre le plus inimitable, tant de grâce et d'originalité. (*Correspondance littéraire*, juin 1785)

Ce qui retiendra tout de même ici l'attention, est la marque précoce, et sans réserve, de sympathie à l'adresse de Montaigne, une admiration sans réticence, choses qui ne sont pas si fréquentes à l'époque de composition de ces nouveaux *Essais*, laquelle remonte bien à 1736, et non à 1785, comme on l'a cru et dit. Le renouveau d'intérêt pour Montaigne est bien sûr marqué, après le long silence éditorial d'un demi-siècle (1669-1724), par les différentes éditions préparées par Coste entre 1724 et 1739 ; mais n'oublions pas que Coste, protestant, traducteur de Locke, est un isolé, un franc-tireur de la République des Lettres. Il est intéressant de constater qu'un homme de la surface sociale et intellectuelle d'Argenson partage pour lors ses vues. Il joue sans aucun doute un rôle déterminant dans l'évolution de l'image de Montaigne durant la première moitié du siècle. Compagnon des libertins du Temple qui voyaient dans les *Essais* un bréviaire épicurien et sceptique, il leur confère un tout autre statut, à la fois moral et politique ; au sein de ses *Remarques en lisant*, on relève par exemple cette note de lecture : « Montagne n'est jamais mieux que cité. On ne lui trouve pas tant de génie à le lire de suite. Les passages sont plus agréables que les traités et sa bonne grâce est au-dessus de son autorité. Plus profond que sublime, c'est le meilleur philosophe moral que nous ayons en France[34] ». Avec d'Argenson, s'ouvre « l'ère de la philosophie sociale » et politique, qui nous donne à voir un tout autre Montaigne « devenu physiocrate et philanthrope[35] », guide fidèle pour la vie sociale de l'honnête homme et la carrière du serviteur honnête de l'État.

Michel MAGNIEN
Université Sorbonne nouvelle

---

34 Remarque n° 2256, dans *Mémoires et Journal inédit*, Paris, Jannet, [Bibliothèque Elzévirienne], 1858, t. V, p. 130.
35 Moureau, art. cité, 1973, p. 68.

TRADUIRE MONTAIGNE
AU XVIIIe SIÈCLE

Les *Saggi* de Giulio Perini

Dans les premières décennies du XVIIIe siècle, la fortune italienne des *Essais* traverse apparemment une phase de déclin : la mise à l'index de l'ouvrage, qui date de 1676, ralentit sa diffusion en réduisant la pensée de Montaigne aux traits les plus pernicieux du scepticisme athée. Le nouveau siècle nourrit cette condamnation d'une hostilité plus formelle : fatigués des excès de la prose baroquisante, les lecteurs « modernes » reprochent à Montaigne son style mal cousu, l'allure des digressions, l'abus des citations, témoignant des lectures peu digérées[1]. Cependant, à la moitié du siècle, l'entreprise éditoriale de Pierre Coste favorise un regain d'intérêt pour les *Essais* qui réveille l'inquiétude de l'église et réclame précisément l'intervention de l'apologétique catholique. Le dominicain véronais Antonino Valsecchi (1708-1791) est l'une des voix les plus influentes de ce nouveau réquisitoire contre l'empiété libertine et « *il celebre Montagna, i di cui Saggi dedicati al Pirronismo e alla disonestà, sono uno de' Libri diletti de' Libertini*[2] ». Pour rendre plus efficace sa condamnation, Valsecchi offre la traduction de quelques passages, âprement commentés : il s'efforce de reconduire la manière « maladroite » des *Essais*, au fond immoral de son auteur[3], dont les maximes restent corrompues malgré l'action

1 Voir Victor Bouillier, *La Fortune de Montaigne en Italie et en Espagne*, Paris, Champion, 1922 ; Enea Balmas, « Montaigne et l'Inquisition », dans Marcel Tetel et G. Mallary Master (dir.), *Le Parcours des* Essais. *Montaigne 1588-1988*, Paris, Aux Amateurs de Livres, 1989, p. 239-249 ; Enea Balmas et Emanuele Kanceff (dir.), *Montaigne e l'Italia*, Genève, Slatkine, 1991 ; Stefania Buccini, « La ricezione degli Essais nell'Italia del Settecento », *Montaigne Studies*, vol. 7, 1995, p. 183-190 ; Saverio Ricci, *Inquisitori, censori, filosofi sullo scenario della Controriforma*, Rome, Salerno, 2008.

2 Antonino Valsecchi, *Dei fondamenti della religione e dei fonti dell'empietà*, Padoue, Stamperia del Seminario, 1765, vol. 1, p. 118.

3 *Ibid.*, « *sparsi sono dei semi dell'empietà e di cinica impudenza [...] ripieni di ribalderie* » (p. 9) ; « *pieni di vizi e profane maniere* » (p. 47), « *licenzioso e osceno* » (p. 50).

« réparatrice » de Coste : « *Pierre Coste che ha fatto varie Annotazioni ai Saggi di Montagna stampati all'Aia nel 1727 procura raddolcire e trarre a buon senso [...] ma basta avere scorso anche leggermente quell'autore per rilevarne il carattere e conoscere [...] di lui corrotte massime*[4] ».

Et pourtant, l'aversion du monde catholique n'est pas si radicale et recrute ses avocats au sein même du personnel religieux : une vingtaine d'années plus tard, et dans un contexte d'orthodoxie plus mondaine, l'abbé Giulio Perini (1733-1801) revient sur l'édition de Pierre Coste et, bien au-delà de quelques fragments en italien, il offre une traduction substantielle des *Essais*, c'est-à-dire les premiers 39 chapitres du livre I[5]. Au florilège choisi pour dénoncer Montaigne, l'abbé Perini oppose une divulgation ponctuelle et un travail de légitimation qui concerne, à la fois, la forme et le fond de l'œuvre du bordelais. Il s'agit d'une opération audacieuse, signée d'un nom fictif au moment de la publication, qui est le point d'arrivée, à notre avis, d'un parcours intellectuel remarquable : la figure peu connue de cet abbé du XVIIIe siècle mérite l'intérêt des études montaignistes.

Né vers 1733, Giulio Perini est fils d'un commissionnaire de transport dont la famille s'inscrit en 1766 dans les rangs de la noblesse florentine ; il suit des études juridiques à l'Université de Pise et après deux années de pratique légale à Florence, il exerce à Rome la profession d'avocat, malgré le titre d'abbé qu'il obtient et qui lui donne, en vérité, plus de prestige que de bénéfices[6]. La mort de son père et la faillite de l'entreprise familiale rendent pénible le séjour romain ; le travail du jurisconsulte et la fréquentation du milieu ecclésiastique n'arrivent pas à résoudre des problèmes économiques pressants[7]. Animé depuis son enfance par la passion littéraire, le jeune abbé cherche alors protection

---

4   *Ibid.*, p. 119. Valsecchi utilise l'édition de Pierre Coste en cinq volumes, La Haye, P. Gosse et J. Neaulme, 1727.

5   *I saggi di Michele della Montagna. Tradotti nuovamente in lingua toscana da un Accademico fiorentino e pubblicati da Filandro*, Amsterdam, 1785.

6   Le titre d'abbé remonte au moins au 1755 ; *cf.* Archives d'État de Florence, *acquisti e doni* 97, ins. 5 : « *Nota dei beni, et assegnamenti che restano compresi nell'affitto fatto fra gl'ill.mi sig. Antonio e abate Giulio da una, e l'ill.mo sig. Jacopo Perini fratello loro dall'altro[luglio 1755]* ».

7   Archives d'État de Florence, *acquisti e doni*, 97, ins. 1 : lettre de G. Perini, « *A Roma, a Roma ! Io la conosco e non voi ; io so quanti giorni tristi, e lugubri mi ha fatto passare, io so quante passioni ella tentava svegliarmi, io so quanti inutili tentativi nello spazio di cinqu'anni ho fatti per trovare un pane stabile ! Io so quante simulazioni, quante ingiurie ho sofferte, e quanto era amaro quel boccon di pane che mi dava uno screditato, e stravagante legulejo* ».

dans les salons cultivés de l'Académie romaine, l'*Accademia dell'Arcadia*, qui connaît, dans cette période, un dynamisme inédit, inspirée par les lettres étrangères et le débat philosophique européen[8]. Prêts à accepter sans trop de bouleversements et de ruptures les premières suggestions des lumières, les jeunes arcadiens s'exercent à traduire la production idyllique la plus récente, sensibles aux nuances socio-économiques d'une Arcadie moderne, de moins en moins conventionnelle. Salomon Gessner, le célèbre Théocrite zurichois, représente le modèle privilégié de cet appel bucolique nouveau : loin de fuir les inquiétudes de l'histoire, il les traverse doucement, s'essayant d'imaginer une forme naissante de cohabitation humaine, altruiste et laborieuse, vertueuse et productive[9]. Ses *Idylles*, traduites souvent à partir de la version française de Michael Hubert, représentent aux yeux des arcadiens une « *Poesia irragiata da' lumi di filosofia*[10] », un harmonieux paysage poétique où s'affirme le nouvel esprit bourgeois, tenace et modéré, ouvert à l'autre et bien actif dans la nature généreuse. Les traducteurs de cette poésie visent à reproduire ponctuellement son trait enchanteur et instructif, convaincus de la valeur civile de leur travail, une agréable divulgation philosophique vouée au bien public. Les discours liminaires et les préfaces confirment la vocation « éclairante » de ces traductions poétiques : il faut « *penetrar nello spirito original degli Autori, ed arricchir per tal modo colle straniere produzioni le proprie idee*[11] », « *arricchire la propria nazione di tesori d'ingegno che non nacquero nel suo seno*[12] » et devenir de vrais traducteurs, « *Spirti [...] amanti del gran pubblico bene*[13] ». La fortune italienne de Gessner

---

8   Voir Annalisa Nacinovich, *Il 'sogno incantatore della filosofia' : l'Arcadia di Giocacchino Pizzi 1772-1790*, Florence, Olschki, 2003.

9   Voir Maurizio Porro, « Mediazione e interpretazione dei cambiamenti sociali negli *Idilli* di Salomon Gessner », *Studia Theodisca*, vol. IX, 2002, p. 47-73 ; Cantarutti Giulia, « Ars translationis nell'Italia arcadica con un inedito discorso intorno al tradurre (1770) », dans Graziano Benelli et Manuela Raccanello (dir.), *Tradurre la letteratura. Studi in onore di Ruggero Campagnoli*, Florence, Le Lettere, 2012, p. 37-48.

10   Luigi Gonzaga principe di Castiglione, *Il letterato buon cittadino*, Rome, Per Benedetto Francesi, 1776, p. XXXIX.

11   *Prefazione del traduttore* à *I nuovi Idillj di Gessner in versi italiani. Con una lettera del medesimo sul dipinger di paesetti. Traduzione del P. Francesco Soave CRS*, Vercelli, Stamperia Patria, 1778, p. XI.

12   Aurelio de' Giorgio Bertola, *Discorso preliminare*, dans *Scelta d'Idilj di Gessner tradotti dal tedesco*, Naples, Raimondi, 1777, p. XXXI.

13   *Poemetto sulla maniera di ben tradurre*, dans *La Buccolica e le Georgiche di P. Virgilio Marrone tradotte in versi sciolti da D. Gian-Francesco Soave C.R.S. Con un Poemetto della maniera di*

confirme la valeur philosophique de sa poésie – « *sogno incantatore della filosofia* », « *sotto a' fiori cela l'istruzione*[14] » – et l'intérêt social de ses traductions, favorisant un débat dont l'abbé va devenir l'un des protagonistes. En 1771 il débute en fait sa carrière d'écrivain en donnant la version italienne du poème de Gessner, *Le premier navigateur*[15] et il mérite ainsi d'être reconnu, à l'intérieur du cercle arcadien, comme un bon traducteur, élégant et convenable aux esprits les plus fins de l'Italie, « *la versione del Primo Navigatore, poemetto di Gessner, uscì pochi anni addietro dalla elegante penna del Signor Abate Giulio Perini ad innamorare tutti gli spiriti gentili d'Italia*[16] ».

À cette époque Perini vient de quitter Rome et son activité juridique pour s'adonner aux lettres et aux plaisirs de la mondanité vénitienne : aux débuts des années soixante, en effet, devenu précepteur et conseiller de la grande famille des Cornaro, il se consacre à la brillante sociabilité de la maison de ses hôtes[17]. Sa correspondance de Venise nous donne le portrait vivant d'un homme bien acquis aux avantages du clientélisme, insoucieux de son titre, indolent et léger face au spectacle de la comédie humaine. En choisissant le ton divertissant du conte philosophique, il se décrit lui-même à la troisième personne : « *[...] abbandonò la Patria per andare al teatro di Roma alla commedia dell'opinione e dell'umana vicenda, e poi sazio dello spettacolo, dal vento dell'impenetrabile combinazione [...] fu trasportato da due anni in qua a Venezia chiamato, voluto, obbligato dalla casa Cornaro, ove mangia, beve, si diverte, e fa alle volte l'uomo di spirito ed il letterato*[18] ».

La représentation obéit à la mode du temps affichant une désinvolture, ou mieux, un détachement de tout souci, exigés par la conversation épistolaire et les salons vénitiens de l'époque. Fier de son dilettantisme[19],

---

ben tradurre, Rome, Stamperia di S. Michele, 1765, p. 8.

14 Compte-rendu des *Riflessioni sulla poesia e sulla musica* de Luigi Gonzaga di Castiglione, dans *Antologia romana*, février 1778, p. 250-253.

15 *Il Primo navigatore e Selim e Selima, poemi tradotti dal tedesco dall'ab. Giulio Perini, nobile fiorentino*, Venise, Carlo Palese, 1771. Le poème *Selim et Selima* est de Christoph Martin Wieland.

16 A de' Giorgi Bertola, *Discorso preliminare, op. cit.*, p. XII.

17 Emmanuelle Chapron, « *Ad utilità pubblica* ». *Politique des bibliothèques et pratiques du livre à Florence au* XVIIIe *siècle*, Genève, Droz, 2009, p. 175-176.

18 Giulio Perini à Giuseppe Pelli Bencivenni (Venise, le 3 juin 1764), dans Vittoria Corti, *Vicende del Settecento toscano*, Florence, All'insegna del Giglio, 1994, p. 119.

19 Archives d'État de Florence, *acquisti e doni* 97, ins. 1 : G. Perini à A.F. Adami, 1767, « *Io per quest'anno non sono più Terenzio, sono metafisico, e politico : quest'altro anno sarò Euripide, e l'altro teologo ; voglio confinar la mia scienza con Dio, e poi morrò contento* ».

Perini pratique le dessin, s'occupe de théâtre et accepte de traduire, à la demande du Sénat, deux ouvrages de Duhamel de Monceaux sur les forêts[20], témoignant une attention pour le débat agronomique français qu'il se hâte de démentir lui-même : ses lettres dénoncent en effet la « *noiosa sterilità*[21] » de ces ouvrages et réclament un mépris pour tout pédantisme qui devient le refrain de sa correspondance. Sous le signe de ce dédain et, peut-être, de cet éclectisme nonchalant, il commence la lecture des *Essais*, en annonçant, dès 1777, son projet de traduction[22] ; la même année il attaque la traduction du poème *De la félicité* d'Helvétius – une œuvre arrêtée aux douanes vénitiennes à cause de son esprit critique – encouragé probablement par son amie Elisabetta Caminer Turra, qui bravant la censure vient d'en publier un compte rendu brillant[23]. L'amitié avec cette femme, codirectrice de l'*Europa letteraria* et fondatrice du *Giornale enciclopedico*[24], révèle, sous les traits plaisants du précepteur indolent et ennuyé, l'esprit le plus intime de notre abbé, un intellectuel ouvert à la culture novatrice de son temps et attentif au débat suscité par les lettres étrangères. Le traducteur « arcadien » retrouve avant tout dans les pages des journaux dirigés par Elisabetta Caminer Turra une exhortation continue à la traduction, considérée comme un outil précieux, sinon privilégié, dans la divulgation des idées nouvelles, un outil à adopter sans trop de souci, ni à l'égard de la censure, ni à celle

20 *Del governo de' boschi*, [*L'Exploitation des bois*, 1764], Venise, Pasquali, 1773 ; *La Fisica degli alberi* [*La Physique des arbres*, 1785], Venise, Palese, 1774.

21 Archives d'État de Florence, *acquisti e doni*, 97, ins. 1, G. Perini à B. Memmo, Venise, 20 mai, 1770.

22 Bibliothèque nationale de Florence, manuscrits, cote NA 1050-I-II, Giuseppe Pelli Bencivenni, *Efemeridi*, série II, vol. V, 26 novembre 1777, « *L'abate Giulio Perini, che negli scorsi giorni ha fatto qua una gita da Venezia, mi fece sentire ieri sera il principio della traduzione che vorrebbe fare dei Saggi di Montaigne* ». Il poursuit son projet malgré le commentaire de son ami florentin, « *un autore come Montaigne non si traduce* ».

23 Elisabetta Caminer Turra, *Le Bonheur [...]. La Felicità, poema in sei canti del Sig Elvezio* ; *nuova edizione, a cui fu aggiunta un seguito di lettere scritte dall'autore dal Sig. Di Voltaire*, Londres, 1772, *Giornale Enciclopedico*, mars 1777, p. 88. Sur la fortune du philosophe français autour du *Giornale Enciclopedico*, voir Franco Piva, « Contributo alla fortuna di Helvétius nel Veneto del secondo Settecento », *Aevum*, vol. XLV, n°5, 1971, p. 430-463.

24 Di Giacomo, Mariagabriella, *L'illuminismo e le donne. Gli scritti di Elisabetta Caminer Turra. « Utilità » e « Piacere » : ovvero la coscienza di essere illuminata*, Rome, Università degli studi di Roma, 2004 ; Rotraud von Kulessa, « Elisabetta Caminer Turra. Traductrice, médiatrice et organisatrice culturelle », dans Agnese Fidecaro, Henriette Partzsch, Suzan Van Dijk et Valérie Cossy (dir.), *Femmes écrivains à la croisée des langues, 1700-2000*, Genève, Métis Presses, 2009 p. 55-66.

aussi importune de la fidélité[25] : les mots de D'Alembert sur l'art de traduire reviennent constamment sous la plume de cette médiatrice culturelle qui a traduit librement Diderot, Mercier, Gessner, les œuvres pédagogiques de Madame de Genlis ainsi que la comédie larmoyante de la scène française contemporaine. Perini réclame la même liberté avouant son audace dans la transposition en langue toscane du poème d'Helvétius[26]. Comme Lucrèce et Pope, le « *Filosofo di Francia* » a su revêtir « *d'immaginosa poesia*[27] » la raison sublime, les mystères de la physique et de la pratique morale, unissant le plaisir et l'instruction des lecteurs, « *[con]quadri esprimenti ed animati da un fuoco energico, da immagini grandi, e versi felici, descrive molte operazioni meccaniche delle arti e pinge i costumi*[28] ». Le traducteur transpose donc ce revêtement poétique, se laissant conduire par son imagination et par la force de sa langue, le toscan robuste et fécond qui devance, selon l'abbé de Florence, « *la francese favella*[29] ».

Bien conscient de la valeur idéologique du poème, fortement critiqué par l'orthodoxie contemporaine[30], Perini s'attache dans son introduction à des questions formelles[31] : il s'attarde sur la rhétorique traditionnelle du bonheur, grave, sévère, presque mélancolique, pour lui opposer le beau poème d'Hélvetius, dont la clarté, la tendresse, l'innocence encouragent à vivre heureux[32]. Mais il n'y a rien d'innocent dans l'anthropologie qui fonde la pensée morale et politique du philosophe français et qui au nom du seul et vrai intérêt humain rend compte du bonheur collectif; un

---

25   *Europa letteraria*, janvier 1772, p. 74-75.

26   *La Felicità, poema dell'Elvezio*, Berne, 1781, *AL BENIGNO LETTORE Il Traduttore*, f. 3r.

27   *Ibid.*, « *voglio che l'Italia meglio conosca questo parto felice del Filosofo della Francia ed ispiri a certi moderni Accademici e ribrezzo e timore nel sostenere che le Arti di genio, l'eloquenza e la poesia principalmente, esser debbano del ragionar severo, e dello spirito filosofico capital nemiche* ».

28   *Ibid.*, f. 5r.

29   *Ibid.*, f. 5v : « *francese favella non abbastanza robusta e feconda come è la nostra, di certe espressioni, frasi e bellezze, onde gli italiani poeti i pensieri e le immagini adornano e rivestono* ».

30   Sur les nombreuses réactions critiques à l'égard de l'œuvre de Helvétius, voir Franco Piva, « Contributo alla fortuna di Helvétius nel Veneto del secondo Settecento », *Aevum*, n° 3, 1971, p. 234-287.

31   *La Felicità, op. cit.*, f. 4v. Perini méprise, par exemple, le pédantisme des académiciens qui ne considèrent pas les vers d'Helvétius un poème, « *Si sfoghino pure li sterili critici a negare a questa ingegnosa operetta il carattere, e il titolo pomposo di poema, ch'io non mi curo di sostenerne il grammatico valor del suo nome* ».

32   *Ibid.*, f. 8v : « *colla ragione, colla dolcezza, e col purissimo amore degli Uomini e della innocente e ingenua verità. Vivi felice* ».

bonheur – et Perini ne peut pas l'ignorer – qui coïncide avec l'abolition du despotisme et de la superstition religieuse. Malgré l'appui de la rédaction du *Giornale enciclopedico* et la prudente affectation d'un intérêt tout linguistique, l'abbé attend sa rentrée en Toscane pour publier sa traduction, qui sort en 1781, anonyme, et avec un lieu d'impression faux, Berne à la place de Florence. Il s'agit d'une édition clandestine autorisée en fait par le gouvernement toscan qui dans cette période, sous le règne du grand-duc Léopold Iᵉʳ, se fait garant de la « félicité publique » et légitime, discrètement, toute lecture dégagée des entraves moralisantes de l'Église[33].

D'ailleurs, à la fin des années soixante-dix, le séjour de Perini à Venise perd ses contours dorés face aux inquiétudes financières dont la maison Cornaro est soudainement affligée. L'abbé s'adresse alors aux amis toscans, secrétaires ou directeurs des Académies à peine refondées, responsables des périodiques qui profitent depuis longtemps de ses informations sur le marché littéraire ou sur la politique ecclésiastique de Venise[34]. Il s'agit d'une élite intellectuelle cultivée et cosmopolite, qui a toujours fait preuve de fidélité à l'égard du grand-duc de Lorraine[35], cherchant à soutenir la politique de réformes et les efforts de modernisation du « Salomon du midi[36] » : ils aiment concevoir leur activité comme une entreprise journalistique et philanthropique susceptible d'éclairer le plus grand nombre des sujets, selon le modèle de l'intellectuel militant des Lumières. La correspondance de Perini avec Marco Lastri, directeur des *Novelles Letterarie* ou Giuseppe Bencivenni Pelli, directeur de la Galerie des Offices et secrétaire de l'Académie des Beaux-Arts, révèlent la stratégie de la rentrée toscane : jouissant du prestige de traducteur

---

33 Voir Chapron, *op. cit.*, p. 11-20 ; Jean Boutier, Sandro Landi et Olivier Rouchon (dir.), *Florence et la Toscane, XIVᵉ-XIXᵉ siècles. Les dymaniques d'un État italien*, Rennes, Presses Universitaires de Rennes, 2004.

34 Archives d'État de Florence, *acquisti e doni* 94, ins. 120 : M. Lastri à G. Perini, 17 janvier 1776.

35 La fin de la période de la Régence et l'arrivée en Toscane de Pierre-Léopold de Habsbourg-Lorraine en septembre 1765 en qualité de souverain légitime, constitue un évènement majeur qui modifie en profondeur les enjeux de la vie politique du grand-duché, voir Alessandra Contini, *La Reggenza lorenese tra Firenze e Vienna*, Florence, Olschki, 2002.

36 Le mythe se construit à cette époque sur l'instauration du libre-échange ou sur le nouveau code penal de 1786 qui abolit pour la première fois en Europe la peine de mort. Voir Terence Carvalho, « 'L'ami des hommes et le prince pasteur'. Le rôle du marquis de Mirabeau dans la diffusion et l'application des théories physiocratiques en Toscane », *Annales historiques de la Révolution française*, vol. 4, 2018, p. 3-24.

et d'intellectuel francophile, Perini adresse au grand-duc ses services rédigeant, en 1782, l'article *Toscane* pour le *Dictionnaire géographique de l'Encyclopédie méthodique*[37]. Il s'agit d'un plaidoyer à l'égard des réformes juridiques, administratives et économiques du prince, un éloge emphatique qui exalte Léopold Ier, son abolition du tribunal de l'Inquisition et son hostilité contre les abus faits *sous le voile de la religion* :

> La Toscane est sous un gouvernement sage et modéré qui travaille sans bruit, mais avec persévérance au grand œuvre de la félicité publique. On loue trop les conquérants, et on ne loue pas assez les princes justes, puisqu'il est vrai que les hommes doivent plus se féliciter de l'accroissement de leur bien-être, que d'un système essentiellement destructif tels qu'est celui des conquêtes. Entre les édits émanés de la sagesse du grand-duc, je pourrais citer la suppression des privilèges exclusifs, et de toute espèce de monopole [...] les encouragements donnés à l'agriculture, l'abolition du luxe, l'allégement des impôts [...] l'abolition de ces actes, non moins indécents que superstitieux, de flagellation publique faite sous le voile de la religion [...] la liberté de commerce intérieur et extérieur [...] l'établissement des administrations provinciales, l'abolition de l'inquisition, ce tribunal de sang, contre lequel la religion et la raison réclamoient également[38].

L'article contribue clairement à diffuser dans l'opinion cultivée européenne une image linéaire et cohérente du processus réformateur toscan, poursuivis par un prince éclairé, attentif au progrès socio-économique de son peuple ainsi qu'à son évolution culturelle. L'abbé, peu sensible à la rigueur de la doctrine et à l'ingérence de Rome, paraît favorable même aux réformes ecclésiastiques du grand-duc, y voyant un moyen de reconversion pastorale de l'Église et par conséquent un support nécessaire à la rénovation de son pays. Destiné donc à renforcer le consensus politique autour du gouvernement léopoldien, cet article ne rend compte nullement des difficultés d'application des réformes, ni des conflits sociaux qu'elles déclenchent, mobilisant en profondeur les équilibres sociaux traditionnels : Perini ne fait aucune allusion aux dispositions intrusives et disciplinaires de la politique grande-ducale,

---

37 L'entrée est signée François Robert, mais la correspondance de Perini avec le premier ministre Charles Gravier de Vergennes montre qu'il s'agit de la plume de l'abbé. Voir Leo Neppi Modona, « Per la storia della *Encyclopédie* in Italia. L'abate Giulio Perini collaboratore della *Encyclopédie méthodique* », *Revue des Études Italiennes*, vol. X, 1964, p. 81-91.

38 *Encyclopédie méthodique. Géographie*, tome troisième, Paris, chez Panckoucke, 1783, p. 413-414.

au contraire, il devient l'interlocuteur direct et informel du prince, représentant une opinion publique cultivée et cosmopolite qui, loin de s'opposer à l'État absolutiste, demande au prince protection et droit d'asile[39].

Le 13 janvier 1783 Perini est nommé vice-bibliothécaire de la Magliabechiana et vice-secrétaire de la nouvelle Académie florentine : il se fait le promoteur des réformes académiques voulues par Léopold[40] visant à l'expression d'un savoir nouveau, socialement utile. Son discours inaugural d'un ton pragmatique, direct, bien loin du style « cruscant », consomme la rupture avec la tradition académique, jugée séparée des « usages de la société et de la vie » : Perini prône le renouvellement des belles-lettres et de l'histoire, invitant les intellectuels à s'occuper de « l'administration publique » de « la pratique du gouvernement[41] » et à rétablir un lien fort entre les travaux linguistiques et les autres domaines du savoir. Il cite les savants de l'antiquité qui conciliaient les études érudites avec l'action politique, l'enseignement moral et l'avancement de la langue, et il les cite, souvent, par le biais des *Essais*, témoignant d'une lecture continue, précise, qui en fait un point de repère de son activité d'intellectuel « au service du bien public ».

L'abbé n'a jamais interrompu son travail de traduction : dès son arrivée en Toscane il a pris l'habitude de lire à l'un de ses amis quelques passages de sa version des *Essais*, exaltant le caractère moral et politique du premier livre qui au début occupe, tout seul, son talent de traducteur. Il semble reconnaître dans les premiers essais du bordelais une véritable éthique « du bon fonctionnaire », qui met l'accent sur un catalogue des vertus personnelles – la franchise, la discrétion, la modération, l'affabilité – représentant des qualités désirables pour les charges publiques[42] : les premiers chapitres en effet, consacrés à la

---

39   Voir Sandro Landi, *Il governo delle opinioni. Censura e formazione del consenso nella Toscana del Settecento*, Bologne, Il Mulino, 2000.

40   Le 7 juillet 1783, Pierre-Léopold décide la fusion des trois académies savantes de Florence, la Crusca, l'Académie florentine et l'académie des Apatisti, en une nouvelle Académie Florentine, institutionnellement unie à la Magliabechiana.

41   Giulio Perini, *Orazione proeminale per l'apertura della nuova Reale Accademia Fiorentina, letta il dì 27. Novembre 1783*, Florence, Cambiagi, 1784.

42   Voir Philippe Desan, « Le fonds politique, militaire et diplomatique du livre I des *Essais* », dans Bruno Roger Vasselin (dir.), *Montaigne et l'intelligence du monde moderne*, Paris, Presses Universitaires de France, 2010, p. 25-40.

diplomatie, au bon gouvernement des états, à la défense militaire[43], lui permettent de valoriser le trait pragmatique de ce savant du XVIᵉ siècle, capable d'exploiter un énorme patrimoine culturel pour nourrir son intelligence du réel et la rendre applicable. La réflexion philosophique, loin d'éloigner dans sa tour l'intellectuel, légitime des obligations morales et sociales qui servent à la communauté et rendent l'essayiste un précieux conseiller du prince. Certes, Perini s'adresse à un prince éclairé, capable d'accepter une pensée émancipée, promeneuse et plurielle, qui ouvre à la rénovation pédagogique ainsi qu'à la réflexion inédite sur la mort ou sur la mutabilité des lois et des coutumes, une pensée qui s'essaie, comme il dit dans sa *Prefazione del traduttore*, à « *sviluppare gli ingegni et eccitare a viste grandi e felici*[44] ». L'introduction aux *Saggi* permet ainsi à l'abbé de revenir sur le thème de la félicité, témoignant de la cohérence de ses intérêts et du fil qui le conduit depuis longtemps à Montaigne. Dans sa préface Perini relie le bonheur montaignien d'un côté au démasquement du vice, de l'hypocrisie et du mensonge que la franchise du bordelais fait éclater sans scrupules ; de l'autre, à la conduite « *seguace dell'umana ragione* », une raison humaine fondement du bien être personnel qui oriente, selon le traducteur, la félicité publique. Une allusion à l'« Apologie » suggère prudemment la faiblesse de cette faculté humaine dans le domaine religieux, une allusion qui achève le rappel historique dont Perini se sert pour placer l'orthodoxie de Montaigne sous le patronage de cardinaux puissants :

> *Dirò soltanto che [...] egli [Montaigne] trovò quest'opera [les Essais] in Roma nel 1581, tralle mani degli esaminatori, alla rigida censura dei quali andarono esposti ; esser egli onorato del titolo di Cittadino Romano, ed il Cardinale di Perron che chiamava i Saggi di Montagna il Breviario dei Galantuomini ; e la dedica di Mademoiselle di Gournay di tutte le opere di Montagna del 1635 al Cardinale di Richelieu, sono prove sufficienti della loro purità ed innocenza, e mostrano che il Montagna nella sua morale, e nella sua condotta era vero seguace dell'umana ragione. Anche la sua traduzione francese pubblicata nel 1580 della Teologia naturale di Raimondo di Sebonda dotto Spagnuolo, attesta pienamente della sua dottrina sana e invulnerabile*[45].

---

43 Voir par exemple, I *Per diversi mezzi si arriva all'istesso fine* ; V *Se il Capo di una piazza assediata, debba uscire per capitolare* ; VI *L'ora delle capitolazioni pericolosa* ; IX *Del parlar pronto o tardivo* ; XIII, *Ceremonia dell'abboccamento de' re* ; XVI, *Un tiro di alcuni Ambasciatori*.

44 *I Saggi di Michele della Montagna*, op. cit., t. I, *Prefazione del traduttore*, p. XV.

45 *Prefazione del traduttore*, op. cit., p. XXI-XXII.

Fidèle à ses principes « arcadiens », le traducteur reconnaît dans la structure désordonnée des *Essais* le produit d'une imagination « *vivace et spontanea*[46] », dont il loue la force poétique, celle qui excite « *a viste grandi e felici* », unissant le plaisir négligent de l'éphémère et de la fraîcheur, à la fermeté d'un message bien instructif. Le trait spontané de cette imagination productive représente, aux yeux du vice-secrétaire de la nouvelle Académie Florentine, une sorte de rupture avec les habitudes vieillies du discours académicien, illustrant l'aversion envers toute expression coutumière et tout esprit de système, que l'intellectuel réformiste admire. Toutefois, dans son rôle de traducteur, Perini souffre l'excès du vagabondage de Montaigne et de ses ajouts continuels, et il avoue son incapacité à maîtriser un parcours presque labyrinthique, souvent inextricable[47]. D'ailleurs, le texte de Montaigne demande un travail rigoureux, « *uno studio insistente* », assidu et fatigant, consacré à éclaircir au plus juste l'extravagance de son style[48] : au-delà des jugements répandus à l'égard de l'insuffisance ou de la maladresse de Montaigne, Perini renvoie aux expressions mêmes de l'essayiste dessinant une façon d'écrire lucide, intentionnelle, « *a tempi spezzati, o a colpi con uno stile sdrucito, malamente legato, che non va che a salti, e a sgambettate*[49] ».

Il s'agit du manque de linéarité et de cohérence que la rhétorique oratoire de ses devanciers[50] méprise sans répit et que l'apologie catholique de son temps condamne comme la forme mal cousue et chaotique d'un désordre intime, déréglé, immoral. Dans sa préface, en revanche, Perini reconnaît dans ce style 'nerveux', producteurs de sursauts et d'affirmations brusques, une forme d'obscurité nécessaire, à l'époque de Montaigne, une sorte de suggestion « *a mezza bocca* », laissant entendre seulement

---

46   *Ibid.*, « *ispirato da una vivace e spontanea immaginazione e dal genio potente di filosofica libertà* », p. XXI.

47   *Ibid.*, « *Pur troppo in mezzo del mio cammino conobbi che era quasi impossibile render praticabile, non che ameno alla vista un suolo per se medesimo ripieno, siccome lo è veramente di bronchi, spine, e zolle inestricabili* », p. XVI.

48   *Ibid.*, « *la stravaganza di questo suo stile* », p. XIV.

49   *Ibid.* Il reprend les mots cités dans la préface de l'édition de Pierre Coste qu'il utilise. Sur les éditions de Pierre Coste, voir Tilde Sankovitch, « The Coste Edition of 1724 », *Montaigne Studies*, vol. 7, 1995, p. 131-145.

50   Paolo Frisi (1728-1784) dénonce l'« *erudizione disordinata* », dans Franco Venturi (dir.), *Illuminisiti italiani*, t. III, *Riformatori lombardi, piemontesi e toscani*, Milan & Naples, Ricciardi, 1958, p. 307.

au petit cercle de sages, d'amis et de parents, le sens et la direction de son discours salutaire : « *Chi sa per altro se la stravaganza di questo suo stile, nata non sia dall'avere egli voluto scrivere soltanto per i suoi parenti, ed amici, come nell'avviso al Lettore si protesta, e per quelle savie e colte persone che intendono a mezza bocca, e non già per il popolo degli scioli e degli stolti*[51] *?* ».

Un style donc allusif et difficile à dessein pour dire aux « siens » la « *vera filosofia* », une philosophie morale que le présent éclairé de la Toscane moderne permet de rendre accessible à « *ogni classe di uomini e di ingegni* » (p. XIV). Pour cette raison le traducteur réclame encore une fois le droit à l'infidélité, c'est-à dire, dans ce cas, à la liberté de simplifier et de moderniser pour « *rischiarare le tenebre e render più agevole il disastroso sentiero* » (*ibid.*). D'un côté il travaille sur la syntaxe privilégiant la coordination aux subordonnées, de l'autre il exploite le redoublement synonymiques[52], pour clarifier la signification des mots. Même au niveau du lexique, il choisit le trait concrétisant du vocabulaire toscan pour rendre plus évidente les expressions montaigniennes[53] et améliorer la seule version italienne complète des *Essais*, celle « lombarde » de Girolamo Canini, publiée par Marco Ginammi[54] :

> *Vero si è come poc'anzi io dicea, che una Versione italiana di questi Saggi uscì nello scorso secolo per opera del Ginammi, ma oltre all'esser mutilata in più luoghi, e molto infedele, elle è eziandio o al pari dell'originale scabrosa all'intelligenza o poco almeno più agevole. Null'altro fece il Traduttore di quei tempi, che gettar sulla carta con la sintassi medesima, e coll'istesso giro la parola il più delle volte Lombarda, anziché toscana [...].* (p. XVII)

Le guide qui conduit Perini dans son travail de clarification est l'édition de Pierre Coste[55], le traducteur ami de John Locke qui a enrichi

---

51   *Prefazione del traduttore, op. cit.* p. XIV.
52   Quelques exemples : étonner l'âme, *incantare e stordire l'anima* (p. 14) ; déréglée, *precipitoso e sregolato* (p. 50).
53   Voir Mirella Sessa, *La Crusca e le Crusche. Il vocabolario e la lessicografia italiana del Sette-Ottocento*, Florence, Accademia della Crusca, 1991.
54   En vérité, la traduction de Canini s'avère aujourd'hui bien plus exacte que le travail de l'abbé traducteur, comme c'est le cas par exemple de « *a salti e sgambettate* » qui ne saisit pas le sens de « à sauts et gambades », repris, par contre, par « *a salti ed a scambietti* » de Girolamo Canini. Voir Jean Balsamo, *La Parole de Montaigne. Littérature et humanisme dans les* Essais, Turin, Rosenberg et Sellier, 2019, p. 227-236.
55   « *Io ho tenuto sotto gli occhi la diligente Edizione di M. Coste fatta a Ginevra ne 1779 [...]. Tra tante antiche edizioni francesi di questi Saggi la più autentica si è quella dell'Angelier pubblicata*

Montaigne de son trait encyclopédique : à partir du travail de cet éditeur, le même évoqué par la plume critique de Antonino Valsecchi, le traducteur opère ses variations, laissant de côté, par exemple les 29 sonnets, qui n'apportent désormais aucun enseignement ni aucun plaisir au public italien. Perini encourage les lecteurs de son temps à ne jouir que du « nerf » de l'écrivain bordelais[56] et à pénétrer, enfin, dans sa pensée de « philosophe ». En 1785 il décide donc de publier la première partie de son entreprise, les 39 chapitres du premier livre des *Essais*, qui répondent bien, à ses yeux, aux attentes du cercle des réformistes ainsi qu'aux exigences promotionnelles du prince à l'égard d'un savoir éclairé, agréable et socialement utile. La traduction sort anonyme et, comme d'habitude, avec un lieu d'impression faux, Amsterdam à la place de Florence[57], sous l'autorisation non officielle du gouvernement toscan.

Toutefois, la réaction du public n'est pas si favorable : deux compte rendus[58], ignorant probablement l'identité de l'auteur, démolissent les *Saggi* en toscan, soulignant la prolixité d'une traduction faible et d'un style « *piano e volgare*[59] ». Giuseppe Pelli Bencivenni, le directeur de

---

a Parigi nel 1595. Sopra una copia trovata dopo la morte dell'Autore, dal di cui titolo risulta che era stata riveduta ed accresciuta di un terzo e più delle precedenti Edizioni. Questa appunto si è quella abbracciata da M. Coste, come la più ingenua, essendo le più recenti molto alterate nello stile, e resi i pensieri, e le immaigni di Montagna indeboliti, e deformati talvolta a segno dal farli dire tutto l'opposto alla di lui intenzione. Perciò ho voluto ancor io appigliarmi a quella di M. Coste » (p. XVIII-XIX). Il s'agit des *Essais, de MONTAIGNE, Avec les notes de M. Coste, suivis de son éloge*, nouvelle édition, à Genève, chez Samuel Cailler, 1779. Sur les éditions de Pierre Coste voir Tilde Sankovitch, art. cité ; et Philippe Desan, « Vers une édition des œuvres complètes de Montaigne aux XVIIᵉ et XVIIIᵉ siècles : les paradoxes de Marie de Gournay et de Pierre Coste », dans Philippe Desan et Anne Régent-Susini (dir.), *Publier les œuvres complètes des auteurs des XVIᵉ et XVIIᵉ siècles*, Paris, Société des Textes Français Modernes, 2020, p. 129-156.

56 Sur le « *nerbo* » montaignien et le trait « *robusto* » et « *animoso* » des *Essais*, voir Francesco Algarotti, « *Tutte quelle espressioni che aveano del robusto e dell'animoso, parvero troppo ardite in un paese già vinto dalla monarchia e ammollito dalle arti cortigianesche e dalla servitù* », *Saggio sulla lingua francese*, dans Francesco Algarotti, *Opere*, Crémone, Lorenzo Manini, 1778-1784, t. IV, p. 55.

57 *I saggi di Michele della Montagna. Tradotti nuovamente in lingua toscana da un Accademico fiorentino e pubblicati da Filandro*, Amsterdam, 1785.

58 Voir *Novelle letterarie*, t. XVI, 1785, p. 107-112 ; Voir aussi la correspondance entre l'abbé Perini et Antonio Conca, le jésuite espagnol qui habite Ferrare dans ces années, Archives de l'État de Florence, *acquisti e doni*, mazzo 93, ins. 52, lettres d'Antonio Conca à l'abbé Giulio Perini.

59 Face aux critiques adressées au premier tome de sa traduction, Perini insère un avis dans le duexième tome, « *Alli Signori Giornalisti di Pisa e novellisti letterati di Firenze, Il*

la Galerie des Offices et secrétaire de l'Académie des Beaux-Arts, qui a écouté dès le début les efforts de l'abbé Perini, exprime à son tour quelques réserves face à cette première publication. Le travail clarificateur de l'abbé, visant à la divulgation d'un texte utile, lui semble appauvrir en fait la richesse des *Essais*. Dans les pages de son journal manuscrit – 80 volumes de notes quotidiennes, les *Efemeridi*, composés de 1754 au début du XIXe siècle[60] – Pelli Bencivenni cite souvent l'œuvre de Montaigne dont il possède plusieurs éditions ainsi que la traduction de Girolamo Canini : il admire lui aussi le trait encyclopédique du savoir montaignien – si étendu et si varié – et la forme dans laquelle il s'exprime, désinvolte, érudite et colloquiale à la fois[61]. Il reconnaît dans le gentilhomme du XVIe siècle un honnête homme, un bon citoyen, un bon époux, un moraliste orthodoxe :

> *Ho terminato di leggere per la seconda volta il mio Montaigne. A dispetto di quello che si dice, e senza che sia un pirronico io amo di trattenermi con un uomo che fu buon cittadino, buon figliuolo, buon amico, buon vicino, buon marito, ed uno de' più onesti uomini del mondo. Condono i suoi difetti, e ammiro le sue massime che trasse dalla scuola degli stoici, e mi pare che avesse ragione il cardinale di Perron di chiamare i suoi* Saggi 'Le bréviaire des honnêtes gens'[62].

Néanmoins, son journal lui-même, affiche un intérêt plus subjectif pour le texte de Montaigne et pour son écriture précisément obscure puisqu'intime, personnelle, introspective. En solitude, le noble fonctionnaire toscan aime se laisser aller aux suggestions disparates

---

Traduttore », où il écrit « *Se il mio stile vi sembra a volte piano e troppo volgare, voi ben sapete che io traduco un Autore che dice "ho naturalmente uno stile comico e domestico"* », p. v. Pour se défendre d'avoir publié la traduction d'une œuvre jugée « *vacillante nei principi di religioni* » (p. v), il renvoie à la *Dissertation sur la religion de Montaigne* par Dom Devienne, Bordeaux, Crapard, 1773.

60 Le manuscrit du journal intitulé *Efemeridi* est conservé à la Bibliothèque nationale de Florence, cote NA 1050-I-II.

61 Sur l'intérêt reconnu à cette mode d'écriture, voir aussi la définition de *Saggi* donnée par Francesco Algarotti, *op. cit.*, t. IV, p. 47. Sur la fortune de la forme « essais » à la manière de Montaigne, voir aussi le projet de Giacomo Leopardi, en 1828, qui s'intitule *Saggi « alla Montaigne* », dans Giacomo Leopardi, éd. Rolando Damiani, *Prose*, Milan, Mondadori 1997, p. 1219. Voir Franco D'Intino, « Leopardi sulle tracce di Montaigne », *Quaderni d'Italià*, vol. 22, 2017, p. 97-110 ; *Id.*, « Il funambolo sul precipizio. Leopardi verso Montaigne », *Critica del testo*, vol. XX, n° 1, 2017, p. 179-217.

62 Bibliothèque nationale de Florence (NA 1050-I-II), Giuseppe Pelli Bencivenni, *Efemeridi*, série I, vol. VI, 20 septembre 1761.

de l'imagination montaignienne, celle qui lui provoque, au cours des années, une sorte de douce mélancolie, gratuite, sans explication. On est presque au tournant du nouveau siècle, tout près de la « *malinconia riflessiva e dolcissima* » dont va nous parler Vittorio Alfieri, goûtant la lecture de son Montaigne « en mouvement[63] ».

La platitude simplificatrice de l'abbé paraît soudainement pauvre à l'égard de cette nouvelle sensibilité, répandue, désormais, même au cœur de la revue *Novelle letterarie* ; d'ailleurs le large public auquel s'adressait généreusement l'abbé, s'éloigne de plus en plus d'une orientation culturelle et politique qui devient autoritaire, résultant décevante même aux yeux des fonctionnaires plus réformistes :

> À son départ, en 1790, le grand-duc Léopold apparaît comme un souverain au double visage : pour l'Europe c'est le modèle du prince éclairé qui a reconnu les droits individuels des citoyens dans l'économie, l'administration ou la justice ; pour nombre de ses sujets, c'est un prince autoritaire, souvent haï. Dans les années qui suivent, nombreuses sont les réformes abolies ou modifiées par son successeur et second fils, Ferdinand III[64].

Le 3 mars 1790, le grand-duc de Toscane quitte Florence pour rentrer à Vienne et devenir Empereur. Perini, qui était en train de continuer sa traduction[65], abandonne le projet, et, soucieux de maintenir son rôle

---

63   Il est en train de voyager en carrosse avec les dix tomes de l'édition de Pierre Coste (Londres, 1754). Voir Vittorio Alfieri, *Vita scritta da esso*, éd. Luigi Fassò, p. 96 : « *nel viaggio [...] io cominciava fortemente a riflettere sulle cose del mondo ; ed invece di una malinconia fastidiosa ed oziosa, e di quella mera impazienza di luogo, che mi avevano sempre incalzato nel primo viaggio [...] ne avea ricavata un'altra malinconica riflessiva e dolcissima. Mi riuscivano in ciò di non picciolo ajuto (e forse devo lor tutto, se alcun poco ho pensato dappoi) i sublimi Saggi del familiarissimo Montaigne. I quali divisi in dieci tometti, e fattasi miei fidi e continui compagni di viaggio, tutti esclusivamente riempivano le tasche della mia carrozza* ». Sur le rapport entre Alfieri et Montaigne, voir Lionello Sozzi, « Alfieri e Montaigne », dans *Da Metastasio a Leopardi : armonie e dissonanze letterarie italo-francesi*, Florence, Olschki, 2007, p. 121-135 ; Bartolomeo Anglani, *L'Altro io. Alfieri autobiografia e identità*, Alessandria, Edizioni dell'Orso, 2018 ; Franco D'Intino, « Sulla ricezione di Montaigne tra Settecento e primo Ottocento (in particolare sul caso Alfieri) », *La Cultura*, vol. 1, 2019, p. 65-78.

64   Chapron, *op. cit.*, p. 18.

65   Bibliothèque Nationale de Florence (NA 1050-I-II), Giuseppe Pelli Bencivenni, *Efemeridi*, série II, vol. V, 5 novembre 1777, « *L'abate Giulio Perini, che negli scorsi giorni ha fatta qua una gita da Venezia, mi fece sentire ieri sera il principio della traduzione che vorrebbe fare dei Saggi di Montaigne ed è molto buona, ma io sono stato sempre di parere che una simil fatica sia inutile, e di difficilissima riuscita. Uno scrittore come Montaigne non si traduce, e chi lo ama lo gusta nel suo originale. Queste cose le ho dette altre volte a Perini, ma egli non se ne persuade, e se*

de vice-bibliothécaire, arrive à renier son côté francophile. Il reprend l'attitude négligeant de l'intellectuel mondain[66], qui reste convaincu, dans son intimité, de la valeur de son travail : « *Finché dunque altri Critici, finché d'Italia a cui v'appellate, non verranno a convincermi con altre ragioni della imperfezione del mio lavoro, viverò tranquillo, e sarò persuaso, che sia gradito ai Letterati [...]. Vivete giusti e felici*[67] ».

Alessandra PREDA
Università degli Studi di Milano

    avesse uno stampatore che facesse la spesa sarebbe dispostissimo a far la fatica». Pelli ajoute au manuscrit une glose pour dire que Perini est arrivé au chapitre 20 du livre II.

66 Bibliothèque nationale de Florence (NA 1050-I-II), Giuseppe Pelli Bencivenni, *Efemeridi*, série II, vol. XIX, 19 mai 1801, « *[Perini] fa l'uomo pigro, l'uomo di mondo* ».

67 *I saggi di Michele della Montagna. Tradotti nuovamente in lingua toscana da un Accademico fiorentino e pubblicati da Filandro*, Amsterdam, 1785, t. II, « *Alli Signori Giornalisti di Pisa e novellisti letterati di Firenze, Il Traduttore* », p. VI.

MICHEL DE MONTAIGNE, GERMAINE DE STAËL AND THE WRITER'S AMBITION

De l'influence des passions and the Essais

At first sight Michel de Montaigne was not one of Germaine de Staël's favourite or inspirational writers[1]. She was obviously familiar with the text of the *Essais*, that has left occasional traces in her prose; she refers respectfully to the author in a few passages of her work *De la Littérature* (*Of Literature*) of 1800, but she failed to take him as her constant model, as she did in the cases of Montesquieu and Rousseau.[2] Herself passionately interested in politics, like most 18th century readers she considered Montaigne essentially as a litterateur and a moralist, not as a critic of Ancien Regime institutions, even less as a political actor; in particular, she failed to associate him with the only king of France she approved of , Henri IV, who was repeatedly cited as an exemplary ruler in her posthumous work on the French revolution: *Considérations sur les principaux événements de la Révolution française* (*Considerations on the Principal Events of the French Revolution*).[3]

In the chapter of *De la Littérature* entitled: "De la philosophie et l'éloquence des anglais" Staël claimed that English philosophers could

---

1   All translations from Staël's works in the text are my own. There is no modern English translation of *De l'influence des passions*, and only selections of *De la Littérature* are currently in print. Both works were translated in English during Staël's life-time, and some of these early translations are available on line.

2   Germaine de Staël, *De la Littérature considérée dans ses rapports avec les institutions sociales*, ed. Jean Goldzink, in Sophie Genand (ed.), *De la Littérature et autres essais littéraires, Œuvres complètes de Germaine de Staël*, Série 1, *Œuvres critiques* II (Paris & Geneva: H. Champion & Slatkine, 2013), p. 101-388.

3   Germaine de Staël, *Considérations sur les principaux événements de la Révolution française*, in Lucia Omacini and Stefania Tesser (eds.), *Œuvres complètes*, Série 3, *Œuvres historiques* II (Paris & Geneva: H. Champion & Slatkine, 2017). English translation: Aurelian Craiutu (ed.), *Considerations on the Principal Events of the French Revolution* (Indianapolis: Liberty Fund, 2008).

not compete with the subtlety and complexity of the analysis of human nature produced by French moralists such as Montaigne and La Bruyère. The reason for this French superiority, however, was that English philosophers, writing in a context of "tranquillity and liberty", were inclined to focus on universal truths; Hobbes, Locke and Fergusson presented politics as "an abstract science", while Hume, Smith and Shaftesbury studied human sentiments in a "metaphysical way."[4] Instead French writers, who did not benefit from the same climate of stability and freedom, concentrated on particular situations and individual examples. Preoccupied with pleasing their patrons and their public, they tried to capture the attention of readers by diverting them and engaging their emotions: "French writers, having always in their mind the tribunal of society, try to gain the approval of readers, who get bored very easily; thus they desire to add the charm of sentiments to the analysis of ideas…"[5] In other words, the superior sophistication of the French was the product of the instability of their own position and the uncertainty of public favour in a society where relations of subordination and dependence prevailed.

Yet whatever her reservations about French Ancien Regime writers, there is one book by Staël that takes its inspiration from the *Essais*, possibly to a larger extent than the author herself intended or indeed realised. Admittedly *De l'influence des passions sur le bonheur des individus et des nations* (*A Treatise on the Influence of the Passions on the Happiness of Individuals and Nations*) is not Staël's best known or most successful work. [6] She published it in 1796 in Lausanne, after being forced by the Directory to leave Paris on account of her suspected involvement in the royalist conspiracy of *vendémiaire* in October 1795: a conspiracy she had in fact opposed, but in which some of her close friends, including Benjamin Constant (who was briefly arrested) were compromised.[7] In the circumstances, to avoid further conflicts with the French government, she decided to set aside

---

4   *De la Littérature*, p. 248.
5   *Ibid.*
6   *De l'influence des passions sur le bonheur des individus et des nations*, ed. Laurence Vanoflen, in Florence Lotterie (ed.), *Lettres sur Rousseau, De l'Influence des passions et autres essais moraux, Œuvres complètes*, Série 1, *Œuvres critiques* I (Paris & Geneva: H. Champion & Slatkine, 2008), p. 111-302.
7   On this episode in Staël's life, see Biancamaria Fontana, *Germaine de Staël, A Political Portrait* (Princeton: Princeton University Press, 2016), p. 128-131.

her latest political pamphlet: *Réflexions sur la paix intérieure* (*Reflections on Domestic Peace*) that remained unpublished.[8] Instead she completed a philosophical work she had begun a few years before, after her flight from Paris during the September massacres of 1792, which addressed the then fashionable subject of the morality of sentiments.[9]

The volume published in 1796 was presented as the first in a set of two: it analysed the conditions for individual happiness, while the question of the happiness of nations was left for the second volume. In the end this announced second volume was never written, while the first contained many considerations about the historical and political factors that affected the happiness of people. The book was constructed as a series of topical chapters with titles that are reminiscent of the subjects of some of Montaigne's essays, such as: "De l'amour de la gloire", "De l'ambition", "De la vanité", "De l'amitié", "Du crime" (the latter, on the consequences of fanaticism, very close to the spirit of "De la cruauté"). The treatment was less digressive and less self-referential than Montaigne's, but it did combine classical references and general philosophical considerations with the observation of recent historical events. Indeed, while the French edition tried to maintain the "neutral" appearance of a purely philosophical work, the English translation published in London in 1798 contained the added subtitle: "illustrated by striking references to the principal events and characters that have distinguished the French Revolution", stressing the connection to contemporary experiences.[10] On the whole *De l'influence des passions* was generally well received, but it never became as popular and influential as some of Staël's later books.

---

8   *Réflexions sur la paix intérieure*, ed. Lucien Jaume, in Lucia Omacini et Bronislaw Baczko (eds.), *Des Circonstances actuelles et autres essais politiques sous la Révolution*, *Œuvres complètes*, Série 3, *Œuvres historiques* I (Paris & Geneva: H. Champion & Slatkine 2009), p. 121-182.

9   Staël was familiar in particular with Adam Smith's *Theory of Moral Sentiments* (1759), that was going to appear in the French translation by Sophie de Grouchy in 1798.

10   *A Treatise on the Influence of the Passions on the Happiness of Individuals and Nations* (London: George Cawthorn, British Library, 1798).

FAME AND CELEBRITY

While the classification and analysis of human passions belonged
to the tradition of both classical and modern philosophy, one theme
that emerged from Staël's reworking of the subject was the condition
of the writer in a context of violent upheaval, factional conflict and
unpredictable shifts in popular opinion. It is on this ground that the
continuity with Montaigne's work is most apparent. The position of
the author placed between the pressures of political power on the one
hand, and the expectations of the public at large on the other, was in
any setting a delicate one; it became even more problematic in the
context of a divided society and of polarised ideological allegiances. At
such difficult times, what could writers hope to achieve? How could
their personal integrity and independence be preserved? Who were the
intended recipients of their reflections? Both writers asked themselves
these questions, but the answers were no more obvious in 1796 than
they had been in the 1580s. In the address to the reader that prefaced
the *Essais*, Montaigne famously made a double claim. He described his
work as written "to the private benefit" of his family and friends, so
that they might remember him after his death; he also indicated that
the private destination of his book allowed him to present himself
with complete sincerity, without the embellishments and disguises
that would have been necessary to face a wider public: "If I had written
to seek the world's favour, I should have bedecked myself better and
should present myself in a studied posture."[11] The ambiguity and subtly
misleading nature of these claims, patently contradicted by the author's
resolution to publish, have occupied critics and commentators ever since.
They have also inaugurated a style of artful self-denial destined to be
frequently imitated and to become a recurrent feature in later literary
and philosophical productions.

In her preface to *De l'influence des passions*, Staël set forth a similar
commitment to sincerity. But in her case the position was in some way
reversed: she had been – she wrote – "condemned to celebrity", while

---

11   Michel de Montaigne, *Essays* in *The Complete Works* trans. Donald Frame (London:
Everyman Library, 2003), p. 3.

the public did not know her at all. She now wished to be judged "by her writings", as an author, not as a renowned public figure, in the hope to deserve proper fame:

> One might think that the author is too hasty in publishing the first part of a book when the second is not written [...] it is possible that, condemned to celebrity without the possibility of making myself known, I should feel the need to be judged by my writings. The target of endless calumny, and not thinking myself important enough to talk about me, I gave in to the hope that, by publishing the fruit of my meditations, I might give some idea of the true habits of my life and of the nature of my character.[12]

As in Montaigne's subtle address, there was a degree of bad faith in the young woman's bold and rather surprising introduction. No doubt if, at the age of thirty, she was already "a celebrity", this was to some extent for circumstantial reasons not of her own making: her family connections, her personal association with prominent personalities and her wealth. Yet not all ministers' daughters, ambassadors' wives and heiresses had celebrity forced on them: even salon hostesses as a rule remained discreetly sheltered inside a select circle of acquaintances. Staël was so well known on account of her open political activities, her considerable public influence and of course her writings. If she had found herself exposed without defence to the calumnies of pamphlets and gazettes, it was because she had offered herself as a political target. No doubt the fact that she was a woman dictated the frequently obscene character of the attacks of her political enemies, who indulged in improbable allegations of sexual misconduct; but male personalities in a similar position were not spared either. All the same, she felt she had been grossly misrepresented, and she now wished to appear in front of the public clad ("bedecked", Montaigne would say) in the dignity proper to respected authors.

While "celebrity" – fame acquired for circumstantial reasons, often without merit – was a modern term, associated with the growing influence of the press in the 18th century[13], Montaigne would have been more than familiar with its meaning and implications. In the essays "De la

---

12   De l'influence des passions, p. 133.
13   On the "novel" phenomenon of celebrity, see Georges Minois, Histoire de la célébritée, Les trompettes de la renommée (Paris: Perrin, 2012); Antoine Lilti, Figures publiques, L'invention de la célébrité 1750-1850 (Paris: Fayard, 2014).

gloire" (II, 16), "De la praesomption" (II, 17) and "De la vanité" (III, 9) he explored at length the ambiguities of fame. Classical as well as Christian philosophy stressed the precarious character of human reputation. True glory belonged to God alone; men pursued an ephemeral favour that was arbitrary and uncertain. To be known meant to leave one's reputation at the mercy of others.

In a famous passage of "De la vanité" Montaigne expressed his mistrust of the patronage and protection offered by the powerful. Their favour – besides being capricious and unsteady – created a situation of dependence from which he tried as far as possible to distance himself:

> Now I hold that we should live by right and authority, not by reward or favor. How may gallant men have chosen rather to lose their lives than to owe them! I avoid subjecting myself to any sort of obligation, but especially any that binds me by debt of honor. I find nothing so expensive as that which is given me and for which my will remains mortgaged by the claim of gratitude, and I more willingly accept services that are for sale (III, 9, 897).

While the relation of dependence that existed between the writer and its public was free from this sense of personal obligation, it was in no way easier, and did not even finish with one's death, since literary reputations were often posthumous. Tribunals at least operated a selection of those who were called to serve on juries. But there was no procedure to select popular opinion: this was shaped largely by "common people", therefore mostly by "fools" (sots), and – Montaigne asked – who would choose to be judged by them? In any case, public taste was so unstable and volatile as to be impossible to satisfy: "Whoever aims to please them is never done; this is a shapeless and elusive target" (II, 16, 574).

The obvious answer to these discouraging prospects – the conduct that philosophers advised – was to retain one's integrity, disdaining fame and keeping well away from the lights of the public stage. Yet if the compulsion to write could not be resisted, the question remained: whom did one write for? In the essay "De la praesomption" Montaigne identified three types of possible readers. The first type were the scholars, a close clique ready to criticise the smallest philological or historical error, prepared to dismiss valuable works because they contained a slight inaccuracy. The second, far larger group was formed by common people (the fools), who would not understand what one was trying to say in any case. As to the third group, the men gifted "with strong and well-adjusted minds", they were so few, and had "no name or rank among us", so that writing for them would be time "half-wasted" (II, 17, 605-606). In the end only the author's pointless vanity, rather than the founded hope to make an impact, could explain the desire to write.

UNDER THE DEMOCRATIC YOKE

In her own chapters on glory, ambition and vanity, Staël followed closely in the steps of Montaigne's analysis, exposing the fragility of human reputation. However, seen from the perspective of the 1790s, the question of fame was complicated by some new factors. One crucial novelty was the freedom of the press introduced since the revolution, and the consequent circulation of a considerable mass of journals and publications of all kinds. For Staël this development had the effect of making true glory impossible, as the personalities and actions of public figures were placed under the constant (and often malevolent) scrutiny of the press:

> There are, in all characters, defects that in the past were revealed only by the light of history...Today whoever wishes to distinguish himself is at war with the self-esteem of all; at each step he takes to elevate himself, he is threatened with being pushed back, and the mass of enlightened men take a sort of active pride in destroying individual success.[14]

This state of affairs affected in the first instance people who occupied prominent public positions: Staël had in mind the experience of her own father Jacques Necker, who as a director of finances under the monarchy, had become the target of vicious pamphleteering campaigns.[15] Yet writers were also bound to become the victims of these new forms of public surveillance and to suffer from the generalized hostility to personal distinction. Paradoxically the growth of the free press, far from increasing the liberty of authors and promoting the diffusion of information

---

14 *De l'influence des passions*, p. 143.
15 Léonard Burnand, *Les Pamphlets contre Necker: medias et imaginaire politique au* XVIIIᵉ *siècle* (Paris: Classiques Garnier, 2009).

and enlightenment, had become an instrument for the repetition of common prejudices, empty rhetorical formulas and political slogans. There was an overall deterioration of the quality of public discourse and a debasement of taste, legitimized by the new revolutionary culture of equality. Writings would no longer by judged on the ground of their value, but by heir conformity to the political positions of the moment. Somehow Montaigne's fools (the common people, the mob) were now in power, and could impose their "democratic yoke" to the rest of the nation. What two centuries earlier had been a mere sociological pheno-menon – the tendency to prefer common taste over more sophisticated forms of expression – was now an established political system:

> At times of revolution […] the kind of opinion that can confer glory no longer exists; the people rules instead of judging; by playing an active role in all events it takes sides for or against certain individuals. In the nation there are only enemies in arms; the impartial power that we call the public no longer shows itself. What is great and just in absolute terms is no longer recognised; everything is valued only in relation to the passion of the moment.[16]

Like Montaigne, Staël recognized that vanity was not just a trait of individual character, but could become a powerful collective passion. As an individual attitude, vanity might be misguided and even ludi-crous, but was not intrinsically dangerous. Thus in "Considérations sur Ciceron" (I, 40) Montaigne made fun of Cicero's eagerness to publish his own personal letters, presenting them as private communications, while they had been carefully drafted for the purpose of public circulation (I, 40, 222). Similarly, Staël evoked the heated tone and disproportionate ferocity of certain futile literary disputes; or the claims of the crowd of failed politicians, who might have saved the country, had they only been given the opportunity to exercise their talents. However, in contexts of civil conflict and upheaval, vanity acquired an extraordinary disruptive potential, to the extent that the revolution itself could be described as "the empire of vanity".[17]

In the first instance, vanity took the form of social envy, the desire to lower and supress all distinction: an attitude to which the new culture of equality promoted by the revolution had conferred strong

---

16   *De l'influence des passions*, p. 143.
17   *Ibid.*, p. 193.

ideological legitimacy. But vanity was also at the origin of the pretension to establish, together with new institutions, new values and a new hegemonic discourse. This aspect of the revolutionary movement of 1789 was reminiscent of the experience of the religious wars: once again the ambition to reform the state went together with the claim to possess a monopoly over morality and truth. In "De mesnager sa volonté" (III, 10) Montaigne explained how both adverse religious parties – the Reformers and the Catholic League – had tried in turn to impose their own vision of truth, leaving to those who might disagree no opportunity to express their dissent:

> Their discernment is left no other choice than the one that smiles upon them and comforts their cause…Wherefore I am led to believe that this is a characteristic inseparable from popular errors. After the first one that starts out, the others push each other forward, following the wind like waves. A man is not part of the body if he can renounce it, if he does not wander along with the common movement (III, 10, 943).

In troubled times, the claim to be the depository of virtue was grossly misleading: parties called "virtue" what suited their interest; what was being presented as virtue was often just a corrupt version of it, and even its absolute contrary:

> Whoever boasts, in a sick age like this , that he employs a pure and sincere virtue in the service of the world, either does not know what virtue is, since our ideas grow corrupt with our conduct (indeed hear them portray it, hear most of them glorying in their behaviour and making their rules, instead of portraying virtue they portray injustice pure and simple, and present it thus falsified for the education of princes) , or if he boasts wrongly and , say what he will, does a thousand things of which his conscience accuses him (III, 9, 923-924).

The severe judgment expressed by Montaigne on the claims of contemporary religious factions is generally associated with his well-known mistrust of "novelty" and "change": it is taken as an indication of his conservatism and his engrained scepticism about the possibility of substantial improvement.[18] Staël on the other hand was no moral sceptic,

---

18   On the political implications of Montaigne's scepticism, see for an overview Sylvia Giocanti, *Penser l'irrésolution: Montaigne, Pascal, La Mothe le Vayer* (Paris: H. Champion, 2010); Ann Hartle, "Montaigne and Scepticism", in Ullrich Langer (ed.), *The Cambridge*

and cannot be accused in the same way of being hostile to change, as she was openly committed since 1789 to the reform of French society and institutions. But by 1796 she was ready to recognise that partisan claims to moral superiority on the part of the revolutionary factions, their obsession with "purity", went together with a despotic attitude, that left little margin for criticism and dissent.

Staël saw something typically French in the desire of revolutionary leaders to impress the public and surpass each other, as if, instead of serving the country as legislators, they were taking part in some theatrical performance. Unfortunately, these performances on the stage of the revolution did not stop at mere words and speeches, but led to an escalation of actions full of terrible consequences:

> A great number of opinions have been dictated by the wish to surpass the previous speaker and to be applauded after him; the admission of spectators in the hall where deliberations took place, had been sufficient to change the direction of public affairs in France. At first certain phrases were sufficient to elicit applause; then, in order to gain it, it has become necessary to renounce principles, to propose decrees, even to approve of crimes.[19]

The vanity of speakers, the empty and often excessive rhetoric of revolutionary discourse, became an irresistible force that legitimated the worst violence and abuses, dragging the entire political class and the whole nation to perdition: "In order to be ambitious in a revolution it is necessary to march always ahead of the impulse that propelled events; it is a rapid descent in which it is impossible to stop; in vain one recognises the abyss into which he is about to fall; whoever jumps off the carriage will be broken by the fall."[20]

Companion to Montaigne (Cambridge: Cambridge University Press, 2005), p. 183-206; Biancamaria Fontana, "The Political Thought of Montaigne", in Philippe Desan (ed.), *The Oxford Handbook of Montaigne* (Oxford: Oxford University Press, 2016), p. 232-251.

19   *De l'influence des passions*, p. 144.

20   *Ibid.*, p. 143.

THE WRITER AND THE MODERN REPUBLIC

By 1796 the terrorist phase of the revolution, with its lethal rhetoric of revolutionary purity, was finally over; but what were the prospects for French writers? The risk that the new democratic society faced was precisely the "lowering" of the standards of taste to the level of the masses. This was not just an aesthetic issue, but a political one: if the people despised excellence, they would be inclined to prefer vulgar and ignorant men as their representatives, instead of competent and capable ones. As Staël explained in the "Discours préliminaire" to *De la Littérature*:

> In a democratic state, one must always fear that the desire for popularity might lead to imitating vulgar customs; it would be easy to become convinced that it is useless and even damaging to possess a clear superiority over the multitude one wants to captivate. In this way, the people would become used to choose ignorant and vulgar magistrates; such magistrates would stifle enlightenment, and, by an inevitable circle, the loss of lights would lead to the enslavement of the people.[21]

The same logic that advocated the election of capable and distinguished men to public positions, should also apply to the arts. The modern republic, founded upon liberty and the political equality of citizens, should imitate the "grandeur" of the old monarchy, distinguishing and rewarding her best writers, artists and scientists. In the new republican context, fame would come from the recognition and applause of the nation, not from royal favour; equality, instead of imposing mediocrity, would stimulate the celebration of talent and merit.[22]

Unfortunately, this vision of a republican meritocracy applied to the arts failed to impress the new ruler of the French republic. Napoleon Bonaparte had been the focus of Staël's hopes at the time of his accession to power in 1799; but when presented with a copy of *De la Littérature* he was reported to have given it only a cursory glance. Deaf to Staël's

---

21   *De la Littérature*, p. 122.
22   On the notion of the modern republic, see Biancamaria Fontana (ed.), *The Invention of the Modern Republic* (Cambridge: Cambridge University Press, 1994).

perorations, the First Consul, just like the kings of France before him (the exception being as usual Henri IV)[23], preferred the old ways of patronage and servility in his dealings with writers. In the end Staël was forced, like Montaigne, to find a private way out of the difficulties created by her literary ambitions and her uneasy relations to the new power: in her case the solution was that of a protracted and suffered, if largely self-imposed exile.[24]

COUNTRY RETREATS

Faced with the perils of the religious wars, Montaigne adopted a defensive strategy, which consisted in presenting himself as an unworldly scholar, scribbling away in the seclusion of his tower. This image – that we now recognise as a clever literary invention, the artful adaptation of a classical stereotype – proved very effective: it succeeded in blurring the memory of his diplomatic and political undertakings and in softening the impact of his criticism of contemporary institutions; posterity, if not his contemporaries, was largely taken in.[25]

For her part Staël multiplied the efforts to persuade a whole string of French and European rulers and public officials of the "innocence" of her activities: she was, she repeatedly insisted, "just a woman", dedicated to idle literary pursuits, with no political ambitions and no power, unjustly accused of intrigues and conspiracies. Her strategy was somewhat less convincing than Montaigne's, as it was constantly belied by her high-profile contacts, relentless political canvassing across

---

23   In the *Considérations*, Staël went as far as to describe the ideal of republican meritocracy as the prosecution of what Henri IV might have accomplished, had he not been murdered: he would have been able – she claimed – to promote French greatness while governing in a spirit of freedom, truth and justice. Instead after his death Cardinal Richelieu had pursued the same objective in a spirit of despotism, destroying the originality and independence of French character. *Considerations*, Part I, chap. 2, p. 29-36.

24   On Staël and exile, see her posthumous work: Simone Balayé and Mariella Vianello Bonifacio (eds.), *Dix années d'exil (1803-1813)* (Paris: Fayard, 1996).

25   For two recent reassessments of Montaigne's political contribution, see Philippe Desan, *Montaigne. Une biographie politique* (Paris: Odile Jacob, 2014); Biancamaria Fontana, *Montaigne's Politics* (Princeton: Princeton University Press, 2008).

the whole of Europe, and provocative publications: the enhanced and easier circulation of information in the post-revolutionary decades no doubt played against her, as it made her activities more widely known; but all considered she succeeded, in the end, to protect her person, her fortune and her work.

Both writers are associated with country retreats, now turned into tourist attractions: the châteaux of Montaigne near Bordeaux, and that of Coppet, on the shore of lake Geneva. Yet, far from being enthusiastic about such idyllic refuges, both regarded Paris, for different reasons, as the only place on earth where it was worth living. For Montaigne it was a never-forgotten cosmopolitan paradise, offering "a great and incomparable variety and diversity of the good things of life" (III, 9, 903). Born in her parents' château of Saint-Ouen, near Paris, Staël tried in vain to obtain French citizenship: conveniently for the French authorities, her marriage to Erik-Magnus de Staël made of her a Swedish subject. For her Paris remained the place of her "société", of social gatherings, friendship and public life, all the things she missed most of all during the years of her (often glamourous) exile.[26]

In the end both authors, by very different routes, came to the same conclusion: while it was possible to find shelter from the vagaries of power, there was no defence against the irresistible desire of being read and its perilous consequences.

Biancamaria FONTANA
Université de Lausanne

---

26   On the question of Staël's nationality see Maria Fairweather, *Madame de Staël* (London: Constable, 2005), p. 230-231.

AUGUSTE ALEXIS FLORÉAL BARON OU LE « BON SENS » DE MONTAIGNE

dans l'historicisation de l'histoire de la littérature française

Il est difficile d'évaluer comment et quand un concept parvient à maturation et, de la sorte, conduit à la production en chaîne d'œuvres typologiques traitant d'un même objet sous un même titre. Il n'en est pas moins vrai que les premières décennies du XIXe siècle voient l'apparition de travaux revendiquant de proposer aux lecteurs une historicisation de « la littérature française » envisagée comme une production obéissant à une chronologie débutant au Moyen Âge et courant jusqu'à un présent plus ou moins immédiat[1]. Il s'agira ici de retracer comment l'histoire de la littérature française s'est constituée en un genre littéraire déclaré nécessaire, après des hésitations sur la manière de nommer, après des conflits idéologiques au cœur desquels il y avait la rémanence des événements de 1789-1794, au temps où (en 1834) Jean-Jacques Ampère s'interrogeait sur ce que pouvait être une « bonne » histoire littéraire et invoquait le devoir d'impartialité et l'obligation d'une mobilisation de toutes les bonnes volontés afin, à travers le passé littéraire de la France, de « connaître d'où l'on vient pour savoir où l'on va » :

> Notre siècle, né d'hier, est de race noble et antique ; il date de loin. A l'histoire appartient de retrouver ses titres et de lui rendre ses aïeux. Messieurs, je voudrais pouvoir exprimer avec plus d'énergie ce principe fondamental ; l'essence de l'histoire est pour moi dans l'étude approfondie, dans le sentiment intime de la *filiation des âges*. C'est là qu'est le lien, le nœud, l'unité de la vie du genre humain. L'œuvre de chaque siècle se compose de ce qu'il a ajouté à ce qu'il a reçu. Il faut donc, pour faire l'inventaire exact de la richesse littéraire d'un

---

1   Voir Claude Christin, *Aux origines de l'histoire littéraire*, Grenoble, Presses Universitaires de Grenoble, 1973.

temps, connaître le fonds qu'il a hérité des siècles précédents, fonds qu'il a monnayé et frappé à son coin, à son millésime[2].

Une mobilisation qui passe par trois décennies d'empirisme, avant enfin un ouvrage qui semble répondre à l'appel de Jean-Jacques Ampère, en mettant en avant, entre autres figures emblématique du passé littéraire français, Michel de Montaigne.

Peut-être, en guise d'ouverture, faudrait-il alors, parallèment aux lexiques bio-bibliographiques contemporains polarisés autour des « illustres » (Nicéron...), remonter à Dom Antoine Rivet et au volume I de son *Histoire littéraire de la France* qui aurait vu l'histoire littéraire accéder au statut de catégorie de l'histoire profane à travers l'identification d'une « bibliothèque universelle des écrivains français » ? Mais la gloire de Dieu et celle de la France y sont par trop inextricablement mêlées, restreignant l'opération de définition du champ de production littéraire à un travail de moines et de clercs ayant comme point de départ la littérature « gauloise » et survalorisant la part de la littérature « ecclésiastique ». En outre, l'entreprise fut supendue en 1763 alors que seulement l'année 1167, avec le tome XII, avait été atteinte. L'histoire littéraire était conçue par les Mauristes comme un inventaire dans lequel les auteurs devaient être replacés dans la vie de leur temps par le truchement de notices individuelles tout en participant d'une communauté, la République des Lettres ; ce qui avait autorisé, à titre d'exemples, des digressions sur Clovis ou Charlemagne parce que l'histoire littéraire devait être autant consacrée à faire connaître les « monuments de litérature [sic] qu'à faire les éloges des homes [sic] de lettres » selon Dom Rivet en 1756. D'où une conception hybride de l'économie du fait littéraire procédant aussi de certaines éliminations et inscrite dans la double perspective d'un pré-positivisme et d'un jansénisme théologico-moral, pour citer Bruno Neveu[3]. Et un Montaigne, bien sûr, encore loin, comme en attente[4]...

Dans une optique proche, on pourrait faire l'archéologie du genre de l'« l'histoire de la littérature française » en citant les *Eléments de*

---

2   Jean-Jacques Ampère, « De l'histoire de la littérature française », *Revue des Deux Mondes*, t. I, 1834, p. 406-425.

3   Bruno Neveu, « L'"Histoire littéraire de la France" et l'érudition bénédictine au siècle des Lumières », *Journal des savants*, 1979, p. 73-113.

4   Le projet fut, il faut rajouter, significativement réactualisé par l'Institut entre 1814 et 1820 sans progresser beaucoup.

littérature de Marmontel[5], mais en constatant vite qu'ils sont construits comme un dictionnaire des catégories de l'analyse littéraire appliqué de manière privilégiée au XVIIIe siècle – Montaigne n'y apparaissant que par quelques citations des *Essais*. Il y aurait encore en 1779, l'abbé Antoine Sabatier de Castres et ses *Trois siècles de littérature française*, qui se veut un « tableau de l'esprit » des auteurs ayant écrit de François Ier jusqu'à 1772, présenté aussi sous la forme d'un dictionnaire mais orienté pour dénoncer une « Philosophie corrosive qui a desséché les talens dans leur germe, les a séduits par des chimères, les a égarés dans leur route, les a détournés de leur but, a affoibli leurs ressorts & flétri tous leurs charmes ; elle a dénaturé les genres & renversé toutes les règles[6] ». Il s'agissait ici de remettre les auteurs à leur place, « contre ces philosophies qui ont mis Lucain avant Virgile, Despreaux au dessous de Quinault, ont édicté la supériorité de Voltaire sur Corneille et Racine... ». L'écriture de l'histoire littéraire était ainsi appréhendée comme un tribunal de justice opérant sur le critère de la « juste valeur » des œuvres, donc de la moralité, plus que de la créativité littéraire. On est ici dans un processus soit de « canonisation » soit de disqualification, pour citer Pierre Bourdieu, une volonté de concevoir l'histoire en tant « palmarès » qui se retrouve dans le champ artistique au même moment[7]. Montaigne a droit à une analyse dans le volume III, qui débute par un rappel de ce qu'il est présentement un auteur en vogue, surtout parce qu'il sert de « mine » à qui cherche des citations. Donc à « nos Philosophes ». Il a tout pour plaire, car son esprit est « aisé, profond, indépendant », son langage allie familiarité et naïveté, son érudition est vaste, son talent rare, son imagination forte et féconde ! Mais les *Essais* sont un ouvrage désordonné, rempli de contradictions, livré à un « cynisme » qui se moque de tout, pollué encore par une « licence sans borne », ne respectant ni la religion ni la morale... D'où le problème qui est de les situer positivement dans la littérature française puisque leur auteur indigne, par son scepticisme et par son « égoïsme », toute bonne volonté voulant s'instruire.

---

5   Jean-François Marmontel, *Éléments de littérature* (éd. de 1787), éd. Sophie Le Ménahèze, Paris, Desjonquères, 2005. L'ouvrage fut réédité en 1801 en 4 volumes.

6   Antoine Sabatier de Castres, *Trois siècles de littérature française, ou tableau de l'esprit de nos écrivains depuis François Ier jusqu'en 1779, par ordre alphabétique*, 3 vol., La Haye, Chez Moutard, 1779 et 1781, t. III, p. 342-348.

7   Pierre Bourdieu, « Le champ littéraire », *Actes de la Recherche en Sciences Sociales*, n° 89, 1991, p. 3-46.

Finalement ce dont il parle importe peu au lecteur critique qui n'en a rien
à faire de ses vertus, de ses défauts, goûts et dégoûts, ou maladies. Il ne
conduit à rien… Ce qui explique la rapidité de la notice ! Et fait qu'il est
moins imaginé comme un auteur du XVIe siècle que comme celui qui a,
directement ou indirectement, inspiré un mouvement intellectuel ayant
débouché sur ce qui est pour l'historien de la littérature un non-sens, la
Révolution. Le mal de Montaigne est qu'il a été un philosophe avant les
Philosophes – ceci malgré lui d'ailleurs dans la mesure où on sait qu'il
a nié avoir été un philosophe[8]. Les Philosophes n'ont pas été de vrais
philosophes, en outre… ce qui n'est pas sans renvoyer indirectement de
Montaigne l'image peu favorable d'un faussaire.

Même mise en perspective chronologique, même composition en dictionnaire, même visée antiphilosophique avec Charles Palissot de Montenoy,
*Mémoires pour servir à l'histoire de notre littérature, depuis François Ier jusqu'à
nos jours*, édité en 1803. L'histoire littéraire y ressemble à une « nécro-
pole » – selon l'expression de Sainte-Beuve – jalonnée de « monuments »
funéraires plus ou moins massifs et décorés. Et également elle paraît « se
borner à donner la succession et le jeu des écoles et des groupes, les noms
et la physionomie des vrais chefs, à marquer les caractères des principaux
talents, le mérite des œuvres saillantes et dignes de mémoire[9] ». Montaigne
a droit à une notice qui commence en rappelant que les *Essais* sont « entre
les mains de tout le monde[10] ». Et il a été pillé par Rousseau, sans doute
parce qu'il a livré « le portrait le plus naïf et le plus fidèle de l'espèce
humaine ». On lui pardonne toutes ses imperfections stylistiques parce
qu'il a le talent de plaire et d'instruire et parce que son scepticisme a
été pour lui un instrument dont se nourrissait son imagination « trop
féconde » : « elle était pour sa raison – dit ingénieusement Marmontel –
ce qu'est pour les yeux un cristal à plusieurs facettes, qui rend douteux
l'objet véritable à force de la multiplier ». Et Palissot, qui joue à être

---

8   Sur cette ambiguïté, voir Philippe Desan (dir.), *Les Usages philosophiques de Montaigne du
     XVIe au XXIe siècle*, Paris, Hermann, 2018.

9   Jean Céard, « Sainte-Beuve et le XVIe siècle », *Cahiers de l'Association internationale des
     études francaises*, n° 57, 2005, p. 179-194.

10   *Mémoires pour servir à l'histoire de notre littérature depuis François Ier jusqu'à nos jours*, Paris,
     De l'imprimerie de Crapelet, 1803, t. II, p. 189-193, qui se termine par une attaque
     contre Jacques-André Naigeon, le grand spécialiste de Diderot (Emmanuel Boussuge
     et Françoise Launay, « Du nouveau sur Jacques André Naigeon (1735-1810) et sur ses
     livres et manuscrits », *Recherches sur Diderot et sur l'Encyclopédie*, n° 53, 2018, p. 145-192).
     On est au tout début d'une très grande controverse savante.

sceptique lui-même à propos du contenu authentiquement philosophique des *Essais*, de s'attaquer à l'édition réalisée sur l'exemplaire de Bordeaux par Naigeon avec virulence parce que celle-ci suramplifie la figure d'un Montaigne prédécesseur des Encyclopédistes en discernant en lui un athée, un matérialiste, un irreligieux[11].

Un autre glossaire peut être convoqué, composé par Nicolas Toussaint Le Moynes des Essarts, *Les Siècles littéraires de la France, ou nouveau dictionnaire historique, critique et bibliographique, des Ecrivains français, morts et vivans, jusqu'à la fin du* XVIIIe *siècle*, qui comprend des résumés biographiques des auteurs décédés, des notices sur ceux qui sont vivants, les indications des différentes éditions de leurs ouvrages. Montaigne est mis en parallèle d'Amyot, mais dont la puissance des idées et « l'énergie du caractère » font qu'il est lu et relu de préférence à de multiples ouvrages plus modernes : « tant il est vrai qu'il n'appartient qu'aux productions du génie de faire époque dans l'histoire de l'esprit humain[12] ». Une notice qui est un éloge, soulignant qu'on ne peut qu'aimer Montaigne pour son « caractère », pour son écriture qui permet d'entrer comme une conversation avec lui, pour sa philosophie de la modération le portant à « goûter les douceurs de son état » et donc faisant de lui le contraire d'un révolutionnaire, l'opposé d'un Robespierre « le plus exécrable des tyrans qui ait paru sur la scène du monde pour le malheur de l'humanité ». Un Montaigne montrant, aux yeux de Des Essarts, implicitement, pour ses lecteurs, la nécessité de vivre en être social et politique pacifié à la sortie des événements révolutionnaires, attaché à l'amitié, au souvenir de son père, à une vie en soi, à la paix... Un Montaigne sorti de la polarisation anti-philosophique et devenu un instrument de stabilisation socio-politique répondant aux attentes d'un nouveau pouvoir politique voulant rompre avec l'âge des tumultes révolutionnaires[13].

---

11 Sur l'édition des *Essais* (Exemplaire de Bordeaux) procurée par Naigeon et la censure de sa préface par Napoléon, voir Philippe Desan, « "Cette espece de manuscrit des *Essais*" : l'édition Naigeon de 1802 et son "Avertissement" censuré », *Montaigne Studies*, vol. 10, 1998, p. 7-33.

12 Nicolas Toussaint Le Moynes des Essarts, *Les Siècles littéraires de la France, ou nouveau dictionnaire historique, critique et bibliographique, des Ecrivains français, morts et vivans, jusqu'à la fin du* XVIIIe *siècle*, 7 vol., À Paris, chez l'Auteur, 1801, t. I, p. VIII. Sur l'image antinomique de Robespierre, voir *Id.*, *Précis historique de la vie, des crimes et du supplice de Robespierre et de ses principaux complices*, 3 vol., Paris, Des Essarts, 1797.

13 On pourrait sans doute citer ici les 16-18 volumes du *Lycée ou cours de littérature ancienne et moderne* de Jean-François de la Harpe, publiés en 1799 et republiés tout au long du

L'historicisation des temporalités littéraires se cristallise ainsi autour du temps des Philosophes[14], par exemple avec Auguste Jean-Baptiste Bouvet de Créssé et Marie-Jacques-Joseph Victorin-Fabre[15], *Tableau littéraire de la France dans le* XVIII*ᵉ siècle...*, qui s'attache à répondre, sous la forme rapide d'un essai composé sur une demande de l'Institut, à la question de savoir comment la littérature a été l'agent d'un progrès dans les connaissances. Les grandes topiques des Lumières sont réactualisées. L'histoire de la littérature française est donnée à lire sous forme d'une présentation de ceux « dont les talens ou les lumières ont embelli l'aurore de ce siècle et préparé sa splendeur », avec pour commencer celui qui « invita son siècle à le suivre », Fontenelle. Elle vise à illustrer, par un reclassement en siècles, les changements qu'a connus la République des Lettres et qui ont donné la plus grande des gloires à la « Nation ». Elle devient l'histoire de la force de l'« Esprit humain » irradiant le monde depuis la France de sa vigueur extraordinaire et devant se prolonger

---

XIXᵉ siècle, qui sont classiquement divisés en genres ou « branches » – l'histoire, l'éloquence, la poésie, la philosophie…, tout en se focalisant en définitive sur un XVIIIᵉ siècle synonyme de l'émergence d'un âge des « idées » ; mais ces volumes ne correspondent pas au critère d'une définition d'un lien entre création littéraire et ce qui serait une spécificité « française », puisqu'ils s'étendent à l'antiquité, intègrent l'Italie de Dante et de Pétrarque, le Portugal de Camoëns… Une littérature restituée dans une acception autant européenne que française et qui débute véritablement au XVIIᵉ siècle et surtout sous le règne de Louis XIV ; ce qui relève d'un parti-pris de valorisation du classicisme. Voir Jean-Marie Goulemot, « Le Cours de littérature de La Harpe, ou l'émergence du discours de l'histoire des idées », *Littérature*, nᵒ 24, 1976, p. 51-62. Montaigne, dans le *Lycée*, surgit animé d'une « humeur paresseuse », « une naïveté badine ». Il fait bon l'entendre et La Harpe rappelle qu'il aime bien le lire. Il est un des deux auteurs, avec Sénèque, dont Rousseau s'est nourri.

14 C'est d'ailleurs ce que fait Abel François de Villemain dans son *Cours de littérature Française. Tableau de la littérature au* XVIII*ᵉ siècle*, 2ᵉ édition, t. I, Paris, Didier, 1840. Dans sa « Préface », Villemain parle d'une « Histoire littéraire de la France au XVIIIᵉ siècle », p. III, il évoque le conflit sous l'empire entre apologistes et dénigreurs des Philosophes et souligne la nécessité d'un « jugement impartial » ; et surtout « il restait à marquer l'influence que la littérature du XVIIIᵉ siècle avait exercée sur l'Europe et sur le monde. Dans la gloire de l'empire, on semblait oublier que le règne de nos idées avait précédé celui de nos armes… on parlait à peine de ce privilège qu'avaient eu les livres français de dominer au loin, dans l'intérêt politique de l'ancien gouvernement… ». Le XVIIIᵉ siècle est l'essor « du génie » dans « la décadence sociale »… Montaigne, comme Rabelais, édicte – la *Satire Ménippée* aussi – « des principes de justice sociale, des idées de réforme exprimées avec autant de profondeur que d'éloquence ». Il est question de « l'insouciance philosophique » de Montaigne. On peut encore évoquer le *De la littérature française pendant le dix-huitième siècle* de Prosper de Barante (1808), ou le *Tableau littéraire du* XVIII*ᵉ siècle* de Victorin Fabre (1810).

15 Auteur en 1812 de *Éloge de Michel de Montaigne*, Paris, Maradan, 1812.

désormais dans la « plus douce des jouissances pour les Nations civilisées ». On le pressent vite, l'histoire de la littérature, mise en tableau, a une autre finalité que celle qu'elle relate à travers quelques grandes figures ; elle est en réalité une histoire de la grandeur créatrice et pacifique de l'Empire napoléonien qu'elle raconte implicitement en montrant combien les idéaux qu'il porte ont été pré-pensés durant un XVIIIe siècle dont il est le continuateur :

> Montaigne, supérieur à son siècle. Personne n'ignore que la plupart des idées hardies qu'on reproche aux Ecrivains éminens du dernier siècle se trouvent dans Montaigne, qui lui-même avait puisé largement dans les écrits des anciens Sages ; de sorte qu'en dernière analyse cette Philosophie du dix-huitième siècle, tant calomniée, pourrait bien n'être que la Philosophie de tous les âges et de tous les Peuples éclairés[16].

À partir de là, on pourrait penser au grand projet du périodique les *Archives littéraires de l'Europe*, édité de janvier 1804 à mars 1803[17].

Il faut encore évoquer Marie-Joseph Chénier qui donne en 1810 puis 1817 un *Tableau historique de l'état et des progrès de la littérature française, depuis 1789*. Il s'agit, dans une veine proche qui peut avoir concerné aussi l'Europe[18], de suivre, « dans les diverses parties de l'art d'écrire, les effets du mouvement universel », et donc de défendre la littérature contre ceux qui s'attaquent à la mémoire des Lumières françaises, de

---

16   J.-J. Victorin-Fabre, *Tableau littéraire de la France dans le XVIIIe siècle ou Essai sur les grands Ecrivains de ce Sicèle et les progrès de l'esprit humain en France suivi de l'Eloge de La Bruyère, avec des notes et des dissertations*, Paris, chez Michaud Frères, et chez Delaunay, 1810, p. 81-82.

17   Jean-Luc Chappey, « Les *Archives littéraires de l'Europe* (1804-1808) », dans *La Révolution française. Cahiers de l'Institut d'histoire de la Révolution française*, vol. 4, 2011, [Dire et faire l'Europe à la fin du XVIIIe siècle].

18   Jean-Jacques Leuliette, *Tableau de la littérature en Europe : depuis le seizième siècle jusqu'à la fin du dix-huitième, et examen des causes politiques, morales et religieuses qui ont influé sur le génie des écrivains et le caractère de leurs productions*, Paris, Léopold Collin, 1809. On peut penser qu'a été décisive, dans la transition vers une *Histoire de la littérature* d'abord synoptique puis nationale, la traduction par Alphonse Borghers de Henri Hallam, *Histoire de la littérature de l'Europe pendant les quinzième, seizième et dix-septième siècles*, 2 vol., Paris, Ladrange et Baudry, 1839. L'auteur rend hommage à l'ouvrage du jésuite Giovanni Andrès, *Origine, Progresso e Stato attuale d'ogni Letteratura*, 7 vol., Stamperia reale, 1782-1799. Et aussi entre autres au professeur de l'université de Göttingen, Jean-Godefroi Eichorn, *Histoire générale de la civilisation et de la littérature de l'Europe moderne*, 2 vol., 1796-1799 [*Allgemeine Geschichte der Kultur und Literatur des neuern Europa*. Göttingen 1796-1799], qui couvre les XIIe-XVIIe siècle. Il évoque aussi Tiraboschi, et L'*Histoire littéraire de l'Italie*, 9 vol., Paris, Michaud, 1811, de Pierre-Louis Ginguené, il cite Bouterwek, et Sismondi pour son ouvrage sur la Littérature du Midi.

mettre sous les yeux des Français « les élémens actuels de cette littérature française, dont une envieuse ignorance dénigrait, à chaque époque, les chefs-d'œuvre et les classiques[19]... » ; une littérature qui, dans le présent, demeure la « première littérature de l'Europe ». Il faut, écrit Marie-Joseph Chénier, aider ainsi, en racontant l'histoire, l'éloquence et la poésie à faire refleurir l'art d'écrire « dans le siècle qui recommence[20] ». Sur un point particulier, Montaigne est présenté, de manière significative, comme « le maître de la doctrine du doute, le fondateur de la philosophie parmi nous. D'ailleurs, aussi pleinement libre dans son style que dans ses idées, n'importe comme il écrive, pourvu qu'il pense : le mot qu'il frappe est toujours sa pensée naïve et nue ». Montaigne demeure compris, mais de manière favorable, comme un prédécesseur des Lumières dont il faut défendre la grandeur, un philosophe avant les Philosophes, un « devancier » de Rousseau par exemple et, il faut le dire, dans la perspective du dictionnaire des idées reçues sur la seconde moitié du XVIIIᵉ siècle[21]. Villemain n'avait-il pas écrit en 1812 que l'*Émile* était une « exaspération » des idées de Montaigne ?

Il faudrait encore référer, parce que peut-être plus originaux, les *Elémens de l'histoire de la littérature française jusqu'au milieu du 17ᵉ siècle*, rédigé par Alexis de Charbonnière, ouvrage publié en 1818[22], qui choisit d'emblée de s'élever contre l'ignorance qui s'attacherait aux XVIᵉ et XVIIᵉ siècles, mettant en exergue le règne de François Iᵉʳ comme celui d'un vrai commencement de la littérature française, durant lequel s'est singularisé « l'immortel » auteur des *Essais* ayant démontré que le but de l'homme est « soi qu'il faut étudier » :

> c'est soi qu'il faut peindre sans s'épargner lorsqu'on veut présenter aux hommes le miroir fidèle des vices de leur cœur et des travers de leur esprit. Chez tous ils sont les mêmes à quelques modifications près et si chacun faisoit cet examen

---

19 Sur une tranche chronologique courte, la littérature est scindée en XII chapitres.
20 M.-J. Chénier, *Tableau historique de l'état et des progrès de la littérature française, depuis 1789*, 3ᵉ éd., À Paris, Chez Maradan, 1819, p. XV-XVI.
21 *Œuvres de M. J. Chénier [...] précédés d'une notice sur Chénier*, Paris, Guillaume Libraire, 1825, t. 4, p. 69-80.
22 Alexis de Charbonnière, *Éléments de l'histoire de la littérature française jusqu'au milieu du dix-septième siècle*, Paris, Everat, Delaunay, Jacob, 1819. Titre reprenant celui de l'ouvrage antérieur de Claude-François-Xavier Millot, *Éléments de l'histoire de France, depuis Clovis jusqu'à Louis XV*, Paris, Durand Neveu, 1768. Voir Patrick Garcia et Jean Leduc, *L'Enseignement de l'histoire en France de l'Ancien régime à nos jours*, Paris, A. Colin, 2003.

de ses défauts et de ses faiblesses avec autant de sincérité autant de bonne foi que Montaigne, on verroit qu'il a deviné tous les cœurs par le sien. C'est parce qu'il a eu le courage de fouiller dans les replis les plus cachés, qu'avec les bonnes qualités qu'il y a découvertes, il expose naïvement les faiblesses, les défauts qu'il y a reconnus ; c'est une vanité d'un art tout particulier, et qui mériteroit sans doute un autre nom[23].

On le voit, avec ces *Elémens*, on n'est plus dans l'ordre obligé d'un dictionnaire et donc d'un palmarès applanissant quelque peu ce qui pourrait évoquer des caractéristiques distinctives, mais on a basculé dans un texte analytique visant à enseigner une éthique de soi à partir de la littérature, donnant, en plaçant Montaigne en figure symbolique d'un travail littéraire positif, à la littérature le sens d'être une grande œuvre de connaissance de soi à travers l'expérience introspective de rencontre avec l'autre que chaque œuvre, à un degré plus ou moins élevé, peut proposer. Dans la « Quatrième lecture » des *Elémens*, les temps de troubles et de discordes sont, sur le plan de l'esprit humain, et donc de la littérature qui le raconte, des temps d'une « fécondité » extraordinaire comme le sont toujours les temps qui ont glacé les hommes de terreur. Avec des effets qui ont perduré ensuite tout au long du XVIIᵉ siècle.

Mais il n'en est pas moins vrai que Charbonnière en reste proche du schéma traditionnel défini par Luc Fraisse :

L'écrivain illustrait une façon, exemplaire parce que meilleure que les autres, de mettre en œuvre les ressources de la langue. Si maintenant on envisageait de présenter et d'enseigner ce qu'ils avaient écrit, épopée latine ou tragédie française, le travail du critique, puis du professeur, était de comparer ces œuvres aux ouvrages théoriques sur les genres auxquels elles appartenaient, pour commenter la réussite de l'ouvrage examiné : c'était la *critique des beautés*[24].

Certes on peut voir en gestation relative un changement : « L'idée même de création apparaît alors, en liaison avec la personnalité de l'écrivain, comme un phénomène à observer ou, mieux, comme un mystère à élucider par la recherche de documents[25] ». Surtout l'histoire littéraire est définie sous un angle utilitaire et politique qui doit réguler son écriture :

---

23   *Ibid.*, p. 52.
24   Luc Fraisse, « La littérature du XVIIᵉ siècle chez les fondateurs de l'histoire littéraire », *Dix-septième siècle*, vol. 218, nᵒ 1, 2003, p. 3-26, ici p. 4.
25   *Ibid.*, p. 4.

Charbonnière édicte la nécessité pour les souverains de protéger les gens de Lettres parce que les Lettres sont un embellissement de leurs règnes et recommanderont leurs personnages à la postérité. Quant aux gens de Lettres, ils ont intérêt à être fidèles aux gouvernants, « soumis à leurs lois et occupés uniquement du bonheur de leurs semblables, ou du soin de charmer leurs loisirs[26] ». L'histoire littéraire parvient à une conclusion définissant le statut de l'auteur de manière fermée, en réaction implicite contre le temps des Philosophes et ce qui est supputé avoir été les conséquences d'un certain exhibitionnisme : « s'ils se divisent, au contraire, en sectes injustes et intolérantes ; si l'esprit de dénigrement s'empare d'eux, si l'envie les agite et les arme les uns contre les autres, ils deviennent par la même complices de leurs détracteurs ; alors les sots rient de leurs divisions ; alors aussi le savant déshonore la science, et le bel esprit discrédite le génie[27] ». Se devine pourquoi l'introspection des *Essais* est mise en valeur... Elle joue en paradigme d'une littérature qui se retirerait du champ politico-publique de la Restauration après avoir suscité l'apologie du régime impérial.

Le genre du « Tableau » est encore de mode quand Saint-Marc Girardin et Philarète Chasles font éditer leur *Tableau de la littérature française au 16ᵉ siècle* en 1828-1829[28] et veulent démontrer qu'« en France l'esprit penseur est plus ancien qu'on ne le croit[29] ». Un esprit qui est « un génie libre et moqueur, une répugnance naturelle du préjugé » et qui se développe à la Renaissance dans le genre des pamphlets et dans « le parti politique » sous « les auspices de catholiques libres penseurs ». Le XVIᵉ siècle prépare Descartes, mais aussi voit pour la première fois dans l'histoire française poindre « une idée de philosophe », c'est à dire une pensée de la médiation. Écrire sur la littérature du XVIᵉ siècle, c'est découvrir la modération opérant dans l'esprit humain, suivant son cours

---

26 A. de Charbonnière, *op. cit.*, p. 22.

27 *Ibid.*

28 Saint-Marc Girardin et Philarète Chasles, *Tableau de la marche et des progrès de la littérature française au XVIᵉ siècle, discours qui a partagé le prix d'éloquence décerné par l'Académie française dans sa séance publique du 25 août 1828*, Paris, Firmin Didot 1828, p. 175 : il faut relever que la célébrité « de son temps » fait que « c'est Montaigne » qui « caractérise aux regards de la postérité les derniers progrès de l'esprit humain au XVIᵉ siècle : tout en s'appropriant, pour les étendre, les idées de son époque, il les devancera et les dominera, de manière à n'être pas toujours compris de ceux qui l'entourent ». Voir Claude Pichois, *Philarète Chasles et la vie littéraire au temps du romantisme*, Paris, José Corti, 1965, t. I.

29 Mme de Staël parlait de « l'état des esprits penseurs »...

jusqu'à Rousseau et c'est aussi, après l'humiliation de 1815, tenter de redonner une grandeur française à travers la littérature et sa dimension pacifique. Une place spécifique est réservée à l'auteur des *Essais* comme symbole d'une marche en avant de l'histoire de la pensée et donc de la raison : la « célébrité » « de son temps » fait que « c'est Montaigne » qui « caractérise aux regards de la postérité les derniers progrès de l'esprit humain au 16ᵉ siècle : tout en s'appropriant, pour les étendre, les idées de son époque, il les devancera et les dominera, de manière à n'être pas toujours compris de ceux qui l'entourent ». Un Montaigne, qui « semble appartenir aussi au parti politique », parce que « ce sceptique n'aime pas qu'on remue les lois de l'Etat et de l'Eglise[30] », mais dont il faudrait se méfier parce qu'il conduirait à première vue à se désengager de la cité des hommes et donc nierait que celle-ci soit liée à la liberté :

> Le système de Montaigne se laisse entrevoir : c'est une sorte de quiétisme politique et religieux, dédaignant les formes des choses jusqu'à les maintenir : c'est l'indépendance de l'homme et la liberté du philosophe, avec la soumission du citoyen et du laïc… Il y a quelque choses des doctrines du spiritualisme indien dans ce scepticisme hardi, qui défend à l'homme de prendre à cœur les lois et les institutions, comme n'étant que de vains dehors ; qui condamne d'avance l'innovation, qui autorise l'immobilité de la civilisation, et croit nous dédommager par je ne sais quelle liberté intérieure, qui n'a plus d'autre but qu'elle-même. En vérité l'âme serait un triste bienfait de la providence, si égoïste et indifférente comme la fait Montaigne, elle s'occupait de ses pensées, jusqu'à négliger ses actions. Elle manque à ses destinées, quand elle renonce à la société, quand elle se referme en elle-même pour jouir solitairement de sa liberté et de son intelligence. Dieu nous l'a donnée pour animer le monde et travailler à l'œuvre de la civilisation. La liberté philoosophique n'est sainte et respectable qu'autant qu'elle est la mère et la nourrice de la liberté religieuse, et de la liberté politique[31]…

Montaigne se voit cependant reconnu, dans la continuité de Pétrarque, le mérite d'avoir sécularisé la philosophie morale[32]. Il est et demeure donc un philosophe. Les *Essais* sont un balise essentielle, qui marque la défaite des moralistes scolastiques face à la réactualisation des philosophies antiques. Avec Montaigne s'impose la conscience claire de ce que l'homme ne doit pas se voir en créature faible, mais en un être

---

30 Saint-Marc Girardin et Philarète Chasles, *op. cit.*, p. 23.
31 *Ibid.*, p. 23. Ce passage est un plagiat du *Cours…* de Jean-François de La Harpe.
32 *Ibid.*, p. 39.

libre face à lui-même, récepteur d'une philosophie qui lui commande
« d'essayer ses forces ». Il y a ainsi un moment Montaigne qui est capital parce qu'il rompt les entraves d'une théologie oppressante et parce
qu'il est le moment d'un philosophe du désangoissement, d'un avant-
coureur des Philosophes :

> Marche, lui dit-elle, dusses-tu tomber ! pour adoucir la mort, la religion en
> avait fait une cérémonie qui avait ses prescriptions sollennelles ; elle avait
> mesuré au détail de nos angoisses le détail de ses rites consolateurs, et l'homme
> pouvait croire que, pour bien mourir, il n'avait qu'à accomplir les pieuses
> observances du culte. Voici un philosophe qui lui apprend que le jour de la
> mort ce *maître-jour, juge de tous les autres*, a besoin encore d'une autre prépa-
> ration, qui est celle de la philosophie. Qu'est-ce à dire ? Il y a donc une autre
> sorte de constance que la fermeté chrétienne ! Il y a donc aussi une morale
> indépendante du culte ! tel est le vaste problème que Platon débattait il y
> a deux mille ans dans son Eutyphon, et que Montaigne débat de nouveau,
> mais sans avoir l'air d'y penser[33].

Montaigne, malgré les apparences premières, est un tournant dans l'histoire
littéraire et dans l'histoire, parce qu'il a effectué un « changement de
point de vue » et par là-même a changé « tout l'horizon de l'homme ».
C'est une « révolution » qui s'est produite et qui est tout aussi importante
que la réforme de Luther. À travers lui, c'est « l'esprit français » qui dit
sa « transformation » et qui avance vers des temps nouveaux.

À l'opposé de cette identification des mutations de l'esprit que
l'histoire de la littérature française autorise, l'attention peut se fixer
sur le projet de retrouver ce qui a été à l'origine de la gestation du fait
littéraire, avec Jules Berger de Xivrey et ses *Recherches sur les sources
antiques de la littérature française* (1829)[34], qui tentent sur une durée qui
va de la conquête des Gaules à Voltaire, de saisir avec précision ce que la
littérature française doit au passé gréco-latin. Une archéologie des dûs,
des emprunts, des imitations… : la religion chrétienne s'estompe en
tant que source de créativité littéraire devant l'Antiquité à qui la langue
française doit tant. Surgit alors un Montaigne symbole simultanément
positif et négatif, qui, à six ans, ne parlait pas d'autre langue que le
latin, vivant dans l'intimité des grands génies antiques contribuant à

---

33   *Ibid.*
34   Jules Berger de Xivrey, *Recherches sur les sources antiques de la littérature française*, Paris,
     Crapelet, 1829, p. 62-63.

lui donner un « beau génie » qui toutefois l'a empêché de dépasser dans ses *Essais* le stade d'une causerie et donc de faire les efforts indispensables au perfectionnement de la langue française ! Avec Sainte-Beuve et avant ses *Causeries…*, c'est la poésie française du XVIᵉ siècle, associée au théâtre, qui favorise la formalisation d'un *Tableau historique et critique* (1828) qui a son origine dans le sujet proposé pour un prix d'éloquence par l'Académie française en 1826, *Discours sur l'histoire de la langue et de la littérature françaises depuis le commencement du XVIᵉ siècle jusqu'an 1610.* Y figure « ce bon Montaigne, si indépendant et si sensé », un Montaigne en quelque sorte désymbolisé ou individualisé tant il est « unique » et tant il est passé « comme un phénomène à part, au milieu de son siècle[35] ».

On le voit, il y a plusieurs plans d'intégration de l'auteur des *Essais* dans cette quête d'une écriture de l'histoire de la littérature française, et tous ne débouchent pas sur une indéniable monumentalisation… Il n'empêche qu'à travers ce parcours dans les tatonnements visant à identifier ce que devrait être l'histoire littéraire via les instruments différents que sont les « Eléments », les « Tableaux », les « Recherches », les « Mémoires », l'empirisme semble dominant, couplé à des rémanences du système ancien des listes et à une identification de la littérature avec la « langue ». Il y a, dans ce cadre, un Montaigne relu au temps des Lumières de manière positive, et un Montaigne secondarisé ou critiqué.

Pourtant ce serait à partir de 1820-1825 que paraît avoir été mise en œuvre une histoire littéraire pensée comme un objet en soi, qui doit être construit selon une chronologie linéaire. Mais un produit d'importation. Il faut ici en effet citer François Adolphe Loève-Veimars, grand traducteur d'E.T.A. Hoffmann et de Heinrich Heine, opérant sur la base d'une adaptation en français de l'ouvrage de l'Allemand Friedrich Ludwig Bouterwek, professeur à l'université de Göttingen et donc promoteur d'un *Résumé de l'histoire de la littérature française depuis son origine jusqu'à nos jours*[36], qui pourrait bien avoir été l'ouvrage initiateur d'une approche différenciée[37]. Pour Bouterwek donc traduit en 1825, ce sont

---

35 Sainte-Beuve, *Tableau historique et critique de la littérature française et du théâtre français au XVIᵉ siècle*, Paris, A. Sautelet, 1829, p. 84 et p. 203.

36 Adolphe Loève-Veimars, *Résumé de l'histoire de la littérature française depuis son origine jusqu'à nos jours*, Paris, Louis Janet, Libraire, 1825.

37 Sur le modèle de Bouterwek, pionnière est la publication de Ferdinand Denis qui fait éditer chez Lecointe et Durey, Libraires, 1826, son *Résumé de l'histoire littéraire du Portugal, suivi du résumé de l'histoire littéraire du Brésil.*

les structures de l'État et de la société qui influent sur les différences et les spécificités de la littérature d'une époque[38]. Racine et Molière appartiennent en quelque sorte à une temporalité pré-révolutionnaire et il faut les étudier sous cet aspect. Dans ce contexte, « Les Français ayant de nouvelles habitudes sociales auront bientôt une nouvelle littérature... » qui verra le jour vers 1850, « une littérature adaptée aux besoins moraux de leur époque et non à ceux de leurs grands-pères[39]... ». On pourrait dire que la langue est alors avant tout un fait sociologique avant même que Ferdinand Brunot n'en soit le théoricien. L'histoire littéraire d'une nation exige l'observation des interactions entre les événements historiques et les Lettres, la vie politique, la culture, les mœurs... C'est-à-dire qu'elle est extra-littéraire en grande partie parce que demandant une contextualisation exigeante. Mais elle est aussi une identification des lignes de continuités qui renvoient à ce qui serait l'identité ou « l'esprit » de chaque peuple : il y eut, en Allemagne, un romantisme médiéval comme Bouterwek l'a illustré dans son *Histoire de la littérature allemande*... Ce qui lui fait dire que l'optique qu'il a choisie est particularisée, s'opposant à la vision téléologique des historiens français préoccupés à décrypter les indices successifs et cumulatifs d'une progression ou stabilisation présente ou à venir. Bouterwek écrit surtout dans un projet de littérature comparée selon Geneviève Espagne[40] et peut-être aussi dans une acception définissant la langue comme le trésor d'un peuple, qui ne peut survivre qu'en la renouvelant...

---

38 Friedrich August Bouterwek, *Geschichte der französisciche Poesie und Beredsamkeit*, 12 vol., Göttingen, 1801-1819, qui serait une des premières « histoires de la littérature française » selon Michel Espagne, « Au-delà du comparatisme. La méthode des transferts culturel », dans Chryssanthi Avlami, Jaime Alvar et Mirella Romero Recio (dir.), *Historiographie de l'antiquité et transferts culturels. Les histoires anciennes dans l'Europe des XVIIIe et XIXe siècles*, Amsterdam & New York, Rodopi, 2010, p. 200-221. Il faut isoler aussi la publication de la traduction de Bouterwek par Adolphe Loève-Veimars, *Histoire de la littérature allemande*, Paris, Louis Janet, 1826.

39 Cité in Leslie Brückner, *Adolphe François Loève-Veimars (1799-1854) : Der Übersetzer und Diplomat als interkulturelle Mittlerfigur*, Berlin & Boston, De Gruyter, 2013, p. 42. Voir Tristan Coignard, « Qu'est-ce que l'esprit d'un peuple ? Langue universelle et langue "nationale" en Allemagne au tournant du XVIIIe et au XIXe siècle », *Revue Française d'Histoire des Idées Politiques*, n° 36 [Langues et nations : (XIIIe-XVIIIe siècles)], 2e semestre 2012, p. 365-381.

40 Geneviève Espagne (dir.), *Histoires de littératures en France et en Allemagne autour de 1800*, Paris, Kimé, 2009, p. 257 ; Frédéric Weinmann, « Le XIXe siècle face aux canons littéraires. Persistance, remises en cause, transformations », *Revue d'Histoire littéraire de la France*, vol. 114, n° 1, 2014, p. 45-66.

On peut rajouter qu'il rejoint logiquement les grandes lignes du projet de Friedrich von Schlegel, qui voulait que l'étude de la littérature soit moins sa propre fin qu'un moyen de comparer les peuples selon leurs mérites et qui voyait dans la succession des ouvrages de littérature un conservatoire de la mémoire nationale, un héritage permettant d'évaluer la « dignité d'une nation ». Dans cet héritage, il fallait commencer par l'antiquité, les Grecs et les Romains, et intégrer l'orient. Puis il fallait s'intéresser aux influences septentrionales, au christianisme, aux croisades…, aux poésies chevaleresques[41]… C'est cette grille de lecture reposant sur des interactions constituant en profondeur l'identité littéraire d'un peuple, qui sert de point de départ à Bouterwek. Donc une particularité, une histoire de la littérature française, qui ne doit pas être une simple liste descriptive des auteurs nationaux. L'ouvrage réélaboré par Adolphe Loève-Veimars suit une avancée chronologique, partant de l'état des Lettres françaises depuis la fin du XIIIᵉ siècle jusqu'au commencement du XVIᵉ, isolant dans l'optique schlegelienne une « Naissance de la littérature dans le nord de la France » qui est due aux Normands et qui s'exprime par la poésie. Une deuxième séquence court du commencement du XVIᵉ siècle jusque « vers » le milieu du XVIIᵉ siècle, une troisième des débuts du règne de Louis XIV jusqu'aux premières années du XVIIIᵉ siècle, tandis que la quatrième va jusqu'aux premières années du XIXᵉ siècle. Montaigne, dans cette histoire segmentée du fait littéraire, relève bien de la « philosophie » et les *Essais* sont appréciés comme un moment « extraordinaire » dû à « son esprit supérieur » qui s'éleva en quelques moments au-dessus de toutes les discussions dogmatiques et religieuses des catholiques et des protestants ; et son âme droite et compatissante, mais peu enthousiaste, le guida dans « la route de la vérité » ; un homme « franc et simple », « à part dans son siècle[42] ». Le « à part » est ici important. Est cité l'éloge enthousiaste de Villemain, longuement[43].

---

41 Il faut noter que Karl Wilhelm Friedrich Schlegel est traduit précisément au moment où semble se décanter en France le concept d'une « Histoire de la littérature » : *Histoire de la littérature ancienne et moderne, […] traduite de l'allemand sur la dernière édition, par William Duckett*, 2 vol., Louvain, Chez F. Michel, 1829.

42 *Ibid.*, p. 133-135. Ce qui montre qu'il y a eu adaptation.

43 Villemain, *Éloge de Montaigne, discours qui a remporté le prix d'Eloquence, décerné par la classe de la Langue et de la Littérature françaises de l'Institut, dans sa séance du 23 Mars 1812*, À Paris, Chez Firmin Didot, 1812, qui, certainement, sert de référence à ceux des auteurs qui revitalisent le topos selon lequel Montaigne se place dans un au-delà de son siècle : et qu'il fait « toute la gloire littéraire d'une nation ».

Un basculement marqué se produit toutefois en 1839 avec le théologien vaudois Alexandre Vinet[44], et le *Résumé de l'histoire de la littérature française depuis son origine jusqu'au XVIIIᵉ siècle* qui débute par une analyse des mutations linguistiques ayant suivi la conquête romaine puis les Grandes invasions, affirmant que « la langue française s'empara de son vrai génie à mesure qu'elle oublia ses origines ». L'oubli a conditionné ce que Vinet nomme « l'individualité[45] » et qui est lié à une genèse de la « nationalité française » grâce à des apports étrangers dont les Normands furent peut-être « le plus précieux élément ». L'importance de la langue française, comme ferment de créativité, tient « peut-être à sa nature composite... les métaux les plus précieux, privés du secours de l'alliage, sont de peu d'usage dans les arts[46] ». Mais l'individualité tient aussi dans l'universalité, la capacité d'une « littérature nationale » à communiquer ses idéaux à l'extérieur. L'histoire de la littérature est ici conçue sur le plan d'une téléologie, qui fait que chaque siècle couve « un immense avenir, à qui tous les suivants doivent leur fécondité ». Une création progressive et cumulative qui est articulée à une idée : « le triomphe de la monarchie » dont François Iᵉʳ est le symbole. L'histoire littéraire, toutefois, tend au catalogue centré autour d'une tension allant de Rabelais qui « bafouait la tyrannie sacerdotale, l'imbecillité populaire », et jusqu'aux « excès de la monarchie absolue », aux réformateurs entamant « leur œuvre sainte et périlleuse » et à ceux qui cherchaient à remplacer le dogmatisme par « un scepticisme superbe ». Un développement, succèdant à trois-quatre lignes sur Ramus, est consacré à Montaigne : « dans ses familières causeries, dans ses sincères confessions, qu'il a nommées *Essais*, et que la liberté des idées et la vivacité pittoresque de l'expression feront vivre autant que la langue française, appliquant aux problèmes de l'esprit humain l'indolence de son caractères ». Montaigne certes entrevu toujours et encore en tant qu'avant-coureur de Rousseau, qui « ébranlait, sans les remplacer, toutes les croyances contemporaines », qui cultivait « un épicurisme de l'esprit », mais à qui le pasteur Vinet affirme préférer celui qu'il nomme son « disciple », Pierre Charron. Il y eut une « école de Montaigne avant celle de Descartes[47] ».

---

44 Alexandre Vinet, *Résumé de l'histoire de la littérature française depuis son origine jusqu'au XVIIIᵉ siècle*, Bruxelles & Meline, Cans et Compagnie, 1839.
45 *Ibid.*, p. 8.
46 *Ibid.*, p. 10.
47 *Ibid.*, p. 20-24.

Vinet, alors, précise en note ce qu'il entend par littérature « nationale » : une littérature qui est d'abord l'expression de la société qui l'environne, même lorsqu'elle va en quête de modèles et d'inspirations hors de « son propre sol ». Il y a « un esprit général, qui, sans doute, l'anime et la veut ainsi ». Une littérature est nationale de manière stéréotypique, « quand elle se nourrit des souvenirs nationaux, quand elle se rattache aux mœurs nationales, quand elle s'inspire, pour le fond et pour la forme, des affections du peuple et de sa manière de les exprimer. Elle fera tout cela quand le peuple lui dira de le faire ». La littérature ne peut pas être « une institution » dans la mesure où elle a en elle une part irréductible d'« ingénuité » : « en tout temps elle sera *l'expression de la société* ; mais elle ne se rattachera pas d'une manière plus immédiate à l'existence nationale ; le temps de cette grande unité qui absorbait toutes les forces et toutes les tendances dans l'institution politique, absorbée elle-même dans la croyance religieuse, paraît être passé sans retour[48] ». Il faut de la spontanéité dans la création littéraire.

Au total, si l'on en reste au XVIe siècle, c'est une liste réduite d'auteurs qui est constituée : Marguerite de Navarre, Brantôme, le « poète aimable » Marot, Rabelais, Ramus, Montaigne, Charron, Calvin, La *Satire Ménippée*, Amyot, Ronsard, Régnier, et « deux nobles figures », Michel de L'Hospital et Jacques-Auguste de Thou. C'est-à-dire que l'histoire de la littérature de Vinet est moins une histoire qu'un *compendium* qui, au XVIIe siècle, isole Malherbe inaugurateur d'un « formalisme » aux effets négatifs, Balzac, Voiture, Descartes, « libre et lumineux génie », les écrivains de Port-Royal, Pascal, Corneille… Le trait marquant du XVIIe siècle est qu'il vit la formation d'une République des Lettres. Sont cités synthétiquement Fénelon et Massillon, Boileau, Fléchier, Bourdaloue, Saurin, Patru, Lemaître, Mézeray, Saint-Réal, Vertot, Fleury, Retz, Mme de La Fayette, La Calprenède, Mlle de Scudéry, d'Urfé, Malebranche, La Rochefoucauld, La Bruyère, Bouhours, Mme de Sévigné, Mme de Maintenon, Racine qui a droit à 4 pages, Campistron, Regnard, Dancourt, Duresny, Brueys, Quinault, La Fontaine, Fontenelle, Deshoulières, Racan, l'abbé de Chaulieu qui comme auteur lyrique serait au dessus de Rousseau, Mme de La Suze. Une époque durant laquelle « jamais le génie français n'avait été plus pur… ». Le lecteur, même si Vinet

---

48 *Ibid.*, p. 26-27.

donne des précisions plus ou moins développées, en reste confronté à un ouvrage qui, bien, souvent, est dans sa composition encore proche d'un travail lexicographique. Des noms et des titres..., donc une sorte de palmarès mettant en valeur le classicisme.

Quand Vinet en vient au XVIIIᵉ siècle, c'est pour souligner qu'il rentre dans un temps marqué par la complexité qui l'incline vers une vision pessimiste :

> les faits y sont plus accumulés, plus entrelacés [...]. Avec Louis XIV meurt la littérature purement littéraire de la France, et ses productions les plus célèbres vieillissent rapidement. La littérature avait été but, elle devient moyen. Vivre du siècle, agir sur le siècle, est désormais son caractère et sa devise. De suzeraine elle devient vassale. L'application immédiate est la règle qu'on lui impose. Les livres sont des actions[49].

D'emblée, Vinet redéveloppe une approche très négative d'un siècle où les écrivains, mêmes les plus obscurs des chansonniers, se sont nommés « philosophes ». On en revient à une écriture qui veut décrédiliser les Philosophes pour cause d'antichristianisme et instrumentalise donc le motif d'une discontinuité de l'Histoire littéraire pour parvenir à ses fins. Dans le XVIIIᵉ siècle, est discernée la mise en action de forces préoccupées de « démolir » et « raser[50] ». Même celui qui était doté d'un génie, Voltaire, se perd en abordant trop de sujets. Il est un destructeur et ce fut sous ses auspices que « la destruction du christianisme fut concertée ». La philosophie est vue sous l'angle d'une critique socio-culturelle, car elle est censée avoir transféré pernicieusement la licence des mœurs dans une « licence de la pensée ». Quant à Diderot, son athéisme le porte à pousser l'homme à « s'emparer de la liberté des brutes »... Rousseau, pour sa part, a planté « l'erreur dans le terrain de la vérité, s'armant de la nature conte la nature[51] ». Il prend sa place méritée parmi les sophistes les plus dangereux et « les plus parfaits des écrivains ». Bernardin de Saint-Pierre a une pensée qui a « souvent du laisser aller de Montaigne ». Ce qui donc crée ou réactualise un lien entre les *Essais* et la dégénerescence que le réquisitoire antiphilosophique suggère explicitement. Trop de liberté tue la liberté ! Vinet pointe encore *La Nouvelle Héloïse* qui est

---

49 *Ibid.*, p. 77.
50 *Ibid.*, p. 81.
51 *Ibid.*, p. 114.

à ses yeux un produit pervers, un « monstre » littéraire et moral… Sans la liberté religieuse, il n'y a pas de liberté.

Lors de la Révolution, c'est la « barbarie des mœurs » qui passe dans une littérature qui est résiduelle, tandis que l'Empire fut une nouvelle « rechute en littérature », soufflant sur les « cendres tièdes du siècle précédent ». Vinet concède à Mme de Staël et à Chateaubriand de représenter « à eux seuls » « une littérature nouvelle[52] ». Le romantisme est cependant comparé à une nouvelle religion. Vinet conclut avec pessimisme, considérant une société désarticulée, un scepticisme envahissant les esprits qui n'est pas sans implicitement en référer à Montaigne. Il y a en France un enthousiasme collectif, une ivresse qui sent le désespoir, mais « le doute absolu ne saurait enfanter une littérature ». La littérature est devenue du désordre… Comme si Montaigne la travaillait insidieusement de l'intérieur depuis le XVIe siècle… Il faut de la religion pour qu'une écriture soit digne d'entrer dans l'histoire. Avec un regard empathique jeté sur Pascal…

On le voit, le *Résumé…* d'Alexandre Vinet fait illusion sur la nouveauté du projet qui l'animerait : non seulement parce qu'il ravive un mode d'écriture obsédé par le désir de culpabiliser les Lumières en impliquant ou intégrant Montaigne dans le conscient ou l'inconscient de leur discours philosophique ; mais aussi parce que la téléologie négative qui le caractérise procède d'une posture évangélique très critique du XVIIe siècle et articulée à l'idée de « Réveil » protestant en pays de Vaud visant à placer au centre de la psyché individuelle la liberté de conscience et donc la liberté religieuse[53]. Il n'y a rien d'étonnant à ce que Montaigne soit rapporté avoir engendré plus de mal que de bien et avoir ainsi mis la nation française sur une mauvaise voie : « je ne dirai pas, si vous voulez qu'il ait précisément fait reculer la nation française ; mais il est certain qu'il ajouta quelque chose à ce fond de légèreté, de superficialité, de mollesse morale qui n'a que trop marqué dans les siècles suivants ». Montaigne est listé comme le premier de ceux qui ont donné une tonalité négative à la nation, avec La Fontaine, Mme de Sévigné et Voltaire. Certes, la France, ajoute-t-il, a aussi eu Descartes, Pascal, Fénelon et Montesquieu, mais leur influence sur « le caractère de l'ensemble de la nation » a été bien moindre et en définitive le XVIIe siècle

---

52 *Ibid.*, p. 164.
53 Voir son *Mémoire en faveur de la liberté des cultes.*

littéraire n'a pas su sortir de cénacles relativement limités. Si les *Essais*
rencontrent toujours tant de lecteurs, c'est que ceux-ci y rencontrent des
encouragements à leur impiété ou incrédulité[54]. Les mots disent tout :
impiété et incrédulité, alors que la vraie liberté se trouve dans le champ
du religieux. Le jugement est impressionnant d'exclusive, comme si les
Essais avaient été le déclencheur d'un mal moral français qui ne fait que
perdurer dans le présent. Le XVIIIᵉ siècle littéraire français a scellé une
rupture avec le christianisme qui avait été préparée par le scepticisme.
On le voit donc, Montaigne oscille, dans ces années et dans les différentes
expérimentations visant à empiriquement écrire l'histoire de la littérature
française entre les deux figures du précurseur, le responsable du mal
et le maître à bien penser. Entre fascination et rejet, entre lumières et
ténébres, entre culpabilité et mérite.

L'histoire de la littérature française est donc formalisée dans sa véritable
ébauche sémantique par un Allemand travaillant à partir de l'idée d'un
Volkgeist, Bouterwek, et Vinet, un Suisse théologien défenseur d'un ordre
de l'esprit humain, la religion sans laquelle il n'y a que décadence. On
sort relativement de ce paradoxe avec le personnage le plus décisif probablement, mais relativement car il écrit depuis la Belgique où il enseigne.

Le véritable inventeur du concept d'histoire de la littérature française – et en conséquence d'une sorte de fossilisation de l'auteur des
Essais – pourrait être en effet un essayiste peu connu, Auguste Alexis
Floréal Baron (1794-1862), un Français naturalisé Belge qui fut professeur de rhétorique à l'Athénée de Bruxelles avant d'occuper à partir de
1833 la chaire de littérature française et étrangère à l'université libre
de Bruxelles dont il fut un des fondateurs. C'est en 1841 qu'il publie
ce qui semble un point d'accomplissement, une *Histoire abrégée de la
littérature française depuis son origine jusqu'au XVIIᵉ siècle*, mais dans laquelle
il surdéveloppe un texte précédemment publié d'abord en 1833[55] puis

---

54   Voir Ernest Seillière, *Christianisme et romantisme. Alexandre Vinet, historien de la pensée
     française Suivi d'un appendice sur Henri-Frédéric Amiel*, Paris, Payot, 1925, le chapitre I,
     « Du préromantisme à Rousseau ».
55   *Leçons françaises de littérature et de morale*, par MM. Noël et de La Place, 19ᵉ édition aug-
     mentée de notes... par A. Baron, Bruxelles, L. Hauman et Cie, 1841, qui est la seconde
     édition suivant une première, qui serait de 1833 et comprend le *Résumé...* Sur le rôle de
     Baron à Bruxelles, voir « Documents d'archives concernant les origines de l'Université
     libre de Belgique. 1831 et 1834 », dans *Bulletin de la Commission royale d'histoire*, Bruxelles,
     Académie royale, t. CLXIII. Le motif du « résumé » est ancien, mais juste avant Baron, on

en 1835 et encore en 1840 sous le titre de *Résumé de l'histoire de la littérature française jusqu'à nos jours*[56] ; il y avance d'emblée que la critique moderne ne doit plus se contenter d'exposer les faits, mais doit se vouer à les expliquer, aussi bien dans les secteurs de l'histoire que dans celui de la littérature. C'est ce document qui est ici étudié, parce qu'il paraît avoir enfin rompu les liens avec les enjeux qui continuaient à jouer dans les ouvrages précédemment étudiés.

À l'origine, il faut retrouver ce qu'il nomme la « source » de la littérature, et décrire les influences qui lui donnèrent « l'impulsion » et celles qui la modifièrent « successivement ». Donc une déclaration d'intention :

> L'origine de la nation, sa religion, son gouvernement, ses mœurs, enfin les grandes idées sociales qui, renfermées dans le domaines des théories, ou réalisées par les événements, affectèrent profondément son existence : voilà les éléments dont la réunion servit à former la littérature française dans son principe, et sert à l'expliquer dans ses modifications successives[57].

On pourrait dire que Baron se donne comme visée de dégager une structure de longue et moyenne durées du fait littéraire français dont le premier élément générateur a été la poésie « âpre, violente, orageuse » des bardes, scaldes, poètes gallois, tudesques et danois, auxquels s'ajoute Ossian – il suit Schlegel sur ce point, probablement. La barbarie des conquérants de la Gaule s'unit à un second élement à la fois poétique et littéraire, le christianisme qui adoucit la rudesse première et qui fut supporté par la langue latine introduisant chez les barbares « l'esprit classique » de l'antiquité[58].

Il y eut ensuite la féodalité qui détermina un élan se surperposant au « génie septentrional, avec la lutte entre le christianisme et l'islamisme » : les croisades furent l'occasion d'une « grande fusion » entre l'Asie et

---

peut citer, pour l'histoire et avant de Michelet, le succès connu par Félix Bodin, *Résumé de l'histoire de France jusqu'à nos jours*, suivi des principes et moralités politiques applicables à l'*histoire*, Paris, Lecointe Durey, Libraires, 1820, qui eut douze éditions placées sous la maxime, « éclairer les esprits, calmer les passions ». L'histoire comme vérité unie à la raison et destinée à la jeunesse.

56   Auguste Baron, *Résumé de l'histoire de la littérature française jusqu'à nos jours*, Bruxelles, J. P. Meline, 1833, et Paris, A. Delalain, 1835 ; *Id.*, *Résumé de l'histoire de la Littérature française, suivi d'une notice biographique et bibliographique sur les principaux écrivains français*, 2 vol. en 1 tome, Bruxelles, Société belge de Librairie, 1840 (édition suivie ici).

57   *Ibid.*, t. I, p. 2.

58   *Ibid.*, t. I, p. 3.

l'Europe, avec la connaissance de la poésie arabe et du platonisme d'Alexandrie et d'Antioche. La littérature française fut complétée dans ses sources, tout en gardant ce que Baron nomme « un caractère original » « qui la domine dès sa naissance et reparaît sans cesse aux yeux qui suivent sa longue carrière », « le bon sens ». Le fait littéraire a donc une sorte de vertu innée qui remonte non seulement à la philosophie des Lumières, mais beaucoup plus haut : « c'est dans la pensée une singulère intelligence de la réalité des choses, une observation fine et profonde des hommes, une tournure d'esprit calme, raisonneuse, et par là même gaie et railleuse, car il n'y a de vraiment sérieux que la passion ; dans le style, une inimitable clarté de langage, une tempérance extrême de figures et d'ornements[59] ».

À ce propos, Baron se pose la question de savoir s'il faut expliquer « cette nature littéraire » par le climat, la situation géographique, par le système politique, par un « esprit social » mesuré. Il ne s'attarde pas sur ce questionnement. Il évoque aussi la possiblilité selon laquelle chaque peuple – il n'emploie pas le terme « race » pourtant réactivé par Augustin Thierry et François Guizot – ait « un caractére primitif » qui serait distinctif et ineffaçable. C'est là où il apparaît marqué par une méthode historique empruntant peut-être à Voltaire, qui procède moins par affirmation univoque que plutôt par questionnement et qui explique par voie plurielle. Et qui donc cherche à éviter à l'historien la posture du juge que, jusqu'à lui, les historiens de la littérature ont souvent adoptée et qui les a portés à distribuer aux siècles et aux auteurs les bons et les mauvais points. Une histoire donc alternative de la littérature, qui se veut neutre et distanciée, et donc analytique et explicative sans pour autant basculer dans une logique de l'anachronisme. Et qui procède d'abord jusqu'au XVIᵉ siècle en admirant le « talent » des Charles d'Anjou, Charles d'Orléans, René d'Anjou…, puis de Froissart et Alain Chartier. La tonalité de l'étude est très positive et c'est un XVᵉ siècle des chefs-d'œuvre qui est dépeint sans que soit laissé de côté François Villon. Un régime d'historicisation placé sous le signe de l'empathie et de l'éclectisme. Et Baron s'arrête aussi sur les romans, avec entre autres Chrétien de Troyes et Huon de Villeneuve et surtout le *Roman de la Rose* pour lequel il exprime tout son enthousiasme. Là encore, on est dans un changement de tonalité qui ne tient pas seulement à la positivisation

---

59 *Ibid.*, t. I, p. 7.

du Moyen Âge rejoignant celle des historiens contemporains. Baron énumère les œuvres pour dire combien la créativité a été forte, combien un grand souffle est passé dans la sphère littéraire. La littérature s'étend aux Mystères, aux moralités, aux farces, aux sermons, aux controverses politco-religieuses, qui sont donc pleinement parties prenantes de l'« esprit » de la société et ne doivent pas être délaissés.

Ce qui caractérise *Le Résumé...*, c'est qu'il ne se limite pas à un lexique ou un tableau des grands noms et aussi des grandes œuvres. Au contraire, mais bien sûr dans un cadre renvoyant à une hiérarchisation commentée des œuvres, l'espace du fait littéraire est distendu au plus large et la même précision s'applique aux *Actes des apôtres* d'Arnoul Gréban qu'à la poésie de Charles d'Orléans, tandis que les vies de saints sont énumérées, ou les moralités de Jean Molinet qui sont suivies par l'évocation de quelques pastorales. Le spectre de la littérature est donc enveloppant et, dans ce cadre, sont intégrées les farces, les soties[60]. L'histoire aussi a droit à un haut statut, avec Villehardouin, Olivier de la Marche, Froissart, et surtout Commynes à qui il est reconnu d'avoir eu la profondeur de Tacite et qui est accompagné dans l'éloge par Jehan Le Maire des Belges, Enguerrand de Monstrelet, Christine de Pisan, Jean Juvénal des Ursins... Le concept qui permet de comprendre la littérature française est alors celui de révolution. Avec la double question : comment, dans une société, la littérature peut-elle connaître « sa » révolution et comment se traduit cette révolution ?

Avec la fin du règne de Louis XII, Baron discerne en effet « un esprit de réforme universelle » ayant gagné tout l'Europe. À ses yeux, la plupart des écrivains, Henri Estienne, Rabelais, Marot, Pasquier et Montaigne, « tournent au protestantisme et au scepticisme[61] ». Un « besoin d'innover » gagne le royaume et quand il est « repoussé sur un point » comme il l'est sur le plan religieux par la répression ou la violence politique, « il s'élance sur un autre ». Baron élabore ici une intéressante théorie de l'histoire qui fonctionne autour de ce qu'on pourrait qualifier de transfert :

> et toutes les institutions, tous les systèmes religieux, politiques, littéraires, sont tour à tour attaqués et abandonnés ; les idées et les hommes luttent,

---

60 Ce sont 157 noms d'auteurs du Moyen Âge qui sont donnés dans la notice biographique et bibliographique qui clôt le t. I.

61 *Ibid.*, t. I, p. 32.

combattent, succombent, se relèvent, jusqu'à ce qu'enfin une grande pensée
domine le chaos, et qu'à l'époque du criticisme succède une époque d'organisme.
Car ces deux mots, dans leur acception nouvellement appliquée à l'histoire
de la littérature, peignent bien ces états de malaise et de repos successifs qui
se partagent la vie des nations[62].

« Le XVIᵉ siècle est tout entier une époque critique ». On peut supputer ici
que Baron, plus que de Kant, s'inspire du saint-simonisme pour lequel
l'histoire des sociétés fonctionne sur une logique alternative faisant se
succéder deux époques types, celle qui voit les hommes unis dans une
croyance commune, et celle où ils se divisent sous l'effet d'opinions
contradictoires. Le corps comme archétype du corps socio-politique et donc
de la littérature[63]. Chaque temporalité critique se finit dans une temporalité
organique. Dans la durée, l'organique devient suranné et s'affaiblit, et le
criticisme qui lui succède mène ensuite à un organisme nouveau, et ainsi
de suite. Pour le XVIᵉ siècle, la dialectique de l'organique et du criticisme
tient dans 278 auteurs, inventoriés dans une longue notice biographique
et bibliographique parce qu'ils sont cités dans le cours du livre.

Baron procède, afin d'aller jusqu'à l'organisme, par une succession
d'entrées, et commence par « poésie lyrique, satirique, épique ; critique
littéraire[64] ». Là encore, il dit tout le talent de Marot, et donne une
liste qui va d'Eustorge de Beaulieu, Estienne Dolet, Thomas Sébillet
entre autres jusqu'à Jacques Gohorry, Maurice Scève, Gilles Corrozet,
Charles Fontaine... Toujours le spectre élargi par rapport à ses devanciers. Il s'agit de ne pas se fixer sur les « illustres », mais de voir que la
littérature joue sur plusieurs échelles. La fascination pour l'antiquité ne
conduit pas à une imitation servile ; il y a Joachim du Bellay, et surtout
Ronsard, ses odes, élégies, chansons, la *Franciade*, une « élévation dans
l'idée et l'expression », des « innovations heureuses dans le mécanisme
du vers... » et ensuite une évocation des autres poètes. Les satiristes ont
leur place : ils associent leur « enthousiasme politique » à « la vieille
gaieté française » qui fait que l'esprit des Français est lié intimement
à la profération de la vérité[65]. L'entrée suivante est consacrée à « Art

---

62 *Ibid.*
63 Voir Pierre Musso, *Critique des réseaux*, Paris, Presses Universitaires de France, 2003.
64 Auguste Baron, *Résumé...*, *op. cit.*, t. I, p. 47.
65 Sur ce motif, voir Jocelyn Huchette, « La "gaieté française" ou la question du caractère
    national dans la définition du rire, de *L'Esprit des lois* à *De la littérature* », *Dix-huitième
    Siècle*, nº 32, 2000, p. 97-109.

dramatique », dans une rupture par rapport à la hiérarchie taxinomique traditionnelle. Baron donne l'impression d'avoir tout lu, et il n'oublie personne ou presque, regrettant que Robert Garnier ait pris pour modèle Sénèque tout en ne manquant pas de mérites. Il a aussi ceci d'important de ne pas limiter les productions de la création littéraire à un discours sur le rapport à la valeur esthétique, car quand il parle de François de Chantelouve, Claude Billard ou Antoine de Montchrestien, il affirme même que leurs œuvres, « insignifiantes sous le rapport de l'art », ont une valeur en tant que « monumens historiques ». La littérature participe alors de l'appréhension de l'histoire humaine, surtout après les horreurs de la Saint-Barthélemy. Ce qui fait regretter à l'historien de la littérature que l'époque des troubles n'ait pas généré un génie à la mesure de Corneille. Après avoir évoqué les comédies, Baron en vient à l'entrée « Prose ; romans, mémoires, ouvrages didactiques ». Une prose qui selon lui demeure à l'écart de la « réforme littéraire ». L'expression de la liberté humaine se trouve décelée toutefois dans l'*Heptaméron*, et dans Rabelais dont Baron affirme qu'il propose une « épopée en délire qui comprend tout et se gausse de tout, qui suppose une étude approfondie des anciens et des modernes[66]… ». Rabelais possède une écriture critique qui eut des imitateurs, Guillaume des Autels, Beroalde de Verville, Estienne Tabourot… Là encore, Baron a tout lu, de Rapin, Gillot, Pithou à Gabriel Chappuy et François de Belleforest. Il a lu aussi Brantôme, L'Estoile, Pasquier…

Cependant deux gloires se distinguent dans cette sphère de la création, parce qu'elles ont survécu à leur siècle. Il y a tout d'abord Jacques Amyot pour sa connaissance de la langue grecque, dont les traductions sont les seules à toujours être lues « avec un nouveau plaisir ». Il y a surtout Montaigne, sur le topos préexistant du « génie à part dans son siècle ». C'est toujours Villemain qui est cité pour avoir écrit « tant de brillantes merveilles » à son propos. Nul ne peut être comparé à Montaigne, ni Charron, ni Bodin, auteur du « meilleur écrit du siècle » sur lequel un long commentaire est donné dans le second tome. Montaigne est l'incarnation du « bon sens français », de ce qui est transhistoriquement objectivé et comme transfusé dans la littérature. Il est possible, sur ce point, que l'idée de « bon sens français » ait pu être empruntée à Victor

---

66 Auguste Baron, *Résumé…*, *op. cit.*, t. I, p. 50.

Cousin qui, en 1828, avait écrit qu'il souhaitait voir la France se replacer au centre du mouvement philosophique de l'Europe. Avec le désir de voir « l'idéalisme allemand et l'empirisme anglais cités en quelque sorte au tribunal du bon sens français[67] » ; et Cousin, qui s'inspire des analyses du Common Sense de Dugald Stewart et Thomas Reid, de dire encore que la nouvelle philosophie française a en elle-même ses propres ressources euristiques, qu'elle n'a pas besoin de se nourrir du scepticisme kantien ou du « spinozisme de Schelling », car « elle est forte du bon sens français[68] ». Un sens commun accédant à la vérité, à la raison, qui est érigé en un acquis fondamental de l'identité littéraire française... Surtout, Villemain avait insisté sur le bon sens « qui régissait tous les raisonnements de Montaigne, tempérait son imagination... » et faisait de lui un paradigme de modération. Le registre dans lequel opèrent les hommes qui veulent penser la littérature française est relativement restreint. D'où des répétitions ou des recopiages en chaîne...

Il est possible ici que Baron ait suivi à la lettre Pierre-Simon Ballanche et donc une littérature abordée en 1801 sous l'angle du « sentiment ». Ballanche[69] était alors parti à la recherche de ce qui, depuis Homère jusqu'à Rousseau, et Tibulle jusqu'à Camoëns, était à ses yeux tantôt « cette inspiration créatrice qui élève sans qu'on s'en apperçoive, tantôt cet abandon d'un cœur qui se déborde... ». Et il avait mis en parallèle Amyot et Montaigne, avant de souligner à propos de l'auteur des *Essais* qu' « aucun écrivain n'a pu parvenir à imiter cette allure franche et gaie, ni cette bonhomie qui cache quelquefois tant de profondeur. Savez-vous pourquoi Montaigne a si bien peint le cœur humain ? c'est qu'il s'était accoutumé à lire dans son propre cœur : il est reflété tout entier dans son livre ». Montaigne est « ce génie original » qui a écrit sur tout et par là-même Ballanche reconnaissait qu'il l'a inspiré à maintes reprises. Au point de lui faire dire : « je voudrais que la mort me trouvât, comme dit Montaigne, *nonchalant d'elle, et plantant mes choux* ». Une sagesse du bon sens... Baron, sous cet angle, va au-delà d'une vision de la littérature comme reflet d'un caractère original de la nation française proche d'un

---

67 Victor Cousin, « Avertissement », Paris, 8 novembre 1828, p. 274, dans *Œuvres*, t. II, Bruxelles, Société belge de librairie, 1841.

68 Jean Lacoste, « Cousin, Goethe et l'analyse, ou les chocolats de M. Cousin », *Romantisme*, n° 88, 1995, p. 49-64, ici p. 53.

69 Pierre-Simon Ballanche, *Du sentiment considéré dans ses rapports avec la littérature et les arts*, À Lyon, chez Ballanche et Barret, et à Paris, chez Calixte Volland, 1801, p. 108 et 103.

Volkgeist, d'un mélange d'innéisme et d'apports externes bien assimilés. Il n'est guère loin des considérations de Mme de Staël lorsqu'elle avait écrit que « la vue intellectuelle » de Montaigne était allée beaucoup plus loin que celle d'aucun écrivain de l'antiquité parce qu'il avait représenté la nature humaine « dans son ensemble ». Montaigne fait partie de ceux qui ont atteint, comme aussi La Bruyère, à une très grande pénétration dans l'observation des caractères et fait donc de la littérature un mode de connaissance allant de l'individuel à l'universel. Il témoigne de ce que l'esprit humain est perfectible par les effets d'une raison philosophique[70]. On est donc dans la distinction d'un Montaigne « psychologue » et qui est en quelque sorte désocialisé[71]…, mais qui toutefois réintègre le champ social à travers le principe de ce que Philippe Desan a nommé un « *sens commun*[72] ».

Pour aller plus loin, le XVIIᵉ siècle de la littérature française expliquée par Baron est un grand siècle qui est conditionné par le triomphe de l'autorité royale sous Henri IV et Richelieu, et par le prestige de Louis XIV : toujours dans sa volonté d'expliquer, Baron théorise le rapport de la littérature à ce qui est le contexte d'« une auréole de gloire » française :

> tout contribua à étendre cette influence où toutes les autres vinrent se perdre. Elle sut modifier et coordonner tous le éléments divers, les rattacher par un

---

70 Madame de Staël adopte une optique différente, dans *De la littérature considérée dans ses rapports avec les institutions sociales* [2ᵉ éd., 1820], dans *Œuvres complètes de Mme la baronne de Staël*, t. IV, Paris, Treuttel & Würtz, 1800. Dans le « Discours préliminaire », elle affirme : « je me suis proposé d'examiner quelle est l'influence de la religion, des mœurs et des lois sur la littérature, et quelle est l'influence de la littérature sur la religion, les mœurs et les lois. Il existe, dans la langue française, sur l'art d'écrire et sur les principes du goût, des traités qui ne laissent rien à désirer ; mais il me semble que l'on n'a pas suffisamment analysé les causes morales et politiques, qui modifient l'esprit de la littérature. Il me semble que l'on n'a pas encore considéré comment les facultés humaines se sont graduellement développées par les ouvrages illustres en tout genre, qui ont été composés depuis Homère jusqu'à nos jours. J'ai essayé de rendre compte de la marche lente, mais continuelle, de l'esprit humain dans la philosophie, et de ses succès rapides, mais interrompus, dans les arts ». Mais son échelle est une échelle totalisante, p. 31 : « Les chefs-d'œuvre de la littérature, indépendamment des exemples qu'ils présentent, produisent une sorte d'ébranlement moral et physique, un tressaillement d'admiration qui nous dispose aux actions généreuses ».

71 Pour une critique contemporaine de ce paradigme, voir Philippe Desan, *Montaigne : penser le social*, Paris, Odile Jacob, 2018.

72 *Ibid.*, avant-propos « Sur la méthode ».

> lien commun, les diriger à un seul but, et d'elle naquit enfin ce XVIIᵉ siècle, merveille de notre civilisation littéraire, objet d'admiration et d'imitation pour l'Europe, prodigieux ensemble où l'unité et la noblesse du monarchisme, la gravité et la pureté du christianisme, la politesse et l'élégance de la sociabilité française, la délicatesse et l'éclat de la galanterie chevaleresque se fondent et s'harmonisent dans une savante imitation de l'antiquité. Il n'est aucune partie de ce tableau qui ne mérite d'être étudiée[73].

Le point intéressant est celui de l'extension du concept de civilisation à celui de « civilisation littéraire ». Ce que décrit ensuite Baron, est une sorte d'explosion créatrice au sein de laquelle surgissent les plus grandes gloires mais aussi et toujours les moindres. Malherbe, Corneille, Racine, Molière, Pascal etc., mais aussi Regnard, Montfleury, Hauteroche… Le champ s'élargit toujours plus, incluant les opéras, les contes de fées, les oraisons funèbres. Une littérature totale parce qu'exprimant sous toutes les formes possibles le caractère vivant d'une société devenue « civilisation ».

Pour le XVIIIᵉ siècle, Baron est conduit à modifier sa théorie d'une littérature qui serait « le résultat et l'expression de la société existante ; la société agit énergiquement sur la société ; elle réagit faiblement sur la société ». Le processus générant la création littéraire change, car « si l'action reste la même, la réaction acquiert une bien plus grande intensité ». C'est-à-dire que la littérature, dans une conjoncture de décadence des pouvoirs, devient elle-même « un pouvoir ». Un processus de concentration des forces se produit, qui fait que la littérature se personnifie en quelques auteurs qui jouent pour donner l'impulsion au reste des hommes de plume. La prose prend le dessus, en tant que genre premier, sur la poésie. Une forme de révolution. C'est l'histoire qui fournit ici les clés explicatives que Baron fournit à son lecteur : après les dernières années du règne de Louis XIV et l'appauvrissement de la France qu'elles ont conditionné, le respect qui jusque-là était dû à la monarchie se perd dans un grand mécontentement donc Baron affirme qu'il était universel et auquel, en vain, des « coups d'autorité tentèrent de répondre ». Il y eut de plus en plus de gens de Lettres, qui se vouèrent à une démarche critique pluridirectionnelle : « ils soumirent à l'examen et à l'analyse, d'abord la religion, comme on l'avait fait au XVIᵉ siècle, mais avec beaucoup plus de hardiesse encore, puis la politique, la législation, le gouvernement tout entier ». Après

---

73 Auguste Baron, *Résumé…*, *op. cit.*, t. I, p. 52.

avoir été, comme Christian Jouhaud l'a démontré, une arme destinée à assurer la sujétion se retournant en une « littérarisation du pouvoir[74] », la littérature devient effectivement pouvoir, et elle donne le pouvoir à ceux qui écrivent. Et l'*Encyclopédie* fut le pivot autour duquel se joua le processus de discordance entre « les opinions et les institutions[75] ». La crise eut un aboutissement : l'effondrement des institutions, et une ère nouvelle qui s'ouvrit à l'Europe.

Baron ne veut pas cependant surdimensionner le rôle de la littérature dans le processus qui conduit à la Révolution : « ce n'est pas à la littérature qu'il faut attribuer cet immense résultat préparé depuis si longtemps et par tant de causes ; mais elle obéit aux opinions qui l'amenèrent, elle travailla à les seconder, à les formuler, et par là même ajouta à leur énergie[76] ». Et un homme vint auparavant cristalliser cette énergie : Voltaire. Parce qu'il eut tous les talents, il représenta son temps et sa nation. Se produit comme un dépassement de la figure de l'écrivain en une figure de héros antique : il se trouve porté en avant au-delà de lui-même, pour devenir donc ce que la littérature recèle en elle, une nation et son histoire. À son côté, il y a l'« admirable Montesquieu », le « majestueux » Buffon, le paradoxal et inventif Rousseau. Quatre grands hommes derrière lesquels se regroupent « une foule d'écrivains ». Une profusion qui fait que la littérature absorbe désormais les économistes, les savants, les métaphysiciens, les « littérateurs de toute espèce[77] », les spécialistes de la langue et du style, les journalistes, les avocats de l'« admirable Gironde » et qu'avec l'*Encyclopédie* elle devient synonyme de totalité euristique, tandis qu'avec l'histoire elle connaît des progrès méthodologiques majeurs. Et toujours Voltaire comme l'« âme du XVIIIᵉ siècle ». Une formule que reprendra Michelet en l'élargissant à Montesquieu, Rousseau et Bernardin de Saint-Pierre…, une formule qui vient contrer tous ceux qui dénoncent dans le XVIIIᵉ siècle le siècle de l'incrédulité, de la raillerie, d'anti-intellectualisme…

Après un éloge enthousiaste, le XIXᵉ siècle surgit, plein de promesses, mais dans le cours duquel il semble qu'il n'y ait pas, pour l'instant,

---

74   Christian Jouhaud, *Les Pouvoirs de la littérature. Histoire d'un paradoxe*, Paris, Gallimard, 2000.
75   Auguste Baron, *Résumé…, op. cit.*, t. I, p. 109.
76   *Ibid.*, t. I, p. 110.
77   *Ibid.*, t. I, p. 118.

une « pensée homogène ». Tout semble possible dans un désordre des idées et des pensées et l'histoire de la littérature oscille entre espérance et angoisse face à ce que Baron nomme un « cauchemar littéraire » : « Sommes-nous à la veille d'un bouleversement universel, ou au premier matin d'un monde nouveau ? » Car il y a une situation de « chaos » entre ceux qui se rattachent à des croyances mourantes, d'autres qui veulent la patrie et la liberté, ceux qui s'abandonnent aux rêves les plus sombres, et pour qui « toutes les imaginations romanesques, grotesques, burlesques, se donnent rendez-vous dans leurs livres[78] ». Le romantisme comme esthétique et sentiment du chaos comme Gustave Lanson l'analysa plus tard en affirmant qu'étaient alors brisés les genres, les règles, la langue, la tyrannie de la composition et du style...

Quelques années plus tard, en 1841, Baron se remet au travail en rédigeant une *Histoire abrégée de la littérature française depuis son origine jusqu'au XVIIIe siècle*, qu'il veut une étude plus approfondie et détaillée mais procédant de la même structuration méthodologique. Il revient sur l'histoire littéraire, affirmant que la « nature morale » y est seule en jeu et qu'elle s'inspire « le plus souvent » « de quelque noble idée », c'est-à-dire « de Dieu, de l'humanité, de la patrie, du devoir, de la vérité ». La littérature par là-même est comme la science des sciences et c'est ce que Baron revendique pour elle, d'être la plus encyclopédique des connaissances parmi les champs d'application de la pensée humaine : « l'expression étant son objet, et tout ensemble la condition essentielle de toute manifestation d'idée, d'une part elle s'élève aux plus hautes spéculations de la philosophie, de l'autre, elle descend à tous les détails de la science, de l'histoire de la société ; elle exerce également et la raison, et le sentiment, et l'imagination[79] ». L'histoire de la littérature est le réceptacle d'une anthropologie totalisante, et en elle « repose toujours l'humanité identique et universelle ». Baron paraît dépasser ici sa pensée d'origine liant existentiellement un peuple et une littérature pour dire que les « caractères génériques » d'une littérature relèvent du « fond commun de l'humanité » que les Philosophes ont exalté et qui est un des grands thèmes de la philosophie de Victor Cousin. Par elle-même, elle témoigne d'une fraternité originelle car une œuvre d'un auteur d'un pays a ceci de singulier de pouvoir émouvoir des hommes d'autres pays

---

78 *Ibid.*, p. 184.
79 Auguste Baron, *Histoire abrégée...*, *op. cit.*, p. III.

et la civilisation européenne interpénètre les littératures nationales. Le génie littéraire, pour Baron, est celui qui représente et écrit la « vérité éternelle et humanitaire » d'une part, et de l'autre, « la vérité éphémère et nationale[80] ».

À ceci, Baron ajoute que tout livre bien écrit, parce que le Beau est l'expression de la moralité, quelque soit son sujet, appartient à la généralité, « et rentre ainsi dans le domaine littéraire ». La beauté de la langue et le style sont la forme nécessaire à la morale. Outre une anthropologie, l'histoire de la littérature est bien une psychologie collective, car elle permet d'identifier « la marche de l'esprit humain dans la succession des phénomènes intellectuels... ». Ce qui retient l'attention, c'est que Baron se place ici sous la protection de Montaigne dont il dit, en le citant, qu'il lui permet de justifier sa méthode, ses choix, ses idées sur la littérature française : « je dis mon avis de toutes choses, voire et de celles qui surpassent à l'aventure ma suffisance, et que je ne tiens aucunement être de ma juridiction : ce que j'en opine, c'est aussi pour déclarer la mesure de ma vue, non la mesure des choses[81] ».

Et alors, au fil des pages, Montaigne apparaît comme une balise, un môle conditionnant l'avancée et la possibilité de la réflexion sur la littérature et son histoire : d'abord parce qu'il permet au lecteur de

---

80 « N'oublions pas, comme je lui dit ailleurs qu'au fond de toutes les spécialités locales ou temporaires repose toujours l'humanité identique et universelle ; qu'avant d'être l'homme de telle période et de telle latitude, on est l'homme ; qu'exprimer ces caractères génériques, ces passions, ces mœurs, aussi vieilles que le monde, ces vérités non moins anciennes, qui forment le fonds commun de l'humanité, est la condition essentielle de tout écrit digne d'être lu ; et plus un écrivain conserve de points de contact avec l'humanité en général, plus il obéit à sa nature ; que plus il pénètre avec profondeur et sagacité dans le domaine de tous, plus il est fidèle à sa mission », dans Auguste Baron, *De la Rhétorique, ou De la composition oratoire et littéraire*, Bruxelles, A. Jamar, 1849, p. 102-103 ; qui ajoute sans doute en se référant implicitement à Hegel : « Assurément je ne m'inscris pas en faux contre la doctrine du progrès humanitaire, mais je pense que la voie en est longue, embarrassée, sinueuse, se dérobant parfois à notre vue bornée ; je pense qu'à chaque époque l'humanité avance, recule, s'arrête avant de reprendre sa course, d'après une loi générale que j'ai désignée ailleurs par les noms d'action, de réaction et de transaction » (p. 451). Baron a peut-être lu, à ce propos, l'historien Jean-Baptiste Capefigue et son *Histoire de la réforme, de la Ligue et du règne de Henri IV*, publiée en 1834 (Bruxelles, L. Hauman et Comp. libraires), qui, dans le t. I, p. VIII, voyait précisément dans l'histoire du XVIᵉ siècle la succession des temps de l'action, de la réaction et de la transaction et en tirait une philosophie de l'histoire. Une approche également développée par Eugène Géruzez en 1837 dans son *Histoire de l'éloquence politique et religieuse en France*, Paris, J.-J. Angé, 1837, p. 34, à partir, précisément, du livre de Capefigue.

81 Auguste Baron, *Histoire abrégée...*, *op. cit.*, t. I, p. XVIII.

comprendre Commynes[82], de juger le savoir de Turnèbe latiniste[83], d'évaluer une continuité qui va de Rabelais à Rousseau en passant précisément par Montaigne n'ayant fait que « développer » le traité d'éducation qu'est la jeunesse de Gargantua[84], de certifier que Jean-Baptiste Chassignet a un style presque similaire à celui de Montaigne et mérite donc l'attention. C'est parce que Montaigne a insisté sur la valeur des *Mémoires* de Martin du Bellay qu'il faut leur donner une place méritée dans la littérature du XVIᵉ siècle[85], tandis que les *Mémoires* de Gaspard de Saulx-Tavannes, malgré leur apparente confusion et les surimpositions d'écritures, contiennent des réflexions ou des digressions « écrites avec une hauteur de pensée, une énergie de parole, une précision de tour qui rappellent Montaigne[86] ». Montaigne permet d'établir ou de confirmer en conséquence une échelle des valeurs : ainsi François de La Noue est-il distingué par Baron comme une des gloires de la France du XVIIIᵉ siècle d'abord parce que Montaigne a loué sa bonté, la douceur de ses mœurs, sa générosité et met l'historien de la littérature sur la piste d'une âme exemplaire, impartiale, s'oubliant à elle-même[87]. Comprendre la littérature du XVIᵉ siècle, c'est lire Montaigne.

Pour ce qui est de la langue, Montaigne apparaît encore comme l'étalon de mesure : ainsi à propos de Mathurin Régnier, qui est dit être le « Montaigne de la poésie ». « Comme Montaigne, il s'est fait une langue à lui, libre et hardie dans son allure, féconde en saillies originales, jetant sur un fond de bon sens naïf des images étincelantes, des traits d'inspiration singulièrement heureux, des grâces soudaines d'expression à la manière de La Fontaine[88] ». Quant à Agrippa d'Aubigné, le tableau qu'il peint de son siècle donne le frisson dans ses *Tragiques*, et, associé à la fresque que Ronsard propose dans *Les Misères du temps* (sic), occasionne une autre référence à un Montaigne cette fois symbole d'une raison référente pour le présent d'une pensée libérale : car c'est en sortant de la lecture de ces deux textes que l'on comprend Montaigne et ceux qui, « comme lui, eussent voulu châtier du même fouet les fanatiques

---

82 *Ibid.*, t. I, p. 142.
83 *Ibid.*, t. I, p. 17.
84 *Ibid.*, t. I, p. 33.
85 *Ibid.*, t. I, p. 185-186.
86 *Ibid.*, t. I, p. 195.
87 *Ibid.*, t. I, p. 193.
88 *Ibid.*, t. I, p. 97.

des deux partis[89] ». Montaigne rend nécessaire de poser l'attention sur une « chose remarquable » : le « besoin de bon sens, de raison » qui fait sans cesse retour dans la littérature, par exemple se retrouvant chez Abélard et Ramus et ensuite chez Descartes, et qui est le « trait distinctif de l'esprit Français ». Avec Montaigne, « tous veulent ramener la science à l'examen, chercher et douter toujours, jusqu'à ce qu'ils arrivent à l'évidence individuelle[90] ». L'évidence d'une pensée tempérée par l'exercice de la raison.

Le propre de Montaigne est alors d'avoir formulé des idées qui, de son temps, germaient dans de nombreuses têtes mais que seul un « génie » comme lui put mettre en prose parce qu'il fut à la fois le premier prosateur et le premier moraliste du XVIe siècle. Baron souligne qu'il ne faut pas se laisser impressionner par la sévérité de Pascal et des jansénistes ou autres « mômiers ». Montaigne n'a, commente-t-il, commencé à être apprécié qu'au XVIIIe siècle. Pourtant, il a été loué par Juste Lipse, Du Perron, Gessner qui le nommait le « Socrate français », Pasquier, Mézeray qui voyait en lui un nouveau Sénèque – Sénèque, « le philosophe le plus pur, j'allais dire le plus chrétien, de l'antiquité ».

Baron, en praticien de sa méthode synchroniquement critique et explicative, s'attache alors à comprendre pourquoi Montaigne a été accusé d'égoïsme et d'apathie « sur toutes les grandes questions humanitaires », alors qu'il a été le plus profond, le plus ouvert, le plus sincère de tous les hommes de son époque. La responsabilité de la médisance, à ses yeux, est partagée entre catholiques et protestants, mais ce sont surtout ces derniers qui ont droit à un réquisitoire de le part de l'historien de la littérature : Montaigne est aux antipodes du « fanatique » Calvin qui fit brûler Servet, de Luther qui anathémisait, de Jean de Leyde qui épouvaient d'« atroces frénésies », des Sociniens, de Zwingli et d'Œcolampade. Il est aussi à l'opposé de ceux qui firent sonner le bourdon lors du massacre de la Saint-Barthélemy, alors que, « fatigué des abominations de tous les partis, [il] se retira dans son donjon solitaire et commença à écrire ». Dans un contexte épouvantable qui débouchait soit sur l'anarchie soit sur le despotisme,

[d]oit-on s'étonner qu'il regardât comme inutiles et même dangereuses ces demi-réformes dans les lois et les institutions, qui n'allaient pas au fond

---

89 *Ibid.*, t. I, p. 100.
90 *Ibid.*, t. I, p. 158.

des questions sociales, qui ne s'attaquaient qu'à des phénomènes variables, « toutes choses, disait-il, qui par elles-mêmes ont peut-être leur poids, leur mesure et leurs conditions, mais qui en définitive ne valent pas qu'on remue l'État et qu'on bouleverse les existences privées, pour y apporter le moindre changement[91].

Ce sont la science dans la variété des sujets sur lesquels elle peut se fixer et l'expérience raisonnée du temps présent qui ont entraîné Montaigne vers le scepticisme. Et non le contraire comme certains auteurs ont eu tendance à le formuler.

Baron ensuite synthétise ce qu'il juge être la démarche subjective de l'auteur des *Essais*, tout en se fondant sur un article de Désiré Nisard paru en 1835 dans la *Revue des deux Mondes* et qui traitait d'Érasme :

Substituant sans cesse l'analyse à la synthèse, il prend à parti chaque opinion, lui demande ce qu'elle a de chances dans le présent, ce qu'elle renferme d'avenir, la manie, la retourne en tous sens, essaie tous les systèmes, ouvre des échappées dans toutes les voies ; et comme, selon Epictète, chaque doctrine a son bon côté, son anse par laquelle l'humanité peut la saisir, il lui arrive, ainsi qu'à tout homme de compréhension vaste et pénétrante, d'être, du moins pour le vulgaire, incertain et flottant. En religion, il proteste en faveur de la liberté de conscience, il avoue tout haut un scepticisme naïf, et en même temps il conserve un respect profond pour le culte de ses pères et une entière soumission à l'Eglise ; en politique, il professe pour la monarchie un antique attachement, et pourtant il entrevoit et formule autant d'améliorations que Rabelais, "il évente cent mines nouvelles et combien difficilement éventables" ; et cela non point, comme Rabelais, sous le masque de la bouffonnerie, le siècle étant devenu trop sérieux pour un tel langage, mais à l'aide, ici, d'un doute loyal, là, d'une question jetée avec négligence, parfois, d'une ironie transparente. Or ne concluez pas de ces diversités qu'il y ait en lui incertitude, contradiction, ni même éclectisme ; non, il y a connaissance de son temps et juste dédain des demi-mesures. On sent à travers tout cela qu'une réforme réellement radicale aurait eu toutes ses sympathies ; que sa doctrine religieuse se résume en deux mots : catholicisme ou déisme. Du premier coup d'œil, la Réforme fut pour lui ce que le constitutionalisme est après tout pour les gens éclairés de notre âge ; sans doute, le régime constitutionnel renferme beaucoup d'excellentes choses, il serait difficile d'y toucher impunément ; et pourtant, qui de nous voudrait aujourd'hui s'y reposer à tout jamais ? Quel homme de bonne foi le regarde comme le dernier mot de la science sociale et politique[92] ?

---

91 *Ibid.*, t. I, p. 100.
92 Un texte que Baron aménage quelque peu tout en le paraphrasant : « Montaigne, que je cite, et qui se contredit d'une page à l'autre, au sens étroit que nous combattons, vous

Où l'on voit dans ces lignes poindre un Auguste Baron membre, au côté de Théodore Verhaegen, de la loge des *Amis philanthropes* de Bruxelles, et orienté vers un idéal associant le libéralisme et la laïcité, partisan de la séparation de l'Église et de l'État et hostile au cléricalo-papisme. Un Auguste Baron adhérent du Grand Orient dont le règlement de 1833 précisait que la Franc-Maçonnerie est une société choisie de Frères liés par des « sentiments de liberté, d'égalité et d'amitié réciproque[93] ». Par une tension commune de combat contre le « fanatisme », qui se lit dans le discours inaugural de l'Université libre que Baron prononce le 20 novembre 1834, mais qui pourrait sembler paraphraser les *Essais* : « nous jurons d'inspirer à nos élèves... l'amour pratique des hommes qui sont frères, sans distinction de caste, d'opinion, de nation ; nous jurons de leur apprendre à consacrer leurs pensées, leurs travaux, leurs talents, au bonheur et à l'amélioration de leurs concitoyens et de l'humanité ». Une tension qui tranparaît encore dans l'anticléricalisme et la revendication d'inscription dans les idéaux des Lumières de lutte contre l'ignorance et les superstitions. Un Dieu désincarné. Ce qui permet de comprendre qu'en filigrane de la description de Montaigne donnée par Baron, il y a une philosophie de la liberté et donc de la foi dans l'avenir, parce que l'humanité est synonyme de communion, de « convenances des volontés » refusant les exclusives et les exclusions.

Baron poursuit alors sur l'évocation d'une morale de Montaigne qui est « humaine, juste, modérée ». Montaigne pense la vertu en termes de rapprochement par rapport à la nature, de vie en paix avec soi et les autres. Il est un guide qu'il faut suivre ou un modèle qu'il faut imiter, en le lisant :

> Sachez de plus que la vraie vertu est la mère nourrice des plaisirs humains ;
> en les rendant justes, elle les rend sûrs et purs ; elle aime la vie, elle aime la

---

fait-il l'effet d'un homme sans consistance morale et sans arrêt ? Non. Peu de raisons d'homme plus flottantes ont été plus fermes, peu de douteurs plus sincères ont approché de plus près la certitude humaine. C'est un homme qui a tout pesé et tout rejeté, sauf pourtant quelques points capitaux, placés de distance en distance dans la vie, où nous le retrouvons un et invariable. C'est à ces jalons qu'il faut suivre et reconnaître les caractères ; l'intervalle est une poussière qui voltige et se renouvelle sans cesse à tous les vents de la nature humaine ». *Cf.* Désiré Nisard, « Érasme », *Revue des Deux Mondes*, t. 3, 1835, p. 509-555 ; et Pierre Magnard, « Montaigne ou l'invention de l'homme », *Cités*, vol. 44, n° 4, 2010, p. 123-136.

93 Voir Hervé Hasquin, *Les Catholiques belges et la franc-maçonnerie : De la 'rigidité Ratzinger' à la transgression*, « Avant-propos », Waterloo, 2012.

beauté, la gloire, la santé ; mais son office propre et particulier, c'est de savoir user de ces biens-là modérément, et de les savoir perdre avec constance... Elle n'est pas, comme dit l'école, plantée à la tête d'un mont coupé, raboteux, inaccessible ; ceux qui l'ont approchée savent au contraire qu'elle est logée dans une belle plaine, fertile et florissante, d'où elle voit bien sous soi toutes choses, mais celui qui en sait l'adresse y peut arriver par des routes ombrageuses, gazonnées, semées de fleurs, et d'une pente facile et polie comme celle des voûtes célestes[94].

Baron insiste sur l'antiquité qui est infuse dans Montaigne et qui fait que les poètes et les philosophes de la Grèce et de Rome sont pour lui ce que l'Écriture fut aux Pères de l'Église et enfin à Bossuet : un savoir que, sa vie durant, il intériorise, retravaille, et refaçonne en toute liberté et avec aisance, au point qu'il devient impossible de distinguer ce qui est de lui et ce qui est des anciens Grecs et Romains. À propos de ce qu'on a appelé son égotisme et qui a suggéré des sarcasmes à Pascal, il réagit en renversant l'accusation et en affirmant qu'il s'agit de la « plus précieuse manifestation de son talent ». Une sorte d'euphorie surgit alors, qui traduit combien l'histoire de la littérature se veut une explication non seulement de texte, mais de sens de la vraie vie incrustée dans les écrits qu'elle analyse. Il s'agit de faire comprendre au lecteur combien l'auteur des *Essais* n'est pas seulement un homme du passé, mais qu'il est aussi un extraordinaire outil pédagogique nécessaire dans ce premier tiers de XIXe siècle, et que son écriture donne des clés pour l'épanouissement de l'homme :

Montaigne déclare dès l'abord que son intention a été de se peindre et qu'il est lui-même la matière de son livre ; et d'un bout à l'autre, en effet, il pose à ses propres yeux et se reproduit ensuite avec tant de naïveté, de vérité, de désintéressement, que ce portrait de Montaigne par Montaigne est l'auto-psychographie la plus instructive et la plus piquante que l'on puisse imaginer : la plus piquante, car à son entière impartialité vous diriez qu'il s'agit d'un autre, tandis qu'à sa profonde et minutieuse analyse, vous comprenez qu'il ne pouvait atteindre une si intime connaissance des détails qu'en travaillant sur lui-même ; la plus instructive, car il réunit si bien les innombrables variétés de l'homme, de 'cet être ondoyant et divers, qui présente autant de différence de lui à lui-même comme de lui à autrui', qu'il semble renfermer en soi toute l'espèce, et que l'étude de Montaigne est la meilleure introduction à l'étude et à la connaissance de l'homme en général.

---

94   Auguste Baron, *Histoire abrégée...*, *op. cit.*, t. II, p. 162, qui paraphrase Montaigne en I, 26.

Que si l'on appelle livre, le développement complet d'une idée unique ou de plusieurs idées homogènes, les *Essais* de Montaigne ne sont pas un livre ; on pourrait les intituler comme le traité de Pic de la Mirandole, *De omni re scibili*. Il y aborde tout, en s'abandonnant sans cesse aux mille caprices de la pensée la plus vagabonde. Cet homme, d'une raison si sévère, semble n'obéir qu'à cette faculté que lui-même appelle la folle du logis ; il choisit un sujet, le quitte, le reprend, promet une matière dans le titre, en traite une autre dans le chapitre... Mais pourquoi l'historien de la littérature chercherait-il à expliquer Montaigne ? Celui-ci offre du moins cet avantage, que, pour l'analyser, il suffit de le copier ; quelle meilleure explication de sa méthode que celle qu'il donne lui-même dans les lignes suivantes ?

Je n'ai point, dit-il, d'autre sergent de bande à arranger mes pièces que la fortune. A même que mes rêveries se présentent, je les entasse ; tantôt elles se pressent en foule, tantôt elles se traînent à la file. Je veux qu'on voie mon pas naturel et ordinaire, ainsi détraqué qu'il est ; je me laisse aller comme je me trouve, je prends de la fortune le premier argument, pensant ici un mot, ici un autre, échantillons dépris de leurs pièces, écartés sans dessein, sans promesses[95].

Pour terminer son apologie, Baron revient sur la langue de Montaigne qui a été un modèle pour les grands esprits des siècles suivants par la rectitude des jugements qu'elle énonce, par la raison qui l'anime, par la transmutation d'une idée particulière en idée générale qu'elle sait promouvoir. Une langue créatrice qui fait que Montaigne doit être reconnu, par-delà son penchant au scepticisme, comme « le premier écrivain français qui en ait appelé des savants au peuple », comme le fondateur d'une famille littéraire qui a caractérisé l'Angleterre, les *Essayists* de la fin du XVIIIᵉ et de la première moitié du XVIIIᵉ siècle[96]. Un des génies « les plus heureux et les plus brillants, un des hommes de style les plus originaux et les plus féconds qui aient existé ».

On a donc avec Auguste Baron sans doute un auteur participant au premier plan de la conceptualisation de l'histoire de la littérature française, avec une particularité : cette histoire a dans sa progression quelques personnages-symboles. Et Montaigne se trouve monumentalisé dans le portrait d'un génie à partir duquel la littérature, précisément, prend sens, fait sens, devenant une nécessité épistémologique parce qu'elle

---

95 *Ibid.*, t. II, p. 163-164.
96 On peut supputer que Baron pense à des auteurs comme Locke (*Essay Concerning the Human Understanding*). *Cf.* Pierre Glaudes, Jean-François Louette, *L'Essai*, Paris, Armand Colin, 2012.

est un outil pour rentrer en soi sans oublier que chaque être humain appartient à l'humanité, que ce qu'il peut découvrir en lui n'est jamais que le même que l'autre, un frère. La lecture comme moyen d'accession à une conscience romantique de l'universalité. À partir de là, la littérature, selon Auguste Baron, doit se vivre intensément, euphoriquement comme il tente de le communiquer à son jeune ou moins jeune lecteur, des plus grands aux moins grands des auteurs, comme un espace social et socialisé d'apprentissage, accessible aux érudits et aux doctes au peuple, de la modération et de la liberté.

Reste à comprendre, en conclusion, pourquoi Auguste Baron est demeuré dans l'ombre de l'histoire de l'histoire de la littérature française telle qu'elle a procédé avec une série d'ouvrages, de Jacques Demogeot, D. Saucié, Eugène Géruzez, Ferdinand Brunetière, Émile Faguet, Albert Thibaudet, Paul Hazard, Gustave Lanson... La question peut être résolue à partir de *L'Histoire de la littérature française* que Désiré Nisard commence à éditer en 1844[97] après avoir publié en 1841 un *Précis de l'histoire de la littérature française depuis ses premiers monuments jusqu'à nos jours*[98]. Le projet est différent, comme l'« Avant-propos » l'avance de manière significative. Nisard souligne qu'il ne faudrait pas moins de vingt volumes, si ce n'est cent, pour embrasser toutes les époques et tous les écrivains, des illustres aux obscurs, et surtout n'omettre « aucune partie du domaine intellectuel de la France », depuis les tout débuts jusqu'au présent le plus immédiat. Même une histoire générale, moins détaillée, exigerait une patience de bénédictin. D'où une déclaration programmatique : il faut être réaliste, et ne pas identifier la littérature à ce qui est « ce chaos d'idées périssables, d'esprits éphémères, de modes littéraires qu'on prend pour des littératures, de gloires qui meurent avec les héros, d'époques préparatoires et sacrifiées... ». Le littéraire n'est pas la littérature. Il n'y a pas de nécessité d'inclure les troubadours ou de remonter plus haut dans la durée, car ce qui compte avant tout, ce sont les « beautés » de la littérature qui doivent permettre au public de ranimer son « sentiment ». Il n'y a, en outre, de littérature qu'à partir de la Renaissance, « c'est-à-dire quand la chaîne des civilisations littéraires

---

97 Désiré Nisard, *Histoire de la littérature française*, 2 vol., Paris, Firmin Didot Frères, 1844.

98 Désiré Nisard, *Précis de l'histoire de la littérature française depuis ses premiers monuments jusqu'à nos jours*, 3 vol., Paris, Firmin-Didot, Librairie classique de Mme Vve. Maire-Nyon, 1841, p. 2-8.

est renouée, que la tradition ancienne est retouvée, et que le sentiment de l'art a pris naissance ». Auparavant il y avait eu de « grossiers ouvrages » qui ne sont pas de la littérature française, mais « gauloise ».

Nisard barricade l'histoire de l'histoire de la littérature française ainsi, en affirmant que « pour nous », il n'y a de prose « sérieuse littéraire » qu'avec Rabelais et Montaigne, de « poésie légère » qu'avec Marot, de « poésie noble et éloquente » qu'avec Malherbe. Avant, la langue de Froissard et de Commynes n'a rien d'« authentique », tandis qu'en poésie règne un « chaos » certes fécond. Mais rien ne peut y faire : car « le sens littéraire n'est pas né encore... la littérature n'a pas conscience d'elle-même, et ne sait pas ce qu'elle fait... ». Le XVIᵉ siècle n'est qu'une phase préparatoire, car le temps de perfection est le XVIIᵉ siècle, que le XVIIIᵉ siècle n'altère pas trop[99]. Si l'on poursuit en prenant en considération *L'Histoire de la littérature française* que Nisard compose donc peu après, on retrouve, justifiée de manière appuyée, l'idée que l'histoire de la littérature française ne se confond pas avec l'histoire littéraire de la France. Il faut de l'« art » pour qu'il y ait de la littérature, donc une perfection de langage exprimant des vérités générales et conforme au « génie particulier d'une nation et à l'esprit humain en général ».

Sont fermées toutes les portes ouvertes par Baron à une littérature qui serait un fait de totalité. Luc Fraisse a démontré que pour Nisard compte avant tout le critère de l'esthétique classique et de la rhétorique : « Nisard le pose dans sa préface, le rôle de l'historien de la littérature consiste à mettre en relief, dans l'examen historique de nos chefs-d'œuvre, le côté par lequel ils intéressent la conduite de l'esprit et donnent la règle des mœurs ». Ces volumes seront essentiellement consacrés à la littérature du XVIIIᵉ siècle, et le premier chapitre postule, à titre préliminaire, que « l'art est l'expression des vérités générales dans un langage définitif ». On ne saurait mieux définir l'idéal classique, mais non certes la tâche du nouvel historien. Car, prononcée en 1844, cette déclaration sonne comme le contre-pied du principe vulgarisé par Mme de Staël (*De la*

---

99 *Ibid.*, p. 211-222. Montaigne a droit à un long développement, « écrivain admirable » dont le scepticisme a « proclamé la liberté de conscience » et préservé la liberté humaine. Un homme qui surplombait son siècle au point qu'il n'a été apprécié qu'au XVIIIᵉ siècle ; « l'enchanteur Montaigne », mais qui n'est pas élevé au rang de philosophe : il porte à la méditation, et il est une sorte de touche-à-tout. Les *Essais* sont « l'histoire d'un esprit » et ressemblent à d'anciens traités de morale. Ce qui sous-entend presque qu'ils sont obsolètes.

littérature a paru en 1800), selon lequel une littérature est le reflet d'une société[100] ». À quoi vient s'ajouter, peut-on dire, qu'il faut qu'il y ait ce que Nisard nomme « l'esprit français » et qui relève de son obsession pour un lien quasi ontologique entre écriture et morale :

> C'est au christianisme que nous devons le bienfait de cet agrandissement de notre nature. Non seulement il a réduit toutes nos pensées à la pratique en faisant prévaloir l'esprit de discipline, qui regarde la conduite, sur l'esprit de liberté, qui regarde plus particulièrement les pensées ; mais il a comme reculé les bornes et creusé les profondeurs de notre conscience. Dans l'ordre des vérités philosophiques, quel spéculatif, parmi les anciens, a pénétré aussi avant que ses moralistes ? Derrière tout ce qui se fait ouvertement et par une volonté claire, que d'actions n'a-t-il pas découvertes qui se font pour ainsi dire en cachette de la conscience, ou à son insu, par cette corruption insensible de notre nature qu'il a si profondément remuée ? Et, dans l'ordre des vérités de devoir, quels espaces n'a-t-il pas ouverts à la morale ? Que de prescriptions pour épurer le cœur en proportion de ce qu'il l'a approfondi ? Le christianisme a fait pour l'esprit français ces trois choses ; il en a fortifié la tendance pratique ; il en a étendu les objets d'étude en rendant en quelque sorte la vie plus vaste ; enfin, il en a fait une image plus complète et plus pure de l'esprit humain[101].

Ce qui fait alors le « génie » de Montaigne, c'est que toutes les « idées générales » inhérentes à la nation française se retrouvent dans les *Essais*.

Il n'est pas alors difficile de comprendre pourquoi Nisard a marqué de manière forte l'historicisation de l'histoire de la littérature française et que son *Histoire* va connaître plus de treize éditions[102], par-delà le fait qu'il opère la distinction entre la « vraie » littérature et la littérature qu'il qualifie relativement péjorativement de « secondaire », laissant un lourd passif derrière lui. Il fait de la littérature un capital d'enseignements moraux alors que Baron l'évalue dans une centralité psychologico-philosophique. Montaigne, dans les *Essais* commentés par Nisard, est analysé comme donnant à réfléchir sur toutes les vérités et tous les doutes. Il emmène de la sorte vers Dieu : « Mais les vérités y laissent chacun libre de se conduire à sa guise et les doutes n'y sont que des aveux de la sagesse bornée que Dieu a départie aux hommes[103] ». Alors que Baron, pour

---

100 *Ibid.*, p. 8.
101 Désiré Nisard, *Histoire…*, *op. cit.*, t. I, p. 18.
102 Il y a une treizième édition en 1886. Une édition a pu encore être identifiée en 1898.
103 Désiré Nisard, *Histoire…*, *op. cit.*, t. I, p. 444.

sa part, postule que la littérature, accueillante à toutes les expressions discursives, est d'abord un outil de connaissance de l'homme, qu'elle doit guider vers la liberté individuelle et la certitude que cette liberté même, sur le paradigme d'un Montaigne monumentalisé, doit faire prendre conscience de l'universalité de l'être humain.

Denis CROUZET
Sorbonne Université

A DANISH FRIEND OF MONTAIGNE

Frederik Thorkelin (1904-1997)
and his *Bibliotheca Thorkeliniana*

The life and collection of Frederik Thorkelin (1904-1997) illustrates how libraries, private book collectors and antiquarian book dealers toge-ther create a fertile eco-system that benefits us all.[1] Private collections enrich the collections of public libraries, and catalogues and bibliographies created by libraries and scholars inform the choices of private collectors and antiquarian book dealers. Antiquarian book dealers link private book collectors together across space and time, and sometimes they also link libraries and private book collectors. Like national galleries, national libraries provide access to the types of books most ordinary people cannot own.[2] When collections are donated to libraries, items that have been the pride and joy of a single book collector becomes a public asset to the benefit of the common good. These items are then stored in a more secure manner with a certain promise of eternity. The physical object in the library perpetuates the memory of the book collector. Donators often desire their donations to be kept as separate collections named after them, where libraries tend to prefer adding donations to existing collections. As to naming of collections, a certain historical arbitrariness is at play. In the history of the Royal Danish Library, Otto Thott's manuscript collection, received as a donation in 1785 is named after Thott, whereas the manuscript collection from the library of P.F. Suhm (1728-1798), which the Royal Library bought in 1796, was simply merged with other manuscript collections to form the so-called New Royal Collection. Thanks to the specific character

---

1   Hans Bagger, "Libraries – Book collectors – Antiquarian booksellers", in *Theatrum Orbis Librorum. Liber amicorum Presented to Nico Israel on the Occasion of his Seventieth Birthday* (Utrecht: HES Publishers, 1989), p. 349-352.

2   Sofus Larsen, "Dahl, S. og C. Dumreicher: Haandbog for Bogsamlere (Book Review)", *Nordisk Tidskrift för Bok- och Biblioteksväsen* 9 (1922), p. 113-114.

of his collection, the unique items in it, and to specific historical circumstances, the Montaigne collection, which Frederik Thorkelin spent
his life creating, bears his name in the Royal Danish Library.

Books in private book collections tend to be less easily discoverable
than books in libraries. Therefore, when doing bibliographical surveys,
there is a tendency to consider only the numbers of copies of a certain
edition existing in public collections. But, in some cases, the ratio between
the number of copies in public collections and the number of copies
in private collections, does not fall out to the advantage of the public
collections–, the public collection only being the tip of the iceberg. Thus
there are, according to the catalogue of *Bibliotheca Desaniana* almost 50
copies of the 1588 edition of Montaigne's *Essais* in public collections in
the world, but there would seem to be more than 100 copies in private
collections.[3] According to the catalogue of the *Bibliotheca Desaniana*,
most of the known copies are bound in 19th century morocco, but two
copies have been known to have been bound *"dans leur jus"* in 16th
century vellum bindings.[4] One of these two copies appears to have
been lost in the Second World War. The other, which would seem to
be the only extant copy in contemporary parchment binding was in
the private collection of Frederik Thorkelin in Denmark, until it was
transferred to the Royal Library after his death in 1997. This unique
copy, which has taken the step from a private collection to a national
library, has made Thorkelin's name known among bibliophile Montaigne
collectors across the world. In this article, I will seek to place Thorkelin
in context, describe his Montaigne collection and the reason why he
collected Montaigne for his library, which I have chosen in this context,
in analogy to the *Bibliotheca Desaniana* – and to so many other historical
private collections – to name *Bibliotheca Thorkeliniana*.[5]

---

3   Philippe Desan, *Bibliotheca Desaniana: catalogue Montaigne* (Paris: Classiques Garnier,
     2011), p. 42. Cf. Jean Balsamo and Michel Simonin, *Abel L'Angelier & Françoise de Louvain
     (1574-1620): suivi du catalogue des ouvrages publiés par Abel L'Angelier (1574-1610), et la
     veuve L'Angelier, 1610-1620* (Geneva: Droz, 2002), p. 239-243.

4   Desan, *Bibliotheca Desaniana*, p. 1.

5   The director Mauricio Gonzalez-Aranda filmed me, while I was doing research on
     Frederik Thorkelin's Montaigne Collection for his documentary film about the Royal
     Danish Library, literature and the humanities: *A Word for Human* (2019), which also
     features numerous Montaigne quotations. I wish to thank Mauricio Gonzalez-Aranda
     cordially for inspiring conversations about Thorkelin and Montaigne.

FIG. 1 – Frederik Thorkelin's copy, 1588 edition of Montaigne's *Essais*, contemporary vellum binding, Royal Danish Library.

MONTAIGNE IN DENMARK

In contrast to the 16th century Italian thinker Machiavelli, no studies have yet been devoted to the reception history of the works of Montaigne in Denmark. This will only be a brief sketch of such a history in an attempt to place Frederik Thorkelin's collection in context.

In spite of the fact that Frederic III, the founder of the Royal Library, was interested in French culture, there was no copy of Montaigne's *Essais* in the very first catalogue of the Royal Library dating from 1660,[6] There was, however, a copy of the 1635 edition of Montaigne's essays in the

---

6   The Royal Library's archive (until 1943) E 1.

library of Joachim Gersdorff,[7] which was integrated into the newly founded Royal Library in the 1660s.[8]

The great librarian and literary historian Christian Bruun (1831-1906) has stated concerning the approximately 200 catalogues of private Danish book collections from the period 1654-1699 that in well-furnished libraries one generally tends to find titles in the original languages of authors such as: Bacon, Hobbes, Descartes, Montaigne, Charron, de la Chambre, Machiavelli, Dante, Boccaccio, Petrarca, Tasso, Ariosto, Cervantes, Marot, Rabelais, Ronsard, Voiture, Theophile Viaud, Balzac, Saint-Amant, Corneille, and Molière.[9]

In the Danish private libraries of the 17th century, there would, however, appear to have been only a limited number of copies of Montaigne's *Essais*.[10] Christian Ostenfeld, professor of medicine and university librarian, had a copy of the edition published in Rouen in 1641 in his library, which was sold at an auction in 1672.[11] According to the *Bibliotheca Desaniana*, there are *"très peu d'exemplaires connus"* of this edition but today there is a copy of this edition in the Royal Library, which was previously owned by Esaias Pufendorf (1628-1689). Pufendorf may have bought Ostenfeld's copy.[12]

More copies emerged in the Danish 18th century private libraries. Montaigne is found in the library of Claus Christian Reenberg, sold in 1720. In Ivar Brinck's library, sold at auction in 1729, there was both the 1635 folio edition and the octavo edition published in Paris in 1649.

---

7   Carl S. Petersen, *Afhandlinger til dansk Bog- og Bibliotekshistorie* (Copenhagen: Gyldendal, 1949), p. 157.

8   The Royal Library's archive (until 1943) E 2: *Catalogi Bibliothecæ Gerstorffianæ*.

9   Christian Bruun, *Det Store kongelige bibliotheks stiftelse under kong Frederik den Tredie og kong Christian den Femte* (Kjøbenhavn: Thieles bogtrykkeri, 1873), p. 50.

10 In order to write this passage, I have checked the existing literature on Danish private libraries, the new transscription of the manuscript by Christian Bruun, "Danske Privatbibliotheker i 17.-18. Aarh. I-II", catalogues of famous book collectors' libraries and made full text search in the digitized versions of 17th century auction catalogues.

11 *Bibliotheca Osteniana sive Catalogus librorum qvos reliqvit [...] Wilhelmus Augustus de Osten, qvondam [...] rei vestigalis Oresundicæ profectus, Eorum venditio per Auctionem fiet Havniæ 1764. die 3 & seqv. Septembris in ædibus à b. Possesore habitatis* (Copenhagen: Nicolaus Møller, 1764), p. 92, n° 147.

12 *Catalogus librorum [...] M. Ivari Brinckii ad ædem sacram Divi Nicolai pastor. primar. quorum auctio habebitur die 27 Junii anni 1729 in pastoralib. ædibus à b. viro habitatis* (Copenhagen, 1729), p. 25 & p. 321; cf. Petersen, "Holberg i samtidens bogsamlinger", *Afhandlinger til dansk Bog- og Bibliotekshistorie* (Copenhagen: Gyldendal, 1949), p. 210-212.

There was a copy of Meunier de Querlon's edition of Montaigne's *Journal du voyage en Italie* in the library of Bolle Willum Luxdorph, a copy which was bought by Peter Uldall.[13] There was a copy of Montaigne's translation of Raymond Sebond (1605 edition) and a copy of the 1635 edition of the essays in the enormous private library of Count Otto Thott (1703-1785).[14] Otto Thott's library was a marvellous library, full of rare editions. Otto Thott was primarily concerned with incunabula and post-incunabula, and this interest might partly explain why there is none of the original editions of Montaigne's *Essais* in his library. Count Johan Hartvig Ernst Bernstorff (1712-1772), who lived in Paris as a Danish envoy in the period 1744-1750, had a copy of the edition published in Paris in 1725 in grand quarto and an edition of *Mémoires pour servir aux Essais de Michel de Montaigne* (1741) in his library.[15]

The Danish-Norwegian author Ludvig Holberg (1684-1754), who has been named *"un élève nordique de Montaigne"*,[16] was inspired by Montaigne, when writing his *Pensées morales* (*Moralske tanker*, 1744), and in his autobiography written in form of three letters, he stated about Montaigne: *"Montanum amo propter viri candorem, & magis amarem, si minus de se ipso locutus fuisset"* ("I love Montaigne because of the man's integrity, and I would have loved him even more, if he had spoken less about himself").[17] It has been claimed that Holberg named one of his most important characters, Erasmus Montanus, after Erasmus of Rotterdam and Michel de Montaigne. Ludvig Holberg read Montaigne in the edition made by P. Coste (Londres, 1739), but his copy was lost together with his entire library in the fire of Sorø Academy in 1813. Before Holberg, Laurids Lauridsen Thura had quoted Montaigne in his biography of Hans Rostgaard,[18] and in 1777 Montaigne was quoted

---

13 *Bibliotheca Luxdorphiana, sive index librorum quos reliquit [...] B.W. Luxdorph [...] quorum sectio fiet*, 1789 ad d. 14 Septembris 1789, pars II, p. 52, n° 1115. Names of buyers in the copy in the Norwegian National Library (shelf mark: A 35 Lux).

14 *Catalogi bibliothecae Thottianae*, vol. 3, pars 2, p. 709, n° 861; *Catalogi bibliothecae Thottianae*, vol. 3, pars 1, p. 96, n° 1703 (bought by Soldin).

15 The Royal Library's archive (until 1943) E 69: *Catalogus Alphabeticus Bibliothecae Bernstorfianae*, p. 212.

16 F.J. Billeskov Jansen, "Un élève nordique de Montaigne: Ludvig Holberg", *Bulletin de la Société des Amis de Montaigne*, n° 12, 1942, p. 28-29.

17 Ludvig Holberg, "Ad virum perillustrem epistola tertia", in Finn Gredal Jensen (ed.), *Ludvig Holbergs skrifter*, http://holbergsskrifter.dk/ (accessed on 16 September 2020).

18 Laurids Lauridsen Thura, *Hans Rostgaards Liiv og Levnet [...] Udi Danske Alexandriniske Vers ... forfatted af L. Thura* (Copenhagen, 1726), p. 108.

and referred to as a "great connoisseur of the human heart" in a journal published in Viborg.[19]

Also in private libraries in Norway there were copies of Montaigne; thus in the library of Nicolai Feddersen, which was sold at an auction in 1769, there was a copy of the 1649 edition.[20] At the auction of the library of Caspar Herman von Storms library, which was sold at an auction in 1772, there was a copy of the abridged version of the essays published in Paris in 1677, *L'Esprit des Essais*.[21]

In the 19th century, the number of copies in private libraries increased, and towards the end of the century, the first translation of two essays (I, 24 & I, 25) was published by a pedagogical association (named *"Vor Ungdom"*) in a series of classics in pedagogy.[22] Some years before, the literary critic Georg Brandes (1842-1927) had published the first book in Danish with the title *Essays*.

It is a common error to confound reception history and the history of translations, but evidently, an author like Montaigne was read in French editions from the 17th to the 20th century in Denmark. The book auction catalogues and the mention of copies for sale in newspaper advertisements testify to this effect. It is my hope that in the future, data from the many book auction catalogues can be extracted in order to create a database (in analogy to the Mediate project led by Alicia Montoya) for provenance studies in Denmark. Such a database could be used for mapping the destinies of specific books and manuscripts for studying the reception history of specific authors and ideas – and for analysing the history of the book trade.

When Frederik Thorkelin started collecting Montaigne, he built upon an existing tradition of presence of Montaigne in libraries, and he drew upon a renewed interest in bibliophily, which had been codified

---

19 L.T.F.C., "Slutningen af Nr. 9", *Den Viborger Samler (1773-1782)*, 10 March, 1777, 5. årgang, n° 10.

20 *Catalogus over en Deel afgangne Conference-Raad Feddersens Bøger som ved offentlig Auction bliver bortsolgte her i Staden den [18] Augusti og følgende Dage 1769* (Christiania: Trykt hos Samuel Conrad Schwach, 1769), p. 61, n° 723.

21 Samuel Conrad Schwach, *Catalogus over Hands Excellences Hr. Geheimeraad og Stiftsbefalingsmand Caspar Herman von Storms Bibliotheqve, samt mathematiske Instrumenter, Naturalier, Mineralier og Cochillier, &c. som Mandagen den 23. November 1772 ved offentlig Auction bortsælges udi hands Gaard i Christiania* (Christiania: Samuel Conrad Schwach, 1772), p. 100, n° 22.

22 Michel de Montaigne, *Om børneopdragelse: (Essais, Livre I., chap. 24-25)* (Copenhagen: Vor Ungdom, 1898).

in publications such as *Haandbog for bogsamlere* (Handbook for book collectors), written by the head of the Royal Library Svend Dahl and the librarian at the university library Carl Dumreicher.[23] But Frederik Thorkelin also built upon a solid family history of bibliophily.

A FAMILY OF BIBLIOPHILES

Several of Frederik Thorkelin's male ancestors were book collectors, and twice earlier in history, the Royal Library had received collections from the Thorkelin family: Frederik Thorkelin's grandfather is known for his Grundtvig collection donated to the Royal Library, and Frederik Thorkelin's great-great-grandfather was the Icelandic-born antiquarian Grimur Thorkelin (1752-1829) who donated manuscripts to the Royal Library.

Grimur Thorkelin is today best known for the first Latin translation of the Old English poem *Beowulf*, which he published in 1815 based on his own copies of the Nowell manuscript from the Cotton collection in the British Museum. Thorkelin donated the transcripts he had made in England to the Royal Library in Copenhagen.[24] In 1807, he lost his library in the fire after the Copenhagen bombing. He then succeeded in building a new library, of which in 1819 he sold the bulk to antiquarian book dealer David Laing in Edinburgh. These books are the mainstay of the Thorkelin collection in the National Library of Scotland, but through The King's Library some of them also ended up in today's British Library. The Royal Library purchased books from the sale of the remaining portion of Thorkelin's book collection.

Grimur Thorkelin's grandson, Frederik Thorkelin (1827-1910, full name: Benedict Frederick Julius Thorkelin) became an officer in the Danish Army. He took a keen an interest in the contemporary pastor, poet, author, and politician N.F.S. Grundtvig, who in his youth had

23 Svend Dahl and Carl Dumreicher, *Haandbog for Bogsamlere* (Copenhagen, 1921).
24 E. C. Werlauff, *Historiske Efterretninger om det store kongelige Bibliothek i Kiøbenhavn*, 1844; Jens Christoffersen, "Hvorledes Beowulf kom til Danmark: G.J. Thorkelin, Johan Bülow og N.F.S. Grundtvig", *Bogvennen*, 1947, p. 19-32.

been in violent controversy with Grimur Thorkelin, and he collected all Grundtvig's publications. Frederik Thorkelin, who in 1878 became colonel and in 1886 commander of the Copenhagen Garrison, also had genealogical interests. He continued his paternal grandfather's brief family records in the family's red book, a small book bound in red morocco. In this book, the Colonel's son wrote in 1910: "Sunday, July 10, our dear Father died. He was the best and most loving Father" (*"Søndag den 10. juli døde vor kjære Fader. Han var den bedste og kjærligste Fader"*).[25] After Frederik Thorkelin's death, his daughter donated his Grundtvig collection to the Royal Library.

Captain Emil Stephanus Thorkelin (1866-1927), son of Grundtvig collector Frederik Thorkelin and father of Montaigne collector Frederik Thorkelin, transcribed a number of papers written by his ancestors, and these family papers eventually became part of Frederik Thorkelin's library.

FREDERIK THORKELIN

Frederik Thorkelin was born in Aalborg in 1904, but the family moved to Copenhagen when he was an infant and he went to school in Copenhagen (Østre Borgerdydskolen). After having dropped out of first year of the gymnasium due to bad nerves, he was trained as a stockbroker and became employed in the Copenhagen Reassurance Company from 1923. In this company, he received a comprehensive education, which brought him to England in 1927 and Switzerland in 1928. Frederik Thorkelin became Deputy Director of the Copenhagen Reassurance Company in 1937 and was a member of the Executive Board from 1948 until he left the company in 1967. In the years 1970-1972, he was Director of A/S Cyklecompagniet, of which he had been a board member since 1947.

Already in 1941, Frederik Thorkelin began building a collection of works by and about Michel de Montaigne. In 1942, he was one of the co-founders of the Danish Club of Bibliophiles (Dansk Bibliofil-Klub), which he subsequently chaired for a year (June 1945-June 1946).

---

25   Erik Dal, "Oberst Fr. Thorkelin og hans Grundtvigsamling", *Fund og Forskning* 4 (1957), p. 36. This and following translations are mine.

When Frederik Thorkelin celebrated his 25th anniversary in Copenhagen in 1948, editor Knud Rostock-Jensen wrote in a portrait in the trade journal:

> If Thorkelin were to decide on his own, we know that the event would pass in silence, and that he, if he was given the choice between being celebrated and being left undisturbed in peace, occupied with his large and beautiful book collection, he would chose the latter ("*Stod det til Direktør Thorkelin alene, ved vi nok, at Begivenheden vilde forløbe i Stilhed, og at han, hvis man stillede ham Valget mellem at lade sig fejre og lade ham i Fred til uforstyrret Syslen med sin store og smukke Bogsamling, valgte det sidste*").[26]

This sentiment is born out in the fact that on the occasion of a later anniversary, Frederik Thorkelin chose to donate money to the Royal Library rather than celebrating himself.[27]

In 1936, Frederik Thorkelin married Anna Else Rammel (1901-1995), who had co-authored a book about Søren Kierkegaard. They lived in the residential area Frederiksberg, and when Frederik Thorkelin withdrew from active life in 1972, the couple moved to Kystvej 7 in Holløselund, at the seaside at the northern coast of Seeland, where they spent many years. Here Frederik Thorkelin's Montaigne collection got its place. Professor F.J. Billeskov Jansen wrote in his obituary notice in 1997 that Montaigne "became a refuge and support, also in the last years, when agonizing illness required great strength of mind".[28]

How had Thorkelin become interested in Montaigne at the outset?

---

26 Knud Rostock-Jensen: "25 Aars Jubilæum", *Assurandøren*, vol. 53, p. 217.
27 Palle Birkelund: Velkomsttale ved åbningen af Thorkelinske Montaigne udstilling den 17. oktober 1980. The Royal Library's archive (1943-1986), Rigsbibliotekarens Embede, Gaver til KB a 5: "*Direktør Fr. Thorkelins testamentariske boggaver til KB*".
28 F.J. Billeskov Jansen: "Mindeord om Frederik Thorkelin", *Berlingske Tidende*, 18 october, 1997.

FREDERIK THORKELIN'S
MONTAIGNE COLLECTION

In 1941, Frederik Thorkelin, with the help of a German-Alsatian friend in Copenhagen – Gottfried Münch (a German-oriented brother of the French-oriented conductor Charles Munch) – had the opportunity to visit Paris. Here he experienced, already well versed in French literature from the era of Classicism, how his French colleagues could quote all the classics, and how in some cases he managed to gain access to conversations because he understood how to use a well-chosen quote from a French classic. Nevertheless, he was struck by the interlocutors' quotes from Montaigne:

> [...] as I got closer to my French and Belgian colleagues, it sometimes happened that they mentioned the name of Montaigne, or they set forth a quotation which I thought was strikingly right in a human way, and then I desired to know more" ("*[...] men så skete det efterhånden, at som jeg kom mine franske og belgiske kolleger nærmere ind på livet, at de gav sig til at nævne Montaigne, eller de kom med et citat, som jeg syntes menneskeligt set var slående rigtigt, og så ville jeg have mere at vide*").[29]

In that way, a passion for Montaigne started. It was fuelled by the acquisition of Courbet and Royer's edition of Montaigne's essays, which was based on the 1595 edition, and the purchase of that edition was followed by the purchase of other modern and older editions of Montaigne's essays.

In 1968, Frederik Thorkelin succeeded in acquiring a copy of the 1588 edition of Montaigne's *Essais* through the Parisian antiquarian bookseller Antoine Grandmaison. Not a copy that had been rebound over time, but a copy in the "absolutely original condition", i.e. in a contemporary parchment binding.

The copy of the 1588 edition was the highlight of Frederik Thorkelin's collection. In response to a questionnaire sent to Danish book collectors about their favourite book, which Erik Dal published in the journal *Bogvennen* in 1971, Frederik Thorkelin explained why the rare copy of Montaigne's *Essais* from 1588 was his dearest book in the collection.

---

29 The Royal Library's archive (1943-1986), Rigsbibliotekarens Embede, Gaver til KB a 5: "*Direktør Fr. Thorkelins testamentariske boggaver til KB*", Frederik Thorkelin: Transcription of speech made on 17 October, 1980, p. 6.

His contribution was published in French translation a few years later in *Bulletin de la Société des Amis de Montaigne*: *"Mon exemplaire est de toute rareté, peut-être unique, parce que c'est le seul que j'aie vue, ou dont j'aie entendu parler qui soit relié dans la reliure originale de l'éditeur (velin ancien) sans avoir jamais été restauré ou relié à nouveau".*[30] For a long time, I naively thought that it was a mistake when Thorkelin referred to the parchment binding as the publisher's own binding, but Abel l'Angelier came from a bookbinder family, and he sold several of his editions in already bound volumes – respectively. *"Chagrin"*, *"veau"* and *"parchemin"*,[31] so the parchment binding is probably *"reliure originale de l'éditeur"*. Frederik Thorkelin described the desire to own this copy in the following way: *"D'une lecture pure et simple de ses Essais, il s'est développé une sorte de dialogue; j'ai eu le sentiment d'avoir une conversation avec un ami fidèle, qui offrait toujours conseil et appui dans les épreuves de la vie."* In his description of his most beloved book, Thorkelin further wrote: *"Quand je prends mon exemplaire de 1588 dans mes mains, je crois presque entendre la voix de Montaigne et voir son sourire un peu sceptique, mais toujours bienveillant"* (*ibid.*). The physical book in a contemporary binding thus gave Frederik Thorkelin a feeling of being in direct contact and conversation with the author. Thorkelin's description is reminiscent of Montaigne's description of his conversations in the library (III, 3: "De trois commerces", Gallimard, ed. "La Pléiade", p. 868-869).[32]

In spite of his critical attitude towards the facilities of the Royal Library, Frederik Thorkelin signed an agreement with the then director of the library, Palle Birkelund (1912-2012), another member of the Danish Club of Bibliophiles, according to which his Montaigne collection was bequeathed to the Royal Library. The agreement was finally concluded in 1981, and provided that the collection was to be handed over to the Royal Library after the death of the longest-living of Frederik Thorkelin and his wife. Prior to the agreement, the collection was exhibited at the Royal Library from October 18 to November 22, 1980. Frederik

---

30 Thorkelin, Frederik, "1588. Essais de Montaigne: 'Mon plus cher livre'", *Bulletin de la Société des Amis de Montaigne* 5:10-11 (1974), p. 109.

31 "Les reliures", in Balsamo and Simonin, *Abel L'Angelier & Françoise de Louvain (1574-1620)*, *op. cit.*, p. 134-136.

32 Jean Balsamo, "La conversation dans la 'Librairie': Montaigne et quelques italiens", in Michael Høxbro Andersen and Anders Toftgaard (eds.), *Dialogo & conversazione: i luoghi di una società ideale dal Rinascimento all'illuminismo* (Florence: Olschki, 2012), p. 61-77. Cf. Anders Toftgaard, "Monologue a plusieurs voix: Montaigne et le dialogue", *Revue Romane* 45:2 (2010), p. 275-295.

Thorkelin presented the Montaigne exhibition to Cécile Mähler-Besse (1920-2012), the then owner of Chateau Montaigne, and her husband, the wine farmer Henry Mähler-Besse (1906-1999), who were visiting Copenhagen 11-16 November, 1980. At the opening of the exhibition, Frederik Thorkelin gave a speech, of which both a transcript and a recording have been preserved in the collections of the Royal Library.

FIG. 2 – Frederik Thorkelin speaking in front of the bust of Georg Brandes
at the opening of the Montaigne exhibition at the Royal Library
on 17 October 1980 (photo Royal Danish Library).

Prior to the exhibition, librarian Helga Vang Lauridsen (1918-1991) compiled (with the help of Frederik Thorkelin) a printed catalog of the collection.[33] The catalog numbered 256 numbers, and at the Royal Danish Library the books have kept these numbers as shelf marks (Montaigne 1-256). The collection was subsequently expanded in Thorkelin's lifetime with a supplement of 61 numbers, so in total

---

33 *Katalog over Frederik Thorkelins Montaigne-samling* (Copenhagen: Det kongelige Bibliotek, 1980).

Frederik Thorkelin's Montaigne collection today consists of 317 numbers. The supplement to Thorkelin's collection includes a copy of the second edition of Montaignes *Essais* from 1582. This copy was purchased for the collection with the help of a private foundation (Jurisch). Today, the edition is relatively rare, with only about 50 copies known.

In Thorkelin's Montaigne collection there are some other valuable copies of Montaignes *Essais*: Paris, 1595; Paris, Camusat, 1635; Paris, 1735, the third edition of John Florio's translation published in London in 1632, not to mention editions published after 1800. Thorkelin was especially fond of his copy of the Villey edition, which was one of the 10 numbered copies printed on India paper. In addition, there is a copy of each of the editions of the Montaigne's *Journal du voyage*, the quarto edition, the octave edition and the duodecimo edition. The collection is therefore an invaluable help to anyone who wants to study Montaigne. However, there are also many more trivial numbers in the library, which have contributed to the collection's somewhat mixed reputation internally in the library. For example, n° 40 in the Montaigne collection is a copy of volume 14 of the Gyldendal Library, which, under the title (in English translation) *From Montaigne to Molière* contains classic French texts selected by professor A. Blinkenberg (1928-1930). The collection would have fared better without such numbers, which in a larger library context have more bibliographic than material interest. On the other hand, n° 40 in the Montaigne collection also shows Thorkelin's interest in Montaigne's reception history in Denmark and his collection strategy: Everything by and bout Montaigne.

As an intriguing curiosum, there is an album in large folio in half binding (leather on marbled paper) with the title on the spine: *Iconographie de Michel de Montaigne*. It contains 68 portraits of Montaigne. The album contains two different numberings, of which the first one would also seem to have a system of accession numbers. Unfortunately, some of the larger portraits have been taken away from the album, before the album was transferred to the Royal Danish Library. The first engraving in the album is the very first engraved portrait made by Thomas de Leu in 1608.[34] The only handmade drawing in the album is the portrait n° 52. It shows Montaigne wearing a hat in standing on his feet near his

---

34 Philippe Desan, "Iconographie de Montaigne", in *Dictionnaire de Michel de Montaigne* (Paris: H. Champion, 2004), p. 562.

writing desk, made by Louis Pierre Henriquel-Dupont (1797-1892) and
dated 1834. This is the drawing, which was engraved by Louis Joseph
Leroy for the portrait of Montaigne in *Le Plutarque français*, published in
1834.[35] This engraving figures as n° 180 in Philippe Desan's catalogue of
portraits of Montaigne.[36] A copy of the engraving (which differs slightly
from Desan's n° 180) is present in the album (n° 55). The album also contains
both two unnamed copies and one named copy of the engraving made
by Eustache Langlois (1777-1837) following the drawing by Henriquel-
Dupont (n° 53, 54, 56). There is no clear provenance of this album, but it
is clear that he album has been sold at a certain point in time as number
563 at the price of 3200 francs – in the case that someone has access to a
relevant catalogue of a book auction or from an antiquarian book dealer.

THE OTHER COLLECTIONS
IN FREDERIK THORKELIN'S DONATION

In addition to the Montaigne collection, Frederik Thorkelin also donated
three smaller collections to the Royal Library: Frederik Thorkelin's Grimur
Johnson Thorkelin Collection (181 numbers), Frederik Thorkelin's Peter
Christiansen Collection (13 numbers), and Frederik Thorkelin's Allan Bock
Collection (15 numbers). Peter Christiansen and Allan Bock were fellow
book collectors and bibliophiles, and several of the books in the Peter
Christiansen collection and the Allan Bock collection have dedications
from the authors. These two small collections document 20th century
Danish bibliophile networks, but the third collection, is more interesting.

The descendants of Grimur Thorkelin did their best to purchase a
complete collection of the ancestor, Grimur Thorkelin's, works, and these
books now form the Frederik Thorkelin's Grimur Johnson Thorkelin
Collection. There are two copies of the New Testament in icelandic
translation *þat Nya Testamente, Efter þeirri Annari útgafú þes á Islendsku*

---

35   Édouard Mennechet, *Le Plutarque français: vies des hommes et femmes illustres de la France,
     avec leurs portraits en pied* (Crapelet, 1841), vol. 4.
36   Philippe Desan, *Portraits à l'essai: iconographie de Montaigne* (Paris: H. Champion, 2007),
     p. 214, n° 180.

(Copenhagen, 1807), in which, in one of the copies, Frederik Thorkelin wrote on the free leaf: "Grimur Jonsson Thorkelin edited the edition of the Icelandic translation of the New Testament printed in Copenhagen in 1807" ("*Grimur Jonsson Thorkelin besørgede Udgaven af den i Kjøbenhavn 1807 trykte islandske oversættesle af det Ny Testamente*").

There are a number of presentation copies from G. Thorkelin, but also books that G. Thorkelin simply owned. A copy of Bolle Willum Luxdorph's *Carmina*, Copenhagen, 1775, with handwritten notes bears the author's super ex libris and ex libris of the renowned book collectors Sigurd and Gudrun Wandel. A copy of the *Bibliotheca Seveliana*, with Christian 7.'s monogram on its back, has at one point been sold off as a duplicate from the collections of the Royal Library. There is a copy of Olof Verelius's and Olof Rudbeck's *Olai Verelii Index Lingvæ Veteris Scytho-scandicæ, Sive Gothicæ*, Uppsala, 1691, which bears Thorkelin's ex libris and an inscription by Charles Mayo (1767-1858), a professor of Anglo-Saxon at the University of Oxford, stating that Grimur Thorkelin had procured the copy for him.

Frederik Thorkelin's Grimur Johnson Thorkelin Collection also contained the family papers referred to by Erik Dal, which have now been transferred to and catalogued in the manuscript collection.[37] These include the family's "Red Book", Grimur Thorkelin's autobiography transcribed by his E.S. Thorkelin, 1917, and a handwritten catalogue of Colonel Frederik Thorkelin's Book Collection. In addition to the manuscripts, Grimur Thorkelin's mahogany travel desk forms part of the collection.

FREDERIK THORKELIN'S PART
IN THE TRANSLATION OF MONTAIGNE

Frederik Thorkelin was one of the initiators of the first Danish complete translation of Montaigne's essays, which was published in 1992. In 1983, Frederik Thorkelin proposed F.J. Billeskov Jansen (professor of Nordic Philology) and Ebbe Spang-Hanssen (professor of French literature) to form a committee in order to work for a complete Danish translation of

---

37 Royal Danish Library. Manuscript collection, Acc. 2017/126 and Acc. 2019/15.

the essays. Frederik Thorkelin also suggested Else Henneberg Pedersen as translator. She had worked for him as a secretary in Copenhagen Reassurance Compagni, and as a student of French at the University of Copenhagen she had translated André Malraux *La Voie royale* into Danish. The committee arranged funds for the translator's work. In her preface to the translation, which was published in 1992, Else Henneberg Pedersen thanked the committee and especially Thorkelin:

> Of course, the Montaigne committee has had a very central position. Having them behind me has been formidable. Frederik and Else Thorkelin have shown me a unique hospitality and free access to use Frederik Thorkelin's impressive Montaigne collection (*"En helt central plads har Montaigne-komitéen naturligvis haft. At have dem i ryggen har været formidabelt. Frederik og Else Thorkelin har vist mig en enestående gæstfrihed og fri adgang til at benytte Frederik Thorkelins imponerende Montaigne-samling"*).[38]

The committee's work, which was also described in newspaper articles,[39] is well documented in Frederik Thorkelin's small private archive.

Thorkelin also corresponded with Montaigne scholars whom he had met through l'*Association des Amis de Montaigne*. This correspondence is documented partly through offprints with dedication to Thorkelin in the Montaigne collection and partly through photocopies of a number of letters addressed to Pierre Bonnet in Thorkelin's private archive. Pierre Bonnet also mentions Thorkelin as one of the people who supported him in the preface to his bibliography.[40] In a self-conscious letter to Pierre Bonnet dated October 21, 1979, Thorkelin wrote that friends of Montaigne are rare in Denmark (*"les amis de Montaigne sont rares au Danemark"*) and that in general – after having worked in the public sphere – he himself tried to avoid public attention. In this connection, he used the Ovidian sentence, which Descartes chose as his motto: *"Qui bene latuit bene vixit"* ("he liveth best that appeareth least"). Nevertheless, he had chosen to appear in an interview in the *Berlingske Tidende* in order to gain more supporters for Montaigne in Denmark.[41] The wording may

38   Else Henneberg Pedersen, "Oversætterens forord", in *Michel de Montaigne: Essays. Oversat til dansk af Else Henneberg Pedersen* (Copenhagen: Gyldendal, 1992), vol. 1, p. 12.

39   Niels Ufer, "Samtale med Montaigne", *Weekendavisen*, 11 December, 1992.

40   Pierre Bonnet, *Bibliographie méthodique et analytique des ouvrages et documents relatifs à Montaigne (jusqu'à 1975)* (Genève & Paris: Slatkine, 1983).

41   Kjeld Rask Therkildsen, "En discipel af Montaigne", *Berlingske Tidende*, 9 October, 1979.

seem affected, but it strikes at something central to Frederik Thorkelin's dealings with Montaigne: Thorkelin felt like a friend of Montaigne who was uplifted by the conversation with Montaigne. He did not use his conversation with Montaigne to produce text on Montaigne himself, but worked to spread the knowledge of Montaigne in Denmark, partly through his collection and partly through the translation, which remains a permanent monument and a beautiful piece of book-craft.

FOR LOVE OF IMMATERIAL TEXTS
AND MATERIAL BOOKS

In Danish newspaper articles, Frederik Thorkelin's Montaigne collection was hyperbolically called the greatest one outside of France. However, Frederik Thorkelin's Montaigne collection in the Royal Danish Library is clearly not at the level of the Montaigne collections of Gilbert de Botton or Francis Pottiée-Sperry.[42] But considered in itself, in a Scandinavian context and within the larger context of the Royal Danish Library, Frederik Thorkelin's Montaigne collection is a valuable one.

Frederik Thorkelin's Montaigne collection has given Danish scholars and students access to a range of editions of the works of Montaigne and to precious scholarly work on Montaigne. Thanks to the Thorkelin collection it is actually possible to read *Bulletin de la Société des Amis de Montaigne* in Denmark without resorting to international inter-library-loan. And thanks to Frederik Thorkelin's Montaigne collection a unique object such as the only existing copy of the 1588 edition in a contemporary binding is now available in a public collection. With digitization, access to texts has become ever easier, but this tendency is accompanied by an increased interest in books as physical items, each with their own history. Thus, libraries (which have had a tendency to privilege the text and the edition and not the single copy) have moved closer to the interests of private book collectors.

---

42 Concerning Montaigne collectors, see Jean Balsamo: "Collections", in *Dictionnaire de Michel de Montaigne, op. cit.*, p. 209-211.

In a way, Thorkelin was the ideal reader. He fell in love with an author and just wanted to read and study this particular author in order to become wiser. For Thorkelin, Montaigne offered an attractive masculine role model of a man who grows wiser with age, who leaves active life in order to devote himself to an otium full of reading and reveals himself as a great connoisseur of the human heart. By writing a book about himself for his descendants, he made the particular universal. Clearly, Frederik Thorkelin gravitated towards this ideal of masculine wisdom. Frederik Thorkelin not only loved the immaterial texts, he was also a bibliophile book collector, who wanted to connect directly with Montaigne by owning an object, which had come through time from Montaigne's own time. By owning the copy of the essays in vellum binding, he owned something, which Montaigne theoretically could have held in his own hand. The objects made Frederik Thorkelin's love of the immaterial texts visible and material. In the end, these objects inscribed Frederik Thorkelin's name in the history of the Royal Danish Library, since the donation was named after him.

FIG. 3 – Frederik Thorkelin's ex libris (Royal Danish Library).

Apart from the usefulness of the items in the collections, the collections donated by Frederik Thorkelin together with his Montaigne collection document the twentieth-century bibliophily in Denmark, while the manuscripts and books from the family library document learned networks from the late 18th century and the history of a unique family of book collectors. The collections that Frederik Thorkelin donated to the Royal Library show that the Danish friend of Montaigne, who tried to get as close as possible to the Renaissance philosopher in an authentic conversation, was also aware of the traditions of his family where bibliophily was hereditary and where the memory of the learned ancestor Grimur Thorkelin was honoured.

Nothing shows this better than Frederik Thorkelin's ex libris, which is a revised copy of the great-great-grandfather's ex libris. Grimur Thorkelin's ex libris pictured a twig surrounded by a snake biting itself in the tail, a motif denoted by the Greek word *ouroboros*. Grimur Thorkelin's ex-libris – probably made in England – bore the inscription "M. Thorkelin", i.e. Mister Thorkelin. Frederik Thorkelin simply replaced M with Fr, so that it read "Fr. Thorkelin". Frederik Thorkelin thus consciously showed that his collection should be considered within a larger narrative of the love of books among masculine members of the Thorkelin family.

Anders TOFTGAARD
Royal Danish Library, Copenhagen

QUELQUES THÈMES RÉCURRENTS
DANS LA REPRÉSENTATION
DE MONTAIGNE

en Chine durant l'ère républicaine (1912-1949)

Depuis la brève mention de Montaigne dans l'*Histoire de la litté-rature européenne* (1918) de Zhou Zuoren, un siècle s'est déjà écoulé. Montaigne, qui commence à être présenté aux lecteurs chinois à l'ère républicaine (1912-1949), mais qui est largement négligé durant les décennies qui suivent la Révolution communiste de 1949, connaît ces dernières années un nouvel essor, avec la publication d'un grand nombre de sélections d'essais montaigniens, dont un pourcentage significatif est basé sur les *Essais* complets traduits par Ma Zhencheng et parus en 2009.

Outre les traductions, le fondateur du genre d'essai s'est vu également représenter maintes fois dans les manuels chinois de littérature française, ce qui constitue un angle d'observation privilégié. Après une étude comparatiste de ces références, on constate que la représentation chinoise de Montaigne évolue à travers les âges, et qu'à chaque époque différente, certains aspects de la pensée montaignienne reçoivent plus d'attention que d'autres. Nous avions déjà rédigé un article sur la réception de Montaigne en Chine qui comporte trois parties – la tra-duction de Montaigne, les chercheurs face à Montaigne, et l'influence de Montaigne sur le genre d'« essai » dans la littérature chinoise moderne. C'est grâce à Philippe Desan que l'article avait figuré dans le volume 28 (2016) des *Montaigne Studies*[1]. Ce que nous prévoyons de faire dans la présente contribution, c'est d'approfondir la partie sur la recherche dans l'article précédent, et d'étudier avec plus d'attention la représentation de Montaigne en Chine à l'ère républicaine (1912-1949).

---

1 Ji Gao, « La réception de Montaigne en Chine », *Montaigne Studies*, vol. 28, 2016, p. 165-188.

C'était durant cette période, avant la Révolution communiste de 1949 qui a profondément transformé le paysage culturel chinois, que les lecteurs chinois ont fait leur première rencontre avec Montaigne. Nous allons repérer quelques thèmes récurrents dans les manuels chinois de l'époque, et en offrir des explications possibles, tout en présentant le contexte historique et culturel.

Sur le plan politique, la Chine entre dans une nouvelle ère en 1912, et passe de la dernière dynastie à une première expérience républicaine, ce qui entraîne en même temps confusion et instabilité. Pourtant, sur le plan culturel, c'est surtout la Mouvance de la Nouvelle Culture, à laquelle est communément associé le Mouvement du Quatre Mai en 1919, qui marque une sorte de rupture avec le passé antique et qui a posé les jalons de la modernité chinoise. Si les dernières décennies de la dynastie mandchoue (1644-1912) ont déjà témoigné d'une vive circulation des idées nouvelles avec la parution d'un grand nombre de journaux et revues, c'est notamment à partir des années 1910 et 1920 que la littérature vernaculaire (la « nouvelle littérature ») commence à produire ses premiers grands auteurs et chefs-d'œuvre. C'était un temps où l'influence étrangère fut considérable, avec la fondation d'institutions académiques éminentes – l'université Yenching et l'université Fu Jen à Pékin, l'université l'Aurore à Shanghai, parmi beaucoup d'autres – par les missionnaires chrétiens occidentaux, le séjour de plusieurs figures intellectuelles majeures – dont John Dewey, Rabindranath Tagore, et Bertrand Russell – en Chine, et par-dessus tout la traduction d'un grand nombre d'œuvres littéraires étrangères. Il est d'ailleurs important de souligner que celles-ci ont profondément marqué la littérature chinoise moderne en langue vernaculaire et que de nombreux auteurs actifs pendant ce temps connaissent au moins une langue étrangère.

De toutes les traditions littéraires étrangères, la littérature française fut une source d'inspiration spéciale pour les Chinois. Rappelons que les rapports culturels entre la Chine et la France étaient particulièrement étroits, avec notamment le Mouvement Travail-Études qui a aidé de nombreux étudiants-travailleurs – certains d'entre eux deviendront des communistes éminents – à aller en France à partir de 1919, ainsi que la création de l'Institut franco-chinois de Lyon (1921-1946), qui a formé nombre d'écrivains, scientifiques et artistes chinois, dont par exemple Dai

Wangshu (1905-1950), grand poète et traducteur, et Zhang Ruoming (1902-1958), spécialiste d'André Gide. Il y avait donc en Chine, particulièrement dans les années 1920 et 1930, une longue liste de lettrés francophones et/ou francophiles, qui maîtrisent la langue française et/ou ont séjourné en France. Par ailleurs, il est important d'évoquer la présence de l'Université franco-chinoise à Pékin (1920-1950), fondé sur le modèle du système éducatif français et qui, avec ses enseignants, ses cours, et sa revue mensuelle en langue française[2], a joué un rôle non-négligeable dans la diffusion de la littérature française en Chine.

Cette grande ouverture culturelle fait que les manuels de littérature française ou européenne étaient majoritairement édités et adaptés à partir des ouvrages et références en langues étrangères. Toutefois, la représentation de Montaigne, et les aspects de sa pensée qui sont soulignés le plus fréquemment, reflètent une certaine préférence de ces lettrés chinois. Parmi ceux qui ont rédigé ou édité ce genre de manuels, on compte notamment Zhou Zuoren, Yuan Changying, Xu Xiacun, Mu Mutian et Wu Dayuan, sans oublier Lei Tongqun, qui se focalise sur la pensée montaignienne sur l'éducation. Parce qu'ils servent à des fins différentes, ces manuels varient beaucoup dans leur longueur et leur contenu. Il faudrait également prendre en considération que dans les années vingt et trente, d'autres lettrés chinois, tels que Liang Yuchun (1906-1932)[3], Lin Yutang (1895-1976)[4], Liang Zongdai (1903-1983)[5],

---

2   Cette revue, fondée en 1925, a porté des noms différents à de différentes époques : *Revue bimensuelle de l'Université franco-chinoise* (1925-1926) ; *Revue mensuelle de l'Éducation franco-chinoise* (1926-1931) ; *Revue mensuelle de l'Université franco-chinoise* (1931-1937) ; *Revue de la Culture franco-chinoise* (1937-1950). Sur cette revue, voir Yening Bao, *Trois paradoxes de la littérature française en Chine moderne : une étude des Revues de l'Université franco-chinoise de Pékin (1920-1950)*, Thèse de doctorat, Université de Pékin, 2018.

3   Essayiste et admirateur-imitateur de Charles Lamb qui aurait lu la traduction anglaise de Montaigne : « *For one thing, Yu-ch'un, like Lamb, is a great reader, but not of the omnivorous sort : he browses only in certain chosen meadows – Berkeley, among the philosophers ; and Lamb, Hazlitt, and Montaigne, among the essayists* ». Voir Yuanning Wen, « Liang Yu-ch'un, a Chinese Elia », *The China Critic*, n° 15, 12 avril 1935.

4   Grand écrivain bilingue (chinois-anglais) qui aurait lu la traduction anglaise de Montaigne dès les années 1920. Voir Yutang Lin, « Moi, à quarante ans » [*Sishi zishu*], *Les Entretiens* [*Lun Yu*], vol. 49, 16 septembre 1934. Voir également Rivi Handler-Spitz, « The Importance of Cannibalism : Montaigne's *Essays* as a Vehicle for the Cultural Translation of Chineseness in Lin Yutang's The Importance of Living », *Compilation and Translation Review*, vol. 5, n° 1, 2012, p. 121-158.

5   Poète et écrivain polyglotte (chinois-anglais-français-allemand), traducteur de Montaigne dès les années 1930. Il compte aussi parmi ses traductions les sonnets de Shakespeare et

Fu Donghua (1893-1971)[6], et Lu Xun (1881-1936)[7], ont eu accès aux *Essais* soit par l'original, soit par le biais des traductions anglaise et japonaise. Si la majorité de ses essais n'étaient pas encore disponibles en langue chinoise, Montaigne était loin d'être totalement inconnu et avait même un petit public chinois parmi les élites. D'après notre observation, trois aspects de la pensée de Montaigne étaient particulièrement soulignés.

LE SCEPTICISME ET L'ÉCRITURE DE SOI

Le scepticisme et l'écriture de soi furent les deux caractéristiques les plus visibles de Montaigne dès sa première mention dans les manuels chinois. Ceux de Zhou Zuoren et de Yuan Changying, tous deux fort minces, sont basés sur les notes de préparation pour leurs cours. Zhou Zuoren (1885-1967), grand homme de lettres, est à l'époque professeur à l'Université de Pékin. C'est un des précurseurs de la prose chinoise vernaculaire, tout comme son frère aîné, le grand écrivain Lu Xun, ou Zhou Shuren, un des fondateurs de la littérature chinoise moderne. Il n'est peut-être pas inintéressant de signaler que le style de Zhou Zuoren présente quelques similarités avec celui de Montaigne, même si l'influence du fondateur du genre n'aurait été qu'assez indirecte. À en

---

Faust de Goethe. Voir Zongdai Liang, « Commémoration du quatre-centième anniversaire de Montaigne » [*Mengtian sibai zhounian shengchen jinian*], dans *Littérature* [*Wenxue*], vol. 1, 1933.

6   Vers la fin de l'article de Liang Zongdai cité ci-dessus, on trouve un poème sur Montaigne, signé « Wu Shi », le nom de plume de Fu Donghua, homme de lettres connu pour sa traduction de *Gone with the Wind*. Voici notre traduction de ce poème : « Quatre cents ans auparavant, la France était toujours couverte par les cendres féodales ; / Sacré Montaigne ! Avec un esprit sceptique et un style aisé, / Il se débarrasse pêle-mêle des mystères et obstacles médiévaux, / Faisant voir le soleil de nouveau au monde humain, découvrant que l'on a sa propre pensée, / Et pourtant, nos compatriotes d'aujourd'hui veulent forcer le train du temps à reculer ! / Ne voyez-vous pas, les seigneurs de guerre affluer pour construire leurs châteaux, il n'y a que la noirceur féodale, l'ignorance et la cruauté qui se répandent en l'air ! / Ah, comment peut-on avoir un Montaigne aujourd'hui, où peut-on trouver le Montaigne d'aujourd'hui ! ». Voir Ji Gao, art. cité, p. 184.

7   D'après son journal, ce grand écrivain se serait procuré en 1935, une année avant sa mort, les trois volumes des *Essais* de Montaigne traduits en japonais par Hidéo Sékiné.

croire sa biographie[8], Zhou Zuoren aurait consulté un grand nombre de sources en anglais dans la rédaction de son *Histoire de la littérature européenne*[9]. Ce petit volume tente de condenser plus de deux mille années d'histoire littéraire européenne – de l'Antiquité gréco-romaine jusqu'au dix-huitième siècle – en deux cent pages. Étant donnée la brévité extrême du volume, il est difficile de préciser les sources pour la présentation de chaque auteur. Voici les quelques lignes que Zhou Zuoren dit de Montaigne : « Michel de Montaigne refuse les responsabilités politiques, mène une vie d'ermite, et rédige un volume d'essais. Son optimisme est similaire à celui de Rabelais, mais devient toujours plus tranquille. Sa devise est "que sais-je", ce qui suffit à révéler son esprit sceptique. » Il remarque la différence et la similarité entre Rabelais et Montaigne, avant de mettre en avant le scepticisme de Montaigne. Il est fort douteux si Zhou Zuoren, qui maîtrise le japonais et l'anglais, ait effectivement lu la traduction des *Essais*, mais il paraît bien que ses références font du scepticisme la caractéristique la plus importante de la pensée de Montaigne.

Quelques années plus tard, en 1923, Yuan Changying (1894-1973) fait paraître sa *Littérature française*[10] à partir d'un certain nombre de références générales en anglais et en français, dont un *Oxford Book of French Verse* et une *Histoire illustrée de la Littérature française*. La première femme chinoise à enseigner Shakespeare, elle vient d'obtenir, en 1921, un master à l'Université d'Édimbourg. Au moment de la publication du volume, elle donne des cours sur la littérature anglaise, son principal champ de spécialisation, à l'École normale supérieure de Pékin pour les femmes. Voici sans doute la raison pour laquelle la majorité des références pour son manuel sont en anglais – elle ne maîtrise pas encore le français à la perfection. Plus tard, en 1926, elle voyagera de nouveau à l'étranger pour étudier à l'Université de Paris, afin d'approfondir ses connaissances en lettres françaises. Ci-dessous le paragraphe qu'elle dédie à Montaigne :

---

8   An Zhi (Jingwen Wang), *Biographie de Zhou Zuoren [Zhou Zuoren zhuan]*, Jinan, Édition de la revue illustrée de Shandong [*Shan dong hua bao chu ban she*], 2009, p. 66.

9   Zuoren Zhou, *Histoire de la littérature européenne [Ou zhou wen xue shi]*, Shanghai, Presses commerciales [*Shang wu yin shu guan*], 1918. Ce manuel connaîtra de multiples rééditions dans les années suivantes.

10   Changying Yang-Yuan, *Littérature française [Fa lan xi wen xue]*, Shanghai, Presses commerciales [*Shang wu yin shu Guan*], 1923.

Au temps de Montaigne, la ferveur de la Renaissance s'étant graduellement dissipée, la critique était marquée par plus de tranquillité. Montaigne étudie les questions de la vie. Des plus insignifiants et minutieux aux plus difficiles et insolubles, rien ne lui échappe. Son style, riche en métaphores, est marqué par la franchise et la douceur. Ses discussions dans les *Essais* se résument, en fin de compte, à deux sortes de questions : l'une est le scepticisme vis-à-vis de la philosophie de la vie, comme l'exprime la devise « Que sais-je ? », ce qu'il dit souvent dans son argumentation ; l'autre est la description de soi-même, comme sa physionomie, sa nature, sa santé, ses habitudes et son histoire. Tout est raconté avec la plus grande honnêteté. Montaigne n'est ni grand philosophe ni artiste, il n'est qu'un sage gentilhomme[11].

Zhou Zuoren et Yuan Changying constatent tous les deux qu'il y a une différence significative entre Rabelais et Montaigne, que ce dernier est plus « tranquille » à bien des égards. Tous les deux citent la fameuse devise « Que sais-je ? », et accordent une place centrale au scepticisme. Yuan Changying donne pourtant plus de précision. Elle souligne que Montaigne se concentre sur les questions de la vie, et que son écriture de soi-même, autre thème majeur des *Essais*, est marquée par la plus grande sincérité et la plus grande attention aux détails.

Le scepticisme et l'écriture de soi, deux thèmes récurrents dans la représentation de Montaigne chez les chercheurs chinois, se poursuivront dans les manuels de la décennie suivante. Comme leurs deux précurseurs, Xu Xiacun, Mu Mutian et Wu Dayuan empruntent beaucoup aux ouvrages en langues étrangères (français, anglais et japonais) qu'ils sélectionnent, paraphrasent et reformulent selon leurs propres préférences et compréhensions. Mais la plus grande étendue de leurs ouvrages fait qu'une partie plus développée est dédiée à Montaigne, ce qui offre davantage d'espace et de possibilités pour notre interprétation.

Écrivain, traducteur et professeur à plusieurs universités, la réputation de Xu Xiacun (1907-1986) autour des années 1930 est notamment due à ses traductions, dont *Robinson Crusoë* de Daniel Defoe et plusieurs recueils de romans français, italiens et espagnols. Dans la préface de son *Histoire de la littérature française*[12], il précise que les ouvrages de Gustave Lanson[13],

---

11 *Ibid.*, p. 41-42.
12 Xiacun Xu, *Histoire de la littérature française [Fa guo wen xue shi]*, Shanghai, Librairie Beixin [*Bei xin shu ju*], 1930.
13 Gustave Lanson (1857-1934), critique littéraire français et historien de la littérature, auteur d'un grand nombre d'ouvrages.

d'Émile Faguet[14], de René Doumic[15] et de William Henry Hudson[16], en particulier ceux des deux derniers, lui ont servi de références essentielles. Cependant, l'auteur-éditeur n'oublie pas de mettre en valeur que, si son plan général n'est pas entièrement original, un grand nombre d'opinions sont strictement personnelles, et que lui, à la différence de la majorité des historiens de la littérature, prend soin de ne pas adopter excessivement l'approche d'Hippolyte Taine, mais remplace celle-ci par « une interprétation purement sociologique ». Au temps de la publication de ce manuel à Shanghai, en 1930, Xu Xiacun vient de terminer son séjour à l'Université de Paris, en 1927. C'est donc très probablement au cours de son année à Paris qu'il aurait rapidement collectionné les références nécessaires, avant de faire paraître ce manuel, demi-rédigé et demi-édité. Dans les quelques pages sur Montaigne[17], après avoir présenté sa vie et son œuvre, Xu Xiacun indique que le titre pour chacun des essais est davantage un point de départ qu'un résumé du contenu, et souligne que la plus grande spécificité des *Essais* est leur caractère hautement individuel et leur grande sincérité dans l'écriture de soi. En outre, il fait remarquer son scepticisme profond et résolu ainsi que la fameuse devise « Que sais-je ? », et précise que la vitalité et l'influence des *Essais* ne sont pas dues à leur originalité, mais à leur franchise, car « chacune de ses phrases provient de son propre caractère ».

Le poète Mu Mutian (1900-1971), après avoir étudié les lettres françaises à l'Université de Tokyo, fait paraître en 1935 l'*Histoire de la littérature française*[18] qu'il dit avoir « traduit et édité ». Dans sa préface,

---

14 Émile Faguet (1847-1916), critique littéraire français, historien de la littérature, et membre de l'Académie française, très influent en son temps. Voici ses deux ouvrages que Xu Xiacun aurait possiblement consultés : Émile Faguet, *Histoire de la littérature française*, Paris, Plon-Nourit et Cie, 1900 ; *Id.*, *A Literary History of France*, Londres, T. F. Unwin, 1907.

15 René Doumic (1860-1937), critique littéraire français et membre de l'Académie française. Voir René Doumic, *Histoire de la littérature française*, Paris, Paul Mellottée Delaplane, 1894 (neuvième édition). Il faut noter que ce manuel fut extrêmement populaire à l'époque. Par exemple, sa quarante-quatrième édition, qui n'est certainement pas la dernière, date de 1925. Xu Xiacun aurait pu en obtenir un exemplaire assez facilement durant son séjour à Paris.

16 William Henry Hudson (1841-1922), ornithologue, naturaliste et écrivain argentin, connu pour son roman exotique *Green Mansions* (1904). La citation de ce « W. H. Hudson » chez Xu Xiacun, qui peut paraître quelque peu étrange, montre que ce dernier aurait consulté un certain nombre de ses écrits littéraires.

17 Xiacun Xu, *op. cit.*, p. 36-39.

18 Mutian Mu, *Histoire de la littérature française [Fa guo wen xue shi]*, Shanghai, Librairie Monde [*Shi jie shu ju*], 1935.

il cite Joseph Bédier, Paul Hazard[19], René Canat[20], Gustave Lanson[21], Marcel Braunschvig[22], ainsi que des spécialistes japonais Tatsuno Yutaka, Yoshie Takamatsu et Yodono Ryuzo, dont les ouvrages lui ont servi de modèles. Sur Montaigne, il offre sa propre compréhension du scepticisme montaignien qui serait, d'après lui, l'aboutissement naturel de l'analyse de soi-même. L'épicurisme de Montaigne proviendrait également de ce « que sais-je ? ». Aux yeux de Mu Mutian, ce « représentant de la grande bourgeoisie » qu'est Montaigne aurait donc réalisé la combinaison du scepticisme et de l'épicurisme pour adopter une attitude *zhongyong* 中庸 vis-à-vis de toutes choses de son temps. Un concept confucianiste qui suggère l'équilibre et la mesure, *zhongyong* peut se traduire comme « milieu juste et constant[23] ». Le *zhongyong* chez Montaigne se révélerait donc dans sa prise de position à l'égard de la religion et de la politique, et serait conforme à sa « conscience de la grande bourgeoisie ».

Les termes tels que « zhongyong » et « conscience de la grande bourgeoisie » font voir que la pensée de Montaigne est interprétée à la fois sous l'angle de la culture chinoise et de celui des idées marxistes. Issu d'une tradition où le *zhongyong* est considéré comme un bien suprême, Mu Mutian paraît trouver des affinités entre la pensée de Montaigne et sa propre culture. Quant à l'influence marxiste, elle est due à ses études au Japon. Même si, dans la préface, il dit vouloir éviter la mise en application « mécanique » de la doctrine marxiste, cette empreinte est toujours très visible.

L'écriture de soi et le scepticisme continuent à être les deux caractéristiques majeures des *Essais* sous la plume de Wu Dayuan, qui lui aussi

---

19   Voici l'ouvrage de Joseph Bédier et de Paul Hazard que Mu Mutian aurait possiblement pris comme référence : Joseph Bédier & Paul Hazard (dir.), *Histoire de la littérature française illustrée*, Paris, Larousse, 1923-1924.

20   Voici les ouvrages de René Canat qui auraient sans doute été des références pour Mu Mutian : René Canat, *La Littérature française par les textes*, Paris, Librairie classique Paul Delaplane, 1906 ; René Canat, La littérature française au XIXe siècle, Paris, Payot & cie, 1921.

21   La référence est très probablement sa fameuse *Histoire de la littérature française*, qui a eu une influence considérable à l'époque, comme en témoignent les nombreuses rééditions après sa première publication. Voir Gustave Lanson, *Histoire de la littérature française*, Paris, Hachette, 1895.

22   Voici ses ouvrages que Mu Mutian aurait possiblement consultés : Marcel Braunschvig, *Notre littérature étudiée dans les textes*, Paris, Armand Colin, 1920-1921 ; Marcel Braunschvig, *La Littérature française contemporaine étudiée dans les textes de 1850 à nos jours*, Paris, Armand Colin, 1929 [1926].

23   Voir Anne Cheng, *Histoire de la pensée chinoise*, Paris, Éditions du Seuil, 1997, p. 70.

aurait pris un certain manuel français comme le modèle de son *Histoire de la littérature française*[24]. D'après lui, l'écriture de soi est un moyen pour Montaigne de décrire la nature humaine, et qu'avec son épicurisme, le scepticisme montaignien tel qu'il est révélé dans « L'Apologie de Raimond Sebond » ne va pas jusqu'au bout. Par ailleurs, Wu Dayuan évoque l'attitude de Montaigne face à la mort (« Que philosopher, c'est apprendre à mourir ») ainsi que son culte de la nature (« Des cannibales »).

LA PENSÉE SUR L'ÉDUCATION

Outre le scepticisme et l'écriture de soi, un autre thème majeur dans la représentation de Montaigne dans les manuels chinois est bien sa pensée sur l'éducation. Dès 1930, Lei Tongqun (1888 - ?), spécialiste de l'éducation qui a fait ses études au Japon et à l'Université Stanford en Amérique, publie un volume intitulé *Méthode d'institution des enfants chez Montaigne*[25], où il offre d'abord une présentation de la vie de Montaigne et de sa place dans l'histoire intellectuelle, ainsi qu'une analyse de sa pensée sur l'éducation. Tout cela est suivi de sa traduction annotée de deux essais qui traitent du thème de l'éducation, d'abord « De l'institution des enfants » (I, 26) puis « Du pédantisme » (I, 25). Il faudra attendre jusqu'en 1933 pour voir paraître la traduction chinoise, faite par Liang Zongdai, de « Que philosopher c'est apprendre à mourir » dans le premier numéro de la revue *Littérature* (*Wenxue*) basée à Shanghai, et jusqu'en 1935 et 1936 pour la parution de sa traduction d'une « sélection de la prose de Montaigne » dans une *Collection de la littérature mondiale* (*Shijie Wenku*)[26]. Ainsi, ces deux essais (I, 25 et I, 26) que Lei Tongqun traduit en chinois classique se trouvent à être les tout premiers écrits

---

24   Dayuan Wu, *Histoire de la littérature française [Fa guo wen xue shi]*, Shanghai, Presses commerciales [*Shang wu yin shu guan*], 1946.

25   Tongqun Lei, *Méthode d'institution des enfants chez Montaigne [Meng shi you zhi jiao yu fa]*, Shanghai, Presses commerciales [*Shang wu yin shu guan*], 1934 [1930]. Spécialiste de l'éducation, Lei Tongqun est surtout connu pour avoir publié dans les années 1930 une *Histoire de l'éducation occidentale* et une *Sociologie de l'éducation*, qui continuent à être réimprimées ces dernières années.

26   Les essais traduits par Liang Zongdai proviennent sans exception du livre I. Pour plus de détails sur le travail de Liang Zongdai, qui aurait encore traduit un certain nombre

de Montaigne disponibles en langue chinoise, avant même qu'ils soient retraduits quelques années après par Liang Zongdai.

Avant d'examiner la préface de Lei Tongqun, il est nécessaire d'évoquer la traduction du « pédantisme » en chinois, qui mérite notre attention. Si Liang Zongdai emploie le même terme *jiaoyu* 教育 (qui a le sens d'« éducation » ou d'« institution ») pour traduire à la fois « pédantisme » dans « Du pédantisme » et l'« institution » dans « De l'institution des enfants », ce qui donne lieu à une possible confusion, Lei Tongqun opte pour une traduction plus créative et plus sinisée. Pour « pédantisme », il sélectionne *xuanxue* 玄學, littéralement « étude du Mystère », avec *xuan* 玄 qui signifie « mystérieux » ou « insondable[27] » et *xue* 學 qui a le sens d'« étude ». Dans l'histoire de la pensée chinoise, en raison du désengagement politique des lettrés, *xuanxue* fut particulièrement répandu sous les dynasties Wei 魏 et Jin 晉, aux IIIᵉ et IVᵉ siècles après Jésus-Christ. Cependant, lorsque le terme s'emploie dans le langage quotidien, en dehors d'un contexte spécifiquement académique et philosophique, *xuanxue* est assez souvent associé aux causeries inutiles et devient quelque peu moqueur. Pour un Montaigne se méfiant de l'érudition qui parle ironiquement du pédantisme, Lei Tongqun trouve donc astucieusement une notion chinoise qui en est une sorte d'équivalent.

Sa préface offre une comparaison détaillée entre Rabelais et Montaigne – leurs originalités par rapport à l'esprit médiéval, leurs différents styles d'écriture, leurs attitudes envers la religion, leurs idées sur la nature humaine, etc. Tout cela conduit à la différence fondamentale entre leurs idées sur l'éducation. Comme le résume Lei Tongqun avec justesse, Rabelais vise à former un érudit qui possède un savoir encyclopédique, tandis que Montaigne tâche avant tout de façonner un « honnête homme ». Ainsi, d'après Lei Tongqun, Montaigne ne voit pas dans l'érudition un objectif en soi, et ne s'intéresse même pas à certains types de connaissances (dont la philosophie scolastique et les sciences naturelles), mais valorise les connaissances uniquement lorsqu'elles contribuent à la formation du jugement et du caractère. Lei Tongqun souligne encore que Montaigne accorde une place importante à l'entraînement sportif, aussi important que la formation de l'esprit et de la morale. Par ailleurs, cet historien

---

d'autres essais, mais dont le manuscrit aurait été malheureusement perdu durant la « Révolution culturelle » (1966-1976). Voir Ji Gao, art. cité, p. 167-168.

27   Voir Anne Cheng, *op. cit.*, p. 312, 326-327.

d'éducation n'oublie pas d'évoquer l'influence importante que Montaigne a exercée sur les penseurs de la postérité, dont La Rochefoucauld, Molière, La Bruyère, et Pascal, et que ses idées sur l'éducation ont été une source d'inspiration pour John Locke et Jean-Jacques Rousseau.

Ce volume de Lei Tongqun fut à l'époque la présentation de loin la plus systématique de la pensée montaignienne sur l'éducation. Mais il ne faut pas perdre de vue que Mu Mutian et Wu Dayuan ont eux aussi évoqué le sujet dans leurs manuels. Mu Mutian fait aussi remarquer la différence entre Rabelais et Montaigne – le premier prône l'expansion de l'instinct et l'érudition, alors que le dernier favorise prioritairement la formation du jugement, et ce poète tout imprégné des idées marxistes précise que cette opinion de Montaigne reflète d'une part sa réconciliation avec la société aristocrate, et d'autre part sa « conscience de la grande bourgeoisie ». Quant à Wu Dayuan, il voit dans l'épicurisme le point de départ de la pensée montaignienne sur l'éducation, telle qu'elle est révélée dans « De l'institution des enfants », une vive critique de l'éducation de son temps, ce qui contraste avec l'érudition favorisée par Rabelais.

CONCLUSION

Pour conclure, aux yeux des chercheurs chinois de l'ère républicaine, le scepticisme, l'écriture de soi, et la pensée sur l'éducation semblent constituer les trois thèmes clés de Montaigne. D'autres essais fréquemment cités de nos jours, tels que « Que philosopher, c'est apprendre à mourir », « Des cannibales », ou « De l'amitié », sont également évoqués ici et là, mais ne paraissent pas de manière systématique. Si les manuels chinois sont profondément marqués par leurs modèles français, anglais, ou même japonais, comme dans le cas de Mu Mutian, ils résultent aussi d'une réception sélective, liée aux préférences personnelles et culturelles. À notre avis, le scepticisme et l'écriture de soi ont le point commun d'être relativement absents dans la tradition chinoise, alors que l'ère républicaine était particulièrement ouverte à toutes sortes d'idées nouvelles sur l'éducation.

Il faut noter que le scepticisme, tel qu'exprime la devise « que sais-je ? », est relativement peu présent dans l'histoire de la pensée chinoise, à l'exception de quelques seules figures, dont par exemple Li Zhi (1527-1602), contemporain de Montaigne ayant fait preuve d'irrévérence à l'égard des maximes de Confucius[28]. Au temps de la Mouvance de la Nouvelle Culture, les intellectuels chinois, dont beaucoup ont étudié ou séjourné à l'étranger, étaient prêts à accueillir toutes sortes d'idées nouvelles. Le scepticisme de Montaigne aurait sans doute suscité leur curiosité.

De même, si Montaigne est le fondateur des « essais », son écriture de soi s'inscrit dans une longue tradition, allant des *Confessions* de saint Augustin à celles de Jean-Jacques Rousseau, tandis qu'il est difficile de trouver un équivalent dans la tradition littéraire chinoise. Ainsi, à l'ère républicaine, les lettrés chinois ont tenté d'employer toutes sortes de termes différents, tels que *lunwen* 論文, *sanwen* 散文, *xuyu sanwen* 絮語散文, ou *shibi* 試筆, afin de bien rendre le sens « essai[29] ». De nos jours, le terme le plus communément employé pour traduire l'« essai » montaignien est *suibi* 隨筆. C'est un genre littéraire chinois dont le fondateur est Hong Mai (1123-1202), auteur de *Rongzhai Suibi* 容齋隨筆. Mais si la forme de *suibi* ressemble quelque peu à celle des *Essais* de Montaigne dans l'absence d'un plan, son contenu, qui porte sur l'histoire, les faits divers, les textes classiques, la vie sociale, etc., n'est presque jamais l'écriture de soi. Les quelques textes issus du Livre I des *Essais* traduits et publiés par Liang Zongdai dans les années trente n'ont provoqué aucun retentissement, sans doute parce qu'ils traitent des sujets publics avec lesquels les lecteurs chinois étaient très peu familiers. En revanche, l'aspect privé de Montaigne, qui écrit sur lui-même avec une franchise totale, aurait été extrêmement saisissant aux yeux des lettrés chinois de l'époque.

Avec la coexistence des institutions fondées et/ou gérées par les étrangers, des universités nationales, des universités privées, ainsi que l'envoi d'un grand nombre d'étudiants chinois à l'étranger, le système éducatif chinois à l'ère républicaine était très diversifié et en pleine mutation.

---

28 *Ibid.*, p. 546-548. Voir à ce sujet l'ouvrage de Rivi Handler-Spitz qui compare Li Zhi à plusieurs contemporains européens – Shakespeare, Montaigne et Cervantes : Rivi Handler-Spitz, *Symptoms of an Unruly Age : Li Zhi and Cultures of Early Modernity*, Seattle, University of Washington Press, 2017.

29 Voir Ji Gao, art. cité, p. 179-180.

L'éducation fut au centre des préoccupations des lettrés chinois, prêts à accepter toutes sortes d'idées nouvelles et à renouveler le système éducatif chinois. Par exemple, un de ces lettrés fut Tao Xingzhi (1891-1946), qui a fait ses études à l'Université Columbia à New York sous la direction de John Dewey. Spécialiste de l'éducation, Tao Xingzhi a joué un rôle clé dans la réforme éducative en Chine et dans la diffusion des idées de Dewey sur l'éducation, lesquelles ont d'ailleurs quelques affinités avec celles de Montaigne. Il faudrait souligner encore que le système d'examen impérial, le *keju* 科舉, qui exige avant tout l'apprentissage par cœur des classiques confucianistes – ce qui n'est pas sans rappeler le type d'éducation auquel s'oppose Montaigne, vient d'être mis à fin en 1905. Dans de telles circonstances, il n'est guère surprenant que Lei Tongqun, auteur d'une *Histoire de l'éducation occidentale* et d'une *Sociologie de l'éducation*, ait dédié une longue présentation à la méthode montaignienne de l'éducation, et que les deux essais sur ce sujet (I, 25 et I, 26) aient été les premiers à être traduits en chinois.

Ji Gao
Université de Pékin

GLOSSAIRE DES CARACTÈRES CHINOIS
POUR LES NOMS PROPRES ET INSTITUTIONS

NOMS DES INSTITUTIONS

- Université Yenching 燕京大學
- Université Fu Jen 輔仁大學
- Université l'Aurore 震旦大學
- Institut franco-chinois de Lyon 里昂中法大學
- Université franco-chinoise à Pékin 北平中法大學
- École normale supérieure de Pékin pour les femmes 北京女子高
  等師範學院

NOMS DES LETTRÉS CHINOIS

- DAI Wangshu 戴望舒
- FU Donghua 傅東華（伍實）
- HONG Mai 洪邁
- LI Zhi 李贄
- LIANG Yuchun 梁遇春
- LIANG Zongdai 梁宗岱
- LIN Yutang 林語堂
- LEI Tongqun 雷通群
- MA Zhencheng 馬振騁
- MU Mutian 穆木天
- TAO Xingzhi 陶行知
- WU Dayuan 吳達元
- XU Xiacun 徐霞村
- (YANG-) YUAN Changying （楊）袁昌英
- ZHANG Ruoming 張若名
- ZHOU Shuren (Lu Xun) 周樹人（魯迅）
- ZHOU Zuoren 周作人

NOMS DES CHERCHEURS JAPONAIS

- SÉKINÉ Hidéo 関根秀雄
- TATSUNO Yutaka 辰野隆

- Yodono Ryuzo 淀野隆三
- Yoshié Takamatsu 吉江喬松

TERMES CHINOIS

- *zhongyong* 中庸
- *jiaoyu* 教育
- *xuanxue* 玄學
- *lunwen* 論文
- *keju* 科舉
- *sanwen* 散文
- *xuyu sanwen* 絮語散文
- *shibi* 試筆
- *suibi* 隨筆

REVUES ET OUVRAGES CHINOIS

- *Wenxue* 《文學》
- *Rongzhai suibi* 《容齋隨筆》
- *Shijie Wenku* 《世界文庫》

LA PEAU E[S]T LE MASQUE

Lire Montaigne avec Clément Rosset

> Nostre faict, ce ne sont que pieces
> rapportées... (II, 1, 336)[1]

> Il ne saurait donc être de moi que
> de l'autre et par l'autre, dont l'étayage
> assure l'éclosion et la survie du moi[2].

Le théâtre est une dramatisation limite du réel et non pas son faux double, son obscure ombre, son reflet menteur, comme le veut l'ontologie platonicienne. Le (grand) théâtre n'est pas le double outré du réel, mais plutôt sa réfraction concave, réfraction qui condense et concentre ce qui est, le réel brut, le rendant ainsi plus visible, et donc, quasiment incontournable... au moins pour la durée du spectacle. Cette condensation lumineuse ne représente pas un écart ontologique, un mensonge. Pour l'être humain, c'est-à-dire pour cet être forcément social de bout en bout, exister revient à jouer un rôle, et jouer un rôle revient à être dans le monde, à exister, à agir avec les autres de manière appropriée à chacun devant qui l'on se façonne de manière différentielle. Notre immanence n'est donc pas seulement physique. Elle est surtout sociale, et qui dit social, dit masque, puisque qui dit social dit la variabilité et la complexité que nécessite la gestion de l'espace social dont l'unique facteur stable se trouve dans le déploiement en continu de dispositions variables. Nous sommes englués dans la matrice sociale, et c'est pourquoi Clément Rosset, qui s'est explicitement réclamé de

---

1   Je renvoie ici à l'édition de Villey-Saulnier en trois volumes, Paris, Presses Universitaires de France, coll. « Quadrige », 1988.
2   Clément Rosset, *Loin de moi. Étude sur l'identité*, Paris, Éditions de Minuit, 1999, p. 48.

Montaigne, et ce de longue date, insiste que toute identité qui n'est pas sociale est fantasmatique.

Du point de vue de l'ontologie de cet être social (« l'être situé » ou « l'être-dans-le-monde » de jadis), la relation d'égalité entre ces deux propositions (théâtre/monde) est stricte. La différence entre le monde et le théâtre est donc une différence d'intensité, de concentration qui rend explicite l'implicite, qui rend visible et souvent risible, ce que normalement nous faisons tout pour ne pas voir. Et c'est pourquoi le théâtre est à la fois si puissant – mais aussi, si dérangeant. Le théâtre fait scandale non parce qu'il ment (Platon, Rousseau et Co.), mais parce qu'il concentre le réel au point de percer notre aveuglement volontaire (et/ou adaptif, c'est selon…) quant à la variabilité théâtrale de notre identité. Or, la reconnaissance de cette variabilité de notre identité nous est insupportable. Nous y sommes réfractaires. Sur le plan strictement formel le théâtre est donc cette illusion formelle et rituelle qui déjoue les illusions ontologiques que l'on se fait naturellement quant au réel. Le théâtre perce ces illusions au moins durant cet intervalle que dure le spectacle, telle Emma Bovary durant la représentation de *Lucia di Lammermoor*, quitte à glisser confortablement tout de suite après dans le pantouflage des illusions de cette soi-disant identité personnelle.

Rosset nous aide à penser le réel de l'avant et de l'après Platon. Pour lui, comme pour Parménide, *ce qui est, est*. Le réel c'est la somme totale de notre expérience sensible dans un monde concret de personnes et de surfaces, ce monde, social autant que physique, qui s'étale là devant nous, tel quel. Dès lors, s'effondre l'opposition entre le sensible et l'intelligible, le fondement de toute métaphysique, depuis Platon jusqu'à Heidegger et son dédoublement de l'étant par l'être. S'effondre aussi le corrélatif psychologique de cette métaphysique – l'opposition entre l'intérieur et l'extérieur, le visage et le masque, le visage n'étant qu'un autre masque, si je puis résumer ainsi tout La Rochefoucauld en deux mots.

Pour Rosset, la métaphysique s'était investie dans l'invention fantasmatique d'un monde parallèle (les « formes », l'« être ») qui dédoublerait le monde sensible – justement, *Le Réel et son double*, titre de l'essai fondamental de Rosset à ce sujet[3]. Penser l'immanence serait non pas

---

3   Tous les livres de Clément Rosset ayant affaire à cette thématique ont été regroupés dans un volume : *L'École du réel*, Paris, Éditions de Minuit, 2008, où se trouve *Le Réel et son double* [1976], p. 9-82.

postuler que la transcendance s'incarne dans le sensible, dans le matériel
– définition théologique de l'immanence –, mais plutôt affirmer que le
préfixe « trance », cet « au-delà, » n'est qu'un leurre, toujours utile pour
nier ou décaler *ce qui est*. Une sophistique de l'aveuglement, somme toute.
Ce leurre c'est *le double* dont le cas de figure qui nous intéresserait le plus
dans notre analyse du théâtre et du monde serait celui du Moi personnel dit « profond » qui se cacherait sous la carapace des apparences, en
l'occurrence derrière le masque dont le théâtre représente le cas limite.
Et peut-être le leurre le plus réconfortant se trouve-t-il précisément dans
cette métaphore finalement platonique du *theatrum mundi*, puisqu'elle
laisse entendre qu'il y aurait les planches, le devant de la scène spéculaire
et spectaculaire, et puis l'envers de cette mise en scène, le Moi profond
qui se retrouve dans les coulisses après le spectacle et où siègerait la vraie
identité du comédien. Or, la comédienne qui se démaquille devant la
glace, ne trouve pas sa « vraie » persona, mais plutôt une couche un peu
plus antérieure, mais tout aussi fictionnelle de ce qu'elle s'imagine être.
Et c'est ici que Rosset se réclame de Montaigne le plus directement –
« nostre faict, ce n'est que pieces rapportées » (II, 1, 336 A). Voilà une
proposition catégorique et absolument fracassante qui suggère que l'être,
le Moi, « Nostre faict », serait dans les coulisses autant « fictionnel » qu'il
le serait sur les planches, cette phrase qui devrait par la suite tellement
hanter Pascal et tellement déranger Rousseau et tous ses descendants,
essentiellement nous tous, tout postmodernes que l'on se fantasmât.

Dans ce qui suit, au lieu de partir du théâtre comme métaphore pour
l'être social pour ensuite aboutir au Moi authentique, celui même qui
est présupposé d'office soit par sa présence soit par son contournement,
nous allons partir d'une mise-en-question du Moi unifié, pour aboutir en
fait au moment où Montaigne plus tard dans « De mesnager sa volonté »
(III, 10) se heurte de manière frontale à la théâtralisation extrême de
tout acteur politique, ce moment historique où Montaigne se replie de
nouveau dans un Stoïcisme peu intéressant. Passons donc directement
à ce terrain glissant, mouvant, ce terrain carrément miné qu'est le Moi
chez ce Montaigne de l'essai « De l'inconstance de nos actions ».

Je répète cette phrase étourdissante de Montaigne : « Nostre faict, ce
ne sont que pieces rapportées ». Notez tout simplement l'opposition ici
entre le sujet au singulier et la pluralité de sa composition. Ce ne sont pas
nécessairement des pièces coordonnées, ni rimées, ni complémentaires,

ni sont-elles dans l'essai de Montaigne particulièrement hiérarchisées. Notre illusion serait tout d'abord de prendre notre sentiment ou l'effet du sentiment du Moi et de lui trouver une cause unique, comme par exemple... le *cogito, sum* du siècle suivant, façon de combler l'abîme ontologique et existentiel creusé ici-même par Montaigne.

Mais que veut dire au final cette définition du sentiment de l'être, « nostre faict » singulier que nous appelons le Moi ? Cette petite phrase contient trois propositions. D'abord, « Notre faict » renvoie à une définition de base de ce qui est de « faict » le cas dans le monde, pour chacun, pour tout « Moi » qui opère dans un cadre social, un « faict » partagé par nous tous. Celui qui regarderait de face « nostre faict », c'est-à-dire cette faculté sensorielle et cognitive qui nous confère un sentiment de cohérence, constaterait, selon Montaigne, la réalité suivante : « Nous sommes tous de lopins, et d'une contexture si informe et diverse, que chaque piece, chaque momant, faict son jeu. Et se trouve autant de différence de nous à nous mesme, que de nous à autruy » (II, 1, 337 A). Et ces « lopins », ce « *patchwork* » de « faicts » qu'est le « Moi », nous acheminent à notre deuxième proposition que sont ces fameuses « pieces rapportées » dont se recoud le tissu de « nostre faict », notre identité en mouvement. C'est-à-dire : est « rapporté » ce qui se trouve au-delà de son origine ou de son habitat normal. On fait sien ce qui vient d'ailleurs. Reste la restriction absolue, cette troisième proposition de cette courte phrase fracassante : « nostre faict », il n'est pas *aussi*, non plus *parfois* ni *selon*, ni seulement lorsque on serait *contraint à* avoir recours à des « pieces rapportées » – non ! « Nostre faict, *ce ne sont que* piece rapportée ». Cette restriction catégorique « ne sont que » n'est pas ici une concession sujette à qualification, mais elle a la force d'une proposition positive concernant l'ontologie du « faict » pour celui qui observe lucidement les rapports entre le fantasme d'un Moi stable et pérenne et la réalité empirique. Car pour le Montaigne de cet essai le sentiment d'être, le sentiment de ce Moi, dont on se croit le roi souverain, est en fait une mosaïque cinétique d'« identités », d'états d'âme, d'affects, de somatisations de perceptions et de jugements – enfin, des « pieces rapportées », « lopins, et d'une contexture si informe et diverse » qui à « chaque momant faict son jeu ». L'être du Moi revient donc à mettre en jeu les « pieces rapportées » d'où la variabilité observable « de nous à nous mesmes » qui serait, selon Montaigne, plus grande que la variabilité en termes de distance, « de nous à autruy », si, et seulement si, l'on ne se donnait pas dans l'illusion d'un Moi du type « tour de contrôle » qui serait stable, conscient, et agissant selon ses jugements les meilleurs.

Faire son « jeu » justement « à chaque momant », rendre visible la différence « de nous à nous mesmes » et « de nous à autruy ». Et sans l'avoir souhaité nous sommes retombés ici sur un vocabulaire proto théâtral, vocabulaire de ce jeu de cache-cache et de révélation, de pénétration et d'aveuglement, jeu de fausse transparence tantôt comique, tantôt tragique, sans lequel, me semble-t-il, il est quasiment impossible de se figurer ce « Moi » cinétique à la fois spatio-temporel et socialement actif, et qui essaie d'agir en se comprenant, c'est-à-dire en se racontant des histoires, des légendes, des contes de fées rassurants dont un des composants majeurs figure le double, celui qui fait partie du Moi, mais qui selon la métaphysique n'est qu'une fausse apparence ou, dans la conception de Montaigne, les doubles à série qui nous traversent en permanence et qui ne sont autres que « nos pieces rapportées. »

Montaigne s'en prend de front aux métaphysiciens :

> [...] veu la naturelle instabilité de nos meurs et opinions, il m'a semblé souvent que les bons autheurs mesmes ont tort de s'opiniastrer à former de nous une constante et solide contexture. Ils choisissent un air universel, et suyvant cette image, vont rengeant et interpretant toutes les actions d'un personnage, et, s'ils ne les peuvent assez tordre, les vont renvoyant à la dissimulation (II, 1, 332 B).

Si l'on commence avec une métaphysique du Moi d'une « constante et solide contexture », tout ce qui le dément serait renvoyé par les « bons autheurs » comme une dissimulation. Quand le phénomène ne colle pas à l'idée, on le taxe de dédoublement simulateur, exactement comme l'aurait prédit Clément Rosset qui ne fait ici que suivre Montaigne à la lettre. De plus, ce moment lucide où Montaigne ne « gère » guère ses propos, illumine cet autre moment majeur dans les *Essais* – le « je ne suis pas philosophe » de « De la vanité » (III, 9, 950 C). N'est pas philosophe celui qui refuse de « voir double ». Est philosophe, celui qui postule une identité et qui essaie de « tordre » les phénomènes observés (puisqu'on n'est pas quand même aveugle !) ; et, si la torsion échoue, le philosophe impute ce phénomène à une « simulation ». Voilà le procédé le plus commun de « bons autheurs ». Dans ses moments les plus honnêtes et les plus libres, comme dans « De l'inconstance de nos actions », Montaigne se tâche de rester rivé à même les phénomènes, en l'occurrence ce qu'il observe dans ses propres comportements avec les autres et dans les états d'âme que produisent ces interactions, sans avoir recours à la supercherie de prétendre que la variation, le multiple, l'indécis, le vacillant, le contradictoire indiquent la présence d'un double trompeur, un démon, un diable, un malin génie dont il faut se libérer.

Certes, toute cette métaphysique du Moi rationnel, autonome, morale-ment responsable peut être une illusion socialement utile et même politi-quement et juridiquement nécessaire. C'est un argument qui appartient, lui, à un autre registre. Cependant, et pour Montaigne et pour Pascal, comme pour Hume un peu plus tard (quelques-uns des hétérodoxes de la philosophie, comme Rosset), ce qu'ils observent et éprouvent dans le vécu dément de fond en comble ce dédoublement fantasmatique postulé par la métaphysique[4]. C'est ce même dédoublement du réel qui se cache derrière l'idée toujours majoritaire parmi nous aujourd'hui de l'unité du Moi, unité qui se cautionne par... l'intériorité pérenne, l'identité en béton (et « authentique » de surcroit !) – le vocabulaire change, mais non le concept qui le fonde – qui existerait dans un au-delà de... et qui est le commun dominateur par lequel sont divisées et donc comptabilisées les diverses « pieces rapportées » et les « qualités empruntées » dont se tisse le théâtre du social. Voici ce qu'écrit Rosset : « Le problème tourne ici autour du sentiment, véritable ou illusoire, de l'unité du moi, dont on nous assure qu'il est indubitable et constitue un des faits majeurs de l'existence humaine, encore qu'on soit incapable de la justifier et même simplement de le décrire[5] ».

Et si Montaigne avait eu un objectif clair dans « De l'inconstance de nos actions », il aurait été bel et bien d'annihiler ce *sentiment* unitaire du Moi et donc de saper le fondement de toute métaphysique du Moi en insistant catégoriquement sur la vérité empirique et existentielle de « nostre faict », tel qu'il est. Car pour représenter l'équivalence du monde et du théâtre, il faut au préalable mettre à nu ce sujet prétentieux qui se croit doté d'une essence transcendantale (ou cognitive) pour faire place au comédien qu'est l'homme social, qui lui, se reconnaît dans ses rôles variés en tant qu'un « agrégat aléatoire de qualités », et comme

---

4   Voir David Hume, *Treatise of Human Nature*, Livre I, part IV, section VI ; et Blaise Pascal, *Pensées*, « Qu'est-ce que le *Moi* ? », Br. 323 ; La. 773.

5   Rosset, *L'École du réel*, p. 13.

un « puzzle social » à géométrie variable au dire on ne peut plus juste de Rosset[6].

C'est d'ailleurs dans ce sens que je comprends maintenant le souhait de Montaigne de se peindre « tout entier et tout nu » dans son « Au Lecteur » : à savoir, se peindre tout nu revient à montrer la nudité non seulement anatomique (ce qui est assez banal), mais aussi à dévoiler les points de suture de ce « *patchwork* » fait de « lopins » qu'est le Moi, et qui prétend néanmoins « se vêtir » dans le sens de « se doter » d'une forme tout autre et essentielle, cette forme que personne n'avait jamais vue mais qui tout de même détermine le fond de notre être dans l'imaginaire collectif. Notre vraie nudité consisterait donc dans l'exposition de ces points de sutures qui articulent nos « lopins » bariolés. Notre nudité consisterait alors en la reconnaissance de la contingence, du hasard, du mouvement, de ce clinamen intersubjectif que nous sommes et qui nous englobe et qui nous emporte – et qui nous horrifie par moments par sa variabilité foncière décrite dans cet essai dans le menu détail, sans concession aucune :

> [B] Je donne à mon ame tantost un visage, tantost un autre, selon le costé où je la couche. Si je parle diversement de moy, c'est que je me regarde diversement. Toutes les contrarietez s'y trouvent selon quelque tour et en quelque façon. Honteux, insolent ; [C] chaste, luxurieux ; [B] bavard, taciturne, laborieux, delicat, ingenieux, hebeté ; chagrin, debonaire ; menteur, veritable ; [C] sçavant, ignorant, et liberal, et avare, et prodigue, [B] tout cela, je le vois en moy aucunement, selon que je me vire ; et quiconque s'estudie bien attentifvement trouve en soy, voire et en son jugement mesme, cette volubilité et discordance (II, 2, 335).

Montaigne décrit en avance et précisément ce qui constituera le socle de l'argument de Hume, que Rosset résume ainsi : « [...] il n'y a pas de perception du moi – comme il peut y avoir perception d'une chaise ou d'une table – mais seulement des perceptions de qualités, ou d'états psychologiques ou somatiques que nous pouvons éprouver à un moment donné[7] ». Et il faut ajouter que ces diverses perceptions, cette « volubilité et discordance », se manifestent surtout en fonction de la logique de nos rapports aux autres dans un cadre d'événements et de circonstances que l'on ne maîtrise pas. Ce n'est pas dans la tranquille solitude de sa tour, entouré de mille livres et de ses gribouillages, que Montaigne

---

6 Rosset, *Loin de moi*, p. 88-89.
7 *Ibid.*, p. 16.

éprouve régulièrement toute la gamme de ces états mentaux et affectifs qu'il dénombre ci-dessus. Notre clinamen le plus vivement ressenti est le plus souvent social. Pour nous, Sapiens, la sociabilité est ce que l'eau est aux poissons. Notre écologie c'est les autres, toujours culturellement contextualisés dans des circonstances historiques précises. Et plus l'histoire s'accélère et se chauffe, comme ce fut le cas quand Montaigne rédigeait ses *Essais*, plus nous ressentons au vif ces brusques mouvements qui accentuent la conscience que l'on a de notre « contexture si informe et diverse ».

Comme j'ai suggéré précédemment, la conception de l'être que l'on adapte et l'attitude vis-à-vis du théâtre sont étroitement liées. C'est notre fil rouge ici. Plus on conçoit l'être à partir du *clinamen*, plus on est apte à accepter l'analogie étroite entre théâtre et monde, monde et théâtre. Voici un passage étonnant où s'articule chez Montaigne cette transitivité :

> [A] si nous considerons un paisan et un Roy, [C] un noble et un villain, un magistrat et un homme privé, un riche et un pauvre, [A] il se presente soudain à nos yeux un'extreme disparité, qui ne sont differents par maniere de dire qu'en leurs chausses. [C] En Thrace le Roy estoit distingué de son peuple d'une plaisante manière, et bien r'encherie. Il avoit une religion à part, un Dieu tout à luy qu'il n'appartenoit à ses subjects d'adorer : c'estoit Mercure ; et luy dédaignoit les leurs, Mars, Bacchus, Diane. Ce ne sont pourtant que peintures, qui ne font aucune dissemblance essentielle. [A] Car, comme les joueurs de comedie, vous les voyez sur l'eschaffaut faire une mine de Duc et d'Empereur ; mais tantost apres, les voylà devenuz valets et crocheteurs miserables, qui est leur nayfve et originelle condition : aussi l'Empereur, duquel la pompe vous esblouit en public [...] voyez le derriere le rideau, ce n'est rien qu'un homme commun, et, à adventure, plus vil que le moindre de ses subjects (I, 42, 260-261).

Ce passage est à lire en étroit parallèle avec les propositions radicales dans « De l'inconstance de nos actions. » S'y voit décousu tout rapport entre représentation et « essence » métaphysique. Le comédien simule ici une dissimulation (l'Empereur n'est point noble), et de ce fait le comédien n'est pas plus menteur que celui qu'il incarne sur scène. Tout y est fluide. Les identités toutes confondues, toutes conventionnelles, toutes sujets à variations et jamais ancrées dans une essence immuable. Les extrêmes disparités ne dépendent en dernier instance que de « la manière de dire qu'en leurs chausses ». On peut pousser les limites des représentations en s'assignant comme Roy un dieu à part de ses sujets, et ensuite dédaigner les dieux de ses sujets. Mais au fond cette théâtralisation extrême de l'ordre symbolique ne rime à rien dans le réel, car, après tout « Ce ne sont pourtant que peintures, qui ne font aucune dissemblance essentielle », c'est-à-dire tout simplement… « Nostre faict. Ce n'est que pieces rapportées ». Un valet peut représenter un Empereur du moment qu'il se trouve sur scène et retomber sitôt qu'il la quitte à sa situation sociale misérable. Mais, et voici le clou de l'argument de Montaigne, un vrai Empereur n'est pas moins en représentation qu'un pauvre valet qui le singe sur les planches. Car cet Empereur a beau être Empereur, il n'en demeure moins que « derriere le rideau, ce n'est rien qu'un homme commun, et, à adventure, plus vil que le moindre de ses subjects ». Ainsi, l'empereur joue un rôle qui ne correspond en rien à une quelconque « essence ». La seule différence tient à leurs identités sociales, lesquelles sont sujets à des variations et sont fabriquées au départ des lopins que le hasard leur assigne. Ces mutations dont les causalités sont presque arbitraires, et la représentation que le théâtre en fait, à plusieurs niveaux, ont de quoi nous donner un vertige, tel un abîme que l'on aperçoit en flash mais que l'on balaie de sa conscience aussitôt. On titube, métaphysiquement parlant. C'est un défi de se figurer le clinamen matérialiste et immanent au niveau de la physique, et un tout autre défi de le penser au niveau de notre chère identité. Mais le théâtre, parce qu'il n'existe que comme une parenthèse temporelle, nous permet d'entrevoir cette réalité, sans trop froisser notre ego, ni nous défaire tout à fait de nos illusions d'une identité personnelle et indivisible. Comme nous le verrons par la suite, Montaigne non plus ne pouvait rester fidèle à sa conception d'un Moi « *patchwork/clinamen* », un Moi toujours traversé par l'autre, un Moi, somme toute, fait d'une série de personae qui varie selon le moment, l'endroit, la fonction.

Mais, avant d'arriver à ce contrepoint important dans les *Essais*, faisons le bilan de ce Montaigne à la fois lucrétien et baroque. Il y aurait trois propositions à mettre en relief.

A) Tout le monde joue la comédie, ce qui veut dire que toute personne / tout acteur dans une situation sociale complexe doit glisser d'un rôle à un autre, naturellement, sans y voir un quelconque néfaste « machiavélisme ».

B) La nature multiple et cinétique de notre Moi se prête à l'analogie forte avec le théâtre, le comédien, le rôle, le masque… au point d'en faire une équivalence, puisque notre Moi est traversé par des courants contradictoires et est donc en mutation perpétuelle…

exactement comme se déroule une pièce sur les planches, et ce lien entre ontologie et performance est l'essentiel de notre argument. C) Le théâtre est une réfraction concave – concentrée et intense – de ce qui dans le réel se passe de manière souple et adoucie en sorte que l'on ne s'en aperçoive guère.

Il serait donc intéressant de rapidement passer au crible de ces trois propositions ce passage de « De mesnager sa volonté » :

> La plus part de noc vacations sont farcesques. « *Mundus universus exercet historioniam* ». Il faut jouer deuement nostre rolle, mais comme rolle d'un personnage emprunté. Du masque et de l'apparence il n'en faut pas faire une essence réelle, ny de l'estranger le propre. Nous ne sçavons pas distinguer la peau de la chemise. [C] C'est assés de s'enfariner le visage, sans s'enfariner la poictrine. [B] j'en vois qui se transforment et se transsubstantient en autant de nouvelles figures et de nouveaux estres qu'ils entreprennent de charges, et qui se prelatent jusques au foye et aux intestins, et entreinent leur office jusques en leur garderobe (III, 10 1011-1012).

Quant à la première proposition, Montaigne la concède volontiers, avec la nuance qu'ici c'est seulement dans le domaine public qu'il stipule l'équivalence entre l'identité personnelle et la persona théâtrale : « Il faut jouer deuement nostre rolle, mais comme rolle d'un personnage emprunté », comme si notre personnage dans le privé n'était pas lui-aussi tout autant « emprunté », même si c'est emprunté autrement, plus subtilement, peut-être. Montaigne stipule ici un rapport ironique entre l'identité personnelle et les rôles que l'on joue : « Pour estre advocat ou financier, il n'en faut pas mesconnoistre la forbe qu'il y a en telles vacations. Un honneste homme n'est pas comptable du vice ou sottise de son mestier, et ne doibt pourtant en refuser l'exercice » (III, 10, 1012 B).

Ce qui nous amène à la deuxième proposition. Dans le Montaigne de « De l'inconstance de nos actions » et ailleurs, notamment dans « De la vanité », nous avons une description franche et décomplexée de la nature multiple et cinétique de notre être, et corrélativement, une critique tant implicite qu'explicite de notre illusion d'une identité indivisible, un substratum en béton, une vista assurée d'où l'on observe le naufrage du monde. Or, ici nous constatons un repli vers une position stoïque qui oppose sa consistance interne au flux du monde et qui n'en fait guère partie, sinon pour s'y engager, quand il le faut, mais à responsabilité limitée. Comment et pourquoi Montaigne passe-t-il d'une radiographie presque « atomiste » de son être à cette métaphysique faite, selon Rosset, d'aveuglement ?

Qu'est-ce qui fait que Montaigne voit double (« la poictrine » / « la chemise ») là où auparavant il portait un regard libre de toute illusion métaphysique quant à l'identité « indivisible » ? Pourquoi Montaigne, pour faire court, retombe dans la sophistique de l'aveuglement ? Montaigne est pris en étau, d'un côté par cette catastrophe que l'on nomme « L'Histoire », et de l'autre, par sa capacité conceptuelle de penser le fait et l'effet « Lucrèce » jusqu'au fond de son être. La pensée critique cède aux exigences d'un égo en quête d'histoire (petit « h ») à se raconter, quitte à sacrifier d'un coup son entendement par ailleurs révolutionnaire de « notre faict ». D'où découle directement notre troisième proposition, le théâtre comme effet de réfraction concave de *ce qui est*. Montaigne accepte l'analogie/équivalence entre le théâtre et le *ce qui est* dans tout domaine social, sauf lorsque la politique et l'histoire le basculent à tel point qu'il se replie sur ce qu'il sait et avoue par ailleurs être faux. Philippe Desan suggère que ce virement chez Montaigne serait dû « peut-être à une réaction envers l'extrême théâtralité de la fin de la Renaissance ». Et à Desan de conclure que « Le double discours envers le théâtre et la théâtralité dans les *Essais* doit donc nécessairement être compris à la lumière du parcours politique de Montaigne[8] », c'est-à-dire, à la lumière d'un parcours somme toute jalonné de frustrations, d'occasions manquées, d'illusions perdues. Montaigne écrit dans une marge de l'Exemplaire de Bordeaux : « Mon monde est failly, ma forme est vuidée ; je suis tout du passé[9] ». D'ailleurs, le sujet de l'essai, Montaigne le Maire de Bordeaux, explique en grande partie cette régression à des réflexes philosophiques qui fondent la matrice de notre culture métaphysique, une position par défaut dans laquelle on tombe, malgré maints moments de pure lucidité par ailleurs. C'est que non seulement le théâtre constitue en soi une réfraction concave de *ce qui est*, qu'il s'agisse d'un avare ridicule ou du prince Hamlet, mais aussi le contexte historique contribue à une réfraction concave du jugement que l'on porte cette réfraction concave qu'est

---

8   Philippe Desan, « Montaigne et la théâtralité du politique », dans Concetta Cavallini et Philippe Desan (dir.), *Le Texte en scène. Littérature, théâtre et théâtralité à la Renaissance*, Paris, Classique Garnier, 2016, p. 136.

9   Cité dans Philippe Desan, *Montaigne. Une biographie politique*, Paris, Odile Jacob, 2014, p. 520. Je renvoie notamment au chapitre X de ce livre pour une discussion nourrie et complète de ce dernier Montaigne pétri d'amertume politique.

le théâtre de notre identité la plus fondamentale. Plus l'Histoire se fait de manipulations cyniques évidentes et de déceptions personnelles, plus l'analogie entre l'être comme théâtre et le théâtre comme l'être serait difficile à admettre. Et dans ce cas, le naufragé de l'Histoire va chercher sa bouée de sauvetage, son Moi philosophique à la sauce stoïque qui certes s'engage et joue le jeu dans le monde mais tout en s'attribuant un Moi *cum* « tour de contrôle », capable de gérer toutes les aliénations à partir d'une identité on ne peut plus lucide de sa raison indivisible.

Ce n'est pas seulement ses engagements dans les affaires que Montaigne « mesnage » dans II, 10, mais c'est aussi sa lucidité métaphysique, et cela pour le pire. C'est l'exaction de l'Histoire sur la Pensée, et nous y sommes tous sujets à des dégrées variables, et souvent beaucoup plus que l'on ne s'imagine.

Les spécialistes de Montaigne doivent toujours tenir compte des contradictions inhérentes à toute proposition présente dans les *Essais*. Mais ceci n'est pas le cas pour ses lecteurs « laïques », ceux qui font que Montaigne existe véritablement dans notre culture, non comme un fossile (Gassendi et les libertins, par exemple) mais comme une voix vibrante et résonante. Eux, ils ont le droit et le bonheur de saisir le bout le plus osé de sa pensée et de l'étendre de Parménide à Nietzsche, pour en faire entendre tous les échos possibles. Et c'est dans ce sens précis que je crois que Rosset nous est précieux et avance notre compréhension de Montaigne. Il y a un Montaigne pour qui les Moi successifs que nous sommes se tissent des masques et ces masques constituent notre véritable Moi, ou, plus précisément, sentiment du Moi. Et ce Montaigne est en fait le plus intéressant sur plusieurs plans, et nous avons tous le bonheur de céder les planches à Rosset pour voir et entendre ce Montaigne se placer dans et interagir avec l'histoire hétérodoxe de la philosophie où il se pose et s'impose le plus naturellement du monde.

Jack I. ABECASSIS
Pomona College

NOTICE BIOGRAPHIQUE
DE PHILIPPE DESAN

Né en 1953, de nationalité américaine et française, Philippe Desan, après des études de sociologie, d'économie politique et de littérature, en France et aux États-Unis, et un doctorat à l'Université de Californie, Davis (1984), a accompli toute sa carrière à l'Université de Chicago.

Professeur titulaire de la chaire Howard L. Willett (Littérature et histoire de la culture à la Renaissance) depuis 1997, il a exercé les fonctions de Vice-doyen du Collège et de Vice-doyen de la Division des Humanités, ainsi que celle de directeur du programme de Civilisation au Centre parisien de l'Université de Chicago depuis la fondation de celui-ci. Il a été professeur invité par les départements d'histoire, de philosophie et de littérature de plusieurs universités, aux États-Unis, en France et en Italie.

Philippe Desan est l'auteur d'une œuvre scientifique considérable consacrée à la littérature de la Renaissance, l'histoire des idées aux XVIe et XVIIe siècles, la sociologie de la culture, aux relations entre littérature et philosophie : soixante-huit ouvrages personnels et directions d'ouvrages, deux cent quarante-six articles publiés dans des revues scientifiques ou dans des ouvrages collectifs. Une part importante de ces travaux porte sur Montaigne et son œuvre, dont il est un des plus importants spécialistes internationaux. Depuis 1983, Philippe Desan a organisé cinquante-trois colloques et rencontres savantes, dont vingt et un consacrés à Montaigne. Éditeur en chef de la revue *Montaigne Studies*, il est également président de la Société des Textes français modernes et membre de nombreux comités de rédaction.

Son activité pédagogique, administrative et savante, ses publications ainsi que sa contribution aux études françaises lui ont valu de nombreux prix et récompenses. Titulaire des Arts-et-Lettres et des Palmes académiques, il est chevalier dans l'Ordre national du Mérite. En 2015, l'Académie française lui a décerné son Grand prix pour le rayonnement de la langue et de la littérature française pour l'ensemble de son œuvre.

BIBLIOGRAPHIE DES TRAVAUX
DE PHILIPPE DESAN

LIVRES (68)

AUTEUR (17)

DESAN, Philippe, *Naissance de la méthode : Machiavel, La Ramée, Bodin, Montaigne, Descartes*, Paris, A.-G. Nizet, 1987, 180 pages.

DESAN, Philippe, *Les Commerces de Montaigne : le discours économique des* Essais, Paris, A.-G. Nizet, 1992, 288 pages.

DESAN, Philippe, *Penser l'Histoire à la Renaissance*, Caen, Éditions Paradigme, coll. « L'Atelier de la Renaissance », 1993, 280 pages.

DESAN, Philippe, *L'Imaginaire économique de la Renaissance*, Mont-de-Marsan, Éditions Inter-Universitaires, coll. « Littérature et Anthropologie », 1993, 244 pages ; édition revue et augmentée, Paris, Presses de l'Université Paris-Sorbonne, 2002, 364 pages.

DESAN, Philippe, *Montaigne, les Cannibales et les Conquistadores*, Paris, A.-G. Nizet, 1994, 96 pages.

DESAN, Philippe, *Montaigne in Print. The Presentation of a Renaissance Text*, catalogue d'une exposition à la Bibliothèque de l'Université de Chicago (avec Arnaud Coulombel), Chicago, Montaigne Studies & The University of Chicago Library, 1995, 95 pages.

DESAN, Philippe, *Quatre siècles de politiques éditoriales des* Essais, Fasano & Paris, Schena Editore & Didier Érudition, 1997, 54 pages.

DESAN, Philippe, *L'Économie des passions dans* La Princesse de Clèves, Fasano & Paris, Schena Editore & Didier Érudition, 1998, 38 pages.

DESAN, Philippe, *Montaigne dans tous ses états*, Fasano, Schena Editore, 2001, 400 pages.

DESAN, Philippe, *Portraits à l'essai : iconographie de Montaigne*, Paris, Honoré Champion, coll. « Études montaignistes », 2007, 350 pages.

Desan, Philippe, *Montaigne. Les formes du monde et de l'esprit*, Paris, Presses de l'Université Paris-Sorbonne, coll. « En toutes lettres », 2008, 220 pages.

Desan, Philippe, *Bibliotheca Desaniana. Catalogue Montaigne*, Paris, Classiques Garnier, coll. « Études montaignistes », 2011, 252 pages ; nouvelle édition revue et augmentée, Paris, Classiques Garnier, 2021, 654 pages.

Desan, Philippe, *Montaigne. Une biographie politique*, Paris, Odile Jacob, 2014, 736 pages. Trad. anglaise de Steven Rendall & Lisa Neal, *Montaigne. A Life*, Princeton, Princeton University Press, 2017, 832 pages ; réédition brochée, 2019, 832 pages.

Desan, Philippe, *Iconographie de Montaigne. Portraits et Œuvres*, Paris, Classiques Garnier, coll. « Classiques jaunes », 2018, 288 pages.

Desan, Philippe, *Montaigne : penser le social*, Paris, Odile Jacob, 2018, 350 pages.

Desan, Philippe, *Dix études sur Montaigne*, Paris, Classiques Garnier, coll. « Études montaignistes », 2020, 214 pages.

Desan, Philippe, *Aliénation et Histoire dans la littérature du XIXᵉ siècle (lectures sociocritiques)*, Paris, à paraître.

DIRECTEUR SCIENTIFIQUE – LIVRES COLLECTIFS (28)

Literature and Social Practice, Philippe Desan, Priscilla Parkhurst Ferguson et Wendy Griswold (dir.), Chicago, University of Chicago Press, 1989, 302 pages.

Humanism in Crisis : The Decline of the French Renaissance, Philippe Desan (dir.), Ann Arbor, University of Michigan Press, coll. « Studies in Medieval and Early Modern Civilization », 1991, 324 pages.

Engaging the Humanities at the University of Chicago, Philippe Desan (dir.), Chicago, Humanities Collegiate Division, 1995, 208 pages ; édition revue et corrigée, 1997, 214 pages.

Literary Objects : Flaubert. Catalogue of an exhibit at the Smart Museum, Philippe Desan (dir.), Chicago, The David and Alfred Smart Museum of Art, 1996, 64 pages.

Sans autre guide. Mélanges de littérature française de la Renaissance offerts à Marcel Tetel, Philippe Desan, Lawrence Kritzman, Raymond La Charité et Michel Simonin (dir.), Paris, Klincksieck, 1999, 270 pages.

D'un siècle à l'autre : littérature et société de 1590 à 1610, Philippe Desan et Giovanni Dotoli (dir.), Fasano & Paris, Schena Editore & Presses de l'Université Paris-Sorbonne, 2001, 360 pages.

Du spectateur au lecteur : imprimer la scène aux XVIᵉ et XVIIᵉ siècles, Larry Norman, Philippe Desan et Richard Strier (dir.), Fasano & Paris, Schena Editore & Presses de l'Université Paris-Sorbonne, 2002, 350 pages.

Dictionnaire de Michel de Montaigne, Philippe Desan (dir.), Paris, Honoré Champion, 2004, 1060 pages ; nouvelle édition revue, corrigée et augmentée,

2007, 1262 pages ; réédition poche, *Dictionnaire Montaigne*, Paris, Classiques Garnier, 2018, 2016 pages.

Montaigne politique, Philippe Desan (dir.), Paris, Honoré Champion, 2006, 424 pages.

« Dieu à nostre commerce et société » : Montaigne et la théologie, Philippe Desan (dir.), Genève, Droz, coll. « Travaux d'Humanisme et Renaissance », 2008, 312 pages.

Pensée morale et genres littéraires, Jean-Charles Darmon et Philippe Desan (dir.), Paris, Presses Universitaires de France, 2009, 216 pages.

Les Chapitres oubliés des Essais *de Montaigne*, Philippe Desan (dir.), Paris, Honoré Champion, coll. « La librairie de Montaigne », 2011, 280 pages ; réédition brochée, 2015, 280 pages.

Les Liens humains dans la littérature (XVIe-XVIIe siècles), Julia Chamard-Bergeron, Philippe Desan et Thomas Pavel (dir.), Paris, Classiques Garnier, coll. « Rencontres », 2012, 294 pages.

De l'ordre et de l'aventure : langue, littérature, francophonie. Hommage à Giovanni Dotoli, Alain Rey, Pierre Brunel, Philippe Desan et Jean Pruvost (dir.), Paris, Hermann, 2014, 516 pages.

Cités humanistes, cités politiques (1400-1600), Élisabeth Crouzet-Pavan, Denis Crouzet et Philippe Desan (dir.), Paris, Presses de l'Université Paris-Sorbonne, coll. « Centre Roland Mousnier », 2014, 316 pages.

Montaigne à l'étranger : voyages avérés, possibles et imaginés, Philippe Desan (dir.), Paris, Classiques Garnier, coll. « Rencontres », 2016, 354 pages.

Le Texte en scène. Littérature, théâtre et théâtralité à la Renaissance, Concetta Cavallini et Philippe Desan (dir.), Paris, Classiques Garnier, coll. « Rencontres », 2016, 392 pages.

Lectures du Troisième Livre des Essais *de Montaigne*, Philippe Desan (dir.), Paris, Honoré Champion, coll. « Champion classiques », 2016, 382 pages.

The Oxford Handbook of Montaigne, Philippe Desan (dir.), Oxford & New York, Oxford University Press, 2016, 840 pages.

Scepticisme et pensée morale de Michel de Montaigne à Stanley Cavell, Jean-Charles Darmon, Philippe Desan et Gianni Paganini (dir.), Paris, Hermann, coll. « Des morales et des œuvres », 2017, 274 pages.

Les Biographies littéraires : théories, pratiques, et perspectives nouvelles, Philippe Desan et Daniel Desormeaux (dir.), Paris, Classiques Garnier, coll. « Rencontres », 2018, 330 pages.

Les Usages philosophiques de Montaigne du XVIe au XXIe siècle, Philippe Desan (dir.), Paris, Hermann, coll. « Hermann Philosophie », 2018, 468 pages.

L'Humanisme à l'épreuve de l'Europe (XVe-XVIe siècles). Histoire d'une transmutation culturelle, Denis Crouzet, Élisabeth Crouzet-Pavan, Philippe Desan et Clémence Revest (dir.), Ceyzérieu, Champ Vallon, coll. « Époques », 2019, 368 pages.

L'Immoralité littéraire et ses juges, Jean-Baptiste Amadieu, Jean-Charles Darmon et Philippe Desan (dir.), Paris, Hermann, coll. « Des morales et des œuvres », 2019, 296 pages.

Montaigne : une rhétorique naturalisée ?, Philippe Desan, Déborah Knop et Blandine Perona (dir.), Paris, Honoré Champion, coll. « La librairie de Montaigne », 2019, 252 pages.

Éditer les œuvres complètes (XVIᵉ et XVIIᵉ siècles), Philippe Desan et Anne Régent-Susini (dir.), Paris, Société des Textes Français Modernes, 2020, 354 pages.

Penser et agir à la Renaissance / Thought and Action in the Renaissance, Philippe Desan et Véronique Ferrer (dir.), Genève, Droz, coll. « Cahiers d'Humanisme et Renaissance », 2020, 568 pages.

Montaigne penseur social, Philippe Desan (dir.), Paris, à paraître.

ÉDITEUR SCIENTIFIQUE – TEXTES & TRADUCTIONS (8)

LOYS LE ROY, *De la vicissitude ou variété des choses en l'univers* [1575], Philippe Desan (éd.), Paris, Fayard, coll. « Corpus des œuvres de philosophie en langue française », 1988, 440 pages.

LANCELOT-VOISIN DE LA POPELINIÈRE, *L'Histoire des histoires* [1599], Philippe Desan (éd.), Paris, Fayard, coll. « Corpus des œuvres de philosophie en langue française », 1989, 402 pages.

LANCELOT-VOISIN DE LA POPELINIÈRE, *L'Idée de l'histoire accomplie* [1599], Philippe Desan (éd.), Paris, Fayard, coll. « Corpus des œuvres de philosophie en langue française », 1989, 358 pages.

Edmond et Jules DE GONCOURT, *Germinie Lacerteux* [1865], Philippe Desan (éd.), Paris, Le Livre de Poche, 1990, 252 pages.

Hugo FRIEDRICH, *Montaigne* [1949], Philippe Desan (éd.), Berkeley & Los Angeles, University of California Press, 1991, 434 pages.

Reproduction en quadrichromie de l'Exemplaire de Bordeaux des Essais de Montaigne [facsimilé], Philippe Desan (éd.), Fasano & Chicago, Schena Editore & Montaigne Studies, 2002 ; Classiques Garnier, 2011, LVI-1024 pages.

MONTAIGNE, *Essais* [facsimilé de l'édition de 1582], Philippe Desan (éd.), Paris, Société des Textes Français Modernes, 2005, LIV-807 pages.

MONTAIGNE, *Journal du voyage en Italie* [facsimilé de l'édition de 1774], Philippe Desan (éd.), Paris, Société des Textes Français Modernes, 2014, LXX-1150 pages.

DIRECTEUR SCIENTIFIQUE – NUMÉROS SPÉCIAUX DE REVUES (15)

L'Imaginaire économique, Philippe Desan (dir.), numéro spécial, *Stanford French Review*, vol. 15, n° 3, 1991, 152 pages.

Reason, Reasoning and Literature in the Renaissance, Philippe Desan et Ullrich Langer (dir.), numéro spécial, *South Central Review*, vol. 10, n° 2, 1993, 100 pages.

Work in the Renaissance, Philippe Desan (dir.), numéro spécial, *The Journal of Medieval and Renaissance Studies*, vol. 25, n° 1, 1995, 158 pages.

Philosophies de l'histoire à la Renaissance, Philippe Desan (dir.), numéro spécial, *Corpus, revue de Philosophie*, vol. 28, 1995, 236 pages.

Montaigne in Print, Philippe Desan et Ullrich Langer (dir.), numéro spécial, *Montaigne Studies*, vol. 7, 1995, 224 pages.

La Philosophie et Montaigne, Philippe Desan (dir.), numéro spécial, *Montaigne Studies*, vol. 12, 2000, 224 pages.

La familia *de Montaigne*, Philippe Desan et John O'Brien (dir.), numéro spécial, *Montaigne Studies*, vol. 13, 2001, 360 pages.

Documents sur Montaigne, Jean Balsamo et Philippe Desan (dir.), numéro spécial, *Montaigne Studies*, vol. 16, 2004, 224 pages.

Cahiers parisiens / Parisian Notebooks, Philippe Desan (dir.), vol. 4, 2008, 640 pages.

Pierre Charron, Philippe Desan (dir.), numéro spécial, *Corpus, revue de philosophie*, vol. 55, 2008, 290 pages.

Montaigne et le Nouveau Monde, Philippe Desan (dir.), numéro spécial, *Montaigne Studies*, vol. 22, 2010, 224 pages.

Montaigne, Philippe Desan et Joan Lluís Llinàs Begon (dir.), numéro spécial, *Taula, Quaderns de pensament*, vol. 12, 2012, 206 pages.

Montaigne et la philosophie politique, Philippe Desan (dir.), numéro spécial, *Montaigne Studies*, vol. 27, 2016, 224 pages.

Usages critiques de Montaigne, Philippe Desan et Véronique Ferrer (dir.), numéro hors série, *Essais. Revue interdisciplinaire d'Humanités*, 2016, 170 pages.

Montaigne, la maladie et la médecine, Philippe Desan (dir.), numéro spécial, *Montaigne Studies*, vol. 32, 2020, 224 pages.

ARTICLES DANS DES REVUES SCIENTIFIQUES
ET OUVRAGES COLLECTIFS (246)

DESAN, Philippe, « Taine : positiviste ou idéaliste ? », *Dialogue : Canadian Philosophical Review*, vol. 21, n° 4, 1982, p. 661-669.

DESAN, Philippe, « L'autorité orientaliste de Flaubert », *Nottingham French Studies*, vol. 22, n° 1, 1983, p. 15-24.

DESAN, Philippe, « L'économie de l'interrogation en français », *USF Language Quarterly*, vol. 21, n° 3-4, 1983, p. 43-45.

DESAN, Philippe, « From History to Fiction : A Reading of Flaubert's *L'Éducation sentimentale* », *Pacific Coast Philology*, vol. 18, n° 1-2, 1983, p. 108-113.

DESAN, Philippe, « Montaigne et la peinture du "passage" », *Essays in French Literature*, vol. 20, 1983, p. 1-11.

DESAN, Philippe, « Dissident Literature and Social Structure in Romania », *Journal of the American Romanian Academy of Arts and Sciences*, vol. 5, 1984, p. 70-83.

DESAN, Philippe, « Une histoire contre l'Histoire : *L'Éducation sentimentale* de Gustave Flaubert », *French Literature Series*, vol. 11, 1984, p. 47-57.

DESAN, Philippe, « Nationalism and History in France during the Renaissance », *Rinascimento*, vol. 24, 1984, p. 261-288.

DESAN, Philippe, « For a Promiscuity of the Signifier », dans Jonathan Evans & John Deely (dir.), *Semiotics 1983*, Lanham, N.Y., University Press of America, 1987, p. 605-612.

DESAN, Philippe, « Jean Bodin et l'idée de méthode au XVIe siècle », dans *Jean Bodin. Actes du Colloque interdisciplinaire d'Angers*, Angers, Presses de l'Université d'Angers, 1985, p. 119-132. Réimprimé dans *Corpus, revue de philosophie*, vol. 4, 1987, p. 3-18.

DESAN, Philippe, « Entre Moloch et Teutatès : Victor Hugo et le discours sur la peine de mort », *Revue de l'Institut de Sociologie*, n° 1-2, 1986-1987, p. 199-211.

DESAN, Philippe, « Définition et usage de la satire au XVIe siècle », *French Literature Series*, vol. 14, 1987, p. 1-11.

DESAN, Philippe, « La justice mathématique de Jean Bodin », *Corpus, revue de philosophie*, n° 4, 1987, p. 19-29.

DESAN, Philippe, « L'invention du discours économique : éléments pour une économie politique des *Essais* », dans Claude-Gilbert Dubois (dir.), *L'Invention au XVIe siècle*, Bordeaux, Presses Universitaires de Bordeaux, 1987, p. 153-181.

DESAN, Philippe, « Mirrors, Frames and Demons : Reflections on the Sociology of Literature » (avec Priscilla Ferguson & Wendy Griswold), *Critical Inquiry*, vol. 14, n° 3, 1988, p. 421-430. Réimprimé dans Philippe Desan, Priscilla Parkhurst Ferguson & Wendy Griswold (dir.), *Literature and Social Practice*, Chicago, University of Chicago Press, 1989, p. 1-10.

DESAN, Philippe, « The Tribulations of a Young Poet : Ronsard from 1547 to 1552 », dans Maryanne Horowitz (dir.), *Renaissance Rereadings : Intertext and Context*, Urbana, University of Illinois Press, 1988, p. 184-202.

DESAN, Philippe, « Le bureaucrate au vaudeville », *Milieux*, vol. 32, 1988, p. 28-33.

DESAN, Philippe, « Quand le discours social passe par le discours économique : les *Essais* de Montaigne », *Sociocriticism*, vol. 4, n° 1, 1988, p. 59-86.

DESAN, Philippe, « Objects as Reified Signs : A Semiotic Reading of *Madame Bovary* », dans John Deely (dir.), *Semiotics 1987*, Lanham, N.Y., University Press of America, 1988, p. 237-245.

DESAN, Philippe, « La philosophie de l'histoire de Loys Le Roy », *Corpus, revue de philosophie*, n° 10, 1989, p. 3-21.

DESAN, Philippe, « Poetry and Politics : Lamartine's Revolutions », dans Philippe Desan, Priscilla Parkhurst Ferguson & Wendy Griswold (dir.), *Literature and Social Practice*, Chicago, University of Chicago Press, 1989, p. 182-210.

DESAN, Philippe, « De l'utile, de l'honnête et de l'expérience : le cadre idéologique du troisième livre des *Essais* », dans Daniel Martin (dir.), *The Order of Montaigne's Essays*, Amherst, Mass., Hestia Press, 1989, p. 200-220.

DESAN, Philippe, « Pourquoi *Montaigne Studies* ? », *Montaigne Studies*, vol. 1, 1989, p. 3-6.

DESAN, Philippe, « Le discours économique dans le troisième livre des *Essais* », *Romance Languages Annual*, vol. 1, 1989, p. 244-250.

DESAN, Philippe, « Montaigne et le "moi gelé" : "Le profit de l'un est dommage de l'autre" (I, 22) », *Romance Notes*, vol. 30, n° 2, 1989, p. 93-100.

DESAN, Philippe, « Entre Julien Benda et Paul Nizan : la place de l'intellectuel dans les années trente », dans *L'Engagement des intellectuels dans la France des années trente*, Montréal, Cercle d'étude et de recherche sur les années trente, 1990, p. 45-67.

DESAN, Philippe, « Prolégomènes impossibles », *Montaigne Studies*, vol. 2, n° 1, 1990, p. 3-6.

DESAN, Philippe, « Critical Discussion of Michael Walzer's *Interpretation and Social Criticism* and *The Company of Critics* », *Philosophy and Literature*, vol. 14, n° 1, 1990, p. 142-156.

DESAN, Philippe, « De la poésie de circonstance à la satire : Du Bellay et l'engagement poétique », dans *Du Bellay. Actes du Colloque international d'Angers*, Angers, Presses de l'Université d'Angers, 1990, p. 421-438.

DESAN, Philippe, « Introduction », Jules et Edmond Goncourt, *Germinie Lacerteux*, Paris, Le Livre de Poche, 1990, p. V-LXI.

DESAN, Philippe, « "Ce tintamarre de tant de cervelles philosophiques" : Montaigne et Aristote », dans Kyriaki Christodoulou (dir.), *Montaigne et la Grèce*, Paris, Aux Amateurs de Livres, 1990, p. 64-74.

DESAN, Philippe, « Avant-propos », *Montaigne Studies*, vol. 2, n° 2, 1990, p. 3-5.

DESAN, Philippe, « "Cet orphelin qui m'estoit commis" : la préface de Marie de Gournay à l'édition de 1635 des *Essais* », *Montaigne Studies*, vol. 2, n° 2, 1990, p. 58-98.

DESAN, Philippe, « Une philosophie impréméditée et fortuite : nécessité et contingence chez Montaigne », *Bulletin de la Société des Amis de Montaigne*, 7ᵉ série, n° 21-22, 1990, p. 69-83.

DESAN, Philippe, « Between Julien Benda and Paul Nizan : The Role of the Intellectual in the 1930' », *Annals of Scholarship*, vol. 8, n° 1, 1991, p. 33-49.

DESAN, Philippe, « The Book, the Friend, the Woman : Montaigne's Circular Exchanges », dans Marie-Rose Logan & Peter Rudnytsky (dir.), *Contending Kingdoms : Historical, Psychological, and Feminist Approaches to the Literature of Sixteenth-Century France and England*, Detroit, Wayne State University Press, 1991, p. 225-262.

DESAN, Philippe, « Montaigne en lopins ou les *Essais* à pièces décousues », *Modern Philology*, vol. 88, n° 3, 1991, p. 278-291.

DESAN, Philippe, « Essai du moi et histoire de l'autre : la ruse des *Essais* », dans Claude-Gilbert Dubois (dir.), *Montaigne et l'histoire*, Paris, Klincksieck, 1991, p. 241-255.

DESAN, Philippe, « La conscience et ses droits : les *Vindiciae contra Tyrannos* de Duplessis-Mornay et Hubert Languet », dans Hans Guggisberg, Frank Lestringant & Jean-Claude Margolin (dir.), *La Liberté de conscience (XVIᵉ-XVIIᵉ siècles)*, Genève, Droz, 1991, p. 115-133.

DESAN, Philippe, « Introduction », dans Philippe Desan (dir.), *Humanism in Crisis : The Decline of the French Renaissance*, Ann Arbor, The University of Michigan Press, 1991, p. 1-10.

DESAN, Philippe, « The Worm in the Apple : The Crisis of Humanism », dans Philippe Desan (dir.), *Humanism in Crisis : The Decline of the French Renaissance*, Ann Arbor, The University of Michigan Press, 1991, p. 11-34.

DESAN, Philippe, « Introduction », Hugo Friedrich, *Montaigne* (traduction anglaise), Berkeley, Los Angeles, University of California Press, 1991, p. IX-XXVI.

DESAN, Philippe, « "Le labeur de mes dois" : Ronsard et la création poétique », *Revue des Amis de Ronsard*, vol. 4, 1991, p. 53-68.

DESAN, Philippe, « "Pour clorre nostre conte" : la comptabilité de Montaigne », *Littérature*, n° 82, 1991, p. 28-42.

DESAN, Philippe, « The Platonization of the Gauls or French History According to Ramus », *Argumentation*, vol. 5, n° 4, 1991, p. 375-386.

DESAN, Philippe, « Introduction », numéro spécial « L'imaginaire économique », *Stanford French Review*, vol. 15, n° 3, 1991, p. 265-270.

DESAN, Philippe, « La richesse des mots : mercantilisme linguistique à la Renaissance », *Stanford French Review*, vol. 15, n° 3, 1991, p. 297-322.

DESAN, Philippe, « Lodovico Guicciardini et le discours sur la ville au XVIᵉ siècle », dans Pierre Jodogne (dir.), *Lodovico Guicciardini (1521-1589)*, Louvain, Peeters Press, 1991, p. 135-150.

DESAN, Philippe, « Le commerce de l'amitié dans les *Essais* de Montaigne », *Meiji University Review*, n° 165, 1991, p. 3-14.

DESAN, Philippe, « Aux sources de la Renaissance : Jules Michelet », *Journal of Medieval and Renaissance Studies*, vol. 22, n° 1, 1992, p. 89-100.

DESAN, Philippe, « "Un labeur sans labeur" : le travail divin dans *La Sepmaine* de Du Bartas », dans James Dauphiné (dir.), *Du Bartas 1590-1990*, Mont-de-Marsan, Éditions Inter-Universitaires, 1992, p. 371-393.

DESAN, Philippe, « Montaigne 1592-1992 », *Montaigne Studies*, vol. 4, n° 1-2, 1992, p. 5-6.

DESAN, Philippe, « The Economy of Love in *La Princesse de Clèves* », dans Patrick Henry (dir.), *An Inimitable Example : The Case for The Princesse de Clèves*, Washington, The Catholic University of America Press, 1992, p. 104-124.

DESAN, Philippe, « La fonction du "narré" chez La Popelinière », *Corpus, revue de philosophie*, n° 20-21, 1992, p. 309-318.

DESAN, Philippe, « Être Français à la Renaissance : l'expérience de Montaigne », dans Claude-Gilbert Dubois (dir.), *Montaigne et l'Europe*, Mont-de-Marsan, Éditions Inter-Universitaires, 1992, p. 47-59.

DESAN, Philippe, « Préfaces, prologues et avis au lecteur : stratégies préfacielles à la Renaissance », dans Ullrich Langer (dir.), *What is Literature ? France 1100-1600*, Lexington, French Forum Publishers, 1992, p. 101-122.

DESAN, Philippe, « Reason, Reasoning, and Literature in the Renaissance » (avec Ullrich Langer), *South Central Review*, vol. 10, n° 2, 1993, p. 1-2.

DESAN, Philippe, « Thinking in Market Terms », *The University of Chicago Magazine*, vol. 86, n° 1, 1993, p. 8-9.

DESAN, Philippe, « Montaigne, *Essais* », dans Laurent Jaffro & Monique Labrune (dir.), *Gradus philosophique*, Paris, GF-Flammarion, 1994, p. 532-544.

DESAN, Philippe, « La logique de la différence dans les traités d'histoire de la fin de la Renaissance », dans Marie-Luce Demonet-Launay & André Tournon (dir.), *Logique et littérature à la Renaissance*, Paris, Honoré Champion, 1994, p. 101-110.

DESAN, Philippe, « For A Sociology of the *Essays* », dans Patrick Henry (dir.),

Approaches to Teaching Montaigne's Essays, New York, Modern Language Association of America, 1994, p. 90-97.

DESAN, Philippe, « Le "sort du dez judiciaire" : Rabelais ou l'archéologie de la bureaucratie », *L'Esprit Créateur*, vol. 34, n° 1, 1994, p. 7-21.

DESAN, Philippe, « Valeur d'usage et valeur d'échange dans les *Essais* », dans André Tournon & Gabriel-André Pérouse (dir.), *Or, monnaie, échange dans la culture de la Renaissance*, Saint-Étienne, Presses Universitaires de Saint-Étienne, 1994, p. 213-226.

DESAN, Philippe, « Alienation in the Nineteenth-Century English and French Realist Novel : A Sociological Interpretation », *Center for Cross Cultural Studies*, Seoul, Korea, Kyung Hee University, 1994, p. 153-175.

DESAN, Philippe, « La rhétorique comptable des *Essais* », dans James Supple (dir.), *Montaigne et la rhétorique*, Paris, Honoré Champion, 1995, p. 177-187.

DESAN, Philippe, « Work in the Renaissance », *Journal of Medieval and Renaissance Studies*, vol. 25, n° 1, 1995, p. 1-15.

DESAN, Philippe, « Les philosophies de l'histoire à la Renaissance », *Corpus, revue de philosophie*, vol. 28, 1995, p. 7-10.

DESAN, Philippe, « *Le Pourparler du Prince* d'Etienne Pasquier » (avec Arnaud Coulombel), *Corpus, revue de philosophie*, vol. 28, 1995, p. 169-218.

DESAN, Philippe, « Érasme, Montaigne et François Benoist, ou comment se fait l'Europe à la Renaissance », dans *L'Europe et les Europes au XVIᵉ siècle*, Le Puy-en-Velay, Centre Culturel Départemental de Haute-Loire, 1995, p. 21-30.

DESAN, Philippe, « Reading, Thinking, and Writing », dans Philippe Desan (dir.), *Engaging the Humanities at the University of Chicago*, Chicago, Humanities Collegiate Division, 1995, p. 5-10.

DESAN, Philippe, « La place de La Boétie dans les *Essais* ou l'espace problématique du chapitre 29 », dans Zoé Samaras (dir.), *Montaigne : espace, voyage, écriture*, Paris, Honoré Champion, 1995, p. 181-189.

DESAN, Philippe, « The Presentation of a Renaissance Text : Montaigne's *Essais* (1580-1995) » (avec Arnaud Coulombel), dans Philippe Desan (dir.), *Montaigne in Print*, Chicago, Montaigne Studies & The University of Chicago Library, 1995, p. 7-25.

DESAN, Philippe, « Montaigne in Print » (avec Ullrich Langer), *Montaigne Studies*, vol. 7, 1995, p. 3-4.

DESAN, Philippe, « Brève histoire de Montaigne dans ses couches », *Montaigne Studies*, vol. 7, 1995, p. 35-52.

DESAN, Philippe, « Marie de Gournay et le travail éditorial des *Essais* entre 1595 et 1635 : idéologie et stratégies textuelles », *Journal of Medieval and Renaissance Studies*, vol. 25, n° 3, 1995, p. 363-380. Réimprimé dans Marcel Tetel (dir.), *Montaigne et Marie de Gournay*, Paris, Honoré Champion, 1997, p. 79-103.

DESAN, Philippe, « Literay Objects : Flaubert » (avec Mark Wolff), dans Philippe Desan (dir.), *Literary Objects : Flaubert*, Chicago, The David and Alfred Smart Museum of Art, 1996, p. 3-11.

DESAN, Philippe, « 'A well-made rather than a well-filled head' : A Humanist's View of Education », *The University of Chicago Record*, vol. 30, n° 3, 1996, p. 15-16.

DESAN, Philippe, « Montaigne et les économistes sous Henri IV », dans Claude-Gilbert Dubois (dir.), *Montaigne et Henri IV (1595-1995)*, Biarritz, Terres et Hommes du Sud, 1996, p. 205-216.

DESAN, Philippe, « De la chanson à l'ode : musique et poésie sous le mécénat du Cardinal Charles de Lorraine » (avec Kate van Orden), dans Yvonne Bellenger (dir.), *Le Mécénat et l'influence des Guises*, Paris, Honoré Champion, 1997, p. 469-494.

DESAN, Philippe, « "Profit du libraire" et "honneur de l'auteur" : Marot face à ses lecteurs », dans Gérard Defaux & Michel Simonin (dir.), *Clément Marot, « prince des poëtes françois » 1496-1996*, Paris, Honoré Champion, 1997, p. 683-697.

DESAN, Philippe, « Numérotation et ordre des chapitres et des pages dans les cinq premières éditions des *Essais* », dans Claude Blum (dir.), *Éditer les* Essais *de Montaigne*, Paris, Honoré Champion, 1997, p. 45-77.

DESAN, Philippe, « Le feuilleton illustré Marot-Sagon », dans Gérard Defaux (dir.), *La Génération de Marot : poètes français et néo-latins (1515-1550)*, Paris, Honoré Champion, 1997, p. 349-380.

DESAN, Philippe, « Marchands et marchandises dans l'œuvre de Rabelais », dans Michel Simonin (dir.), *Rabelais pour le XXIe siècle*, Genève, Droz, 1998, p. 105-115.

DESAN, Philippe, « Story Telling and the Humanities », *University of Chicago Yearbook 1998*, Chicago, The College, 1998, préface.

DESAN, Philippe, « "Cette espece de manuscrit des *Essais*" : l'édition Naigeon de 1802 et son "Avertissement" censuré », *Montaigne Studies*, vol. 10, 1998, p. 7-33.

DESAN, Philippe, « Édition critique de l'"Avertissement de l'éditeur" », *Montaigne Studies*, vol. 10, 1998, p. 35-78.

DESAN, Philippe, « Pour une typologie de la mélancolie à la Renaissance : *Des maladies mélancholiques* (1598) de Du Laurens », dans Luisa Secchi Tarugi (dir.), *Malinconia ed allegrezza nel Rinascimento*, Milan, Nuovi Orizzonti, 1999, p. 355-366.

DESAN, Philippe, « Les poétiques de l'Histoire à la fin de la Renaissance : Pasquier et La Popelinière », dans Elio Mosele (dir.), *Riflessioni teoriche e trattati di poetica tra Francia e Italia nel Cinquecento*, Fasano, Schena Editore, 1999, p. 233-242.

DESAN, Philippe, « Préface », dans Philippe Desan, Lawrence Kritzman, Raymond La Charité & Michel Simonin (dir.), *Sans autre guide. Mélanges de littérature française de la Renaissance offerts à Marcel Tetel*, Paris, Klincksieck, 1999, p. 13-14.

DESAN, Philippe, « Le Montaigne du sénateur Vernier ou comment faciliter la lecture des *Essais* au début du XIXᵉ siècle », dans Philippe Desan, Lawrence Kritzman, Raymond La Charité & Michel Simonin (dir.), *Sans autre guide. Mélanges de littérature française de la Renaissance offerts à Marcel Tetel*, Paris, Klincksieck, 1999, p. 195-210.

DESAN, Philippe, « Éditer et publier les *Essais* au XVIIᵉ siècle », *Cahiers de l'Association Internationale des Études Françaises*, n° 51, 1999, p. 205-223.

DESAN, Philippe, « Desportes devant la postérité : des premiers *Tombeaux* aux anthologies modernes », dans Jean Balsamo (dir.), *Philippe Desportes (1546-1606) : un poète presque parfait entre Renaissance et Classicisme*, Paris, Klincksieck, 2000, p. 495-510.

DESAN, Philippe, « *"Gustavus Flaubertus Bourgeoisophobus"* ou Flaubert émule de Rabelais », dans *Le Letture / La Lettura di Flaubert*, Milan, Cisalpino, 2000, p. 31-46.

DESAN, Philippe, « La philosophie et Montaigne », *Montaigne Studies*, vol. 12, 2000, p. 2-3.

DESAN, Philippe, « De l'*Exemplar* à l'Exemplaire de Bordeaux ou comment lire les *Essais* », dans James Supple (dir.), *Lire les* Essais *de Montaigne*, Paris, Honoré Champion, 2001, p. 247-279.

DESAN, Philippe, « L'or des Chats-fourrez », dans Franco Giacone (dir.), *Le Cinquième Livre de Rabelais*, Genève, Droz, 2001, p. 187-197.

DESAN, Philippe, « Montaigne d'un siècle à l'autre : les éditions genevoises des *Essais* (1595, 1602, 1609) », dans Philippe Desan & Giovanni Dotoli (dir.), *D'un siècle à l'autre : littérature et société de 1590 à 1610*, Paris & Bari, Presses de l'Université Paris-Sorbonne & Schena Editore, 2001, p. 117-132.

DESAN, Philippe, « Les formes judiciaires chez Montaigne : essai de typologie », *Bulletin de la Société des Amis de Montaigne*, n° 21-22, 2001, p. 25-30.

DESAN, Philippe, 4 articles : « Jean Bodin », « Pierre Charron », « Lancelot Voisin de La Popelinière » et « Loys Le Roy », dans Michel Simonin (dir.), *Dictionnaire des lettres françaises. Le XVIᵉ siècle*, Paris, Le Livre de Poche, coll. « La Pochotèque », 2001.

DESAN, Philippe, « Les nouvelles théories économiques et le commerce de la France avec le Levant au XVIIᵉ siècle », dans Giovanni Dotoli (dir.), *Les Méditerranées du XVIIᵉ siècle, Biblio 17 – 137*, Tübingen, Gunter Narr Verlag, 2002, p. 233-242.

DESAN, Philippe, « Du lit à la tombe : Carmen et les Affaires d'Egypte », dans Giovanni Dotoli (dir.), *La Zingara nella musica, nella letteratura e nel cinema*, Fasano, Schena Editore, 2002, p. 73-84.

DESAN, Philippe, « Histoire d'EB (Exemplaire de Bordeaux) », dans Philippe Desan (éd.), *Reproduction en quadrichromie de l'Exemplaire de Bordeaux des Essais de Montaigne*, Fasano & Chicago, Schena Editore & Montaigne Studies, 2002, p. IX-XLI.

DESAN, Philippe, « Préface », dans Larry Norman, Philippe Desan & Richard Strier (dir.), *Du spectateur au lecteur : imprimer la scène aux XVIᵉ et XVIIᵉ siècles*, Paris & Fasano, Presses de l'Université Paris-Sorbonne & Schena Editore, 2002, p. 7-8.

DESAN, Philippe, « Le pouvoir du Prince chez Montaigne et Charron », dans Elio Mosele (dir.), *Il Principe e il potere. Il discorso politico e letterario nella Francia del cinquecento*, Fasano, Schena Editore, 2002, p. 55-66.

DESAN, Philippe, « La reliure du livre de Jupiter dans le *Cymbalum Mundi* », dans Franco Giacone (dir.), *Le Cymbalum Mundi*, Genève, Droz, 2003, p. 57-64.

DESAN, Philippe, « Une édition italienne inconnue des *Essais* (Venise, 1629) », *Montaigne Studies*, vol. 15, 2003, p. 169-175.

DESAN, Philippe, « Les *Essais* comme *"Freak Show"* ou Marie de Gournay tutrice d'un enfant monstrueux », dans Keith Cameron & Laura Willett (dir.), *Le Visage changeant de Montaigne / The Changing Face of Montaigne*, Paris, Honoré Champion, 2003, p. 307-319.

DESAN, Philippe, « Rôle et fonction du paratexte dans la lecture des romans à la Renaissance », *La Lecture littéraire*, vol. 7, 2003, p. 77-93.

DESAN, Philippe, « De l'opinion chez Montaigne », *Studi di letteratura francese*, vol. 28, 2003, p. 17-26.

DESAN, Philippe, « *Translata proficit* : John Florio, sa réécriture des *Essais* et l'influence de la langue de Montaigne-Florio sur Shakespeare », dans Pierre Kapitaniak & Jean-Marie Maguin (dir.), *Shakespeare et Montaigne : vers un nouvel humanisme*, Montpellier & Paris, Société Française Shakespeare & Université Paris-3, 2003, p. 79-93.

DESAN, Philippe, « Montaigne et le doute judiciaire », dans Marie-Luce Demonet & Alain Legros (dir.), *L'Écriture du scepticisme chez Montaigne*, Genève, Droz, 2004, p. 179-187.

DESAN, Philippe, « Jean Bodin et l'imaginaire de la monnaie », dans Gabriel-André Pérouse, Nicole Dochès-Lallement & Jean-Michel Servet (dir.), *L'Œuvre de Jean Bodin*, Paris, Honoré Champion, 2004, p. 293-304.

DESAN, Philippe, « De la rivière de Dordogne aux rochers du Caucase : les limites du monde chez Montaigne », dans Rosanna Gorris (dir.), *Macrocosmo Microcosmo : Scrivere e pensare il mondo nel cinquecento tra Italia e Francia*, Fasano, Schena Editore, 2004, p. 165-174.

DESAN, Philippe, « "Ahaner pour partir" ou les dernières paroles de La Boétie selon Montaigne », dans Marcel Tetel (dir.), *Étienne de La Boétie : sage révolutionnaire et poète périgourdin*, Paris, Honoré Champion, 2004, p. 399-419.

DESAN, Philippe, 92 articles : « Anatomie », « Argent », « Armaingaud, Arthur », « Autre », « Avarice », « Avis "Au lecteur" », « Bartoli, Giuseppe », « Beuther (*Ephemeris historica*) », « Bibliographies montaignistes », « Bibliothèque de Montaigne », « Chapitre I.14 (I.40) », « Chronologie de Montaigne », « Citoyenneté romaine de Montaigne », « Commerce », « Consubstantialité », « Corps », « Coste, Pierre », « Cotton, Charles », « Dezeimeris, Reinhold », « Économie », « Édition de 1580 », « Édition de 1587 », « Édition de 1635 », « Éloges de Montaigne », « Emprisonnement de Montaigne », « Essai (genre) », « *Essais* (histoire éditoriale) », « Estissac, Madame d' », « Exemplaire de Bordeaux », « *Exemplar* », « Femmes », « Fortuit », « France – Français », « Friedrich, Hugo », « Géographie », « Gide, André », « Grouchy, Nicolas de », « Guerres civiles », « Hasard », « Iconographie de Montaigne », « Index », « La Fère (siège de) », « Laid – Laideur », « Leclerc, Victor », « Lettre sur la mort de La Boétie », « Leu, Thomas de », « Libertinage », « Livres », « Mariage », « Marqueterie », « *Mesnagerie de Xénophon* », « Méthode », « Meusnier de Querlon, Anne-Gabriel », « Mœurs », « Monde », « Monstres – Monstruosité », « Naigeon, Jacques-André », « Neufchâteau, François de », « Nom(s) propre(s) », « Opinion », « Ordre de Saint-Michel », « Pages de titre des *Essais* », « Paratexte des *Essais* », « Payen, Jean-François », « Paysage », « Peletier du Mans, Jacques », « Peuple », « Physionomie », « Portrait de Chantilly », « Privilèges des *Essais* », « Rabelais, François », « Relativisme », « Revues montaignistes », « Signature de Montaigne », « Société des Amis de Montaigne », « Strowski, Fortunat », « Terre de Montaigne », « Traductions des *Essais* », « Truchement(s) », « Universel – Universalisme », « Utilité », « Vérité », « *Vers françois de feu M. de La Boétie* », « Vinet, Elie », « *Viresque acquirit eundo* », dans Philippe Desan (dir.), *Dictionnaire de Michel de Montaigne*, Paris, Honoré Champion, 2004 ; édition revue, corrigée et augmentée, 2007 ; rééd., Classiques Garnier, 2016 ; rééd. poche, *Dictionnaire Montaigne*, Classiques Garnier, 2018.

DESAN, Philippe, « Cher Montaigne, très cher Montaigne » (avec Jean Balsamo), *Montaigne Studies*, vol. 16, 2004, p. 3-10.

DESAN, Philippe, « Combien gagnait Montaigne au Parlement de Bordeaux ? (un reçu du 27 août 1567) », *Montaigne Studies*, vol. 16, 2004, p. 41-44.

DESAN, Philippe, « Sur l'Exemplaire de Bordeaux, ses reliures et son passage au monastère des Feuillants », *Montaigne Studies*, vol. 16, 2004, p. 113-138.

DESAN, Philippe, « Testament de Léonor de Montaigne (4 mars 1615) », *Montaigne Studies*, vol. 16, 2004, p. 139-142.

DESAN, Philippe, « L'écriture du corps dans les *Essais* de Montaigne, ou quand la médecine se met au service de la philosophie », dans Giovanni Dotoli (dir.), *Écriture et anatomie : Médecine, Art, Littérature*, Fasano & Paris, Schena Editore & Presses de l'Université Paris-Sorbonne, 2004, p. 95-109.

DESAN, Philippe, 3 articles : « Renaissance », « Economy in Renaissance France », « Judiciary », dans Elizabeth Chesney Zegura (dir.), *The Rabelais Encyclopedia*, Westport, Greenwood Press, 2004.

DESAN, Philippe, « Loys Le Roy et l'anthropologie historique », dans Danièle Bohler & Catherine Magnien (dir.), *Écritures de l'histoire (XIVᵉ-XVIᵉ siècles)*, Genève, Droz, 2005, p. 39-47.

DESAN, Philippe, « De Rimbaud à Jim Morrison ou comment mettre la poésie au goût du jour », dans Giovanni Dotoli & Carolina Diglio (dir.), *Rimbaud et la modernité*, Fasano & Paris, Schena Editore & Presses de l'Université Paris-Sorbonne, 2005, p. 73-77.

DESAN, Philippe, « Les *Essais* en cinq cents pensées ou la réponse de Guillaume Bérenger aux "injures et railleries" d'Arnaud et Nicole contre Montaigne (1667) », *Renaissance Journal*, vol. 2, nᵒ 4, 2005, p. 6-13.

DESAN, Philippe, « Préface », dans Concetta Cavallini, « *Cette belle besogne* » : *étude sur le* Journal de voyage *de Montaigne*, Fasano, Schena Editore, 2005, p. I-IV.

DESAN, Philippe, « Introduction », *Reproduction photographique de l'édition de 1582 des* Essais *de Montaigne*, Paris, Société des Textes Français Modernes, 2005, p. VII-LIV.

DESAN, Philippe, « Nommer, dénommer et renommée : le nom propre de Montaigne », *Corpus, revue de philosophie*, nᵒ 50, 2006, p. 9-28.

DESAN, Philippe, « Montaigne paysagiste », dans Dominique de Courcelles (dir.), *Eléments naturels et paysages à la Renaissance*, Paris, Études et rencontres de l'École des chartes, 2006, p. 39-49.

DESAN, Philippe, « Préface », dans Philippe Desan (dir.), *Montaigne politique*, Paris, Honoré Champion, 2006, p. 7-14.

DESAN, Philippe, « Les politiques éditoriales de Montaigne », dans Philippe Desan (dir.), *Montaigne politique*, Paris, Honoré Champion, 2006, p. 263-286.

DESAN, Philippe, « Montaigne et l'éthique marchande », *L'Esprit Créateur*, vol. 46, nᵒ 1, 2006, p. 13-22.

DESAN, Philippe, « Le libertinage des *Essais* », *Montaigne Studies*, vol. 18, 2007, p. 19-30.

DESAN, Philippe, « Les éditions des *Essais* avec des adresses néerlandaises aux XVIIᵉ et XVIIIᵉ siècles », dans Paul J. Smith & Karl A. E. Enenkel (dir.), *Montaigne and the Low Countries (1580-1700)*, Leyde & Boston, Brill, 2007, p. 327-360.

DESAN, Philippe, « "Le hazard sur le papier" ou la forme de l'essai chez Montaigne », dans Marie-Luce Demonet (dir.), *Hasard et providence. XVIᵉ*

et XVII*ᵉ siècles*, Université de Tours, 2007, http://www.cesr.univ-tours.fr/
Publications/HasardetProvidence/fichiers/pdf/11Desan.pdf.

DESAN, Philippe, « Montaigne et les philosophes de bonne mine », *Nouveau Bulletin de la Société Internationale des Amis de Montaigne*, n° 1, 2007, p. 29-41.

DESAN, Philippe, « L'avarice chez Montaigne », *Seizième Siècle*, n° 4, 2008, p. 113-124.

DESAN, Philippe, « Les protobiographies de Montaigne aux XVII*ᵉ* et XVIII*ᵉ* siècles : Scévole de Sainte-Marthe, Bouhier, Dom Devienne, Talbert, La Dixmerie, Lamontagne, Bourdic-Viot », *Montaigne Studies*, vol. 20, 2008, p. 11-19.

DESAN, Philippe, « Préface », *Cahiers parisiens / Parisian Notebooks*, n° 4, 2008, p. 7-8.

DESAN, Philippe, « Critique and Practices of Capitalism », *Cahiers parisiens / Parisian Notebooks*, n° 4, 2008, p. 119-122.

DESAN, Philippe, « Rabelais, Montaigne, Cervantès, ou la dégradation de l'idéal nobiliaire », *Cahiers parisiens / Parisian Notebooks*, n° 4, 2008, p. 295-306.

DESAN, Philippe, « Les limites d'une biographie : le cas de Montaigne », *Cahiers parisiens / Parisian Notebooks*, n° 4, 2008, p. 575-587.

DESAN, Philippe, « Marie de Gournay », dans Luc Foisneau (dir.), *Dictionnary of 17ᵗʰ Century French Philosophers*, Londres & New York, Thoemmes-Continuum, 2008, p. 523-525.

DESAN, Philippe, « Introduction », dans Philippe Desan (dir.), « *Dieu à nostre commerce et société* » : *Montaigne et la théologie*, Genève, Droz, 2008, p. 7-10.

DESAN, Philippe, « Apologie de Sebond ou justification de Montaigne ? », dans Philippe Desan (dir.), « *Dieu à nostre commerce et société* » : *Montaigne et la théologie*, Genève, Droz, 2008, p. 175-200.

DESAN, Philippe, « Montaigne : *Politicus Aquitanicus* », *Nouveau Bulletin de la Société Internationale des Amis de Montaigne*, n° 3, 2008, p. 345-358.

DESAN, Philippe, « Pierre Charron, théologien et philosophe », *Corpus, revue de philosophie*, vol. 55, 2008, p. 5-7.

DESAN, Philippe, « La vie de Charron d'après La Rochemaillet », *Corpus, revue de philosophie*, vol. 55, 2008, p. 242-256.

DESAN, Philippe, « Montaigne : *Essais* de morale ou morales de l'essai ? », dans Jean-Charles Darmon & Philippe Desan (dir.), *Pensée morale et genres littéraires*, Paris, Presses Universitaires de France, 2009, p. 3-17.

DESAN, Philippe, « Montaigne et la culture de l'autre », *Travaux de Littérature. La Littérature française au croisement des cultures*, vol. 22, 2009, p. 155-159.

DESAN, Philippe, « For a Theory of Form in Montaigne », dans Zahi Zalloua (dir.), *Montaigne after Theory / Theory after Montaigne*, Seattle & Londres, University of Washington Press, 2009, p. 242-252.

DESAN, Philippe, « L'appel de Rome ou comment Montaigne ne devint jamais ambassadeur », dans Jean Balsamo & Chiara Lastraioli (dir.), *Chemins de l'exil, havres de paix. Migrations d'hommes et d'idées au* XVIe *siècle*, Paris, Honoré Champion, 2009, p. 229-259.

DESAN, Philippe, « Montaigne et la politique des thermes », dans Anna Bettoni, Massimo Rinaldi & Maurizio Rippa Bonati (dir.), *Michel de Montaigne e il termalismo*, Florence, Leo Olschki, 2009, p. 21-33.

DESAN, Philippe, « "Pratique et negotiation de science" : la réfutabilité chez Montaigne », dans Gianni Paganini (dir.), *Alle origini dell'umanesimo scientifico dal tardo Rinascimento al primo Illuminismo*, Naples, Liguori Editore, 2009, p. 5-15.

DESAN, Philippe, « Servitude et allégeance chez La Boétie et Montaigne », dans Nicola Panichi (dir.), *Figure di 'servitù' e 'dominio' nella cultura filosofica europea tra Cinque e Seicento*, Florence, Le Lettere, 2009, p. 25-43.

DESAN, Philippe, « "Il est des peuples où…" : Montaigne et le Nouveau Monde », *Montaigne Studies*, vol. 22, 2010, p. 3-7.

DESAN, Philippe, « Le simulacre du Nouveau Monde : à propos de la rencontre de Montaigne avec des Cannibales », *Montaigne Studies*, vol. 22, 2010, p. 101-118.

DESAN, Philippe, « Le Socrate de Montaigne ou "la science de s'opposer" », dans Thierry Gontier & Suzel Mayer (dir.), *Le Socratisme de Montaigne*, Paris, Classiques Garnier, 2010, p. 87-103.

DESAN, Philippe, « Éléments d'une sociologie des *Essais* », dans Thierry Gontier & Pierre Magnard (dir.), *Montaigne*, Paris, Éditions du Cerf, 2010, p. 45-66.

DESAN, Philippe, « Le fonds politique, militaire et diplomatique du livre I des *Essais* », dans Bruno Roger-Vasselin (dir.), *Montaigne et l'intelligence du monde moderne*, Paris, Presses Universitaires de France & CNED, 2010, p. 25-40.

DESAN, Philippe, « Qu'allaient-ils faire en Italie ? Remarques sur Montaigne et Chateaubriand », *Cahiers parisiens / Parisian Notebooks*, n° 6, 2010, p. 163-178.

DESAN, Philippe, « Service public et vie privée chez Montaigne : "d'une separation bien claire" ? », dans Nicola Panichi, Renzo Ragghianti & Alessandro Savorelli (dir.), *Montaigne contemporaneo*, Pise, Scuola Normale Superiore Edizioni, 2011, p. 143-157.

DESAN, Philippe, « Les chapitres oubliés des *Essais* », dans Philippe Desan (dir.), *Les Chapitres oubliés des* Essais *de Montaigne*, Paris, Honoré Champion, 2011, p. 7-12.

DESAN, Philippe, « "De la bataille de Dieux" à la bataille de Dreux : sur un lapsus des *Essais* », dans Philippe Desan (dir.), *Les Chapitres oubliés des* Essais *de Montaigne*, Paris, Honoré Champion, 2011, p. 153-166.

DESAN, Philippe, « Des *Mémoires* de Commynes aux *Essais* de Montaigne : réflexion sur des genres », dans Joël Blanchard (dir.), *1511-2011 Philippe de Commynes. Droit, écriture : deux piliers de la souveraineté*, Genève, Droz, 2011, p. 285-300.

DESAN, Philippe, « Le paratexte des romans à la Renaissance », dans Anna Bettoni (dir.), *Seminari internazionali di storia della lettura e della ricezione, tra Italia e Francia, nel Cinquecento*, Padoue, Cooperativa Libraria Editrice Università di Padova, 2012, p. 15-43.

DESAN, Philippe, « Michel de Montaigne. 1580 edition of the *Essais* », dans *The Newberry 125. Stories of Our Collection*, Chicago, The Newberry Library, 2012, p. 166-167.

DESAN, Philippe, « Politique d'une amitié : Montaigne et La Boétie », dans Julia Chamard Bergeron, Philippe Desan & Thomas Pavel (dir.), *Les Liens humains dans la littérature (XVIᵉ-XVIIᵉ siècles)*, Paris, Classiques Garnier, 2012, p. 33-57.

DESAN, Philippe, « "Se dexar enganar pelo desejo de novidade" : a lição política dos canibais de Montaigne », dans José Alexandrino de Souza Filho (dir.), *Montaigne e seu Tempo*, João Pessoa, Editoria Universitária da UFPB, 2012, p. 189-204.

DESAN, Philippe, « Les *Essais* sur vingt ans : le travail de Montaigne », dans Philip Ford & Neil Kenny (dir.), *La Librairie de Montaigne*, Cambridge, Cambridge French Colloquia, 2012, p. 201-213.

DESAN, Philippe, « Une lecture straussienne des *Essais*, ou le Montaigne du docteur Armaingaud », *Bulletin de la Société Internationale des Amis de Montaigne*, nᵒ 56, 2012, p. 55-68.

DESAN, Philippe, « Montaigne, philosophe au quotidien : vie privée et vie publique dans les *Essais* », *Kriterion. Revista de Filosofia*, nᵒ 126, 2012, p. 331-349.

DESAN, Philippe, « Simon Goulart, éditeur de Montaigne », dans Olivier Pot (dir.), *Simon Goulart, un pasteur aux intérêts vastes comme le monde*, Genève, Droz, 2013, p. 289-305.

DESAN, Philippe, « Montaigne invoqué au bord du gouffre », *Le Magazine littéraire*, numéro spécial sur *Stefan Zweig*, nᵒ 531, 2013, p. 64-65.

DESAN, Philippe, « The Sixteenth Century » (avec Alice Brown), dans Stephen Parkinson (dir.), *The Year's Work in Modern Language Studies*, vol. 73 (2011), New York, Modern Humanities Research Association, 2013, p. 24-40.

DESAN, Philippe, « Réflexions sur la postérité philosophique et politique de Montaigne », *Taula. Quaderns de pensament*, nᵒ 44, 2013, p. 13-24.

DESAN, Philippe, « Éloge du topographe », dans Yves Louagie, *Montaigne, pierres et lettres*, Bruxelles, Éditions Avant-Propos, 2013, p. 3-4.

DESAN, Philippe, « "Vivre de la faveur d'autrui" : Montaigne et la bienséance politique », dans Nicola Panichi (dir.), *L'Antidoto di Mercurio. La 'civil conversazione' tra Rinascimento ed Età moderna*, Florence, Leo S. Olschki, 2013, p. 223-236.

DESAN, Philippe, « "Les hommes sont tous d'une espece" : diversité et unité de l'homme d'après Montaigne », dans Frank Lestringant & Alexandre Tarrête (dir.), *L'Unité du genre humain : race et histoire à la Renaissance*, Paris, Cahiers V.-L. Saulnier, n° 31, Presses de l'Université Paris-Sorbonne, 2014, p. 61-73.

DESAN, Philippe, « Introduction » (avec Élisabeth Crouzet-Pavan & Denis Crouzet), dans Élisabeth Crouzet-Pavan, Denis Crouzet & Philippe Desan (dir.), *Cités humanistes, cités politiques (1400-1600)*, Paris, Presses de l'Université Paris-Sorbonne, 2014, p. 7-8.

DESAN, Philippe, « "Messieurs de Bordeaux m'esleurent maire de leur ville" : Montaigne administrateur humaniste », dans Élisabeth Crouzet-Pavan, Denis Crouzet & Philippe Desan (dir.), *Cités humanistes, cités politiques (1400-1600)*, Paris, Presses de l'Université Paris-Sorbonne, 2014, p. 155-179.

DESAN, Philippe, « "Maistre Michel de Montaigne conseiller du roy" : le quotidien d'une première carrière », dans Alain Rey, Pierre Brunel, Philippe Desan & Jean Pruvost (dir.), *De l'ordre et de l'aventure : langue, littérature, francophonie. Hommage à Giovanni Dotoli*, Paris, Hermann, 2014, p. 101-115.

DESAN, Philippe, « Introduction », dans Philippe Desan (éd.), *Reproduction fac-similé du Journal du voyage de Michel de Montaigne en Italie et en Allemagne en 1580 et 1581*, Paris, Société des Textes Français Modernes, 2014, p. VII-LXX.

DESAN, Philippe, « La Boétie poète et ses deux éditeurs : Federic Morel et Montaigne », dans Denis Bjaï & François Rouget (dir.), *Les Poètes français de la Renaissance et leurs « libraires »*, Genève, Droz, 2015, p. 485-505.

DESAN, Philippe, « Le biographe autobiographié : sur le Montaigne de Stefan Zweig », *Montaigne Studies*, vol. 27, 2015, p. 217-224.

DESAN, Philippe, « Gournay, Marie Le Jars de (1565-1645) », dans Luc Foisneau (dir.), *Dictionnaire des philosophes français du XVIIe siècle*, Paris, Classiques Garnier, 2015, p. 817-820.

DESAN, Philippe, « "Faveur d'autruy" et "ruyne publique" : Montaigne et les aléas de l'engagement politique (1588-1592) », dans Marie Barral-Baron, Marie-Clarté Lagrée & Mathieu Lemoine (dir.), *Les Stratégies de l'échec. Enquêtes sur l'action politique à l'époque moderne*, Paris, Presses de l'Université Paris-Sorbonne, 2015, p. 113-132.

DESAN, Philippe, « Petite histoire des réinventions et des récupérations de Montaigne au cours des siècles », *Australian Journal of French Studies*, vol. 52, n° 3, 2015, p. 229-242.

DESAN, Philippe, « Corps naturel et corps politique chez Montaigne et Hobbes : réflexions sur le peuple, l'allégeance et la servitude », dans Emiliano Ferrari & Thierry Gontier (dir.), *L'Axe Montaigne-Hobbes : anthropologie et politique*, Paris, Classiques Garnier, 2015, p. 153-170.

DESAN, Philippe, « Quelles sont les "quelques lourdes erreurs en [l]a vie" de Montaigne ? », *Bulletin de la Société Internationale des Amis de Montaigne*, vol. 62, n° 2, 2015, p. 21-34.

DESAN, Philippe, « Pratique et théorie du politique chez Montaigne », *Montaigne Studies*, vol. 28, 2016, p. 3-8.

DESAN, Philippe, « Introduction », dans Philippe Desan (dir.), *Montaigne à l'étranger : voyages avérés, possibles et imaginés*, Paris, Classiques Garnier, 2016, p. 7-12.

DESAN, Philippe, « Données quantitatives sur le *Journal du voyage* de Montaigne » (avec Carl Frayne), dans Philippe Desan (dir.), *Montaigne à l'étranger : voyages avérés, possibles et imaginés*, Paris, Classiques Garnier 2016, p. 41-65.

DESAN, Philippe, « Introduction » (avec Concetta Cavallini), dans Concetta Cavallini & Philippe Desan (dir.), *Le Texte en scène. Littérature, théâtre et théâtralité à la Renaissance*, Paris, Classiques Garnier, 2016, p. 11-17.

DESAN, Philippe, « Montaigne et la théâtralité du politique », dans Concetta Cavallini & Philippe Desan (dir.), *Le Texte en scène. Littérature, théâtre et théâtralité à la Renaissance*, Paris, Classiques Garnier, 2016, p. 131-149.

DESAN, Philippe, « Montaigne's *Essays* : A Book Consubstantial with its Author », dans Philippe Desan (dir.), *The Oxford Handbook of Montaigne*, New York, Oxford University Press, 2016, p. 1-13.

DESAN, Philippe, « From Eyquem to Montaigne », dans Philippe Desan (dir.), *The Oxford Handbook of Montaigne*, New York, Oxford University Press, 2016, p. 17-39.

DESAN, Philippe, « The Public Life of Montaigne », dans Philippe Desan (dir.), *The Oxford Handbook of Montaigne*, New York, Oxford University Press, 2016, p. 117-137.

DESAN, Philippe, « Bibliographic and Research Resources on Montaigne », dans Philippe Desan (dir.), *The Oxford Handbook of Montaigne*, New York, Oxford University Press, 2016, p. 783-792.

DESAN, Philippe, « De la nature du troisième livre des *Essais* », dans Philippe Desan (dir.), *Lectures du Troisième Livre des* Essais *de Montaigne*, Paris, Honoré Champion, 2016, p. 9-30.

DESAN, Philippe, « Montaigne "métis" : "De l'utile et de l'honnête" (III, 1) », dans Philippe Desan (dir.), *Lectures du Troisième Livre des* Essais *de Montaigne*, Paris, Honoré Champion, 2016, p. 59-84.

DESAN, Philippe, « Avant-propos » (avec Véronique Ferrer), dans *Usages critiques de Montaigne*, numéro hors série, *Essais. Revue interdisciplinaire d'Humanités*, 2016, p. 7-14.

DESAN, Philippe, « Pour une approche sociologique de Montaigne », dans *Usages critiques de Montaigne*, numéro hors série, *Essais. Revue interdisciplinaire d'Humanités*, 2016, p. 125-144.

DESAN, Philippe, « L'idéologie dans le livre III des *Essais* de Montaigne », dans Véronique Ferrer, Violaine Giacomotto-Chara & Alice Vintenon (dir.), *Autres regards sur les* Essais, *livre III de Montaigne*, Paris, Atlande, 2017, p. 31-45.

DESAN, Philippe, « Montaigne règle ses comptes : le caractère politique du troisième livre des *Essais* », dans Raphaël Cappelen & Deborah Knop (dir.), *Montaigne, Essais, livre III*, mis en ligne sur *Fabula / Les colloques*, le 3 février 2017, http://www.fabula.org/colloques/document4197.php.

DESAN, Philippe, « Qu'est-ce qu'être sceptique dans les années 1570-1580 ? Le cas de Montaigne », dans Jean-Charles Darmon, Philippe Desan & Gianni Paganini (dir.), *Scepticisme et pensée morale de Michel de Montaigne à Stanley Cavell*, Paris, Hermann, 2017, p. 23-39.

DESAN, Philippe, « Le *Discours de la servitude volontaire* et la cause protestante : les paradoxes de la réception de La Boétie », *Studi Francesi*, vol. 182, 2017, p. 211-222.

DESAN, Philippe, « Introduction » (avec Daniel Desormeaux), dans Philippe Desan & Daniel Desormeaux (dir.), *Les Biographies littéraires : théories, pratiques et perspectives nouvelles*, Paris, Classiques Garnier, 2018, p. 7-10.

DESAN, Philippe, « La vie publique des écrivains : l'exemple de Montaigne », dans Philippe Desan & Daniel Desormeaux (dir.), *Les Biographies littéraires : théories, pratiques et perspectives nouvelles*, Paris, Classiques Garnier, 2018, p. 67-82.

DESAN, Philippe, « La postérité philosophique de Montaigne », dans Philippe Desan (dir.), *Les Usages philosophiques de Montaigne du* XVIe *au* XXIe *siècle*, Paris, Hermann, 2018, p. 5-20.

DESAN, Philippe, « De l'usage anecdotique de Montaigne dans les sciences sociales : Durkheim, Geertz, Boudon, Sennett », dans Philippe Desan (dir.), *Les Usages philosophiques de Montaigne du* XVIe *au* XXIe *siècle*, Paris, Hermann, 2018, p. 439-461.

DESAN, Philippe, « Que faire du corps de Montaigne ? Question pour le philosophe et le sociologue », dans Emiliano Ferrari & Carlo Montaleone (dir.), *"Ils cognoissent bien Galien, mais nullement le malade". Montaigne e l'esperienza del corpo tra medicina e filosofia*, Rome, Accademia Nazionale dei Lincei, 2018, p. 87-101.

DESAN, Philippe, « 'Even fables will become history' : La Popelinière and Universal History at the End of the Sixteenth Century », dans Hall Bjørnstad, Helge Jordheim & Anne Régent-Susini (dir.), *Universal History and the Making of the Global*, New York & Londres, Routledge, 2018, p. 43-56.

DESAN, Philippe, « Pierre de La Ramée autor científico », dans Celso M. Azar Filho (dir.), *O livro científico no Renascimento*, Rio de Janeiro, Universidade Federal Fluminense, 2018, p. 175-185.

DESAN, Philippe, « "La curiosité, ce fléau de notre âme" ou l'irrésolution retrouvée de Montaigne », dans Gianni Paganini (dir.), *Curiosity and the*

Passions of Knowledge from Montaigne to Hobbes, Rome, Accademia Nazionale dei Lincei, 2018, p. 61-76.

DESAN, Philippe, « Qui parle ? La voix du secrétaire dans le *Journal du voyage en Italie* de Montaigne » (avec Ji Gao), *Studi di letteratura francese*, vol. 43, 2018, p. 11-32.

DESAN, Philippe, « La violence paradoxale chez Montaigne », dans Federico Baglivo, *La violenza e Montaigne. Storia di un problema filosofico*, Milan, Mimesis, 2018, p. 11-18.

DESAN, Philippe, « Pour une sociologie des *Essais* de Montaigne », *Sud Ouest*, « Cercle des Idées », mis en ligne le 16/11/2018 : https://www.sudouest.fr/2018/11/16/pour-une-sociologie-des-essais-de-montaigne-5572645-10275.php.

DESAN, Philippe, « Bibliographie des livres critiques sur Montaigne », *Montaigne Studies*, vol. 31, 2019, p. 181-224.

DESAN, Philippe, « Le *Journal du voyage* de Montaigne est-il un journal de voyage ? », dans Véronique Ferrer, Olivier Millet & Alexandre Tarrête (dir.), *La Renaissance au grand large. Mélanges en l'honneur de Frank Lestringant*, Genève, Droz, 2019, p. 265-275.

DESAN, Philippe, « Une sociologie du quotidien », *Le Point*, numéro hors-série sur « Montaigne », n° 25, juin-juillet 2019, p. 67-68.

DESAN, Philippe, « Préambule » (avec Denis Crouzet, Élisabeth Crouzet-Pavan & Clémence Revest), dans Denis Crouzet, Elisabeth Crouzet-Pavan & Clémence Revest (dir.), *L'Humanisme à l'épreuve de l'Europe (XVᵉ-XVIᵉ siècle). Histoire d'une transmutation culturelle*, Ceyzérieu, Champ Vallon, 2019, p. 5-6.

DESAN, Philippe, « "Ce qui se persuade à autruy" : Montaigne et les jeux de la conversation », dans Catherine Courtet, Mireille Besson, Françoise Lavocat & Alain Viala (dir.), *Le Jeu et la règle. Rencontres Recherche et Création du Festival d'Avignon*, Paris, CNRS Éditions, 2019, p. 115-126.

DESAN, Philippe, « De la censure à l'éducation de la jeunesse : les transformations morales de Montaigne à travers les siècles », dans Jean-Baptiste Amadieu, Jean-Charles Darmon & Philippe Desan (dir.), *L'Immoralité littéraire et ses juges*, Paris, Hermann, 2019, p. 213-234.

DESAN, Philippe, « La rhétorique sociale des *Essais* », dans Philippe Desan, Deborah Knop & Blandine Perona (dir.), *Montaigne : une rhétorique naturalisée ?*, Paris, Honoré Champion, 2019, p. 145-158.

DESAN, Philippe, « Nature, paysage et jardins chez Montaigne », *Sédiments. Les grands cahiers Périgord Patrimoines*, n° 10, 2019, p. 62-65.

DESAN, Philippe, « Œuvre-monument, œuvre-mouvement : éditer les œuvres complètes des auteurs des XVIᵉ et XVIIᵉ siècles » (avec Anne Régent-Susini), dans Philippe Desan & Anne Régent-Susini (dir.), *Éditer les œuvres complètes (XVIᵉ et XVIIᵉ siècles)*, Paris, Société des Textes Français Modernes, 2020, p. 7-19.

DESAN, Philippe, « Vers une édition des œuvres complètes de Montaigne aux XVIIe et XVIIIe siècles : les paradoxes de Marie de Gournay et de Pierre Coste », dans Philippe Desan & Anne Régent-Susini (dir.), *Éditer les œuvres complètes (XVIe et XVIIe siècles)*, Paris, Société des Textes Français Modernes, 2020, p. 129-156.

DESAN, Philippe, « Montaigne et les maladies sociales de son temps », *Montaigne Studies*, vol. 32, 2020, p. 3-13.

DESAN, Philippe, « El contexto político y social de los *Ensayos* de Montaigne », dans Joan Lluís Llinàs Begon (dir.), *Guía Comares de Montaigne*, Grenade, Comares, 2020, p. 1-23.

DESAN, Philippe, « Avant-propos : les penseurs à l'épreuve de l'histoire » (avec Véronique Ferrer), dans Philippe Desan & Véronique Ferrer (dir.), *Penser et Agir à la Renaissance / Thought and Action in the Renaissance*, Genève, Droz, 2020, p. 7-18.

DESAN, Philippe, « Étienne de La Boétie ou la pensée qui se suffit à elle-même », dans Philippe Desan & Véronique Ferrer (dir.), *Penser et Agir à la Renaissance / Thought and Action in the Renaissance*, Genève, Droz, 2020, p. 245-261.

DESAN, Philippe, « Transgression et exhibitionnisme moral chez Montaigne », *Archivio di Storia della Cultura*, vol. XXXIII, 2020, p. 351-362.

DESAN, Philippe, « Montaigne ou les contradictions de l'éthique bourgeoise », *Bulletin de la Société Internationale des Amis de Montaigne*, vol. 72, n° 2, 2020, à paraître.

DESAN, Philippe, « Montaigne et la sociabilité des Cannibales », *Modernos & Contemporâneo – International Journal of Philosophy*, « Michel de Montaigne, ensaios indígenas », São Paulo, Unicamp, vol. 5, n° 11, 2021, mis en ligne : https://www.ifch.unicamp.br/ojs/index.php/modernoscontemporaneos/issue/view/241.

DESAN, Philippe, « Représenter la Renaissance : Foucault, *Las Meninas*, ou la ressemblance disparue », dans David LaGuardia & Todd Reeser (dir.), *Théories critiques et littérature de la Renaissance. Mélanges offerts à Lawrence Kritzman*, Paris, Classiques Garnier, 2021, p. 13-32.

DESAN, Philippe, « Illustre Montaigne ? La lente construction d'une gloire littéraire », dans Élisabeth Crouzet-Pavan, Jean-Baptiste Delzant & Clémence Revest (dir.), *Panthéons de la Renaissance. Représentation des grands hommes et mythologie du temps présent (Italie/Europe, 1300-1700)*, Rome, École française de Rome, 2021, à paraître.

DESAN, Philippe, « Imagining Montaigne's Library », dans Laura Giovannelli (dir.), *The Library : An Interconnection of Words*, Pise, Edizioni ETS, 2021, à paraître.

DESAN, Philippe, « *Locus narrandi* : the Place of Leisure in the Renaissance », dans Dorothea Heitsch & Jeremie Korta (dir.), *Early Modern Visions of Space : France and Beyond*, Chapel Hill, University of North Carolina Press, 2021, à paraître.

DESAN, Philippe, « De la gloire de son père à la gloire de son livre (Montaigne) », dans Isabelle Garnier, Anne-Pascale Pouey-Mounou, Nora Viet *et al.* (dir.), *Mélanges offerts à Mireille Huchon*, Paris, Classiques Garnier, à paraître.

DESAN, Philippe, « Penser la loi au temps des guerres de religion : La Boétie et Montaigne », dans Emiliano Ferrari, Thierry Gontier & Nicola Panichi (dir.), *Montaigne. Penser en temps de guerres de religion*, Paris, Classiques Garnier, à paraître.

DESAN, Philippe, « Montaigne et la sociabilité des animaux », dans Alisa van de Haar & Annelies Schulte Nordholt (dir.), *Figurations animalières à travers les textes et l'image en Europe, du Moyen Age à nos jours*, Leyde, Brill, à paraître.

DESAN, Philippe, « Dysfunctions of the Self in Montaigne », dans Véronique Ferrer, Eugenio Refini & Luc Vaillancourt (dir.), *Représentations de soi à la Renaissance*, Paris, Hermann, à paraître.

DESAN, Philippe, « La santé des États selon Montaigne », *Éthique, politique, religions*, à paraître.

DESAN, Philippe, « "L'instruction fait […] l'homme bon ou mauvais" : Marie de Gournay philosophe de l'éducation », dans Marie-Frédérique Pellegrin (dir.), *Gournay philosophe*, à paraître.

DESAN, Philippe, « Montaigne vu de l'Asie », dans *Une Œuvre sans frontières. Montaigne en Asie, Bulletin de la Société Internationale des Amis de Montaigne*, à paraître.

DESAN, Philippe, « Montaigne historien de son temps », dans Caroline Callard, Tatiana Debbagi Baranova & Nicolas Le Roux (dir.), *Mélanges Denis Crouzet*, à paraître.

MONTAIGNE STUDIES

An Interdisciplinary Forum

1989 – vol. 1 : articles *varia* (dir. Philippe Desan)

1990 – vol. 2, n° 1 : articles *varia* (dir. Philippe Desan)

1990 – vol. 2, n° 2 : articles *varia* (dir. Philippe Desan)

1991 – vol. 3 : articles *varia* (dir. Philippe Desan)

1992 – vol. 4 : articles *varia* (dir. Philippe Desan)

1993 – vol. 5 : *Montaigne traducteur / Montaigne voyageur* (dir. François Rigolot)

1994 – vol. 6 : *Of History* (dir. Steven Rendall)

1995 – vol. 7 : *Montaigne In Print* (with catalogue) – 2 vol. (dir. Philippe Desan & Ullrich Langer)

1996 – vol. 8 : *Woman's Place: Within and Without the* Essais (dir. Dora Polacheck & Marcel Tetel)

1997 – vol. 9 : *Psychoanalytical Approaches to Montaigne* (dir. Lawrence Kritzman)

1998 – vol. 10 : *Montaigne au xixe siècle* (dir. Michel Simonin)

1999 – vol. 11 : *La Boétie* (dir. Michel Magnien)

2000 – vol. 12 : *La Philosophie de Montaigne* (dir. Philippe Desan)

2001 – vol. 13 : *La* familia *de Montaigne* (dir. John O'Brien & Philippe Desan)

2002 – vol. 14 : *Montaigne and Ethics* (dir. Patrick Henry)

2003 – vol. 15 : *Le* Journal de voyage (dir. Olivier Millet)

2004 – vol. 16 : *Documents sur Montaigne* (dir. Jean Balsamo & Philippe Desan)

2005 – vol. 17 : *Montaigne et les Anciens* (dir. Catherine Magnien)

2006 – vol. 18 : *Montaigne et la poésie* (dir. Francis Goyet)

2007 – vol. 19 : *Les Libertins et Montaigne* (dir. Giovanni Dotoli)

2008 – vol. 20 : *Biographies de Montaigne* (dir. George Hoffmann)

2009 – vol. 21 : *Montaigne et les philosophes* (dir. Nicola Panichi)

2010 – vol. 22 : *Montaigne et le Nouveau Monde* (dir. Philippe Desan)

2011 – vol. 23 : *Translating Montaigne* (dir. Paul J. Smith)

2012 – vol. 24 : *Montaigne in England* (dir. Philip Ford)

2013 – vol. 25 : *Descartes and Montaigne* (dir. Nicola Panichi & Mariafranca Spallanzani)

2014 – vol. 26 : *Montaigne écrivain* (dir. Jean Balsamo)

2015 – vol. 27 : *Montaigne and the Art of Writing* (dir. Jean Balsamo)

2016 – vol. 28 : *Montaigne et la philosophie politique* (dir. Philippe Desan)

2017 – vol. 29 : *Montaigne and his Historians* (dir. Eric MacPhail)

2018 – vol. 30 : *Montaigne, Affects, Emotions* (dir. Todd W. Reeser)

2019 – vol. 31 : *Montaigne in America* (dir. Emiliano Ferrari)

2020 – vol. 32 : *Montaigne, la maladie et la médecine* (dir. Philippe Desan)

2021 – vol. 33 : *Montaigne et Pascal* (dir. Vincent Carraud, Alberto Frigo & Gilles Olivo)

2022 – vol. 34 : *Montaigne et la science* (dir. Violaine Giacomotto-Charra)

2023 – vol. 35 : *Nouvelles approches de Montaigne* (dir. Philippe Desan)

INDEX NOMINUM

L'index recense tous les noms de personnes, à l'exception des personnages de fiction. Les noms contenus dans les citations, dans des listes et dans les références bibliographiques ne sont pas indiqués. Les graphies suivent l'usage français.

RÉSUMÉS

George HOFFMANN, "A Judge That Never Was. Montaigne on the First Extraordinary Chamber"

De nouveaux documents éclairent la mission de Montaigne, envoyé par le Parlement à la chambre de Saintes en 1565, plutôt qu'à la chambre de Périgueux ; ils confirment les raisons de ce choix, liées à ses sympathies catholiques déclarées. Cet épisode conduit à nous interroger sur le sens de son engagement postérieur en faveur de la tolérance religieuse.

Warren BOUTCHER, "Writing diversity. Literary objects in Montaigne's *Journal de voyage*"

Cette étude examine certains « objets littéraires » que Montaigne a rencontrés lors de son voyage en Europe (1580-1581) et qu'il enregistre dans son *Journal*, de certains textes de droit coutumier français au testament en italien de Boccace et aux textes plurilingues de Plutarque et de la Bible. Il les considère comme des formes remarquables de la diversité dont il fait l'expérience.

Frédéric TINGUELY, « De la circoncision. Montaigne et la communauté juive de Rome »

Le *Journal de voyage* propose dans ses pages romaines une description à la fois minutieuse et bienveillante de la circoncision juive. Plutôt que de spéculer sur d'éventuelles affinités identitaires (la probable ascendance juive de Montaigne), cet article analyse les différentes stratégies discursives qui, à l'encontre des préjugés anti-judaïques et dans une perspective déjà anthropologique, opèrent la parfaite intégration des rites juifs au sein du catalogue raisonné des comportements humains.

Thierry GONTIER, « La "retraite" de Montaigne. Une position politique ? »

Comme l'a montré Philippe Desan, la « retraite » de Montaigne n'est pas un simple désengagement de la vie publique. Comment Montaigne justifie-t-il publiquement ce retrait ? Il dénonce l'hypocrisie des injonctions chrétiennes et républicaines de dévouement au public, comme la paresse ou l'irrésolution : ces prétendus vices se révèlent en réalité des vertus tant privées que publiques. Montaigne rapporte la société à un nouveau fondement a-social et à une conception libérale de la politique.

Olfa ABROUGUI, « Réflexions autour des guerres civiles dans les *Essais* de Montaigne »

Montaigne est sceptique quant à l'utilité de la guerre. La pire des guerres, reste, selon lui, la guerre civile, véritable ruine de l'État, car elle autorise tous les dérèglements : le non-respect des lois, le mauvais usage de la justice, de la religion et du politique. Les guerres civiles des dernières décennies du XVIe siècle font émerger la part sombre de l'homme, dont elles dévoilent la prédisposition à la régression. Aussi Montaigne doute-t-il de la prétendue supériorité de l'homme...

Paul J. SMITH, « Montaigne, Amyot et les traductions de Plutarque par La Boétie »

En 1571, Montaigne publie deux traductions de Plutarque faites par La Boétie. À cette publication Montaigne ajoute deux textes de sa propre main : le *Discours sur la mort de La Boétie* et la *Lettre de consolation*, adressée à sa femme. Nous nous proposons d'étudier les deux traductions de Plutarque par La Boétie, le travail de Montaigne en tant qu'éditeur de ces traductions, et les rapports de concurrence qui existent entre ces traductions et celles de Jacques Amyot, publiées en 1572.

Mireille HUCHON, « Monstrances montaignistes pour reliques boétiennes »

Les six épîtres dédicatoires de Montaigne en accompagnement de ses éditions des pièces de La Boétie en 1571 et au livre I des *Essais (Vingt neuf sonnetz)* offrent de remarquables constantes. Dans ces monstrances des « reliques » de son ami, il n'hésite pas à laisser du sien, à afficher ses prédilections, ses préoccupations rhétoriques ou ses jugements contradictoires sur la poétique de La Boétie. En un dernier geste, sur l'Exemplaire de Bordeaux, il conserve la monstrance, mais sans la relique.

Peter MACK, "Montaigne, Erasmus and the *Moriae Encomium*"

Bien que Montaigne ne mentionne pas l'*Éloge de la folie* d'Erasme, plusieurs parallèles inattendus peuvent être tracés avec les *Essais*. Cette étude analyse 37 thèmes généraux pour lesquels les deux œuvres développent des conceptions identiques, et montre, pour les chapitres II, 12, III, 5 et III, 9, les différentes réactions de Montaigne à sa lecture d'Erasme.

Eric MACPHAIL, "'On Giving the Lie'. Montaigne, Calvin, and the Death of Michel Servet"

Le chapitre « Du démenti » (II, 18) se comprend dans le contexte de la polémique liée à la Réforme, en relation au procès pour hérésie de Michel Servet relaté par Calvin. L'accusation de mensonge opposée à Servet nous aide à comprendre le propos de Montaigne, et en retour, la notion de démentir éclaire le débat entre Calvin et Servet.

Jordi BAYOD, « Montaigne, Juste Lipse et la justification des écrits "sans meslange de Theologie" »

Nous analysons un passage important des *Essais* sur la relation entre philosophie et théologie (I, 56, 322-323) à partir de trois éléments : le rejet général, par Montaigne, des excuses et des justifications dans ce qu'il juge lui-même correct ; le rejet, en particulier, de la réaction de Juste Lipse aux critiques suscitées par son *De Constantia* ; et le recours à une citation tirée du *De Transitu* de Guillaume Budé. Nous considérons enfin le statut du « parler divin » chez Montaigne.

Dorothea HEITSCH, « Montaigne archiviste. I, 8 : "De l'oisiveté" »

Montaigne décrit l'écriture comme mise en rolle des chimères et monstres de son esprit. Au-delà de la liste, du registre, du contre-rolle, l'article propose la création potentielle d'un rouleau de Tora pour tracer une dynamique entre écriture, culture, mémoire et identité. Car Montaigne côtoie les réseaux de nouveaux chrétiens dans le Sud-Ouest de la France, depuis longtemps carrefour de cultures multiples dont les traces se trouvent dans les archives de l'ombre que représente les *Essais*.

Joan Lluís LLINÀS BEGON, « La formation du conseiller du prince dans "De l'institution des enfans" »

À partir de la position de Philippe Desan concernant l'importance du contexte sociopolitique des *Essais* et de la dimension sociale que possède cette œuvre, cet article analyse « De l'institution des enfans » à partir des références qui transforment celui qui est éduqué en conseiller du prince. Ce chapitre va bien au-delà du contexte dans lequel il a été produit, mais pour que ces références soient bien comprises, nous devons prendre en compte leur contexte immédiat.

Michael RANDALL, "On the Appearance of Guy de Brimeu, seigneur d'Humbercourt, in 'De la diversion' (III, 4)"

Dans « De la diversion », Montaigne évoque l'exemple des négociations tenues par le seigneur d'Humbercourt, au nom du duc de Bourgogne, avec les habitants de Liège. Il tire cet exemple diplomatique des *Mémoires* de Commynes pour l'adapter et le rendre compréhensible en relation à la notion de « bonne foi », centrale dans les *Essais*.

Frank LESTRINGANT, « "Plaisants causeurs [!]". *Essais*, III, 11 »

Un ajout manuscrit de l'exemplaire de Bordeaux, « Plaisants causeurs », au début du chapitre « Des boyteux » (*Essais* III, 11), laisse percevoir la subtile ironie sceptique de Montaigne, lequel, après s'être attardé sur la « reformation » du calendrier, s'attaque aux procès de sorcellerie. Ce chapitre claudiquant est mis en rapport avec « Des coches » (III, 6), qui commence pareillement par le doute sur l'incertitude des causes, lesquelles fondent les plus beaux discours.

Maria LITSARDAKI, « Eutopies, dystopies, hétérotopies chez Montaigne »

Cet article exploite les notions d'« eutopie » et de « dystopie » dans les *Essais* de Montaigne, pour ensuite étudier l'espace hétérotopique, au sens foucaldien, que semble représenter sa bibliothèque : lieu d'action et de vie, où le temps et le monde réel sont suspendus. À un deuxième niveau, il examine la possibilité d'envisager l'espace du livre comme une hétérotopie particulière, un lieu autre, créé par l'écriture, juxtaposé à l'espace vital et où l'être se développe et se déploie.

Santiago Francisco PEÑA, "'Nous sommes part du monde'. Montaigne, Greece and Italy"

Cette étude revient sur les liens de Montaigne avec la Grèce et l'Italie. Nous suggérons que le peu d'intérêt que Montaigne portait aux Grecs de son temps a pu avoir une certaine influence sur sa propre réflexion concernant le philhellénisme français anti-italien. Montaigne semble en effet accepter sans discussion possible la primauté romaine et italienne, à une époque où de nombreux autres humanistes français essayaient quant à eux de louer la lignée et l'influence grecques de leur culture.

Véronique FERRER, « La gaieté de Montaigne »

Dans les *Essais*, Montaigne fait de la gaieté la marque constitutive de son être, gaieté qu'il articule à la santé du corps et à la liberté de l'esprit. En jouant sur les ressorts sémantiques du mot et en s'appuyant sur le contexte politique du royaume, il élabore une éthique et une esthétique de la gaieté, qui vient enrichir la vision d'un Montaigne apathique ou mélancolique. C'est cette gaieté idiosyncrasique, définie à la fois comme une humeur, une sagesse et un style, que cet article se propose d'examiner.

Nicola PANICHI, « La prophétie est morte, vive la prophétie. Le cas Montaigne »

La prophétie est généralement délivrée dans le registre du sacré et du profane, mais elle n'a jamais renoncé au privilège de la métamorphose. Un cas exemplaire de cette transmutation est représenté par les *Essais* de Montaigne qui, si d'un côté, ils décrètent la fin de la prophétie, de l'autre, ils permettent la survivance de la fonction éthique et anthropologique de la *vis imaginandi*.

Sylvia Giocanti, « Montaigne, philosophe du social »

En quoi Montaigne est-il penseur du social ? Est-ce uniquement parce qu'à travers les *Essais* la société de son temps apparaît de manière significative aux yeux du lecteur ? Ne peut-on pas envisager que l'auteur, à titre de philosophe sceptique, pense l'homme comme produit de phénomènes sociaux ? Telle est l'hypothèse mise à l'épreuve dans cet article, dans un rapport de confrontation avec l'étude de Philippe Desan, *Montaigne : penser le social*.

Telma de Souza Birchal, "When women are the issue, is Montaigne still thinking the social?"

Cet article s'inspire de l'approche de Philippe Desan qui fait de Montaigne un penseur fortement lié à la société et à la culture de son temps. Nous partons des deux perspectives sur l'individu – anthropologique et sociologique – développées dans *Montaigne : penser le social* (2019) avant d'introduire une question essentielle : Montaigne pense-t-il aussi la condition de la femme de façon anthropologique et sociologique ? Il semble que la sociologie de Montaigne soit davantage sexiste que son anthropologie.

Gianni Paganini, "Pyrrhonism *vs* Internalism. Montaigne and Sanches"

La réflexion de Montaigne se caractérise moins comme une affirmation positive que comme un manque. On n'y trouvera pas une théorie du sujet capable d'opposer la supériorité du doute, à la manière du cogito *cartésien*, mais une aide à la formulation, théorique et non pas expérimentale, du rôle du sujet, selon un « internalisme », dans la tradition néo-académique, illustrée par Sanches.

Celso M. Azar Filho, « Sur les rapports entre l'ignorance, la science, la philosophie et le scepticisme chez Montaigne »

Au-delà des héritages du scepticisme ancien et du mysticisme chrétien, l'éloge montaignien de la docte ignorance reflète la réévaluation des pratiques technico-artistiques alors en cours, une réévaluation liée à son essor renaissant. C'est à partir de ce constat que l'on essaie de comprendre ici comment ignorance et savoir sont entrelacés dans la philosophie de type essayistique.

Ullrich LANGER, "Montaigne, Skepticism and Finitude. Montaigne, Horkheimer: Unhelpful Skepticism in a Limited World"

La question posée par Max Horkeimer est de savoir si le scepticisme modéré de Montaigne, pour admirable qu'il a pu être à l'époque des guerres de religion, avait encore une pertinence dans le contexte des totalitarismes et de la lutte des classes, si sa position, tenable dans un monde en expansion, l'est encore dans un monde concrètement limité.

Jan MIERNOWSKI, "Montaigne, Skepticism and Finitude. Montaigne, Meillassoux: Helpful Skepticism and the Multiplicity of Worlds"

Le scepticisme de Montaigne est ici examiné du point de vue de Quentin Meillassoux, dans la recherche d'une issue à la relation sujet-objet inhérente à toute question portant sur le monde. Selon lui, Montaigne pose en principe que le monde réel échappe à notre compréhension. Or cette position interdit toute approche rationnelle et ouvre la voie au fanatisme. Montaigne toutefois fait confiance au dialogue contradictoire comme principe d'ouverture et comme garde-fou au fanatisme.

Amy GRAVES, "Montaigne and Things"

Montaigne pense les choses, et ce faisant, situe les objets dans une série de relations éthiques qui transcendent leur nature. Son attitude à leur égard éclaire la nature affective des *Essais*, son éthique de l'usage, la notion de *res*, un « système » qui donne aux objets leur morphologie et leur syntaxe en relation à une grammaire du moi.

Violaine GIACOMOTTO-CHARRA, « "C'est moy, c'est mon essence". Un portrait de Montaigne *in lumine aristotelis* »

Plusieurs articles ont déjà été consacrées à la notion de forme chez Montaigne. Pourquoi alors remettre l'ouvrage sur le métier ? Nous proposons d'analyser ici l'usage du mot *forme* dans les *Essais* à la lumière de l'aristotélisme, non que Montaigne soit « aristotélicien », mais parce que la formation ès arts fournissait alors un outillage mental, un ensemble de concepts usuels et largement partagés, que Montaigne utilise avec précision et qui permettent d'éclairer un peu différemment le texte.

Wolfgang ADAM, « "Tout le magasin des mots et des figures". Images et
métaphores dans le *Journal de voyage* de Montaigne »

Alors que la diversité des métaphores a été étudiée dans les *Essais* de
Montaigne, il manque un examen du choix des images dans son *Journal
de voyage*. La présente étude comble cette lacune. Montaigne qui rejette en
général les règles pédantes de la rhétorique dans l'utilisation des métaphores
emploie de façon très efficace les images dans son *Journal de voyage*. La variété
des emplois va de la comparaison simple aux métaphores saisissantes qui
éclairent des réalités extrêmement complexes.

Bernard SÈVE, « L'*instrumentarium* de Montaigne »

Montaigne évoque différents instruments de musique, dans le *Voyage en
Italie* davantage que dans les *Essais*. L'épinette, le luth, les bâtons de rythme
« cannibales », l'orgue hydraulique de la Villa d'Este, les *fiffari* du bal de 1581
offrent un intérêt particulier. Montaigne s'intéresse moins à la musique qu'aux
effets de la musique, du point de vue militaire, religieux et poétique. Les
instruments de musique sont d'abord pour lui des objets anthropologiques,
vecteurs d'émotions et de croyances.

Rui Bertrand ROMÃO, « Le regard et le geste. Considérations sur Montaigne
et les peintres »

À partir des études antérieures sur la peinture et Montaigne, et plus particulièrement sur l'emploi fréquent dans les *Essais* de métaphores picturales
pour exprimer des dimensions essentielles de son singulier projet, nous nous
penchons sur les références explicites aux peintres surpris dans leur activité
et cherchons dans ces passages les traces d'une réflexion plus générale de
l'auteur sur la représentation.

Alain LEGROS, « "*Épékhô*, c'est-à-dire je soutiens, je ne bouge". Jeu de paume,
histoire et philosophie »

On traduit d'ordinaire le « refrain » pyrrhonien épékhô par « je suspens
(mon jugement) ». Ce mot grec qu'il avait fait peindre au plafond de sa bibliothèque et gravé sur des jetons, Montaigne le traduit d'abord par « je soutiens,
je ne bouge ». Loin de se limiter à des considérations abstraites, ces deux

essais de traduction engagent la vie du corps (lexique du jeu de paume) et le cours de l'histoire (déclaration de fidélité au parti catholique royal), comme toujours dans les *Essais*.

Kirsti SELLEVOLD, « "Je vis en mon enfance". Communication non verbale dans les *Essais* (I, 24 : "Divers evenemens de mesme conseil") »

Peut-on calmer une foule séditieuse ? Cet article examine le rôle que joue la « contenance », site primordial du langage non verbal, dans de telles situations. À partir de deux épisodes racontés dans le chapitre I, 24 des *Essais*, Montaigne montre que la capacité à contrôler l'effet de sa « contenance » peut être une question de vie ou de mort. Cela présuppose une compétence permettant de manipuler les processus cognitifs de ses adversaires, soit pour leur faire partager son point de vue, soit pour induire leur confiance.

Isabelle de CONIHOUT, « Notes préalables à un recensement des exemplaires remarquables des œuvres de Montaigne. Les *Essais* de 1580 »

Un recensement des exemplaires remarquables des œuvres de Montaigne reste à faire. Nous examinons ici la traduction de la *Théologie naturelle* (1569) et les *Essais* imprimés en 1580. Montaigne en fit relier quelques exemplaires de présent, dont on ne connaît que celui portant le chiffre d'Elizabeth I d'Angleterre. Les rares autres exemplaires dans leur condition d'époque sont simplement reliés en parchemin, à l'exception de l'exemplaire De Thou.

Jean BALSAMO, « Quelques remarques pour l'appréciation bibliophilique de l'édition des *Essais* (Paris, L'Angelier, 1588) »

L'édition L'Angelier des *Essais* (1588) offre le dernier état du texte publié du vivant de l'auteur, à qui elle donnait son autorité littéraire. Connue à une centaine d'exemplaires, elle a été érigée en objet bibliophilique au XVIIIᵉ siècle, dont la valorisation repose sur un état standard. Par rapport à celui-ci s'apprécient des exemplaires remarquables, qui offrent un intérêt philologique (corrections autographes de Montaigne), et dans lesquels peut se lire la réception de l'œuvre.

Véronique DUCHÉ, "'*Certes, je lis cet autheur avec un peu plus de reverence et de respect*' (II, 10). The *Essais* and corpus linguistics"

Nous examinons l'utilisation par Montaigne de « certes » comme marqueur dans les *Essais* à partir d'une approche du corpus linguistique. Si selon les critiques la méthode du *distinguo* est au cœur des *Essais*, ce dispositif rhétorique et argumentatif est en réalité peu utilisé par Montaigne. Une comparaison avec des textes de ses contemporains (dont Léry, Aubigné, Pasquier) permet d'identifier de plus près les traits spécifiques de l'écriture de Montaigne.

Concetta CAVALLINI, « Montaigne entre parenthèses (*Essais* 1582, livre II) »

À la Renaissance, les parenthèses ne sont pas un signe de ponctuation souvent utilisé. L'incidence de ce signe dans les *Essais* de Montaigne est ici analysée par rapport au texte du livre II de l'édition de 1582, c'est-à-dire le texte enrichi après le retour d'Italie et qui précède l'allongeail de 1588. À l'encontre de nombreux écrivains de son temps, Montaigne utilise les parenthèses plutôt comme un moyen d'expansion de l'espace d'expression à sa disposition.

Andrea FRISCH, "Pointing fingers. Indexical tables in the *Essais* (Simon Goulart, Abel L'Angelier, and Henry V Estienne)"

La comparaison des tables de trois éditions anciennes des *Essais* (Genève 1595, Paris, 1602, Paris 1652) illustre des pratiques éditoriales distinctes, déterminant des réceptions différentes et correspondant à des choix conscients d'influencer le lecteur. Celles-ci sont mises ici en évidence à propos du lemme *Cortés*.

Shinya MIYAKAWA, « Montaigne et Tchouang-tseu (Zhuangzi). Deux penseurs face à la mythologie »

Montaigne et Tchouang-tseu sont éloignés géographiquement et historiquement l'un de l'autre. Cependant, leurs lecteurs sont souvent étonnés des similitudes de leurs livres. Pourquoi présentent-ils beaucoup de ressemblances ? Nous nous proposons ici d'examiner les mythes contenus dans les *Essais* et *Tchouang-tseu*. Entre l'Occident et l'Orient, on peut rencontrer des mythes semblables. La mythologie n'est-elle pas un des éléments qui peuvent rapprocher les deux livres ?

John O'BRIEN, "Self before the self. The evidence of early readers of the *Essais*"

Sur la base de nombreux exemplaires annotés des *Essais*, jusqu'ici non recensés, cette étude entend montrer que les pratiques des premiers lecteurs nous permettent de reconsidérer l'interprétation de certains thèmes principaux, en particulier la question du moi, qu'ils conçoivent dans une dimension existentielle, dans une relation dynamique au monde, et non pas en termes d'introspection.

William M. HAMLIN, "On Florio's 'Repentance'"

Une analyse du chapitre « Du repentir » dans la version anglaise de John Florio (1603) montre que le traducteur déforme l'argumentation de Montaigne selon des choix lexicaux de nature idéologique et par l'effet de surprenants faux-sens. Le lecteur anglais est ainsi privé de la complexité de la réflexion montaignienne concernant la culpabilité et la responsabilité, et mis à distance de ces questions telles qu'elles sont traitées dans les textes dramatiques et poétiques anglais contemporains.

Giovanni DOTOLI, « Montaigne-Pascal. Nouvelle lecture »

Quels sont les véritables liens entre Montaigne et Pascal ? Je démontre qu'il y a une continuité idéale entre eux, ce qui amène à une identité de vues, malgré l'apparence parfois contraire. La méthode suivie est claire et simple : suivre les textes, de part et d'autre, de façon pluridisciplinaire et comparatiste. Montaigne et Pascal affrontent la vie comme le plus beau des laboratoires : deux penseurs qui ne se laissent enfermer dans aucun système. Les analogies dépassent largement les différences.

André PESSEL[†] et Francine MARKOVITS, « Montaigne et la culture de l'exemplarité au XVIIe siècle »

Peut-on réduire le scepticisme de Montaigne ? N'y a-t-il pas au contraire une consistance théorique, voire une politique de l'exemplarité ? Une position polémique contre l'universalisme logique ou moral ? Si, à l'époque, on a pu parler de « libertinage de la méthode », c'est qu'au-delà de Montaigne, ce livre fait de l'auteur un événement. Le présent article montre la fécondité des arguments sceptiques dans une philosophie de l'instable qui est une philosophie de l'immanence.

Michel MAGNIEN, « Les *Essais dans le goût de ceux de Montagne, composés en 1736* de René-Louis d'Argenson »

En dépit d'une revendication du modèle montaignien, ces *Essais* n'ont guère intéressé la critique, car ils soulèvent la double difficulté de leur date de composition et de leur authenticité. Une fois établi qu'il s'agit bien de l'œuvre du père et non du fils, Paulmy, qui s'en est fait l'éditeur, et que la majeure partie en a été rédigée à une date précoce (*ca.* 1736), on demande pourquoi Argenson a invoqué ce modèle, et l'a revendiqué en un temps où la renommée de Montaigne n'était pas au plus haut.

Alessandra PREDA, « Traduire Montaigne au XVIIIᵉ siècle. Les *Saggi* de Giulio Perini »

Cette contribution présente l'activité de l'abbé Giulio Perini, un intellectuel toscan du XVIIIᵉ siècle, traducteur des lettres allemandes et françaises, sensible aux premières suggestions des lumières. L'analyse vise à relier sa traduction d'une partie des *Essais* (39 chapitres du Iᵉʳ livre) à la politique culturelle réformiste du grand-duc de Toscane, Léopold Iᵉʳ, le « Salomon du midi » garant, à l'époque, de la félicité publique.

Biancamaria FONTANA, "Michel de Montaigne, Germaine de Staël and the writer's ambition. *De l'influence des passions* and the *Essais*"

Même si les *Essais* ne sont pas attestés comme une source principale de l'œuvre de Mme de Staël, leur influence est patente dans le traité *De l'influence des passions* (1796), dans lequel elle analyse le rôle de l'ambition dans les actions humaines. Dans un contexte de guerre et de violence, les deux auteurs cherchent à préserver leur intégrité morale en résistant à la tentation de la gloire et de la célébrité.

Denis CROUZET, « Auguste Alexis Floréal Baron ou le "bon sens" de Montaigne dans l'historicisation de l'histoire de la littérature française »

Dans le processus qui, durant les premières décennies du XIXᵉ siècle, voit l'histoire de la littérature française s'imposer comme un genre littéraire distinctif, Montaigne cristallise des antagonismes analytiques. Auguste Floréal Baron propose, en liaison avec un Montaigne pédagogue d'une « auto-psychographie » et d'une philosophie du « bon sens », la conception d'une production textuelle ouvrant à la définition d'une « civilisation littéraire » qui serait le réceptacle de l'universel.

Anders TOFTGAARD, "A Danish friend of Montaigne. Frederik Thorkelin (1904-1997) and his *Bibliotheca Thorkeliniana*"

L'exemple du fonds consacré à Montaigne par le grand collectionneur danois Frederik Thorkelin (1904-1997), aujourd'hui conservé à la Bibliothèque royale de Copenhague, et dont cet article retrace l'histoire, illustre le rôle culturel joué par les amateurs et le marché du livre ancien dans la connaissance et la valorisation des objets littéraires.

Ji GAO, « Quelques thèmes récurrents dans la représentation de Montaigne en Chine durant l'ère républicaine (1912-1949) »

À partir des principaux manuels chinois de littérature française publiés durant l'ère républicaine (1912-1949), cette étude vise à repérer, exposer et analyser quelques thèmes récurrents dans la représentation de Montaigne en Chine, en particulier l'écriture de soi, le scepticisme, et sa pensée sur l'éducation. Ces thèmes mis en valeur par Montaigne sont particulièrement manquants dans la tradition chinoise et paraissent donc les plus étranges et les plus novateurs aux yeux des lettrés chinois.

Jack I. ABECASSIS, « La peau e[s]t le masque. Lire Montaigne avec Clément Rosset »

Pour Clément Rosset toute identité qui n'est pas sociale n'est qu'un fantasme. Il fait sienne la proposition radicale de Montaigne : « Nostre faict, ce ne sont que pieces rapportées ». Dans le sillon de cette perspective lucrétienne, nous analysons la métaphore baroque du *theatrum mundi* chez Montaigne depuis ses analyses dans « De l'inconstance de nos actions » jusqu'à son retour à une conception classique de la dialectique visage/masque dans « De mesnager sa volonté ».

TABLE DES MATIÈRES

DEUXIÈME PARTIE

INTERPRÉTATIONS

TROISIÈME PARTIE
MATÉRIALITÉS

QUATRIÈME PARTIE

RÉCEPTION

TABULA GRATULATORIA

Wolfgang ADAM
Yoshiko AIDA
Celso Martins AZAR FILHO
Jean BALSAMO
Claude BLUM
Christian BONNET
Hélène CAZES
Véronique DUCHÉ
Pascale Laurence DUCOS
Véronique FERRER
Luc FOISNEAU
Bernard GALLINA
Francis GOUX
Francis GOYET
Floyd GRAY
Sebastien GREPPO
Mireille HUCHON
Franck LAURENT

Alain LEGROS
Jean-Louis LLINAS
Yves LOUAGIE
Francine MARKOVITS PESSEL
Kees MEERHOFF
Fabrizio MEROI
Olivier MILLET
Shimya MIYAKAWA
André PESSEL
Alessandra PREDA
Rui Bertrand ROMÃO
Dorine ROUILLER
Marc SCHACHTER
Bernard SÈVE
Alexandre TARRÊTE
Anders TOFTGAARD
Toshinori UETANI
Florence VATAN

Achevé d'imprimer par Corlet Numéric,
Z.A. Charles Tellier, Condé-en-Normandie (Calvados), en février 2021
N° d'impression : 170501 - dépôt légal : février 2021
Imprimé en France